金融理财师
认证考试参考用书

FUNDAMENTALS OF
FINANCIAL PLANNING

金融理财原理

上

现代国际金融理财标准（上海）有限公司 / 指导

北京当代金融培训有限公司 / 著

中信出版集团 | 北京

图书在版编目（CIP）数据

金融理财原理 . 上 / 北京当代金融培训有限公司著 .

北京 : 中信出版社，2024.8. -- ISBN 978-7-5217
-6695-0

I. F830.59

中国国家版本馆 CIP 数据核字第 2024CT6977 号

金融理财原理（上）

著者：　　　北京当代金融培训有限公司
出版发行：　中信出版集团股份有限公司
　　　　　　（北京市朝阳区东三环北路 27 号嘉铭中心　邮编　100020）
承印者：　　北京通州皇家印刷厂

开本：787mm×1092mm　1/16　　印张：38　　　　字数：570 千字
版次：2024 年 8 月第 1 版　　　印次：2024 年 8 月第 1 次印刷
书号：ISBN 978-7-5217-6695-0
定价：98.00 元

丛书序　　/ 5
2024 年版前言　　/ 9

金融理财基础知识与技能篇

第一章
金融理财概述与 CFP 认证制度　　/ 002

  第一节　金融理财的定义　/ 003
  第二节　金融理财的意义和价值　/ 006
  第三节　CFP 认证制度的建立与发展沿革　/ 012
  第四节　CFP 认证制度的"4E"认证体系　/ 025

第二章
经济学基础知识　　/ 049

  第一节　供求分析基础　/ 050
  第二节　关键宏观经济指标及其应用　/ 058
  第三节　经济周期与政策影响　/ 082

第三章
货币时间价值　　/ 105

  第一节　货币时间价值的测定——现值和终值　/ 106
  第二节　规则现金流——年金　/ 112
  第三节　净现值和内部回报率　/ 124
  第四节　复利期间和有效年利率的计算　/ 129
  第五节　货币时间价值在金融理财中的应用　/ 132

第四章
金融计算工具与方法　　/ 135

  第一节　理财资讯平台（教学版）基本功能　/ 136
  第二节　金融计算器　/ 137

第五章
金融理财法律 / 168

第一节 法律基础知识 / 169

第二节 民事法律规则概要 / 175

第三节 合同规则 / 204

第四节 婚姻财产规则（夫妻财产） / 213

第五节 继承规则 / 222

第六节 民事纠纷的解决 / 230

第七节 金融理财业务监管 / 239

第六章
家庭财务报表和预算的编制与分析 / 246

第一节 家庭财务分析基础知识 / 247

第二节 家庭资产负债表的编制和分析 / 255

第三节 家庭收支储蓄表的编制和分析 / 266

第四节 家庭资产负债表与家庭收支储蓄表的关系 / 276

第五节 家庭财务比率分析与诊断 / 279

第六节 家庭财务预算与现金流量预估表的编制 / 294

第七节 理财资讯平台在家庭财务分析中的应用 / 308

第七章
居住规划 / 325

第一节 我国的房产制度 / 326

第二节 租房与购房决策 / 330

第三节 购房与换房规划 / 338

第四节 个人住房贷款 / 348

第五节 理财资讯平台在居住规划中的应用 / 356

第八章
子女教育金规划 / 363

第一节 子女教育金规划概述 / 364

第二节 子女教育金需求 / 366

第三节 子女教育金规划原理 / 370

第四节 子女教育投资报酬率 / 376

第五节 理财资讯平台在子女教育金规划中的应用 / 383

第九章
家庭信用与债务管理 / 387

第一节 信用的概念、信用记录与信用额度 / 388
第二节 融资渠道与信用决策 / 391
第三节 消费性负债管理 / 396
第四节 投资性负债管理 / 401

风险管理与保险规划篇

第十章
风险与风险管理 / 408

第一节 风险的概念 / 409
第二节 风险管理的基本过程 / 416
第三节 家庭风险分析 / 427

第十一章
保险基本原理 / 437

第一节 保险的概述 / 438
第二节 保险的基本原则 / 440
第三节 保险经营的基础 / 453
第四节 保险合同 / 460

第十二章
人寿与年金保险产品 / 473

第一节 人寿保险的基本概念 / 474
第二节 普通型人寿保险 / 478
第三节 新型人寿保险 / 484
第四节 人寿保险合同 / 492
第五节 年金保险的基本概念 / 498
第六节 年金保险的分类 / 503

第十三章
人寿与年金保险规划实务 / 519

第一节 人寿与年金保险在家庭理财中的应用 / 520

第二节 基于风险保障的规划 / 522

第三节 基于储蓄理财的规划 / 533

第四节 基于其他目标的规划 / 536

第五节 理财资讯平台在保险规划中的应用 / 540

附录1 《金融理财师竞争力标准》 / 545

附录2 《金融理财执业标准》 / 561

附录3 《金融理财师道德准则和专业责任》 / 574

附录4 《金融理财师行为准则》 / 577

附录5 《金融理财师认证办法》 / 582

附录6 《CFP系列认证持证人继续教育管理办法》 / 588

附录7 《认证私人银行家（CPB）认证办法》 / 592

自2004年被引进到中国以来，CFP®系列认证经过20年的发展，已经成为金融机构和理财专业人士广泛认可的专业资质，并逐步为社会大众所认知。CFP的英文全称是Certified Financial Planner（中文译为国际金融理财师），CFP认证是全球性的金融理财师专业认证，至今已有近55年的历史。它以公众利益为核心，以理财相关各方（理财专业人士、金融机构、监管机构、消费者、教育机构等）的经验为基础，恪守客户至上的理念，遵循严格的"4E"标准，即教育（education）、考试（examination）、从业经验（experience）和职业道德（ethics）标准，推行严格的金融理财执业标准，赢得了全球金融机构、理财专业人士和社会大众的广泛认可与尊重。

关于FPSB和国际标准

FPSB（Financial Planning Standards Board，国际金融理财标准委员会）为各类金融理财机构开发、管理和运作认证、教育和其他相关项目，通过在金融理财领域建立、维护和推广全球性职业标准，使社会各方受益。FPSB的总部在美国丹佛，现有27个会员组织，覆盖了全球主要的国家和地区。截至2023年底，全球CFP持证人数达到223 770人，中国大陆的CFP持证人数达34 747人，位居全球第二。

CFP认证的历史可以追溯到20世纪60年代末。1969年，美国金融咨询业的一些专业人员创立了首个金融理财专业协会——IAFP(International Association for Financial Planning，国际金融理财协会)。3年后，IAFP创立了自己下属的专门的教育、培训机构——美国金融理财学院（College for Financial Planning）。此后，该学院毕业生发起设立了国际金融理财师学会（Institute of Certified Financial Planners，ICFP）。经过十余年的努力，美国金融理财学院和国际金融理财师学会在1985年共同设立了

IBCFP(International Board of Standards and Practices for Certified Financial Planners，国际金融理财师标准和实践委员会)。1994年，IBCFP改名为美国金融理财标准委员会(CFP Board of Standards)。

CFP认证制度的国际化始于1990年，澳大利亚第一个与IBCFP签署联署协议并获得CFP商标国际许可证。两年之后的1992年，IBCFP与日本签署了协议。随后，英国、加拿大、新西兰、法国、德国等陆续加入IBCFP。为了管理这些国际会员组织，IBCFP于1994年成立了国际金融理财理事会(International CFP Council)。国际金融理财理事会于2004年发展为FPSB。

CFP认证制度至今已有50余年的历史，其间历经多个经济周期，为什么依然保持着强大的生命力，而且越来越受到社会大众的认可和尊重？这个问题的答案可以从FPSB的使命中找到。FPSB的使命是"在金融理财领域通过建立、维护和推广全球性的职业标准来造福社会"。为此，FPSB针对金融理财建立了一系列的标准，并在全球范围内推广。这些标准主要包括：

1.《金融理财师竞争力标准》

《金融理财师竞争力标准》规定了金融理财专业人士与客户共同制订金融理财规划时所需要的知识、技能、能力、态度和判断力。它是高质量职业认证的基石。

2.《金融理财执业标准》

《金融理财执业标准》规定了金融理财师无论在何时何地、何种背景、何种报酬方式下提供金融理财服务都应该达到的执业标准。

3.《金融理财师道德准则和专业责任》

在《金融理财师道德准则和专业责任》中，FPSB规定并界定了金融理财专业人士在日常的金融理财活动中应遵守的八大道德准则：客户至上、正直诚信、客观公正、公平合理、专业精神、专业胜任、保守秘密和恪尽职守。

4.《金融理财师行为准则》

《金融理财师行为准则》是《金融理财师道德准则和专业责任》和《金融理财执业标准》的补充强化机制。《金融理财师行为准则》规定了金融理财专业人士应当遵守的37条行为准则，对使用FPSB商标系列的个人和单位均具有约束力。

5.《金融理财教育体系》

《金融理财教育体系》用来指导会员组织的金融理财教育，尤其反映了CFP专业人士所需要达到的认知水平和学习成果。它为构建理财规划培训模块和课程框架提供了指导，提高了全球各地区课程教学要求和标准的一致性。

上述一系列标准对金融理财师从培训、认证到执业提出了全面的规范要求，以使获得CFP系列认证的从业人员具备良好的职业道德、素养和技能，能够更好地服务社会大众，也因此得到社会大众的广泛认可与尊重。

关于FPSB China和CFP系列认证

2002年11月，中美金融策划论坛在北京举行，拉开了CFP认证进入中国的序幕。经过数年的沟通和准备，在2005年，中国以准会员身份加入FPSB，并在2006年成为FPSB第19个正式会员。FPSB China是唯一取得FPSB授权在中国大陆进行CFP认证和CFP商标管理的机构。FPSB China由两部分组成，即金融理财标准指导委员会（FPSB China Advisory Panel）和现代国际金融理财标准（上海）有限公司（FPSB China Ltd.）。

金融理财标准指导委员会由业界和学术界有丰富从业经验和学术地位、有社会责任感和热心金融理财事业的人士组成，指导CFP系列认证的组织和实施。现代国际金融理财标准（上海）有限公司负责CFP认证项目的全面管理和运营。

在过去20年里，FPSB China与授权培训机构一起付出了巨大的心血，建立了一个包括培训、考试、认证、继续教育、再认证的完整体系。从这个意义上讲，CFP认证在中国不仅仅是一项专业认证，更像理财专业人士的职业生涯导师和伙伴。

CFP认证体系一个很大的特点就是将国际标准和本土实践相结合。在FPSB全球统一标准的指导和要求下，各会员组织要根据本国或本地区的实际情况来制定适宜的标准，用以指导本国或本地区持证人的学习和实践。中国大陆的CFP系列认证包括AFP、CFP、EFP、CPB认证。其中，AFP（金融理财师）是CFP（国际金融理财师）的初级阶段，EFP（金融理财管理师）主要面向金融理财管理人员，CPB（认证私人银行家）是服务高端财富人士的专业人员。所有的标准均由FPSB制定或认定，委托FPSB China执行，并由FPSB统一颁发证书。由于这种"接地气"的制度安排，CFP系列认证在全球和中国都取得了长足的发展。

2004年11—12月，首届240学时的CFP认证培训班在北京开班。2005年6月，经FPSB认可，CFP认证在中国实施两级认证制度，即AFP认证和CFP认证，培训也相应地分为两个部分，即AFP培训（108学时）和CFP培训（132学时）。2006年9月，首届EFP培训班开班。2008年初，首届CPB培训班开班。之后，CFP事业蒸蒸日上，参与学习和认证的专业人士越来越多。截至2023年12月31日，由FPSB认证的中国大陆有效CFP系列持证人总数为202 578人，其中AFP持证人162 031人、CFP持证人34 747人、EFP持证人631人、CPB持证人5 169人。他们为成千上万的客户提供优质的理财服务，是中国金融理财行业的中坚力量。

随着持证人队伍的不断壮大，不仅社会对CFP认证的认可度越来越高，一些地方政府也纷纷将CFP系列持证人列为高端金融人才而特别优待，给予福利政策的支持，例如上海、杭州、广州、南京、西安、厦门、重庆等地。未来，我们坚信，随着理财师队伍的不断壮大，CFP认证一定会受到越来越多人的认可，越来越具有特殊的品牌价值。同时，中国大众也能享受到更多专业的、有职业道德的金融理财服务。

现代国际金融理财标准（上海）有限公司

2024年3月

今年，CFP系列认证走进中国正好20周年。

CFP认证是全球性的金融理财师专业认证，至今已有50余年的历史。管理运作CFP认证项目的FPSB是一个非营利组织，总部设在美国丹佛，现有27个会员组织，覆盖了全球主要的国家和地区，通过在金融理财领域建立、维护和推广全球性职业标准，使社会各方受益。早在2000年，CFP认证制度就进入了中国金融界有识之士的视野，引进CFP认证制度逐渐成为共识。经过不懈努力，中国在2005年以准会员身份加入FPSB，并在2006年成为FPSB第19个正式会员。

中国居民财富的持续增长是中国金融理财师出现和发展的原动力。随着改革开放的不断深入、经济发展和人口结构的变化、智能科技的发展和金融科技的创新，以及金融机构专业能力和投资者专业认知的日渐提升，居民对金融理财服务的需求不断增长。尤其是居民财富积累和投资意识提升，叠加财富在房地产上的配置潜力有限，居民对个人财务规划和资产配置的重视程度逐渐提高，他们越来越意识到金融理财业务能够提供多样化的金融工具选择，帮助自己实现财务目标。

金融理财业务是指理财专业人士以客户的个人或家庭资产和收入为基础数据，帮助他们梳理自己的人生财务目标，制订科学的、可操作且可实现的规划方案，以期实现财务资源与人生目标的完美契合。事实上，理财并不是单纯地为了保值增值。理财规划应该是一个标准化的程序，从建立客户关系到提出理财方案并监督方案的执行，整个工作流程都要按照标准运行，这就意味着从事个人金融理财工作的人员应接受严格的培训，具备较高的专业水平和良好的道德水平。在未来的金融理财业务竞争中，各金融机构及理财师综合服务能力的重要性将更加凸显，具体表现为向投资者提供更加丰富多样的金融产品和全方位、个性化的金融理财方案。

引进CFP系列认证，借鉴国外个人理财业的制度经验，是提升我国金融理财业从业人员整体素质水平和专业技能的有益探索。CFP制度的核心，体现于FPSB所奉行的"在金融理财领域通过建立、维护和推广全球性的职业标准来造福社会"的使命，以及其倡导的核心理念与价值观。在50余年的不断摸索和实践过程中，FPSB建立、完善了金融理财师职业认证的"4E"标准，从培训、认证、执业操作、道德准则到行为规范等方面对金融理财师提出了全面要求。

作为FPSB系列标准之一，《金融理财教育体系》用以指导会员组织的金融理财教育，尤其体现了CFP专业人士所需要达到的认知水平和学习成果。在FPSB构建的理财规划培训模块和课程框架的逻辑下，中国首套CFP系列教材共5本于2004年11月出版。随着CFP认证在中国实施两级认证制度，即AFP认证和CFP认证，专门为AFP认证组织编写的教材《金融理财原理》上、下册于2007年2月出版。此后，在现代国际金融理财标准（上海）有限公司的指导下，北京当代金融培训有限公司先后修订、编写了《金融理财原理》2009年修订版、2010年第二版，以及CFP系列（含《金融理财原理》上、下册）2011年版、2014年版、2019年版全套7本教材，还有与之相关的教辅图书。自2004年以来，该系列教材发行量累计已近百万册。

北京当代金融培训有限公司获得现代国际金融理财标准（上海）有限公司的培训授权，多年来通过提供专业的金融理财培训教材和课程体系，帮助数以万计的金融机构从业人员学习认证课程，取得CFP系列认证，使他们在金融服务过程中能够更加专业化、规范化和标准化。

值此CFP系列认证进入中国20周年之际，2024年版《金融理财原理》上、下册即将同读者见面。在修订过程中，我们重新梳理了教材各模块的知识内容，将业界最前沿的发展动态、经济政策变化，以及大众最关心的热点问题与理论知识进行了关联整合，以帮助读者更好地理解和应对金融理财业务的变化。本教材出版前经过了一线专家、学者及金融界知名实务工作者的认真审读与校对，我们希望呈现给大家的不仅仅是一套教材，更是一部精心打磨的作品。

作为AFP认证教材，2024年版《金融理财原理》上、下册的更新着重于提升实践落地性、时效性和优化阅读体验。

在提升实践落地性方面，重新编写了经济学基础知识部分，分供求分析基础、关键宏观经济指标及其运用、经济周期与政策影响三部分内容展开介绍，帮助理财师构建宏观经济分析思维框架并运用于日常理财服务工作；金融理财法律新增婚姻财产分割中关于保险权益的分割；居住规划新增个人住房贷款分类和房贷合同变更等实务性内容，增加贷款方式、组合贷以及相关例题；投资规划部分与时俱进纳入各类资产的主要投资工具及其比较，例如黄金、理财产品，便于理财师更好地认知投资市场与投资工具，在资产配置过程中覆盖从形成预期到配置后检视调整等多个环节，帮助理财师在工作中形成较为完整的资产配置理念和方法；税务部分增加个人养老金、个体工商户的税收新政策，同时补充个人所得税 App 申报及个体工商户经营申报说明；保险规划整合人寿与年金保险在家庭理财中的应用，从风险保障、储蓄理财及其他特定目标规划三方面介绍保险规划实务，增加增额终身寿险、保险金信托等产品介绍，删除了全税优、半税优、无税优的计算。

在提升时效性方面，补充了最新的法律与政策规定，比如公司法、注册制、融资融券新规、资管新规、个税专项附加扣除与医保报销政策等。结合实践发展更新了数据引用、案例假设、例题和产品示例等，删除了部分较复杂且现实运用场景较少的知识点（比如特殊按揭贷款、抵利型房贷、气球贷等）。

在优化阅读体验方面，由浅入深优化知识结构层次，比如对债券、股票、投资组合理论、资产配置与绩效评估等内容均进行了框架性梳理，力求文字表达更为简洁、精练；对多个章节同时提及的知识点进行了集中阐述，提升了教材的完整性。

2024 年版教材修订工作由陶芳、苏姗姗负责统稿。参与新编工作的老师包括：王彦龙、王卓瑶、霍丽芳。参与更新工作的老师包括：陶芳、屠卫、刘东华、门勃、闫淑青、郏文超、霍丽芳、王爱云、苏姗姗、王彦龙、王雅楠、段笑广、张筱璇、孙悦、王卓瑶、刘恋、李向燕、周佳蓉、翟进、王艺翔、席啸等。参与校审的老师包括：宋健、张庆元、纪崴、翟继光、陈璐、范娟娟、庄新田、邢恩泉、王梅、李丹、黄桦、阚小兰、陶芳、屠卫、刘东华、门勃、闫淑青。

自2004年11月国内首套CFP系列教材出版至今，众多专家、学者、授课教师和相关工作人员参与了教材的编订工作，在各版教材前言中已有列示。本次教材更新工作得到了以往各版教材编写人员的大力支持，许多参与CFP认证培训教学的教师也提出了宝贵意见。此外，中信出版集团相关编辑为2024年版教材的出版提供了大量帮助，在此一并致谢。

当然，我们没有理由认为，前面提到的各位专家完全认同我们在教材中所呈现的观点，但是，他们的观点对本教材付梓的帮助是建设性的。

最后，仅以此教材向默默为中国金融理财行业的发展不断付出努力的各位同人致敬，让我们笃行不倦，不忘初心。

北京当代金融培训有限公司教材编写组

2024年3月于北京

FUNDAMENTALS OF FINANCIAL PLANNING

金融理财基础知识与技能篇

第一章

金融理财概述与CFP认证制度

本章提要

本章共分为四个部分。第一部分,我们从FPSB China对"金融理财"的界定入手,介绍金融理财的定义。第二部分,介绍金融理财对于个人或家庭的重要性,推动金融理财业务发展的原因,以及金融理财的意义和价值。第三部分,简要回顾国际CFP认证制度的起源、发展和现状,以及中国CFP认证制度建立和发展的历程,并介绍两级认证制度、特殊项目认证的内容。第四部分,介绍CFP认证制度的"4E"认证体系,因为符合"4E"标准,是成为AFP和CFP持证人的必要条件。

本章内容包括:
- 金融理财的定义;
- 金融理财的意义和价值;
- CFP认证制度的建立与发展沿革;
- CFP认证制度的"4E"认证体系。

通过本章学习,读者应该能够:
- 掌握金融理财概念的真正内涵;
- 了解社会公众需要金融理财的原因和目的;
- 了解CFP认证制度的起源、发展和现状;
- 了解中国两级认证制度及特殊项目认证的内容;

● 掌握 CFP 认证制度的 "4E" 认证体系。

第一节 金融理财的定义

改革开放 40 余年来，我国国民经济的持续快速增长强有力地带动了居民个人财富水平的提高。从 2014 年到 2023 年，我国 GDP（国内生产总值）的年均增长率达到 5.94%，我国居民人均可支配收入的年均实际增长率达到 6.03%（各年情形详见图 1-1、图 1-2）。

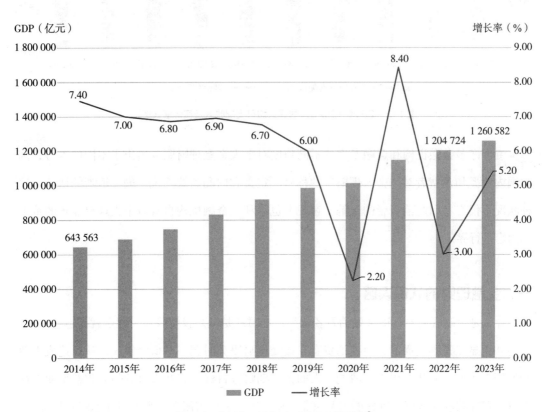

图1-1 2014—2023年GDP及增长率[①]

近年来，随着个人财富水平的提高和个人财富意识的觉醒，个人理财在我国已成为一个相当流行的概念。个人理财业务随之成为包括银行、证券、保险、基金、信托等在内的金融机构竞争的焦点。相应地，市场上也出现了"理财""个人理财""理财规划""财务规划""财务策划""金融策划""财富管理""财务顾问"等称号的个人金融理财服务。

---

① 资料来源：国家统计局，https://data.stats.gov.cn/easyquery.htm?cn=C01。

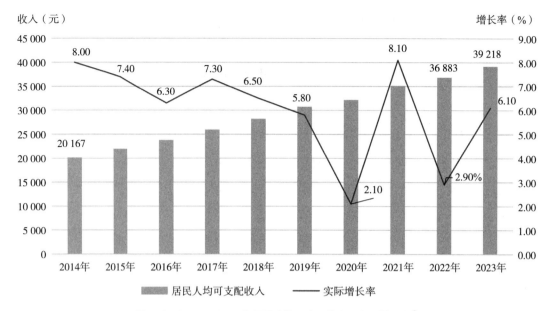

图1-2　2014—2023年居民人均可支配收入及实际增长率[1]

由于许多金融机构和金融专家从不同角度对个人金融理财服务给出了不同的称号，因此国内业界和消费者对"个人理财"的称号、定义和内涵尚缺乏统一的、清晰的认识。这种状况不仅容易引起消费者的误解，客观上也不利于金融机构自身对个人理财业务的范围和内容进行界定。

一、金融理财的认识误区

什么是金融理财？一般金融消费者认为：理财就是提高投资收益，理财就是迅速致富。上述认识显然是不全面的，会使消费者在接受理财服务时犯一些低级错误，从而造成失败和损失。比如，有些人根本不清楚个人的中长期财务目标，有些人过分强调收益率而忽视金融理财师的职业道德、胜任能力和执业资质，有些人仅着眼于短期收益而忽略长期表现；有些人将个人理财与投资规划混为一谈，有些人将理财投资组合等同于银行存款，有些人忽视投资风险，有些人对投资收益抱有不切实际的期望。这些认识上的误区极有可能使金融理财服务的消费者遭受重大损失。

作为金融理财服务的提供者，金融机构又是如何认识金融理财的呢？面对市场和客户理财的需要，一些金融机构在提供理财服务时将出发点定位于争取客户的储蓄存款，因此

---

[1]　资料来源：国家统计局，https://data.stats.gov.cn/easyquery.htm?cn=C01。

其对市场的典型反应是设计和提供收益率高的产品。但是，金融机构在研发、推广、销售创新产品时，对高收益率产品带来的风险往往缺乏披露或披露不足，在产品是否真正适合客户的需要这一方面也常常疏于考虑。部分金融机构有时也将理财狭隘地理解成金融产品营销的一种形式和渠道，而忽略对客户家庭和财务状况的分析，忽略产品对客户的适用性分析，最终使理财难以取得成功，理财的价值也难以得到客户的认同。

二、如何定义金融理财

2005年，中国银行业监督管理委员会颁布《商业银行个人理财业务管理暂行办法》，其第一章第二条对个人理财业务做出了如下定义："个人理财业务，是指商业银行为个人客户提供的财务分析、财务规划、投资顾问、资产管理等专业化服务活动。"

2018年，中国银行保险监督管理委员会发布《商业银行理财业务监督管理办法》，其第一章第三条对理财业务做出了如下定义："理财业务是指商业银行接受投资者委托，按照与投资者事先约定的投资策略、风险承担和收益分配方式，对受托的投资者财产进行投资和管理的金融服务。"

中国香港财务策划师学会将个人理财服务称为个人财务策划，认为个人财务策划是一个全面的过程，需要评估客户各方面的财务需要，包括支出、税务、保险、投资、退休及遗产策划。

台北金融研究发展基金会将个人理财服务称为理财规划，认为理财规划就是规划人们现在及未来的财务资源，使其能够满足人生不同阶段之需求，并达到预定的目标，使人们能够实现财务独立自主。

FPSB China将个人理财服务称为金融理财，认为个人理财是一种综合性金融服务，是指专业理财人士收集客户家庭状况、财务状况和生涯目标等资料，明确客户的理财目标和风险属性，分析和评估客户的财务状况，为客户量身定制合适的理财方案并及时执行、监控和调整，使其能满足客户人生不同阶段的财务需求，最终帮助客户实现人生在财务上的自由、自主和自在。

FPSB China对金融理财的定义强调了以下4点：

（1）金融理财是综合性金融服务；

（2）金融理财是由专业理财人士提供的金融服务；

（3）金融理财是针对客户一生的长期规划；

（4）金融理财是一个动态的过程。

标准的金融理财应该包括6个步骤：建立并界定客户关系；收集客户信息；分析和评估客户的财务状况；制订并提交理财规划方案；实施理财规划方案；监督客户理财规划状况。

按照客户金融理财需求的层次，金融理财可以进一步细分为生活理财和投资理财。

生活理财主要是指金融理财专业人士帮助客户设计与其整个生命周期的生涯事件相关的财务计划，包括保险、教育、居住、医疗、养老、财富传承、税收以及职业选择等各方面。金融理财专业人士通过向客户提供生活理财服务，帮助客户保证生活品质，让其即使到年老体弱或收入锐减的时候，也能保持自己所设定的生活水准，最终实现财务自由、自主和自在。

投资理财则是指在客户的基本生活目标得到满足的基础上，金融理财专业人士帮助客户将资金投资于各种投资工具，取得合理回报以积累财富。常用的投资工具包括股票、债券、金融衍生工具、外汇、黄金、不动产以及艺术品等。通过投资理财，金融理财专业人士帮助客户在考虑安全性和流动性的前提下，追求投资的最优回报，加速个人或家庭资产的增长，提高生活品质。

严格地说，生活理财和投资理财水乳交融，很难彻底区分。我们强调它们之间的这种划分，是为了明确金融理财的终极目的并不是单纯追求客户投资利益的最大化。

第二节　金融理财的意义和价值

在了解金融理财的定义和内涵后，人们常常会问：金融理财的意义是什么？金融理财的价值何在？或者通俗地讲，为什么社会需要金融理财服务，为什么每个家庭都需要金融理财？

一、理财是人生平衡收支的需要

在人的一生中，只有实现收支平衡才能保证财务上的安全。图1-3描绘了个人一生的收入支出曲线。就收入和支出的数量关系而言，个人一生中会出现收入等于支出、收入小于支出和收入大于支出3种情况。在人生的不同阶段，收入和支出并不总能保持平衡——实际上多数情况下是不平衡的。这种失衡既可能是收支数量上的不平衡，即收入小于支出，或者收入大于支出，也可能是收支在时间上的不匹配，即收入的取得迟于支出的发生，或者收入的取得早于支出的发生，从而产生流动性问题。这两个不一致的问题要通过金融理财来解决，以实现个人收支平衡。我们会在图1-3中看到上述收支失衡情况的发生：在教育期和养老期，收入小于支出，为净支出阶段；而在奋斗期，收入大于支出，为净收入阶段。因此，个人要靠奋斗期的收入来准备自己和上一代养老期的支出，同时为下一代准备教育期的支出。

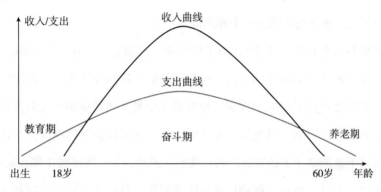

图1-3　个人一生的收入支出曲线

那么，如何度过收不抵支的教育期和养老期——尤其是退休以后的养老期，追求一生收支的平衡，就成为人们面临的最基本的理财问题。

人们是如何解决这个问题的呢？为此，我们有必要回顾一下中国人的理财历史。一般认为，我国居民理财经历了自然阶段、国家代理阶段和专业服务阶段这三个历史发展阶段，而与这三个阶段相对应的主要理财方式分别被称为代际赡养、国家福利和终身理财。

自然阶段是指我国自夏商周时期到中华人民共和国成立这一历史阶段，在该阶段，几千年传承下来的理财方式是，子女年幼时（教育期）父母抚养子女，父母年长时（养老期）子女赡养父母，即通常所说的养儿防老，学术上称这种理财方式为代际赡养。代际赡养的第一个特点是，处于奋斗期的中年人是经济负担最重的一代，要同时承担抚养子女和赡养老人的责任。代际赡养的第二个特点是，理财的成功与否严重依赖男性，一个家族或家庭必须生育男丁传宗接代，才可避免老来无依，因此导致了一夫多妻制的盛行和女性地位的低下，这也是中国落后地区重男轻女的根本原因之一。代际赡养的第三个特点是，依赖中国儒家文化的价值观，强调教养子女和孝顺长辈的伦理道德，一旦这样的道德体系被摧毁或道德底线被冲破，养老（退休规划）就会遇到很大的困难。

国家代理阶段是自中华人民共和国成立到20世纪90年代中期。中华人民共和国成立后建立了社会主义制度，实现了生产资料私有制向社会主义公有制的转变，公民本身也成为国家这一经济体的人力资源。在计划经济体制下，政府对各种经济资源实行配给制度和票证制度，职工的住房由国家和单位分配，食品和布匹由国家以票证供应，子女教育是义务教育，职工退休后由国家按照统一标准发放退休金，医疗制度是公费医疗。这种理财方式被称为国家福利，特点是由国家包办职工的子女教育、住房、养老、医疗等问题。但事实上，由于资源非常有限，只有党政军干部和城镇职工及其家属才能比较充分地享受到这一福利，而农村居民的福利被压缩到一个相当低的水平。

专业服务阶段在我国始于20世纪90年代中期，目前处于快速发展时期。自1978年改革开放以来，随着经济体制改革的深化、市场经济的发展和经济货币化程度的提高，政府对原有国家福利制度进行了深入的改革。原有的配给制度和票证制度逐渐被取消，原有的退休、住房、教育和医疗制度都发生了很大的变化，新的社会保障制度开始建立起来。同时，国家在法律上逐渐确立了私有财产的合法性。因此，每个居民现在都必须独立地面对、处理和解决养老、居住、教育、医疗以及保险等问题，并管理自己的财富和规划自己的人生。在社会分工日益加强和行业专业化程度日益提高的今天，金融产品日益多样化，金融信息日益丰富，每个家庭都需要金融理财专业人士提供专业的规划服务，理财自然就进入了专业服务阶段。在专业服务阶段，理财是一个贯穿一生的过程，是生涯规划的财务解决方案，因此我们称这种理财方式为终身理财。

当前，人们希望通过金融理财专业人士获得终身理财服务，实现资产的保值、积累和增值，实现理财收入的增加，实现支出预算和控制，并最终实现一生的收支平衡。

二、理财是居民财富水平提高的结果

居民财富水平的提高强有力地推动了理财服务的产生。经过改革开放40余年的经济发展，我国居民个人财富不断积累，中等收入个人和家庭数量大幅增加。国家统计局公布的数据显示，2023年，我国国民总收入达到1 251 297亿元，同比增长5.6%。

在国民收入总量高速增长和财富水平上升的同时，出现了收入分配结构性调整，以及贫富差距加大和财富相对集中的现象。招商银行与贝恩公司联合发布的《2023中国私人财富报告》显示，2022年，可投资资产在1 000万元以上的中国高净值人群数量达到316万人，人均持有可投资资产约3 183万元，他们共持有可投资资产101万亿元，占中国个人持有的可投资资产总额的近4成；2008—2022年，可投资资产年均增速达到18%。2022年，广东、上海、北京、江苏和浙江5个省市的高净值人群人数占全国高净值人群总人数的比重约为44%，其持有的可投资资产占全国高净值人群财富的比重约为60%。

一方面，居民整体财富水平的提高和富裕人群规模的扩大奠定了理财服务的市场需求基础，成为金融理财最重要的推动力。另一方面，金融理财恰好满足了居民财富水平大幅提高后对理财的需要，体现了其对个人和家庭的意义和价值。

三、理财是居民支出结构变化的产物

支出结构的变化巩固了理财服务的市场需求。在居民收入增长的同时，居民的支出结构也发生了很大的变化，主要体现为以下两点：

一是反映食物支出占生活消费支出总额比重的恩格尔系数不断下降。1978年，我国居民的恩格尔系数为63.9%。到2023年，我国居民的恩格尔系数已经下降至29.8%。这一方面说明居民整体收入水平提高了，另一方面则对人们合理安排和规划食物以外的支出提出了更高的要求。

二是社会保障制度改革促使支出结构发生了重大变化。住房制度、医疗制度、养老制度、教育体制等改革相继推出，以上各项支出中个人或者家庭承担部分不断加大。福利的货币化一方面提高了人们的收入，另一方面大大增加了人们的支出。在计划经济体制下，人们习惯于由国家代为安排退休、住房、教育和医疗，而现在则要开始自己安排退休后养老、自己买房、自己负担子女的教育费用和自己承担部分医疗费用，需要自己运筹帷幄、安排一生。这对于很多人而言是一个很大的挑战，需要认真面对、提前规划。

简言之，在收入增长的同时，支出结构出现巨大变化，个人和家庭需要对迅速增长的各项支出未雨绸缪，于是人们对理财服务的需求自然迅速增加。所以说，理财是居民支出结构变化的自然产物。换言之，理财有助于人们更合理地安排和控制消费支出，前瞻性地增加储蓄，加强财富的积累和管理，以用于未来支出。

四、金融决策复杂化推动了理财的发展

改革开放以来，我国金融体制发生了很大变化，出现了银行、证券公司、保险公司、信托公司等众多金融机构，以及存款、股票、债券、基金、衍生品、保险、信托等众多金融产品。国家统计局、中国人民银行、国家金融监督管理总局、证监会、中国证券投

资基金业协会等发布的数据显示：截至2023年底，中国本外币存款余额达到289.91万亿元，沪深股票总市值达到77.31万亿元，债券市场托管余额达到157.9万亿元；共有公募基金11 528只，公募基金资产净值合计27.6万亿元，共有私募基金153 079只，管理基金规模20.58万亿元。保险公司2023年的原保费收入达5.12万亿元。

金融产品的日益丰富使个人和家庭的选择变得更加多样化，金融决策变得更加复杂，也增加了风险。存款相比其他投资工具收益较低，人们开始通过最优的储蓄和其他投资工具的组合，在寻求安全性的同时，逐渐扩大投资收益。为了分散投资风险和提高收益，人们需要构建投资组合，而投资组合的构建依赖不同的投资工具。由于单一的金融产品很难满足人们对资产流动性、收益率以及风险等方面的特定要求，而个人又往往不具备投资的专业知识和信息优势，因此人们逐渐认识到，个人或家庭需要更多的专业知识才能正确地解读各类金融信息并加以判断，需要更多的专业技能才能应对风云变幻的金融市场并从中获利。换句话说，自主理财越发困难，个人或家庭客观上需要理财专业人士的服务。

简言之，多样化的金融产品、时刻变动的利率和汇率、各式各样的报价方式、繁杂的费率结构、不同的收益波动和风险水平，使得金融决策日益复杂化，需要理财专业人士的计划、评估和分析，进而做出决策，这极大地推动了理财服务的市场需求。

五、金融理财服务是金融竞争加剧的结果

我国加入世界贸易组织（WTO）后，逐步开放了国内金融市场。同时，国内银行、保险公司、证券公司、基金公司、信托公司等机构纷纷实行股份制改革，以市场为导向的经营理念迅速形成。因此，国内外金融机构在中国金融市场上展开了激烈的竞争。

金融竞争的加剧使得各家金融机构积极关注金融理财并满足客户的理财需求。中国人民银行自2012年以来多次降息，存贷利差大幅收窄，利率市场化进程加快，这迫使商业银行调整业务结构，大力发展中间业务、表外业务。个人金融业务成为商业银行重要的利润来源，也是行业竞争的焦点，对商业银行的发展具有重要影响。同时，居民收入支出结构的变化和金融投资意识的普遍增强，使得人们越来越追求多样化的金融投资产品和个性化的金融服务，这客观上要求银行的服务对象从以企业为主转向企业与个人并重。因此，社会对面向个人和家庭的理财服务需求呈现不断增长的态势，银行、证券、信托、保险等各类金融机构已经着力推广个人金融理财服务。由于理财服务具有综合性强、专业度高、涉及重大公众利益的特点，越来越多的金融机构认识到不能将个人理财仅仅看成向客户推销

金融产品，传统的产品导向的营销实践已经难以争取市场，必须树立"以客户为中心"的经营理念，向客户提供全方位的综合金融理财服务。

金融竞争的加剧使得各家金融机构更加重视自身的信用、信誉和形象。客户需要专业的金融理财服务，对专业的金融理财服务机构和人员寄予了很高的期望，提出了很高的要求，其中一个主要要求就是值得信赖，而信赖的基础由金融理财人员的道德和能力两方面组成。

金融机构认识到，需要通过制定统一的金融理财执业标准树立执业水平的标尺，规范理财师职业培训和认证，同时通过水平测试和水平认可促使理财师提高专业水平，并通过行业自律等手段加强理财师职业道德操守，以获得社会和公众的认可与信任。

金融竞争的加剧还使得各家金融机构直接面对来自国外同业的竞争。随着跨国经济活动日益增加，国际金融活动联系日趋紧密，来自国外金融机构的竞争压力不断增大，国内金融机构需要符合国际标准，结合中国的实际情况，提供全方位的金融理财服务，满足不同层次客户多样化的需求。

因此，金融理财服务的出现是金融竞争加剧的结果。从这一点来讲，金融理财对金融机构的意义和价值在于它提供了创新的服务模式和盈利模式。

六、金融理财的作用

对于个人和家庭而言，金融理财的作用主要体现在以下6个方面。

（一）平衡收支

如前所述，如何利用奋斗期的收入来支付养老期和下一代教育期的支出，平衡一生的收支，是金融理财要帮助人们解决的首要问题。

（二）投资管理

人们在满足家庭生活的基本需要和留存预备金应付突发事件之余，往往还有一部分剩余资金，可以通过金融理财把这部分资金进行投资，以积累财富，保证未来生活需要，提高未来生活质量。

金融理财专家可以根据个人和家庭的生活目标确定生涯规划，并基于此确定合理的理财目标，再根据个人的风险承受度制定合理的投资收益率和风险目标，然后通过资产配置确立投资组合，最后选择合适的理财工具，实现投资理财目标，使资产得以保值增值。

（三）风险管理

人生面临很多风险，比如过早死亡、丧失劳动能力、失业、意外事故、疾病产生的医疗护理费用、财产损失等，总体可以概括为收入减少或丧失、支出扩大或激增两种性质的风险，因此人们需要及早认识、管理和防范，并利用保险等产品积极规划。

（四）退休保障

根据国家统计局及联合国经社部公布的数据测算，截至2023年底，我国共有65岁及以上老年人口21 676万人，占总人口的15.4%，预计到2050年，这个比例将超过30%。2022年，中国人口出现近61年来的首次负增长，自然增长率为−0.06%；2023年，自然增长率进一步下降至−0.148%。从1999年进入人口老龄化社会到2023年的25年间，我国65岁及以上人口净增约1.3亿。与此同时，人均预期寿命增长迅速，由1950年的43.7岁达到2021年的78.2岁，户均规模也由第一次人口普查（1953年）的4.33人/户降低到第七次人口普查（2020年）的2.62人/户。截至2020年底，中国空巢老人已超1.18亿，占我国60岁以上人口的45.1%。综上，养老形势日趋严峻，人们需要尽早、从宽规划。金融理财可以帮助人们在工作期通过合理规划，为退休生活准备资金。

（五）减轻税负

财富的增长和收入来源的多样化，使人们面临的税收问题越来越多，金融理财专家可以帮助人们合理筹划收入的实现、支出的安排、经营实体的形式和利润分配形式及时机等，合规进行税务优化，并且在未来可能课征遗产税的环境下提前进行遗产的规划。

（六）财富传承

个人和家庭资产的积累，必然产生财富的传承问题，如何时留（传承时点问题）、留给谁（传承对象问题）、怎么留（传承方式问题）、传承成本（税费问题）以及流动性、可变性，由谁进行遗产管理等，这些都是大众普遍缺乏了解的问题。金融理财专业人士可以帮助人们回答和解决这些问题，确保按照被传承人的意愿做出传承安排，以较低的成本实现财富传承，减少纠纷。

第三节　CFP认证制度的建立与发展沿革

一、国际CFP认证制度的建立与发展沿革

（一）金融理财发展的历史背景

CFP认证制度源于美国，是在美国金融理财业发展的基础上形成的。回顾美国金融理财业的发展历程，可以将其分为3个阶段。

1. 第一阶段：初创期

在美国，最早提供金融理财（financial planning）服务的是20世纪30年代的保险营销人员。从1929年持续到1933年的银行挤兑危机和股市大灾难使人们普遍丧失了对银行和券商的信赖，加之严重的经济危机给人们的未来生活带来巨大的不确定性，于是保险公司提供的可以满足不同需求，甚至为客户量身定制的保险产品逐渐进入人们的视野。这时，部分保险销售代表为了更好地开展推销业务，向客户提供一些简单的个人生活规划和综合资产运用咨询。这部分保险销售代表后来被人们称为经济规划师（economic planner），尽管其主要目的是推销保险产品，但其仍是今天金融理财师（financial planner）的前身。

2. 第二阶段：扩张期

第二次世界大战后，经济的复苏和社会财富的积累使美国金融理财业进入了起飞阶段。社会、经济环境的变化逐渐使富裕阶层和普通消费者难以凭借个人的知识和技能，运用各种财务资源实现自己短期和长期的生活、财务目标，具体体现在以下5个方面。

第一，社会所倡导的超前消费观念使很多人担心缺乏足够的个人存款来应付日益增长的个人债务，从而保证今后生活的财务安全和自主。

第二，政府社会保障和公共福利政策发生改变，使消费者不得不考虑如何通过自己的努力过上舒适的退休生活。

第三，随着社会富裕程度的提高，很多人不知如何处理已经或者即将从亲属那里继承的大笔遗产。

第四，美国个人税收制度空前复杂，把消费者搞得"焦头烂额"。

第五，跨国公司的并购、税收的非对称性、信息技术日新月异的发展、金融管制的放松和竞争的加剧引发了美国乃至全球金融市场的革命，使消费者面临越来越多难以理解的金融产品和服务。

为了解决这些问题，消费者开始主动寻求咨询服务。他们对专业理财人员的要求是：称职、客观公允、以追求客户利益最大化为己任和注重职业道德。这一时期，美国金融理财业加速发展，从业人员不断增加。但是，随之出现了严重的市场混同问题：几乎所有提供金融服务的专业人员都称自己提供金融理财服务或使用理财师这个称谓。当时使用理财师称谓的美国金融理财业从业者包括很多人，要么是直接出售证券产品的注册销售代表，要么是推荐特定金融产品的投资顾问，要么是销售保险产品的保险经纪人、销售不动产的不动产经纪人等，不一而足。更令公众迷惑的是，因为没有一个专门的机构或组织统计那些自称为"理财师"的人数，所以无从知晓在美国究竟有多少统称为"理财师"的人在执业。

1987年10月19日，道琼斯指数暴跌508点。"黑色星期一"严重挫伤了美国股民的信心。同时，由于根据理财师提出的建议所做的投资遭到重创，给投资者带来了不计其数的损失，一时间理财师名誉扫地。1988年4月的《财富》杂志封面上是一个身着西服的绅士，空白处的标题是"任何人都可以是理财师"。公众强烈的不信任感使理财师经历了自诞生以来最为艰难的时期。

3. 第三阶段：成熟、稳定发展期

在经历了市场大幅波动的洗礼后，金融理财业又有了新的发展。尽管有了消费者旺盛的需求和从业人员迅速增加两方面的有利因素，但美国金融理财业的发展一直不够稳定，究其原因，主要是几个核心问题一直没有得到很好的回答：第一，金融理财业到底是一个独立的金融服务行业，还是从属于某个金融服务行业？它是不是金融咨询业的一个部分？第二，金融理财师是否能够成为类似律师和会计师的专业人士？第三，金融理财师的主要业务到底是销售金融产品及服务，还是提供一个规范的金融理财服务流程，以帮助客户实现既定的生活、财务目标？

CFP认证制度较好地回答了这些问题。

众所周知，在美国，与金融理财业相关的证书、专业执照名目繁多。而在市场与金融理财相关的众多认证体系中，CFP认证制度在这一历史阶段，对美国乃至全球金融理财业的发展起到了关键性的推动作用。究其原因，这种成功主要归功于两个方面。

第一，与金融理财业的其他认证制度相比，CFP认证制度的最大特点是，它倡导CFP执业人士在提供理财服务时，帮助客户制订中长期的可执行计划，而不是推销特定产品。

第二，为了把客户的利益和需要放在第一位，所有CFP执业人士都必须遵循一个考虑周全的金融理财执业操作规范流程。美国CFP认证组织为这个包括6个步骤的规范流程专门制定了一份完整的《金融理财执业标准》（Financial Planning Practice Standards）。

在CFP认证制度的推动下，美国的金融理财业逐渐发展为一个独立的金融服务行业。金融理财不再从属于任何提供金融产品或服务的传统金融行业，而且出现了以客观、公允为执业准则的专业人员——金融理财师。他们的主要业务不再是从销售金融产品及服务中获取佣金，而是为帮助客户实现其生活、财务目标提供专业咨询，并通过一个规范的个人理财服务流程来实施理财建议，从而防止客户利益受到侵害。

与此同时，美国主要的金融服务公司也看到了为客户提供金融理财标准流程的益处。这些公司认识到，如果一位顾客更愿意接受金融理财标准流程的增值服务，而不仅仅是关注和购买一个产品，那么这位顾客极有可能再与该公司合作。换句话说，这个金融理财标准流程可使短期顾客变成长期顾客。主要的金融服务机构如保德信（Prudential）、安盛（AXA）、瑞士联合银行集团（UBS AG）、美国运通（American Express）和汇丰银行（HSBC）等都赞同 CFP 认证标准中体现的理财程序，这些机构和其他许多机构都鼓励甚至要求它们的服务代表取得 CFP 认证证书。美国的金融理财业也因此逐步进入成熟、稳定的发展期。

（二）CFP 认证制度的建立和发展

1969 年 12 月，为推动金融理财作为一个独立行业发展，洛伦·邓顿（Loren Dunton）等 13 位金融家在芝加哥经过讨论，产生了以客户为中心、向客户提供全面金融理财服务的想法。1969 年，首个金融理财专业协会 IAFP 正式成立，其宗旨是普及金融理财知识，并促进金融理财行业发展。

经过 3 年的运营，IAFP 于 1972 年创立了专门的教育、培训机构——美国金融理财学院。同年，第一批共 42 名学员获得了学院颁发的国际金融理财师证书。1973 年，美国金融理财学院的毕业生又设立了国际金融理财师协会，旨在建立和维护金融理财行业的专业权威性，在美国和全球范围内推广 CFP 认证活动。

经过 10 余年的努力，1985 年，经过 NCCA（National Commission for Certifying Agencies，美国国家认证机构委员会）的授权，美国金融理财学院和国际金融理财师协会共同设立了 IBCFP。1986 年，IBCFP 收购了原来由美国金融理财学院拥有的 CFP 商标，并代替该学院承担 CFP 执业人士的考核、认证义务。 1994 年，IBCFP 改名为美国金融理财标准委员会。

作为一个非营利性的职业管理机构，美国金融理财标准委员会的目标是，通过建立和维护金融理财领域的职业标准和职业道德准则为社会公众提供服务。它授权专业的教育、培训机构负责有关 CFP 认证 6 个模块的标准教育、培训，组织职业考试，并向符合认证要求的专业人员颁发 CFP 证书。

1986 年，美国金融理财标准委员会开始发布《CFP 执业者职业道德规范、执业标准、纪律处分办法和程序》（Code of Ethics，Standards of Practice，Disciplinary Rules and Procedures of CFP Practitioners）。1987 年开始认证除美国金融理财学院以外的其他提供标准CFP认证培训课程的教育机构。1988年又发布了《CFP执业者继续教育要求》(The Continuing Education Requirements of CFP Practitioners)。1989年开始具体描绘CFP认证证书获得者所需要满足的从业经验标准，以及CFP认证证书获得者的详细认证程序。

1991年，以美国律师考试和CPA（注册会计师）考试为蓝本，美国金融理财标准委员会开始在全国范围内推出统一的认证考试，使得CFP认证制度更加规范、权威。考试大纲和各个教育、培训机构提供的CFP认证标准教育课程都是以美国金融理财标准委员会定期进行的工作分析为基础的。而工作分析的主要目的是，通过对广大CFP执业人士和金融理财行业其他专业人员的详细调查，明确CFP执业人士在从业过程中所需要的所有知识和技能，并将其作为认证制度中教育和考核的标准。由于CFP执业人士从业的经济、金融、法律环境不断变动，因此，工作分析根据需要不定期地进行。在逐渐加强从业经验积累、教育与继续教育以及考试三项认证标准后，美国金融理财标准委员会从1992年开始着力加强对第四个标准——职业道德——的建设。1993年，美国金融理财标准委员会对职业道德准则进行了一次较大修订，将其从执业标准中分离出来，发布了修订版的《职业道德准则与专业责任》(Code of Ethics and Professional Responsibility)。1994年，美国金融理财标准委员会开始着手对以前的执业标准进行大规模的修正，准备发布单独的《金融理财执业标准》。这是一个具有标志性意义的事件，因为美国金融理财标准委员会从此提出了金融理财执业操作规范流程的概念。经过3年的反复调研和多方努力，金融理财规范流程100系列、200系列于1999年开始对所有CFP执业人士实施，300系列于2000年开始实施，400系列于2001年开始实施，最后两个系列即500系列和600系列最终于2002年进入实施阶段。

（三）CFP认证的国际化

CFP认证制度虽然源于美国，但其发展不限于美国。不同国家和地区根据自身的金融市场发展状况，结合有关税收、遗产、养老和社会保障的法律制度和框架，对CFP执业人士所应具备的知识和技能进行了本土化。

CFP认证制度的国际化始于1990年。当时，澳大利亚金融理财协会（Financial Planning Association of Australia，Ltd.）主动与美国金融理财标准委员会讨论关于授权澳大利亚在当地颁发CFP认证证书并设立认证机构的意向。同年12月，美国金融理财标准委员会签署了第一份CFP商标国际许可证和联属协议，该协议允许澳大利亚金融理财协会参照美国金融理财标准委员会的模式，向达到教育、考试、从业经验和职业道德等方面严格要求的澳大利亚金融理财师颁发 CFP 认证证书。

两年之后即 1992 年，美国金融理财标准委员会又与日本签署了协议，并于 1993 年向 241 名 JAFP（Japan Association for Financial Planners，日本金融理财师协会）的会员颁发了 CFP 认证证书。在此基础上，国际金融理财理事会成立。

其他国家的金融理财机构很快效仿。在有些国家，金融理财组织已经在本国建立，它们找美国金融理财标准委员会和国际金融理财理事会帮助其进一步提高本国的金融理财专业化程度，并逐渐成为国际金融理财理事会的联署会员。

为了进一步推动全球范围内 CFP 认证事业的发展，2004 年 11 月，FPSB 正式成立。

（四）关于 FPSB

FPSB 是一个非政府、非营利性的行业自律组织，由美国金融理财标准委员会下设的国际金融理财理事会发展而来，并在 2004 年正式成为一个独立的 CFP 认证组织。FPSB 在美国境外拥有 CFP®、CERTIFIED FINANCIAL PLANNER™ 和 CFP 标识商标，并且允许已经取得认证的个人使用这些标识，以表明这些人已达到 FPSB 的初次认证和再认证要求。

FPSB 由 7 名成员组成的董事会进行管理，首席执行官列席董事会，无投票权。董事会对 FPSB 国际会员理事会负责。

FPSB 管理、开发并运作 CFP 认证和培训以及其他相关项目，通过上述国家和地区的会员组织建立、维护并推广金融理财的国际化专业标准，使国际社会普遍受益，并保护社会公众的利益。CFP 商标反映了 FPSB 多年来力求卓越的努力，代表金融理财行业的最高专业水准。

FPSB 的使命是：在金融理财领域通过建立、维护和推广全球性的职业标准来造福社会。CFP®、CERTIFIED FINANCIAL PLANNER™ 和 CFP 标识商标等职业荣誉标识代表了 FPSB 对卓越的承诺。

CFP 认证制度 1990 年首次进入国际市场，现已成为全球金融理财领域受到同业广泛认可，被很多国家和地区金融监管部门认同和提倡的制度。截至 2023 年底，FPSB 已在全球 27 个国家和地区建立了会员组织，全球 CFP 持证人数达到 223 770 人，自 1990 年至 2023 年底增长了 10 倍。中国于 2005 年 7 月加入 FPSB，成为准会员，并于 2006 年 4 月成为正式会员。截至 2023 年底，中国大陆 CFP 持证人总数达到 34 747 人，仅次于美国。

（五）FPSB金融理财系列标准文件

经过不断摸索和实践，FPSB建立、完善了金融理财师职业认证的"4E"标准，即教育标准、考试标准、从业经验标准和职业道德标准。特别值得一提的是，各会员组织的金融理财标准委员会都根据统一的国际标准，制定颁布了《金融理财师竞争力标准》《金融理财执业标准》《金融理财师道德准则和专业责任》《金融理财师行为准则》等系列标准文件。

《金融理财师竞争力标准》（见附录1）明确了金融理财专业人士不论身处何地或何法律辖区都应具备的专业知识、专业技能和执业能力，并翔实地阐述了金融理财专业人士与客户共同制订金融理财规划时所需要的知识、技能、能力、态度和判断力，对知识、技能和能力的有效整合是金融理财专业人士竞争力的表现。FPSB专业理念的核心是既能满足客户的利益，也能够维护和促进行业的利益以造福社会。

《金融理财执业标准》（见附录2）旨在为金融理财师设定执业标准，以规范金融理财行为，保持金融理财师所提供的理财规划服务的连续性；明确金融理财师和客户各自的角色定位及应承担的责任，提升金融理财执业流程的价值。该文件详细描述了六大步骤的业务流程和具体要求。获得认证的CFP执业人士在提供金融理财服务时必须严格遵循规范流程，才能在为客户提供服务时不以推销金融产品为首要考虑。

《金融理财师道德准则和专业责任》（见附录3）的确立和实施，使得各标准委员会可以根据该准则严格准确地界定、判断CFP执业人士的服务是否符合八大原则，即客户至上（client first）、正直诚信（integrity）、客观公正（objectivity）、公平合理（fairness）、专业精神（professionalism）、专业胜任（competence）、保守秘密（confidentiality）和恪尽职守（diligence）。

《金融理财师行为准则》（见附录4）是《金融理财师道德准则和专业责任》及《金融理财执业标准》的补充强化。FPSB在强调金融理财师的道德准则和执业标准的前提下，以《金融理财师行为准则》文件中的37个条文规范了金融理财师应该遵从的行为和被禁止的行为。

FPSB金融理财系列标准文件体现了"CFP执业人士永远以客户利益为行为导向"这一重要精神。

二、中国CFP认证制度的建立与发展

随着改革开放后经济的快速增长，我国GDP、人均可支配收入、家庭户均存款余额这

些反映国家或地区经济状况和发展水平、人民生活水平和生活质量与个人财富积累的指标都有了大幅度的增长，个人财富不断增加，富裕群体规模迅速增长。

面对日益增长的理财需求，20世纪90年代中期，中国各大金融机构，包括银行、证券、保险以及各类基金公司都推出了个人理财业务，从业人员也在不断增加。但是，由于没有统一的理财行业标准和管理规范，各金融机构的理财服务质量参差不齐，大多数理财业务从产品设计到业务管理都处于初级水平。因此，各个金融机构一致认为要建立一个全国性的、非营利的、具有公信力和影响力的认证组织，以引进国际先进的金融理财认证经验，根据国际规范制定统一的认证标准，建立专业金融理财师的认证制度和公众认可的教育培训、考试、认证体系。

那么，国际上有哪些经验可以借鉴，又有哪些专业的金融理财认证呢？经过考察，国内金融界了解到，国际上有多种关于金融理财的认证，包括：

- AAMS（合格财产管理专家）；
- AFC（合格金融顾问）；
- CFA（特许金融分析师）；
- CFP（国际金融理财师）；
- CIMC（注册投资管理顾问）；
- ChFC（特许金融顾问）；
- CTFA（注册信托与金融顾问）；
- CWM（特许财富管理师）；
- PFS（个人金融专家）；
- RFP（注册金融策划师）。

从国际范围的这些认证来看，只有少数认证制度是由监管部门强制制定的，而其他大多是由行业协会建立的，旨在通过行业自律的治理方式，形成对执业的一系列共同制度约定，提高行业信誉和从业人员专业水平，实现行业自我管理。在众多的金融理财专业认证中，CFP认证制度因为其完善的"4E"认证体系、严格的职业道德要求、标准的操作程序和注重本土化的认证原则，受到了国际金融理财界的广泛尊重和认可。

因此，CFP认证制度进入了中国金融界有识之士的视野，引进CFP认证制度逐渐成为中国金融界的共识。2000年，中国人民银行就开始了银行业金融理财从业问题的研究，探讨CFP认证制度的引进，但由于监管体制变动，这一工作进展较慢。

从2002年起，中国加入FPSB的进程加快，先后派出代表参加了FPSB在吉隆坡、伦敦等地召开的会员大会，介绍中国金融理财事业的发展情况，与FPSB官员和其他会员代表进行交流沟通，积极争取加入FPSB。

2002年11月，中美金融策划论坛在北京举行，拉开了CFP认证进入中国的序幕。经过数年的沟通和准备，2005年4月，FPSB南非开普敦年会批准中国作为准会员加入FPSB，全权负责中国的CFP认证。2005年7月，FPSB正式批准了中国的入会申请。同年8月，就中国加入FPSB的签字仪式在北京举行，双方同意并声明，中国CFP认证项目的管理和执行机构——金融理财标准指导委员会是FPSB在中国唯一授权的认证机构，在中国组织CFP认证考试、管理CFP认证、加强CFP商标的执行与推广。

金融理财标准指导委员会的使命是在中国建立金融理财师认证制度，确立标准，组织考试，认证专业人才，规范职业道德，维护行业秩序。通过建立、维护并推广CFP认证制度，使其成为中国金融理财业的专业标准，以提高中国金融理财从业人员的专业素质和诚信水平，使中国的消费者认可金融理财并从中最大限度地受益。

2004年12月11日，金融理财标准指导委员会全体会议讨论并通过了《金融理财师考试认证暂行办法》。

2005年12月13日，《金融理财师资格认证办法》正式获得通过。该办法确立了中国实施AFP和CFP两级认证的制度。

随着金融理财业在中国的快速发展，AFP和CFP认证被纳入国际CFP认证体系，加之"金融理财全球竞争力，道德和执业标准"在全球的统一，根据FPSB的要求，CFP认证项目的管理执行机构金融理财标准指导委员会于2009年2月转型，确立了FPSB China是唯一取得FPSB授权在中国进行CFP认证和CFP商标管理的机构。FPSB China是现代国际金融理财标准（上海）有限公司的简称。

金融理财标准指导委员会由业界和学术界有丰富从业经验、学术地位、社会责任感和热心金融理财事业的人士组成，指导CFP系列认证在中国的组织和实施；金融理财标准指导委员会执行委员会作为常设机构，负责在金融理财标准指导委员会闭会期间履行相关监督与管理的职责。

作为FPSB的会员单位，FPSB China负责CFP认证项目的全面管理和运营。其主要职责是：

- 作为FPSB的授权机构负责监督与管理CFP系列认证在中国的组织和实施。
- 维护CFP系列认证的国际标准和FPSB商标系列的品牌形象。
- 在中国市场执行全球CFP认证标准，并确保CFP系列认证和标准代表中国金融理财的行业卓越性。
- 建立并增加适宜的评估和考试标准，包括提高AFP、CFP、EFP和CPB考试通过水平。
- 建立并促进FPSB商标和品牌在中国金融理财领域的先进性和公信力。

三、两级认证制度

FPSB各会员的认证制度分为两类：第一类是只有CFP认证标准；第二类是AFP和CFP两级认证标准。实行一级认证制度，即只有CFP认证的，有美国、加拿大、澳大利亚、中国香港等；而采取两级认证制度，即包括AFP认证和CFP认证的，有中国台湾、日本和韩国。表1-1列出了韩国金融理财标准委员会对AFP和CFP两级认证的不同要求。

表1-1 韩国的两级认证比较

项目	AFP	CFP
教育	初级	高级
考试	1 天 4 小时	2 天 8 小时
从业经验	不要求	3～5 年相关经验
认证标准	3E（不含从业经验）	4E
资质	初级	高级
身份	国内	国际
服务范围	理财步骤前 3 步；后 3 步需要 CFP 执业者指导	六大标准理财步骤
继续教育	每年 20 小时	每年 30 小时

在引进国际CFP认证制度后，结合国际经验和具体国情，经过反复的讨论，中国确定采取两级认证模式，并将两级认证制度写入2005年12月正式通过的《金融理财师资格认证办法》。中国建立两级认证制度基于如下考虑：

第一，中国金融理财服务市场对理财师的需求很大，并且银行和非银行金融机构与个人金融理财相关的人员超过50万人，在传统的学历教育和在职教育缺乏金融理财的理论和实践内容的情况下，需要对相关金融理财服务人员进行培训、考试、道德考察和经验认证，并向合格的人员颁发认证证书。如果仅仅对合乎国际CFP认证标准的人员进行认证并颁发CFP认证证书，是远远不能满足市场需求的。因此，金融理财标准指导委员会认为应当对基本接近CFP认证标准的理财师进行认证。经过仔细讨论，它将通过该认证者称为金融理财师，即AFP持证人，而把达到国际标准的CFP持证人称为国际金融理财师。

第二，对于基本接近和完全达到CFP认证标准的理财师，应当在人才结构上形成层次。两级认证能够比较好地解决人才结构的问题。

第三，国内的理财师在知识水平、应用能力、沟通技巧等方面有很大差异，在认证中应当考虑理财师的水平差异，根据其水平和能力对其分别进行AFP认证和CFP认证。

第四，根据CFP认证本土化的原则，认证工作必须结合我国金融理财业发展的现状，增加我国的法律、税收等内容，设计符合我国具体情况的CFP认证制度。考虑到我国的国情，需要尽快扩大金融理财的影响，培养和增强金融服务消费者的理财意识。因此，两级认证势在必行，而AFP认证显得尤为重要。

第五，日本和韩国的经验对于我们而言是很大的鼓舞和很好的借鉴。作为日本的CFP认证组织，JAFP在当时已经认证了1万多名CFP持证人和20多万名AFP持证人。

基于以上种种考虑，中国建立了两级认证制度。同时，针对来自金融机构业务部门高级管理人员的需求，建立了EFP认证制度，以培养金融理财行业的管理人才。针对财富管理从业人员日益增长的服务高净值客户的需求，又推出了CPB高端认证品牌。

四、特殊项目认证

随着两级认证制度在中国的落地，在满足大众人群金融理财的一般需求的前提下，越来越多的市场需求被提出来。

第一个是针对金融理财高层管理人员的培训需求。

随着越来越多的金融理财一线从业人员通过CFP系列的培训，获取专业资格证书并开始执业，如何有效管理这些专业人士并形成机构的服务优势开始困扰金融理财的高层管理者。因此，在理解相关金融理财基本原理的前提下，进一步加强高层管理者的管理才能培养成为市场的另一个需求。

FPSB China在FPSB和中国金融理财标准指导委员会的指导下，推出了具有"专业＋管理"特征的EFP认证体系，为金融理财高层管理层提供专业管理培训。

EFP认证课程包括9个模块，由8个专业模块以及金融理财综合案例课程组成。

8个专业模块包括：

- 金融理财原理；
- 投资规划；
- 风险管理与保险规划；
- 金融理财与法律；
- 中国税制概述与税务优化；
- 员工福利与退休规划；
- 金融理财管理；
- 财富传承规划。

第二个是针对高净值人群的服务培训需求。

在过去的40余年中，伴随着经济的快速发展，中国庞大的高净值人群开始涌现。相比一般大众人群，高净值人群的金融理财需求更加复杂也更具有个性。FPSB China 在 FPSB 和中国金融理财标准指导委员会的指导下，适时推出了面向财富管理和私人银行领域专业人士的CPB高端认证品牌，其注册商标为 **CPB'** 、 CERTIFIED PRIVATE BANKER™ 、 **CPB.** 、 ，以及 CERTIFIED PRIVATE BANKER™ 。

CPB认证经历快速发展之后，已经成为中国私人银行业内专业人士的首选认证。

CPB认证课程经过众多业内专业人士多年的潜心努力，历经了6次重大升级。

第一版：以瑞士、新加坡私人银行课程为蓝本，以美国、瑞士业内专家为核心师资，原汁原味引进西方私人银行授课体系，在传播来自财富管理"圣地福音"的同时，也遭遇"南橘北枳"的尴尬。

第二版：以FPSB China 多年对中国财富人士的研究为基础，重新梳理课程逻辑与主线，立足中国财富人士的需求，进而拓展财富人士所涉及的产权梳理、公司架构、身份安排、全球税务筹划、财富传承、法律等一系列问题，得到了市场强烈的正向反馈。

第三版：全球金融监管的加强、CRS（共同申报准则）的推出，部分颠覆了私人银行面向财富人士的理财逻辑和基础，在此基础之上，我们全盘构建私人银行认证课程的逻辑主线，以适应全球新环境，深受市场好评。在教学形式上，我们尝试联袂业界资深专家以真实专属案例提供"一对一"单独辅导，加速提升学员实践能力。

第四版：针对当前财富人士在资产配置、身份安排、产权设计、税务合规、财富传承等众多方面的安排经常各自为政、顾此失彼的情况，我们全面推出基于系统思维和全局规划的课程逻辑，实施专属导师"一对一"辅导。同时，在教学形式上，也推出了"网络＋面授"的方式，方便不同地区学员的时间安排。

第五版：全球经济环境复杂多变，尤其是2020年的新冠肺炎疫情导致全球政治、经济与金融动荡，时局的变化使财富家庭面临巨大的叠加风险，同时深刻影响了财富管理的需求。课程以财富人士面临的挑战为基本逻辑，聚焦核心热点，针对困扰财富人士的信托安排、税务合规、资产管理与财富传承等痛点，提供全面客观的方法与工具。

第六版：在国际局势多变、地缘政治引发新的金融与经贸限制的背景下，重构"高净值人群全球税务合规"与"私人银行实践"课程框架，敏锐洞察全球最低税、数字资产、FGT（外国委托人信托）、离岸架构等新动向。

CPB认证课程包括7个模块，由6个专业模块以及私人银行实践课程组成。

6个专业模块包括：

- 私人银行客户需求分析与服务；
- 资产增值与投资管理；
- 高净值人士财产权益及法律规范；
- 高净值人群全球税务合规；
- 产权梳理与公司架构设计；
- 家族财富传承。

CPB认证课程的第7个模块私人银行实践课程，是在案例讲解课程最后采取"导师制"的模式，单独指导每一位学员制作私人银行综合案例，并为学员出具由导师亲笔书写的专属私人银行实践课程报告。

CPB认证的取得，可以帮助持证人：

- 塑造专业、勤勉、值得信赖的执业人士形象；
- 提高由浅入深、多角度分析和解决问题的水平；

- 培养洞察财富人士的显性需求、潜在需求与核心需求的能力；
- 掌握立足本土的高净值客户需求的分析方法；
- 熟练掌握并运用适用于财富人士的全面财富管理理念、方法与工具；
- 搭建私人银行家的职业阶梯和信息交换互动平台。

第四节　CFP 认证制度的"4E"认证体系

CFP 认证的"4E"标准涉及教育、考试、从业经验和职业道德 4 个方面。

AFP、CFP 认证的申请人需经过教育、考试、经验和道德认证等程序，符合认证要求的，可以成为 AFP、CFP 持证人。

具体而言，AFP 认证申请人需要参加 FPSB China 授权的培训机构组织的 108 学时的 AFP 认证培训，并报名参加 FPSB China 组织的 AFP 认证全国统一考试。通过考试的 AFP 认证申请人需进一步向 FPSB China 提交相关的从业经验认证材料，完成从业经验和道德认证，才能成为 AFP 持证人，取得 AFP 商标 AFP 的使用权。

CFP 认证申请人在取得 AFP 认证后，需要参加 FPSB China 授权的培训机构组织的 132 学时的 CFP 认证培训，并报名参加 FPSB China 组织的 CFP 认证全国统一考试。通过考试的 CFP 认证申请人在完成相关的从业经验认证和道德认证后成为 CFP 持证人，取得 CFP 商标 CFP 的使用权。

AFP 和 CFP 认证的路线如图 1-4 所示。

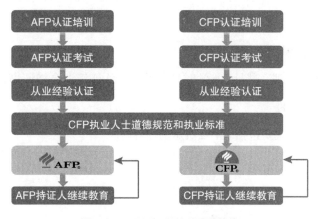

图 1-4　AFP 和 CFP 认证的路线

一、教育

金融理财师的工作就是根据客户的金融理财需要，运用科学的标准化理财程序，合理安排客户的金融资产分布，设计合理可行的理财方案，帮助客户实现其生涯规划的各项目标。因此，从业者需要具备经济、法律、会计、统计、数学等学科的基础知识，并具备跨行业的专业知识，包括金融、投资、保险、税务、员工福利、社会保障、遗产等各个方面。

按照"4E"标准要求，培训教育是CFP认证的首要环节。在CFP认证的第一步，CFP认证申请人必须通过规定的基本课程的学习。这些课程包括的内容十分广泛，主要有金融理财原理、投资规划、保险规划、员工福利、退休规划和税务筹划等。

以美国金融理财标准委员会的CFP认证培训课程为例，其主要包括6个模块，分别为金融理财概论、个人风险管理和保险规划、投资规划、个人税务规划、员工福利与退休计划、遗产筹划，规定课程学习不得少于240学时。FPSB China根据中国的实际情况，将税务规划与遗产筹划合并，将CFP认证培训课程设计为5个模块、共计240学时的培训体系。5个模块分别是投资规划、个人风险管理与保险规划、员工福利与退休规划、个人税务与遗产筹划、金融理财综合规划案例。其中，个人税务与遗产筹划在其他国家是两门独立的课程，但考虑到中国的个人税务相对简单，《遗产税法》尚未出台，因而FPSB China把二者合一，这体现了CFP认证的本土化原则。对于那些有志于向公众提供高质量金融理财服务的个人来说，顺利完成这些课程的学习，不仅是获得资质认证的前提条件，而且将为今后的工作打下一个良好的基础。

根据两级认证制度的要求，FPSB China将240学时的培训课程划分为两个阶段，即AFP认证培训和CFP认证培训。

（一）第一阶段：AFP认证培训

课程为金融理财原理，共计108学时。获得AFP认证培训合格证书是AFP认证申请人取得AFP认证的首要条件。

目前AFP认证培训主要包括表1-2所示的内容。

表1-2　AFP认证培训内容

模块	课程内容	模块	课程内容
金融理财基础	金融理财概述与 CFP 认证制度	个人风险管理与保险规划	风险与风险管理
	经济学基础知识		保险基本原理
	金融理财法律		人寿与年金保险产品
	货币时间价值与理财资讯平台的运用		人寿与年金保险规划实务
家庭综合理财	家庭财务报表编制与财务诊断	员工福利与退休规划	员工福利
	居住规划		退休规划
	子女教育金规划	个人所得税及其税务优化	税收基础知识
投资规划	投资基础		中国个人所得税制度
	现金及其等价物		个人所得税优化
	债券市场与债券投资	金融理财综合案例	信用与债务管理
	股票市场与股票投资		
	期权基础知识		
	外汇与汇率		综合理财规划原理
	贵金属投资基础		
	基金投资		
	理财产品投资		
	投资组合理论		理财规划软件案例示范
	投资人特征分析		
	资产配置与绩效评估		

（二）第二阶段：CFP认证培训

　　课程为5门理财专业课，即投资规划、个人风险管理与保险规划、员工福利与退休规划、个人税务与遗产筹划、金融理财综合规划案例，共计132学时。获得CFP认证培训合格证书是CFP认证申请人取得CFP认证的必备条件。

　　目前CFP认证培训主要包括表1-3所示的内容。

表1-3 CFP认证培训内容

模块	课程内容	模块	课程内容
投资规划	投资理论	员工福利与退休规划	员工福利
	债券投资与分析		退休规划
	股票投资与分析		案例制作与发布
	基金投资	个人税务与遗产筹划	中国税制概述
	期权投资		具体税种的优化设计
	大宗商品与期货投资		个人涉税活动的税务优化
	房地产投资		个人跨境所得的税务优化
	收藏品投资		家族财富传承和遗产税
	海外投资		个人税务案例解析
	金融产品创新与风险管理	金融理财综合规划案例	金融理财综合规划案例
	投资案例分析		
个人风险管理与保险规划	健康与意外伤害保险		
	团体人身保险		案例示范
	寿险产品分析		
	财产与责任保险		
	人身保险需求分析与综合规划		案例制作与发布
	寿险公司经营与保险市场监管		
	案例讨论		

申请人完成培训，通过结业考试，并获得FPSB China授权教育培训机构颁发的培训合格证书后，可向FPSB China提出参加AFP或CFP认证考试的申请。

（三）关于课程豁免

CFP认证申请人如果具备某些符合规定的学位或者专业学历，各国或地区金融理财标准委员会将会视同其满足了CFP认证的教育要求，可以豁免指定课程的学习。

1. 直接豁免程序

实践中，各国或地区金融理财标准委员会可以根据本国或本地区的实际情况设定其他可以豁免教育、培训的学位或专业，并根据具体情况做出调整。比如，美国金融理财标准委员会规定的可以完全豁免教育、培训的学位或专业证照包括以下六类：

- CFA；

- CPA；

- ChFC；

- CLU（寿险规划师）；

- 执业律师；

- 经济学博士。

目前，拥有FPSB China认可的经济管理类或经济学博士学位的AFP或CFP认证申请人，可申请豁免中国境内的全部培训课程，直接参加考试。

2.学分评估

FPSB规定，一些CFP认证申请人由于具有某些学位、专业学历，或者修过一些与金融理财相关的课程，对本国或本地区金融理财标准委员会制定的教育大纲中的部分内容有比较深入的了解，因此他们可以申请免除部分甚至全部课程要求。

申请人首先要向所在国家或地区的金融理财标准委员会提出书面申请，在经过一定的核准程序（这个程序称为学分评估）后，即可免修经批准的课程，但申请人仍然必须在经金融理财标准委员会批准的教育机构继续进修其他课程。

学分评估程序与直接的教育豁免程序之间的主要区别是：学分评估程序要求各金融理财标准委员会对申请人的实际情况进行个案研究，以最终决定是否给予教育豁免，以及给予什么程度的豁免或给予哪些课程的豁免；而直接教育豁免程序，给出了一些客观评判标准，一旦申请人具有指定专业学历或学位，就具有了挑战身份，他们被认为可以直接参加CFP认证考试而不需要接受任何附加的教育培训。

以上两种方式的具体规定会因申请人所在国家或地区的不同而有所差别，因此，申请人如果不能确定自己应以何种方式达到教育要求，应当主动向所在国家或地区的金融理财标准委员会咨询，以确定最适合自己的方式。

（四）继续教育

申请人在达到AFP或CFP认证需要具备的"4E"标准后，通过认证程序即可成为AFP持证人或CFP持证人。但是，由于现实经济环境的不断变化，公众对金融理财的要求也处于不断的变化之中，这在客观上要求理财师不断地丰富和发展自己的专业知识和职业技能。因此，为了保证AFP和CFP执业人士的持续胜任能力，各金融理财标准委员会都制定了继续教育制度。在获得认证之后，AFP和CFP执业人士在规定时间内必须按规定完成一定的继续教育学习，达到规定的学分要求，并在每个继续教育期间提交继续教育报告，完成再认证后，其认证才能继续保留。

1. 继续教育的形式

（1）FPSB China组织的继续教育活动。

（2）FPSB China授权的继续教育机构提供的继续教育活动。

（3）FPSB China组织或认可的专业论坛、研讨会和学术报告会等。

（4）FPSB China认可的、由持证人所在单位举办的相关内容的学习和活动。

（5）担任FPSB China或FPSB China授权机构举办的金融理财培训的授课人或研讨会的演讲人。

（6）完成与金融理财相关的专业著作或专业论文，并公开出版或发表。

（7）参加金融理财相关专业的在职学历或学位教育。

（8）FPSB China认可的其他形式。

2. 继续教育的学时要求

（1）CFP系列认证证书的有效期为2年，持证人每2年必须再认证一次。

（2）学时要求：30学时，其中必修课程不少于2学时（AFP、CFP、EFP和CPB持证人均适用）。

3. 继续教育的学时确认规则

（1）参加由FPSB China认可的、持证人所在单位举办的相关内容的学习和活动获得的学时，每一个有效期可确认的学时原则上不超过9个学时。

（2）担任FPSB China或FPSB China授权机构举办的金融理财培训的授课人或研讨会的演讲人应按实际授课或演讲时间确认学时，每一个有效期不多于8个学时。

（3）完成与金融理财相关的专业著作或专业论文，并公开出版或发表的学时确认原则为：一部专业著作可确认10个学时，每一个有效期不多于10个学时；一篇专业文章（3 000字以上）可确认2个学时，每一个有效期不多于10个学时。

（4）参加金融理财相关专业的在职学历或学位教育，并获得学历或学位证书，可确认10个学时。

（5）其他形式的继续教育，以FPSB China确认的学时为准。

4. 继续教育的学时申报

（1）在证书有效期内，持证人有义务通过"CFP系列考试报名与认证系统"自主进行继续教育的学时申报，FPSB China将定期或不定期进行抽查和审核。

（2）因下列情形之一而未完成继续教育学时的持证人，可以书面申请延长时限：因生育休产假的；因疾病半年以上无法正常工作的；FPSB China认可的其他情形。

（3）持证人应将继续教育的证明文件及相关资料保留至少4年，并在FPSB China抽查或审核时予以提供。

（4）对于提交没有依据的、错误的或虚假的继续教育学时申请的行为，FPSB China有权根据相关规定对持证人进行处分。

二、考试

教育是CFP认证程序的基础，能够让学习者全面地理解和掌握金融理财原理、工具、方法和程序。然而，教育的效果必须通过考试来检验。参加了课程学习并取得培训合格证书，并不能保证课程学习者达到了FPSB China设定的金融理财师的执业水平。FPSB China必须通过第二个"E"，即考试，来检验申请人对理财知识和技能的掌握情况。CFP认证考试除了考查候选人在教育、培训阶段所学的理论知识，还要考核其运用所掌握的金融理财知识解决实际生活中复杂问题的能力，也就是说，CFP认证考试要求应试者知识和技能并重。

CFP认证申请人一旦达到了所规定的教育要求，即可申请参加CFP认证考试。CFP认证考试的命题思路，主要是考核申请人运用所学到的金融理财知识，应对金融理财实务中复杂情况的能力。如果能够顺利地通过这项考试，则意味着申请人已经具备了金融理财实务工作所要求的知识和能力。

（一）考试的形式、题型和评价体系

在考试题型方面，大部分国家和地区的金融理财标准委员会制定的认证考试全部采用选择题。考试的重点是测试学员利用不同领域的知识解决综合问题的能力，以情景案例题为主。学员在考试时通常会发现，考题的范围非常广泛，几乎涉及课程所要求的全部内容，甚至单独一个问题的解答都需要充分掌握多方面的知识。在对应试者能力的考查方面，CFP认证考试分为4个等级：（1）知识；（2）理解运用能力；（3）分析综合能力；（4）评估能力。CFP认证考试的重点在于考核综合解决问题的能力，即后3种能力，而不是考核知识的掌握程度。

中国的AFP和CFP认证考试注重考查申请人掌握的知识和技能，强调知识和技能并重，考核申请人利用不同领域的知识解决综合问题的能力，以及申请人的理解运用能力、分析

综合能力和评估能力。

AFP认证考试内容为"金融理财基础"。CFP认证考试内容共5门，分别为投资规划、个人风险管理与保险规划、员工福利与退休规划、个人税务与遗产筹划、综合案例分析。

AFP和CFP认证考试全部为客观单项选择题，分为概念题、计算题和案例题。难度系数分为4级，即简单、中等、较难和最难，四者的占比分别为10%、30%、40%和20%。以概念题为例：简单题目，是指只考查一个概念或理念的题目；中等题目，是指考查一个理财流程中2~3个相关概念或理念的题目；较难题目，是指考查4个概念或理念的正确性的题目；最难题目，是指考查一个单元或不同单元中4个理念或概念的正确性，或者以复选形式出现的复合单选题。计算题中的简单题目，是指只需一个计算步骤的题目；中等题目，是指需要两个计算步骤的题目；较难题目，是指需要3个及以上计算步骤的单选题；最难题目，是指需要3个及以上计算步骤，或者以复选形式出现的复合单选题。

AFP和CFP认证考试的公正性是其质量的保证，是AFP和CFP认证的社会公信力的保证，对保障AFP和CFP认证的价值和维护AFP和CFP持证人的尊严至关重要。各金融理财标准委员会，包括FPSB China都将考试的公正性视为至高无上的使命，并采取了很多必要的程序以确保考试的公正性。

FPSB China采取的措施和实施的程序如下：

第一，在FPSB China内成立专门的考试委员会。考试委员会的主要任务是，在FPSB China的领导下确定AFP认证考试和CFP认证考试的考试范围、考试大纲、考试方式，确定应考人的标准，确定试题，组织考试和公布考试结果。

第二，设立严密的命题程序。命题程序包括试题编写、试题审核及确定试题3个阶段。考试委员会聘任专家来组织命题。专家依据考试指定的讲义和教材，按照考试大纲要求，遵循FPSB China设定的标准，进行试题的编写工作。经考试委员会审核批准后，建立考试题库。每一次考试的考题都是根据考试大纲、难度系数、知识点的分布等要素，从试题库中随机抽取，并组成一套完整的试题。

第三，实行《命题人承诺书》制度。为保证考试的公正和公平，试题编写专家在参加命题工作前必须与考试委员会签署《命题人承诺书》。专家必须保证在考试前不得直接或间接参与和考试有关的培训工作；不得以任何方式直接或间接地向参与培训的相关人员透露任何与命题有关的信息；不得参与本考试年度相关考试辅导用书和资料的编写等可能妨碍其履行保密义务的活动。

第四，建立严格的监考制度。监考人是受考试委员会的委托，在考场内执行考试纪律，并根据考试委员会的授权对考试违纪行为进行纠正和处理的工作人员。为确保监考过程的公正、公平，监考人必须与考试委员会签署《监考人保证书》。

第五，实行电子阅卷制度。考试结束后，采取计算机自动阅读方式进行阅卷；阅卷完成后，按有关规定及时向考生公布成绩。

（二）考试的时间和地点[①]

自2023年4月起，CFP系列认证考试根据授权培训机构学员的考试需求设置考区，考生可以根据需要在报考时选择。截至2024年3月底，已在全国60余个城市设置了考场。

AFP认证考试时间设计为6个小时，上午、下午各3个小时。

CFP认证考试时间设计为12个小时，分5张试卷进行。

（三）考试通过率

CFP系列认证考试通过与否是按照具体的标准来评判的，达到了这一标准即被认定为合格，而不是设定一个固定的合格率。如果考生的成绩没有达到规定的合格标准，那么不论他在全体考生中的名次如何，都不能通过考试。中国AFP和CFP认证考试的试题难度，以及水平通过线，是在充分考虑中国应考人的整体水平，并参照大多数FPSB会员考试的一般通则和通过率后确定的。

三、从业经验

由于CFP认证证书向公众传递这样一种信息，即该金融理财师具有向客户提供金融理财服务的高度专业能力，因此CFP认证申请人需要具备适当的金融理财实际从业经验。我们将在以下部分重点介绍从业经验认定的有关规定。

（一）从业经验的认定范围

FPSB认可的从业经验包括从事《金融理财执业标准》所规定的六大理财步骤的一部分或者全部的工作经验。一般来说，只有那些从事金融、金融咨询等行业的申请人才符合上述要求。这些行业涉及会计师事务所、银行、金融理财公司、保险公司、律师事务所、共同基金、证券公司、信托公司、储蓄协会、信用合作社等机构，但具体的行业范围是由各金融理财标准委员会根据实际情况制定的。

---

① 信息截至2024年3月，具体以FPSB China官网公布的信息为准。

FPSB China规定，在金融机构、会计师事务所、律师事务所和其他FPSB China认可的机构从事的金融理财相关工作，可以作为受认可的从业经验。

（二）关于从业经验的时间规定

关于CFP认证的从业经验的时间要求，各金融理财标准委员会有不同的规定。例如，美国金融理财标准委员会规定，取得大学本科学历的CFP认证申请人至少应当具备3年合格的全职工作经验，或等额的合格兼职工作经验；不具有大学本科学历的申请人至少应当具备5年合格的全职工作经验，或等额的合格兼职工作经验。

对于AFP认证申请人，FPSB China规定了如下的从业经验要求：

（1）如果AFP认证申请人最高学历为国家认可的研究生学历，则至少应当具备1年合格的全职工作经验，或等额的合格兼职工作经验（按2 000小时的兼职工作时间等于1年的全职工作时间换算）。

（2）如果AFP认证申请人最高学历为国家认可的大学本科学历，则至少应当具备2年合格的全职工作经验，或等额的合格兼职工作经验（按2 000小时的兼职工作时间等于1年的全职工作时间换算）。

（3）如果AFP认证申请人最高学历为国家认可的大学专科学历，则至少应当具备3年合格的全职工作经验，或等额的合格兼职工作经验（按2 000小时的兼职工作时间等于1年的全职工作时间换算）。

（4）从业经验时间认定的有效期为申请认证之日起近10年以内。

（5）AFP认证申请人必须向FPSB China如实申报从业经验并提供相应经历的证明人，证明人必须是申请人的上级主管或已获得AFP、CFP认证的专业人士。FPSB China保留对申请人从业经验有效性的最后认定权。

对于CFP认证申请人，FPSB China规定了如下的从业经验要求：

（1）如果CFP认证申请人最高学历为国家认可的研究生学历，则至少应当具备2年合格的全职工作经验，或等额的合格兼职工作经验（按2 000小时的兼职工作时间等于1年的全职工作时间换算）。

（2）如果CFP认证申请人最高学历为国家认可的大学本科学历，则至少应当具备3年合格的全职工作经验，或等额的合格兼职工作经验（按2 000小时的兼职工作时间等于1年的全职工作时间换算）。

（3）如果CFP认证申请人最高学历为国家认可的大学专科学历，则至少应当具备5年合格的全职工作经验，或等额的合格兼职工作经验（按2 000小时的兼职工作时间等于1年的全职工作时间换算）。

（4）从业经验时间认定的有效期为申请认证之日起近10年以内。

（5）CFP认证申请人必须向FPSB China如实申报从业经验并提供相应经历的证明人，证明人必须是申请人的上级主管或已获得CFP认证的专业人士。FPSB China保留对申请人从业经验有效性的最后认定权。

（三）从业经验的验证

FPSB规定，申请人申报的从业经验由经过批准的专业人士进行验证。这些专业人士可以是申请人的直接主管，或者对申请人的工作经历比较熟悉的其他同事。申请人的从业经验能否获得认可，最终要由本地金融理财标准委员会来决定。另外，各地金融理财标准委员会将对申请人所提供的信息进行随机的抽查验证，一旦发现虚假或者误导的信息，将会转交金融理财标准委员会内的相关部门进行严肃处理。

对于从业机构的认定规则，FPSB China要求申请人必须具备在下列机构中从事金融理财或与金融理财相关工作的经验：金融机构、会计师事务所、律师事务所以及FPSB China认定的其他机构。申请人可在FPSB China公布AFP或CFP认证考试成绩之后，填报《工作经验认证表》。

四、职业道德

职业道德是CFP认证程序的重要部分之一。CFP认证申请人必须同意严格遵守发布的道德准则、执业标准以及行为准则，保护客户利益，遵循道德规范和执业要求。

金融理财服务具有综合性强、专业素质要求高、直接涉及公众利益等特点。金融理财在一定程度上是一个以自然科学和社会科学为基础、专业性很强的行业，要求理财师具有银行、证券、保险、投资、税收等全面的经济金融知识和实际经验。同时，金融理财直接涉及公众或个人的利益，金融理财师的道德水准要直接接受社会的检验。因此，以高标准的道德规范要求理财师，对取信社会公众、建立大众对理财行业和AFP或CFP执业人士的信任，以及金融理财师自身的成功而言是极为重要的。

（一）金融理财师的职业道德

规范的制定可以减少道德问题，金融理财行业需要自律规范来保证行业健康发展。CFP认证制度通过规定严格的职业道德准则，确保行业从业者遵循基本原则和具体准则，从而得到广泛认可。

金融理财师的道德规范，基本上与律师和会计师等职业的道德规范类似。金融理财师必须做到正直诚信、诚实公平，遵守法律和具体的职业操作规范，尽职尽责地为客户利益服务。金融理财师在面临道德风险时，必须学会如何判断和处理。道德风险问题一般在信息不对称、决策结果检验时间长、理财决策牵涉金钱而且数量巨大、存在利益冲突时显现。

通常，人们通过制定规范来减少职业上的道德问题。规范包括两种形式：政府强制性的法令和自我约束。对于那些对公共利益影响较大的行业或职业，都是由政府或监管部门制定的法令进行规范和约束的，典型的如注册会计师和执业律师（尽管这两个行业也有发展得比较成熟的行业自律性规范，但是其获得的执业资格却源于国家法律的授权）。但是，如果一个行业对公众利益还未产生足够的影响以至于政府或监管部门施加干预，那么这个行业的规范只能依靠自律这种形式。

对于金融理财这个行业，很多国家并没有制定和公布统一的执业者行为准则，而且对谁有权使用"理财师"或者类似头衔，也没有严格的限制。也就是说，没有国家主导的认证程序。结果，理财师的技能、教育水平和道德素质参差不齐，客户无法轻易辨别哪些理财师是合格和胜任的。一旦利益真的受到侵害，客户就只能求助于法庭来剔除那些不称职和不道德的从业者，而这一过程不仅成本昂贵，而且耗时太长。因此，金融理财领域出现了很多行业自律性质的、非政府认证的团体，管理、运作CFP认证制度的FPSB就是其中一个，并逐渐在全球范围内受到广泛认可。

CFP认证制度一直以来保持旺盛生命力，受到金融理财从业人员、金融机构和广大消费者的认可和尊重，一个重要原因就是它要求获得认证的从业者遵守十分严格的职业道德准则。作为职业道德规范，其具有以下4个特征：

- 规定被管辖的人员或行为。
- 职业道德准则与被管辖人员的职业行为有关，而不是与个人生活的每个方面有关。例如，金融理财师被严禁挪用客户的委托资金进行投资，但如果他们进行个人投资时做了一个不明智的决策，那就不是道德问题。
- 职业道德准则是一系列基本原则。
- 职业道德准则还包含一系列具体准则，以确保基本原则具有更强的可操作性和更高的应用价值。

（二）金融理财师的道德准则与行为规范

为规范金融理财师职业道德行为，提高金融理财师职业道德水准，维护金融理财师职业形象，FPSB China要求经其认证的中国AFP持证人、CFP持证人、EFP持证人、CPB持证人均应严格遵守FPSB发布的《金融理财师道德准则和专业责任》及《金融理财师行为准则》中的规定。

《金融理财师道德准则和专业责任》提出了八大道德准则，要求金融理财师必须遵守。这些准则阐述了AFP和CFP执业人士对公众、客户、同事以及雇主所应该承担的专业责任，适用于所有获得AFP和CFP认证证书的人员，并且为他们从事专业服务提供指导。

《金融理财师行为准则》则以翔实的规定，严格规范金融理财师的职业操守，旨在为金融理财师的执业行为树立标准。

1. 准则一：客户至上

客户至上准则要求金融理财师永远把客户的利益放在第一位。客户至上是专业精神的标志，它要求金融理财师诚实行事，在向客户提供理财服务时，恪守客户至上准则，把客户的合法利益放在第一位。

（1）金融理财师在任何情况下都应将客户的利益置于首位。

（2）金融理财师应公平对待客户，本着正直诚信和客观公正的态度为客户提供专业服务。

（3）金融理财师应想方设法、尽最大努力去满足客户的要求。由于客观条件限制，确实不能满足客户要求的，应委婉、礼貌地向客户说明情况，取得客户的谅解。

实例1-1 某日，一位女士来到某银行支行营业厅办理现金代取款业务，取款金额较大。但由于该女士带来的存折年代久远，多次错误输入密码后存折被锁定，因此需要开户人亲自前来网点办理解锁或重置密码。

银行的金融理财师小王了解到该存折的开户人是这位女士90岁高龄的老母亲，老人行动不便，无法亲自前来银行办理业务。小王马上将情况上报，该行领导利用中午休息时间，带领小王一起驱车来到客户家中，在核实了客户身份并为客户办理了面签委托书后，又接其女儿一同到网点办妥业务，帮助客户解决了难题。

解析 金融理财师小王在办理业务的过程中不怕麻烦，遵守了客户至上的准则。

2. 准则二：正直诚信

正直诚信准则要求金融理财师在处理所有专业事务的时候都要做到坦诚。客户接受金融理财师为其服务是基于他们对金融理财师的信任，而这种信任来自金融理财师个人正直诚信的品质。

金融理财师向客户提供理财服务时，不得利用执业便利为自己谋取不正当利益。

（1）金融理财师不得利用虚假或误导性的宣传拓展业务。禁止金融理财师：

- 用虚假或误导性的广告来夸大自身的胜任能力，以及与其相关联的机构规模和业务范围等。
- 就专业问题参与演讲、接受采访、出版书籍及其他出版物，或举办研讨会、参加节目，或通过互联网、磁带、光盘等媒介宣传时，含有抬高自己或夸大金融理财业务范围的成分。
- 假借FPSB China或者其他组织的名义发表个人观点，获得FPSB China或者其他组织授权的除外。

（2）在执业活动中，金融理财师不得有不诚实、欺诈、欺骗、不实表述等行为，也不能有意向客户、雇主、雇员、同行、政府部门、立法机构或者其他任何个人和组织呈递虚假或者有误导性的报告。

实例1-2 某年6月，秦女士在某行的固定存款到期，于是到该行办理续存业务。大堂经理孙某见到秦女士时说，该行现有一款内部存款，保本保息，十分可靠安全，该行的行长、工作人员及其亲属都存了，保证没有任何风险。孙某还表示，这是银行内部存款，不能在窗口办理，只能在手机上操作。

由于秦女士的智能手机操作能力有限，孙某便帮她进行了相关操作，"存款"30万元，期限一年。当年8月，孙某又帮秦女士办理了第二笔"存款"，金额36万元，期限一年半。

实际上，这两笔款项被分别转入了两个资产管理有限公司的账户，办理的是某住宅小区应收账款项目的非金融机构委托理财产品。结果秦女士这两笔款项出现风险问题，66万元的本金遭受巨大损失。

解析 该银行工作人员违反了正直诚信准则。

该银行工作人员在产品销售过程中隐瞒产品重要信息，本产品实际上并非银行内部存款。另外，该工作人员还夸大产品收益，刻意回避此类产品的风险。

所以，该工作人员违反了正直诚信准则中的"禁止事项——执业中欺诈、虚报，或呈递虚假或者误导性报告"，而且涉嫌欺诈。

3. 准则三：客观公正

金融理财师提供服务时不得因为经济利益、关联关系、外界压力等因素影响其客观、公正的立场。

客观公正准则要求金融理财师为客户提供专业服务时应做到诚实而不偏颇，避免客观事实让位于自己的主观判断，要从客户利益出发，做出合理、谨慎的专业判断。

（1）在提供金融理财服务时，金融理财师应该向客户披露与拓展业务相关的重要信息，包括利益冲突、从业机构的变更、地址、电话号码、证明材料、执业证书、佣金安排、其他代理关系和金融理财师在这些代理关系中的代理范围，以及依法要求提供的其他信息。

（2）在建立理财服务关系前，任何情况下金融理财师都应及时以书面形式披露与所提供的专业服务相关的重要信息。书面披露内容包括：

- 金融理财师或其单位为客户提供服务时所应用的相关思想、理论、原理和指导原则。
- 如客户需要，提供所在单位负责人和职员的简历，包括教育背景、工作经验、专业水平及相关证书和专长等。
- 确立合同关系前，应当披露可能产生的佣金和介绍费及其来源。在向客户提供金融理财服务过程中应披露所产生的佣金和介绍费及其来源。
- 金融理财师与第三方签订的书面代理或者雇佣关系的合同。
- 反映利益冲突的文件。

在合同关系确立之前，金融理财师应当以书面形式向客户披露可能对其客观性及独立性产生影响的各种关系。在遵守保密性条款的前提下，金融理财师为证明自身的胜任能力，可以提供现有客户或原客户的推荐信等证明材料。

若签约后、合同结束前出现利益冲突，金融理财师应及时向客户及有关人员披露详细情况。金融理财师以代理人身份进行金融理财服务时，应当明确职权并持有授权代理委托书。当执业证书或雇佣关系变更时，金融理财师应及时告知其客户，另有约定的除外。金融理财师，不论受雇于何种提供金融理财服务的机构，或作为机构服务的代理人，都应依据本准则的要求披露信息，并按照统一的标准服务。

实例1-3 S银行的金融理财师小陈在为客户李先生制订理财方案时，有如下行为：

（1）在为李先生进行资产配置时，由于S银行正在代销一款首发基金，小陈面临业绩压力，他力劝李先生购买该款基金。

（2）小陈在为李先生进行保险规划时，打算为客户配置健康保险。此时一家保险公司正在促销分红型重疾险，中收（佣金）比其他保险产品高出两三倍。于是小陈为客户配置了该重疾险且并未将佣金的事情告知客户。

解析 小陈在执业过程中违反了客观公正准则。

首先，小陈强烈建议李先生购买该行代销首发基金，主要动机是业绩压力而非保障客户利益，并且其为客户配置分红型重疾险也是出于自身的经济利益而非客户利益考虑。

其次，小陈并未将其为客户配置分红型重疾险可以获得佣金的事宜向李先生披露。

这些都违反了客观公正准则。

4. 准则四：公平合理

公平合理准则要求金融理财师在为客户提供服务的过程中思考全面，能够不失偏颇、不以主观感受和意愿为主，做出合理、谨慎的判断以达到利益的平衡。

（1）平等地对待每一位客户，无论其年龄、性别和个人爱好存在何种差异。

（2）不得针对客户的家庭、国籍、宗教等差异采取歧视性对待。

实例1-4 金融理财师小吴是某外资银行的理财顾问，常会遇到办理业务的外籍客户。小吴在推荐和销售理财产品时，遇到欧美籍的"白人"客户就会热情积极地介绍，遇到"黑人"客户就会有所保留甚至避而远之。

解析 金融理财师小吴违反了公平合理准则。金融理财师应平等地对待每一位客户，不得针对客户的国籍人种差异采取歧视性对待。

5. 准则五：专业精神

金融理财师应该具有职业荣誉感，在提供服务的过程中，应尊重和礼貌对待客户及其他金融理财师。金融理财师应当与同业者充分合作，共同维护和提高行业的公众形象及服务质量。金融理财师还应该按照FPSB China制定的各项规范和准则的要求，规范使用AFP、CFP、EFP和CPB商标。

金融理财师应该遵守FPSB China制定的后续认证要求，包括继续教育要求、每两年交纳认证费、每两年签署和提交认证更新程序中所要求的金融理财师声明文件等。

金融理财师应该基于公平合理的竞争原则开展业务。

金融理财师不得诋毁或恶意伤害同行。

金融理财师在其他相关行业从业时，应取得相关从业资格，或取得法律授权并注册。

金融理财师在了解到其他金融理财师违反本准则的规定时，应当立即通报FPSB或FPSB China。

当有理由怀疑所在机构内部有人从事非法活动时，金融理财师应当收集证据并向直接主管报告；如果该金融理财师确信金融理财组织内部存在非法活动，并尚未采取补救措施，应该及时通报所在国家或地区的监管机构，以及FPSB或FPSB China。

实例1-5 某银行金融理财师小夏在了解到客户王先生曾接受过隔壁行的理财服务后，便当着客户的面，把隔壁行的规模和理财师的素质半开玩笑地嘲讽了一番。

解析 小夏违反了专业精神准则。专业精神准则要求金融理财师与同业者充分合作，共同维护和提高行业的公众形象及服务质量，不得诋毁或恶意伤害同行。

6. 准则六：专业胜任

金融理财师应当不断学习，提高自身的专业能力；参加FPSB China所要求的教育培训；具备相应的专业知识和经验；能够胜任所从事的金融理财业务；完成FPSB要求的继续教育内容，保持和提高专业胜任能力。金融理财师应当在其能胜任的范围内为客户提供金融理财服务。对于那些尚不具备胜任能力的领域，金融理财师可以聘请专家协助工作，或向专业人员咨询，或者将客户介绍给其他相关组织。

实例1-6 某日，赵先生来到某银行的财富管理中心，向金融理财师小张咨询关于期货投资的问题。小张在工作中与这类衍生产品鲜有接触，但他想起自己大学的课程涉及此类产品，因此，他凭借自身对该产品的粗浅理解向赵先生提出了购买建议。

解析 小张违反了专业胜任准则。

小张在实际工作中对此类衍生产品鲜有接触，缺乏实际工作经验，因此，贸然向客户提出购买建议，其中所蕴含的风险可想而知。

金融理财师应当在能胜任的范围内为客户提供理财服务，在尚不具备胜任能力的领域，应当采取聘请专家协助、向专业人士咨询等方式，或者将客户介绍给其他相关组织。

7. 准则七：保守秘密

金融理财师在没有得到客户书面许可的情况下，除去下列理财过程必要的披露和使用外，不能泄露客户的任何个人信息资料或者用其谋取个人利益：

- 开立咨询或经纪账户，为达成交易或为执行客户某项具体要求，以协议形式认可时；
- 依法要求披露信息时；
- 针对失职指控，金融理财师进行申辩时；
- 与客户之间产生民事纠纷，需要披露时。

除以上情况外，不论是否对客户造成了实际损害，金融理财师对客户资料的泄露一律构成不当使用。

另外，金融理财师对雇主同样负有保密义务，对雇主资料应遵循与客户资料相同的保密标准。

实例1-7 近日，客户王先生指控AFP持证人小李失职，同时王先生向FPSB China投诉了小李。在调查过程中，小李为了给自己辩护，向FPSB China提供了王先生相应的账户信息。小李的行为是否违反了保守秘密的准则？

解析 小李没有违反保守秘密准则，符合保守秘密豁免条款的规定。针对失职指控，金融理财师进行申辩时，可以使用客户信息。

8. 准则八：恪尽职守

恪尽职守是指在规划、监督和提供专业服务时要尽职尽责。金融理财师为客户提供服务时应及时、周到、勤勉。

金融理财师必须根据客户的具体情况提供并实施有针对性的理财建议。本准则要求金融理财师对向客户推荐的理财产品进行调查。金融理财师应当对下属向客户提供的个人理财规划服务进行监督，对其触犯道德准则的行为应及时制止。金融理财师应谨慎、勤勉地保管客户资产。

金融理财师在处理客户金融资产或其他资产时，负有以下职责：

- 在获得合法授权（如特别授权书、信托证明、遗嘱执行人授权书等）时，金融理财师有义务依法在被授权的范围内，行使对客户资金和财产的保管权和处置权。
- 对客户授权保管和处置的资金和财产总额，金融理财师应当及时与客户共同确认，并保留完整的记录。
- 金融理财师在收到属于客户的资金和财产时，应立即或在与客户约定的时间内，将资金或者其他财产转移给客户或被授权的第三方。应客户或者其他被授权者的要求，金融理财师应立即向其提供完整的会计记录。
- 金融理财师应当将客户的金融资产或其他财产，与个人或所在公司的资金和财产分别管理、分别记账。
- 在符合相关法律的规定，并且能够为每一位客户单独提供详细、准确的会计记录的情况下，金融理财师可以将不同客户的资金和财产统一管理。

实例1-8　CFP持证人小谢从事金融理财工作8年，晋升为某银行支行理财部门的主管。其下属迫于业绩压力，为一个60岁的贵宾客户推荐了股票基金，而该客户十几年来都在该行存定期，比较厌恶风险，不愿意承担投资损失。小谢的下属将该客户60%的资产都投资于股票基金，而小谢对下属的行为表示默认，未提出反对意见。

解析　小谢违反了恪尽职守准则。

金融理财师应当对下属向客户提供的个人理财规划服务进行监督，对其触犯道德准则的行为应及时制止。小谢没有及时制止下属的不当行为，违反了恪尽职守的准则。

实例1-9 经好友文先生推荐，A银行金融理财师小白于今年春节前夕在他的理财室约见了武先生。当日，小白见武先生穿着朴素，便先入为主地认为武先生资产量不大，给他带不来多少业绩，不太愿意为武先生服务。后来小白从文先生处了解到武先生5年前已在重庆市成立一家武林网络游戏公司，总资产达2000万元，这才打消了顾虑。

为了使武先生相信自己的理财能力，小白未经文先生的同意，就擅自拿出了给文先生制作的全生涯理财规划方案给武先生看，里面包括文先生的理财目标、资产、负债等诸多私人信息。武先生看了方案后非常满意。

武先生表示，他在B银行还有一部分存款。小白于是当着武先生的面，说B银行的金融理财师服务态度不好，经常误导和欺骗客户，产品收益率还低。武先生听后决定使用网银将钱从B银行转到A银行。

在简单与武先生聊过后，小白便着手为武先生编制家庭与企业的财务报表，询问武先生的理财目标。在进行方案设计时，小白直接利用了几年前的参数假设，例如经济增长率、通货膨胀率等。他认为这几年经济变化不大，这些参数不会对理财方案产生重要影响。

随后，小白对武先生进行风险评估。为了使武先生能够购买全部类型的理财产品，小白在双录的时候故意选择了问卷上风险承受能力和容忍度最高的选项，这导致武先生的测试结果为冒险型投资者。武先生出于对小白的信任，没有提出异议。实际上武先生初涉金融理财领域，相关的知识和经验很少。

对于自己经营的武林网络游戏公司，武先生咨询在企业所得税方面有没有实用且合规的税务优惠政策。小白是AFP持证人，对企业所得税方面的知识不太了解，但为了向武先生展示他的"专业度"，他凭借自己近些年来在阅读公众号、微博文章时留下的粗浅印象给武先生提出了一些建议。

在了解到武先生的理财目标后，小白为武先生出具了理财规划报告书。在产品配置部分，小白为武先生配置了20%的贵金属产品。武先生对此表示犹豫。小白说，春节期间是贵金属销售旺季，武先生是贵宾客户，会给武先生争取到最好的产品和最优惠的手续费率。但是小白并未告知武先生手续费率是多少，也未告知自己会从武先生交纳的手续费中收取多少业绩报酬。

思考 小白违反了哪些职业道德准则？

解析 （1）金融理财师不得针对客户的家庭、国籍、宗教等差异采取歧视性对待。小白武断地认为穿着朴素的人资产量小，而且不愿意为这样的客户服务，违反了公平合理的准则，也不利于客户的拓展和后续维护。

（2）金融理财师未经客户书面许可，不得向第三方透露任何有关客户的个人信息。小白未经文先生同意，就把文先生的理财方案拿给武先生看，违反了保守秘密的准则。

（3）金融理财师应具有职业荣誉感，尊重和礼貌对待客户及其他金融理财师，不能诋毁或恶意伤害同行。小白试图通过诋毁其他银行金融理财师的方式进行"行外吸金"，违反了专业精神的准则，也影响了金融理财师行业的整体公众形象。

（4）金融理财师在规划、监督和提供专业服务时要尽职尽责。中国的经济发展速度较快，每个时期都会呈现不同的特点，金融理财师需要根据当前经济情况和未来走势谨慎、细致地进行分析和假设，不能直接套用几年前的数据。因此小白违反了恪尽职守的准则。

（5）金融理财师应当在能胜任的范围内为客户提供金融理财服务。小白没有系统性地学过企业所得税的相关知识，如果只是凭借阅读过自媒体文章的印象提出建议，后续会存在非常大的政策风险和操作风险。因此小白违反了专业胜任的准则。

（6）金融理财师要诚实、坦诚地处理所有专业事务，不能欺骗或误导客户。武先生没有任何金融投资经验，这点应当在风险评估问卷上如实体现。小白为了一时的利益，为武先生选择了不适合的风险测试选项，违反了正直诚信的准则。

（7）金融理财师在向客户提供金融理财服务过程中应披露所产生的佣金和介绍费及其来源。小白只是模糊地介绍自己能够争取优惠费率，并未告知客户具体费率是多少，也未告知客户自己能够获取多少业绩报酬，违反了客观公正的准则。

五、首次认证、再认证、证书的失效与恢复

（一）AFP、CFP、EFP、CPB的首次认证

AFP、EFP、CPB考试通过后，申请人必须在4年内向FPSB China提出认证申请；CFP考试通过后，申请人必须在5年内向FPSB China提出认证申请。AFP、CFP、EFP首次认证流程如图1-5所示。

首次认证CPB时，除需阅读《认证私人银行家（CPB）认证办法》以判断是否符合首次认证条件外，其他流程与图1-5一致。

（二）再认证

持证人在证书有效期内按规定完成继续教育学时，恪守职业道德准则，应于证书到期日前3个月内提交再认证申请。

再认证简要流程如图1-6所示。

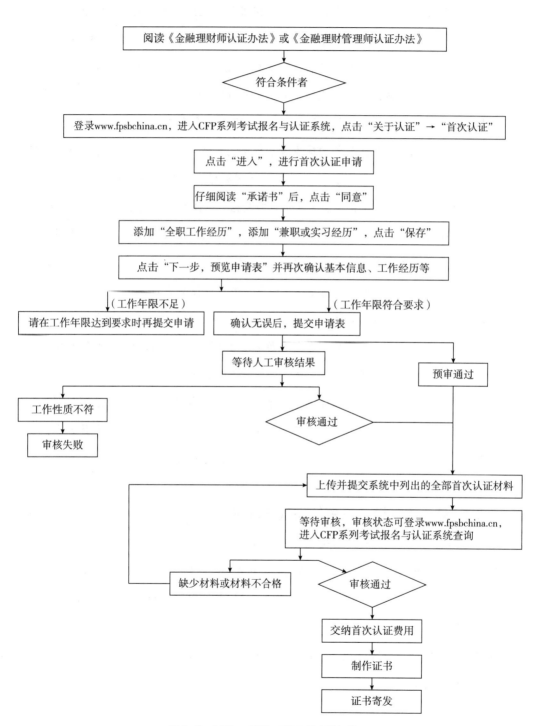

图1-5 AFP、CFP、EFP首次认证流程

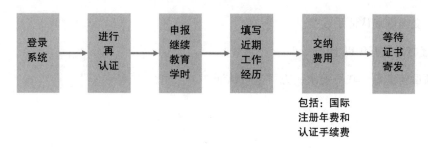

图1-6　再认证简要流程

（三）证书的失效与恢复[1]

如果持证人在证书有效期内没有提交再认证申请，或提交的再认证申请不符合要求，其证书将自动失效。证书失效的持证人可以向FPSB China提交恢复证书有效性的申请。经审核符合条件的，可以恢复其证书的有效性。具体要求如下：

1. 证书失效两年（含两年）以下

（1）提交恢复CFP系列认证证书有效性的申请。

（2）补足失效期间按照《CFP系列认证持证人继续教育管理办法》规定应完成而未完成的继续教育学时。

（3）承诺遵守FPSB China颁布的相关规定。

（4）交纳包括证书失效期间的认证费。

（5）交纳恢复认证手续费。

2. 证书失效两年以上五年（含五年）以下

（1）提交恢复CFP系列认证证书有效性的申请。

（2）AFP 持证人和 EFP 持证人需重新参加并通过相应认证考试，CFP 持证人需重新参加并通过"综合案例分析"科目的认证考试，CPB 持证人需重新参加科目一（CPB 专业知识考核）的认证考试。

（3）补足失效期间按照《CFP系列认证持证人继续教育管理办法》规定应完成而未完成的继续教育学时。

（4）承诺遵守FPSB China颁布的相关规定。

（5）交纳包括证书失效期间的认证费。

---

[1]　资料来源：FPSB China，《CFP系列认证持证人再认证和证书失效与恢复办法》（2020年2月），https://www.fpsbchina.cn/rrz/251.html。

（6）交纳恢复认证手续费。

3. 证书失效五年以上

必须重新满足"4E"要求，方可进行认证。

第二章

经济学基础知识

本章提要

本章着重从理财规划的角度去了解宏观经济指标，以及它们对金融理财的重要意义，旨在为读者构建一个由浅入深、理论联系实际的学习体系。本章内容分为三个核心部分：首先，介绍供求分析的基础知识，为理解市场动态提供基本工具；其次，深入探讨关键宏观经济指标及其应用，以构建宏观经济分析框架；最后，通过分析经济周期与宏观政策，培养对复杂多变的经济环境的应变能力。希望通过阅读本章，读者能在经济波动中制定明智的理财投资策略，成功实现理论到实践的跨越。

本章内容包括：

- 供求分析基础；
- 关键宏观经济指标及其应用；
- 经济周期与政策影响；

通过本章学习，读者应该能够：

- 掌握供求分析的基本方法，通过需求与供给曲线、需求与供给的均衡以及均衡的变动，构建起对经济指标变化背后原因的分析思维；
- 了解关键宏观经济指标的概念，比如GDP、利率、通货膨胀率、失业率和汇率等，理解这些指标对制订个人和家庭财务规划的重要性及对理财决策的影响；
- 掌握对关键经济指标的分析和解释能力；

● 掌握如何根据经济周期的不同阶段和宏观政策的调整，灵活制订和调整个人理财规划与投资策略，以应对经济波动带来的风险和机遇。

　　分析宏观经济状况是做好家庭理财规划的基础与前提。为一个家庭做退休规划时，理财师需要判断未来若干年的通货膨胀情况；安排家庭当前的支出与储蓄计划时，理财师需要了解未来市场利率的变化；在做家庭投资规划时，理财师需要了解更多的宏观经济指标，比如GDP、通货膨胀率、利率、汇率等，它们的变化与股票、债券等金融投资工具的收益和风险息息相关。

　　"macro"（宏观）是希腊文中表示"大"的词根，这提示了宏观经济学研究对象的特点。与微观经济学研究厂商、消费者等对象的个量行为相对应，宏观经济学是研究国民经济的总量行为及其规律的学科。

　　宏观经济学研究的经济总量，可能是个量相加得到的总和，比如总消费是每个消费者消费量的总和，总投资是每个厂商投资的总和；也可能是个量的平均量，比如价格水平是各种商品价格的平均数。

　　主要宏观经济变量包括GDP、通货膨胀率、利率、失业率、汇率等。利用这些表示经济活动特点的概况性指标（summary measures）及其之间的联系，我们就能够对宏观经济的运行进行分析。

第一节　供求分析基础

　　为什么国庆"黄金周"期间全国各地酒店价格暴涨？在俄乌、巴以地缘政治冲突僵持时，能源价格为何一直居高不下？为什么一款新的智能手机刚上市时价格较高，但随着时间的推移其价格会逐渐下降？为什么一家业绩惨淡的上市公司的股票价格通常会下跌？这些都表明了供给与需求的作用。

　　供给与需求是使市场经济运行的力量，它们决定了每种产品的产量及其出售的价格。供求分析是经济学中用于理解市场机制的基本框架，它分析的是商品或服务的供给量与需求量如何决定市场价格和交易量的关系。该分析的核心在于探讨在不同价格水平下，生产者愿意提供的数量与消费者愿意购买的数量之间的相互作用及其对市场均衡的影响。供求分析不仅是经济学中最基本的概念之一，也是理解市场动态、预测经济指标变化的关键工具。只有掌握基本的供求分析方法，才能够有效解读市场价格变动、产量调整等现象，进而深化对宏观经济环境如何影响理财决策的认识。

本节将介绍基础的供求分析理论，该理论将说明在市场经济中供给与需求如何决定价格，也是后文分析宏观经济指标及经济政策的理论基础。

一、需求与供给曲线

（一）需求曲线

一种商品的需求量是消费者（家庭、厂商、政府等）愿意并且能够购买的该种商品的数量。需求量由多种因素决定，但商品的价格起到了主要作用。如果苹果的价格从9元/千克上涨到12元/千克，消费者张先生可能就会少买一些苹果。表2-1所示的是在不同价格水平下，张先生每周买几个苹果。如果价格为6元/千克，他买6个苹果；当价格为12元/千克时，他只买2个苹果；当价格为15元/千克时，他就一个苹果都不买了，他可能会买一些梨。价格与需求量之间的这种关系非常普遍，即：在其他条件不变时，一种商品的价格上升，该商品的需求量减少；一种商品的价格下降，该商品的需求量增加。这被称为需求定理（law of demand）。

表2-1 张先生对苹果的需求表

P（价格：元/千克）	15	12	9	6	3	0
Q（数量：个）	0	2	4	6	8	10

表2-1被称为需求表（demand schedule），它表示在影响消费者购买数量的其他因素都保持不变的情况下，一种商品的价格与其需求量之间的关系。

如果将价格与需求量画在平面直角坐标系中，我们就可以得到一条将二者联系在一起的线，这条线被称为需求曲线（demand curve）。需求曲线通常向右下方倾斜，这是因为在其他条件不变的情况下，更低的价格意味着更大的需求量，如图2-1所示。

图2-1的需求曲线表示某个体对某种商品的需求。为了分析市场如何运行，我们需要确定市场需求。市场需求是市场中所有消费者对某种商品的需求量总和。

随着时间的推移，如果某种因素改变了任何一种既定价格水平下的需求量，就会导致需求曲线移动。使需求量增加的变动会使得需求曲线向右移动，使需求量减少的变动会使得需求曲线向左移动。图2-2展示了这些变化。

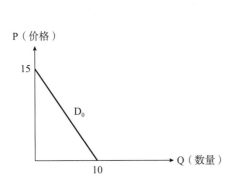

图2-1 张先生对苹果的需求曲线示意图

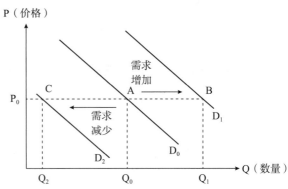

图2-2 需求曲线的变化

在某种既定的价格水平 P_0 下，如果需求曲线从 D_0 右移至 D_1，需求量会从 Q_0 增加到 Q_1；如果需求曲线从 D_0 左移至 D_2，需求量会从 Q_0 减少到 Q_2。

有许多变量会使需求曲线移动，以下是一些最重要的变量。

（1）消费者的收入。假如张先生因为经济不景气而失业，他很可能不得不在某些商品（比如苹果）上少支出一些。当收入减少时，如果一种商品的需求量减少，这种商品就被称为正常商品（normal good）。并不是所有商品都是正常商品。当收入减少时，如果一种商品的需求量增加，这种商品就被称为低档商品（inferior good），例如方便面、廉价服装等。

（2）相关物品的价格。假如梨的价格下降，根据需求定理，张先生将多买一些梨。同时，张先生也许会少买苹果，因为梨和苹果在口感和营养价值上有很多相似之处。当一种商品价格下降引起另一种商品的需求量减少时，这两种商品被称为替代品（substitutes）。替代品是那些经常相互替代使用的成对商品，例如咖啡和茶、牛奶和豆浆、牛肉和羊肉等。

再假如蜂蜜的价格下降，根据需求定理，张先生将多买一些蜂蜜。如果张先生喜欢煮苹果水喝，同时会在煮苹果水时加入一些蜂蜜，那么张先生也许会多买一些苹果，因为根据张先生的习惯，蜂蜜和苹果是一起食用的。当一种商品价格下降引起另一种商品需求增加时，这两种商品被称为互补品（complements）。互补品是那些经常同时使用的成对商品，例如面包与果酱、汽车与汽油、牙刷与牙膏等。

（3）消费者的数量。如果之前从不吃苹果的王先生接受了某种食疗建议，加入购买苹果的消费者行列，那么在每种价格水平下市场需求量都会增加。

（4）消费者的偏好。如果李先生非常喜欢吃苹果，在相同的价格下，他可能就比张先生多买一些苹果。

（5）消费者的预期。消费者对未来的预期也会影响其现在对商品的需求。例如，张先生预期明天苹果价格会下降，他也许就不太愿意以今天的价格去买苹果。

表2-2总结了影响消费者购买商品数量的变量。

表2-2 影响消费者选择的变量

变量	这些变量的变动将……
价格	表现为沿着需求曲线的变动
消费者的收入	表现为需求曲线的移动
相关物品的价格	表现为需求曲线的移动
消费者的数量	表现为需求曲线的移动
消费者的偏好	表现为需求曲线的移动
消费者的预期	表现为需求曲线的移动

（二）供给曲线

一种商品的供给量是生产者愿意并且能够出售的该种商品的数量。决定供给量的因素同样有许多，而价格依然起到了主要作用。例如，当面包价格较高时，出售面包的利润增加，因此供给量增加。这样，面包厂就会工作更长时间，购置生产线并雇用工人。相反，当面包价格较低时，一些面包厂甚至会选择停业或转型生产其他种类的食品，其面包供给量减少至0。表2-3显示了某中型面包厂在各种面包价格下的供给量。当面包价格为8元/个时，该面包厂每周供应9吨面包。随着价格升降，该面包厂的供给数量也随之增加或减少。价格与供给量之间的这种关系被称为供给定理（law of supply）：在其他条件不变时，一种商品价格上升，该商品供给量增加；一种商品价格下降，该商品供给量减少。

表2-3 某中型面包厂对面包的供给表

P（价格：元/个）	2	4	6	8	10	12
Q（数量：吨）	0	3	6	9	12	15

表2-3被称为供给表（supply schedule），它表示在影响生产者供给数量的其他因素都保持不变的情况下，一种商品的价格与其供给量之间的关系。

同样地，如果将价格与供给量画在平面直角坐标系中，我们就可以得到一条将二者联系在一起的线，这条线被称为供给曲线（supply curve）。供给曲线通常向右上方倾斜，这是因为在其他条件不变的情况下，更高的价格意味着更大的供给量，如图2-3所示。

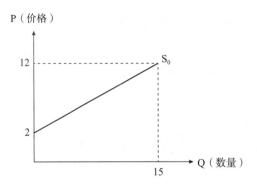

图2-3　某中型面包厂对面包的供给曲线示意图

正如市场需求是所有消费者的需求一样，市场供给也是市场中所有生产者对某种商品的供给量总和。

随着时间的推移，如果某种因素改变了任何一种既定价格水平下的供给量，就会导致供给曲线移动。使供给量增加的变动会使得供给曲线向右移动，使供给量减少的变动会使得供给曲线向左移动。图2-4展示了这些变化。

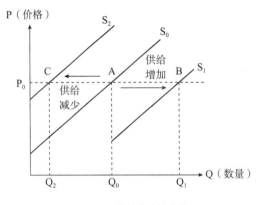

图2-4　供给曲线的变化

在某种既定的价格水平P_0下，如果供给曲线从S_0右移至S_1，供给量会从Q_0增加到Q_1；如果供给曲线从S_0左移至S_2，供给量会从Q_0减少到Q_2。

有许多变量会使供给曲线移动，以下是一些最重要的变量。

（1）生产成本。为了生产面包，面包厂需要投入原材料，比如面粉、糖、油等，还需要购置生产厂房与设备，以及雇用生产面包的工人。当相关生产成本上升时，生产面包就变得不那么有利可图，生产者供给的面包就会变少。因此，一种商品的供给量与生产这种商品的成本负相关。

（2）生产者的数量。如果有面包生产企业退出面包市场，市场供给将会减少。

（3）生产者的技术水平进步。新的面包生产技术的发明、新的生产基地的建立都有助于减少生产面包所需的劳动量。生产者的成本降低，面包的生产量增加。

（4）生产者的预期。生产者的供给量还取决于其对未来的预期。例如生产者预期未来面包价格下降，他现在就会多生产一些，当前的市场供给就会增加。

表2-4总结了影响生产者供给商品数量的变量。

表2-4 影响生产者选择的变量

变量	这些变量的变动将……
价格	表现为沿着供给曲线的变动
生产成本	表现为供给曲线的移动
生产者的数量	表现为供给曲线的移动
生产者的技术水平进步	表现为供给曲线的移动
生产者的预期	表现为供给曲线的移动

二、需求与供给的均衡

如果我们把同一种商品的需求曲线和供给曲线画在一个坐标系中，那么供给曲线和需求曲线就会相交于一点，这一点被称为市场均衡（equilibrium）。这两条曲线相交时的价格被称为均衡价格（equilibrium price），而相交时的数量被称为均衡数量（equilibrium quantity）。

如表2-5、图2-5所示，黄金市场在475元/克时达到均衡，此时的市场需求和市场供给都是4 500吨。

表2-5 黄金市场的需求和供给表

价格（元/克）	465	470	475	480	485	490
市场需求（吨）	5 100	4 800	4 500	4 200	3 900	3 600
市场供给（吨）	4 300	4 400	4 500	4 600	4 700	4 800

均衡是一种各种力量处于平衡的状态。在均衡市场上，每一个人都得到了满足：消费者买到了他想买的所有东西，生产者卖出了他想卖的所有东西。

生产者和消费者的行为自然而然地使市场向供给与需求的均衡变动。

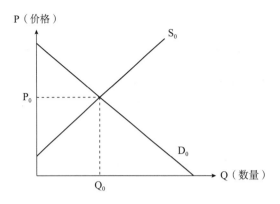

图2-5 黄金市场的均衡

如图2-6所示，首先假设市场价格现在为P_1，高于均衡价格P_0。此时，生产者愿意供应的商品数量（B点对应的横坐标）大于消费者愿意购买的商品数量（A点对应的横坐标）。生产者发现他们的商品卖不出去，因此不得不降低价格，直到市场重新达到均衡（E点）。再假设市场价格现在为P_2，低于均衡价格P_0。此时，生产者愿意供应的商品数量（C点对应的横坐标）小于消费者愿意购买的商品数量（D点对应的横坐标）。由于太多的消费者抢购太少的商品，因此生产者可以提高价格，直到市场重新达到均衡（E点）。需要注意的是，以上变化均表现为沿着需求曲线与供给曲线的变动，而不是曲线本身的移动。

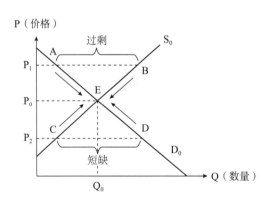

图2-6 非均衡状态

无论起初价格是太高还是太低，许多生产者和消费者都会自发地使市场价格向均衡价格移动。一旦市场价格达到均衡价格，所有生产者和消费者都会得到满足，也就不存在价格上升或下降的压力。实际上，这种现象在市场上非常普遍，被称为供求定理（law of supply and demand）：任何一种商品的价格都会自发调整，使该商品的供给与需求达到均衡。

三、均衡的变动

到目前为止，我们已经学习了需求曲线与供给曲线，它们共同决定市场均衡，市场均衡又决定了均衡价格和均衡数量。但是当某些事件使得需求曲线与供给曲线移动时，市场均衡就会变化，从而产生新的均衡价格和均衡数量。以下我们以黄金市场为例来说明。

如图2-7所示，黄金市场在E_0处达到均衡，此时均衡价格为P_0，均衡数量为Q_0。

情形一：元旦、春节临近，黄金消费者的数量增加，使得需求曲线向右移动到D_1（①），黄金价格增加到P_1（②），黄金销量增加到Q_1（③），形成新的均衡点E_1。这会导致均衡价格和均衡数量均增加。

情形二：利率升高，部分投资者会将打算投资黄金的钱存入银行收取利息。因此黄金消费者的数量减少，使得需求曲线向左移动到D_1（①），黄金价格降低到P_1（②），黄金销量降低到Q_1（③），形成新的均衡点E_1。这会导致均衡价格和均衡数量均降低。

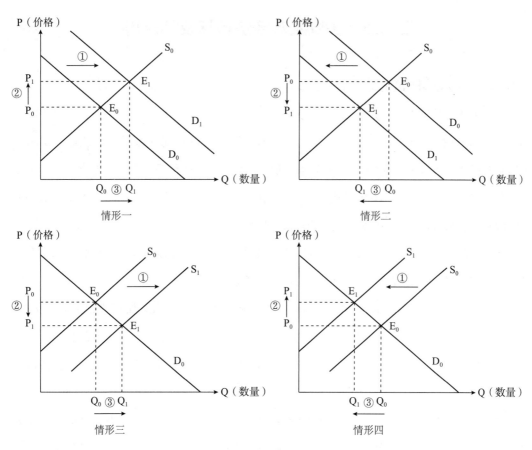

图2-7 均衡的变动

情形三：新采金技术的应用，提高了黄金的开采效率。这让黄金的供给增加，使得供给曲线向右移动到 S_1（①），黄金价格降低到 P_1（②），黄金销量增加到 Q_1（③），形成新的均衡点 E_1。这会导致均衡价格降低，均衡数量增加。

情形四：假设南非金矿工人因为低工资和通胀而大规模罢工。这让黄金的供给减少，使得供给曲线向左移动到 S_1（①），黄金价格增加到 P_1（②），黄金销量降低到 Q_1（③），形成新的均衡点 E_1。这会导致均衡价格增加，均衡数量降低。

在任何经济体系中，资源的稀缺性都迫使人们在各种竞争性用途之间做出选择。市场经济通过供求关系实现资源的合理分配。供求关系决定了商品和服务的价格，而价格则是指导资源配置的关键信号。本节着重探讨了单个市场的供求关系。尽管我们的讨论集中在苹果、面包、黄金等少数市场，但所得结论在多数市场上同样适用。在后文中，我们将运用供求分析方法来解读宏观经济指标的变化原因。

第二节　关键宏观经济指标及其应用

一、GDP与GDP的统计

（一）认识GDP

GDP是国民经济活动的核心指标，是对国民经济总量状况的衡量。它统计一定时期（通常是一个季度或一年）内，一国或地区所生产的最终产品和服务的市场价值总和。根据国家统计局的指标诠释，GDP是指一个国家或地区所有常住单位在一定时期内生产活动的全部最终成果，反映一个国家或地区的经济总体规模和经济结构。

GDP是反映国民经济总量的最重要指标，是判断经济形势和预测通货膨胀、利率变动以及就业趋势的关键指标，对指导理财决策至关重要。

GDP不仅体现经济体的整体收入规模，也反映其总体的支出（如消费和投资）状况。在经济活动中，每一笔交易都涉及买方和卖方，买方的支出直接转化为卖方的收入。在一个经济体系中，总收入和总支出必定相等，只有理解了这种平衡关系，才能理解经济运作机制。

GDP只计算每一单位时间内经济的价值增值。以企业生产为例，企业生产的制成品要扣除原材料、能源和设备的消耗等。为了避免重复计算，GDP只计算最终产品价值，而不计算中间产品价值。最终产品（final products）指最终使用者购买的全部商品和劳务。中间产品（intermediate goods）指作为生产要素继续投入生产过程的商品和劳务。

由于在现实中最终产品难以确定，因此GDP统计普遍采用增加值（value added）法，即计算在不同生产阶段增加的产值。

为了说清这一点，我们举个例子来说明一下。

假设一件上衣从生产到消费者最终使用需要经历5个阶段：种棉、纺纱、织布、制衣和销售。假定棉花价值为15元，并假定它都是当年新生产的价值，不包含生产棉花所耗费的化肥、种子等价值。再假定棉花纺成纱后售价20元，于是纺纱厂生产的价值是5元，即增值5元；20元的棉纱织成布后售价30元，于是织布厂生产的价值是10元，即增值10元；30元的布制成成衣销售给零售商，售价45元，于是制衣厂生产的价值是15元，即增值15元；零售商将成衣卖给消费者的价格为50元，于是零售商在售卖中增值5元。可见这件衣服在5个阶段中的增值共计50元（15+5+10+15+5），正好等于这件衣服的售价。这里，成衣由于销售给消费者后就不再出售了，属于最终产品，而棉花、棉纱、棉布则是中间产品，用于再出售以供生产其他商品。

为了避免重复计算GDP，我们要么计算生产过程中每个环节的增值额，要么直接计算最终产品的销售价值。如果我们将各阶段产品的售价直接相加，即15+20+30+45+50=160元，结果将大大高于本年内生产的新增价值（50元）。

（二）准确理解GDP的含义

GDP代表了某一给定时期的经济活动的货币价值。衡量GDP市场价值的方法有两种：名义GDP和实际GDP。名义GDP是指按当期实际市场价格计算的GDP数值；实际GDP是指以固定价格或不变价格计算的GDP数值，剔除了价格变动的影响。

GDP是经济学中最重要的流量变量之一，它衡量了一个国家或地区在特定时间段内的经济活动的总量。"经济活动"不是一个存量概念，也不直接表示货币在经济中的流动量。

GDP计算的是某一个时期（现期）一个国家或者地区新生产的产品和服务的价值。以前时期生产的产品存量不计算在内。二手货的出售反映了一种资产的转移，并不是经济收入的增加，不作为GDP的一部分被纳入。例如某人花20万元买了一套旧的商品房，这20万元就不能计入当年的GDP，因为它在生产的年份已经被计入了。但如果卖这套旧商品房的经纪人得到了1万元的佣金收入，这笔佣金收入作为经纪人在出售旧房时提供劳务的报酬，则应该计入当年的GDP。

GDP代表了单位时间内经济活动的市场价值。各种最终产品的价值都是用货币加以衡量的。产品的市场价值就是用最终产品的单位价格乘以产量获得的。假如中国一年生产10万件上衣，每件上衣售价50元，则中国一年生产的上衣的市场价值为500万元。然而，很多经济活动没有计入GDP，例如家务劳动、DIY活动、政府机构提供的服务等。因为这些活动没有经过市场交换过程，不存在市场价值。

GDP的增速反映了一个国家或地区经济发展的速度。名义GDP的增加可能是由于价格上升，也可能是由于数量增加。容易看出，如果数量没有任何变化而价格翻倍，那么名义GDP也将翻倍，名义GDP增速不是衡量经济总量变动的好指标。由于价格不变，实际GDP变动代表产量发生变动，更好衡量经济总量的变动。

GDP反映产量变动，但产量变动不等于福利变动，不能反映人们的精神满足程度、闲暇福利、收入分配状态和环境质量等。例如，很多发展中国家在经济高速增长阶段，都出现了环境污染加剧、贫富分化严重的现象。

（三）GDP的统计方法

GDP计算的是单位时间内一国或地区生产的最终产品和服务的市场总值。从理论上说，似乎只要把所有最终产品的市场价值加总就可以得到GDP了，然而事实上不大可能这样计算。这不仅是因为无法找到明确的标准来区分最终产品，还因为即使能按产品差别来划分最终产品，最终产品的清单也是一长串。在这样的情况下，用它们乘以各自价格并加总，实际上也不可能对一国的GDP进行精确核算。现实中，GDP有3种计算方法，即支出法（expenditure approach）、收入法（income approach）和生产法（production approach），分别从不同的方面反映了GDP及其构成。

1. 支出法

支出法是从最终使用的角度反映一个国家或地区一定时期内生产活动最终成果的一种方法。最终产品的购买者支出货币购买最终产品和服务，他们单位时期内花费的货币总量就是对GDP的衡量。

为了弄清支出法的核算原理，我们不妨再回顾一下生产成衣的那个例子。那个例子不仅说明了总产出是指生产过程中每个环节增值的加总，而且说明了一年内总产出恒等于总支出。为什么？因为最终产品的销售收入就是最终产品购买者的支出。例如一件上衣卖了50元，就是购买上衣的消费者支出了50元，而这50元就是当年种棉、纺纱、织布、制衣和销售5个环节新增的价值。上衣是这样，千千万万最终产品都是这样。因此，从全社会的角度来看，总产出就等于购买最终产品的总支出。当然，总产出未必就能在一年中全部售卖掉，未售出的部分相当于厂商增加的存货，在西方经济学中被视为厂商的存货投资，是厂商除固定资产投资之外的另一种支出，自然也是总支出的一种。因此，总产出恒等于总支出。了解了这一点，我们就能比较清楚地认识计算GDP的支出法。

支出法，又称最终产品法（final product approach），就是通过核算在一定时期内，整个社会购买最终产品的总支出即最终产品的总卖价来计量GDP。谁是最终产品的购买者呢？只要看谁是产品和服务的最终使用者。在现实生活中，产品和服务的总需求可以被分解为居民消费、政府消费、投资和净出口4项。因此，用支出法核算GDP，就是核算一个经济体一定时期内在居民消费、政府消费、投资以及净出口这四个方面支出的总和。

$$GDP = 居民消费（C）+ 政府消费（G）+ 投资（I）+ 净出口（NX）$$

从支出法核算角度看，经济增长是消费、投资、净出口这三种需求之和，因此衡量所有常住单位核算期内生产活动最终成果的支出法就可以写成：

$$GDP = 最终消费支出 + 资本形成总额 + 货物和服务净出口$$

其中最终消费支出包括居民消费和政府消费。

经济学上常把最终消费支出、资本形成总额、货物和服务净出口这三者形象地比喻为拉动经济增长的"三驾马车"。

（1）居民消费。

居民消费，是指常住住户在一定时期内对货物和服务的全部最终消费支出。居民消费支出除了直接以货币形式购买货物和服务的消费支出，还包括以其他方式获得货物和服务的消费支出，这部分我们称为"虚拟消费"。这类消费通常包括那些被隐含在其他交易中、消费者不直接为其支付显性费用的商品和服务。一个典型的例子是金融机构提供的金融中介服务：当你存款或贷款时，银行并不直接就提供的服务（如账户管理、资金转移等）向你收费，但它们的成本已经被隐含在利息差中，这部分服务即构成了虚拟消费。

居民消费通常由一个国家的居民收入水平决定，在一个国家整体经济中所占比重相对稳定。由于经济增长模式和国民收入分配结构不同，各国居民消费占GDP的比重存在明显差异。从历史上看，多数经济体发展到一定阶段后，消费都成为长期驱动经济增长的重要内生动能，例如美国居民消费对经济增长的贡献率在过去20年的均值超过70%，欧元区、英国、日本的居民消费率也均超过50%。[1]目前我国经济增长正从投资驱动型向消费驱动型转变，但居民消费率明显低于高收入国家水平，存在提升空间。

（2）政府消费。

政府消费指政府部门承担的公共服务支出、个人消费货物和服务支出。公共服务支出主要包括国防、基础设施建设、公共交通、公共安全、环境保护，以及教育、医疗卫生等方面的支出。而政府在社会服务方面的支出，比如医疗卫生、教育、文化娱乐和社会保障，最终都会转化为居民实际获得的福利。

（3）投资。

投资指的是增加或更换资本资产（包括厂房、住宅、机械设备及存货）的支出。为什么资本物品也是最终产品呢？资本物品难道不是像中间产品一样用来生产其他产品的吗？它难道不属于中间产品吗？要知道，资本物品（如厂房、设备）和中间产品有重大区别：中间产品在生产其他产品时被全部消耗掉，而资本物品在生产其他产品的过程中只是部分被消耗掉。资本物品由于损耗造成的价值减少被称为折旧。这包括有形磨损，即资本物品在生产过程中的物质磨损，以及无形磨损或经济磨损，即由资本老化、技术进步或市场需求变化等因素导致的价值减少。例如，虽然未到使用年限，但由于过时，一台机器的价值也会贬损。

因此，投资是指一定时期内增加到资本存量中的资本流量，而资本存量则是经济社会在某个时点上的资本总量。假定某国在20×5年的投资是900亿美元，该国在20×5年末的资本存量可能是5 000亿美元。由于机器和厂房每年会不断磨损，假定20×5年的磨损是400亿美元，那么上述900亿美元的投资中就有400亿美元用于补偿旧资本的损耗，称为重置投资，净增加的投资只有500亿美元。可见总投资包括重置投资和净投资。用支出法计算GDP时，投资是指总投资。

资本形成总额反映投资需求，可以分为固定资本形成总额和存货变动。固定资产投资统计数据是核算固定资本形成总额的主要资料来源。固定资产投资包括新厂房、新设备、新商业用房以及新住宅的增加。存货投资是指厂商存货价值的增加（减少时称为存货负投资）。

固定资本形成总额，是一个国家新增投资与固定资产折旧的总和。这里，固定资本形成总额相当于固定资产总资本，新增投资相当于一定时期内固定资本的净投资，而固定资产折旧是指固定资产的重置投资。

---

① 资料来源：《央行报告：我国居民消费率还明显低于高收入国家水平》，http://www.ce.cn/xwzx/gnsz/gdxw/202302/25/t20230225_38412801.shtml。

固定资产投资在实体经济中构成比例较大，对经济的总产出具有较大的影响。因此，固定资产投资对中国经济周期变化的影响很大，是分析宏观经济周期时重要的考虑因素。

存货变动可以分解为主动性存货投资（主要用于保证正常经营活动的连续性，比如汽车生产厂家保持一定量的新车存货）和被动性存货投资（超出正常存货水平的积压产品，比如新车存货大大超出正常水平的部分）。存货变动可以是正值（表示存货上升），也可以是负值（表示存货下降）。在发达国家，存货周期是分析经济周期性波动时重要的考虑因素。

（4）净出口。

净出口是指货物和服务出口减货物和服务进口的差额。出口包括常住单位向非常住单位出售或无偿转让的各种货物和服务的价值，用字母X表示；进口包括常住单位从非常住单位购买或无偿得到的各种货物和服务的价值，用字母M表示。X−M则表示货物和服务净出口。一国进口应该从本国总购买量中减去，因为进口表示收入流到国外，不是用于购买本国产品的支出。一国出口则应加入本国总购买量，因为出口表示收入从国外流入，是用于购买本国产品的支出。因此，货物和服务净出口应计入总支出。它可能是正值，也可能是负值。

把上述4个项目相加，即可以得到用支出法计算的GDP。图2-8显示了1980—2023年我国"三驾马车"对GDP增长的贡献率。

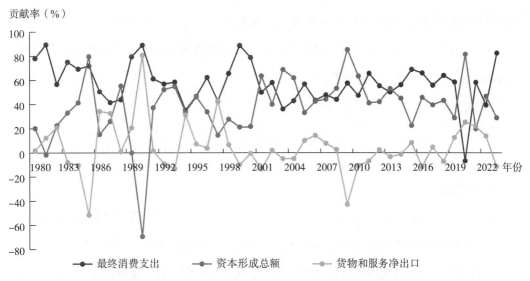

图2-8 我国"三驾马车"对GDP增长的贡献率（1980—2023年）

资料来源：国家统计局。

2. 收入法

收入法，又称要素支付法（factor payment approach），是从常住单位在生产过程中形成收入的角度来反映核算期内生产活动最终成果的方法，即基于各种生产要素对经济生产做出的贡献，为对应生产要素分配报酬。

实践中，我国依据收入法统计的GDP分为4项：

（1）劳动者报酬，包括货币工资、实物工资和社会保险费3部分。

（2）生产税净额，即生产税费（因为从事生产活动使用生产要素，如固定资产、土地、劳动力，而向政府缴纳的各种税费、附加费和规费）减去生产补贴后的差额。

（3）固定资产折旧，固定资产的价值在生产过程中逐渐转移到其产出的商品或服务上，所以用固定资产折旧代表通过生产过程被转移到其产出中的价值。在GDP统计中，折旧被视为生产者的收入，因为它是生产过程的一部分，并且需要计入生产者的总成本。然而，需要注意的是，折旧并不是生产者实际收到的现金收入，而是一种会计上的处理，用于反映资产价值的逐渐减少。举一个例子来说明：

假设某企业购买了一台价值100万元的机器设备，预计使用寿命为10年，预计净残值为0。按照直线折旧法，每年折旧额为10万元（100万元÷10年）。在GDP统计中，这10万元折旧被视为该企业的收入。需要注意的是，这10万元并不是企业实际收到的现金收入，而是代表了该机器设备在使用过程中由于磨损和老化而造成的价值减少。这种价值减少在会计上被处理为折旧费用，计入企业的总成本。

（4）营业盈余，即经济活动增加值在扣除了劳动者报酬、生产税净额和固定资产折旧之后的余额，主要指企业的营业利润。

4项相加，得到收入法的统计公式：

$$GDP = 劳动者报酬 + 生产税净额 + 固定资产折旧 + 营业盈余$$

3. 生产法

生产法，又称部门法（sector approach）。它依据提供产品与服务的各部门的增加值来直接计算GDP，从生产角度反映了GDP来源。政府部门劳务按其收入计算。

我国现行统计制度把国民经济分为农业、采掘业、化学工业、金融保险业等17个部门进行统计。生产法即从生产过程创造的货物和服务价值中，扣除生产过程投入的中间货物和服务价值，得到增加值。将国民经济各行业的增加值相加，得到生产法GDP。生产法核算公式如下：

$$GDP = \Sigma \text{ 各行业总产出} - \Sigma \text{ 各行业中间投入}$$

在宏观经济分析中，生产法的构成变化具有重要的意义。各个行业增加值的占比反映了这些行业对整体经济的影响力。

（四）GDP 的供求分析

总供给（aggregate supply，AS）与总需求（aggregate demand，AD）共同决定了实际GDP 和价格水平及其变化。总需求是指在一定时期内，经济体中所有商品和服务的总需求量，它体现了在一定价格水平上，经济体中的个人、企业、政府和外部买家愿意且能够购买的所有商品与服务的总量。总供给是指在一定时期内，经济体中的生产者愿意且能够生产并提供给市场的所有商品和服务的总量。

总需求曲线从左到右向下倾斜。价格水平上升时，总需求量下降；价格水平下降时，总需求量上升。总需求曲线向右或向左移动是由于总需求的影响因素发生了变化，这些因素包括收入、财富效应、利率、商业信心、宏观政策、国际贸易条件和全球经济状况等。

短期总供给曲线（short-run aggregate supply curve，SRAS）从左到右向上倾斜。在短期内，企业的生产成本是相对固定的，这意味着价格水平的上升会引起企业收益的增加，从而激励企业增加产量。总供给曲线向右或向左移动是由于总供给的影响因素发生了变化，这些因素包括生产成本、生产技术和政府政策等。

在短期经济分析中，总需求和短期总供给的变化影响了产出（指实际GDP）和价格水平，是导致短期经济波动的原因。当总需求增加时，例如消费者信心增强或政府支出扩大，需求曲线向右移动，这会推动价格水平上升和实际GDP 增加。相反，总需求减少则会导致价格下降和产出减少。同时，短期总供给也会因受到如原材料短缺、劳动力不足或技术进步等因素的影响而发生变化。供给曲线向左移动表示供给减少，通常会导致价格上升和实际GDP 下降；供给曲线向右移动则表示供给增加，可能会带来价格下降和产出增加。因此，总需求和短期总供给的相互作用决定了经济的产出水平和价格水平，是引起短期经济波动的重要原因。通过图2-9所示的供求分析，我们可以直观地看到这些变化如何影响经济中的均衡点，并据此理解经济波动背后的动力学原理。

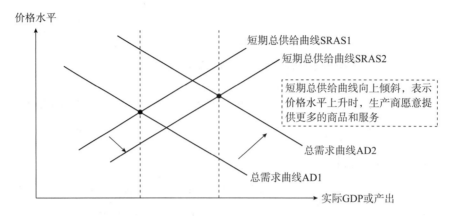

图2-9　短期经济波动的供求分析

长期总供给曲线（long-run aggregate supply curve，LRAS）则是垂直的，因为在长期视角下，产出水平并不依赖于价格水平。换句话说，不管物价水平如何变化，经济体的生产能力（长期供给）是固定的。长期总供给曲线是垂直的，因为它反映了一个经济体在全要素生产率（包括技术水平）、资源（如劳动力、资本、土地）和制度（如法律和市场结构）等长期决定因素不变的情况下的最大产出量。这个最大产出量被称为潜在产出或自然产出水平。长期总供给曲线和短期总供给曲线之间的主要区别在于对价格水平变化的反应。短期总供给曲线向上倾斜，意味着当物价水平上升时，生产商愿意并能够提供更多的产品。这是因为在短期内，生产要素（尤其是一些固定要素，如设备）的数量是固定的，生产商可以通过增加劳动力的使用（如加班）来增加产出。此外，由于某些成本（如工资）在短期内是黏性的，因此价格水平的上升可以提高企业的利润率，刺激企业增加供给。

在长期经济分析中，总需求与垂直的长期总供给的变化对产出（指实际GDP）和价格水平产生深远影响，是推动长期经济增长的关键因素。如图2-10所示，与短期不同，长期总供给曲线是垂直的，意味着经济在充分就业水平上运行，产出不会因价格水平的变化而增减。因此，总需求的增加主要会导致价格水平上升，而不会显著影响实际GDP。但是，长期经济增长不仅由总需求驱动，还需要考虑生产要素积累、技术进步和制度创新等因素，这些因素能够提升生产潜力，使长期总供给曲线向右移动，从而实现更高的产出水平和更快的经济增长。

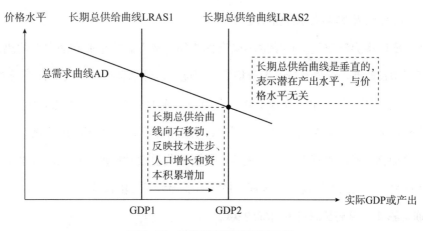

图2-10　长期经济增长的供求分析

二、通货膨胀及其衡量指标

（一）何为通货膨胀

通货膨胀是指一般价格水平的持续上升。这里的一般价格水平是各种商品和服务价格的平均数，而不是单一商品或服务的价格。通货膨胀意味着所有商品或服务的平均价格水平比过去的价格水平更高。通货膨胀会影响人们的一系列经济活动，主要包括以下4个方面。

1. 通货膨胀将导致货币购买力下降

通货膨胀是指一般价格水平持续上涨的经济现象，这导致单位货币所能购买的商品和服务数量减少，从而导致货币购买力下降。简而言之，随着通货膨胀的发生，相同数量的货币能够购买的物品变少了，这意味着消费者需要支付更多的钱来购买同样的商品，反映出每单位货币的实际价值降低。

2. 通货膨胀会影响储蓄和投资的真实回报率

通货膨胀会降低货币的购买力，这直接影响储蓄和投资的真实回报率。具体来说，当通货膨胀率上升时，即便储蓄和投资的名义回报率保持不变，其实际购买力所对应的真实回报率也会下降。这是因为，随着商品和服务的价格上涨，相同数量的货币所能购买的东西变少了。因此，投资者和储户实际上需要更高的名义回报率来弥补通货膨胀带来的购买力损失，保持其资金的实际价值。如果通货膨胀率的上升超过了名义回报率的增长，那么储蓄和投资的真实回报率将为负，导致资金的实际价值缩水。

3. 高通货膨胀率影响宏观经济稳定性

高通货膨胀率会导致经济环境的不确定性增加，从而影响企业和消费者的决策，进一步影响经济增长速度。首先，持续的价格上涨可能会侵蚀消费者的购买力，降低消费需求，对经济增长构成压力。其次，高通货膨胀环境下，企业成本上升，可能会导致投资减少，影响生产和就业，进而影响经济增长。同时，高通货膨胀增加了市场的不确定性，导致资产价格波动加剧，影响投资者的投资决策，投资的收益波动性增加和风险水平上升。这种不稳定性不利于长期的经济规划和投资，最终可能导致经济增长放缓。

4. 通货膨胀会影响长期财务目标的实现

通货膨胀对实现长期财务目标构成了重大挑战，因为它逐渐削弱货币的购买力，使得未来的生活成本和投资目标的资金需求增加。随着时间的推移，即使是较低的通货膨胀率也能累积产生显著的影响，导致长期储蓄需要更多的资金来满足同等生活标准或财务目标。例如，退休规划、购买房产或资助子女教育等长期目标的成本都会因通货膨胀而上升，这意味着个人和家庭必须增加他们的储蓄和投资回报率，才能保证目标的实现。因此，未在财务规划中充分考虑通货膨胀的影响，可能会导致实际积累的财富不足以满足未来需求，从而影响长期财务目标的实现。

改革开放以来，中国先后发生了几次严重的通货膨胀，对宏观经济稳定产生了巨大的冲击，如图2-11所示。

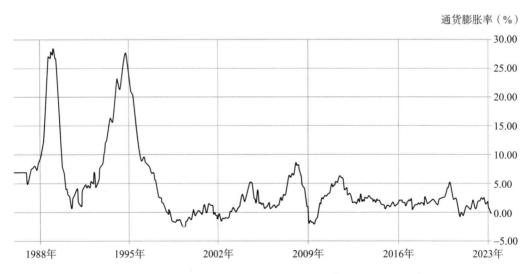

图2-11　我国改革开放以来的年度通货膨胀率（1986—2023年）

资料来源：全球经济指标。

（二）CPI

最常用的价格水平衡量指标是CPI（consumer price index，居民消费价格指数），它是反映居民家庭所购买的一般消费商品和服务价格水平变动情况的宏观经济指标。它是度量一组代表性消费商品及服务项目的价格水平变动程度的相对数，用来反映居民家庭所消费商品及服务价格水平的变动情况。

CPI统计调查的是社会产品和服务项目的最终价格，它同人民群众的生活密切相关，同时在整个国民经济价格体系中具有重要的地位。它是进行经济分析和决策、价格总水平监测和调控及国民经济核算的重要指标。其变动率在一定程度上反映了通货膨胀或紧缩的程度。国家统计局每月都计算并公布CPI。

CPI的计算公式为：

$$CPI = \frac{\text{一组固定商品按当期价格计算的价值}}{\text{一组固定商品按基期价格计算的价值}} \times 100\%$$

上式采用的是固定权数加权算术平均指数公式，即$K' = \Sigma KW / \Sigma W$，固定权数为W，分子中的K为各种销售量的个体指数。我国CPI中的权数W，主要是根据全国城乡居民家庭各类商品和服务消费支出的详细比重确定的。国家统计局每五年会根据居民消费支出结构的变化对CPI权数体系进行全面更新，每年也会根据居民消费支出变动情况对权数进行及时调整，即"每年一小调，五年一大调"，进行基期轮换。

由于各国居民家庭消费结构存在明显差异，因此，各国的物价指数CPI计算的权重构成明显不同。2023年我国CPI计算的权重构成大致如表2-6所示。在中国，食品消费在居民家庭消费中占有较大比重，因此，食品（特别是猪肉、蔬菜等主要食品）价格的波动对CPI的影响尤为明显。

表2-6　2023年我国CPI计算的权重构成

	食品烟酒	衣着	生活用品及服务	医疗保健	交通通信	教育文化娱乐	居住	其他用品及服务
权重	28.19%	6.81%	4.74%	11.24%	11.25%	13.65%	22.12%	2.00%

CPI表示的是，普通家庭购买具有代表性的一组商品，在今天要比过去某一时间多花费多少。例如，若20×4年某国普通家庭每个月购买一组商品的费用为800元，而20×5

年每个月购买这一组商品的费用为1 000元，那么该国20×5年的CPI为（以上年为基期）1 000÷800×100%=125%，也就是说上涨了25%（125%-100%）。

CPI是受到最密切关注的价格指数，但并不是唯一的价格指数。另一个价格指数是PPI（producer price index，生产者价格指数），它衡量企业而不是消费者购买典型的一篮子产品的价格。

（三）PPI

PPI是反映一定时期内全部工业企业产品出厂价格总水平的变动趋势和程度的相对数，包括工业企业售给本企业以外所有单位的各种产品和直接售给居民用于生活消费的产品。PPI是反映某一时期生产领域价格变动情况的重要经济指标，也是制定有关经济政策和进行国民经济核算的重要依据。

PPI的意义在于其能够反映生产环节和上游领域的产品价格变动情况。由于企业最终要把它们的费用以更高的消费价格转移给消费者，因此，我们通常可以利用PPI数据推断出工业品出厂价格对CPI的影响（见图2-12）。

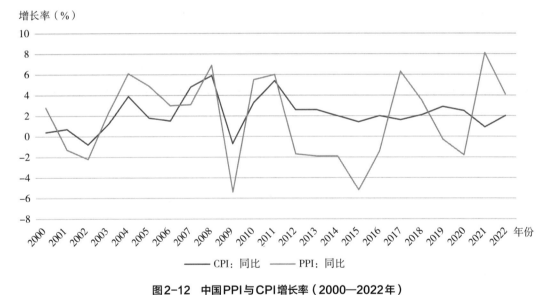

图2-12 中国PPI与CPI增长率（2000—2022年）

资料来源：Choice。

（四）通货膨胀的成因

通货膨胀是商品和服务总体价格水平的不断上升，而不是偶然变动。总体价格水平的百分比变化称为通货膨胀率。通货膨胀是一种货币现象，造成通货膨胀的直接原因是货币供给的增加。货币是由国家发行并强制流通的价值符号，在货币流通的条件下，如果货币的发行量超过了流通中实际需要的数量，多余的部分继续流转，就会造成通货膨胀。

$$货币供给量 \times 货币流通速度 = 价格 \times 产出$$

具体可以分为需求拉动型通货膨胀和成本推动型通货膨胀。

1. 需求拉动型通货膨胀

需求拉动型通货膨胀指总需求超过总供给所引起的总体价格水平持续上升，即"过多的货币追逐过少的货物"。按照凯恩斯的解释，如果总需求上升到大于总供给的地步，过度的需求将引起物价水平的普遍上升。所以，任何导致总需求增加的因素都可以是需求拉动型通货膨胀形成的原因，包括消费者和企业信心、实际财富、金融市场贷款的难易程度、政府支出、税率、政府转移支付和净出口等。下面我们基于图2-13分析需求拉动型通货膨胀的供求关系。

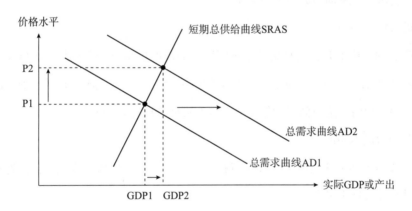

图2-13　需求拉动型通货膨胀供求分析

该类通货膨胀是由总需求曲线右移而引起的价格上升。从供求曲线来看，当总需求曲线右移时，表示在当前价格水平上，经济中的总需求量增加了。需求增加，短期内的总供给却保持不变，这会导致需求超过供给，形成需求拉动型通货膨胀。在供求分析图上，可以清晰地看到这一点：需求曲线向右移动，与供给曲线在新的均衡点上相交，该均衡点对应的价格水平高于之前的均衡价格水平。因此，可以得出结论：这种类型的通货膨胀是由总需求增加（总需求曲线右移）所导致的价格水平上升现象。

对需求拉动型通货膨胀的治理，可以运用紧缩性宏观政策，其主要作用是抑制总体需求。紧缩性宏观政策的核心目标在于，通过减少流通中的货币量、提高利率、限制信贷等手段来抑制过热的总体需求，使其与经济的实际供给能力相匹配。通过实施这些措施，可以有效地缓解物价上涨的压力，稳定市场预期。

2. 成本推动型通货膨胀

成本推动型通货膨胀指在没有超额需求的情况下由供给方（企业）成本提高所引起的总体价格水平持续上升。成本推动型通货膨胀主要是原材料成本和劳动力成本推动价格上涨，例如能源价格冲击、农产品价格冲击、进口价格冲击、劳动力成本冲击等。

（1）能源价格冲击。

原油等能源是通胀的推动因素之一。例如20世纪70年代到80年代初期，世界上大多数工业化国家出现通货膨胀，最重要的一个原因就是原油价格急剧上升。

（2）农产品价格冲击。

成本推动型通货膨胀也能由其他原材料价格上升引起，尤其是农产品。有时天气变化会导致农作物减产，进而引起价格急剧上升。

（3）进口价格冲击。

进口商品的价格上升，会直接带动本国同类商品的价格上升。如果一个国家生产所需要的原材料主要依赖于进口，那么进口商品的价格上升也会造成成本推动型通货膨胀。此外，当人民币贬值时，进口商品价格上升，也有可能造成输入型通胀。

（4）劳动力成本冲击。

劳动力成本推动型通货膨胀，即工资推动型通货膨胀，是指工资过度上涨造成成本增加进而推动总体价格水平上升。

在完全竞争的劳动力市场上，工资完全由劳动力的供求均衡所决定，但是在现实经济中，劳动力市场往往是不完全竞争的，强大的工会组织的存在往往会使工资过度增加。如果工资的增加超过了劳动生产率的提高，就会导致成本增加，从而导致总体价格水平上升，而且这种通胀一旦开始，工资增加与物价上涨便互相推动、互为因果，引起"工资—物价螺旋式上升"。

该类通货膨胀是由总供给曲线左移而引起的价格上升。当总供给曲线左移时，意味着在当前的价格水平上，经济中的总产出或总供给减少了。这可能是由多种因素造成的，比如原材料价格上涨、劳动力短缺、生产能力受限或外部环境不利等。供给减少，总需求却保持不变甚至增加，这会导致供给无法满足需求，从而引发价格水平的上升。从图2-14

中，可以直观地看到这一点：供给曲线向左移动，与需求曲线在新的均衡点上相交，这个新的均衡点对应的价格水平高于之前的均衡价格。因此，这种类型的通货膨胀是由总供给减少（总供给曲线左移）所导致的价格水平上升现象。

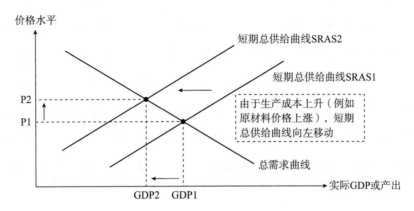

图2-14　成本推动型通货膨胀供求分析

此外，在没有需求拉动和成本推动的情况下，经济结构因素的变动也会导致价格水平持续上升。对成本推动型通货膨胀的治理，紧缩性货币政策通常只能抑制总需求，而不能起到增加总供给的作用，因此效果并不好，甚至可能导致滞胀。降低通货膨胀的代价因国家、初始通货膨胀率和所用政策的不同而不同，有时衰退也是治理通货膨胀的方法。

实例2-1　成本推动型通货膨胀

2021—2022年后疫情时代，全球供应链修复缓慢，商品供应不足，供给滞后，直接导致美国通胀严重。2022年2月，俄乌冲突的爆发和西方国家对俄罗斯的制裁加剧了能源短缺，叠加能源转型、自然灾害、航运价格上涨和港口拥堵等原因，导致原油、天然气等传统能源和食品的价格暴涨。与此同时，美联储加息带来了强势的美元，大多数货币兑美元均大幅贬值，恶化了非美元能源净进口国（或地区）贸易条件，加剧了输入型通胀压力。

三、失业率

（一）认识失业率

大多数人在一生中依靠他们的劳动收入来维持生活水平。许多人不仅能从工作中获得收入，还能得到个人的成就感。失去工作意味着生活水平降低、未来充满不确定性以及自尊心受损。因此，国外的政治家在竞选时，往往谈到他们提出的政策将有助于创造工作岗位。

既然失业影响重大，那么我们该如何定义失业和衡量失业呢？为保证不同国家或地区的失业率（unemployment rate）可以拿来比较，必须对就业人口和失业人口的定义做出统一的规定。国际劳工组织为规范世界各国劳动力市场统计，保证各国劳动力市场数据可以相互比较，制定了标准的就业、失业指标定义。我国劳动力调查同样采用了国际劳工组织关于就业、失业的统计标准。根据我国法律规定，16周岁及以上才可以合法工作，所以就业人口是指在调查参考期内（通常为1周），16周岁及以上，为了取得劳动报酬或经营收入而工作了至少1小时的人口，包括休假、临时停工等在职但未工作的人员。失业人口是指16周岁及以上，没有工作但在3个月内积极寻找工作，如果有合适的工作能够在2周内开始工作的人口。[①]

失业率是指失业人口占劳动人口的比率。这里的劳动人口是指具备劳动能力并且有就业意愿的人口数。失业率被认为是宏观经济和企业微观运营状况的晴雨表。失业率的高低反映了经济的健康程度，较高的失业率可能导致消费减少和生产下降，进而影响经济增长和通货膨胀率。对于个人理财规划而言，失业率的变化直接影响就业安全感和可支配收入，进而影响个人的消费、储蓄和投资决策。

世界上大多数国家都采用两种失业统计方法：一种是行政登记失业率，另一种是劳动力抽样调查失业率。我国目前公布的失业率数据也有行政登记失业率和劳动力抽样调查失业率。这两种失业率都是政府决策的重要依据。行政登记失业率统计的是到公共就业服务机构进行失业登记、享受失业保险待遇并求职的失业人员数量。由于各国公共就业服务和社会保险发展水平不一，行政登记失业率在国与国之间不能比较。而劳动力抽样调查失业率基本依据的是国际化的失业定义，通过抽样调查获得数据，可以进行国际比较。

（二）如何分析经济形势和失业率的关系

通常情况下，GDP增长快，经济规模就会扩大，而企业扩大生产会增加相应就业岗位，失业率会降低；当经济下行时，企业收缩经营，开始裁员，失业率会上升。所以在多数情况下二者的相关性比较明显，但不能简单地以经济增长快慢去判断失业率的高低，而要结合具体经济结构和驱动因素分析，否则可能出现错误的判断和结论。例如，一个地区经济

---

① 资料来源：国家统计局，https://www.stats.gov.cn/sj/sjjd/202302/t20230202_1896011.html。

结构发生变化，从劳动密集型产业转移至高新技术产业，经济实现快速增长，但由于技术进步，所需劳动力数量较之前下降。

四、利率

（一）认识利率

利率是指一定时期内利息额与借贷本金的比率。利率是单位货币在单位时间内的利息水平，既代表资金供给方（投资者）能接受的该笔投资对应的回报率，也是资金需求方（借款人）能提供的该笔借款对应的资金成本。

从经济学的角度出发，利率变动会受诸多因素影响。历史上，经济学家对利率的影响因素研究也经历了漫长又深刻的演化发展过程。从投资者的角度分析，利率由无风险收益率以及投资对应承担风险的补偿构成，后者被称为风险溢价。投资者放弃当前消费转而投资，理应因在这段时间无法随意支配资金而得到相应的补偿，我们称之为无风险收益率。无风险收益率的影响因素主要包括央行的政策利率、通货膨胀预期、经济增长预期、市场资金供求以及国际经济形势等。除此之外，投资者通常还会面临各种不确定性因素的影响，他们也要求利率覆盖这部分影响。这部分被称为风险溢价，包括期限溢价、流动性风险溢价和信用风险溢价等。假如投资期限过长，投资者的流动性受到影响，那么他将要求对该影响进行补偿，即流动性风险溢价。

利率的主要影响因素有6个。

1. 中央银行政策利率传导机制

利率在资金流通和配置中起到非常重要的作用，而不同的市场存在不同的利率种类。要想有效调控各市场不同利率，就需要一个有效的利率传导机制。政策利率通常由各国的中央银行控制，比如中国人民银行、美国联邦储备委员会。央行通过执行货币政策形成各类政策利率，传导至银行间等金融机构间市场，再传导至银行存贷款利率、交易所标准化市场利率，最终影响实体经济。

以我国居民房屋贷款为例，银行发放的房屋贷款利率以LPR（贷款市场报价利率）加减点的形式确定，即"LPR ± 基点"或"LPR ± %"。而LPR是银行给最优质客户贷款利率的平均水平，通过公开市场操作利率［通常是MLF（中期借贷便利）］加点形成的方式报价。而MLF是中国人民银行提供中期基础货币的货币政策工具，是中国人民银行向银行提供借款的参考利率。所以中国人民银行通过调控MLF的上升或下降，传导至LPR，并最终影响贷款利率。

2. 经济增长预期

经济增长和通货膨胀会影响利率变动，而利率的变动又会反作用于经济增长和通货膨胀。

当我们预期经济会高速增长时，这会直接刺激市场需求的提升，推动企业固定资产投资的大幅增加。企业和居民对经济发展的乐观预期将增强他们的借贷意愿，进而导致利率上涨。反之，如果预期经济下滑，破产企业和失业人口增加，市场整体对资金使用需求减少，利率就会随之下滑。利率作为经济活动中的重要成本之一，不仅受预期影响，还会影响经济发展。如果预期利率长期维持低位，将有助于债务的维持，从而在短期内刺激经济。但若利率长期高于GDP增速，高昂的资金使用成本将不利于经济的长期发展。因此，预期对利率和经济发展速度的关系起着不可忽视的调节作用。

3. 通货膨胀预期

通货膨胀预期对利率具有显著影响。当市场普遍预期通货膨胀率上升时，投资者和借贷者会要求更高的利率以补偿未来可能的货币价值损失。因此，通货膨胀预期上升通常会导致市场利率的相应提高。反之，如果通货膨胀预期降低，市场利率可能会下降，因为投资者对货币未来购买力的担忧减少。这种关系体现了市场对未来经济状况的预期如何影响当前的资金成本。

4. 资金供求

利率也会随着资金供求双方力量的强弱而变动。当借贷资金市场上资金供不应求时，资金流动性收紧，资金供给者有更强话语权，利率水平会上升；而当资金供过于求时，资金需求方可以更加轻易地获取资金，使得利率下降动能逐渐显著。

5. 信用风险

之前从投资者角度分析利率，发现投资者会面临各种不确定性因素的影响，其中一个非常重要的因素就是信用风险。由于不同经济主体的经济实力和道德素质不同，导致违约可能性不同，以及违约带来的影响不同。从信用风险的角度出发，针对不同的主体叠加不同的补偿，所以市场上各类产品会受其本身信用风险的影响而呈现不同的利率。信用风险越大，需要的补偿越多，理论上利率水平也越高。

6. 期限

利率是指一定时期内利息额与借贷本金的比率，所以利率天然存在期限属性，根据这种属性可以将其分为短期利率和长期利率。长期利率期限较长，在实际投资过程中面临更

多不确定性，例如资金被占用的流动性风险、通货膨胀上升的风险等，所以一般而言它会
高于短期利率。但这种现象不是绝对的，有时也会出现长期利率接近甚至低于短期利率的
情况，所以投资者经常用长期利率与短期利率的差额（利差）作为一项先行指标去衡量经
济预期走势。美国长短期国债收益率走势图（见图2-15）显示，当利差出现收窄甚至倒挂
迹象时，通常伴随着市场经济进入疲软或衰退周期的现象。图2-15中的虚线框标示出两次
明显的长短期利率倒挂，而这两次分别对应全球的次贷危机和新冠肺炎疫情。

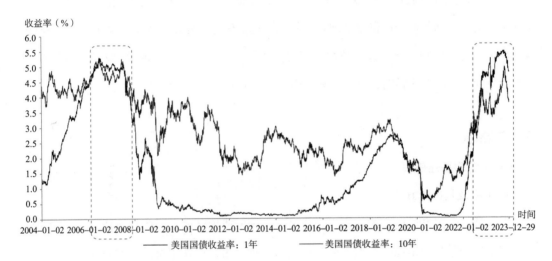

图2-15　美国1年期和10年期国债收益率走势（2004-01至2023-12）

资料来源：Choice。

（二）为何要研究利率

利率是影响个人理财规划和投资决策的关键因素之一，因为它直接影响借贷成本、储
蓄收益以及投资回报率。利率的变动，不仅会影响消费者和企业的信贷需求，还会改变不
同金融资产的吸引力，从而驱动个人和机构调整其投资组合和财务规划。我们从消费、融
资和投资的角度分别分析一下利息的影响。

1. 消费决策

消费决策可以同时从资金的需求方和供给方的角度来考虑。如果消费者是通过信用卡
等消费信贷来消费的，那么从资金需求方的视角来看，利率上升就会增加借贷成本，阻碍
社会整体信用消费扩张。另外，高利率会使消费者暂停非必要开支，转而储蓄资金以获取
更高的利息收入，抑制消费支出。

2. 融资决策

融资决策是站在资金需求方的角度进行分析，如果利率上升使融资成本提高，那么一旦未来发展前景不明朗，企业就很可能暂停业务扩张，缩减投资计划。所以一般而言，国家会在社会经济过热时采用该方式来控制无序扩张，保证社会融资处在合理区间。

3. 投资决策

投资决策是站在资金供给方的角度观察利率，利率处在上行期间会吸引投资者蜂拥投向高息产品，无息或低息产品吸引力降低，所以不同投资产品之间会表现出分化状态。同时，利率会影响到各种资产价格的波动。例如，黄金作为一种贵金属本身属于无息投资品，但利率上升也会影响黄金的投资热度。需要注意的是，利率只是一种影响因素，资产价格走势会受到诸多因素的影响，各类因素互相角力，最终推动价格变动。

五、汇率

（一）汇率基础知识

1. 汇率及其标价方法

汇率是一个国家或地区的货币折合成另一个国家或地区的货币的比率或比价，它表明用一定数量的某种货币能够换取多少数量的另一种货币，反映了货币的对外购买力。对于那些持有外币资产或计划在境外投资和消费的个人而言，汇率不仅影响投资回报率和货币的对外购买力，还可能决定理财策略的调整和货币风险的管理。

国际上，通行的汇率标价方法有两种。第一种标价法是以一定数额外币为标准，折为相应数额的本币表示汇率，称为"直接标价法"。例如，2024年某月某日人民币汇率中间价为：1美元=7.197 9元人民币。第二种标价法是以一定数额本币为标准，折为相应数额的外币表示汇率，称为"间接标价法"。例如，2024年某天在英国，英镑兑美元的汇率为：1英镑=1.258 4美元。

"升值"和"贬值"是描述汇率变动的两个基本概念。

升值表示用较少数额的本币就能换得一定数量的外币，或者一定数量的外币只能换得较少数额的本币。升值使本币兑换价值提高，因而本币变强了。

贬值表示需要用较多数额的本币才能换得一定数量的外币，或者一定数量的外币能换得较多数额的本币。贬值使本币兑换价值下降，因而本币变弱了。

依据发生机制的不同，升值和贬值又分为法定升值贬值与市场升值贬值两类情况。

法定升值（revaluation）指货币当局规定提高本币对外币的兑换价值，比如二战后德国马克曾被法定升值；法定贬值（devaluation）指货币当局规定降低本币对外币的兑换价值，比如我国1994年进行汇率改革，官方汇率与市场调剂汇率并轨，人民币实际发生法定贬值。

市场升值（appreciation）指外汇市场供求关系变动所造成的本币对外币兑换价值上升，市场贬值（depreciation）指外汇市场供求关系变动所造成的本币对外币兑换价值下降。

采用不同汇率标价方法，标价变化与汇率变动的关系不同。

若采用直接标价法，汇价数值上升表示本币贬值和外币升值，汇价数值下降则表示本币升值和外币贬值。例如，人民币汇价从7元升为8元表示人民币贬值，因为这时兑换1美元需要比先前更多的人民币；反之，如果下降到6元，则表示人民币升值，因为这时兑换1美元需要比先前更少的人民币。

若采用间接标价法，汇价数值上升表示本币升值和外币贬值，汇价数值下降则表示本币贬值和外币升值。因而，首先需要确定采用什么标价方法，然后才能判断汇率标价变动与汇率升值或贬值的关系。

2. 人民币汇率

1978年改革开放以来，人民币汇率制度经历了4个阶段，汇率也发生了很大的变化。

（1）改革开放之初至1985年。

改革开放之初，延续了1973年以来采用的钉住一篮子货币的浮动汇率制度。1979年8月，国务院决定自1981年1月1日起改革人民币汇率制度，除继续保留人民币的官方汇率之外，又制定了内部结算价，自此人民币汇率进入双轨制时期。

1981年至1984年，人民币的官方汇率维持在1美元兑换1.5元人民币左右，主要运用于非贸易外汇的兑换和结算；人民币的内部结算价则为1美元兑换2.8元人民币，主要运用于进出口贸易的外汇结算和成本核算。

从1985年1月1日起，内部结算价被废除，贸易部门与非贸易部门适用同一汇率，人民币的双重汇率又恢复到单一汇率。1985年底人民币汇率变为1美元兑换3.2元人民币。

（2）1986年至1993年。

1986年1月起，人民币汇率制度逐步从钉住一篮子货币转变为有管理的浮动汇率制。1985年11月，首个全国外汇调剂中心在深圳成立，市场调剂汇率影响力日益增强。这一时期官方汇率、调剂汇率和黑市汇率等多重汇率并存。同时，官方汇率弹性增强，1993年底已上升至1美元兑换5.76元人民币。

（3）1994年至2005年7月。

国务院决定从1994年1月1日起进一步改革人民币汇率制度，实行以市场供求为基础的、单一的、有管理的浮动汇率制。1994年1月1日起，官方汇率与调剂汇率并轨，人民币兑美元的汇率一次性降低至1美元兑8.7元人民币。这一阶段的人民币汇率制度实际上是钉住美元的汇率制度，实践中形成了"管理有余，浮动不足"的固定汇率制度。1997年后，人民币汇率一直保持在1美元兑换8.27元人民币。

（4）2005年7月至今。

2005年7月21日，中国人民银行发布公告："经国务院批准，我国开始实行以市场供求为基础、参考一篮子货币进行调节、有管理的浮动汇率制度。"从2005年7月21日起，中国人民银行每个工作日闭市后，都会公布当日银行间外汇市场美元等交易货币兑人民币汇率的收盘价，作为下一个工作日该货币对人民币交易的中间价。2015年8月11日，中国人民银行将人民币汇率中间价报价机制，变成"上一日收盘价＋一篮子货币汇率变化"。2017年5月26日，中国人民银行在中间价报价机制中加入逆周期因子，中间价报价机制也被修正为"上一日收盘价＋一篮子货币汇率变化＋逆周期因子"。至此，中国人民银行逐步减少对汇率市场的直接干预，转而更多地通过市场化工具和预期引导，确保人民币汇率双向波动，维护外汇市场稳定运行。

图2-16显示了2005—2023年人民币汇率中间价变化的情况。

图2-16　人民币汇率中间价变化（2005—2023年）

资料来源：Choice。

（二）汇率风险

1. 贸易性汇率风险

一国汇率变动是影响进出口外贸变化的重要因素。本币升值意味着能兑换更多外币，提高对外购买力，降低进口成本。价格变化会引起需求量的变化，即进口上升。但同时，本币升值使得外币能够兑换的本币变少，外币购买力减弱，出口成本相对提高，出口下降。

本币贬值正好带来相反的结果。在这种情况下，相同数量的本币换得的外币更少，导致能购买到的货物量减少。进口成本增加，使进口商品的竞争力降低，对进口不利。而出口货物所收到的外币能兑换更多本币，企业拥有更大的降价空间。降价有利于提高出口产品竞争力，帮助企业扩大全球市场。

随着我国贸易国际化水平提高，很多跨国企业会进行跨境投资。而汇率波动带来资产定价波动，进而影响跨国企业境外投资决策，引发财务风险。面对更加频繁的汇率波动和更加复杂的汇率风险场景，开展国际业务的企业需要关注他国货币政策及汇率变动，在日常经营中遵循风险中性的理念，合理运用金融衍生产品管理汇率风险。

2. 金融性汇率风险

除了国际贸易，汇率波动也会为金融投资带来巨大风险。首先，汇率波动会对本国金融市场造成显著影响。如果一个国家的资金是自由流通的，那么该国货币持续性贬值会驱使人们将本币兑换成外币，引发资金外流，其中国际资本会在短期内迅速外逃，进一步加剧本币贬值，形成恶性循环。而资金外流会使得该国可利用的资金减少，流动性枯竭，进而对该国的股市、债市、楼市等多类金融市场造成不利冲击。金融市场下行最终会蔓延至社会的方方面面，削弱该国总体经济的发展动力，反过来宏观经济基本面下行又再次对金融市场造成沉重打击。

其次，汇率波动会影响投资者的海外金融投资。投资者的投资收益除了所投标的本身的损益，还有货币兑换形成的汇兑损益。例如，一位美国投资者准备投资日本股票市场，年初汇率为132.605 3日元/美元，日经指数为25 716.86点，经过一年日经指数升至33 288.29点。仅观察日经指数表现，这一年的收益率上涨29.44%［（33 288.29−25 716.86）÷25 716.86］。但从投资者的角度出发，需要将美元兑换成日元后投资到日本股市，之后还需要将日元兑换回美元。如果年底汇率为144.618 5日元/美元，则站在投资者视角下，这一年的收益率上涨18.69%［（1×132.605 3÷25 716.86×33 288.29÷144.618 5−1）÷1］。这说明虽然日本股市上涨，但日元相对于美元贬值，投资股票的收益因外汇损失而降低。反之，如果本年日元相对于美元升值，就意味着投资总收益既有股票上涨的收益也有外汇兑换收益，最终收益扩大。因此，汇率波动就是一把"双刃剑"，既可能扩大收益减少亏损，也可能抵减收益放大亏损。投资者在进行跨境投资时要重视汇率风险，合理预期汇率变动水平，建立有效的风控措施。

第三节　经济周期与政策影响

一、经济周期概述

经济活动像过山车一样，每年都会上上下下。大多数时候，我们看到的是商品和服务的生产增加，这表明经济在增长。但是，有时情况并非如此。偶尔一些年份的生产并没有像预期那样增长，这可能是因为公司卖不出它们所有的产品和服务，减少了生产量。结果，员工被裁掉，失业率上升，工厂和设备也就被闲置了。我们将这种经济活动的自然起伏称为"经济周期"。简单来说，经济周期就是经济好的时期和不那么好的时期的交替出现。

（一）经济周期的概念

经济周期（business cycle）也称商业周期、景气循环，它是指经济运行中周期性出现的经济扩张与经济紧缩交替更迭、循环往复的一种现象。经济周期性波动源于总需求或总供给的变动冲击，是国民收入或总体经济活动扩张与紧缩的交替或周期性波动变化。

根据经济的实际增长情况及其与潜在经济增长率的相对关系，经济周期通常分为4个阶段：萧条阶段、复苏阶段、繁荣阶段、衰退阶段。

（二）经济周期的4个阶段

萧条阶段。经济活动水平低，失业率高，生产和消费都处于较低水平。这可能是由于总需求下降，导致产出和就业减少，实际经济增长率低于潜在经济增长率。这意味着资源没有得到充分利用，经济处于低迷状态。

复苏阶段。随着经济从萧条中恢复，总需求开始增长。这可能是由消费者信心增强、企业投资增加、政府支出扩大或净出口增加等因素驱动的。随着总需求的增加，实际经济增长率开始接近潜在经济增长率，失业率下降，生产和消费活动逐渐增加。在这个阶段，经济开始复苏并逐步走向繁荣。

繁荣阶段。经济发展达到高峰，总需求继续增长，可能达到或超过总供给。这时，实际经济增长率可能等于或超过潜在经济增长率，导致资源紧张和价格上涨（通货膨胀）。失业率降至低点，生产和消费活动旺盛。然而，过度的经济活动可能导致经济过热，从而引发通货膨胀。

衰退阶段。当经济达到繁荣的顶点后，总需求可能会因为多种因素（如政策紧缩、市场饱和、信贷紧缩等）而下降。随着总需求减少，实际经济增长率开始下降，失业增加，生产和消费活动减缓。这个阶段标志着经济从繁荣转向衰退，最终可能导致萧条。

（三）经济周期的划分

经济周期的4个基本阶段，为我们提供了把握经济波动的框架。然而，根据这4个阶段发生的频率和持续时间，经济周期还可以进一步细分为短周期、中周期和长周期。这种划分能帮助我们更深入地理解经济动态，识别特定周期的特征，以及它们对经济健康的长期影响。接下来，我们将探讨这3种类型的经济周期及其重要性。

1. 短周期

短周期，也称基钦周期或库存周期，是1923年经济学家约瑟夫·基钦提出的一种为期3～4年的经济周期。这种周期主要与企业库存管理和预期需求变化相关。当企业预期未来需求增加时，它们会主动投资扩产并增加库存；相反，如果预期需求减弱，它们则会降低产能并减少库存。

2. 中周期

中周期包括朱格拉周期和库兹涅茨周期。朱格拉周期是1860年法国经济学家朱格拉提出的一种为期8～10年的经济周期，主要以设备更替和资本投资为驱动因素。而库兹涅茨周期是1930年美国经济学家库兹涅茨提出的，为期15～25年，平均长度为20年左右，主要以建筑业的兴旺和衰落为标志，所以也被称为"建筑周期"。两者虽然都属于中周期，但驱动因素和表现特点有所不同。

3. 长周期

长周期，也称康德拉季耶夫周期或康波周期，是1925年苏联经济学家康德拉季耶夫提出的一种为期40～60年的经济周期。该周期与革命性技术的出现和发展密切相关。新旧技术的演变是推动康波周期运行的主要动力。例如，蒸汽机、电力、信息技术等都曾引发经济长周期的变化。每个长周期都伴随着一次或多次技术革命，从而推动经济增长和产业结构的变化。该周期理论认为，18世纪末期以后，经历了3个长周期。第一个长周期是1789年到1849年，上升部分为25年，下降部分为35年，共60年。第二个长周期是1849年到1896年，上升部分为24年，下降部分为23年，共47年。第三个长周期是从1896年起，上升部分为24年，1920年以后进入下降期。

（四）经济周期不同阶段的资产表现

没有哪种资产在任何环境下都能够持续赚钱，随着经济周期轮动，各类资产的表现可谓"风水轮流转"。在经济周期的不同阶段，各类资产的表现呈现出明显的差异。以下是对各类资产在不同阶段表现的详细分析。

1. 萧条阶段

股票：通常表现不佳。由于经济活动减缓，企业盈利下滑，投资者信心不足，导致股票市场表现不佳。

债券：表现可能因中央银行的货币政策而异。虽然债券通常被视为避险资产，但在萧条阶段，由于经济前景不明朗，债券收益率可能受到抑制。

现金及现金等价物：表现相对较好。在经济不确定性增加时，投资者倾向于持有流动性高的资产，比如现金和现金等价物，以规避风险。

大宗商品：通常表现不佳。由于需求减弱和价格下跌，大宗商品在萧条阶段通常表现不佳。

房地产：通常表现不佳。经济萧条导致购房需求减少，房价下跌，房地产市场陷入低迷。

2. 复苏阶段

股票：通常会开始反弹。随着经济复苏，企业盈利改善，投资者信心增强，推动股票价格反弹。

债券：表现一般。经济复苏可能导致利率上升，从而对债券价格构成压力。然而，相对于其他高风险资产，债券仍具有一定的吸引力。

现金及现金等价物：表现一般。在复苏阶段，投资者可能开始将现金投资于更有吸引力的资产类别，以获取更高的回报。

大宗商品：通常表现良好。经济复苏带动需求增加，推动大宗商品价格上涨。

房地产：表现一般。在复苏初期，房地产市场可能仍然疲软，但随着经济状况的改善，购房需求逐渐回升。

3. 繁荣阶段

股票：通常表现强劲。经济繁荣推动企业盈利大幅增长，投资者信心高涨，股票市场持续上涨。

债券：可能表现不佳。繁荣阶段通常伴随着通货膨胀和利率上升，这对债券价格构成压力。投资者可能转向更高风险的资产以追求更高回报。

现金及现金等价物：表现较差。在繁荣阶段，持有现金意味着错失投资机会和潜在的高回报。投资者持有现金可能会错失投资机会，但在市场过热时它可能也是一种风险管理策略。

大宗商品：表现良好。繁荣阶段的需求增长继续推动大宗商品价格上涨。

房地产：表现良好。经济繁荣带动房价上涨，房地产市场繁荣。

4. 衰退阶段

股票：通常下跌。经济衰退导致企业盈利下滑，股票市场下跌。

债券：表现良好。衰退阶段通常伴随着利率下降，这有利于债券价格上涨。投资者可能将资金转向债券等相对安全的资产。

现金及现金等价物：表现良好。在经济衰退期间，持有现金可以在一定程度上应对潜在的市场波动和风险。

大宗商品：表现差。需求减弱和价格下跌导致大宗商品在衰退阶段表现不佳。

房地产：表现差。经济衰退导致购房需求减少，房价下跌，房地产市场再次陷入低迷。

表2-7对上述阶段各类资产表现进行了总结。

表2-7　经济周期各阶段大类资产的表现

经济周期阶段	股票	债券	现金及现金等价物	大宗商品	房地产
萧条	差	一般	良好	差	差
复苏	良好	一般	一般	良好	一般
繁荣	良好	差	差	良好	良好
衰退	差	良好	良好	差	差

需要注意的是，这些一般性的规律并不总是严格成立。例如，在某些情况下，股票和债券可能同时下跌（比如通胀预期上升导致实际利率上升），或者在某些特定的经济环境下（比如低增长、低通胀的"新常态"），各类资产的表现可能都相对平淡。此外，"一般"表示资产在该阶段的表现可能介于良好与差之间，其具体表现取决于多种条件。因此，虽然上文提供了一个有用的框架来帮助我们理解经济周期和资产表现之间的关系，但在实际应用中，我们还需要结合具体的经济环境和市场条件进行深入分析和判断。

二、经济周期的主要预测指标

宏观经济波动是一种周期性的繁荣、衰退、萧条、复苏循环变化的过程，在这种变动中，不同经济指标的变动并非总与宏观经济运行步调一致。按统计指标变动轨迹与宏观经济变动轨迹的时间关系，经济指标可分为先行指标、同步指标和滞后指标。

先行指标总是比宏观经济更早地发生转折，先于经济周期到达高峰或低谷。利用先行指标可以预判短期经济总体景气状况，从而进行预警、监测并制定应对措施。同步指标与经济周期到达高峰或低谷的时间大致相同，主要用于反映国民经济正在发生的情况。滞后指标比宏观经济更晚发生转折，落后于经济周期到达高峰或低谷，主要用于检验对宏观经济发展状况的判断是否准确。宏观经济分析常用的先行、同步和滞后指标如表2-8所示。

表2-8 主要先行、同步和滞后指标

指标类别	指标特征	指标作用	指标举例
先行指标	先于宏观经济形势变化，其拐点早于经济总体的拐点	预判宏观经济走势	PMI、CCI、长短期利差等
同步指标	与宏观经济形势同步变化	确认宏观经济走势	GDP增速、规模以上工业增加值、工业用电量等
滞后指标	晚于宏观经济形势变化	检验宏观经济走势	CPI、企业库存等

实务中人们往往更关注先行指标，下文重点讲解先行指标的运用。

（一）PMI

PMI（purchasing managers' index，采购经理指数）是国际上通行的宏观经济监测指标。它主要反映了企业的采购（或供应）经理对企业采购及其相关业务活动情况的判断，包括对生产、订货、采购、价格、库存、人、供应商配送、采购方式等情况的判断，以及企业采购过程中遇到的主要问题及建议。

PMI是一套月度发布的、综合性的经济监测指标体系，分为制造业PMI、服务业PMI，也有一些国家建立了建筑业PMI。PMI是通过对采购经理的月度调查汇总出来的指数，反映了经济的变化趋势。PMI取值范围在0至100%之间，50%为扩张与收缩的临界点：高于50%，表示经济活动比上月有所扩张；低于50%，表示经济活动比上月有所收缩。PMI与临界点的距离，表示扩张和收缩的程度。在实际应用中，可以通过PMI运行走势监测宏观经济变化情况，如图2-17所示。

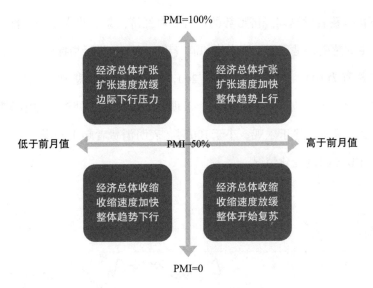

图2-17　运用PMI监测宏观经济

图2-18展示了2005—2024年中国制造业PMI的变化情况，从图中可以看到制造业PMI拐点领先于GDP增速拐点。

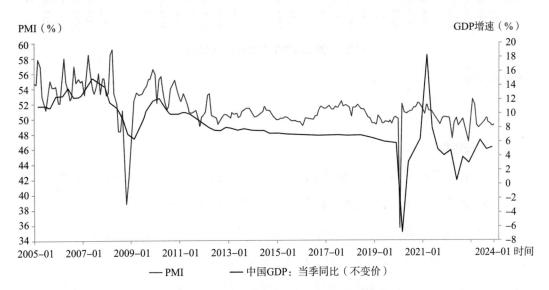

图2-18　中国制造业PMI（2005—2024年）

资料来源：Choice。

（二）CCI

CCI（consumer confidence index，消费者信心指数）是反映消费者信心强弱的指标。它综合反映并量化消费者对当前经济形势的评价和对经济前景、收入水平、收入预期以及消费心理状态的主观感受，是预测经济走势和消费趋向的一个先行指标。

CCI的临界值为100，取值范围是0～200，0表示"极端悲观"，200表示"极端乐观"，100为"乐观"和"悲观"的临界值，表明消费者的信心处于一种中立状态。当CCI大于100时，表明消费者趋于乐观；小于100时，表明消费者趋于悲观。图2-19显示的是2013—2023年中国CCI的变化情况。

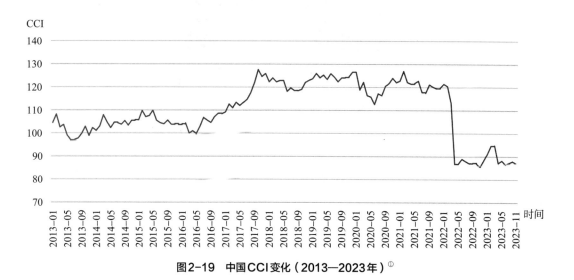

图2-19　中国CCI变化（2013—2023年）[1]

资料来源：Choice。

（三）长短期利差

通常来说，长期利率高于短期利率，期限利差体现了对期限风险的弥补。但随着市场对经济预期的变化，会出现期限利差扩大、缩小，甚至还有倒挂的可能。

如果期限利差走阔，即两端差距变大，说明长期利率高于短期利率，表明市场相对乐观，预期利率还要上升，即经济上行。相反，如果期限利差收窄，说明短期利率上行的幅度超过了长期利率，表明市场比较悲观，长期利率下降，资金趋向避险。长短期利率倒挂，即短期利率高于长期利率，往往被认为是经济衰退的信号。

除了以上介绍的宏观经济指标，在实际宏观经济分析中，还会用到一些重要的指标，

---

[1]　2023年6月和7月数据缺失，时间序列顺延。

例如社会消费品零售总额、固定资产投资、工业增加值等。这里由于篇幅限制，就不一一介绍了，有兴趣的读者可以自行参考和查询宏观经济相关的专业书籍和数据信息。

三、宏观经济政策及影响

（一）宏观经济政策目标

宏观经济政策包括财政政策和货币政策，是指一国政府或中央银行有意识、有计划地运用一定的政策工具，调节和控制宏观经济的运行，以达到一定的政策目标。宏观经济政策的调整，比如货币政策的紧缩或放松、财政政策的扩张或紧缩，直接影响利率水平、通货膨胀率和经济增长速度，从而对个人的储蓄、投资回报和资产配置决策产生重大影响。理解这些政策调整，有助于个人及时调整自己的理财规划，以应对经济环境的变化，把握投资机会，规避潜在风险。

一般认为，宏观经济政策主要有4个目标：持续均衡的经济增长、充分就业、物价稳定和国际收支平衡。

1. 持续均衡的经济增长

经济增长是指在一个特定时期内经济社会所产生的人均产量和人均收入的持续增长。它包括维持高经济增长率和培育经济持续增长的能力。

一般认为，经济增长与就业目标是一致的。经济增长通常用一定时期内实际GDP的年均增长率来衡量。经济增长会增加社会福利，但并不是增长率越高越好，这是因为：一方面，经济增长要受到各种资源条件的限制，不可能无限地增长，尤其是对于经济已相当发达的国家来说更是如此；另一方面，经济增长也要付出代价，比如造成环境污染、引发各种社会问题等。

2. 充分就业

充分就业是指包含劳动在内的一切生产要素都能以愿意接受的价格参与生产活动的状态。一是指所有愿意接受各种现行工资的人都能找到工作的一种充分就业的经济状态，即消除了非自愿失业。二是指包括劳动在内的各种生产要素，都按其愿意接受的价格，全部用于生产的一种经济状态，即所有资源都得到充分利用。失业意味着稀缺资源的浪费或闲置，从而使经济总产出下降，社会总福利受损。因此，失业的成本是巨大的。降低失业率，实现充分就业常常成为西方宏观经济政策的首要目标。

3. 物价稳定

物价稳定是指物价总水平的稳定。一般用价格指数来衡量一般价格水平的变化。物价稳定不是指每种商品价格固定不变，也不是指价格总水平固定不变，而是指价格指数相对稳定。物价稳定并不是指通货膨胀率为零，而是允许保持一个低而稳定的通货膨胀率。所谓低，就是通货膨胀率在1%至3%之间；所谓稳定，就是指在一定时期内能使通货膨胀率维持在大致相等的水平上。这种通货膨胀率能为社会所接受，对经济也不会产生不利的影响。

4. 国际收支平衡

国际收支平衡的目标要求做到汇率稳定，外汇储备有所增加，进出口平衡。国际收支平衡不是消极地使一国国际收支账户上的经常收支和资本收支相抵，也不是消极地防止汇率变动、外汇储备变动，而是使一国外汇储备有所增加。适度增加外汇储备被看作改善国际收支的基本标志。同时，一国国际收支状况不仅反映了该的对外经济交往情况，还反映出该国经济的稳定程度。

4个政策目标之间既有一致性又有矛盾性。在实际经济运行中，要同时实现4个目标非常困难。根据蒙代尔的"不可能三角"，对于以下3个目标，即货币政策的独立性、汇率的稳定性和资本的完全流动性，一国只能选其二，而不可能兼得。例如，在1944—1973年的布雷顿森林体系中，各国"货币政策的独立性"和"汇率的稳定性"得到实现，但"资本的完全流动性"受到严格限制。而1973年以后，"货币政策的独立性"和"资本的完全流动性"得以实现，但"汇率的稳定性"不复存在。因此，在制定宏观经济政策时，要根据国情，在一定时间内选择一个或两个目标作为宏观经济政策的主要目标，同时使各个目标能有最佳的匹配组合，让所选择和确定的目标体系成为一个和谐的有机整体。

宏观经济政策通常是逆经济周期调节。当一个经济体增长加速、经济向好时，宏观经济政策倾向于收紧，使经济不至于发展过快、过热，能够相对平稳发展。当一个经济体增长放缓、经济减速时，宏观经济政策倾向于宽松，使经济温和回落，以免市场压力过大。

（二）货币政策及其主要工具

货币政策是指中央银行实施的通过改变货币供应量和信用条件来影响总需求的政策。

为了达到货币政策的目标，中央银行应当根据经济运行状况采取扩张性货币政策或者紧缩性货币政策加以调控。

扩张性货币政策，又称积极的货币政策。它是通过增加货币投放，下调央行基准利率，从而增加总需求的货币政策，主要是在总需求不足时采用。无论是货币供给量增速上升还是利率下降，都将推动居民消费需求和投资需求的上升。

紧缩性货币政策，是促使货币供给量增速下降或利率上升的货币政策，通常是在总需求超过总供给、经济过热的形势下使用，效果表现为总需求水平下降，从而抑制经济过热。

货币供应量是研究宏观经济走势和政策动向的核心指标之一，常常被当作经济先行指标，用来分析和判断经济景气状况。货币供应量是指在某个时点全社会承担流通手段和支付手段职能的货币总额，反映了全社会总的购买力，是一个存量概念。根据流动性的大小，即在流通中周转的方便程度的不同，货币供应量可以分为不同的层次。按照由强到弱的顺序，货币供应量分为M0、M1、M2，分别代表基础货币、狭义货币和广义货币。

M0指金融体系以外流通的现金。M0的流动性最强，与消费密切相关，M0走高，即流通中的现金增加，可能表明消费活动相对活跃或居民出于各种考虑选择持有更多现金。这在一定程度上可能反映经济活动的增加。

M1由M0和企业活期存款构成，不包括居民的储蓄存款。M1的流动性居中，体现了当前的市场需求，反映现实购买力，代表居民和企业的资金松紧变化。M1走高，即企业活期存款增加，可能表明企业资金流动性增强，有利于生产和交易活动。这在一定程度上可能反映经济趋于上升。

M2由M1和准货币组成。准货币是一定时期内不会被直接动用的货币，主要包括定期存款、居民储蓄存款和其他类存款。M2是通常所说的货币供应量，流动性比M0和M1都要低，不仅反映现实购买力，还反映潜在购买力。M2走高，即货币供应量增加，可能表明金融市场流动性增强，有利于投资和中间市场的活跃。

中央银行使用的货币政策工具主要有5类：第一类是日常操作的公开市场业务（公开市场操作），第二类是调节货币供应量的工具，第三类是调节货币价格的工具，第四类是量价同时调节的结构性工具，第五类是窗口指导等其他货币政策。

1. 日常操作政策——公开市场操作

公开市场操作是各国中央银行实施货币政策日常操作的主要工具，操作频率很高，也是中国人民银行日常操作的主要工具之一。美国、日本、澳大利亚等国的央行每日都进行公开市场操作。公开市场操作是通过吞吐基础货币来调节市场流动性的货币政策工具，通过中央银行与指定交易商进行有价证券和外汇交易，实现货币政策调控目标。例如，在总需求过剩和经济过热的情况下，央行可以通过在市场上出售债券以回笼货币，减少市场上的流动性。如果认为市场流动性短缺造成总需求不足，央行就可以通过买进债券来增加基础货币投放。

公开市场操作的突出优点是：便于中央银行掌握主动权，规模和操作比较灵活，可以进行连续性、经常性的货币供给微调，具有可逆转性。其局限性就是技术性强，告示效应不确定，必须以发达的证券市场为前提。

中国公开市场操作包括人民币操作和外汇操作两部分。外汇公开市场操作于1994年3月启动，人民币公开市场操作于1998年5月26日恢复交易，规模逐步扩大。1999年以来，公开市场操作已成为中国人民银行货币政策日常操作的重要工具，对调控货币供应量、调节商业银行流动性水平、引导货币市场利率走势发挥了积极的作用。

中国人民银行从1998年开始建立公开市场业务一级交易商制度，选择了一批能够承担大额债券交易的商业银行作为公开市场业务的交易对象。这些交易商可以以国债、政策性金融债券为交易工具与中国人民银行开展公开市场业务。从交易品种看，中国人民银行公开市场业务债券交易主要包括回购交易、现券交易和发行中央银行票据三种。回购交易分为正回购和逆回购两种。正回购指中国人民银行向一级交易商卖出有价证券，并约定在未来特定日期买回有价证券的交易行为，正回购为央行从市场收回流动性的操作，正回购到期则为央行向市场投放流动性的操作；逆回购指中国人民银行向一级交易商购买有价证券，并约定在未来特定日期将有价证券卖给一级交易商的交易行为，逆回购为央行向市场上投放流动性的操作，逆回购到期则为央行从市场收回流动性的操作。现券交易分为现券买断和现券卖断两种。前者为中国人民银行直接从二级市场买入债券，一次性地投放基础货币；后者为中国人民银行直接卖出持有债券，一次性地回笼基础货币。中央银行票据即中国人民银行发行的短期债券。中国人民银行通过发行中央银行票据来回笼基础货币，中央银行票据到期则体现为投放基础货币。

2013年1月，中国人民银行创设了"短期流动性调节工具"（short-term liquidity operations，SLO），作为公开市场常规操作的必要补充，在银行体系流动性出现临时性波动时相机使用。

2. 调节货币供应量的政策——存款准备金制度

存款准备金是指金融机构为保证客户提取存款和资金清算需要而准备的在中央银行的存款。金融机构按规定向中央银行缴纳的存款准备金占其存款总额的比例，就是存款准备金率。存款准备金制度是在中央银行体制下建立起来的。美国最早以法律形式规定商业银行向中央银行缴存存款准备金。存款准备金制度的初始作用是保证存款的支付和清算，之后才逐渐演变为货币政策工具，其主要政策内容包括：法定准备金率的确定、对作为法定准备金的资产种类的限制、法定准备金的计提（包括存款余额的确定和缴存基期的确定），以及法定准备金率的调整幅度。

央行通过调整法定存款准备金率影响流动性。当需要采取紧缩性货币政策时，央行可以提高存款类金融机构的存款准备金率，从而减少商业银行的超额准备金，使信用条件紧缩。当需要采取扩张性货币政策时，央行可以降低法定存款准备金率，使得银行更有可能扩大贷款规模，从而扩大货币供给量，刺激总需求。但需要注意的是，法定存款准备金率不是主要的货币政策工具，它的威力太大，容易扰乱存款机构正常的财务计划、管理和准备金的可测性、稳定性，不宜作为日常操作工具。

如图2-20所示，2020年以来，中国人民银行根据经济和货币形势的变化先后多次下调法定存款准备金率。

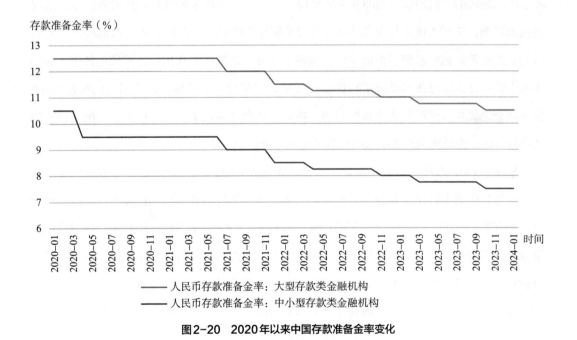

图2-20　2020年以来中国存款准备金率变化

资料来源：Choice。

3. 调节货币价格的政策——利率政策

利率政策是我国货币政策的重要组成部分，是指中央银行控制和调节市场利率以影响社会资金供求的方针和主要工具。它是中央银行间接控制信用规模的一项重要手段。在利率体系中，中央银行利率处于主导地位，起关键作用。制定中央银行利率的依据是货币政策的目标。中国人民银行根据货币政策实施的需要，适时运用利率工具，对利率水平和利率结构进行调整，进而影响社会资金供求状况，实现货币政策的既定目标。

目前，中国人民银行采用的利率工具主要有：

（1）LPR。

（2）制定金融机构存贷款利率的浮动范围。

（3）制定相关政策对各类利率结构和档次进行调整等。

改革开放以来，中国人民银行加强了对利率手段的运用，通过调整利率水平与结构，改革利率管理体制，使利率逐渐成为一个重要杠杆。

2007年3月至12月，中国人民银行针对当时经济增长偏快、资产价格和物价总水平涨幅较大的情况，先后6次上调金融机构人民币存贷款基准利率，有效抑制了过热需求，保障了国民经济的平稳增长。2008年9月至12月，为应对国际金融危机加剧对我国经济造成的负面影响，中国人民银行短期内连续5次下调存贷款利率，在配合扩大内需等一系列刺激经济的政策措施中起到了积极作用，减轻了国际金融危机对我国经济增长的冲击。2015年3月至10月，针对我国经济结构调整过程中出现的经济下行压力，中国人民银行连续5次下调金融机构人民币存贷款基准利率，推动了社会融资成本下行，加大了金融支持实体经济的力度，为经济结构转型升级创造了适宜的货币金融环境。

早在2013年10月，中国人民银行便组织发布了LPR，作为贷款定价的市场化参考指标，但运行中的报价仍主要参考贷款基准利率报价，导致LPR市场化程度不高，运用范围也较为有限。自2019年8月20日新的LPR发布以来，LPR逐步下行，较好地反映了货币政策取向和市场供求变化，市场化程度明显提高。金融机构积极运用LPR定价，目前新发放贷款已基本参考LPR定价，存量浮动利率贷款定价基准转换于2020年8月完成。目前贷款利率隐性下限被完全打破，市场利率对贷款利率的传导效率显著提升，带动贷款利率明显下降。目前LPR每月确定一次，有1年期和5年期以上两个品种。图2-21显示了2019年8月LPR改革以来的变化情况。

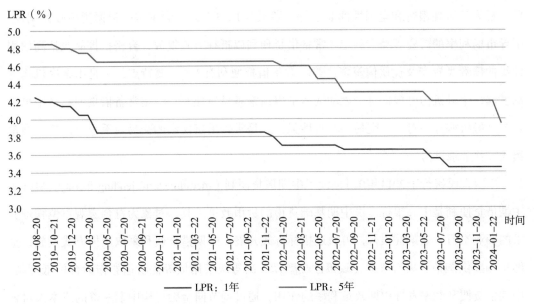

图2-21 LPR改革以来的变化情况[1]

资料来源：Choice。

4. 量价同时调节的结构性工具

（1）再贷款与再贴现。

再贷款，是指中央银行为解决商业银行的资金头寸不足而对其发放的贷款，其利率为再贷款利率。再贴现，是指金融机构为了取得资金，将未到期的已贴现商业汇票再以贴现方式向中央银行转让的票据行为，是中央银行的一种货币政策工具。当商业银行资金短缺时，中央银行可以通过再贷款与再贴现向商业银行提供资金。反之，流动性过剩时，中央银行可以通过收紧再贷款与再贴现减少向商业银行提供的资金。

中央银行还可以通过提高或者降低再贷款利率或再贴现利率来表达政策意向。再贴现利率作为商业银行从贴现窗口向中央银行借款的成本，也是一种基准利率或最低利率，对整个市场利率具有引导作用。

（2）常备借贷便利、中期借贷便利。

中国人民银行于2013年初创设常备借贷便利（standing lending facility，SLF），作为央行管理流动性的主要工具之一，主要功能是满足金融机构期限较长的大额流动性需求，对

---

① 2020年1月数据缺失，时间序列顺延。

象主要为政策性银行和全国性商业银行，期限为1～3个月，利率水平根据货币政策调控、引导市场利率的需要等综合确定。常备借贷便利以抵押方式发放，合格抵押品包括高信用评级的债券类资产及优质信贷资产等。常备借贷便利有3个主要特点：一是由金融机构主动发起，金融机构可根据自身流动性需求申请常备借贷便利；二是常备借贷便利是中央银行与金融机构"一对一"交易，针对性强；三是常备借贷便利的交易对手覆盖面广，通常覆盖存款金融机构。

中国人民银行于2014年9月创设了中期借贷便利（medium-term lending facility，MLF）。中期借贷便利是中央银行提供中期基础货币的货币政策工具，对象为符合宏观审慎管理要求的商业银行、政策性银行，可通过招标方式开展。中期借贷便利采取质押方式发放，金融机构提供国债、央行票据、政策性金融债、高等级信用债等优质债券作为合格抵押品。中期借贷便利利率发挥中期政策利率的作用，通过调节向金融机构中期融资的成本来对金融机构的资产负债表和市场预期产生影响，引导其向符合国家政策导向的实体经济部门提供低成本资金，促进降低社会融资成本。

（3）其他结构性工具。

围绕支持普惠金融、绿色发展、科技创新等国民经济重点领域和薄弱环节，中国人民银行通过提供再贷款或资金激励的方式与金融机构对特定领域进行精准滴灌。中国人民银行向金融机构提供资金，并非直接向企业发放贷款。金融机构按照市场化、法治化原则向企业发放贷款，之后向中国人民银行申请再贷款或者资金激励。

目前存续的结构性货币政策工具可以按照3个维度划分。维度一，按照期限可以分为长期性工具和阶段性工具，前者有支农、支小再贷款和再贴现，后者有明确实施期限或退出安排的其他工具。维度二，按照发放主体层级分为总行管理工具和分支行管理工具。维度三，按照中央银行实施方式分为再贷款工具和资金激励工具，前者是中央银行根据金融机构信贷发放量给予一定比例的再贷款资金支持，后者是中央银行给予激励资金（例如小微贷款支持工具）。部分结构性工具举例如下：

2014年中国人民银行创设抵押补充贷款（pledged supplementary lending，PSL）。抵押补充贷款主要服务棚户区改造、地下管廊改造建设、重大水利工程、"走出去"等重点领域。中国人民银行的发放对象是国家开发银行、中国农业发展银行、中国进出口银行三大政策银行。2021年11月中国人民银行联合国家发展改革委、生态环境部创设碳减排支持工具，发放对象是21家全国性金融机构，明确支持清洁能源、节能环保、碳减排技术3个重点减碳领域。

2022年4月中国人民银行联合工信部、科技部创设科技创新再贷款，发放对象是21家全国性金融机构，明确支持"高新技术企业""专精特新中小企业""国家技术创新示范企业""制造业单项冠军企业"等科技创新企业。

2022年4月中国人民银行联合国家发展改革委创设普惠养老专项再贷款，发放对象是国家开发银行、中国进出口银行、中国工商银行、中国农业银行、中国银行、中国建设银行、中国交通银行，明确支持符合标准的普惠养老机构项目，初期选择浙江、江苏、河南、河北、江西5个省份开展试点。

5. 窗口指导

窗口指导是指中央银行通过劝告和建议来影响商业银行的信贷行为，属于温和的、非强制性的货币政策工具。它是一种劝谕式监管手段，指中央银行向金融机构解释说明相关政策意图，提出指导性意见，或者根据监管信息向金融机构提示风险。相对于总量型货币政策工具而言，窗口指导能更好地起到信号传递和结构引导作用，可有针对性地将政策施加于金融经济的重点领域和薄弱环节。

窗口指导采用口头通知、电话通知、座谈会等各种非书面函件的形式，不具有法律效力，非强制执行。一般认为，窗口指导最大的缺点在于引致不公平的格局，有可能发生"听话的人吃亏，冒险的人发财"等现象。为了避免窗口指导相对人承担不公平义务，不少发达经济体中央银行的窗口指导已与公开市场业务结合形成公告操作、中央银行沟通等政策工具，对不特定的相对人公平披露，同时给予相对人以平等机会依据窗口指导调整自己的行为。中国人民银行的窗口指导也开始探索和尝试向这一方向转变。

（三）财政政策

财政政策是指通过改变政府财政收入和支出来影响总需求的政策。财政政策是国家整个经济政策的组成部分。在我国，财政部负责制定和执行财政政策。

根据调节国民经济的功能不同，财政政策可以分为积极的财政政策和消极的财政政策。积极的财政政策主要通过减少税收、增加财政支出，进而扩大赤字或减少盈余的财政分配方式，增加和刺激社会总需求。消极的财政政策主要通过增加税收、减少财政支出，进而压缩赤字或增加盈余的财政分配方式，减少和抑制社会总需求。

财政政策工具主要有国家预算、政府支出、国债、税收等。

1. 国家预算

国家预算即经法定程序批准的国家年度财政收支计划，是财政政策中的基本手段。国家预算规定了政府活动的范围和方向，全面反映国家财政收支的规模和平衡状况，综合体现各种财政手段的运用结果，制约着其他资金的活动。

2. 政府支出

政府支出主要有两类，一是购买性支出，二是转移性支出。

（1）购买性支出。购买性支出是政府购买商品和服务的支出，包括购买政府进行日常政务活动所需商品或服务的支出和购买国家投资所需商品或服务的支出。购买性支出是总支出的一部分，其变动直接影响总需求。购买性支出增加将直接导致个人和企业收入增加，而个人和企业收入增加将刺激消费和投资，使消费总量和投资总量增加。其他条件相同时，政府购买性支出上升会刺激总需求，政府购买性支出下降会抑制总需求。

（2）转移性支出。转移性支出是指政府将从较高收入地区获取的财政收入补贴给较低收入地区的居民，进而提高整体的消费倾向，对总需求产生影响。在其他条件不变时，转移性支出上升将增加居民消费，转移性支出下降将导致总需求下降。

转移性支出拉动需求具有间接性，其主要政策目标是实现公平和提供社会安全网，调节短期需求是次要的考虑。

3. 国债

国债最基本的功能之一就是弥补国家财政赤字。当采取积极的财政政策时，政府将加大财政支出，可能出现财政支出超过财政收入的情况，这两者之间的缺口就通过发行国债来弥补。因此，实施积极的财政政策就可能增加国债发行量，实施消极的财政政策就可能减少国债发行量。通过发行国债，政府可以吸收单位和个人的闲置资金，帮助国家度过财政困难时期。举借国债是当今世界各国政府弥补财政赤字的一种最基本也是最通用的方式。

国债利率对市场利率有一定的引导作用。调整国债利率，可以影响金融市场利率的升降，从而对经济施加扩张性或紧缩性影响。当经济需要紧缩时，可相应调高国债的发行利率；当经济需要扩张时，则可相应调低国债的发行利率。

4. 税收

除了上面介绍的3种工具，政府还可以通过调整税收来实施财政政策。在政府支出水平不变的条件下，降低税率和减少税收，能从消费和投资两方面拉动总需求：一方面能够为居民留下更多可支配收入，提升居民消费需求；另一方面能够使厂商收益提高，刺激投资需求。反之，在政府支出水平不变的前提下，提高税率和增加税收，则会降低居民消费和厂商投资需求，从而减少总需求。

财政政策是国家运用财政政策工具，调节财政收支规模、收支结构，以实现宏观经济调控目标的一系列方针、准则、措施的总称。财政政策是国家宏观经济政策的重要组成部分。财政政策的构成要素包括财政政策目标、财政政策主体、财政政策工具、财政政策传导机制等。也就是说，财政政策是一个体系，它由政策目标、政策主体、政策工具、传导机制等组成。

财政政策目标

中国的财政政策目标，可以归纳为以下3个。第一，保持经济适度增长，促进社会全面进步。适度增长意味着经济增长不能太快，也不能太慢。第二，物价相对稳定。这是宏观经济管理的重要目标。物价相对稳定是指物价稳定在较低的水平上，比如3%左右。物价相对稳定也可以解释为避免出现通货膨胀或通货紧缩。第三，合理分配收入，抑制过大的收入差距。

收入分配从大的方面讲涉及政府、企业、个人的分配关系，财政政策目标是在这三者之间合理分配国民总收入。收入分配还涉及地区之间的分配关系，涉及经济与社会发展等方面的资源分配，力图保持地区之间、城乡之间、经济与社会之间的协调发展。

财政政策主体

财政政策主体是指财政政策的制定者和执行者。对政策主体的关键要求是行为规范。政策制定者要科学合理地制定政策，使政策尽可能符合实际。政策执行者要严格按政策要求办事，不能搞"上有政策，下有对策"。财政政策主体行为是否规范对政策功能的发挥和政策效应都有很大影响。

财政政策工具

财政政策工具是财政政策的载体，它是政策主体为达到政策目标所选择的各种手段。财政政策工具主要有税收、国债、一般性公共支出、政府投资、财政补贴等。财政政策工具都是围绕财政收入和财政支出设计的。税收和国债是政府组织收入的来源。其中，税收是主要的，是不需要偿还的；国债是政府的债务收入，是要偿还的，它的发行往往根据政府支出的情况，是弥补政府支出缺口的工具。一般性公共支出、政府投资、财政补贴都是财政支出。其中，一般性公共支出主要用于政府日常管理，也就是通常所说的行政事业经费；政府投资是财政用于投资的支出，包括基本建设支出、技术改造支出等；财政补贴是政府对企业和居民的补助，是政府调节收入分配和价格的手段之一。

财政政策传导机制

财政政策传导机制是在财政政策发挥作用的过程中，各种政策要素通过媒介相互作用形成的一个有机联系的整体。财政政策发挥作用的过程，实际上就是财政政策工具变量经由媒介的传导，转变为政策目标变量（期望值）的复杂过程。可以看出，传导机制的核心是媒介，而最为重要的媒介就是收入分配、货币供应量和价格。财政政策工具变量的改变主要是通过引起以上媒介中间变量的改变来达到预期目标。

实例2-2 美国疫情后的拜登计划

2020年美国受到新冠肺炎疫情的影响，经济出现萎缩，财政赤字处于较高水平。为了缓解面临的困境，美国总统拜登推出一系列财政计划。例如：

2021年3月11日，拜登签署了纾困计划（1.9万亿美元），主要内容包括向大多数美国人一次性支付共计4 000亿美元，为新冠危机中失业的人延长提供每周300美元失业救济金，以及向因为疫情而出现巨额预算赤字的州和地方政府提供3 500亿美元援助。

2021年4月28日，拜登宣布了家庭计划（1.75万亿美元），主要内容包括幼托服务、免费幼儿园教育、2年免费社区大学、低收入人群医保等，资金供给预计通过提高富人个人所得税实现，如将个人所得税最高边际税率由37%提高到39.6%。

2021年11月15日，拜登签署了基建计划（1.2万亿美元），主要内容包括重建美国大部分基础设施，在不增加财政赤字的前提下，主要依靠提高企业所得税实现，如计划将企业所得税率从21%提高至28%。

四、应对经济波动的理财策略

经济周期的起伏往往导致资产价格和投资回报率的波动，这种不稳定性容易让投资者感到害怕，进而做出不那么理智的选择，增加了盈利的难度。近几年，全球资本市场经历了一系列的冲击，包括美国联邦储备系统的加息、俄罗斯和乌克兰的冲突以及新冠肺炎疫情的影响。这些事件使得市场大幅波动，投资者的资产价值变动幅度加大，投资的不确定性也随之增加。在这种情况下，找到合适的投资和理财策略变得格外重要。选择正确的策略不仅可以帮助我们应对经济的不确定性，还能促进我们的财务增长。下面，我们将介绍一些有效的应对策略。

（一）多元化资产配置

多元化资产配置是指从战略上将资金分配到不同的资产类别中，可以降低单一资产的风险。当某一资产在周期阶段表现不佳时，其他资产可能表现良好，从而平衡整体投资组合的收益。图2-22显示了单一大类资产与多元资产组合的净值表现差异。

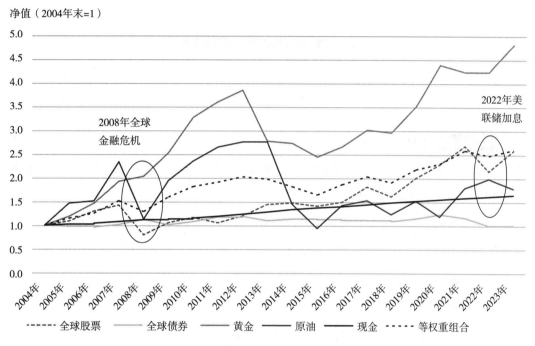

图2-22 单一大类资产与多元资产组合的净值表现比较

资料来源：Choice。

（二）灵活调整策略

灵活调整策略即战术调整，是指在经济周期的不同阶段，需要灵活调整理财策略，增加相应阶段的优势资产的配置，减少劣势资产的配置，从而提高整体投资组合的收益，如图2-23所示。

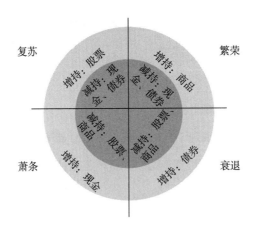

图2-23 经济周期不同阶段策略调整

注：此处展示的是一种大致的战术调整框架，实际投资时还需要结合具体的市场情况、宏观经济政策、行业发展趋势以及投资者的风险承受能力和投资目标等因素进行综合考虑。

实例2-3 2008年美国出现了严重的金融危机，受此冲击，不仅美国股票市场出现急剧下跌，美国经济也陷入了严重的衰退。从2010年下半年起，美国经济开始了缓慢的复苏。2020年因为新冠肺炎疫情的拖累，美国经济增长再次下滑。

在金融危机期间，美国股票市场急剧下跌，跌幅达到48%。在随后的4年中，美国股票市场稳步反弹，开启了长达数年的大牛市。在疫情时期，美国股市再次出现深度下跌，随后反弹（见图2-24）。

理财策略：

在金融危机初期，股票市场出现大幅下跌，美国经济也陷入了严重衰退。因此，这一阶段的理财策略主要是保全资产价值，规避风险。投资者在具体操作上应选择国债、黄金等资产。

随着金融危机救助措施的实施，美国经济和股票市场出现了复苏。因此，这一阶段的理财策略应当是逐渐增加一定数量的风险资产。投资者在具体操作上应当逐渐增加美国股票投资。

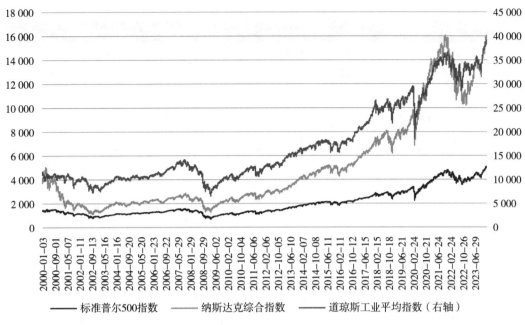

图2-24 美国股票走势（2000—2023年）[①]

资料来源：Choice。

（三）从长期视角看投资

短期内引发经济波动和增加市场不确定性的因素很多，而长期经济发展趋势相对稳定，也更容易把握，因此践行长期投资更有利于降低投资风险。同时，长期投资也有助于培养投资者的投资耐心和理性决策能力。

本章介绍的主要经济指标及其发布频率如表2-9所示。

表2-9 我国主要经济指标及其发布频率

指标	发布时间	发布单位	网址
GDP	每季度第一个月15日左右发布上季度数据；每年1月20日左右发布上年数据	国家统计局	www.stats.gov.cn
CPI 或 PPI	每月9日发布上月数据；3、6、9、12月数据与季度GDP同时发布		
城镇调查失业率	每月上旬公布上月数据		
官方 PMI	当月最后一个工作日		

① 美股指数为每日数据，节假日没有数据，时间序列顺延。

（续表）

指标	发布时间	发布单位	网址
财新 PMI	每月第一个工作日公布上月数据	财新网	https://s.ccxe.com.cn/indices/pmi
货币供应量（M0、M1 和 M2）	每月 10～15 日发布上月数据	中国人民银行	www.pbc.gov.cn
社会融资规模			
LPR	每月 20 日公布		

第三章

货币时间价值

本章提要

"钱会生钱，并且所生之钱会生出更多的钱。"这句话很好地诠释了什么是货币时间价值。货币时间价值涉及所有的理财活动，是非常重要的基础概念。本章重点介绍货币时间价值的概念，分析多种现金流状况下现值、终值的计算，涉及利率转换等内容。读者通过本章的学习，可以了解理财活动中货币时间价值的应用。

本章内容包括：

- 货币时间价值的测定——现值和终值；
- 规则现金流——年金；
- 净现值和内部回报率；
- 复利期间和有效年利率的计算；
- 货币时间价值在金融理财中的应用。

通过本章学习，读者应该能够：

- 掌握为什么货币具有时间价值；
- 掌握单利与复利、现值与终值的概念；
- 计算普通年金的现值与终值、增长型年金的现值与终值、永续年金的现值；
- 计算净现值与内部回报率；
- 根据复利期间进行名义年利率和有效年利率的转换；

• 利用货币时间价值解决理财规划面临的实际问题。

第一节　货币时间价值的测定——现值和终值

货币时间价值（time value of money）是指当前一定量的货币在不同时点上价值量的差额。通常，货币在周转使用过程中会经历投资及再投资，随着时间的推移，它会发生价值变化。货币之所以具有时间价值，是因为：（1）货币可以满足当前消费或用于投资而产生投资收益，这使货币占用具有机会成本；（2）通货膨胀可能造成货币贬值；（3）货币进行投资可能承担其他风险，应在价值量上进行额外补偿。

一、与货币时间价值有关的术语

PV为现值，即今天的价值；FV为终值，即未来某个时间点的价值；T（或者n）表示终值和现值之间的时间区间；r表示利率。所有的货币时间价值问题都与这4个变量，即PV、FV、T、r有关（见图3-1）。

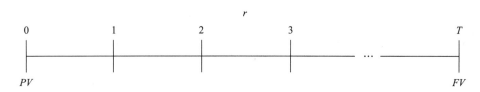

图3-1　与货币时间价值有关的4个变量

二、单期中的终值与现值

根据时间区间不同，可以将现值和终值的计算分为单期和多期两种模式。单期是指投资只有一个计息期，多期则是指投资期中有多个计息期。

（一）单期中的终值

你准备拿出10 000元进行投资，假设投资收益率为5%，一年后，你将得到10 500元（见图3-2）。

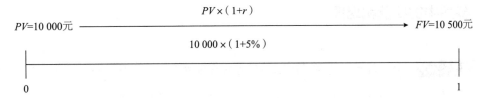

图3-2　单期中由现值求终值

500元	投资回报（10 000 × 5%）
10 000元	本金投入（10 000 × 1）

10 500元　　　全部收入

计算式为：10 000 ×（1+5%）= 10 500（元）。

与当前投资为现值 PV 相对应，投资结束时获得的价值称为终值 FV。

单期中终值的计算公式为：

$$FV=PV \times (1+r)$$

其中，PV 是期初的现金流，r 是利率。

（二）单期中的现值

与期末收回的资金为 FV 相对应，当前的投资即为现值 PV。

假设投资收益率为5%，你想保证自己通过一年的投资得到10 000元，那么你在当前的投资应该为9 523.81元（见图3-3）。

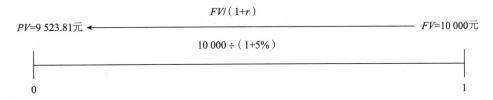

图3-3　单期中由终值求现值

单期中现值的计算公式为：

$$PV= \frac{FV}{1+r}$$

其中，FV 是期末的现金流，r 是利率。

三、多期中的终值和现值

实例3-1　假设钱如山购买了金山公司首次公开发售时的股票。该公司的分红为每股
1.10元，并预计在未来5年中能以每年40%的速度增长。第5年的红利为多少？

解析　$FV=PV\times(1+r)^T=1.10\times(1+40\%)^5=5.92$（元）

我们发现，第5年的红利5.92元远高于第一年的红利与5年中的红利增长之和：

$$5.92元>1.10+5\times(1.10\times0.40)=3.30（元）$$

其原因就是复利计算而产生的利滚利的结果，如图3-4所示。

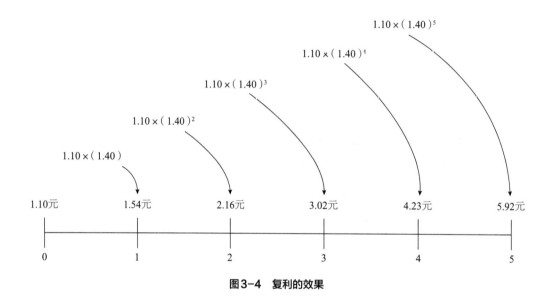

图3-4　复利的效果

因此，计算多期的终值公式为：

$$FV=PV\times(1+r)^T$$

计算多期的现值公式为：

$$PV=\frac{FV}{(1+r)^T}$$

其中，PV是投资期初的现值，r是利率，T是投资时间区间，FV是第T期末的终值。

$(1+r)^T$是终值利率因子，$1/(1+r)^T$为现值利率因子。

由以上两个公式可知，现值计算是终值的逆运算。简单地说，终值计算是将现在一笔钱，计算为未来某一时刻的本利和。而现值计算，则是将未来一笔钱折现（或贴现）到现在。这是货币时间价值计算中最基本也最重要的换算关系。

期限T和利率r会对终值和现值的大小产生影响。随着期限T的增长，现值利率因子$1/(1+r)^T$将减小，即同样一笔钱，离现在越远，现值越小；随着利率r的提高，现值利率因子$1/(1+r)^T$将减小，即同样一笔钱，贴现率越高，现值越小。随着期限T的增长，终值利率因子$(1+r)^T$将增大，即同样一笔钱，离现在越远，终值越大；随着利率r的提高，终值利率因子$(1+r)^T$将增大，即同样一笔钱，利率越高，终值越大。

这4个变量同存于一个等式中，只要其中3个变量已知，第4个变量就可以通过公式计算得出。

实例3-2 假如利率是3%，你想在5年后获得20 000元，你需要在今天拿出多少钱进行投资？

解析 FV=20 000元，r=3%，T=5年，求PV。

如图3-5所示，你今天所需投资为：

$$PV=\frac{20\ 000}{(1+3\%)^5}=17\ 252.18（元）$$

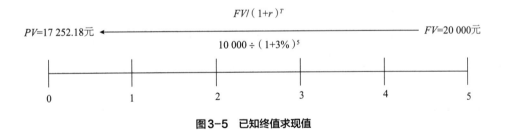

图3-5 已知终值求现值

四、复利和单利的区别

单利只计算本金在投资期限内的利息，而不计算利息的利息。复利则是在每经过一个计息期后，都将利息加入本金，以计算下期的利息，即以利生利，也就是俗称的"利滚利"。

实例3-3 复利和单利的区别

假设投资收益率为12%，今天投入5 000元，6年后你将获得多少钱？用单利计算是怎样的？用复利计算是怎样的？

解析 用单利计算：5 000+（12%×5 000×6）=8 600（元）。

用复利计算：5 000×（1+12%）^6=5 000×1.973 8=9 869.11（元）。

复利和单利计算之间的差为：9 869.11−8 600=1 269.11（元）。

可以看出，计息方式（复利和单利）的不同对终值和现值的计算结果有巨大影响，而且时间越长，两者差别越大。实例3-4为单利和复利分别计算时的演示结果。

实例3-4 复利和单利的区别

现值为100元，年利率为10%，计算5年后的终值。

解析 如按单利计算，终值为150元；如按复利计算，终值为161.05元（见表3-1）。

表3-1 复利和单利的比较
单位：元

年数	单利			复利		
	初始值	利息	终值	初始值	利息	终值
1	100	10	110	100	10	110
2	110	10	120	110	11	121
3	120	10	130	121	12.1	133.1
4	130	10	140	133.1	13.31	146.41
5	140	10	150	146.41	14.64	161.05
总计		50			61.05	

实例3-5 复利和单利的区别

假如投资者甲买彩票中得100万元，将其存为10年的特定养老储蓄产品，年利率为4%，按复利计算。或者他将其交给表兄打理，每年按6%的单利计算。10年后，哪种方式获利多？

解析 储蓄产品的终值是：1 000 000×（1+4%）^10=1 480 244.28（元）。

从表兄那里获得的终值是：1 000 000+1 000 000×4%×10=1 400 000（元）。

复利带来的是约80 000元的资产增值。（此题暂未考虑将这笔钱交给表兄打理的风险。）

在货币时间价值课程中，如无特别说明，相关例题均按复利计算。

五、利率和期限的测定

实例3-6 如何成为千万富翁？

假如你现在21岁，每年能获得10%的收益，要想在65岁时成为千万富翁，今天你要一次性拿出多少钱来投资？

解析 确定变量：FV=1 000万元，r=10%，T=65−21=44年。

代入现值公式中并求解：

$$PV=10\ 000\ 000÷（1+10\%）^{44}=150\ 911（元）$$

当然我们忽略了税收和其他的复杂部分，但是现在你需要做的只是筹集150 911元！这个例子再一次告诉我们，时间的长短和复利的方式对资本增值有巨大影响。对财务规划来说，开始得越早，所需要的投入就越少。

图3-6显示了1元的终值在不同利率和不同期间下的现值变化。例如5年后的1元：当5年期的年利率为20%时，现值为0.40元；年利率为15%时，现值为0.50元；年利率为10%时，现值为0.62元；年利率为5%时，现值为0.78元。又如10年后的1元：当10年期的年利率为20%时，现值则为0.16元；年利率为15%时，现值为0.25元；年利率为10%时，现值为0.39元；年利率为5%时，现值为0.61元。

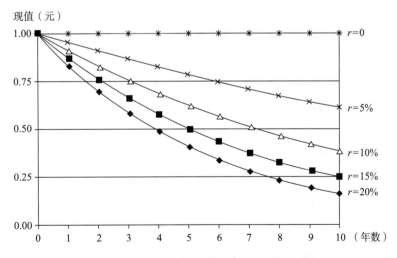

图3-6　1元终值在不同利率和不同期间下的现值

这是因为，随着期限T的增长，现值利率因子$1/(1+r)^T$将减小，即同样一笔钱，在利率r一定的情况下，离现在越远，现值越小；随着利率r的提高，在期限T一定的情况下，现值利率因子$1/(1+r)^T$也将减小，即同样一笔钱，贴现率越高，现值越小。

实例3-7 *确定利率*

美国政治家富兰克林于1790年逝世。他在自己的遗嘱中写道，他将分别向波士顿和费城市政府捐赠1 000美元用于设立奖学金。捐款必须等他死后200年方能使用。1990年时，付给费城的捐款已经变成200万美元，而付给波士顿的捐款已达到450万美元。请问两个城市的投资收益率各为多少？

解析 对于费城，PV=1 000美元，FV=2 000 000美元，T=200年，求r。按照计算公式：

$$1\,000 \times (1+r)^{200} = 2\,000\,000$$

$$(1+r)^{200} = 2\,000$$

求解r，得到年平均投资收益率为：$r = 2\,000^{(1/200)} - 1 = 3.87\%$。

同理，我们可以得到波士顿的年平均投资收益率为4.3%。

可以看出，时间对于投资收益的增长是非常重要的。即使年收益率不高，但如果时间足够长，一个很小的现值也可以变成一个很大的终值。

第二节　规则现金流——年金

年金是典型的规则现金流，这一系列现金流的时间间隔、方向、大小都有一定的规律可循。

一、期末年金和期初年金

按照现金流发生的时点不同，我们将年金划分为期末年金和期初年金。

（一）期末年金

期末年金是指每期的现金流发生在期末的年金。生活中像工资收入、利息收入、红利收入、等额本息房贷摊还、储蓄等都是期末年金。例如，王先生今年年初将100万元存入银行，年利率2.5%，每年年底付息一次，共付息5年。王先生自今年年底起，连续5年每年年底获得的利息收入就构成了一个期末年金，如图3-7所示。

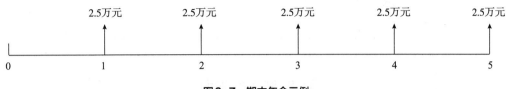

图3-7　期末年金示例

（二）期初年金

期初年金是指每期的现金流发生在期初的年金。生活中像房租、养老金支出、生活费支出、教育金支出、保险交费等都是期初年金。例如，张先生今年年初到北京工作，在公司附近租了一间公寓，每年租金5万元，租期5年。张先生自今年年初起，连续5年每年年初的租金支出就构成了一个期初年金，如图3-8所示。

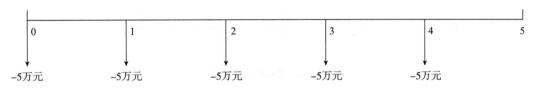

图3-8　期初年金示例

二、普通年金

普通年金是指在一定期限内，时间间隔相同、不间断、金额相等、方向相同的一系列现金流。

（一）普通年金现值

1. 期末年金现值

期末年金每期现金流发生的时点在期末，因此期末年金现值就是每期期末的现金流折现到0时点的现值之和，如图3-9所示。

期末年金现值计算公式如下：

$$PV_{期末}=\frac{C}{1+r}+\frac{C}{(1+r)^2}+\frac{C}{(1+r)^3}+\cdots+\frac{C}{(1+r)^T}$$

$$PV_{期末}=\frac{C}{r}\left[1-\frac{1}{(1+r)^T}\right]$$

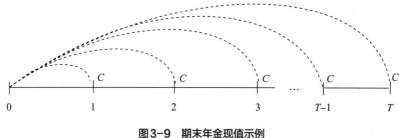

图3-9 期末年金现值示例

2. 期初年金现值

期初年金每期现金流发生的时点在期初，因此期初年金现值就是每期期初的现金流折现到0时点的现值之和，如图3-10所示。

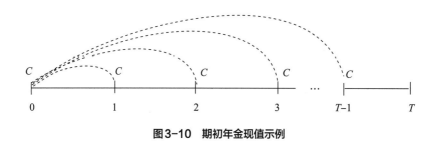

图3-10 期初年金现值示例

期初年金现值计算公式如下：

$$PV_{期初}=C+\frac{C}{1+r}+\frac{C}{(1+r)^2}+\cdots+\frac{C}{(1+r)^{T-1}}$$

$$PV_{期初}=\frac{C(1+r)}{r}\left[1-\frac{1}{(1+r)^T}\right]$$

分析公式可以看出，无论是期初年金还是期末年金，公式中都有4个变量，即PV、C、T、r，只要3个变量已知，第4个变量即可求解。同时，也可分析得出期末年金与期初年金的关系：

$$PV_{期初}=PV_{期末}\times(1+r)$$

实例3-8 如果项法材先生在未来10年内每年年初获得1 000元，年利率为8%，则这笔年金的现值为：

$$PV_{期初}=（1\,000÷0.08）×[\,1-（1+0.08）^{-10}\,]×（1+0.08）=7\,246.89（元）$$

如果项法材先生的年金在每年年末获得，则这笔年金的现值为：

$$PV_{期末}=（1\,000÷0.08）×[\,1-（1+0.08）^{-10}\,]=6\,710.08（元）$$

实例3-9 消费贷款年金的现值

如果你采用了一项为期36个月的购车贷款，每月月末为自己的汽车支付4\,000元，年利率为7%，按月计息。那么你能购买一辆价值多少钱的汽车？

解析 该消费贷款年金的现值是：

$$PV=\frac{4\,000}{0.047\,5÷12}\left[1-\frac{1}{（1+0.047\,5÷12）^{36}}\right]=133\,963.94（元）$$

实例3-10 计算等额支付贷款

如果你想买一辆价值250\,000元的车，首付10%，其余部分银行按12%的年利率给你贷款60个月，按月计息。你每月需还多少钱？

解析 借贷的总额是90%×250\,000=225\,000（元），此为PV。月利率为12%÷12=1%，持续60个月，求每月月底还款额C。按照公式：

$$225\,000=C×[\,1-1/（1+1\%）^{60}\,]÷1\%$$

$$=C×（1-0.550\,4）÷1\%$$

$$=C×44.955$$

$C=225\,000÷44.955=5\,005.00（元），$即你每月需还5\,005元。

实例3-11 计算期间T

假如你的信用卡账单上的余额为2\,000元，月利率为2%。如果你每月还款的最低额为50元，你需要多长时间才能将2\,000元的账还清？

解析 $2\,000=50×（1-1/1.02^{t}）÷0.02$

$0.80=1-1÷1.02^{t}$

$1.02^{t}=5.0$

$t=81.3$个月，即大约6.78年。

（二）普通年金终值

1. 期末年金终值

期末年金每期现金流发生的时点在期末，因此期末年金终值就是每期期末的现金流累积到T时点的终值之和，如图3-11所示。

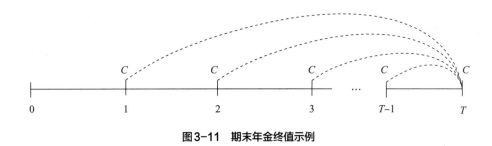

图3-11　期末年金终值示例

期末年金终值计算公式如下：

$$FV_{期末}=C\times(1+r)^{T-1}+C\times(1+r)^{T-2}+C\times(1+r)^{T-3}+\cdots+C$$

$$FV_{期末}=\frac{C\left[(1+r)^{T}-1\right]}{r}$$

2. 期初年金终值

期初年金每期现金流发生的时点在期初，因此期初年金终值就是每期期初的现金流累积到T时点的终值之和，如图3-12所示。

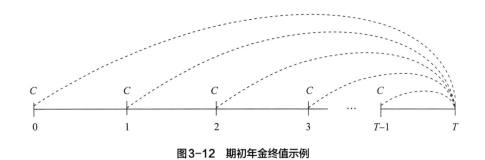

图3-12　期初年金终值示例

期初年金终值计算公式如下：

$$FV_{期初}=C\times(1+r)^{T}+C\times(1+r)^{T-1}+C\times(1+r)^{T-2}+\cdots+C\times(1+r)$$

$$FV_{期初}=\frac{C（1+r）\left[（1+r）^{T}-1\right]}{r}$$

期末年金与期初年金的关系如下：

$$FV_{期初}=FV_{期末}\times（1+r）$$

分析公式可以看出，无论是期初年金还是期末年金，公式中都有4个变量，即FV、C、T、r，只要3个变量已知，第4个变量即可求解。

实例3-12　如果项法材先生在未来10年内每年年初获得1 000元，年利率为8%，则这笔年金的终值为：

解析　$C=1 000$元，$T=10$年，$r=8\%$，求解FV，按照计算公式：

$$FV_{期初}=（1 000÷0.08）\times\left[（1+0.08）^{10}-1\right]\times（1+0.08）=15 645.49（元）$$

如果项法材先生的年金在每年年末获得，则这笔年金的终值为：

$$FV_{期末}=（1 000÷0.08）\times\left[（1+0.08）^{10}-1\right]=14 486.56（元）$$

实例3-13　千万富翁养老的年金

一个21岁的年轻人今天投资150 091元（10%的年利率），可以在65岁时（44年后）获得1 000万元。假如这个年轻人现在一次性拿不出150 091元，而是想在今后44年中每年投资一笔等额款，直至65岁，那么这笔等额款该为多少？

解析　$FV=1 000$万元，$T=44$年，$r=10\%$，求解C。按照公式计算如下：

$$10 000 000=C\times\left[（1.10）^{44}-1\right]÷0.10$$

$$C=10 000 000÷652.640 8\approx15 322.36（元）$$

也就是说，每年储蓄15 322.36元，持续44年，成为一个千万富翁并不是异想天开！

实例3-14　如果该投资人现在已经40岁了，也想在65岁时成为千万富翁，投资年收益率仍为10%。那么他从现在（年底）开始每年投资一笔等额款，直至65岁，这笔等额款该为多少？

解析　$FV=1 000$万元，$T=25$年，$r=10\%$，求解C。按照公式计算如下：

$$10 000 000=C\times\left[（1.10）^{25}-1\right]÷0.10$$

$$C=10\,000\,000 \div 98.347\,06 \approx 101\,680.72（元）$$

如果他的投资年收益率为20%，那么这笔等额款该为：

$$10\,000\,000=C \times [（1.20）^{25}-1] \div 0.20$$

$$C=10\,000\,000 \div 471.981\,1 \approx 21\,187.29（元）$$

三、永续年金

永续年金是永无到期日的一组稳定现金流，即在无限期内，时间间隔相同、不间断、金额相等、方向相同的一系列现金流。因为没有到期日，永续年金只能计算现值。

（一）期末永续年金

期末永续年金的现金流如图3-13所示。

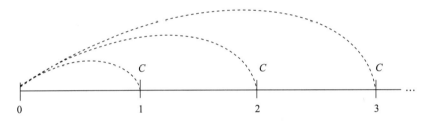

图3-13　期末永续年金现值示例

期末永续年金现值计算公式如下：

$$PV_{期末}=\frac{C}{（1+r）}+\frac{C}{（1+r）^2}+\frac{C}{（1+r）^3}+\cdots$$

$$PV_{期末}=\frac{C}{r}$$

实例3-15　某国政府拟发行一种面值为100元、息票率为10%的国债，每年年末付息但不归还本金。此国债可以继承。如果当时的市场利率是6%，则该债券合理的发行价格是多少？

解析　根据期末永续年金现值公式：$PV=C/r=100 \times 10\% \div 6\% \approx 166.67$（元），即债券的合理发行价格为166.67元。

（二）期初永续年金

期初永续年金的现金流如图3-14所示。

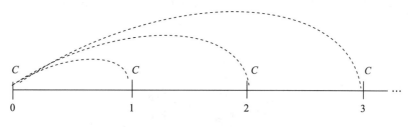

图3-14　期初永续年金现值示例

期初永续年金现值计算公式如下：

$$PV_{期初}=C+\frac{C}{(1+r)}+\frac{C}{(1+r)^2}+\cdots$$

$$PV_{期初}=\frac{C}{r}\times(1+r)=PV_{期末}\times(1+r)$$

四、增长型年金

增长型年金是指在一定期限内，时间间隔相同、不间断、金额不相等但每期增长率相等、方向相同的一系列现金流。

（一）增长型年金现值

1. 期末增长型年金现值

期末增长型年金每期现金流发生的时点在期末，因此期末增长型年金现值就是每期期末的增长型现金流折现到0时点的现值之和，如图3-15所示，其中，g为年金增长率。

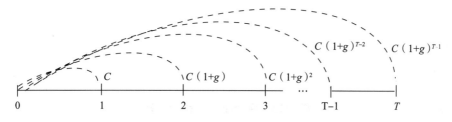

图3-15　期末增长型年金现值示例

期末增长型年金现值计算公式如下：

$$PV_{期末}=\frac{C}{1+r}+\frac{C\times(1+g)}{(1+r)^2}+\frac{C\times(1+g)^2}{(1+r)^3}+\cdots+\frac{C\times(1+g)^{T-1}}{(1+r)^T}$$

当$r\neq g$时，

$$PV_{期末}=\frac{C}{r-g}\times\left[1-\left(\frac{1+g}{1+r}\right)^T\right]$$

当r=g时，

$$PV_{期末}=\frac{TC}{1+r}$$

实例3-16 增长型年金

一项养老计划为你提供40年养老金。第一年为20 000元，以后每年增长3%，年底支付。如果贴现率为10%，这项计划的现值是多少？

解析 C=20 000元，T=40年，r=10%，g=3%，按照公式计算如下：

$$PV=\frac{20\ 000}{0.10-0.03}\times\left[1-\left(\frac{1.03}{1.10}\right)^{40}\right]=265\ 121.57（元）$$

2. 期初增长型年金现值

期初增长型年金每期现金流发生的时点在期初，因此期初增长型年金现值就是每期期初的增长型现金流折现到0时点的现值之和，如图3-16所示。

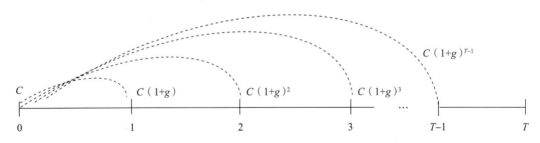

图3-16 期初增长型年金现值示例

期初增长型年金现值计算公式如下：

$$PV_{期初}=C+\frac{C\times(1+g)}{1+r}+\frac{C\times(1+g)^2}{(1+r)^2}+\cdots+\frac{C\times(1+g)^{T-1}}{(1+r)^{T-1}}$$

$$PV_{期初}=PV_{期末}\times(1+r)$$

（二）增长型年金终值

1. 期末增长型年金终值

期末增长型年金每期现金流发生的时点在期末，因此期末增长型年金终值就是每期期末的增长型现金流累积到T时点的终值之和，如图3-17所示。

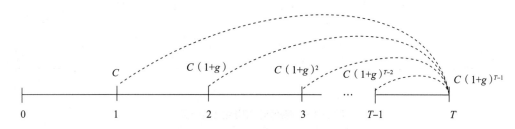

图3-17　期末增长型年金终值示例

期末增长型年金终值计算公式如下：

$$FV_{期末}=C\times(1+r)^{T-1}+C\times(1+g)(1+r)^{T-2}+C\times(1+g)^2(1+r)^{T-3}+\cdots+C\times(1+g)^{T-1}$$

当$r\neq g$时，

$$FV_{期末}=\frac{C(1+r)^T}{r-g}\times\left[1-\left(\frac{1+g}{1+r}\right)^T\right]$$

当$r=g$时，

$$FV_{期末}=TC(1+r)^{T-1}$$

> **实例3-17**　小华打算为将来买房储蓄资金，计划每年年末拿出工资的30%存入银行。今年税后工资是6万元，假设工资增长率是5%，存款年利率是3%，那么5年后他可以积累多少钱？
>
> **解析**　$C=6$万元$\times30\%=1.8$万元，$T=5$年，$r=3\%$，$g=5\%$，按照公式计算如下：

$$FV=\frac{1.8\times(1+3\%)^5}{3\%-5\%}\times\left[1-\left(\frac{1+5\%}{1+3\%}\right)^5\right]=10.53（万元）$$

2. 期初增长型年金终值

期初增长型年金每期现金流发生的时点在期初，因此期初增长型年金终值就是每期期初的增长型现金流累积到T时点的终值之和，如图3-18所示。

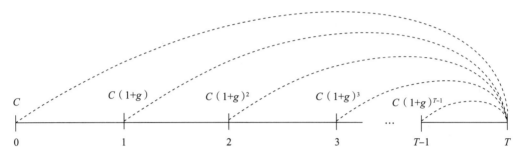

图3-18 期初增长型年金终值示例

期初增长型年金终值计算公式如下：

$$FV_{期初}=C\times(1+r)^T+C\times(1+g)(1+r)^{T-1}+C\times(1+g)^2(1+r)^{T-2}+\cdots+C\times(1+g)^{T-1}(1+r)$$

当$r\neq g$时，

$$FV_{期初}=\frac{C(1+r)^{T+1}}{r-g}\times\left[1-\left(\frac{1+g}{1+r}\right)^T\right]$$

当$r=g$时，

$$FV_{期初}=TC(1+r)^T$$

$$FV_{期初}=FV_{期末}\times(1+r)$$

五、增长型永续年金

增长型永续年金是以某固定比率增长的永续年金现金流，即在无限期内，时间间隔相同、不间断、金额不相等但每期增长率相等、方向相同的一系列现金流。与永续年金一样，增长型永续年金只能计算现值。

（一）期末增长型永续年金现值

期末增长型永续年金的现金流如图3-19所示。

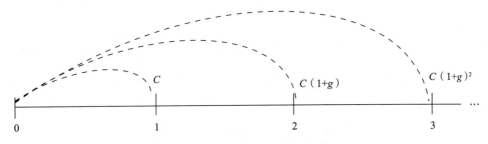

图3-19　期末增长型永续年金现值示例

期末增长型永续年金现值计算公式如下：

$$PV_{期末}=\frac{C}{1+r}+\frac{C\times(1+g)}{(1+r)^2}+\frac{C\times(1+g)^2}{(1+r)^3}+\cdots$$

$$PV_{期末}=\frac{C}{r-g}$$

条件：$r>g$。

（二）期初增长型永续年金现值

期初增长型永续年金的现金流如图3-20所示。

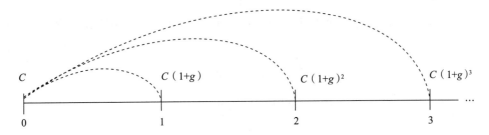

图3-20　期初增长型永续年金现值示例

期初增长型永续年金现值计算公式如下：

$$PV_{期初}=C+\frac{C\times(1+g)}{(1+r)}+\frac{C\times(1+g)^2}{(1+r)^2}+\frac{C\times(1+g)^3}{(1+r)^3}+\cdots$$

$$PV_{期初} = \frac{C}{r-g} \times (1+r)$$

$$PV_{期初} = PV_{期末} \times (1+r)$$

条件：$r>g$。

特别需要注意的是，在推导以上公式时，必须假定 $r>g$，否则现金流的现值将发散，永续年金的现值将为无穷大。因此在使用该公式时，应注意初始现金流 C 时间点的位置和 $r>g$ 的要求。

实例3-18　杨小姐最近准备投资 S 公司股票，她对该公司股票的股利分配政策进行了研究。经 S 公司股东会讨论通过，明年该股票预计每股分配股利 0.5 元，且以后每年固定增长 3%，折现率为 5%，该股票现在市价为每股 30 元。假定该公司能够保持这项股利分配政策不变，且不考虑其他因素对股票价格的影响，该股票现在的市场价格是否合理？

解析　$C=0.5$ 元，$r=5\%$，$g=3\%$，求解 PV。按照公式计算如下：

股票合理价格 $=C/(r-g)=0.5 \div (0.05-0.03)=25$（元）。

该股票现在的市场价格为每股 30 元，而股票内在价格为每股 25 元，所以该股票被高估了。

第三节　净现值和内部回报率

一、净现值

净现值等于所有现金流（包括正的现金流和负的现金流）的现值之和。下文用 NPV 表示净现值，公式为：

$$NPV = \sum_{t=0}^{T} \frac{C_t}{(1+r)^t}$$

其中，C_t 为每期现金流，r 为贴现率，t 为投资期。

如果一个项目的 NPV 是正数，说明流入现金流的现值大于流出现金流的现值，项目有正的收益，因此应该接受它；反之，如果一个项目的 NPV 是负数，就应该拒绝采纳它。

为什么要以 NPV 作为投资项目评估的标准呢？这是因为 NPV 为正的项目符合投资人的

投资目标，即投资收益为正，NPV越大，投资收益额越高。由于NPV在计算现值时考虑了所有相关的现金流入和流出，而且贴现率采用的是投资收益率，因此，NPV是较好的投资项目评估方法，投资项目的NPV金额越大越好。

实例3-19 NPV的计算

项目X的初始投资为1 100元，投资收益率为10%，每年的现金流入和流出如表3-2所示。该项目是否值得投资？

表3-2 投资项目X每年的现金流入和流出   单位：元

年数	流入	流出
1	1 000	−500
2	2 000	−1 300
3	2 200	−2 700
4	2 600	−1 400

根据表3-2分析该项目的NPV，如图3-21所示。

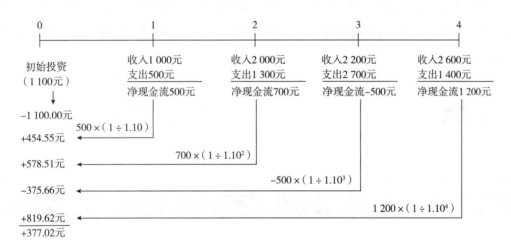

图3-21 NPV的计算

解析 项目X的NPV为：

$$NPV = \sum_{t=0}^{T} \frac{C_t}{(1+r)^t}$$

$$= C_0 + C_1/(1+r) + C_2/(1+r)^2 + C_3/(1+r)^3 + C_4/(1+r)^4$$

$$=-1\ 100+500\div1.1+700\div1.1^2+（-500）\div1.1^3+1\ 200\div1.1^4$$

$$=377.02>0$$

该项目的净现值金额大于0，所以值得投资。

NPV大于0，意味着以投资者可接受的收益率来衡量，该投资项目能够给投资人带来正的现金流入。值得提醒的是，NPV方法也存在一些缺陷：第一，忽略了各期现金流的可靠性；第二，未能充分考虑时间期限和初始投资额对NPV造成的影响。

二、净现值率

净现值率又称净现值比、净现值指数，是指项目净现值与原始投资现值的比率。下文用NPVR表示净现值率，公式为：

$$NPVR=NPV/I_P$$

其中，I_P=投资I的现值。

NPVR是一个动态投资收益指标，用于衡量不同投资方案的获利能力大小，说明某项目单位投资现值所能实现的净现值大小。NPVR小，单位投资的收益就低；NPVR大，单位投资的收益就高。

实例3-20　项目A、B、C的NPV及各期投资现值之和如表3-3所示，若以NPVR为参考指标，应选择哪个方案？

表3-3　各项目的NPV及I_p

项目	NPV	I_p
A	2.1	10
B	2.1	8
C	1.8	8

解析　项目A的NPVR=2.1÷10=0.21；项目B的NPVR=2.1÷8≈0.26；项目C的NPVR=1.8÷8=0.225。由此可以看到，即使项目A和项目B的NPV相同，但是项目B的NPVR也更大，获利能力更好；同理，与项目C相比，项目B的获利能力也是更胜一筹。所以应选择项目B。

NPVR是指按基准折现率计算的方案寿命期内的净现值与其全部投资现值的比率，是在NPV的基础上发展起来的，可作为NPV的一种补充，体现资本创造价值的效率。

三、内部回报率

内部回报率，又称内部报酬率，它是使投资项目的现金流入和流出均衡时项目本身的收益率（NPV为0的贴现率）。下文用IRR表示内部回报率。

当投资人自身要求的投资收益率小于IRR时，说明投资项目的NPV大于0，项目可接受；当投资人自身要求的投资收益率大于IRR时，说明投资项目的NPV小于0，项目应该被拒绝。

投资项目的IRR越大越好。IRR作为投资项目的决策标准，具有简单直观的优点，易于被接受。但是，IRR方法也存在一些缺陷：第一，IRR代表该投资项目在投资期限内的年化平均收益率水平，这一假设忽略了各期现金流不均衡的事实；第二，IRR代表的是相对收益水平，而不是绝对收益额；第三，IRR的计算一般需要借助计算软件，在处理现金流入和流出频繁变化的项目时，容易出现多解和无解的情况。

因此，当面临多个项目选择的时候，如果已知项目的现金流情况以及投资者的收益率要求，应该先剔除IRR小于投资收益率的项目，在剩余项目中选择NPV更高的项目。

实例3-21 IRR的计算

某投资项目的现金流如图3-22所示，如果投资人要求的投资收益率为18%，该项目是否值得投资？

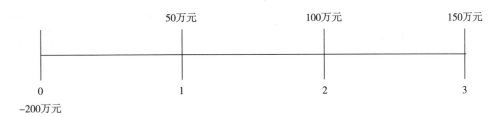

图3-22　IRR的计算

解析　按照公式，IRR的计算如下：

$$NPV=0=-200+\frac{50}{1+IRR}+\frac{100}{(1+IRR)^2}+\frac{150}{(1+IRR)^3}$$

求解得出 IRR 为 19.44%，大于投资人要求的 18%，因此该项目值得投资。

四、NPV和r的变化

我们发现，NPV 的大小随投资收益率 r 的变化而变化，投资人要求的收益率越高，NPV 越小。当投资收益率等于 IRR 时，NPV 为 0。这种关系可用图 3-23 表示。

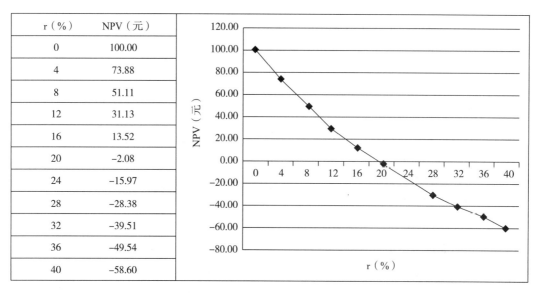

r（%）	NPV（元）
0	100.00
4	73.88
8	51.11
12	31.13
16	13.52
20	-2.08
24	-15.97
28	-28.38
32	-39.51
36	-49.54
40	-58.60

图3-23　NPV与r之间的关系

两项目交叉收益率是使两项目 NPV 相等的投资收益率。例如，图 3-24 所示的是项目 A 和项目 B 的现金流，如果两项目互斥，如何进行选择？

图3-24　项目A和项目B的现金流

画出两项目的 NPV 变化曲线，并计算出交叉收益率为 10.55%，如图 3-25 所示。项目 A 的 IRR 为 16.04%，项目 B 的 IRR 为 12.94%。

当 r<10.55% 时，投资收益率均小于项目 A 和项目 B 的 IRR，两个项目均可行，对比 NPV 可知项目 B 的 NPV 大于项目 A。

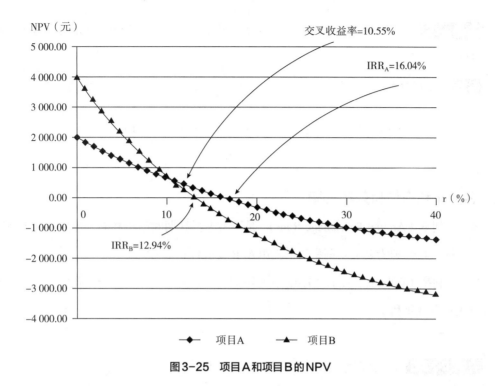

图3-25 项目A和项目B的NPV

当10.55%<r<12.94%时，投资收益率均小于项目A和项目B的IRR，两个项目均可行，对比NPV可知项目A的NPV大于项目B。

当12.94%<r<16.04%时，投资收益率大于项目B的IRR，小于项目A的IRR，项目A可行。

当r>16.04%时，投资收益率均大于项目A和项目B的IRR，两个项目均不可行。

第四节　复利期间和有效年利率的计算

一、复利期间与复利期间数量

复利期间是指计算利息的时间长度，复利期间数量是指一年内按照复利期间计算复利的次数。例如，以季度为复利期间，则复利期间数量为4；以月份为复利期间，则复利期间数量为12。

一年内对某金融资产计m次复利，T年后，你得到的价值是：

$$FV = PV \times \left(1 + \frac{r}{m}\right)^{m \times T}$$

实例3-22 你将50万元进行投资，年利率为12%，每半年计息一次，那么3年后你的投资价值为多少？

解析 按照公式：

$$FV=50\times\left(1+\frac{0.12}{2}\right)^{2\times3}=50\times1.418\,5=70.93\text{（万元）}$$

二、名义年利率与有效年利率

名义年利率（Annual Percentage Rate），是不考虑复利期间的年利率，比如合同上所写的房贷年利率4.9%即为名义年利率。下文用APR表示名义年利率。

有效年利率（Effective Annual Rate），是不同复利期间现金流的复合年化收益率。下文用EAR表示有效年利率。

实例3-22续 在上面的例子中，该投资的EAR是多少？

解析 3年后能给我们带来相同收益的年收益率即为EAR，即：

$$50\times(1+EAR)^3=70.93\text{（万元）}$$

$$EAR=\left(\frac{70.93}{50}\right)^{1/3}-1=0.123\,6$$

也就是说，按12.36%的年利率投资的收益与按12%的名义年利率并按半年计复利投资的收益是相同的，即：

$$PV\times(1+EAR)^T=FV=PV\times\left(1+\frac{r}{m}\right)^{m\times T}$$

因此，EAR的计算公式为：

$$EAR=\left(1+\frac{r}{m}\right)^m-1$$

其中，r为APR，m为一年内复利次数。

APR是设定的年利率，如果一年内的复利或贴现次数为1，APR就等于EAR。如果一年内的复利或贴现次数大于1，APR就永远小于EAR。

实例3-23 APR是16%，按半年计复利，EAR是多少？

解析 按照公式计算如下：

$$EAR=\left(1+\frac{16\%}{2}\right)^2-1=16.64\%$$

实例3-24 某平台的个人消费贷款按月复利，1 000元贷款每天只需0.35元利息。APR是多少？ EAR是多少？（每月按30天计）

解析 日利息=0.35÷1 000=0.35‰，月利率=0.35‰×30=1.05%

$$APR=1.05\%\times 12=12.6\%$$

$$EAR=(1+1.05\%)^{12}-1=13.35\%$$

三、复利期间与有效年利率

同样的APR，不同的复利期间和复利期间数量，将会得出不同的EAR，如表3-4所示。

表3-4 10%的APR在不同复利期间数量下的EAR

复利区间	复利次数（次）	EAR（%）
年	1	10.000 00
季	4	10.381 29
月	12	10.471 31
周	52	10.506 48
日	365	10.515 58
时	8 760	10.517 03
分	525 600	10.517 09

四、连续复利利率

当复利期间变得无限小的时候，相当于连续计算复利，被称为连续复利计算。

在多期连续计算复利的情况下，计算终值的一般公式是：

$$FV=PV\times e^{rT}$$

其中，PV为第0期的投资价值，r为年利率，T为投资期间，e为自然对数的底，约等于2.718。

实例3-25 年初投入10万元，APR为10%，采取连续复利计息方式，则年末可收回多少元？

解析 采用连续复利计息方式时：

$$FV=PV\times e^{rT}=10\times e^{0.1\times 1}=11.051\ 7（万元）$$

因此年末可收回11.051 7万元。

金融市场中$T+0$的投资产品通常被认为满足连续复利的假设。

第五节 货币时间价值在金融理财中的应用

货币时间价值的核心是，时间的长短和机会成本（资本的租金或利息）的大小在现值和终值的关系中起着重要作用。金融理财涉及一定时间跨度的成本和收益核算。无论个人还是家庭，都必须根据未来的预期收入评估当前投资，因而不可避免地要对不同时期的金融资产进行价值比较。金融理财师在和客户讨论现金的流入和流出时，必须按照时间的顺序列明现金流。计算现金流时，需要分析两个重要因素：一是时间间隔的长短，也就是时间上的联系；二是金额的高低，也就是价值上的联系。计算现金流，是为客户进行财务策划的第一步，也是最基本的分析方法。最典型的现金流计算包括单笔资金流、年金、不规则现金流等的计算。

货币时间价值的计算在个人金融理财规划中的应用非常广泛，是理财规划分析最基本的工具。任何有关现金流（如住房按揭、养老金、教育金等）的分析都离不开货币时间价值的计算。下面的实例说明了其重要性。

实例3-26 中头彩

你中了一个足球彩票的头彩，金额为2 000万元。可是彩票公司将把2 000万元按每年50万元给你，年底支付，40年付完。如果市场的年收益率为12%，那么你的实际获奖金额为多少？

解析 C=50万元，T=40年，r=12%，求解PV。按照期末普通年金现值公式计算如下：

$$PV=500\ 000\times[\ 1-1/(\ 1.12\ )^{40}\ ]/0.12$$
$$=500\ 000\times[\ 1-0.010\ 746\ 8\ ]/0.12$$

$$=500\ 000\times 8.243\ 777$$

$$=4\ 121\ 888.5（元）$$

实例3-27 *房贷摊销*

在房贷相关的年金计算中，人们往往需要知道在每笔年金支付中利息支出和本金支付的比例。将年金支付中的利息和本金分开的方法为摊销。摊销有两种方式：等额本金和等额本息。

解析 （1）等额本金。初始借款为5 000元，5年还清，每年还款的本金固定为1 000元，假设年利率为9%，则摊销方式如表3-5所示。

表3-5 本金固定摊销表 单位：元

年数	初始借款	年总支付	年利息	年本金	年末余额
1	5 000	1 450	450	1 000	4 000
2	4 000	1 360	360	1 000	3 000
3	3 000	1 270	270	1 000	2 000
4	2 000	1 180	180	1 000	1 000
5	1 000	1 090	90	1 000	0
总计		6 350	1 350	5 000	

这种摊销方式的好处是还款人明确知道每年还款中本金的比重，但由于每年的利息额不一样，所以每年还款的总额不一样，可能会给支付带来不便。

（2）等额本息。初始借款为5 000元，5年还清，假设年利率为9%，每年还款的额度固定为年金支付，则摊销方式如表3-6所示。

表3-6 本利固定摊销表 单位：元

年数	初始借款	年总支付	年利息	年本金	年末余额
1	5 000.00	1 285.46	450.00	835.46	4 164.54
2	4 164.54	1 285.46	374.81	910.65	3 253.88
3	3 253.88	1 285.46	292.85	992.61	2 261.27
4	2 261.27	1 285.46	203.51	1 081.95	1 179.32
5	1 179.32	1 285.46	106.14	1 179.32	0.00
总计		6 427.30	1 427.31	5 000.00	

这种摊销方式的好处是每年还款的总额是等额年金，可通过年金的现值公式计算，便于支付。缺点是每次年金支付中本金和利息额的比重都不一样，即离到期日越远，利息额占的比重越大，离到期日越近，本金占的比重越大，而且还款人不易了解借款的本金余额。

实例3-28 谎言、欺骗——利率的骗局

某家具店进行清仓大甩卖，其促销广告为："1万元的家具立刻拿走！ 12%的单利！ 3年付清！超低月付！买！买！买！"

假设你被这则广告所吸引，走进该店购置了1万元的家具。你认为这是一笔年利率为12%的贷款吗？

解析 结账时，店家为你计算月付款，具体过程如下：

今天以12%的年利率借款10 000元，3年付清。

欠款为： $10\ 000+10\ 000×0.12×3=13\ 600$ 元。

为了让你不要有还款压力，为你设计3年36个月的付款计划。

每月付款额为： $13\ 600÷36≈377.8$ （元）。

计算对应的EAR：

$$10\ 000=377.8×[\ 1-1/(\ 1+r\ )^{36}\ ]/r$$

解得： $r=1.767\%$ （每月）。

则：

$$APR=12×1.767\%=21.204\%$$

$$EAR=(\ 1+1.767\%\ )^{12}-1=23.39\%$$

显然，你实际支付的利率比广告中的12%高出了近一倍！

第四章

金融计算工具与方法

用科技赋能金融理财是大势所趋，理财资讯平台为财富管理提供了高效、快捷、专业、综合的工具。本章重点介绍理财资讯平台的金融计算器功能。为了让读者更好地了解并掌握各种计算工具的使用，本章将在讲解中结合具体的理财问题展开现金流分析，强调实际应用能力。

本章内容包括：

• 理财资讯平台（教学版）基本功能；

• 金融计算器。

通过本章学习，读者应该能够：

• 了解基于货币时间价值的金融计算的主要方法和实用工具；

• 熟练掌握年金、项目NPV与IRR、利率转换、房贷摊销、债券和基本统计的计算。

第一节　理财资讯平台（教学版）基本功能

FPSB China指定的、由北京财蕴天下信息技术有限责任公司开发的理财资讯平台是一款为金融理财师量身打造的专业理财软件，是以支持理财师开展业务为核心，集理财规划、资产管理、金融客户管理、金融工具及信息资讯五大系统为一体的一站式服务平台。

一、主页面内容介绍

理财资讯平台主页面（见图4-1）包括最上方的六大基本功能，以及右上角的购房规划、购房能力测试、子女教育、退休规划、快速投资规划、快速保险规划六项单目标理财规划，具体的规划应用会在后续章节中详细阐述。理财资讯平台可以为客户提供全流程的理财规划服务，即通过收集客户信息，为客户设定恰当的理财目标并分析目标的可行性，最终为客户配置资产并提供理财规划报告。另外，理财资讯平台还提供常见的各类金融计算器。

图4-1　理财资讯平台主页面①

---

① 本章所涉及的图表均为理财资讯平台真实页面，由于印刷限制，清晰度略差，学员可据此参照原页面阅读学习。

二、基本功能

理财资讯平台包括案例学习、案例作业、规划管理、模拟投资、资讯中心、基金股票六大基本功能。

1. 案例学习

通过视频教学，提供理财规划案例的制作示范及解析等内容。

2. 案例作业

系统随机抽取案例，学员独立完成案例，并由案例评价机制审核通过。

3. 规划管理

整合客户信息，自动诊断财务健康状况，提供全方位金融理财解决方案，并能自动生成专业的理财规划报告书。

4. 模拟投资

构建投资组合，可跟踪各类产品的历史数据，并模拟未来收益走势。

5. 资讯中心

提供国内和国际财经资讯与银行、基金、保险等行业动态，以及房产、教育等与理财师业务切实相关的信息。

6. 基金股票

提供基金股票产品信息和行情数据，支持产品筛选、生成图表等。

第二节　金融计算器

一、金融计算器简介

理财资讯平台提供了丰富的金融工具，包括基金的筛选、诊断、比较以及各类金融计算器。我们可以使用理财资讯平台中的金融计算器进行货币时间价值的相关计算。金融计算器包括TVM货币、房贷摊销、现金流计算、利率转换、债券计算、日期转换和统计计算等（见图4-2）。

图4-2　金融计算器列表

（一）金融计算器基本操作

图4-3展示了金融计算器的基本操作。

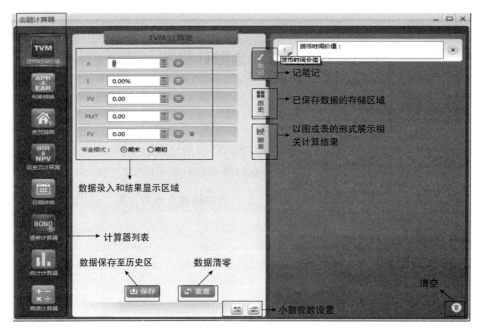

图4-3　金融计算器基本操作

1. 计算器列表

用于不同功能计算器的便捷切换。计算时，点击需要使用的计算器就可以直接进入。

2. 数据录入和结果显示

数据录入：可以在输入框直接录入数据，也可以通过输入框右侧的小键盘"▦"进行数据录入或将计算后的结果录入。

结果显示：点击变量右侧的"●"可以得到相应变量的计算结果。

3. 数据保存

点击"保存"，可将相应计算器所有输入变量和结果变量保存至右侧"历史"。历史数据不因软件关闭或升级而改变，但若重装或卸载软件，历史数据将被清空。

4. 数据调用

方式一：拖动"历史"区域的"▤"图标，直接将某一数据拖至左侧输入框。

方式二：点击（双击左键）相应的序号，如"1."，将所有数据整体还原至左侧（见图4-4）。

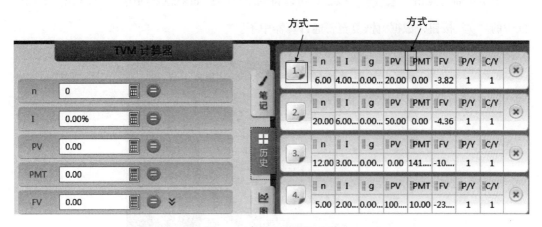

图4-4　金融计算器数据调用

5. 数据重置

如果想清空输入区域的所有数据，可以点击"重置"，也可以再次点击左侧功能计算器，进入空白的计算器界面。

6. 笔记

用于记录与相应计算器有关的事项。

7. 图表

图：通过柱状现金流量图更形象地展示与计算结果相关的数据，便于理解。

表：展示与计算结果相关的数据，如房贷摊销表。

8. 小数位数设置

系统初始默认为两位小数。通过点击""，进行小数位数的设置。该设置为全局设置，不会因不同计算器间的切换或关闭软件而改变。

9. 记录清空

点击"　"，清空笔记或历史。

（二）普通计算器

1. 计算 $\dfrac{(3\times4)+(5\times6)}{7}$

步骤：按照计算的顺序，依次输入各项数据和运算符，最后点击"等号"完成计算（见图4-5）。

说明：通过点击"　保存　"按钮，可以将结果保存；如果想要调用，可以点击"历史"框中的"　"按钮，数据就恢复至普通计算器中了。

图4-5　普通计算器操作（1）

2. 计算 $2^{\frac{5}{12}}$

步骤：依次输入"2""x^y""（5÷12）""=",得到1.334 8（见图4-6）。

图4-6　普通计算器操作（2）

3. 计算 e^4

步骤：依次输入"4""e^x",就可以得到结果54.598 2（见图4-7）。

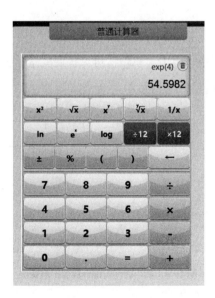

图4-7　普通计算器操作（3）

二、货币时间价值计算器操作

理财资讯平台中的货币时间价值计算器可用于解决单笔和规则现金流的货币时间价值计算问题。

（一）货币时间价值计算器的相关变量

1. 基本变量

货币时间价值计算器的基本变量包括 n（期数）、I（利率）、PV（现值）、PMT（年金）、FV（终值），如图4-8所示。

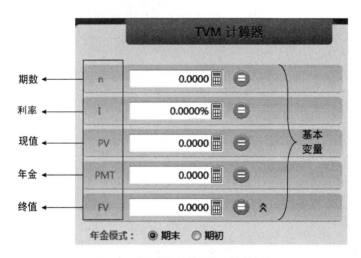

图4-8 货币时间价值计算器基本变量

2. 扩展变量

在货币时间价值计算器中，点击"⯆"可见扩展变量。扩展变量包括 P/Y（年支付次数）、C/Y（年复利次数）和 g（年金增长率），如图4-9所示。

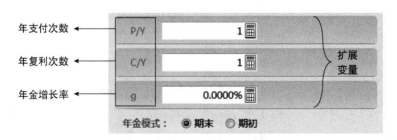

图4-9 货币时间价值计算器扩展变量

（二）货币时间价值计算器操作注意事项

1. 变量的输入顺序

变量的输入顺序不影响最后的计算结果。输入题目中的已知变量，点击未知变量后面的等号，可计算该变量。

2. 现金流的方向

（1）注意现金流入和流出的方向，现金流入为"＋"，现金流出为"－"。通过小键盘中的" ± "，可以改变现金流的正负号。

（2）在一个货币时间价值算式中，现金流一定有负有正，否则求 I 与 n 时会出现错误提示，无法计算出正确答案。

（3）PV、FV、PMT 要依据题目的意思来决定正负符号。比如，投资、存款、生活费用支出、房贷本息支出都是现金流出，输入符号为负；收入、赎回投资、借入本金都是现金流入，输入符号为正。

3. I 的输入

比如 5%，可以在输入框直接录入数据 5（不能忽略百分号），也可以通过输入框右侧的小键盘" 🔲 "输入 0.05（忽略百分号）。

4. 付款和复利计算设置

计算每月付款额 PMT 时，可以通过小键盘中的" ×12 "和" ÷12 "把年期限 n 和年利率 I 转化成月期限和月利率；计算其他期限付款额 PMT 时，输入与 PMT 期限相匹配的 n 和 I 即可。

5. 年金模式转换

用在年金的案例中。如果是期初年金，在年金模式处选择期初；如果是期末年金，在年金模式处选择期末。系统默认为期末年金模式。

6. 年金类型判断

判断该年金是普通年金、永续年金、增长型年金还是增长型永续年金。如果是增长型年金，需要单击" ⌄ "显示扩展变量。另外，永续年金和增长型永续年金要使用普通计算器进行计算。

做题时，需要通过现金流量图弄清楚时点，例如现在所处的时点和理财目标的时点等。如图 4-10 所示，把理财目标当作基准点：基准点之前我们通过累积资产来实现理财目标，是用现值（比如现有资产）或年金（比如每期储蓄）来求复利终值或年金终值；基准点之后的现金流可以理解为先借贷来实现理财目标，之后再分期摊还，是用终值（比如预留遗产额）或年金（比如每期学费、每期生活费、每期房贷）来求复利现值或年金现值。在购房规划中，基准点之前累积的终值与基准点之后每期摊还的现值之和为目标房价。在子女教育金规划、退休规划等理财规划中，当目标基准点前段现值与年金所累积的资产，等于后段终值与年金所算出的负债之时，就是理财目标可以实现的时间点。而折现率的高低，则是决定何时资产等于负债的关键因素。目标基准点方法的运用将在居住规划和子女教育金规划章节详细阐述。

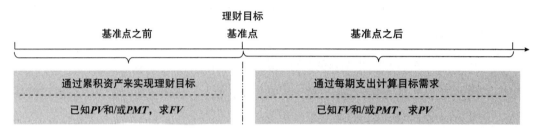

图4-10　年金题目现金流量图

实例4-1　已知现值、时间、利率，求终值

张先生于2024年1月1日存入某银行1万元，存期1年，并约定自动转存。存入时1年期定期存款基准利率为1.95%，不考虑利息税并假设利率不变。如果张先生于2027年1月1日来取这笔钱，那么他一共能拿到多少钱？

解析　运用货币时间价值计算器计算，确认相关变量：存入银行的1万元作为现值PV，资金流出记"−"，存款利率1.95%作为利率I，存款期限3年作为投资期间n。输入计算器，如图4-11所示，得到终值FV为10 596.48元，即张先生3年后一共能拿到10 596.48元。

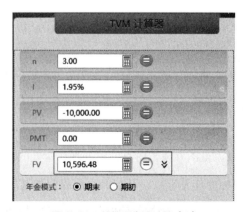

图4-11　单笔现金流计算（1）

实例4-2 已知终值、利率、时间，求现值

李先生与理财师小王商量购房事宜。小王在分析李先生家庭财务状况和实际情况后，建议他在5年后购房。李先生中意的房子在5年后价格约为300万元。假设投资收益率为10%，那么李先生现在应该一次性投入多少钱用于买房呢？

解析 运用货币时间价值计算器计算，确认相关变量：5年后的住房价格300万元作为终值FV，资金流入记"+"，投资收益率10%作为利率I，距离购房的年限5年作为投资期间n。输入计算器，如图4-12所示，得到现值PV为-1 862 763.97元，即李先生现在应该一次性投入大约186.28万元用于买房。

图4-12 单笔现金流计算（2）

实例4-3 已知现值、终值、利率，求时间

最近张女士就购车事宜咨询了她的金融理财师。张女士想购入的汽车现在价值30万元，她的购车预算为20万元，适合张女士的风险承受能力和风险偏好的投资产品年收益率为10%。假定该车市场价格不变，不考虑相关税费，张女士需要多长时间才能购买到她心仪的车？

解析 运用货币时间价值计算器计算，确认相关变量：购车预算20万元作为现值PV，资金流出记"-"，汽车价值30万元作为终值FV，资金流入记"+"，投资产品年收益率10%作为I。输入计算器，如图4-13所示，得到期限n为5年，即张女士需要5年才能购买到她心仪的车。

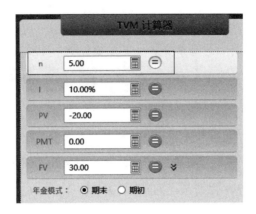

图4-13　单笔现金流计算（3）

实例4-4　期末年金求现值

最近黄女士就购房事宜咨询了A银行金融理财师小艾。小艾建议她在A银行办理贷款购房，贷款20年，按月等额本息还款。黄女士每月月薪为10 000元，她计划拿出50%用于偿还房贷。A银行住房贷款年利率为4.55%，不考虑利率优惠和其他授信因素。黄女士可以从A银行获得多少贷款？

解析　运用货币时间价值计算器计算，确认相关变量：贷款期限20年，按月还款，n输入240；贷款年利率4.55%，I输入4.55%÷12；每月月供为10 000×50%=5 000（元），PMT输入−5 000。年金模式设置为期末，如图4-14所示，得到现值PV为786 965.92元，即黄女士可以获得的贷款额大约为78.7万元。

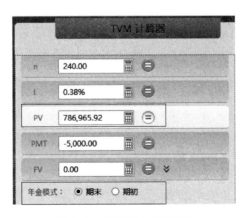

图4-14　期末年金现值计算

实例4-5 期初年金求终值

王先生准备2年后购入一辆汽车。他准备每月月初拿出8 000元用于购车规划。根据王先生的风险偏好和风险承受能力制定的投资组合年收益率为10%。王先生在2年后能够购买一辆多少钱的汽车？

解析 运用货币时间价值计算器计算，确认相关变量：2年后购车，按月投资，期限 n 输入24；每月月初拿出8 000元做投资，PMT 输入 $-8\,000$；年收益率10%，按月投资，I 输入10%÷12。年金模式设置为期初，如图4-15所示，得到终值 FV 为213 338.45元，即王先生在2年后可以购买一辆约21.33万元的车。

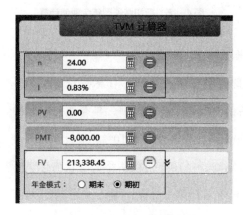

图4-15 期初年金终值计算

实例4-6 期初增长型年金求现值

李先生现年40岁，父母预计余寿25年，计划从今年年初开始给予父母赡养费12 000元，以后每年按照4%增长。若年投资收益率为5%，则李先生为父母未来准备的赡养费在现在的价值为多少？

解析 运用货币时间价值计算器计算，确认相关变量：父母预计余寿25年，n 输入25；首年赡养费12 000元，PMT 输入首期现金流 $-12\,000$；年投资收益率为5%，I 输入5%；赡养费增长率4%，g 输入4%。年金模式设置为期初，如图4-16所示，得到现值 PV 为268 091.64元，即李先生为父母准备的赡养费现在的价值为268 091.64元。

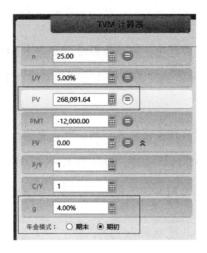

图4-16　期初增长型年金现值计算

实例4-7　期末增长型年金求终值

孙先生准备10年后购置一套新的住房，目标房价300万元。孙先生目前年薪为32万元，他准备每年拿出年薪的50%用于购房规划，年薪增长率为5%，根据孙先生的风险偏好和风险承受能力建立的投资组合年收益率为10%。假设房价不变且不考虑贷款和购房相关税费，按照孙先生的购房规划，他10年后能买得起心仪的住房吗？

解析　运用货币时间价值计算器计算，确认相关变量：10年后购房，n输入10；第一年用于购房的投资金额为32×50%=16（万元），PMT输入首期现金流−160 000；年收益率10%，I输入10%；年薪增长率5%，g输入5%。年金模式设置为期末，如图4-17所示，得到终值FV为3 087 513.07元，目标房价为300万元，所以按照孙先生的购房规划，10年后他能买得起心仪的住房。

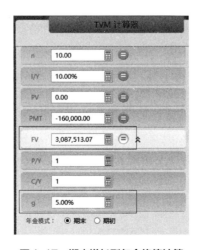

图4-17　期末增长型年金终值计算

三、现金流计算器操作

该功能可用于对有现金流产生的财务问题进行分析，完成NPV和IRR的计算。相关变量和操作注意事项如图4-18所示。

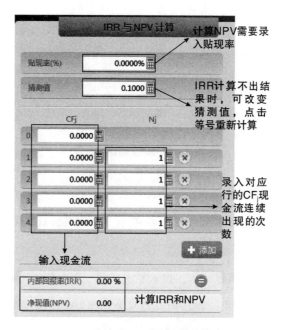

图4-18 现金流计算器操作说明

在现金流计算器使用过程中，现金流的确认是关键。每个时点上必须有且只能有一个资金流。如果该时点上没有资金流，用0补充；如果该时点上有多笔资金流，则需要合并成一个资金流（净现金流）。

实例4-8 如果某客户开店的成本（期初投资）为170万元，每年年末取得收益12万元，第10年年末取得收益后转让出资，出让价为220万元。假设贴现率为8%，计算该项目的NPV和IRR。

解析 运用现金流计算器计算，确认相关变量：贴现率输入8%；0时点现金流为−170万元，第1～9年的现金流为12万元，第10年的净现金流为232万元（第10年的收益12万元+出让价220万元）。如图4-19所示，得到该项目的NPV为12.42万元，大于0，说明该项目有利可图；得到IRR为9%，大于该项目的融资成本8%，也说明该项目有利可图。

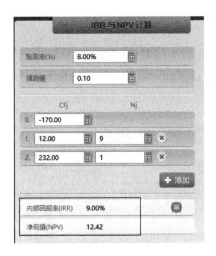

图4-19 NPV和IRR计算

实例4-9 客户何先生在某保险公司购买了一款保险产品，保单载明：趸交100万元，第5、10、15年年末各领回10万元，第20年年末一次性领回100万元。计算该保险产品的年投资收益率。

解析 运用现金流计算器计算，确认相关变量：0时点的现金流为-100万元；第5、10、15时点的现金流为10万元；第20时点的现金流为100万元，其余时点为0。如图4-20所示，得到该保险产品的年投资收益率即IRR为1.51%。

图4-20 IRR计算

四、利率转换计算器操作

该计算器用于进行APR和EAR之间的转换。相关变量如图4-21所示。

图4-21　利率转换计算器

在计算过程中，首先确定复利方式：有限次数的在"年复利次数"中输入相应的次数，或点击"连续复利"按钮计算无限次数情况，然后输入相应的"APR"或"EAR"值，可以得到要求的"EAR"或"APR"值。

在实例3-28中，已经通过公式，得到了APR和EAR的计算结果；另外，也可以利用利率转换计算器进行相应的计算。在计算器中，年复利次数输入12，将月利率1.767%乘以12后，代入APR，得到EAR为23.39%，如图4-22所示。

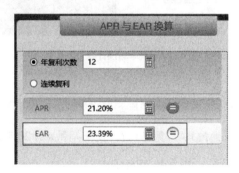

图4-22　应用利率转换计算器

实例4-10　APR为12%，若每月计息一次，EAR为多少？

解析　运用利率转换计算器计算，确认相关变量：APR为12%，年复利次数为12，得到EAR为12.68%，如图4-23所示。

图4-23 利率转换计算（1）

实例4-11 王小姐现在35岁，计划在20年后退休。她打算拿出15万元用于积累养老金。某产品年投资收益率为9.5%，连续复利计息。如果将15万元投资在该产品上，王小姐退休时可以获得多少养老金？

方法1 第一步，计算连续复利下的EAR。点击连续复利，APR输入9.5%，得到EAR为9.97%，点击保存，如图4-24所示。

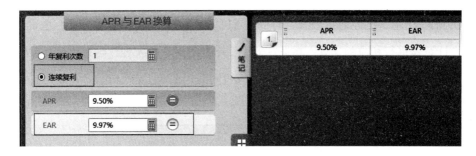

图4-24 利率转换计算（2-1）

第二步，计算出退休时可以获得的养老金为 $15 \times (1+EAR)^{20} = 100.29$（万元）。打开货币时间价值计算器，把第一步的EAR复制到I，投资期限n为20年，现有资金PV为-15万元，得到终值FV为100.29万元，如图4-25所示。

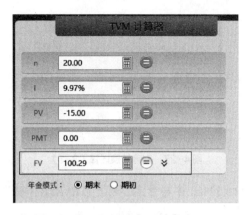

图4-25　利率转换计算（2-2）

方法2　直接带入公式：$FV=PV \times e^{rT}=15 \times e^{9.5\% \times 20}=15 \times e^{1.9}=100.29$（万元）。

其中，$e^{1.9}$可以使用理财资讯平台中的普通计算器计算，先按数字1.9，再按e^x，得到结果，如图4-26所示。

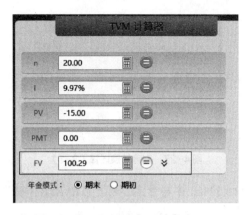

图4-26　利率转换计算（2-3）

实例4-12　APR为10%，连续复利，其EAR与按半年复利的情况相同，那么按半年复利的APR是多少？

解析　第一步，计算10%的APR连续复利时的EAR，操作如下：点击连续复利，APR输入10%，得到EAR为10.52%，如图4-27所示。

图4-27　利率转换计算（3-1）

第二步，计算EAR为10.52%，半年复利，所对应的APR，操作如下：保持上一界面不动，在EAR为10.52%的基础上，年复利次数输入2，得到APR为10.25%，如图4-28所示。

图4-28　利率转换计算（3-2）

实例4-13　A机构提供5年期个人贷款12万元，名义上免息，5年内每月还2 000元，5年还清，但收取2万元的期初费用，求EAR。

解析　第一步，使用货币时间价值计算器，先计算月利率。贷款期限5年，按月还款，n输入60；贷款金额为10万元（12万元的贷款金额扣除2万元的期初费用），PV输入100 000；每月还款2 000元，PMT输入$-2 000$；得到月利率I为0.62%，保存结果，如图4-29所示。

图4-29　利率转换计算（4-1）

第二步，使用利率转换计算器，计算有效年利率。月利率为0.62%，转化为APR即0.62%×12=7.44%，年复利次数输入12，得到EAR为7.699 0%，如图4-30所示。

图4-30 利率转换计算（4-2）

五、房贷摊销计算器操作

房贷摊销计算器可用于计算贷款的本金和利息在贷款周期中的分期偿还。相关变量如图4-31所示。

图4-31 房贷摊销计算器操作说明

1. 选择还款方式

可以选择等额本金和等额本息两种还款方式。系统默认为等额本息。

2. 计算指定期间的还款情况

可以直接在开始期数和结束期数的输入框中录入数据，也可以直接拖动开始期数和结束期数下面的滑动滚轴进行选择。

点击等号键，得到的是每期摊还额，从开始期数到结束期数的累计偿还本金、累计偿还利息，以及剩余贷款本金。在图4-31中，开始期数为1，结束期数为10，得到的是前10期累计偿还的本金、利息以及第10期偿还后的剩余贷款本金。

每期的本金、利息还款现金流都可以在该计算器中用图形（见图4-32）或表格（见图4-33）进行直观展示。

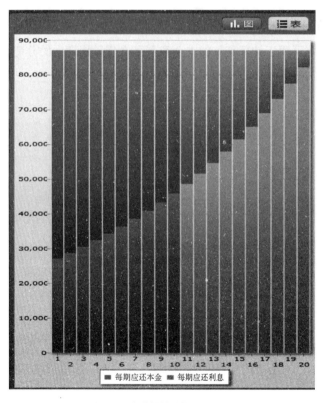

图4-32　房贷摊销计算器图形展示

图4-33 房贷摊销计算器表格展示

期数	每期还款	本金	利息	剩余本金
1	87,184.56	27,184.56	60,000.00	972,815.44
2	87,184.56	28,815.63	58,368.93	943,999.81
3	87,184.56	30,544.57	56,639.99	913,455.24
4	87,184.56	32,377.24	54,807.31	881,078.00
5	87,184.56	34,319.88	52,864.68	846,758.13
6	87,184.56	36,379.07	50,805.49	810,379.06
7	87,184.56	38,561.81	48,622.74	771,817.24
8	87,184.56	40,875.52	46,309.03	730,941.72
9	87,184.56	43,328.05	43,856.50	687,613.67
10	87,184.56	45,927.74	41,256.82	641,685.93
11	87,184.56	48,683.40	38,501.16	593,002.53
12	87,184.56	51,604.41	35,580.15	541,398.12
13	87,184.56	54,700.67	32,483.89	486,697.45
14	87,184.56	57,982.71	29,201.85	428,714.74
15	87,184.56	61,461.67	25,722.88	367,253.07
16	87,184.56	65,149.37	22,035.18	302,103.70
17	87,184.56	69,058.34	18,126.22	233,045.36
18	87,184.56	73,201.84	13,982.72	159,843.53
19	87,184.56	77,593.95	9,590.61	82,249.58
20	87,184.56	82,249.58	4,934.97	0.00

图4-33 房贷摊销计算器表格展示

实例4-14 张先生想购买一处房产，需要向银行申请600万元贷款，期限为10年，按月还款，房贷年利率为4.5%。售楼小姐介绍说现在有等额本金和等额本息两种还款方式。张先生想知道，在第5期到第30期还款中，等额本金方式和等额本息方式所还利息分别为多少？

解析 运用房贷摊销计算器计算，确认相关变量：本金 PV 为600万元；贷款期限10年，按月还款，n 输入120；房贷年利率4.5%，按月复利，I 输入4.5%/12；开始期数设为5，结束期数设为30。

（1）等额本金还款方式下，还款方式选择"等额本金"，得到第5期到第30期累计偿还的利息为504 562.50元，如图4-34所示。

（2）等额本息还款方式下，还款方式选择"等额本息"，得到第5期到第30期累计偿还的利息约为518 838.00元，如图4-35所示。

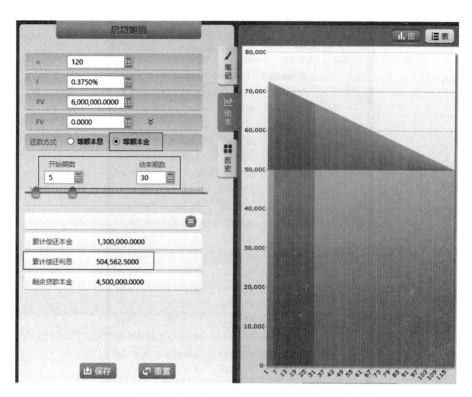

图4-34 房贷摊销计算——等额本金

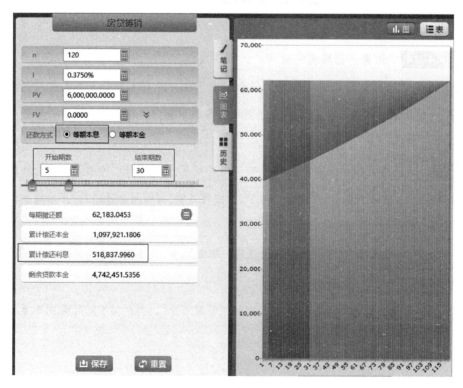

图4-35 房贷摊销计算——等额本息

实例4-15 某客户向银行贷款100万元，房贷年利率是4%，期限20年，每月本息平均摊还，该客户的月供额是多少？若5年后，客户想一次性还清贷款，那么他要还多少钱？

解析 运用房贷摊销计算器进行计算，确认相关变量：贷款本金 PV 为100万元；房贷年利率4%，按月复利，I 输入4%/12；贷款期限20年，按月还款，n 输入240。

（1）月供额。点击每期摊还额的等号键，得到月供额为6 059.80元，如图4-36所示。

（2）5年后的剩余贷款额。

方法1 开始期数设置为1，结束期数设置为60，重新点击等号键，得到5年后的剩余贷款本金约为81.92万元，如图4-37所示。

图4-36 房贷摊销计算（1-1）

图4-37 房贷摊销计算（1-2）

方法2 运用货币时间价值计算器，确认相关变量：贷款本金 PV 为100万元；房贷年利率4%，按月复利，I 输入4%÷12；贷款期限20年，按月还款，n 输入240。如图4-38所示，得到月供额 PMT 为6 059.80元。求第5年之后的剩余贷款额，相当于求剩余15年的贷款本金 PV，所以用货币时间价值计算器的5个功能键，求出 PV 即可。剩余贷款期限是15年，按月还款，n 输入180，I 输入贷款月利率4%÷12，PMT 输入6 059.8（将上一步的结果拖至此处），得到5年后的剩余贷款本金约为81.92万元，如图4-39所示。或者可以这样做：求第5年之后的剩余贷款额，也相当于求还了5年贷款之后的终值FV，直接在图4-38的界面，保持月供额不变，PV、I不变，将期限由240变成60，点击FV即可求出，如图4-40所示。

图4-38　房贷摊销计算（1-3）

图4-39　房贷摊销计算（1-4）

图4-40　房贷摊销计算（1-5）

六、日期转换计算器操作

该功能可用于进行日期间的转换。在日期录入的时候，可以直接在输入框输入日期，也可以通过日历控件"📅"进行选择。

实例4-16　求解2023年12月25日和2026年2月12日相隔几天？

解析　运用日期转换计算器，输入相关变量，如图4-41所示。

图4-41　日期计算（1）

　　理财中的应用：在计算利息时需要算持有存款或债券的天数，若已知购入日与赎回日，就可以算出两者相隔的天数。

实例4-17　求解2024年2月12日后50天是哪一日？

解析　将相隔天数改为50，然后点击结束日期后面的等号，就可以得到相应的日期，如图4-42所示。

图4-42　日期计算（2）

　　理财中的应用：在计算利息时需要算持有存款或债券的天数，若已知购入与赎回相隔的天数与购入日，就可以算出赎回日。

七、债券计算器操作

　　该功能可用于计算债券的价格和到期收益率。相关变量和操作注意事项如图4-43所示。

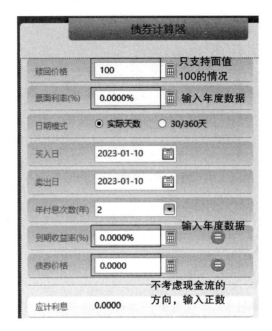

图4-43　债券计算器操作说明

在使用债券计算器时，需注意以下事项：

（1）计算到期收益率时需要录入包括债券价格在内的相关信息；同理，计算债券价格时需要录入包括到期收益率在内的相关信息。

（2）计算债券价格时，应计利息将被自动算出。

（3）债券计算器只支持面值100的情况，以及有具体买卖日期的债券计算；其他类型的债券计算请使用货币时间价值计算器。

实例4-18　张先生在2019年5月22日买入一种债券，到期日为2029年5月22日，债券面值为100元，债券的票面利率为3.29%，到期收益率为2.36%，年付息两次，计息基础为实际天数。该债券的买入价格是多少？

解析　运用债券计算器计算，把相关变量输入计算器，得到债券的买入价格约为108.24元，如图4-44所示。

由于本题中，张先生持有债券是整年的情况，获得的利息为期末普通年金，计算债券的价格相当于普通年金求现值，因此我们也可以使用货币时间价值计算器计算，得到债券的价格为108.24元，如图4-45所示。

图4-44　债券计算器计算（1）

图4-45　债券价格的计算

实例4-19　刘先生在2023年1月12日以105元的价格买入一种债券，到期日为2033年7月13日，债券的票面利率为3.5%，年付息两次，计息基础为实际天数。该债券的到期收益率是多少？

解析　运用债券计算器计算，把相关变量输入计算器，得到债券的到期收益率约为2.94%，如图4-46所示。

图4-46　债券计算器计算（2）

八、统计计算器操作

该功能可用于一元和二元统计变量的相关计算。相关变量如图4-47所示。

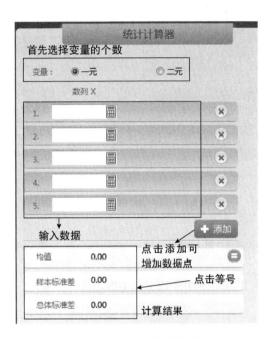

图4-47 统计计算器操作说明

（一）均值和标准差计算

均值是指各变量的平均数，有算术平均值、几何平均值等。标准差用于反映所有变量值与均值的平均差异。

$$样本标准差：s=\sqrt{\frac{\sum(x-\bar{x})^2}{n-1}}$$

$$总体标准差：\sigma=\sqrt{\frac{\sum(x-\mu)^2}{n}}$$

实例4-20 计算数列5、6、7、8的均值和标准差。

解析 运用统计计算器计算，把相关变量输入计算器，得到均值为6.50，样本标准差为1.29，总体标准差为1.12，如图4-48所示。

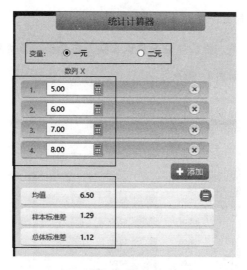

图4-48 统计计算器计算

（二）一元线性回归

寻找两组样本 X 和 Y 之间的线性关系，用 X 来解释 Y。其中，X 是解释变量，Y 是被解释变量。一元线性回归方程如图4-49所示，其中 a 为纵截距，b 为回归系数。

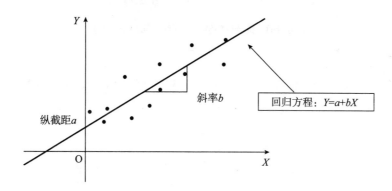

图4-49 线性回归方程图示

实例4-21 假设身高与体重的相关数据如表4-1所示，建立身高 X 与体重 Y 之间的关系（$Y=a+bX$）。

表4-1 身高与体重数据

	1	2	3	4	5	6	7	8	9	10
身高（cm）	170	165	168	155	173	180	185	170	167	176
体重（kg）	65	52	60	48	59	75	85	70	68	72

解析 运用统计计算器计算，确认相关变量。

（1）选择二元变量模式，将已知的变量依次输入白色框。系统默认样本量为5，拖动滚动条继续按组添加样本，如图4-50所示。

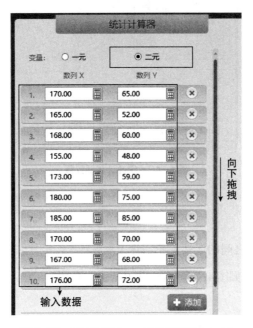

图4-50 统计计算器——一元线性回归（1-1）

（2）点击等号键，可以得出均值、样本标准差、总体标准差、相关系数；同时在回归方程处可以看到回归方程，即体重=-137.36+1.19×身高，如图4-51所示。

图4-51 统计计算器——一元线性回归（1-2）

（3）由身高预测体重，输入身高x=182，点击y处的等号键，可以得出体重等于

78.569 4，即预计身高为182cm的人的体重约为78.57kg，如图4-52所示。同理，可由体重预测身高。

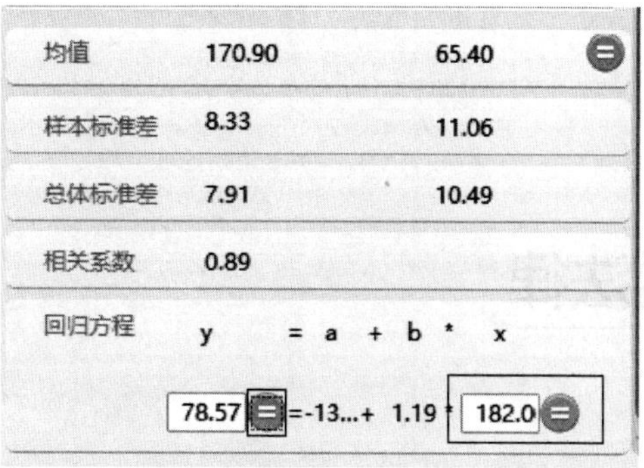

图4-52　统计计算器——一元线性回归（1-3）

第五章

金融理财法律

在法治社会，人的一言一行都与法律密不可分。法律是处理人与人之间关系的基本准则，是调整社会关系的基本行为规范。理财师应当掌握必要的金融理财法律知识。本章以《民法典》为核心，讲解理财师在执业过程中经常遇到的合同、夫妻财产和继承方面的法律规则，同时辅以法律基础知识、民事纠纷的解决和金融理财业务监管等内容，以便理财师对知识进行理解和运用。

文中涉及的法律规定和相关司法制度，如无特别说明，均指中国的法律、行政法规以及最高人民法院相关司法解释中的规定。

本章内容包括：

- 法律基础知识；
- 民事法律规则概要；
- 合同规则；
- 婚姻财产规则（夫妻财产）；
- 继承规则；
- 民事纠纷的解决；
- 金融理财业务监管。

通过本章学习，读者应该能够：

• 了解法律基础知识；

• 理解并掌握民事法律基本原理与规则；

• 理解并掌握基本合同法律规则；

• 理解并掌握常见的婚姻财产法律规则；

• 理解并掌握基本的继承法律规则；

• 了解基本的民事纠纷解决途径和举证规则；

• 理解与掌握金融理财业务中的监管规则。

第一节　法律基础知识

具备基本的法律意识和法律思维框架是理解与运用法律规则的前提。从法的概念与特征入手，掌握法的主要分类、当代中国法的渊源和法的效力，可以帮助初学者熟悉法律规则的基本术语，为后续学习和理解民事法律规则，特别是合同规则、婚姻财产规则、继承规则及民事纠纷解决规则奠定基础。

一、法的概念与特征

法是由国家制定或认可，反映国家意志，通过权利和义务的实现达到一定社会秩序，并由国家强制力保障实施的行为规范体系。[①]

法具有如下五个基本特征：其一，法是一种行为规范，作为一种行为规则、标准、尺度来指导与限定人与人之间的社会关系；其二，法是由国家制定或认可、反映国家意志的行为规则；其三，法具有特殊的规范性，规定的是人们的权利和义务；其四，法由国家强制力保障实施，即通过国家机器，如警察、审判、检察、监察、军队等具有的强制力来保障实施；其五，法的概念的外延不仅包含法律（规范），而且包含法律关系、法律制度和法律秩序。法律关系、法律制度和法律秩序是法的核心部分。

二、法的主要分类

法作为上层建筑的有机组成部分，是一种多层次的复杂的社会现象。按照不同的标准

---

① 法是一个非常复杂的系统。法在不同学科领域或语境下会有不同内涵，即便在法律专业领域，从不同的角度出发，对法的认知也存在着较大的差异。这里的概念，仅为其中一种较为普遍的认知。

和方法，法可分为不同的种类。

按创制与适用主体，法可分为国内法和国际法。国内法是指由特定国家创制并在本国主权所及的领域（领土、领水、领空）内均有效的法律。一般意义上的国际法，即通常所称的国际法，仅指国际公法，主要是由参与国际关系的国家或国际组织通过协议制定或公认的，并适用于国家或国际组织之间的法律。广义的国际法又可分为国际公法、国际私法、国际经济法三类。

按创制和表达形式，法可分为成文法和不成文法。成文法是指由国家或在制度上具有立法权的机关或个人，以文书的形式制定的法，故也称制定法，比如法律、命令、规则、自治法规以及条约等。不成文法是指不以明文规定或条款的方式表达的法，指的是没有经过特定的制定手续或立法程序而形成的非制定法，比如以自然形成的习惯为渊源的习惯法、以法院判例为中心内容的判例法以及法理学说等。

按效力、内容和制定程序，法可分为根本法与普通法。根本法，又称基本法，仅指宪法，其在一国的法律体系中具有最高法律效力，规定国家根本制度和公民基本权利与义务，是一切组织和个人的根本活动准则，制定与修改程序极为严格。一切法律都要以根本法为依据，一切法律、法规都不得与根本法相抵触。在这一标准分类中，普通法是指根本法之外的其他法律，普通法不得与根本法相抵触。

按适用与效力范围，法可分为一般法和特别法。一般性的具有比较广泛效力范围的法称为一般法；效力局限于特定法律关系、特定人、特定地域或特定时期的法称为特别法。通常，特别法比一般法优先得到适用，即所谓的"特别法优于一般法"。值得注意的是，一般法与特别法在同一法律体系内具有相对性。例如，在《民法典》中，"合同编"是仅适用于合同事项的，是对合同行为的特别规定，相对于"总则编"中关于民事行为的规定来说属于民事行为规范的特别法；但对于保险合同而言，《民法典》"合同编"的规定又是一般法，《保险法》中关于保险合同的特别规定，则属于特别法，即有关保险合同的问题应优先适用《保险法》中的规定。

按所调整的具体内容，法可分为实体法和程序法。实体法是直接确定权利和义务实体关系，即确定权利和义务的发生、变更、生效、消灭的法，比如民法、刑法等。与此相对应，程序法则是确定具体实现实体法中有关权利和义务的实质性内容所需的制度和技术规程的法。我国程序法主要有民事诉讼法、刑事诉讼法、行政诉讼法、仲裁法、行政复议法、劳动争议调解仲裁法、不动产登记法等。

按所调整的法律关系和法律调整方式，法可分为公法和私法。公法主要是指调整国家或国家机关与自然人、法人、非法人组织之间法律关系，以及国家机关与其组成人员之间法律关系的法律，比如宪法、刑法、行政法、诉讼法等；私法主要是指调整平等主体之间权利和义务法律关系的法律，比如《民法典》。

三、当代中国法的渊源

"法的渊源"这一术语源自欧洲大陆，后衍及英美。立法者、法官和法学家对"法的渊源"的认识是存在差异的。一般而言，法的渊源也称法的形式，是指法的外在表现形式和效力等级，大致有制定法、判例法、习惯法、学说和法理几类。

当代中国法的渊源可分为正式渊源和非正式渊源。法的正式渊源以各种制定法为主，区分不同的层次（见图5-1），主要包括宪法、法律、行政法规和国务院部门规章、地方性法规、地方政府规章、民族自治地方的自治条例和单行条例、特别行政区的规范性文件以及国际条约等。非正式渊源包括政策、判例、习惯、法理、学说等。

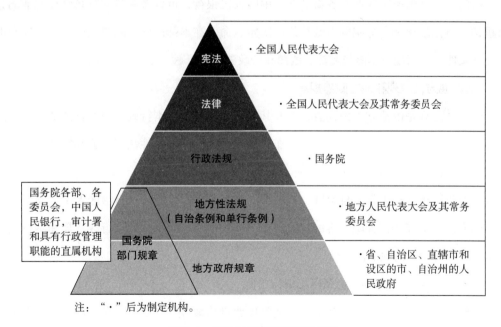

注："·"后为制定机构。

图5-1 当代中国法的渊源结构简图

（一）宪法

《中华人民共和国宪法》（下文简称《宪法》）是由最高国家权力机关（全国人民代表大

会）制定的，是中华人民共和国的根本大法，具有最高的法律地位和法律效力，是制定一切法律、法规的依据。它规定了国家的根本任务和根本制度，即基本政治体制、经济体制、公民的基本权利和义务、国家机构和国旗、国歌、国徽、首都等内容。中华人民共和国成立后，曾于1954年9月20日、1975年1月17日、1978年3月5日和1982年12月4日通过四部《宪法》。现行《宪法》为1982年宪法，并历经了1988年、1993年、1999年、2004年、2018年五次修正。

（二）法律

法律是由全国人民代表大会及其常务委员会制定的规范性文件。其法律效力和地位仅次于宪法，是制定其他规范性文件的依据，比如《民法典》《商业银行法》《保险法》《信托法》《民事诉讼法》等。

（三）行政法规和部门规章

行政法规是由最高国家行政机关（国务院）制定、发布的规范性文件。行政法规不能与宪法和法律相抵触。

部门规章是国务院各部、各委员会，中国人民银行，审计署和具有行政管理职能的直属机构，根据法律和国务院的行政法规、决定、命令在本部门的权限范围内制定、发布的规范性文件。部门规章不能与宪法、法律和行政法规相抵触。

（四）地方性法规和地方政府规章

地方性法规是由地方人民代表大会及其常务委员会结合本行政区内的具体情况和实际需要，依照法律规定的权限，制定、发布的规范性文件。地方性法规不能与宪法、法律和行政法规相抵触。

地方政府规章是由省、自治区、直辖市的人民政府，以及省、自治区人民政府所在地的市的人民政府和经国务院批准的较大的市的人民政府，根据法律、行政法规和本行政区的地方性法规制定的规范性文件。

（五）民族自治地方的自治条例和单行条例

民族自治地方的自治条例和单行条例是民族自治地方（自治区、自治州、自治县）的人民代表大会依照当地民族的政治、经济和文化特点制定的规范性文件。民族自治地方的自治条例和单行条例不能违反宪法、法律和行政法规，但可以在法律和行政法规的授权下，对法律和行政法规做一些变通性规定。

（六）特别行政区的规范性文件

特别行政区的规范性文件包括全国人民代表大会制定的特别行政区基本法和特别行政区依法制定的规范性法律文件。全国人民代表大会授权香港特别行政区与澳门特别行政区依照法律的规定实行高度自治，享有行政管理权、立法权、独立的司法权和终审权。

（七）国际条约

国际条约是指两个或两个以上国际法主体根据国际法规则签订的书面协议。根据《宪法》和缔结条约程序法的规定，国务院管理对外事务，缔结国际条约和协定。批准和废除对外所缔结的条约和重要协定，由全国人民代表大会常务委员会决定。中华人民共和国缔结或者参加的国际条约同中华人民共和国的相关法律有不同规定的，适用国际条约的规定；但是，中华人民共和国声明保留的条款除外。此外，中华人民共和国法律和中华人民共和国缔结或者参加的国际条约没有规定的，可以适用国际惯例。

四、法的效力

法的效力是一个多义词。在此，法的效力特指法的约束力，即强制人们按照法律规定的行为模式来行为的一种国家强制作用力。法律效力范围是指法律规定的对人、空间、事项、期间具有强制作用力的范围。

（一）对人的效力

对人的效力，是指法律对哪些人具有效力。这里的"人"包括自然人、法人、非法人组织，还包括国际法中的国家和国际组织。法律对人的效力主要有属人主义原则、属地主义原则、保护主义原则和折衷原则四种适用原则。

属人主义原则是指以国籍与国别为标准来确定法的效力，即一国法律适用于具有本国国籍的自然人及组织。只要是本国人，无论是在国内还是在国外，都受本国法律的约束和保护。

属地主义原则是指以地域为标准来确定法的效力，即一国的法律适用于在本国领域内的所有人，无论是本国人、外国人还是无国籍人，都受本国法律约束。

保护主义原则是指以保护本国利益为标准来确定法的效力，即不论行为人的国籍为何或行为地是否在本国领域内，只要侵害了本国或本国公民与组织的利益，就要受到本国法律的追究。"犯我中华者，虽远必诛"就体现了法律的保护主义原则。

折衷原则是指以属地主义为基础，结合属人主义和保护主义来确定本国法律的效力。

首先，该原则认为本国法对处于本国领域内的人有效；其次，该原则认为对在境外的本国人，可有条件地适用本国法。此外，本国法还可以有条件地适用于在本国领域外侵害本国利益的外国人或非本国人。当代，折衷原则被多数国家所采用。

（二）空间效力

空间效力，又称法律的地域效力，是指法律在什么空间范围内有效。法律效力的空间范围原则上以国家主权范围为准，即适用于一国的领土、领水、领空、底土和一定宽度的海域，以及延伸意义上的领土，比如驻外使馆，在本国领域外的本国籍船舶、飞机等交通运输工具。而地方性法规原则上仅在本行政管辖区域内有效。

（三）事项效力

法律的事项效力是指法律对主体的哪些行为、事项和社会关系有效力。不同部门的法律调整的事项范围不同，而具体事项亦须适用与之相对应有效的法律规定。

（四）时间效力

时间效力，是指法律具有效力的期间，包括法律的生效、法律的失效及法律的溯及力三个要素。法律不溯及既往是一个基本原则，除非有特别规定，法律规范一般没有溯及既往的效力，即法律只能对其生效以后发生的行为与事项有效，而不能适用于它生效以前就已存在的。

专栏5-1 法律适用的效力规则

对于不同效力级别的法律规范，适用时应遵循如下效力规则[1]：

第一，上位法的效力高于下位法。根据《宪法》《立法法》的规定，宪法具有最高的法律效力，一切法律、行政法规、地方性法规、自治条例和单行条例、规章都不得同宪法相抵触；法律的效力高于行政法规、地方性法规、规章；行政法规的效力高于地方性法规、规章；地方性法规的效力高于本级和下级地方政府规章；省、自治区的人民政府制定的规章的效力高于本行政区域内的较大的市人民政府制定的规章。

第二，同位法中特别法与一般法规定不一致的，适用特别规定。例如，《民法典》是适用于一般人、一般事、一般时间和全国地域范围的法律，而《保险法》《公司法》《商业银行法》则是适用于特定的人、特定的事、特定的时间和特定的地域的特别法律。在特别

---

[1] 孙笑侠.法律对行政的控制［M］.济南：山东人民出版社，1999.

领域，应优先适用特别法，而非《民法典》。

第三，同位法中新的规定与旧的规定不一致的，如无特别规定，适用新的规定。

第四，不溯及既往原则。除有特别规定，新法对其实施之前发生的行为与事项不具有调整效力。

法律、行政法规、地方性法规、自治条例和单行条例、规章之间不一致，执行机关不能根据效力高低确定如何适用时，应提请有关机关对如何适用做出裁决。

第二节　民事法律规则概要

在不同语境下，"民法"一词有不同的含义。实质意义上的民法，是指作为部门法而存在的民事法律规范的总和，不仅包括成文的《民法典》，还包括一切具有民法性质的法律、法规、司法解释、指导性案例以及习惯法等。形式意义上的民法，仅指《民法典》。此外，民法还有广义与狭义之分。广义的民法包括商法（如公司法、证券法、保险法、信托法、海商法等），狭义的民法不包括商法。

本节以《民法典》为核心，简要介绍民法的基本框架和主要内容。

一、民法与民事法律关系构成要素

《民法典》第二条规定："民法调整平等主体的自然人、法人和非法人组织之间的人身关系和财产关系。"民事法律关系是指由民事法律规范所调整的、以民事权利和民事义务为基本内容的社会关系，是民法所调整的平等主体之间的人身关系和财产关系在法律上的表现。任何民事法律关系均由主体、内容和客体三方面要素共同构成。

民事法律关系的主体，也称民事主体，是指法律所承认的能够以自己的名义参与民事法律关系，享有民事权利和承担民事义务的人，包括自然人、法人和非法人组织等。

民事法律关系的内容是指民事主体在民事法律关系中享有的权利或承担的义务，也就是民事权利和民事义务。

民事法律关系的客体也称为"标的"，是指民事法律关系中主体享有的民事权利和承担的民事义务所共同指向的对象，包括物、人身利益、智力成果、行为和权利等。

二、民事主体

《民法典》所确定的民事主体主要包括自然人、个体工商户、农村承包经营户、法人和非法人组织。

（一）民事权利能力和民事行为能力

民事主体参与民事活动必须具备民事权利能力，其行为的效力与法定的民事行为能力密切相关。

民事权利能力是指法律赋予民事主体依法享有民事权利和承担民事义务的资格。民事行为能力是指民事主体能以自己独立的行为取得民事权利和承担民事义务的能力。民事行为能力以民事权利能力为前提，民事行为能力也是民事权利能力实现的条件。民事主体是否具有民事权利能力和民事行为能力，直接关系到民事主体行为的法律效力。

（二）自然人

1. 自然人的民事权利能力

自然人从出生时起到死亡时止，具有民事权利能力，依法享有民事权利，承担民事义务。自然人的民事权利能力一律平等。自然人的出生时间和死亡时间，以出生证明、死亡证明记载的时间为准；没有出生证明、死亡证明的，以户籍登记或者其他有效身份登记记载的时间为准。有其他证据足以推翻以上记载时间的，以该证据证明的时间为准。

虽然胎儿尚未出生，尚不是独立的自然人，但为保护胎儿的利益，法律对其民事权利能力做出了特别安排。《民法典》规定："涉及遗产继承、接受赠与等胎儿利益保护的，胎儿视为具有民事权利能力。但是胎儿娩出时为死体的，其民事权利能力自始不存在。"

2. 自然人的民事行为能力

自然人的民事行为能力是指自然人通过自己的行为取得民事权利和承担民事义务的能力。

根据自然人的年龄和对自己行为的辨识能力不同，《民法典》规定，自然人按民事行为能力分为完全民事行为能力人、限制民事行为能力人以及无民事行为能力人三类。完全民事行为能力人具有健全的辨识能力，可以独立实施民事行为；限制民事行为能力人只能独立实施与其辨识能力相适应的民事行为；无民事行为能力人应当由其法定代理人代理实施民事行为。

（1）完全民事行为能力人是指具有通过自己独立的行为来行使民事权利和履行民事义

务的能力的自然人。18周岁以上、辨认识别能力正常的成年人[1]，是完全民事行为能力人，可以独立实施民事法律行为；16周岁以上不满18周岁的未成年人，以自己的劳动收入为主要生活来源的（能维持当地一般生活水平的），视为完全民事行为能力人。

（2）限制民事行为能力人，又称为"不完全民事行为能力人"，是指在一定范围内具有民事行为能力，超出一定范围即不具有相应的民事行为能力的自然人。8周岁以上不满18周岁的未成年人和不能完全辨认自己行为的成年人是限制民事行为能力人。限制民事行为能力人可以独立实施纯获利益的民事法律行为或者与其年龄、智力、精神健康状况相适应的民事法律行为；其他民事法律行为则由其法定代理人代理，或者经其法定代理人的同意、追认方为有效。

（3）无民事行为能力人是指不具有通过自己独立的行为来行使民事权利和履行民事义务的能力的自然人。不满8周岁的未成年人、完全不能辨认自己行为的成年人和8周岁以上不能辨认自己行为的未成年人是无民事行为能力人。无民事行为能力人由其法定代理人代理实施民事法律行为。

实例5-1 民事主体——自然人民事行为能力[2]

张某，2005年5月出生。2022年8月，张某向徐某出具《欠款条》一份，主要内容为："欠款人张某欠徐某周转款人民币5.6万元整。欠款人承诺于2022年11月1日前还清上述全部欠款，如到期未还清，按照月息1.5%支付利息。如发生纠纷……债权人为维护权益向违约方（欠款人）追偿的全部费用（包括但不限于律师费、诉讼费、保全费、交通费、误工费、差旅费、鉴定费等）均由违约方（欠款人）承担。"签署《欠款条》后，徐某通过支付宝陆续向张某支付了全部借款；但直到2023年，虽经多次催促，张某仍未还款。张某父母得知此事后，于2023年2月向徐某递交了《对张某向徐某借款及签订<欠款条>行为不予认可通知书》，明确表示作为张某的法定监护人，对徐某与张某签订的《欠款条》以及借款的事实不予认可。就此，徐某起诉至法院，要求张某及其父母偿付5.6万元欠款和利息，以及诉讼产生的律师费。

---

[1] 《民法典》第十七条："十八周岁以上的自然人为成年人。不满十八周岁的自然人为未成年人。"

[2] 改编参见：中国裁判文书网，（2023）粤0111民初13620号，https://wenshu.court.gov.cn/website/wenshu/181107 ANFZ0BXSK4/index.html?docId=VQTcRSDTJBC7gqYMEQgGrfbqvdO1WuiZMay7uvBcXKgX3vG71Opik5/dgB YosE2ggxCZrBaEWuH2Mvr1RsW2O+FgKFrvJ2BIUuYaE6OC21Pb0ejtTIWeE07p+1Yds6jk。

案件争议焦点：张某还未满18周岁，没有成年，其向徐某出具的《欠款条》是否具有法律效力？这笔借款纠纷该如何处理？

解析 张某《欠款条》的效力问题。从《欠款条》上的时间可知，张某在签署该《欠款条》时尚未成年（17周岁），属于限制民事行为能力人。而涉案《欠款条》及被告方确认欠付的款项金额达5.6万元，明显超出张某作为未成年人日常生活所需的支出，故张某签署《欠款条》的行为依法须经其法定代理人（张某父母）同意或追认后才发生法律效力。现有证据表明，张某父母在知悉此事后已明确对张某签署《欠款条》的行为不予追认，故涉案《欠款条》依法应为无效。

欠款事实的认定问题。虽涉案《欠款条》无效，但凭证据证明及双方亦均认可确实有徐某向张某进行过转账5.6万元的事实。张某虽属限制民事行为能力人，但核对其与徐某之间的款项往来后确定最终欠付的数额属于其认知和能力范围，故对张某欠徐某的款项数额5.6万元的事实，法院予以确认。

欠款、利息及费用的偿还问题。诉讼期间（截至2023年7月），张某已年满18周岁，已属于完全民事行为能力人，徐某要求张某承担责任有据，应予支持。张某父母作为张某的法定监护人，应对张某作为限制民事行为能力人时发生的债务承担偿还责任。而徐某在出借款项时负有审慎审查其借款对象基本情况的义务，在未尽审查义务的情况下将款项出借给尚未成年的张某导致双方的借款关系无效，徐某亦存在过错，故徐某要求被告方支付借款利息并承担律师费等费用缺乏依据，不予支持。

综上，法院最终判定，被告张某及其父母共同向原告徐某偿还借款本金5.6万元；驳回原告徐某的其他诉讼请求。

3. 个体工商户与农村承包经营户

自然人从事工商业经营，经依法登记的，为个体工商户。个体工商户可以起字号，但不得使用"企业""公司"字样，可以个人经营，也可以家庭经营。个体工商户的债务，个人经营的，以个人财产承担；家庭经营的，以家庭财产承担；无法区分的，以家庭财产承担。

农村集体经济组织的成员，依法取得农村土地承包经营权，从事家庭承包经营的，为农村承包经营户。农村承包经营户的债务，以从事农村土地承包经营的农户财产承担；事实上由农户部分成员经营的，以该部分成员的财产承担。

（三）法人

1. 法人的定义

法人是具有民事权利能力和民事行为能力，依法独立享有民事权利和承担民事义务的组织。法人以其全部财产独立地承担民事责任。出资人以其认缴额为限对法人的债务承担有限责任。

法人的民事权利能力和民事行为能力范围相一致，同时取得，同时消灭，即从法人成立时产生，到法人终止时消灭。

法人的成立要件包括依法成立，有自己的名称、组织机构、住所、财产或者经费，并符合法律、行政法规规定的具体条件和程序。设立法人，法律、行政法规规定须经有关机关批准的，依照其规定。

法人的终止，又称法人的消灭，是指法人权利能力的终止。法人因解散、被宣告破产或法律规定的其他原因终止的，须依法完成清算、注销登记，才告终止。法人终止，法律、行政法规规定须经有关机关批准的，依照其规定。

2. 法人的分类

《民法典》将法人分为营利法人、非营利法人和特别法人。

（1）营利法人是指以取得利润并分配给股东等出资人为目的而成立的法人。营利法人包括有限责任公司、股份有限公司和其他企业法人。营利法人经依法登记而成立。营业执照签发日期为营利法人的成立日期。

专栏5-2　公司

《公司法》（2023年修订）所称公司是指依照公司法在中国境内设立的有限责任公司和股份有限公司。公司应当有自己的名称，以其主要办事机构所在地为住所。设立公司应当依法制定公司章程。公司的经营范围由公司章程规定。公司是企业法人，有独立的法人财产，享有法人财产权。公司以其全部财产对公司的债务承担责任。公司的合法权益受法律保护，不受侵犯。公司股东对公司依法享有资产收益、参与重大决策和选择管理者等权利。

一般情况下，股东会（由全体股东组成）是公司的权力机构，董事会是公司的执行机构，监事会是公司的监督机构，各自依法行使职权。公司可以按照公司章程的规定在董事会中设置由董事组成的审计委员会，行使监事会的职权。公司的法定代表人按照公司章程的规定，由代表公司执行公司事务的董事或者经理担任。法定代表人以公司名义从事的民事活动，其法律后果由公司承受。

有限责任公司

有限责任公司是由1名以上50名以下的股东出资设立，股东以其认缴的出资额为限对公司的债务承担有限责任，公司以其全部资产对债务承担责任的企业法人。有限责任公司必须在公司名称中标明"有限责任公司"或者"有限公司"字样。有限责任公司的注册资本为在公司登记机关登记的全体股东认缴的出资额。

除法律、行政法规规定不得作为出资的财产外，股东可以用货币出资，也可以用实物、知识产权、土地使用权、股权、债权等可以用货币估价并可以依法转让的非货币财产作价出资。股东应当按期足额缴纳公司章程规定的各自所认缴的出资额，但最长实缴期限自公司成立之日起不得超过五年。股东未按期足额缴纳出资的，除应当向公司足额缴纳外，还应当对给公司造成的损失承担赔偿责任。

有限责任公司的股东之间可以相互转让其全部或者部分股权。除公司章程另有规定外，股东向股东以外的人转让股权的，应当将股权转让的数量、价格、支付方式和期限等事项书面通知其他股东，其他股东在同等条件下有优先购买权。股东自接到书面通知之日起三十日内未答复的，视为放弃优先购买权。除公司章程另有规定外，自然人股东死亡后，其合法继承人可以继承股东资格。

股份有限公司

股份有限公司将公司的资本划分为股份。股份有限公司必须在公司名称中标明"股份有限公司"或者"股份公司"字样。设立股份有限公司，应当有1名以上200名以下的发起人，其中须有半数以上的发起人在中国境内有住所。股东持有的股份可以依法转让。设立股份有限公司，可以采取发起设立[①]或者募集设立[②]的方式。

股份有限公司的注册资本为在公司登记机关登记的已发行股份的股本总额。[③]在发起人认购的股份缴足前，不得向他人募集股份。发起人应当在公司成立前按照其认购的股份

[①] 发起设立，是指由发起人认购设立公司时应发行的全部股份而设立公司。以发起设立方式设立股份有限公司的，发起人应当认足公司章程规定的公司设立时应发行的股份。

[②] 募集设立，是指由发起人认购设立公司时应发行股份的一部分，其余股份向特定对象募集或者向社会公开募集而设立公司。以募集设立方式设立股份有限公司的，除法律、行政法规另有规定外，发起人认购的股份不得少于公司章程规定的公司设立时应发行股份总数的35%。

[③] 法律、行政法规以及国务院决定对股份有限公司注册资本最低限额另有规定的，从其规定。

全额缴纳股款。

股份的发行，实行公平、公正的原则，同类别的每一股份应当具有同等权利。股份有限公司可以按照公司章程的规定发行普通股或类别股。与普通股权利不同的类别股包括优先股（优先或者劣后分配利润或者剩余财产的股份）、不同表决权股（每一股的表决权数多于或者少于普通股的股份）、限售股（转让须经公司同意等转让受限的股份），以及国务院规定的其他类别股。[①]股份有限公司的全部股份，根据公司章程的规定择一采用面额股或者无面额股。采用面额股的，每一股的金额相等。

股票是公司签发的证明股东所持股份的凭证。公司股票在证券交易所上市交易的股份有限公司称为"上市公司"。上市公司的股票，依照有关法律、行政法规及证券交易所交易规则上市交易。

（2）非营利法人。非营利法人是为公益目的或者其他非营利目的而成立的，不向出资人、设立人或者会员分配所取得利润的法人。非营利法人包括事业单位、社会团体、基金会、社会服务机构等。

专栏5-3　非营利法人主要类型简介

事业单位法人是指具备法人条件，为适应经济社会发展需要，提供教育、科学、文化、卫生等公益服务而设立的社会服务组织。事业单位法人依法登记成立，取得法人资格；依法不需要办理法人登记的，从成立之日起，具有事业单位法人资格。

社会团体法人是指具备法人条件，基于会员共同意愿，为公益目的或者会员共同利益等非营利目的而设立的社会组织。

基金会是指利用自然人、法人或者其他组织捐赠的财产，以从事公益事业为目的，按照《基金会管理条例》规定而成立的非营利性法人。

社会服务机构主要指利用非国有资产举办、从事非营利性社会服务活动的社会组织。社会服务机构是很多具体运作慈善项目、提供慈善服务的组织所采取的组织形式。典型的社会服务机构既包括民办学校、民办医院、民办养老机构，也包括环境保护、助残助困等其他领域的组织。

---

① 公开发行股份的公司不得发行不同表决权股和限售股，但公开发行前已发行的除外。

（3）特别法人是指《民法典》所规定的机关法人、农村集体经济组织法人、城镇农村的合作经济组织法人、基层群众性自治组织法人。机关法人是指有独立经费的机关和承担行政职能的法定机构。基层群众性自治组织法人是指依据法律直接设立的、具有基层群众性自治组织法人资格的居民委员会和村民委员会。

（四）非法人组织

非法人组织是不具有法人资格，但是能够依法以自己的名义从事民事活动的组织。除有特别规定外，非法人组织的事宜参照适用对法人的一般性规定。

非法人组织与法人的最大区别在于，非法人组织不能独立承担民事责任，非法人组织的债务最终由其设立人或出资人来承担无限责任。

非法人组织可以确定一人或者数人代表本组织从事民事活动，即担任非法人组织的负责人。非法人组织包括个人独资企业、合伙企业、法人分支机构、不具有法人资格的中外合作企业，以及不具有法人资格的专业服务机构（如律师事务所）等。

1. 个人独资企业

个人独资企业，是依照《个人独资企业法》在中国境内设立，由一个自然人投资，财产为投资人个人所有，投资人以其个人财产对企业债务承担无限责任的经营实体。

个人独资企业有以下特征：个人独资企业由一个自然人投资；设立个人独资企业的可以是一个自然人，也可以是符合条件的个体工商户；个人独资企业投资人的个人财产与企业财产不分离，个人独资企业的投资人对企业的债务承担无限责任；个人独资企业不能独立承担民事责任。

个人独资企业营业执照的签发日为个人独资企业成立日，注销登记日为终止日。

2. 合伙企业

合伙是指两个以上的人为了共同的目的，相互约定共同出资、共同经营、共享收益、共担风险的自愿联合。合伙协议依法由全体合伙人协商一致，以书面形式订立。

合伙企业是指自然人、法人和其他组织依照《合伙企业法》在中国境内设立的普通合伙企业和有限合伙企业。合伙企业的生产经营所得和其他所得，按照国家有关税收规定，由合伙人缴纳所得税。合伙企业的营业执照签发日期，为合伙企业成立日期。合伙企业解散的，应当由清算人进行清算。清算结束，清算人应当编制清算报告，经全体合伙人签名、盖章后，向企业登记机关报送清算报告，申请办理合伙企业注销登记。

普通合伙企业。普通合伙企业由2个以上普通合伙人组成，除有法律特别规定外，合伙人对合伙企业债务承担无限连带责任。国有独资公司、国有企业、上市公司以及公益性的事业单位、社会团体不得成为普通合伙人。普通合伙企业名称中应当标明"普通合伙"字样。其特征在于：（1）出资。合伙人可以用货币、实物、知识产权、土地使用权或者其他财产权利出资，也可以用劳务出资。合伙人在合伙企业清算前，除法律另有规定外，不得请求分割合伙企业的财产。（2）合伙事务的执行。合伙人对执行合伙事务享有同等的权利。按照合伙协议的约定或者经全体合伙人决定，可以委托一个或者数个合伙人对外代表合伙企业，执行合伙事务。（3）合伙财产份额转让。合伙人之间转让在合伙企业中的全部或者部分财产份额时，应当通知其他合伙人。除合伙协议另有约定外，合伙人向合伙人以外的人转让其在合伙企业中的全部或者部分财产份额时，须经其他合伙人一致同意；在同等条件下，其他合伙人有优先购买权。（4）债务清偿。合伙企业对其债务，应先以其全部财产进行清偿。合伙企业不能清偿到期债务的，合伙人承担无限连带清偿责任。合伙人由于承担无限连带责任而清偿合伙企业债务，清偿数额超过其应分担比例的部分，有权向其他合伙人追偿。（5）利润分配与亏损分担。合伙企业的利润分配、亏损分担，按照合伙协议的约定办理；合伙协议未约定或者约定不明确的，由合伙人协商决定；协商不成的，由合伙人按照实缴出资比例分配、分担；无法确定出资比例的，由合伙人平均分配、分担。合伙协议不得约定将全部利润分配给部分合伙人或者由部分合伙人承担全部亏损。

有限合伙企业。有限合伙企业由2个以上50个以下普通合伙人和有限合伙人组成，普通合伙人对合伙企业债务承担无限连带责任，有限合伙人以其认缴的出资额为限对合伙企业债务承担责任。有限合伙企业至少应当有一个普通合伙人。有限合伙企业名称中应当标明"有限合伙"字样。有限合伙人可以用货币、实物、知识产权、土地使用权或者其他财产权利作价出资。有限合伙人不得以劳务出资。有限合伙企业由普通合伙人执行合伙事务；有限合伙人不执行合伙事务，不得对外代表有限合伙企业。除法律另有规定外，有限合伙企业及其合伙人的相关事宜适用普通合伙企业及其合伙人的规定。

实例5-2 合伙案例

刘乾、王永、孙磊三人成立一家普通商贸合伙企业，三人各种出资方式折合出资比例为3：3：4，并约定依此比例分配收益和承担债务。后经营不善，导致企业对赵城负债150万元。三人商定解散合伙企业。经清算，三人投资经营后的合伙企业财产价值60万元，全部用于还债后，企业尚欠90万元债务。三人中王永家境最好，而孙磊家境最差，几无财产偿还自己应承担的债务份额。赵城即找王永要求其清偿合伙企业的全部债务。遭到拒绝后，赵城将王永诉至法院。

案件争议焦点：王永是否应当向赵城支付90万元以承担合伙企业债务的清偿责任？ 90万元合伙企业的债务应如何由合伙人分担？

解析 王永作为合伙人对企业债务的清偿责任问题。依照法律规定，普通合伙企业中的每一个合伙人都应当对合伙企业的全部债务承担无限连带责任。因此，法院经向赵城释明，追加刘乾和孙磊为共同被告。同理，对于合伙企业不足清偿赵城的90万元债务，王永亦负有清偿合伙企业全部债务（90万元）的义务。

合伙企业债务在合伙人之间分担问题。依照法律规定，合伙人由于承担无限连带责任，清偿数额超过其应当分担比例的，有权向其他合伙人追偿。本案中，三名合伙人约定按照3：3：4的比例分配合伙企业收益和承担合伙企业债务。因此，王永向赵城清偿全部债务后，可以按此比例分别向刘乾追偿债务的30%（27万元），向孙磊追偿债务的40%（36万元）。①

三、民事权益

民事权利和民事义务是民事法律关系的内容。民事权利是民事主体在具体的民事法律关系中享有的受国家强制力保障的权利，任何组织或者个人不得侵犯。民事义务是与民事权利相对应的概念，是指义务主体必须做出一定行为或者被禁止做出一定行为以保证权利主体的权利获得实现的法律负担。义务人如不履行义务，就要承担相应的民事责任。

按照权利的客体是否具有财产价值，可以将民事权利分为人格权、财产权和其他合法民事权益。

（一）人格权

人格权是指以权利人自身的人身、人格利益为客体的民事权利。人格权与民事主体自身不可分离，并且不直接具有财产内容。人格权不得放弃、转让或者继承。自然人享有的人格权包括生命权、身体权、健康权、姓名权、肖像权、名誉权、隐私权、婚姻自主权等权利。除上述人格权外，自然人还享有基于人身自由、人格尊严产生的其他人格权益。法人、非法人组织享有名称权、名誉权、荣誉权等人格权利。

---

① 如孙磊无力偿还王永36万元，此36万元则由刘乾和王永按比例出资分担。因刘乾和王永二人出资比例相同，则每人分担50%，即18万元。各自分担后，刘乾和王永有权分别向孙磊另行追偿。

（二）财产权

财产权是一种以财产利益为内容或者直接体现为财产利益的民事权利。财产权一般不具有专属性，可以转让、抛弃与继承，也可以由他人代为行使。财产权按不同标准可有不同分类，例如：按权利特性主要可分为物权和债权；按标的物的形态可以分为有形财产权、无形财产权（如网络虚拟财产、知识产权中的财产权利部分）。

1. 物权

物包括不动产和动产。物权，是指权利人依法对特定的物享有直接支配和排他的权利，包括所有权、用益物权和担保物权。物权是法定权利，其种类、内容和效力均由法律规定。物权人能够在合法范围内无限制条件地、绝对地实现其权利。

物权分为所有权、用益物权和担保物权。

所有权是指所有权人对自己的不动产或者动产，依法占有、使用、收益和处分，并排除他人非法干涉的权利，例如国家所有权、集体所有权、私人所有权。占有是一种事实状态，是对物的实际控制、管领，是对物予以使用、收益和处分的前提。使用是按照物的用途、性质对其加以利用，实现物的价值。收益是指基于原物而产生的新利益，包括投资收益与孳息。孳息分为天然孳息和法定孳息。天然孳息是指原物根据自然规律而产生的物，例如果树结的果子、牲畜生产的幼崽。法定孳息是指原物根据法律规定而带来的新的利益，例如银行利息、房租。处分是对财产在法律规定范围内进行的处置，例如转让、赠与、抛弃，在物上设定权利（如质权、抵押权），或者消费、消耗等。

用益物权是对他人所有的不动产或者动产，依法享有占有、使用、收益的权利。所有权人不得干涉用益物权人依法行使权利。在中国，用益物权包括海域使用权，合法探矿权，采矿权，取水权，使用水域、滩涂从事养殖权，捕捞权，土地承包经营权，建设用地使用权，宅基地使用权，地役权，居住权，等等。

其中，居住权是为满足居住人的生活居住需要，在他人的住宅上为居住人设立的、由居住人享有的居住使用房屋的权利。居住权可以通过订立书面形式的居住权合同设立，也可以通过遗嘱方式设立，还可以依据人民法院、仲裁委员会生效的法律文书取得。居住权不得转让、继承。除另有约定外，居住权无偿设立，即居住权人可无偿地居住使用房屋。除另有约定外，设立居住权的住宅不得出租。居住权期限届满或者居住权人死亡的，居住权消灭。居住权应当登记。居住权自登记机构做出居住权登记时设立；居住权消灭的，应当及时办理注销登记。

担保物权是指以确保债务的清偿为目的，在债务人不履行到期债务或者发生当事人约定的实现担保物权的情形时，债权人依法享有就担保财产优先受偿的权利，但法律另有规定的除外。担保物权主要有抵押权、质权、留置权等。设立担保物权，应当订立担保合同。除另有约定外，担保物权的担保范围包括主债权及其利息、违约金、损害赔偿金与保管担保财产和实现担保物权的费用。担保期间，发生担保财产毁损、灭失或者被征收等情况，担保物权人可以就获得的保险金、赔偿金或者补偿金等优先受偿；如被担保债权的履行期未届满的，也可以提存该保险金、赔偿金或者补偿金等。

实例5-3 居住权的案例①

李女士与左先生为夫妻关系，2019年8月6日，李女士与左先生签订《夫妻财产约定书》，约定共有A房产一套归李女士单独所有，并做了不动产权登记，记载A房产权属人为李女士，所有权取得方式为约定。

左小妹为李女士与左先生二人的女儿，女婿为赵先生，孙子为赵小小。虽三人名下有住房，但长期以来，经李女士和左先生同意，左小妹一直携赵先生和赵小小在A房中居住。2018年2月11日，左小妹去世了，赵先生与赵小小不再探望李女士与左先生。

2023年5月，李女士提出左小妹已去世多年，要求赵先生及赵小小搬离A房，并要求二人支付使用A房的房屋使用费。而赵先生和赵小小认为他们长期在A房中居住，对该房享有居住权，拒不腾退。为此，李女士起诉至法院。

案件争议焦点：赵先生与赵小小对A房是否享有居住权？李女士是否有权要求获得房屋使用费？

解析 赵先生与赵小小对A房是否享有居住权问题。根据《民法典》有关居住权的规定，设立居住权，当事人应当采用书面形式订立居住权合同；设立居住权的，应当向登记机构申请居住权登记。居住权自登记时设立。基于亲属关系，赵先生与赵小小虽事实上长期居住使用李女士所有的A房，但以此来主张享有房屋的居住权则与《民法典》关于设立居住权的规定不符。因此，二人对A房不享有居住权。赵先生与赵小小名下另有住房，不存在无房居住的问题。作为所有权人，李女士对自己的不动产或者动产，依法享有占有、

---

① 改编参见：中国裁判文书网，（2023）粤01民终33747号，https://wenshu.court.gov.cn/website/wenshu/181107
ANFZ0BXSK4/index.html?docId=jE7iRRnAuVhMdU5uhrPGzPItq2RfwNhMzzntzqnsbsqovqLcRrkyBp/dgBYosE2g
gxCZrBaEWuH2Mvr1RsW2O+FgKFrvJ2BIUuYaE6OC21MnrseSaYluS124JYOlZlf8。

使用、收益和处分的权利，其有权要求女婿赵先生、外孙赵小小腾空并交还案涉房屋。

李女士是否有权要求获得房屋使用费问题。女婿赵先生、外孙赵小小系基于与李女士的亲属关系入住A房。李女士要求其二人支付诉讼前的房屋使用期间的费用，法院也不予支持。

法院最终判决：自判决发生法律效力之日起30日内，赵先生与赵小小将A房腾空交还李女士；驳回李女士的其他诉讼请求。

2. 共有财产制度

财产的所有形式可分为单独所有和共有两种。[①]单独所有是指财产所有权的主体是单一的，即一个人单独享有对某项财产的所有权。共有是指某项财产由两个或两个以上的权利主体（组织或个人）共同享有所有权。共有的主体称为共有人，客体称为共有财产或共有物。各共有人之间因财产共有形成的权利义务关系，称为共有关系。

共有财产根据其内部共有关系的不同，分为按份共有和共同共有。

按份共有，又称分别共有，是指两个或两个以上的共有人按照各自的份额分别对共有财产享有权利和承担义务。按份共有的特征如下：（1）各共有人对共有财产享有的份额一般由共有人约定。没有约定或者约定不明确的，按照对共有财产的出资额确定；不能确定出资额的，视为等额享有。（2）对共有财产的使用与分割，应由全体共有人协商决定。没有约定或者约定不明确的，按份共有人可以随时请求分割，要求将自己的份额分出。因分割对其他共有人造成损害的，应当给予赔偿。（3）按份共有人可以转让其享有的份额，其他共有人在同等条件下享有优先购买的权利。但除非另有约定，共有人优先购买权不适用于按份共有人之间转让共有份额，以及共有份额的权利主体因继承、遗赠等发生变化的情形。

共同共有是两个或两个以上的共有人基于共同关系，不分份额地共同享有某项财产的所有权。除另有约定外，共同共有主要存在于夫妻共有财产、家庭共有财产、遗产分割前共有财产以及合伙共有财产的共有情形中。与按份共有不同，共同共有的特征主要体现在两个方面。一方面，通常共有人之间不确定各自享有的共有财产份额。一般而言，只要共同共有关系存在，共有人就不能划分出自己的财产份额；如没有约定或者约定不明确的，

---

① 财产权的享有以所有权为典型。在无特别规定时，适用于所有权的制度也适用于其他财产权，比如用益物权、担保物权及债权等也有单独所有或共有的情形。

共同共有人只有在共有基础丧失或者有重大理由需要分割时才可以请求分割共有财产。因分割对其他共有人造成损害的，应当给予赔偿。另一方面，在共有人内部关系上，除共有人另有约定外，每个共同共有人平等地享有共有物的全部权利，并承担全部义务。

共有人对共有财产没有约定为按份共有或者共同共有，或者约定不明确时，除共有人具有家庭关系等外，视为按份共有。

共有人之间有约定的，按照约定来管理共有财产；没有约定或者约定不明确的，各共有人对共有财产都有管理的权利和义务。除另有约定外，处分共有财产以及对共有财产作重大修缮、变更性质或者用途的，应当经占份额2/3以上的按份共有人或者全体共同共有人同意。

因共有财产产生的债权债务，会产生两方面的法律效果：一方面，在共有人对外关系上（针对债务人或债权人），除法律另有规定或者第三人知道共有人之间不具有连带债权债务关系外，对于共有财产之上产生的债权与债务，共有人对第三人（债务人或债权人）均享有连带债权、承担连带债务；另一方面，在共有人内部关系上，除共有人另有约定外，按份共有人按照各自的份额享有债权、承担债务，共同共有人共同享有债权、承担债务；偿还债务超过自己应当承担份额的按份共有人，有权向其他共有人追偿。

共有人可以协商确定共有财产的分割方式。达不成协议，共有财产可以分割并且不会因分割而减损价值的，应当对实物予以分割；难以分割或者因分割会减损价值的，应当对折价或者拍卖、变卖取得的价款进行分割。共有人分割所得的财产有瑕疵的，其他共有人应当分担损失。

3. 债权

债是按照合同的约定或者依照法律的规定，在当事人之间产生的特定的权利义务关系。债权是债的一方当事人享有请求他方为一定行为或不为一定行为的权利。享有权利的人是债权人，负有义务的人是债务人。债权是一种典型的相对权，只在债权人和债务人之间发生效力。原则上债权人和债务人之间的债的关系不能对抗第三人。

根据产生的原因，债主要可以分为合同之债、侵权之债、准合同之债（无因管理之债、不当得利之债），以及因法律的其他规定而产生的债。合同是当事人之间设立、变更、终止民事法律关系的协议。合同之债是指因合同设立而产生的债权债务关系。侵权之债是指因民事权益受到侵害，被侵权人有权请求侵权人承担侵权责任而产生的债权债务关系。无因管理之债是指没有法定的或者约定的义务，为避免他人利益受损失而进行管理的人，有权请求受益人偿还管理人由此支出的必要费用或因管理行为受到的损失而产生的债权债务关系。不当得利之债是指得利人在没有法律根据的情况下取得不当利益，因此受到损失的人有权请求得利人返还获得的利益而产生的债权债务关系。此外，法律的其他规定也会引起债的发生，比如依据婚姻法律规定，子女要求父母履行抚养义务或父母要求子女履行赡养义务而产生的债权债务关系。

债的消灭，也称债的终止，是指债权人与债务人之间的权利义务关系不复存在的法律现象。债的消灭原因有五种，即清偿、提存、抵销、免除和混同。清偿，也称履行，是指债务人按照法律规定或合同的约定向债权人履行义务，实现了债权人的权利。提存是指债务已届履行期，由于债权人的原因，债务人无法向债权人给付标的物，债务人将标的物交付提存机关而消灭债务的行为。抵销是指当事人互负债务，该债务的标的物种类、品质相同的，任何一方可以将自己的债务与对方的到期债务在对等额内予以清偿；但是，根据债务性质、按照当事人约定或者依照法律规定不得抵销的除外。免除是指债权人抛弃债权，从而全部或部分解除债务人所应承担的义务的单方行为。混同是指债权与债务归为同一民事主体而使债的关系予以消灭的事实。

实例5-4 物权与债权的案例[①]

2016年，陈先生用自己的一套住房作为抵押（即时做了抵押登记）向M银行借款400万元，还款期限为2017年12月。2017年，用同一套住房再次作为抵押（亦做了抵押登记），陈先生又向李女士借款200万元，还款期限为2018年4月。而在2014年，陈先生就欠了邓先生80万元（未设任何担保）。2023年，因陈先生未如期还贷，M银行起诉至法院，要求拍卖抵押房屋用以偿还借款本金、利息、罚息及律师费等费用合计622万元。该房产后经司法拍卖，成交款为712万元，扣除本案执行费及为陈先生预留的房屋租金后，还剩余670万元可作为待分配案款。

此时，李女士和邓先生也向法院提出申请，要求用拍卖房屋所得价款清偿债务。

本案争议焦点：拍卖陈先生房屋剩余的670万元案款应如何清偿M银行、李女士和邓先生的欠款？

---

① 改编参见：中国裁判文书网，（2023）京74民终756号，https://wenshu.court.gov.cn/website/wenshu/181107ANFZ0BXSK4/index.html?docId=XpNoldVsWWiyRPgd2cjeJ5Vb50KF6qfeoN8IWAuWQ6/xe9sgnrN7Vp/dgBYosE2ggxCZrBaEWuH2Mvr1RsW2O+FgKFrvJ2BIUuYaE6OC21PLnnqzG2jdyjTPQ/pjgxim。

解析 参与分配执行中，执行所得价款扣除执行费用，并清偿应当优先受偿的债权（设有担保的）后，如有剩余，再清偿无担保债权。本案中，M银行与李女士均为涉案房屋的抵押权人，对房屋拍卖款均享有优先受偿权。M银行与李女士作为房屋的抵押权人，其二人债权合计达822万元，已超过可用于清偿的670万元款额；而邓先生作为无担保的一般债权人在抵押权人债权未清偿的前提下，无法就剩余款项主张分配。

依据《民法典》规定，同一财产向两个以上债权人抵押的，拍卖、变卖抵押财产所得的价款按照抵押权登记的时间先后确定清偿顺序。M银行的抵押权登记先于李女士，M银行即为第一顺位抵押权人优先从房屋拍卖余款中受偿622万元；其后，剩余案款48万元（670万元－622万元）方可用来清偿第二顺位抵押权人李女士的部分债权（未清偿部分，李女士可通过其他方式另行继续追偿）。

（三）其他合法民事权益

《民法典》规定，除人格权、物权和债权外，民事主体依法还享有法律规定的知识产权、继承权[①]、股权与其他投资性权利、自然人的个人信息等民事权益。

1. 知识产权

知识产权，是指权利人依据法律的规定对其创造的客体所享有的专有权利。依照中国法律规定，知识产权的客体包括著作权、专利权、商标权、地理标志、商业秘密、拓扑图（集成电路布图设计）、植物新品种等。

2. 股权与其他投资性权利

股权是指民事主体因投资于公司成为公司股东而享有的权利，包括资产收益权、剩余财产分配请求权、股份转让权、新股优先认购权、对公司重大事务的表决权、选择管理者权、监督权、请求股东会召集权、提案权、质询权、查阅权、寻求司法保护权等。

其他投资性权利是指除股权外，民事主体为了在未来获得收益或是资产增值，以货币、实物、知识产权、土地使用权、股权、债权等财产权利或劳务进行投资而享有的民事权利，比如证券投资、保险投资、企业投资等。

3. 自然人的个人信息

自然人的个人信息受法律保护。自然人的个人信息是指以电子或者其他方式（如文字、

---

① 详见本章第五节"继承规则"。

图表、图像等）记录的、能够单独或者与其他信息结合识别自然人个人身份的各种信息，包括但不限于自然人的姓名、出生日期、身份证件号码、个人生物识别信息、住址、电话号码、电子邮箱、健康信息、行踪信息等。

四、委托法律关系

委托是当事人之间通过协议，约定一方将其事务交由另一方处理的行为。委托合同就是委托人和受托人约定由受托人处理委托人事务的合同。其中，委托他人为自己处理事务的人称为委托人，接受委托的人称为受托人。除法律另有规定外[①]，委托人可以特别委托受托人处理一项或者数项事务，也可以概括委托受托人处理一切事务。具有人身属性的法律行为或事实行为，一般不适用委托合同，比如结婚、收养子女、立遗嘱等。

受托人应当按照委托人的指示亲自处理委托事务。只有经委托人同意，受托人才可以将事务转委托给第三人。受托人应当按照委托人的要求，报告委托事务的处理情况。委托合同终止时，受托人应当报告委托事务的结果。受托人完成委托事务的，委托人应当按照约定向其支付报酬。受托人处理委托事务取得的财产，应当转交给委托人。有偿的委托合同，因受托人的过错造成委托人损失的，委托人可以请求赔偿损失。无偿的委托合同，因受托人的故意或者重大过失造成委托人损失的，委托人可以请求赔偿损失。两个以上的受托人共同处理委托事务的，对委托人承担连带责任。

委托人应当预付处理委托事务的费用。受托人为处理委托事务垫付的必要费用，委托人应当偿还该费用并支付利息。

代理、信托、行纪与中介等法律关系均以委托与受托为基础。

（一）代理法律关系

1. 代理的定义与特征

代理是指代理人在代理权限内，以被代理人的名义实施的民事法律行为，其权利义务后果直接归属于被代理人。代理涉及三方当事人：代理人、被代理人（也称本人）和第三人（与代理人实施民事法律行为的人）。

代理具有如下法律特征：一是，代理人必须在代理权限范围内实施代理行为；二是，代理人是以被代理人的名义实施代理行为的；三是，代理活动必须是有法律意义的、合法

---

① 《商业银行理财产品销售管理要求》规定，销售人员从事理财产品销售活动，不得违规接受投资者全权委托，私自代理投资者进行理财产品认购、赎回等交易。

的并且直接向第三人进行意思表示的行为，具有人身属性的行为，比如收养子女、立遗嘱、结婚等不能代理；四是，代理人的代理行为所产生的法律后果直接由被代理人承担。代理人不履行或者不完全履行职责，造成被代理人损害的，应当承担民事责任。代理人知道或者应当知道代理事项违法却仍然实施代理行为的，或者被代理人知道或者应当知道代理人的代理行为违法却未作反对表示的，被代理人和代理人应当承担连带责任。

2. 代理的类型

根据代理权产生的原因，代理包括法定代理和委托代理。法定代理是法律为限制民事行为能力人和无民事行为能力人而设定的。限制民事行为能力人和无民事行为能力人的监护人为其法定代理人。[①]委托代理是按照被代理人的委托行使代理权的情形。委托代理是最典型的委托关系。

委托代理权是基于被代理人的意思而产生的。委托合同和委托授权行为是委托代理产生的依据。委托授权行为是被代理人将代理权授予代理人的行为。在法律、行政法规没有特别规定或者当事人没有约定的情况下，委托代理授权可以采取书面形式、口头形式或者其他形式。其中，书面形式是最主要的一种授权形式，称为授权委托书。授权委托书多用于向第三人出示，以证明代理人的代理身份。它应当载明代理人的姓名或者名称、代理事项、权限和期间，并由被代理人签名或者盖章。

职务代理与复代理是两种特殊的委托代理。职务代理是指根据代理人所担任的职务而产生的代理，即执行法人或者非法人组织工作任务的人员，就其职权范围内的事项，以法人或者非法人组织的名义实施的民事法律行为对法人或者非法人组织发生效力。复代理，又称再代理、转代理或者次代理，是指代理人将代理事项转委托给第三人代理。与复代理相对的是本代理，或者称原代理，是指被代理人直接选任代理人而成立的代理。在复代理中，代理人是以自己的名义为被代理人选任代理人，其再委托的权限应限于原代理权限之内。在复代理关系中，存在原代理人和复代理人两类代理人，形成原代理人对被代理人的代理和复代理人对被代理人的代理两层代理。复代理应当取得被代理人的同意或者追认。

---

① 无民事行为能力人、限制民事行为能力人的监护人是其法定代理人。父母是未成年子女的监护人。未成年人的父母已经死亡或者没有监护能力的，由祖父母/外祖父母、成年兄/姐、其他愿意担任监护人的个人或者组织（但是须经未成年人住所地的居民委员会、村民委员会或者民政部门同意）中有监护能力的人按顺序担任。无民事行为能力或者限制民事行为能力的成年人，由配偶、父母/子女、其他近亲属（祖父母/外祖父母/兄弟姐妹/孙子女/外孙子女）、其他愿意担任监护人的个人或者组织（但是须经成年人住所地的居民委员会、村民委员会或者民政部门同意）中有监护能力的人按顺序担任。

取得被代理人同意或者追认的，复代理人的代理行为对被代理人发生法律效力。

专栏5-4　几种特殊代理行为及法律后果认定

1. 代理权滥用

为维护被代理人的利益，法律对代理人行使代理权进行了必要的限制，禁止代理人滥用代理权。滥用代理权是指代理人行使代理权时，违背代理权宗旨而实施损害被代理人利益的行为。除被代理人同意或追认外，滥用代理权的行为无效，不对被代理人产生法律效力。滥用代理权的情形包括自己代理、双方代理及与第三人串通三种情况。

自己代理是指代理人在代理权限内与自己实施民事法律行为。自己代理分为两种情况：一种是代理人以自己的名义向被代理人发出要约且代理人以被代理人的名义予以承诺；另一种是代理人以被代理人的名义向自己发出要约且以自己的名义进行承诺。

双方代理，又称同时代理，是指代理人同时代理被代理人和相对人实施同一民事法律行为。构成双方代理必须符合两个条件：一是代理人必须既获得被代理人的委托代理授权，又获得相对人的委托代理授权；二是代理人同时代理同一民事法律行为的双方当事人。比如，甲授权乙出售一款理财产品，丙授权乙购买一款理财产品，乙作为两方的代理人以甲和丙的名义签署一份理财产品购买合同，即该买卖合同中双方的签名均为乙一人所为，乙的行为就是典型的双方代理。

代理人与第三人恶意串通是指代理人与第三人出于恶意，进行串通和共谋，损害被代理人合法权益的行为。恶意串通行为是无效的。给被代理人合法权益造成损害的，代理人和相对人应当承担连带责任。

2. 无权代理

无权代理，是指行为人（无权代理人）没有代理权却仍以被代理人名义实施民事法律行为的情形。无权代理分为行为人没有代理权、超越代理权及代理权终止后仍然实施代理行为三种情形。

没有代理权的无权代理是指行为人根本没有得到被代理人的授权，就以被代理人名义从事的代理。比如，行为人伪造他人的公章、合同书或者授权委托书，假冒他人名义实施的行为。超越代理权的无权代理是指行为人与被代理人之间存在代理关系，但代理人实施的代理行为超出了代理授权范围的代理。比如，在代理购买理财产品时，购买的数量超出了委托的数量。代理权终止后的无权代理是指行为人与被代理人之间原本有代理关系，由于出现了代理期限届满、代理事务完成或者被代理人取消委托等法定情形，代理权已终止，但是行为人仍然从事的代理。

无权代理行为属于效力待定的法律行为。"未经被代理人追认的，对被代理人不发生效力。"对于被代理人的追认，《民法典》规定："相对人可以催告被代理人自收到通知之日起一个月内予以追认。被代理人未作表示的，视为拒绝追认。"

行为人实施的行为被追认前，善意相对人有撤销该民事行为的权利。撤销应当以通知的方式作出。行为人实施的行为未被追认的，善意相对人有权请求行为人履行债务或者就其受到的损害请求行为人赔偿。相对人知道或者应当知道行为人是无权代理的，相对人和行为人按照各自的过错承担责任。

3. 表见代理

表见代理，是指因与本人（被代理人）有一定关系，行为人在无代理权的情形下实施了"代理"行为，相对人有理由相信行为人是有代理权的，依法确定该代理行为有效，由被代理人承担代理行为法律后果的情形。

一般来说，表见代理的产生与被代理人的过错有关。比如，因为管理制度混乱，导致被代理人所有的某种有代理权的证明物件（如盖有公章的空白介绍信、空白合同文本、合同专用章等）被他人获得，他人利用这些证明文件使第三人相信其有代理权；被代理人知道行为人以其名义与第三人实施民事法律行为而不作否认表示；被代理人向第三人表达的代理授权不清；被代理人已经变更代理授权或终止代理授权，但未采取必要的措施而使第三人仍然相信行为人有代理权；等等。

（二）信托法律关系

信托最早可追溯到古代罗马帝国时期。现代信托制度起源于英国。美国最早完成了个人受托向法人受托的过渡、民事信托向金融信托的转变。信托制度现已被很多国家所采用。

1. 信托的定义

信托是指委托人基于对受托人的信任，将其财产权委托给受托人，由受托人以受托人自己的名义按委托人的意愿，为受益人的利益或者特定目的对财产进行管理或者处分的行为。信任是信托关系设立和存在的基础。

设立信托，必须有合法的信托目的。设立信托，应当采取书面形式，例如信托合同、遗嘱或者法律、行政法规规定的其他书面文件等。

2. 信托的主体

信托关系的主体包括委托人、受托人、受益人三方。

（1）委托人。信托以实现委托人的意愿为目的。委托人是提供财产、设立信托的人。由于信托的设立，必须是基于委托人自己的意愿，并且须由委托人对财产进行处分，因此，委托人应当是具有完全民事行为能力的自然人、法人或者依法成立的其他组织。

委托人的权利包括信托运作知情权、信托财产管理方法调整请求权、对受托人不当信托行为的撤销申请权以及对受托人的解聘权。

委托人的义务包括将信托财产权交付受托人以及向受托人支付报酬。

（2）受托人。受托人是委托人设立信托的相对人。受托人从委托人那里接受财产的委托，承担按照信托目的管理、处分信托财产的义务。受托人应当是具有完全民事行为能力的自然人或法人。

受托人的权利包括：对信托财产拥有管理权与处分权，包括依约对信托财产进行适当的投资、管理和分配而行使的权利；依约获取报酬的权利；受托人支出费用可从信托财产中优先受偿的权利；以及经委托人和受益人同意受托人可以辞任[①]；等等。

受托人的义务包括：遵守信托文件的规定，为受益人的最大利益处理信托事务；亲自处理信托事务，但如信托文件另有规定或者有不得已事由的，可以委托他人代为处理；除依照《信托法》规定取得报酬外，不得利用信托财产为自己谋取利益；将信托财产和其固有财产分别管理、分别记账，并将不同委托人的信托财产分别管理、分别记账；保存处理信托事务的完整记录；应当每年定期将信托财产的管理运用、处分及收支情况，报告委托人和受益人；对委托人、受益人以及处理信托事务的情况和资料负有依法保密的义务；以信托财产为限向受益人承担支付信托利益；等等。

受托人有下列情形之一的，其职责终止：死亡或者被依法宣告死亡；被依法宣告为无民事行为能力人或者限制民事行为能力人；被依法撤销或者被宣告破产；依法解散或者法定资格丧失；辞任或者被解任；法律、行政法规规定的其他情形。受托人职责终止的，应当作出处理信托事务的报告，并向新受托人办理信托财产和信托事务的移交手续。

（3）受益人。受益人是在信托中享有信托受益权的人。受益人可以是自然人、法人或者依法成立的其他组织。委托人可以是受益人，也可以是同一信托的唯一受益人；受托人

---

① 公益信托的受托人未经公益事业管理机构批准不得辞任。

可以是受益人，但不得是同一信托的唯一受益人。受益人自信托生效之日起即享有信托受益权。

受益人可以放弃信托受益权。全体受益人放弃信托受益权的，信托终止。部分受益人放弃信托受益权的，被放弃的信托受益权按下列顺序确定归属：①信托文件规定的人；②其他受益人；③委托人或者委托人的继承人。

除信托文件有限制性规定外，受益人的信托受益权可以依法转让和继承；除法律、法规和信托文件有限制性规定外，受益权还可以用于清偿受益人的到期债务。

3. 信托财产

受托人因承诺接受信托而取得的财产是信托财产。信托财产作为信托法律关系的标的，由委托人交付给受托人，受托人以自己的名义为受益人的利益而管理和处分。信托关系存续期间内，受托人因信托财产的管理、运用、处分或者其他情形而取得的财产，也归入信托财产。

信托财产具有以下特点：

（1）信托财产必须是确定的。该信托财产必须是委托人合法所有的财产（包括财产权利）。

（2）信托财产的所有权与收益权相分离。信托财产必须是可分离和可转移的。

（3）信托财产具有独立性。

信托财产与委托人未设立信托的其他财产应相区别。设立信托后，委托人死亡或者依法解散、被依法撤销、被宣告破产时，委托人不是唯一受益人的，信托则存续，信托财产不作为其遗产或者清算财产；委托人是唯一受益人的，信托终止，信托财产作为其遗产或者清算财产。但委托人作为共同受益人而死亡或者依法解散、被依法撤销、被宣告破产时，其信托受益权作为其遗产或者清算财产。

信托财产与受托人所有的财产，即其固有财产相区别，不得将信托财产归入受托人的固有财产或者成为固有财产的一部分。受托人死亡或者依法解散、被依法撤销、被宣告破产时，信托财产不属于其遗产或清算财产。

不同委托人的信托财产相区别，受托人应分别管理。

受托人管理、运用、处分信托财产所产生的债权，不得与其固有财产产生的债务相抵销。受托人管理、运用、处分不同委托人的信托财产所产生的债权债务，不得相互抵销。

信托财产具有债务隔离功能。一般情况下，信托设立后，除法律另有规定外，信托委托人与受托人的债权人无权要求用信托财产清偿债务。

实例5-5 信托财产独立性

一年前，李先生出资人民币150万元设立了家庭服务信托，指定该资产用于女儿的教育支出。今年初，李先生由于生意经营需要，借款200万元，但至今未如约偿还。债权人通过诉讼获得了法院判决的支持。因李先生无其他可执行财产，债权人遂向法院申请强制执行这笔信托教育金用以还债。

案件争议焦点：债权人是否有权申请强制执行该笔信托教育金用以偿还债务？

解析 当信托设立后，信托财产就和委托人未设立信托的其他财产区分开来，成为独立的财产。委托人的债权人不得要求法院强制执行信托财产。委托人负债并不影响信托的存续效力。本案不存在委托人李先生利用设立信托方式恶意逃避债务，损害债权人利益的行为。因此，债权人无权要求法院执行这笔教育金信托财产来清偿债务。

（三）行纪法律关系

行纪合同是行纪人以自己的名义为委托人从事贸易活动，委托人支付报酬的合同。接受委托的一方为行纪人，而另一方则为委托人。行纪人处理委托事务支出的费用，由行纪人负担，但当事人另有约定的除外。

行纪人卖出或者买入具有市场定价的商品，除委托人有相反意思表示的以外，行纪人自己可以作为买受人或者出卖人。行纪人有上述情形的，仍然可以要求委托人支付报酬。

（四）中介法律关系

中介的宗旨是把交易双方联系在一起，以期交易促成后获取佣金。中介合同是中介人向委托人报告订立合同的机会或者提供订立合同的媒介服务，委托人支付报酬的合同。在中介合同中，接受委托、提供报告订立合同的机会或者提供交易媒介的一方为中介人，支付报酬的一方为委托人。

中介人应当就有关订立合同的事项向委托人如实报告。中介人故意隐瞒与订立合同有关的重要事实或者提供虚假情况，损害委托人利益的，不得要求支付报酬，并应当承担损害赔偿责任。

中介人促成合同成立后，委托人应当按照约定支付报酬。对中介人的报酬没有约定或者约定不明确，依照法律规则仍不能确定的，根据中介人的劳务情况合理确定。中介人促成合同成立的，中介活动的费用，由中介人负担。中介人未促成合同成立的，不得要求支付报酬，但可以要求委托人支付从事中介活动而支出的必要费用。

五、民事责任

（一）民事责任的定义

民事责任，也称民事法律责任，是指民事主体因违反法律规定或当事人约定的义务，对因此给他人造成的权益损害后果依法承担不利民事法律后果，使被侵害的民事权利得以救济。民事责任产生的原因包括依法律规定和依当事人的约定两种情况。

通常情况下，民事责任的构成要件有四部分，即违法或违约行为、损害结果或其他违约事实、违法或违约行为与损害结果之间的因果关系，以及行为人主观上或故意或过失的过错。

民事责任具有如下特点：（1）通常来说，民事责任以民事主体违反民事义务、侵害他人的民事权益为前提。（2）民事责任以恢复被损害的权利为目的。民事责任以一方当事人（加害人）对另一方当事人（受害人）的损害予以补偿为主要目的，惩罚性不是其主要特征。（3）民事责任的承担方式、范围及期限等事宜均可由民事主体在法律允许的范围内协商。（4）民事责任具有强制性。民事主体的财产不足以同时承担民事、行政和刑事的支付责任时，优先用于承担民事责任。

（二）按份责任与连带责任

根据承担的人数不同，民事责任可分为单独责任和共同责任。其中，由一人承担的为单独责任；由二人或二人以上承担的为共同责任，又分为按份责任和连带责任。

按份责任，也叫份额责任，是指责任人为二人或二人以上的多人时，各责任人按照一定的份额向权利人承担民事责任。二人以上依法承担按份责任，能够确定责任大小的，各自承担相应的责任；难以确定责任大小的，平均承担责任。

连带责任是指依照法律规定或者当事人约定，债务人为二人以上，每个人都负有清偿全部债务的义务，并因此引起债务人之间债权债务关系的一种民事责任形式。二人以上依法承担连带责任的，债权人可以请求部分或者全部债务人履行全部债务。连带责任人对外承担了清偿责任后，通常需要在责任人内部确定各自的责任。连带责任人之间根据各自责任大小确定相应的赔偿数额；难以确定责任大小的，平均承担赔偿责任。实际承担责任超过自己责任份额的连带责任人，有权就超出部分在其他连带债务人未履行的份额范围内向其追偿。被追偿的连带债务人不能履行其应分担份额的，其他连带债务人应当在相应范围内按比例分担。[1]

（三）免责事由

免责事由是指依据法律规定或约定，虽然未履行民事义务，但不承担民事责任的事由，包括法定免责事由和约定免责事由。法定免责事由包括不可抗力、正当防卫、紧急避险、自愿实施紧急救助行为以及受害人对损害发生有重大过错等。约定免责事由是由当事人依法事先约定免除一方责任的情形。但根据《民法典》规定，约定免除"造成对方人身伤害的"或"因故意或者重大过失造成对方财产损失的"责任的免责条款无效。

不可抗力是指不能预见、不能避免且不能克服的客观情况。对"不能预见"的理解是基于现有的技术水平，一般情况下对某事件发生没有预知能力。"不能避免且不能克服"，是指某事件的发生和事件所造成的后果具有必然性，当事人已经尽到最大努力和采取一切可以采取的措施仍不能避免该事件的发生，也不能克服事件所造成的后果。除法律另有规定外，因不可抗力不能履行民事义务的不承担民事责任。

正当防卫是指为了使国家、公共利益、本人或者他人的人身、财产和其他权利免受正在进行的不法侵害，行为人所采取的制止不法侵害的行为。因正当防卫对不法侵害人人身或财产造成损害的，防卫人不承担民事责任。但是，如正当防卫超过必要的限度，造成不应有的损害的，正当防卫人应当承担适当的民事责任。

紧急避险是指为了使国家、公共利益、本人或者他人的人身、财产和其他权利免受正在发生的危险，不得已采取紧急避险行为，造成损害的，避险人不承担民事责任或者仅承担减轻责任的情形。因紧急避险造成损害的，由引起险情发生的人承担民事责任。危险由自然原因引起的，紧急避险人不承担民事责任，但可以给予受损害人适当补偿。紧急避险采取措施不当或者超过必要的限度，造成不应有的损害的，紧急避险人应当承担适当民事责任。

自愿实施紧急救助行为即指一般所称的"见义勇为"或者"乐于助人"的行为，不包括专业救助行为。自愿，前提是救助人无法定或约定的义务；紧急，要求情势急迫；救助，要求行为人的目的是防止损害扩大。因自愿实施紧急救助行为而造成被救助人损害的，免于承担责任；若造成第三人损害则按一般侵权规则处理；如符合紧急避险，可以按紧急避

---

[1] 连带清偿与内部具体分担事例可参见本章"案例5-2"。

险的规则处理。自愿救助人在救助中应施加合理注意义务，若在救助过程中构成故意侵权，应承担侵权责任，不能免责。

受害人对损害发生有重大过错是指损害是因受害人故意造成的。受害人对同一损害的发生或扩大有故意、过失的，可以减轻或者免除赔偿义务人的赔偿责任。受害人有重大过失的，可以减轻赔偿义务人的赔偿责任。

除了上述法定免责事由，法律还规定有其他不承担民事责任或减轻民事责任的事由。例如，赠与的财产有瑕疵的，赠与人不承担责任；[①]承租人按照约定的方法或者租赁物的性质使用租赁物，致使租赁物受到损耗的，不承担损害赔偿责任；等等。

（四）承担民事责任的主要方式

《民法典》规定了11种承担民事责任的方式，包括：停止侵害，排除妨碍，消除危险，返还财产，恢复原状，修理、重作、更换，继续履行，赔偿损失，支付违约金，消除影响、恢复名誉，赔礼道歉。

法律规定的承担民事责任方式各有特点，在救济受害人的总体目标下，各种方式可以单独适用，也可以合并适用。

专栏5-5　承担民事责任的方式

停止侵害。采用这种责任方式以侵权正在进行或者仍在延续为条件，主要是要求行为人不实施某种侵害，以及时制止侵害，防止侵害后果的扩大。例如，停止自动划拨、扣缴账户存款。

排除妨碍。排除妨碍是指行为人实施的行为使他人无法行使或者不能正常行使人身、财产权益的，受害人可以要求行为人排除妨碍权益实施的障碍。例如，解除抵押登记或账户冻结措施。

消除危险。消除危险是指人身或者财产受到现实威胁的当事人请求造成危险或对危险负有责任的人消除危险情况，保障请求权人的人身、财产安全而承担民事责任的方式。这里的危险是指现实危险，即随时可能发生的、发生概率极大的危险，而不是遥不可及的危险。例如，清除危险污染物、清除火灾隐患等。

返还财产。返还财产责任是因行为人无权占有他人财产而产生的。适用返还财产的前

---

① 但赠与人故意不告知瑕疵或者保证无瑕疵，造成受赠人损失的，赠与人仍应当承担赔偿责任。

提是该财产还存在，如果该财产已经灭失，就不可能适用该责任方式，受害人只能要求赔偿损失；该财产虽然存在，但已经损坏的，权利人可以根据自己的意愿，请求返还财产、恢复原状或者赔偿损失。

恢复原状。狭义的恢复原状，是指通过修理等手段使受到损坏的财产恢复到损坏前状况的一种责任方式。

修理、重作、更换。修理是指物存在毁损时，通过一定的办法使其恢复到毁损之前的状态；重作是指当物灭失、损毁到不能使用时重新制作相同性质、相同用途的物，使其达到与原物相同的价值；更换是指物毁损并且有与此物相同的种类物存在时，予以更换。

继续履行，又称为强制实际履行，主要用于违约的情形，是指债务人不履行合同或者履行合同不符合约定时，债权人请求依法强制其按合同约定继续履行合同义务。

赔偿损失，包括违约的赔偿损失、侵权的赔偿损失及其他的赔偿损失。赔偿损失以等价补偿为原则，即赔偿数额一般不高于受损失的价值；但法律规定有予以惩罚性赔偿的，依照其规定。例如，欺诈消费者或违反食品安全规定的，则要依法承担价款3倍、10倍或者损失3倍的惩罚性赔偿责任。

支付违约金。违约金是指当事人在合同中约定的或法律所规定的，一方违约时应当支付给对方的一定数量的货币。

消除影响、恢复名誉。消除影响、恢复名誉是指根据受害人的请求，行为人在一定范围内采取适当方式消除对受害人名誉的不利影响以使其名誉得到恢复的一种责任方式。

赔礼道歉。赔礼道歉是指行为人通过口头、书面或者其他方式向受害人进行道歉，以取得谅解的一种责任方式。

六、诉讼时效

为防止权利人"躺在权利上睡觉"，也为避免长期已形成的社会关系再被打破，以及因时间经过事实难以查证等情况，法律设定了诉讼时效制度。

（一）诉讼时效的定义

诉讼时效是指权利人在法定的期间内未向法院请求保护其民事权利，义务人即有权以权利人超过权利主张限定期限为由拒绝履行其给付义务，法院依此抗辩不对该权利予以保护的法律制度。诉讼时效期间是权利人向法院请求保护其民事权利的法定期限。

诉讼时效消灭的是胜诉权，而不是起诉权。超过诉讼时效期间，权利人提起诉讼，法院仍应受理。但如果义务人以超过诉讼时效抗辩，除具有法定例外情形外，法院查明时效已经届满，又无可以延长的正当理由，应判决驳回权利人的诉讼请求。因此，超过诉讼时效，权利人的胜诉权将依法消灭。

诉讼时效是法律赋予义务人抗辩权利人权利主张的法定事由，是否行使是义务人的权利，法院不得依职权主动适用。如履行义务的当事人未提出诉讼时效抗辩，法院不应对诉讼时效问题进行释明及主动适用诉讼时效的规定进行裁判。

诉讼时效期间届满后，义务人同意履行的，权利人可以受领并持有。受领不属于不当得利，义务人不得以诉讼时效期间届满为由请求权利人返还。

诉讼时效是由法律确定的，诉讼时效的期间、计算方法与中止、中断的事由以及例外均由法律规定，当事人不得约定延长或者缩短诉讼时效期间、预先放弃诉讼时效利益。当事人对诉讼时效做出的约定属于无效约定，法院不予认可。

（二）诉讼时效期间

诉讼时效分为普通诉讼时效、特殊诉讼时效和最长权利保护期间。

普通诉讼时效，又称"一般诉讼时效"，是指由民事普通法规定的，适用于法律无特殊规定的各种民事法律关系的诉讼时效。各国对普通诉讼时效的期间长短有不同的规定。《民法典》规定，除法律另有规定外，向法院请求保护民事权利的诉讼时效期间为3年。诉讼时效期间自权利人知道或者应当知道权利受到损害以及义务人之日起计算。法律另有规定的，依照其规定。

特殊诉讼时效是法律对某一特殊法律关系作出的有关诉讼时效期间的特别规定。依据特别法优于普通法适用的原则，特殊诉讼时效优于普通诉讼时效，也就是说，凡有特殊诉讼时效规定的，适用特殊诉讼时效。例如，《保险法》第二十六条规定："人寿保险以外的其他保险的被保险人或者受益人，向保险人请求赔偿或者给付保险金的诉讼时效期间为二年，自其知道或者应当知道保险事故发生之日起计算。人寿保险的被保险人或者受益人向保险人请求给付保险金的诉讼时效期间为五年，自其知道或者应当知道保险事故发生之日起计算。"依此规定，在保险法律关系中，则适用《保险法》规定的2年或5年的诉讼时效，而非《民法典》规定的3年诉讼时效。

最长权利保护期间是作为一种制度设计上的补足而存在的。《民法典》规定，"自权利受到损害之日起超过二十年的，人民法院不予保护"，即最长的权利保护期间是20年。同时，规定"有特殊情况的，人民法院可以根据权利人的申请决定延长"，即如果20年仍不够用，还有延长的可能，但须当事人向法院提出申请，是否能够延长由法院决定。

（三）诉讼时效中止、中断

诉讼时效中止是指因法定事由的存在使诉讼停止进行，待法定事由消除后诉讼时效期间再继续计算的制度。《民法典》规定，在诉讼时效期间的最后6个月内，因发生法定障碍事由使权利人不能行使请求权的，暂停计算时效期间。自中止时效的原因消除之日起满6个月，诉讼时效期间方为届满。也就是说，诉讼时效中止事由结束时，如果剩余部分期限少于6个月，则将诉讼时效期限的剩余部分延长至6个月，诉讼时效期间才算届满。可以导致诉讼时效中止的障碍包括：不可抗力，无民事行为能力人或者限制民事行为能力人没有法定代理人或者法定代理人死亡、丧失民事行为能力、丧失代理权，继承开始后未确定继承人或者遗产管理人，权利人被义务人或者其他人控制，以及其他导致权利人不能行使请求权的障碍。

诉讼时效中断是指诉讼时效期间进行过程中，出现了权利人积极行使权利或义务人同意履行义务的法定事由，从而使已经经过的诉讼时效期间归于消灭，从中断、有关程序终结时起，重新开始计算诉讼时效期间的制度。诉讼时效中断的法定事由包括：权利人向义务人提出履行请求，义务人同意履行义务，权利人提起诉讼或者申请仲裁，以及与提起诉讼或者申请仲裁具有同等效力的其他情形。例如，虽然2022年3月5日诉讼时效期间已满2年，但若当日债权人向债务人提出偿还债务的要求，则重新计算3年的诉讼时效期间，诉讼时效期间届满日为2025年3月5日。

（四）不适用诉讼时效的情形

《民法典》规定了不适用诉讼时效的情形，包括：请求停止侵害、排除妨碍、消除危险的；不动产物权和登记的动产物权的权利人请求返还财产的；请求支付抚养费、赡养费或者扶养费的；依法不适用诉讼时效的其他请求权，例如，支付存款本金及利息请求权，兑付国债、金融债券以及向不特定对象发行的企业债券本息请求权，基于投资关系产生的缴付出资请求权，人格权受到侵害的受害人的停止侵害、排除妨碍、消除危险、消除影响、恢复名誉、赔礼道歉请求权，等等。当事人对上述债权人的请求权以诉讼时效进行抗辩时，法院将不予支持。

实例5-6 诉讼时效案例[①]

为了经营，李先生先后向王女士借款，合计110万元（有银行历史交易明细表、微信聊天记录等证明）。2017年8月16日，李先生向王女士出具借条载明：共欠王女士合计人民币110万元整，现承诺期限延到2018年10月31日一并偿付。到期，李先生未偿还欠款。2019年12月，王女士向法院提起诉讼，要求李先生偿付欠款及利息。但经查明，王女士早已放弃中国国籍并加入了美国国籍，其起诉所使用的中国居民身份证亦已作废。法院遂于2020年2月，以原告主体不适格驳回了王女士的起诉。

2022年5月6日，王女士以美籍公民身份再次向法院提起诉讼，要求李先生偿付欠款与利息。李先生辩称，从2018年10月31日至2022年5月6日，已超过3年诉讼时效期限，并以此为由拒不同意偿还欠款，请求法院驳回其诉。

案件争议焦点：2019年王女士以中国公民身份起诉，被法院以原告主体不适格为由驳回起诉，是否会产生时效中断的效果？李先生以超过诉讼时效为由拒不偿还欠款的主张是否会得到法院支持？

解析 经法院查明，2019年，虽然王女士是以不符合事实的"中国公民"身份提起诉讼的，但依然可以确定她是与本案有直接利害关系的自然人"王女士"。王女士于2019年已向人民法院提交了诉状，符合因"权利人提起诉讼"而导致诉讼时效中断的情形，即从此次诉讼2020年2月判决终结时重新计算诉讼时效期间。自2020年2月至2022年5月王女士再次起诉，尚未满3年，并未超过诉讼时效。李先生以超过诉讼时效为由拒不偿还欠款的抗辩主张缺乏法律依据，不能成立，法院不予支持。

第三节 合同规则

合同，又称契约、协议，是当事人之间设立、变更、终止某种权利义务关系的协议。本节有关合同的内容依照《民法典》的相关规定，围绕经济合同相关事宜展开。

---

① 改编参见：中国裁判文书网，（2023）最高法民申2667号，https://wenshu.court.gov.cn/website/wenshu/181107ANFZ0BXSK4/index.html?docId=SrX4v8pf2ZWHa9AzMHndl5c2n0hx3TPjiWF87FAyvw69x/AIo11g8Z/dgBYosE2ggxCZrBaEWuH2Mvr1RsW2O+FgKFrvJ2BIUuYaE6OC21Mje3hNpNOZkRhf779iwKyT。

一、合同基础

民事合同是民事主体之间设立、变更、终止民事权利义务关系的协议。同属民事法律领域的婚姻、收养、监护等有关身份关系的协议，以及其他法律性质的协议，适用其他法律的规定；没有特别法律规定的协议，可以根据其性质参照适用《民法典》有关合同的相关规定。

合同具有以下法律特征：第一，合同是一种民事法律行为，以意思表示为要素，并且按意思表示的内容赋予法律效果；第二，合同是两方以上当事人意思表示一致的民事法律行为；第三，合同是以设立、变更、终止民事权利义务关系为目的的民事法律行为；第四，合同是各方当事人在平等、自愿的基础上产生的民事法律行为。各方当事人在订立合同时的法律地位平等，一方不得将自己的意志强加给另一方；当事人依法享有自愿订立合同的权利，任何单位和个人不得非法干预。

订立合同，可以采用书面形式、口头形式或者其他形式。书面形式包括合同书、信件、电报、电传、传真等可以有形地表现所载内容的形式；以电子数据交换、电子邮件等方式能够有形地表现所载内容，并可以随时调取查用的数据电文，视为书面形式。

当事人签订有多份合同，且内容冲突时，按照真意标准、时间标准、形式标准认定效力，其中时间标准优于形式标准。真意标准指合同内容应当是当事人的真实意思表示，虚假意思表示订立的合同无效。时间标准是指在无反证的情况下，后成立的合同视为对之前协议的变更，效力优先。形式标准是指在无反证的情况下，公证协议的证明力高于一般书面协议，书面协议的证明力高于口头协议。

合同的内容由当事人约定，当事人可以参照各类合同的示范文本订立合同。合同一般包括以下条款：当事人的名称或者姓名和住所，标的，数量，质量，价款或者报酬，履行期限、地点和方式，违约责任和解决争议的方法。

二、合同的格式条款

格式条款是当事人为了重复使用而预先拟定，并在订立合同时未与对方协商的条款。

当事人如下主张条款不属于格式条款的，人民法院不予支持：仅以合同系依据合同示范文本制作主张合同条款不属于格式条款的；双方已经明确约定合同条款不属于格式条款的；从事经营活动的当事人一方仅以未实际重复使用为由主张其预先拟定且未与对方协商的合同条款不是格式条款的。但是，有证据证明该条款不是为了重复使用而预先拟定的除外。

采用格式条款在一定程度上限制了对方的缔约协商权利。因此，法律规定，提供格式条款的一方应当对公平交易与诚信负有更多的义务。提供格式条款一方的义务包括：应当遵循公平原则确定当事人之间的权利和义务；与对方有重大利害关系的条款提示与说明义务，即对于提示对方注意免除或者减轻其责任、排除或者限制对方权利等与对方有重大利害关系的异常条款及其概念、内容、法律后果，应在订立合同时，采用通常足以引起对方注意的文字、符号、字体等明显标识提示对方注意，并以书面或者口头形式向对方作出通常能够理解的解释说明。未履行提示或者说明义务，致使对方没有注意或者理解与其有重大利害关系的条款的，对方可以主张该条款不成为合同的内容。

有下列情形之一的，格式条款无效：提供格式条款一方不合理地免除或者减轻其责任、加重对方责任、限制对方主要权利的；提供格式条款一方排除对方主要权利的；以及其他违反法律规定的情形。

当对格式条款存在理解争议需要对条款进行解释时，应当按照通常理解予以解释；对格式条款有两种以上解释的，应当作出不利于提供格式条款一方的解释。

格式条款和非格式条款不一致的，应当采用非格式条款的约定。

实例5-7 格式条款规则——《中国人民银行金融消费者权益保护实施办法》

第二十一条 银行、支付机构向金融消费者提供金融产品或者服务时使用格式条款的，应当以足以引起金融消费者注意的字体、字号、颜色、符号、标识等显著方式，提请金融消费者注意金融产品或者服务的数量、利率、费用、履行期限和方式、注意事项、风险提示、纠纷解决等与金融消费者有重大利害关系的内容，并按照金融消费者的要求予以说明。格式条款采用电子形式的，应当可被识别且易于获取。

银行、支付机构不得以通知、声明、告示等格式条款的方式作出含有下列内容的规定：

（一）减轻或者免除银行、支付机构造成金融消费者财产损失的赔偿责任。

（二）规定金融消费者承担超过法定限额的违约金或者损害赔偿金。

（三）排除或者限制金融消费者依法对其金融信息进行查询、删除、修改的权利。

（四）排除或者限制金融消费者选择同业机构提供的金融产品或者服务的权利。

（五）其他对金融消费者不公平、不合理的规定。

银行、支付机构应当对存在侵害金融消费者合法权益问题或者隐患的格式条款和服务协议文本及时进行修订或者清理。

三、合同效力

合同效力即合同的法律效力，是法律赋予依法成立的合同具有拘束当事人各方及至第三人的强制力。合同的效力状态可分为合同生效、合同不成立、合同无效、合同可撤销、合同效力待定及合同确定不生效等情形。

（一）合同生效

合同生效是指合同产生法律约束力。合同生效的要件包括以下四个方面：行为人具有相应的民事行为能力；当事人双方的意思表示要真实；不违反法律、行政法规的强制性规定，不违背公序良俗；合同标的须确定和可能。

依法成立的合同，自成立时生效，但是法律另有规定或者当事人另有约定的除外，例如，法律、行政法规规定应当办理批准、登记等手续方可生效的，依照其规定。[①]

判断合同是否成立，可依照如下规则：当事人采用合同书形式订立合同的，自当事人均签名、盖章或者按指印时合同成立；当事人一方已经履行主要义务，对方接受时，该合同成立；当事人采用信件、数据电文等形式订立合同但要求签订确认书的，签订确认书时合同成立；当事人一方通过互联网等信息网络发布的商品或者服务信息符合要约条件的，对方选择该商品或者服务并提交订单成功时合同成立，但是当事人另有约定的除外。

一旦合同生效，当事人就应当依合同的约定，享受权利，承担义务。任何单位或个人都不得侵犯当事人的合同权利，不得非法阻挠当事人履行合同义务。当事人违反合同的，将依法承担民事责任，必要时法院也可以采取强制措施使当事人依合同的规定承担责任、履行义务，对另一方当事人进行补救。

（二）合同效力异常

合同不成立、合同无效、合同可撤销和合同效力待定均属于合同效力异常的情形。

1. 合同不成立

合同不具备成立的要件，合同不成立。导致合同不成立的情形有：一人自行订立合同；

---

① 《民法典》第五百零二条规定："依法成立的合同，自成立时生效，但是法律另有规定或者当事人另有约定的除外。依照法律、行政法规的规定，合同应当办理批准等手续的，依照其规定。未办理批准等手续影响合同生效的，不影响合同中履行报批等义务条款以及相关条款的效力。应当办理申请批准等手续的当事人未履行义务的，对方可以请求其承担违反该义务的责任。依照法律、行政法规的规定，合同的变更、转让、解除等情形应当办理批准等手续的，适用前款规定。"

当事人之间订立合同的意思表示不一致，未形成要约、承诺的合意；合同的客体不确定；要物合同未履行物的给付；须经批准、登记方能成立的合同未履行批准、登记手续；法律规定或者当事人约定采用书面形式订立合同，当事人未订立书面合同且未履行的。

2. 合同无效

无效合同是指因具有违法性，自始不具有法律约束力和不发生履行效力的合同。导致合同无效的情形有：无民事行为能力人实施的，通谋虚假表示的，恶意串通损害他人利益的，造成对方人身损害而要求免责的，因故意或者重大过失造成对方财产损失而要求免责的，违反法律行政法规效力性强制性规定的，以及违背公序良俗的。

3. 合同可撤销

可撤销合同是指因意思表示不真实，通过有撤销权的当事人行使撤销权，使已经生效的意思表示归于无效的合同。对于可撤销合同，受损害方有权请求法院或者仲裁机构予以撤销。合同可撤销的情形包括：因重大误解订立的合同；一方以欺诈、胁迫①的手段，使对方在违背真实意思的情况下订立的合同；乘人之危致使交易显失公平②而订立的合同。

撤销权应在一定期限内行使，超过期限不行使的，撤销权消灭。

4. 合同效力待定

效力待定合同是指虽然已经成立，但由于其不完全符合有关生效要件的规定，因此其效力能否发生尚未确定，一般须经追认或须达条件方为有效的合同。相关权利人的承认也叫追认，是指权利人事后同意该行为的意思表示。例如，限制民事行为能力人订立的合同须得到法定代理人的追认、无权代理人或越权代理人订立的合同或无权处分人订立的合同须得到权利人的追认方为有效。这种追认可以直接向第三人作出，也可以向处分人作出；可以用口头形式作出，也可以用书面形式作出。不管用何种形式，追认都必须用明示的方式作出，沉默和不作为都不视为追认。对于附生效条件的合同、须经审批或登记方可生效的合同，在条件达成或手续完成后方可生效。

限制民事行为能力人订立的合同，经法定代理人同意或追认后有效，但纯获利益的合同或者与其年龄、智力、精神健康状况相适应而订立的合同，不必经法定代理人的同意或

---

① 第三人实施欺诈或胁迫行为，使一方在违背真实意思的情况下实施的民事法律行为，对方知道或者应当知道该欺诈或胁迫行为的，也构成欺诈或胁迫。
② 乘人之危而显失公平是指一方利用对方处于危困状态、缺乏判断能力等情形，致使民事法律行为成立时显失公平的情形。

追认。无权代理或滥用代理权，未经被代理人追认，对被代理人不发生效力，由行为人承担责任。无处分权人处分他人财物的，未经权利人追认，该处分行为对权利人不发生法律效力；如给权利人造成损失的，应由相关行为人承担赔偿责任。例如，期货公司执行非受托人的交易指令造成客户损失，应当由期货公司承担赔偿责任，非受托人承担连带责任，除非客户予以追认；期货公司擅自以客户的名义进行交易，客户对交易结果不予追认的，所造成的损失由期货公司承担。

追认权人未对效力待定的合同表示追认的，视为拒绝追认。合同被追认之前，善意相对人有撤销合同的权利。

（三）合同效力异常的法律后果

除法律另有规定外，无效的合同或者被撤销的合同自始没有法律约束力，即从合同成立之时就无效。合同部分无效，不影响其他部分效力的，其他部分仍然有效。合同无效、被撤销或者终止的，不影响合同中独立存在的有关解决争议方法的条款的效力。

合同不成立、无效、被撤销或确定不发生法律效力后，因该合同取得的财产，应当予以返还；不能返还或者没有必要返还的，应当折价补偿。有过错的一方应当赔偿对方因此所受到的损失；各方都有过错的，应当各自承担相应的责任。

实例5-8 合同效力案例[①]

2021年3月11日，李先生（甲方、出借人）与赵女士（乙方、借款人）签订《借款合同》一份，主要内容有："一、借款用途。乙方借款用于公司资金周转，甲方同意出借。二、借款金额。乙方向甲方借款金额30万元。三、借款期限。自2021年3月19日起至2021年6月20日止。四、借款利息。自借款之日起，按实际支用金额计算利息，借款期间年利率为15.4%。五、违约条款。如乙方逾期未还，应依法按最高借款利率支付违约金。……"李先生与赵女士均在《借款合同》上签名并捺了指印。随后，李先生向X网银行贷款15万元，并加上自有资金15万元，合计30万元汇至赵女士账户下。因赵女士逾期未还借款，2023年，李先生起诉至法院，要求赵女士偿还本金30万元和利息。

案件争议焦点：李先生与赵女士的《借款合同》是否有效？

[①] 改编参见：中国裁判文书网，（2023）苏02民终6601号，https://wenshu.court.gov.cn/website/wenshu/181107ANFZ0BXSK4/index.html?docId=OlI+Y2Cz/TqDC7VvZl14KzkOBiLDDFsmWNGVyLgJc/WNeaUJDb5lYZ/dgBYosE2ggxCZrBaEWuH2Mvr1RsW2O+FgKFrvJ2BIUuYaE6OC21Pwl+YL8m77TjBSUF6JE7Z7。

解析 自然人、法人和非法人组织之间进行资金融通的行为属于民间借贷。根据《最高人民法院关于审理民间借贷案件适用法律若干问题的规定》（2020年第二次修正），套取金融机构贷款转贷的民间借贷合同无效。李先生出借给赵女士的30万元，除15万元源于自有资金外，剩余15万元源于银行信用贷款，即15万元出借行为属于套取银行贷款转贷无效的情形。故应认定案涉借款合同转贷部分无效，但不影响合同其他部分的效力。

其中，属于李先生自有资金出借的15万元借款，所涉借款合同合法有效。该部分有关借款利息率为"15.4%"的约定即为同期LPR的4倍（2021年2月至6月的LPR为3.85%），符合民间借贷利率不超过"全国银行间同业拆借中心公布的贷款市场报价利率的四倍"的规定，亦应属有效。同理，违约金的约定也符合上述规定。因此，赵女士应向李先生偿还15万元本金，并按同期LPR的4倍支付借款利息（利息支付自2021年10月19日起至实际给付之日止）。

即使另外15万元民间借贷被认定无效，借款人仍应返还出借人的借款本金和利息（按同期LPR计算），即赵女士应向李先生偿还15万元本金及资金占用期间利息损失（自2021年10月19日起至实际给付之日止）。

四、违约责任与承担违约责任的方式

违约，即违反合同，是指当事人一方不履行合同或者履行合同义务不符合约定条件的行为与情形。违约包括迟延履行、不完全履行、履行不能以及拒绝履行四种状态。

违约责任是指当事人一方不履行合同义务或者履行合同义务不符合约定的，应当承担的继续履行、采取补救措施或者赔偿损失等民事责任。违约责任可以由法律直接规定，也可以由当事人在法律允许的范围之内事先约定，比如事先约定一定数额的违约金或者事先约定损害赔偿额的计算方法。另外，当事人还可以本着契约自由的原则，订立合同时事先约定免责条款。

违约责任的承担方式主要有继续履行、采取补救措施、赔偿损失、支付违约金或返还定金。依据合同性质和违约具体情形，多种承担方式可以单独使用，也可以合并使用。

继续履行也称强制实际履行，是指违约方根据对方当事人的请求继续履行合同规定的义务的违约责任形式。采用"继续履行"方式，须符合三个要素，即存在违约行为、守约方请求违约方继续履行合同义务和违约方能够继续履行合同。

采取补救措施是指因债务人不适当履行造成履行缺陷，为消除不利影响，债权人可以根据标的的性质以及损失的大小，合理选择要求对方承担责任的具体措施。它是一种独立的违约责任形式。补救措施包括要求对方修理、更换、重作、补足商品数量、退货、退款、减少价款或者报酬等。

赔偿损失在民法上包括违约的赔偿损失、侵权的赔偿损失及其他的赔偿损失。违约的赔偿损失是指当事人一方不履行或不当履行合同义务时，在继续履行或采取补救措施以后对方还有其他损失的，违约方给予对方的补偿。一般而言，损失赔偿额范围除包括因违约所造成的直接损失，还应该包括合同履行后可以获得的预期收益。[①] 赔偿损失以金钱赔偿为主，此外还有恢复原状和代物赔偿。如果法律规定或者当事人约定了赔偿损失的计算方法，则按该方法核定损失赔偿额。没有规定和约定的，损失赔偿额的计算通常以违约行为发生的时间作为确定标的物价格的计算时间，以违约行为发生的地点作为确定标的物价格的计算地点。

支付违约金。违约金是指按照当事人的约定或法律的规定，一方当事人违约时，根据违约情况向对方支付一定数额的金钱或其他财产。由法律直接规定的为法定违约金；由当事人约定的为约定违约金。合同解除后，守约方有权主张继续适用违约金条款。违约金既具有担保债务履行的效果，又具有惩罚违约人和补偿无过错一方当事人所受损失的效果。适用违约金规则时，如合同订立时约定的违约金低于损失的，当事人可以请求法院或仲裁机构予以适当提高，增加后的违约金数额以不超过实际损失额为限；约定的违约金过分高于造成的损失的[②]，当事人可以请求法院或仲裁机构予以适当减少。减少违约金的，应当以实际损失为基础，兼顾合同的履行情况、当事人的过错程度以及预期利益等综合因素，根据公平原则和诚实信用原则予以衡量；当事人就延迟履行义务约定支付违约金的，违约方在支付了违约金以后，必须继续履行。

[①] 例如生产利润损失、经营利润损失、转售利润损失，以及为防止损失的扩大而花费的合理费用等。损失赔偿总额原则上不得超过违反合同一方订立合同时预见到或者应当预见到的因违反合同可能造成的损失。但经营者对消费者提供商品或者服务时有欺诈行为的，依照《民法典》《消费者权益保护法》《食品安全法》等法律的规定还应承担加倍赔偿与惩罚性赔偿的责任。

[②] 《最高人民法院关于审理买卖合同纠纷案件适用法律问题的解释》（2020年修正）第十八条第四款规定："买卖合同没有约定逾期付款违约金或者该违约金的计算方法，出卖人以买受人违约为由主张赔偿逾期付款损失，违约行为发生在2019年8月19日之前的，人民法院可以中国人民银行同期同类人民币贷款基准利率为基础，参照逾期罚息利率标准计算；违约行为发生在2019年8月20日之后的，人民法院可以违约行为发生时中国人民银行授权全国银行间同业拆借中心公布的一年期贷款市场报价利率（LPR）标准为基础，加计30-50%计算逾期付款损失。"

返还定金。定金是指当事人约定由一方预先向对方给付的金钱或其他替代物，作为债权的担保。定金合同自实际交付定金时成立。债务人履行债务的，定金应当抵作价款或者收回。给付定金的一方不履行债务或者履行债务不符合约定，致使不能实现合同目的的，无权要求返还定金；收受定金的一方不履行债务或者履行债务不符合约定，致使不能实现合同目的的，应当双倍返还定金。定金的数额由当事人约定；但是，不得超过主合同标的额的20%，超过部分不产生定金的效力。约定与实际交付的定金数额不一致的，以实际交付定金数额为准。实际交付的定金数额多于或者少于约定数额的，视为变更约定的定金数额。定金责任是一种独立的责任形式，其适用不以实际发生的损害为前提，定金责任的承担也不能替代损害赔偿。定金不足以弥补一方违约造成的损失的，对方可以请求赔偿超过定金数额的损失。

当事人在合同中既约定了违约金又约定了定金的，一方违约时，对方可以选择适用违约金条款或定金条款，但是二者不能同时适用。

实例5-9 违约责任案例[①]

2022年10月13日，C公司（出租人、甲方）与李先生（承租人、乙方）就A房屋租赁事宜签订《北京市房屋租赁合同》。双方约定：房屋租赁期自2022年10月14日至2023年10月13日；租金标准为6 000元/月，租金总计72 000元，支付方式为押一付六，各期租金支付日期为2022年10月14日、2023年3月14日；押金6 000元，租赁期满或合同解除后，房屋租赁押金除抵扣应由乙方承担的费用、租金，以及乙方应当承担的违约赔偿责任外，剩余部分应如数返还给乙方。合同还约定："租赁期内，甲方需提前收回房屋的，或乙方需提前退租的，应提前10日通知对方，并按月租金的100%向对方支付违约金；甲方还应退还相应的租金。"

合同签订后，李先生如约履行了各项义务。但因C公司拖欠A房房东房租，李先生被房东要求搬出A房。2023年5月25日李先生将东西从涉案房屋搬出，多次联系C公司商议解决方案，C公司则反复推脱，不给办理退租手续。而房东已于2023年5月31日将涉案房屋换锁并收回了A房。李先生遂向法院提出诉讼，请求判令C公司返还李先生租房保证金

---

① 改编参见：中国裁判文书网，（2023）京0106民初20311号，https://wenshu.court.gov.cn/website/wenshu/181107 ANFZ0BXSK4/index.html?docId=zD9uQTa5PrCrXmFsoZqp9mdFWCLp37w8bGOvuqsHAOHvdgaI/Bvq8Z/dgBYo sE2ggxCZrBaEWuH2Mvr1RsW2O+FgKFrvJ2BIUuYaE6OC21PP+YtWxxzqFObULO9Wplfz。

6 000元，返还自2023年5月25日至2023年10月14日的房租28 000元，支付违约金6 000
元（按月租金100%计算）。

案件争议焦点：C公司应当承担哪些违约责任？

解析 法院经审理认为，李先生与C公司签订的《北京市房屋租赁合同》系双方当事
人真实意思表示，未违反法律、行政法规的强制性规定，合法有效，双方均应依约全面履
行各自的义务。在合同约定的租赁期限内，涉案A房因C公司欠付租金被房东强制换锁收
回，李先生无法继续使用涉案房屋，其与C公司的租赁合同目的无法实现，C公司应当将剩
余部分房屋租金及押金退还给李先生，并承担违约责任。但法院根据李先生实际使用房屋
的期限重新确认了剩余房租，对于超出部分的费用不予支持。最终判决，C公司返还李先
生押金（租房保证金）6 000元，返还李先生自2023年6月1日至2023年10月13日期间的
房屋租金26 516.13元，并支付李先生违约金6 000元。

第四节　婚姻财产规则（夫妻财产）

婚姻法律规则是调整婚姻、亲属间权利义务关系的法律规则。《民法典》婚姻家庭编规
定了结婚、家庭关系、夫妻关系、父母子女关系和其他近亲属关系、离婚以及收养等内容。

夫妻财产制，是规定夫妻财产关系的法律制度，包括夫妻婚前财产和婚姻关系存续期
间所得财产的归属、管理、使用、收益和处分，以及家庭生活费用的负担、债务的清偿，
婚姻终止时夫妻财产的清算和分割等内容。其核心在于处理夫妻婚前财产和婚姻关系存续
期间所得财产的所有权归属问题。

根据不同的标准，夫妻财产制可以划分为不同的种类：按照夫妻财产制的产生依据，
可分为法定财产制和约定财产制；按照夫妻财产制的内容，可分为共同财产制、分别财产
制、剩余共同财产制、联合财产制等。

本节介绍中国夫妻法定共有财产、法定个人财产、约定财产和财产分割所涉及的相关
规则。

一、夫妻法定共有财产

夫妻法定共有财产制，即在夫妻双方没有约定的情况下，在婚姻关系存续期间夫妻所
得的财产依法确定为夫妻共有的财产制度。依此制度，凡是不能证明属于夫妻一方的财产，

均推定属于夫妻共同财产。

夫妻在婚姻关系存续期间所得的下列财产，属夫妻共有财产：工资、奖金、劳务报酬；生产、经营、投资的收益，既包括劳动所得的收入和购置的财产，也包括资本性收入，从事承包、租赁等生产、经营活动的收益；知识产权的收益，即婚姻关系存续期间，实际取得或者已经明确可以取得的知识产权中的财产性收益；继承或受赠的财产，但遗嘱或赠与合同中确定只归夫或妻一方的财产除外；其他应当归共同所有的财产，例如，除孳息和自然增值外，夫或妻一方个人财产在婚后产生的收益，夫或妻一方个人财产在婚后投资产生的收益，夫或妻一方实际取得或应当取得的住房补贴、住房公积金、基本养老金、破产安置补偿费，由一方婚前承租、婚后用共同财产购买的房屋（即便登记在一方名下），发放到军人名下的复员费、自主择业费等一次性费用中夫妻婚姻关系存续年限应得的部分等。[①]

夫妻双方对共同共有财产享有同等的权利，承担同等的义务。例如，夫妻对共同所有的财产有平等的处理权，即夫妻一方对共同财产的重大处分，除另有约定外，应当取得对方的同意。因日常生活需要，任何一方均有权决定处理夫妻共同财产；非因日常生活需要对夫妻共同财产做重要处理决定，夫妻双方应当平等协商，取得一致意见；夫妻一方擅自处分共同财产造成另一方损失的，离婚时另一方有权请求赔偿损失。分割夫妻共同财产，原则上应当均等分割。夫妻一方死亡，应当先将夫妻共同财产的一半分归另一方所有，其余的财产方为死者的遗产，按照继承法律规定处理。

二、夫妻法定个人财产

夫妻法定个人财产是指按照婚姻法律规定归于夫或妻一方个人所有的财产。依照中国法律规定，归属于夫或妻一方个人所有的财产包括：一方的婚前财产，即在结婚（登记结婚）之前各自所有的财产，包括婚前个人劳动所得的财产、继承或受赠的财产以及其他合法财产；一方因受到人身损害获得的赔偿或者补偿，如获得的医疗费、残疾人生活补助费等；遗嘱或赠与合同中确定只归夫或妻一方的财产；一方专用的生活用品；其他应当归一方的财产，例如，军人的伤亡保险金、伤残补助金、医药生活补助费，一方个人财产在婚后产生的孳息和自然增值，等等。

法律规定夫或妻一方所有的个人财产，不因婚姻关系的延续而转化为夫妻共同财产，

---

① 参见《最高人民法院关于适用〈中华人民共和国民法典〉婚姻家庭编的解释（一）》第二十五条、第二十六条、第二十七条和第七十一条。

但当事人另有约定的除外。

三、夫妻约定财产

夫妻约定财产制是相对于夫妻法定财产制而言的，是指法律允许夫妻用协议的方式，对夫妻在婚前和婚姻关系存续期间所得财产的归属、管理、使用、收益、处分以及对第三人债务的清偿、婚姻关系解除时财产的分割等事项作出约定，从而排除或部分排除夫妻法定财产制适用的制度。夫妻财产约定应当采用书面形式。约定财产制具有优先于法定财产制适用的效力，即只有在当事人未就夫妻财产作出约定，或所作约定不明确，或所作约定无效时，才适用《民法典》关于夫妻财产共同共有和个人财产的规定。

夫妻双方可以约定婚姻关系存续期间所得的财产以及婚前财产归各自所有、共同所有或部分各自所有、部分共同所有。其中，针对夫妻之间订立借款协议的，法律规定，以夫妻共同财产出借给一方从事个人经营活动或用于其他个人事务的，应视为双方约定处分夫妻共同财产的行为，离婚时可以按照借款协议的约定处理。但是，针对房产，法律则特别规定，婚前或者婚姻关系存续期间，当事人约定将一方所有的房产赠与另一方或共有的，赠与方在赠与房产变更登记之前且未经公证的情况下可以撤销赠与。

夫妻对婚姻关系存续期间所得的财产以及婚前财产的约定，对双方具有约束力。夫妻对婚姻关系存续期间所得的财产约定归各自所有的，夫或妻一方对外所负的债务，第三人知道该约定的，以夫或妻一方所有的财产清偿。

实例5-10 夫妻约定财产案例[①]

于女士、李先生于2004年1月2日登记结婚；2015年，二人共同购置一套房屋A。2016年，李先生在A房《不动产登记申请表》中表示，"本人同意将该房地产权登记在配偶于女士名下，由其全权处置"。2014年起，李先生向赵先生先后多次借款用于家庭支出。2015年5月4日经结算，李先生仍欠赵先生借款640万元。当日，李先生书写借条一张交由赵先生收执，承诺分期还款，直至2019年5月3日还清。但截至2022年1月20日，李先生尚欠赵先生借款本金190多万元，利息约合65万元。2022年6月28日，李先生与于女士办理了

---

① 改编参见：中国裁判文书网，（2023）粤14民终2153号，https://wenshu.court.gov.cn/website/wenshu/181107ANF
   Z0BXSK4/index.html?docId=Sux4nxslVR2hpHzQuD28hP6By0P6F1Jf/i60kbGiTVN8HnXSrnvrlZ/dgBYosE2ggxCZ
   rBaEWuH2Mvr1RsW2O+FgKFrvJ2BIUuYaE6OC21OK9f+g76XPogYSoukXI9Si。

离婚手续，但双方的孩子及父母却至今不知道两人离婚的情况。后，赵先生诉至法院，认为 A 房应为李先生与于女士的共同共有房产，请求强制执行该房产用于偿还欠款与利息。

李先生与于女士均称案涉 A 房产登记在于女士名下，为于女士个人单独所有财产，李先生不享有任何份额。赵先生主张李先生与于女士为躲避债务而串通转移夫妻共同财产，是不正确的。

案件争议焦点：于女士是否有权排除赵先生强制执行 A 房产的要求？

解析 《民法典》规定："夫妻对婚姻关系存续期间所得的财产以及婚前财产的约定，对双方具有法律约束力。夫妻对婚姻关系存续期间所得的财产约定归各自所有，夫或者妻一方对外所负的债务，相对人知道该约定的，以夫或者妻一方的个人财产清偿。"最高人民法院对此规定中所称"相对人知道该约定的"解释要求"夫妻一方对此负有举证责任"。在此案中，虽然李先生与于女士之间对 A 房存在财产约定，且该约定具有内部法律效力，即对其二人具有法律约束力，但是，该约定对婚姻关系之外的相对人即本案债权人赵先生的效力，应以赵先生知道该约定为条件。本案中，李先生对赵先生所负的债务产生在李先生与于女士的婚姻关系存续期间，而且，本案李先生与于女士均未提供证据证明赵先生知道其二人之间的财产约定，因此，该约定对赵先生不发生效力。此外，李先生与于女士的离婚行为亦不能使该约定对赵先生产生效力。

判决确认：对于 A 房产，赵先生有权要求将其作为李先生与于女士共同财产进行强制执行，用以偿还债务。

四、婚姻财产分割

婚姻关系存续期间夫妻的共同财产，一般为共同共有。夫妻一方请求分割共同财产的，法院不予支持，但出现下列两类重大理由且不损害债权人利益的除外：一方有隐藏、转移、变卖、毁损、挥霍夫妻共同财产或者伪造夫妻共同债务等严重损害夫妻共同财产利益的行为的；或是，一方负有法定扶养义务的人患重大疾病需要医治，另一方不同意支付相关医疗费用的。

离婚时，夫妻的共同财产由双方协议处理；协议不成时，由法院依法分割。

（一）房屋

中国房屋所有权的取得存在历史和现实的复杂性。婚后房屋的所有权归属可能涉及夫妻共有、一方个人所有、父母所有或与父母共有等不同情形。针对购房时间是在婚前还是婚后、房屋贷款偿还资金来源以及父母出资赠与意愿指向等不同情况，房屋权属的判定与房产分割规则也各有不同。

一般而言，婚前一方取得所有权的房屋归个人所有。夫妻一方在婚前签订不动产买卖合同，以个人财产支付首付款并在银行贷款，婚后用夫妻共同财产还贷，不动产登记于首付款支付方名下的，离婚时该不动产由双方协议处理。如不能达成协议，法院可以判决该不动产归产权登记一方，尚未归还的贷款为不动产登记一方的个人债务。双方婚后共同还贷支付的款项及其相对应的财产增值部分，离婚时应按照照顾子女、女方和无过错方权益的原则，由不动产登记一方对另一方进行补偿。由一方婚前承租、婚后用共同财产购买的房屋，房屋权属证书登记在一方名下的，应当认定为夫妻共同财产。

房产涉及父母出资的，房产相关权益归属须以父母出资购房时点与赠与意愿而定。当事人结婚前，父母为双方购置房屋出资的，该出资应当认定为对自己子女个人的赠与，但父母明确表示赠与双方的除外。当事人结婚后，父母为双方购置房屋出资的，依照约定处理；没有约定或者约定不明确的，除有证据证明"确定只归一方的"外，则为夫妻的共同财产，归夫妻共同所有。

此外，婚姻关系存续期间，双方用夫妻共同财产出资购买以一方父母名义参加房改的房屋，产权登记在一方父母名下，离婚时另一方主张按照夫妻共同财产对该房屋进行分割的，法院不予支持。购买该房屋时的出资，可以作为夫妻对父母的债权处理。

房屋的分割方式按不同情形确定。双方对夫妻共同财产中的房屋价值及归属无法达成协议时，法院按以下情形分别处理：双方均主张房屋所有权并且同意竞价取得的，应当准许；一方主张房屋所有权的，由评估机构按市场价格对房屋作出评估，取得房屋所有权的一方应当给予另一方相应的补偿；双方均不主张房屋所有权的，根据当事人的申请拍卖房屋，就所得价款进行分割。

（二）保险权益

保险权益的归属问题，因保险标的（财产保险或是人身保险）、投保期间、保费来源、保险权益类型（投保人权益或是受益人权益）、保险金取得期间等因素的不同，而适用不同的规则。

1. 财产保险

婚姻关系存续期间就夫妻共同财产投保所获得的保险金，因保险标的物是夫妻共同财产，不论是否以夫妻双方的名义投保，夫妻对该标的的利益是相同的，故该保险金应当属于夫妻共同财产；如婚姻期间未出险的，投保保费的现金价值也为夫妻共同财产。婚姻关系存续期间以夫妻共同财产投保，投保人和被保险人同为夫妻一方，离婚时仍处于有效保险期内，且离婚时投保人选择继续投保的，投保人一方应当支付现金价值的一半给另一方。

一方为其婚前个人财产设立财产保险，无论投保行为和出险事实是发生在婚前还是婚姻关系存续期间，除夫妻另有约定的外，出险而获得的保险金，均归属于投保财产的原所有人个人所有，而非夫妻共有。

2. 人身保险

人身保险中的财产权益主要区分为投保人权益和受益人权益。

涉及投保人的财产权益包括基于保费产生的保单现金价值、退保费、保单红利等。其中，对于现金价值，夫妻婚姻期间以共同财产投保的，该保单的现金价值为夫妻共有财产。夫或妻以个人财产投保的，即便是在婚姻期间，该保单的现金价值也为夫或妻个人所有财产。

涉及受益人的财产权益主要是保险金。在婚姻关系存续期间受益人取得的保险金，是归其个人所有还是归夫妻共同所有，须具体情况具体分析。对于婚姻关系存续期间获得的"生存保险金"或"满期金"，即夫妻一方依据以生存到一定年龄为给付条件的具有现金价值的保险合同获得的保险金，宜认定为夫妻共同财产。对于婚姻关系存续期间获取的意外伤害保险金或健康保险金，即夫妻一方作为被保险人依据意外伤害保险合同、健康保险合同获得的具有人身性质的保险金，宜认定为个人财产。对于婚姻关系存续期间获取的死亡保险金，即夫妻一方作为受益人依据以死亡为给付条件的人寿保险合同获得的保险金，宜认定为个人财产。

（三）债务

婚姻关系存续期间所得归夫妻共同共有；婚姻关系存续期间所欠债务是否为共同债务，须遵循"共债共签"、"家事代理共同债务"和"超出日常生活债务由债权人举证为夫妻共同债务"的规则来判定。具体规定为：

有夫妻双方共同签名或者夫妻一方事后追认等共同意思表示所负的债务，属于夫妻共同债务。夫妻一方在婚姻关系存续期间以个人名义为家庭日常生活需要所负的债务，属于共同债务。此外，司法实践中，夫妻一方在婚姻关系存续期间因家庭劳动、经营等家事活动产生或其收益归家庭使用而做出的侵权行为致人损害产生的债务，应认定为夫妻共同债务。[①]

---

① 参见北京市高级人民法院发布的《关于审理婚姻纠纷案件若干疑难问题的参考意见》（2016年）。

夫妻一方在婚姻关系存续期间以个人名义超出家庭日常生活需要所负的债务，不属于夫妻共同债务；但是，债权人能够举证证明该债务用于夫妻共同生活、共同生产经营或者基于夫妻双方共同意思表示的除外。在不涉及他人的离婚案件中，举债的配偶一方负责举证证明所借债务用于夫妻共同生活，如证据不足，则其配偶一方不承担偿还责任。

同理，债权人就一方婚前所负个人债务向债务人的配偶主张权利的，法院不予支持；但债权人能够证明所负债务用于婚后家庭共同生活的除外。

夫妻对婚姻关系存续期间所得的财产约定归各自所有的，夫或妻一方对外所负的债务，相对人知道该约定的，以夫或妻一方的个人财产清偿。"相对人知道该约定的"，主张为个人债务的夫或妻一方对此负有举证责任。夫妻一方与第三人串通，虚构债务，以及夫妻一方在从事赌博、吸毒等违法犯罪活动中所负债务，第三人主张该债务为夫妻共同债务的，法院不予支持。

夫妻共同生活所负的债务，应当共同偿还。夫或妻一方死亡的，生存一方应当对婚姻关系存续期间的共同债务承担连带清偿责任。共同财产不足清偿的，或财产归各自所有的，由双方协议清偿；协议不成时，由法院判决。一方就共同债务承担连带清偿责任后，基于离婚协议或者法院的法律文书向另一方主张追偿的，法院应当支持。

专栏5-6

如表5-1所示，除依法另有约定的，在人身保险合同中，因债务人在保单中的身份不同，其在婚姻关系存续期间所欠债务，有可能会涉及用保单权益清偿的问题。

表5-1 婚姻债务与保单偿债

保单财产权益 （本人在保单中的不同身份）	投保财产权属	本人的个人债务	共同债务	配偶的个人债务
保费（现金价值、退保费、红利） （本人为投保人）	共同财产	一般可强执保单用以偿债		
保险金（年金、满期金） （本人为受益人）				
保费（现金价值、退保费、红利） （本人为投保人）	本人个人财产	一般可强执保单用以偿债		保单不会被强执
保险金（意外、健康赔偿金、死亡保险金） （本人为受益人）		视保单情况可被强执		

实例5-11 婚姻财产规则案例——房屋[①]

李先生与赵女士于2019年登记结婚，双方未生育子女。2022年9月，双方通过诉讼调解离婚，但未处理夫妻共同财产。2023年，李先生起诉至法院，要求分割A房产。

李先生、赵女士当庭一致确认A房产系赵女士婚前购买，并支付了首付款；婚后，由王女士（赵女士的妈妈）转账至赵女士名下的银行账户后进行还贷（婚后还贷总额约为98万元）。在双方结婚时A房的购置价格为330万元，离婚时A房的价值为500万元。A房登记在赵女士名下。李先生主张A房婚后还贷部分应为王女士对其夫妻二人的赠与，应视为夫妻共同财产，要求分得还贷款及其增值部分对价。赵女士与王女士则称，A房是赵女士婚前财产，王女士支付的还贷款是给女儿的借款，而非赠与。如认为是婚后共同还贷，李先生同样应负偿还借款的义务。

案件争议焦点：A房应归谁所有？王女士支付用于偿还A房贷款的款项性质，是借款还是赠与？如是赠与，是赠与赵女士一人还是赠与李先生和赵女士夫妻二人？A房产婚后还贷及增值部分该如何分割处理？

解析 A房的所有权问题。《最高人民法院关于适用<中华人民共和国民法典>婚姻家庭编的解释（一）》第七十八条规定："夫妻一方婚前签订不动产买卖合同，以个人财产支付首付款并在银行贷款，婚后用夫妻共同财产还贷，不动产登记于首付款支付方名下的，离婚时该不动产由双方协议处理。依前款规定不能达成协议的，人民法院可以判决该不动产归登记一方，尚未归还的贷款为不动产登记一方的个人债务。双方婚后共同还贷支付的款项及其相对应财产增值部分，离婚时应根据《民法典》第一千零八十七条第一款规定的原则，由不动产登记一方对另一方进行补偿。"李先生、赵女士一致确认A房产为赵女士婚前支付了首付款后购得此房，现登记在赵女士名下，该房应判归赵女士所有。

王女士支付款项的性质问题。经法院审理查明，赵女士在婚前婚后购房、购车、还贷、日常消费及在香港地区和美国的消费均由其母亲王女士负担，王女士转入赵女士账户的款项并未备注相关款项的性质，应视为王女士对赵女士的赠与。

A房产婚后还贷款项的性质是否为夫妻共同财产问题。《最高人民法院关于适用〈中华人民共和国民法典〉婚姻家庭编的解释（一）》第二十九条规定："……当事人结婚后，父

① 改编参见：中国裁判文书网，（2023）粤01民终32993号，https://wenshu.court.gov.cn/website/wenshu/181107AN FZ0BXSK4/index.html?docId=FWAurA1NokGWTxvGgOHVWVRDDORBQmeqhKZXAqHCvfR8hCG0mmvQOp/ dgBYosE2ggxCZrBaEWuH2Mvr1RsW2O+FgKFrvJ2BIUuYaE6OC21PW0NtuQFLBNofQpzwadsYE。

母为双方购置房屋出资的，依照约定处理；没有约定或者约定不明确的，按照民法典第一千零六十二条第一款第四项规定的原则处理。"而根据《民法典》第一千零六十二条的规定，婚姻关系存续期间受赠的财产原则上为夫妻共同财产，除非赠与合同中确定只归一方的财产。本案中，赵女士未提交证据证实王女士在转入还贷款项时表明只赠与赵女士一方，故李先生、赵女士结婚后，王女士转入赵女士账户的款项应视为李先生、赵女士婚姻关系存续期间的夫妻共同财产。

A房产还贷部分及其对应增值部分的分割问题。如上所述，因赵女士使用了夫妻共同财产偿还A房产借款，认定该部分还贷为夫妻共同还贷，李先生对此享有权利。但是，鉴于该款项确实源于赵女士母亲的转账，相比李先生而言，赵女士的贡献明显更多，在分割该款项时对该情形应当予以考量，以平衡双方之间的权利义务。综合考虑本案实际情况，法院酌定分割比例为：赵女士分得70%，李先生分得30%。双方确认婚后还贷总额为98万元，案涉房产成本价格为330万元，离婚时价值为500万元，故案涉房产的增值率为151%，即赵女士应补偿李先生43.035万元（98万×30%×151%）。

实例5-12 婚姻规则案例——夫妻债务[①]

宗某与李某原为夫妻，因感情不和，于2012年签署了离婚协议后分居。2019年，二人办理了离婚登记。2020年，二人又复婚。宗某开办一家小贷公司，一直从事职业的民间资金流转放贷业务。李某在A银行工作，办理银行贷款业务。2017年，张某向李某所在的A银行借款100万元，并办理了受托支付，即申请并委托A银行将100万元贷款资金支付给宗某的哥哥宗丙。李某在银行贷款相关文件上签了字。此贷款实为宗某放贷资金周转使用。宗某亦就此向张某签署了借款凭证。

后因还贷纠纷，张某要求由宗某和李某共同偿还100万元。李某则拒不认可张某的主张，认为本案借款凭证上仅有宗某一人签名，李某没有签字确认，没有作出过共同举债的意思表示，且未做事后追认。虽然李某在银行贷款相关文件上签字，但该签字行为是其作为银行工作人员的职务行为，且发生在张宗二人签署的借款凭证之前，不构成对民间借贷行为的追认。

---

① 改编参见：中国裁判文书网，（2023）最高法民申338号，https://wenshu.court.gov.cn/website/wenshu/181107AN
FZ0BXSK4/index.html?docId=tLWwykCoBI7XXqc05DIjkxWazxdNyedCRY6CjocRBi8/JG+h20c6yJ/dgBYosE2ggx
CZrBaEWuH2Mvr1RsW2O+FgKFrvJ2BIUuYaE6OC21MWrVUrCjA78RfJqTMguSrw。

案件争议焦点为：案涉借款是否系宗某与李某的夫妻共同债务？

解析 法院审理查明，李某与宗某虽然于2012年签署了离婚协议，但双方直至2019年才办理离婚登记，并于2020年复婚。2017年案涉借款发生时，双方尚处于婚姻关系存续期间。李某作为银行工作人员，在办理贷款与受托支付过程中有意规避了银行相关规定（若受托支付对象为宗某，则李某需回避；若为宗某的哥哥宗丙，则不需回避）。因此可知，李某对宗某借款一事是明知的，并做了积极促成。同时，李某与宗某的女儿高额培训费用和家庭开支等支出多由宗某承担。因此，可以认定李某因宗某从事的借款资金流转行为获得了相应利益。据此，法院认定，案涉借款属于宗某与李某的夫妻共同债务，并判令由双方共同承担返还责任。

第五节　继承规则

不同领域对"继承"一词有不同的界定。继承法上的继承即财产继承，专指在自然人生理死亡或被宣告死亡后，按照法律的规定将死者遗留下来的财产转移给他人所有的一种法律制度。生前享有财产而在死亡后将其财产转移给他人的自然人为被继承人；被继承人死亡时遗留的合法财产为遗产；依照法律规定或者被继承人的合法遗嘱继承遗产的人为继承人；继承人依照法律的直接规定或者被继承人所立的合法遗嘱而享有继承被继承人遗产的权利就是继承权。

一、中国遗产继承的方式

遗产是自然人死亡时遗留的个人合法财产，包括私人的合法收入、房屋、生活用品、生产工具、原材料、生产资料、知识产权等财产权益。依照法律规定或者根据其性质不得继承的遗产，不得继承。

中国遗产继承的方式包括遗嘱继承、法定继承、遗赠和遗赠扶养协议。

遗嘱继承又称"指定继承"，是按照被继承人生前所立的合法有效的遗嘱来确定遗产继承人，对遗产进行分割的一种继承方式。

法定继承是无遗嘱继承，指在被继承人没有遗赠扶养协议和遗嘱，或者遗赠扶养协议和遗嘱无效的情况下，继承人根据法律规定的继承人范围、继承顺序、遗产分割原则取得被继承人遗产的一种继承形式。

遗赠是指被继承人通过立遗嘱的方式，将其遗产的一部分或全部赠与国家、集体或者法定继承人以外的组织或个人的一种民事法律行为。与遗嘱继承不同，遗赠中的受遗赠人是法定继承人之外的第三人，包括国家、集体、组织和个人。

遗赠扶养协议是自然人与其法定继承人以外的组织或个人签订的协议，按照协议，该组织或个人承担该自然人生养死葬的义务，享有受遗赠的权利。遗赠扶养协议是一种平等、有偿和互为权利义务关系的民事法律关系。

继承从被继承人死亡时开始。继承开始后，按照法定继承办理；有遗嘱的，按照遗嘱继承或者遗赠办理；有遗赠扶养协议的，按照协议办理。被继承人生前与他人订有遗赠扶养协议，同时又立有遗嘱的，继承开始后，如果遗赠扶养协议与遗嘱没有抵触，遗产分别按协议和遗嘱处理；如果有抵触，按协议处理，与协议抵触的遗嘱全部或者部分无效。

二、法定继承

法定继承规则集中体现在《民法典》继承编中。

（一）法定继承的适用范围

有下列情形之一的，遗产中的有关部分按照法定继承办理：被继承人无遗嘱的；遗嘱继承人放弃继承或者受遗赠人放弃受遗赠的；遗嘱继承人丧失继承权或者受遗赠人丧失受遗赠权的；遗嘱继承人、受遗赠人先于遗嘱人死亡或者终止的；遗嘱无效部分所涉及的遗产；遗嘱未处分的遗产。

此外，遗产分割时，应当保留胎儿的继承份额。胎儿出生时是死体的，保留的份额仍归为原被继承人的遗产，按照法定继承办理。

（二）法定继承人与法定继承顺序

继承人的范围是由法律规定的。在法定继承中，法定继承人的继承先后顺序也是由法律直接加以规定的，具有强制性，即前一顺序的继承人总是排斥后一顺序的继承人，只要有前一顺序的继承人继承，后一顺序的继承人就不能取得和实现继承权。只有当没有第一顺序的法定继承人存在，或第一顺序的法定继承人全部放弃继承或丧失继承权时，第二顺序的法定继承人才能继承被继承人的遗产。在法定继承中，任何人，包括继承人、被继承人都不能改变这个法定的继承顺序。

《民法典》对法定继承规定有两个继承顺序：第一顺序继承人为配偶、子女、父母；第二顺序继承人为兄弟姐妹、祖父母、外祖父母。法定继承开始后，由第一顺序继承人继承，第二顺序继承人不继承。没有第一顺序继承人继承的，由第二顺序继承人继承。其中，子女，包括婚生子女、非婚生子女、养子女和有扶养关系的继子女。父母，包括生父母、养父母和有扶养关系的继父母。兄弟姐妹，包括同父同母的兄弟姐妹、同父异母或者同母异父的兄弟姐妹、养兄弟姐妹、有扶养关系的继兄弟姐妹。丧偶儿媳对公、婆，丧偶女婿对岳父、岳母，尽了主要赡养义务的，作为第一顺序继承人。

在法定继承中存在两种情形的代位继承。一种是对继承人为子女的代位继承，即被继承人的子女先于被继承人死亡的，由被继承人的子女的直系晚辈血亲代位继承。被继承人的孙子女、外孙子女、曾孙子女、外曾孙子女都可以代位继承，直系晚辈血亲代位继承人不受辈数的限制。代位继承人一般只能继承被继承人亡故的子女有权继承的遗产份额。另一种是对继承人为兄弟姐妹的代位继承，即被继承人的兄弟姐妹先于被继承人死亡的，由被继承人的兄弟姐妹的子女代位继承。兄弟姐妹子女代位继承的，则受到辈数限制，仅限于"子女"一代。其代位继承份额也仅限于被继承人亡故的兄弟姐妹有权继承的份额。

（三）丧失继承权

继承人有下列行为之一的，丧失继承权：故意杀害被继承人的；为争夺遗产而杀害其他继承人的；遗弃被继承人的，或者虐待被继承人情节严重的；伪造、篡改或者销毁遗嘱，侵害了缺乏劳动能力又无生活来源的继承人的利益，并造成其生活困难，情节严重的；以欺诈、胁迫手段迫使或者妨碍被继承人设立、变更或者撤回遗嘱，情节严重的。

同时，对于丧失继承权的继承人，《民法典》还规定了"宽宥制度"，即继承人虽有上述后三项行为，但其后确有悔改表现，被继承人表示宽恕或者事后在遗嘱中将其列为继承人的，该继承人不丧失继承权。

受遗赠人有上述任一行为的，丧失受遗赠权，且不适用宽宥制度。

（四）法定继承的遗产分配

同一顺序继承人继承遗产的份额，除有法定特殊情形外，一般应当均等。继承人协商同意的，也可以不均等。

法定可不均等情形包括：对被继承人尽了主要扶养义务或者与被继承人共同生活的继承人，分配遗产时，可以多分；有扶养能力和有扶养条件的继承人，不尽扶养义务的，分配遗产时，应当不分或者少分；对生活有特殊困难又缺乏劳动能力的继承人，分配遗产时，应当予以照顾。

对继承人以外的依靠被继承人扶养的人，或者继承人以外的对被继承人扶养较多的人，可以分给他们适当的遗产。

遗产分割的时间、办法和份额，由继承人协商确定。协商不成的，可以由人民调解委员会调解或者向法院提起诉讼。

实例5-13 继承规则——法定继承

刘某寡居，有三个儿子。大儿子在几年前已去世，留有一子。二儿子是三口之家，三儿子单身。大儿子去世后大儿媳对刘某尽了主要的赡养义务。在一次事故中，刘某与二儿子先后死亡。刘某留有遗产80万元，无遗嘱。假定同一顺序继承人继承遗产的份额均等，那么，二儿子的孩子能获得刘某所留的80万元财产中的多少数额呢？

解析 本案第一顺序继承人为4人，即大儿媳（因为大儿子过世，大儿媳对婆婆刘某尽了主要赡养义务）、大儿子（先于刘某去世，由其儿子代位继承）、二儿子（后于刘某去世）和三儿子。4人各得刘某遗产的1/4，即20万元。二儿子依法定继承所得的20万元属于夫妻共有财产。在确定二儿子遗产时，先要将其继承得来的20万元进行夫妻财产分割，其中一半即10万元归其妻子所有，另一半10万元才为二儿子的遗产。二儿子的第一顺序继承人有其妻子和孩子，两人可各得其遗产的1/2，即5万元。所以，二儿子的孩子只能获得刘某所留的80万元遗产中的5万元。

三、遗嘱继承

遗嘱是遗嘱人在法律允许的范围内，按照法律规定的方式生前对其个人财产进行处分或者对其他事务进行处理，并在其死亡时发生效力的单方法律行为。自然人可以依照法律规定立遗嘱处分个人财产，将个人财产指定由法定继承人中的一人或者数人继承的，称为遗嘱继承；遗嘱中指定其遗产归法定继承人以外的组织或个人所有的，称为遗赠。遗嘱人可以指定遗嘱执行人。

遗嘱继承或者遗赠附有义务的，继承人或者受遗赠人应当履行义务。没有正当理由不履行义务的，经有关单位或者个人请求，法院可以取消其接受附义务部分遗产的权利。

（一）遗嘱的形式

遗嘱的形式包括公证遗嘱、自书遗嘱、代书遗嘱、打印遗嘱、录音遗嘱、录像遗嘱和口头遗嘱。

遗嘱公证是公证机构按法定程序证明遗嘱人设立遗嘱行为真实、合法的活动。公证遗嘱为遗嘱人生前订立并经公证机关公证办理的遗嘱。

自书遗嘱是由遗嘱人亲笔书写全部内容，亲笔签名，并注明年、月、日的遗嘱。自书遗嘱不能由他人代笔，不能打印。如在遗书中有涉及死后个人财产处分的内容，能够确认为死者的真实意思表示，且有本人签名并注明了年、月、日，又无相反证据的，可按自书遗嘱对待。

代书遗嘱是指非由遗嘱人自行书写，而是由他人，即代书人根据遗嘱人的意思表示代为书写的遗嘱。代书遗嘱由遗嘱人口授所有内容；必须有两个以上的见证人（由其中一人代书）在场见证；代书人、其他见证人和遗嘱人须在遗嘱上签名，并注明年、月、日。

打印遗嘱是遗嘱人通过电子/数据等设备将遗嘱内容形成文字并打印出来，从而形成的书面遗嘱。打印遗嘱应当有两个以上见证人在场见证。遗嘱人和见证人应当在遗嘱每一页上签名，注明年、月、日。

录音遗嘱/录像遗嘱是遗嘱人通过录音或录像的形式，确定其遗嘱的内容。录音遗嘱/录像遗嘱中的声音/肖像须是遗嘱人本人的；应当有两个以上的见证人见证；遗嘱人和见证人应当在录音/录像中记录有姓名/肖像，以及年、月、日。

口头遗嘱是指在危急情况下以口头方式所立的遗嘱。口头遗嘱必须是在遗嘱人不能以其他方式设立遗嘱的危急情形下作出的。所谓危急情形，一般是指遗嘱人生命垂危或在战争中或发生意外灾害，随时都有生命危险，来不及或无条件设立其他形式遗嘱的情形。危急情况消除后，遗嘱人能够以书面或者录音/录像形式立遗嘱的，所立的口头遗嘱无效。口头遗嘱必须有两个以上的见证人在场见证。

（二）遗嘱的有效要件

遗嘱的有效要件包括形式要件和实质要件。若不符合法律的规定，遗嘱就不能产生法律效力。遗嘱有效的形式要件是指遗嘱的形式须符合法律的规定（如上述关于遗嘱形式的要求）。遗嘱有效的实质要件包括如下几项：

（1）遗嘱人须有遗嘱能力。遗嘱能力即遗嘱人依法享有的设立遗嘱、依法自由处分其财产的完全民事行为能力。无民事行为能力人或者限制民事行为能力人所立的遗嘱无效。无民事行为能力人或者限制民事行为能力人所立的遗嘱，即使其本人后来具有完全民事行为能力，仍属无效遗嘱。遗嘱人立遗嘱时具有完全民事行为能力，后来成为无民事行为能力人或者限制民事行为能力人的，不影响该遗嘱的效力。

（2）遗嘱须是遗嘱人的真实意思表示。遗嘱必须表示遗嘱人的真实意思，遗嘱人受胁迫、受欺骗所立的遗嘱无效。伪造的遗嘱无效。遗嘱被篡改的，篡改的内容无效。

（3）遗嘱中所处分的财产须为遗嘱人的个人合法财产。遗嘱人以遗嘱处分了属于国家、集体或者他人所有的财产的，遗嘱的该部分内容应认定为无效。

（4）遗嘱须不违反社会公共利益和社会公德（公序良俗）。遗嘱若损害了社会公共利益或者其内容违反了社会公德，则无效。

（5）遗嘱应当为缺乏劳动能力又没有生活来源的继承人保留必要的遗产份额。继承人是否缺乏劳动能力又没有生活来源，应按遗嘱生效时该继承人的具体情况确定。遗嘱人未为缺乏劳动能力又没有生活来源的继承人保留遗产份额的，遗产处理时，应当为该继承人留下必要的遗产，所剩余的部分才可参照遗嘱确定的分配原则进行处理。

（三）遗嘱见证人的限制

下列人员不能成为遗嘱见证人：无民事行为能力人、限制民事行为能力人以及其他不具有见证能力的人[①]；继承人、受遗赠人；与继承人、受遗赠人有利害关系的人，包括继承人及受遗赠人的债权人、债务人、共同经营的合伙人等。

（四）遗嘱的撤回与变更

遗嘱人在设立遗嘱以后，由于主客观因素，可以依法变更遗嘱的某些具体内容，也可以撤销原立遗嘱的全部或部分内容。

遗嘱的变更是指遗嘱人对自己所立遗嘱的内容进行变动、更改。遗嘱的撤回是指遗嘱人取消自己所立的遗嘱。遗嘱被撤销的，遗嘱的内容即无效。

遗嘱的变更/撤回可以以书面形式明示，也可以以立新遗嘱的方式进行。遗嘱人在订立新的遗嘱时，不论是否明确撤销、变更原遗嘱，只要前后两个遗嘱的内容相抵触，即意味着前遗嘱被推定为被变更或被撤回。全部抵触，全部撤回；部分抵触，部分撤回。多次变更或撤回的，以最后所立的有效遗嘱为准，即立有数份遗嘱，内容相抵触的，以最后的遗嘱为准。

立遗嘱后，遗嘱人实施与遗嘱内容相反的民事法律行为，而使遗嘱处分的财产在继承开始前已灭失、部分灭失或发生所有权转移、部分转移的，视为对遗嘱相关内容的撤回。

---

① 例如，对于录像遗嘱，盲人即不具有见证能力；对于外文遗嘱，不具有外文语言能力的人可认为不具有见证能力；等等。

实例5-14 继承规则——遗嘱继承

祁先生父母早亡，与妻子李女士（公务员）婚后签订婚姻财产协议，约定婚姻财产各自名下的归各自所有。婚后，二人生育有两个儿子，分别是大儿子祁欢和二儿子祁乐，均已成家立业。

由于大儿子祁欢平日对祁先生照顾较多，祁先生2018年初依法订立公证遗嘱，写明将个人名下支付宝账户余额及房产A（祁先生婚前财产）由大儿子祁欢一人继承。

后祁先生因家庭琐事与大儿子产生矛盾，于2021年初依法订立代书遗嘱，写明房产A由二儿子祁乐一人继承；除房产A及支付宝账户的财产外，其名下其他所有财产均由妻子李女士继承。

2023年初，祁先生病重，得到大儿子祁欢悉心照料，二人关系有所缓和。担心时日不多，2023年2月底，祁先生让妻子帮忙打印一份遗嘱（共2页），交代后事处理，并写明房产A由两个儿子各继承50%份额，由两名医生在场见证，祁先生和两名医生在遗嘱末页签了名，并注明了年、月、日。

2024年3月初，祁先生病逝。

因房产A的继承问题，两儿子争执不下。大儿子祁欢诉诸法院，提交祁先生生前所立的公证遗嘱，要求全额继承祁先生名下支付宝账户余额及房产A。

案件争议焦点：祁先生所立的多份遗嘱，应以哪份遗嘱为准？祁先生的遗产应如何处理？

解析 祁先生共立有三份遗嘱，即2018年初立的"公证遗嘱"、2021年初立的"代书遗嘱"和2023年2月立的"打印遗嘱"。首先，须对三份遗嘱的有效性进行判定。其次，从形式要件对遗嘱效力进行判定。按照法律规定，三份遗嘱中的"打印遗嘱"存在形式要件瑕疵，即遗嘱人和见证人仅在打印遗嘱末页签了名，而没有在每一页都签上名字，这不符合打印遗嘱有效的法定要件，因此，"打印遗嘱"是无效的，不作为房产A的处分依据。剩下两份遗嘱（"代书遗嘱"与"公证遗嘱"），均符合法定的形式要件和实质要件，均为有效遗嘱。

立有数份遗嘱，内容相抵触的，以最后的有效遗嘱为准。"代书遗嘱"（2021年）与"公证遗嘱"（2018年）两份遗嘱对房产A的处分内容相抵触，即应依据"以最后所立的有效遗嘱为准"的法律规定，以时间在后的"代书遗嘱"为准。因此，房产A应由二儿子祁乐继承100%的份额。

立有数份有效遗嘱，内容相互并不抵触的，分别遵照遗嘱执行。"公证遗嘱"对支付宝账户余额做了处分，与"代书遗嘱"不冲突，此项遗产即应依照"公证遗嘱"，由大儿子祁欢一人继承；"代书遗嘱"对除房产A及支付宝账户之外的其他个人名下所有财产进行了处分，与"公证遗嘱"不冲突，即应依照"代书遗嘱"，由妻子李女士一人继承。

实例5-15 继承规则——遗嘱的撤回

张先生有一儿一女，自有存款100万元。2020年立下遗嘱，交代在其去世后，将此100万元中的60万元给儿子，40万元给女儿。2022年1月，张先生因病花去了其中的20万元用于支付医疗费用。生病期间，因得到女儿的悉心照料，张先生自愿拿出了10万元赠与女儿。2023年10月，张先生去世。

张先生儿女想知道：张先生立遗嘱后，支付20万元医疗费和赠与女儿10万元的行为是否有效？张先生剩余70万元遗产存款该如何分配？

解析 张先生立遗嘱后，因遗嘱尚未生效，仍有权对其个人财产进行使用与支配。其用于支付医疗费20万元与赠与女儿10万元的行为是有效的，视为对其遗嘱相关内容的撤回。

张先生去世前未对遗嘱进行变更，但其遗产存款仅余70万元，而不是遗嘱中所载明的100万元。对此70万元遗产，应按张先生原遗嘱所确立的原则进行分配，儿子获得其中的60%，即42万元；女儿获得其中的40%，即28万元。

四、遗产管理人

遗产管理人是对死者的财产拥有管理和分配权利，并承担相关义务的人。遗产管理人的职责包括清理遗产并制作遗产清单，向继承人报告遗产情况，接受继承人放弃继承或受遗赠人接受遗赠的表示，采取必要措施防止遗产毁损、灭失，处理被继承人的债权债务，按照遗嘱或者依照法律规定分割遗产，实施与管理遗产有关的其他必要行为。

遗产管理人的产生分不同情况。继承开始后，如遗嘱指定有遗嘱执行人的，遗嘱执行人即为遗产管理人；没有遗嘱执行人的，由全体继承人及时推选遗产管理人；继承人未推选的，由继承人共同担任遗产管理人。没有继承人或者继承人均放弃继承的，由被继承人生前住所地的民政部门或者村民委员会担任遗产管理人。对遗产管理人的确定有争议的，利害关系人可以向法院申请指定遗产管理人。

遗产管理人可以依照法律规定或者按照约定获得报酬。遗产管理人故意或者因重大过失造成继承人、受遗赠人、债权人损害的，应当承担民事责任。

五、遗产的处理

继承开始后，知道被继承人死亡的继承人应当及时通知其他继承人和遗嘱执行人。继承人中无人知道被继承人死亡或者知道被继承人死亡而不能通知的，由被继承人生前所在单位或者住所地的居民委员会、村民委员会负责通知。存有遗产的人，应当妥善保管遗产，任何组织或者个人不得侵吞或者争抢。

继承开始后，继承人放弃继承的，应当在遗产处理前作出书面放弃继承的表示；没有表示的，视为接受继承。受遗赠人应当在知道受遗赠后60日内作出接受或者放弃受赠的表示；到期没有表示的，视为放弃受遗赠。无人继承又无人受遗赠的遗产，归国家所有，用于公益事业；死者生前是集体所有制组织成员的，归所在集体所有制组织所有。

继承遗产应当清偿被继承人依法应当缴纳的税款和债务。继承人以所得遗产实际价值为限清偿被继承人依法应当缴纳的税款和债务。超过遗产实际价值的部分，继承人自愿偿还的不在此限。继承人放弃继承的，对被继承人依法应当缴纳的税款和债务可以不负清偿责任。执行遗赠不得妨碍清偿遗赠人依法应当缴纳的税款和债务。既有法定继承又有遗嘱继承、遗赠的，由法定继承人清偿被继承人依法应当缴纳的税款和债务；超过法定继承遗产实际价值的部分，由遗嘱继承人和受遗赠人按比例以所得遗产清偿。

先析产后继承。若被继承人财产与他人财产混同，应先确定和分割出属于被继承人所有的财产。夫妻在婚姻关系存续期间所得的共同财产，除有约定的以外，如果分割遗产，应当先将共同所有的财产的一半分出归配偶所有，其余的方为被继承人的遗产。遗产在家庭共有财产之中的，遗产分割时，应当先分出其他家庭成员的财产。

遗产分割应当有利于生产和生活需要，不损害遗产的效用。不宜分割的遗产，可以采取折价、适当补偿或者共有等方法处理。

第六节　民事纠纷的解决

民事纠纷可以通过当事人自己、社会及国家三种渠道予以解决，主要方式有和解、调解、仲裁及诉讼。民事纠纷的解决，应以事实为依据，以法律为准绳。举证责任与分配原则是定分止争的重要手段。

一、民事纠纷解决的主要方式

解决民事纠纷的主要方式有和解、调解、仲裁及诉讼。

和解，是指发生民事纠纷的当事人通过协商、谈判等方式，自愿、互谅、友好地解决纠纷的一种方式。

调解，是指民事纠纷发生后，通过第三人在纠纷当事人之间进行斡旋，主持纠纷解决的一种方式。根据主持调解的第三人身份的不同，调解可分为民间调解、人民调解、行政调解、仲裁调解、诉讼调解等。

仲裁，这里指经济仲裁，是指平等主体之间的自然人、法人或其他非法人组织在发生合同纠纷或其他财产权益纠纷时，依双方达成的仲裁协议，将纠纷提交协议约定的仲裁委员会进行裁决的解决方式。

诉讼，俗称打官司，这里指民事诉讼，是指平等主体之间的自然人、法人或非法人组织在发生民事纠纷后，向法院提出解决纠纷的请求，法院依法作出裁判的司法解决方式。

民事纠纷解决方式并不是孤立存在的。如当事人无法达成和解时，可以通过第三人进行调解，或者提起诉讼等；而在仲裁、诉讼程序中亦有和解、调解环节。

二、经济仲裁

经济仲裁具有如下特点：

仲裁受案范围为平等主体之间的自然人、法人和非法人组织发生的合同纠纷和其他财产权益纠纷。婚姻、收养、监护、扶养、继承纠纷和依法应当由行政机关处理的行政争议不能申请仲裁。劳动争议和农村集体经济组织内部的农村土地承包经营合同纠纷的仲裁则适用另行的规定。

仲裁受理机构为仲裁委员会。仲裁委员会是社会团体法人，是民间机构，不隶属于任何行政机构。仲裁案件的受案机构由当事人在国内或国际上任选，不受地域限制。仲裁员是从具有法律专业知识、经济贸易知识且品行端正的人员中聘任的。具体案件的仲裁员也可由当事人依法在仲裁员名册中自主选任。

仲裁须当事人双方自愿。当事人采用仲裁方式解决纠纷，应当双方自愿，达成书面仲裁协议。没有仲裁协议，一方申请仲裁的，仲裁委员会不予受理。仲裁协议可以是合同中订立的仲裁条款，也可以是在纠纷发生前或纠纷发生后达成的"提交仲裁"的其他书面形式的协议。其内容应包括提请仲裁的意思表示、仲裁事项、选定的仲裁委员会。其他书面形式的仲裁协议，包括以合同书、信件和数据电文（例如，电报、电传、传真、电子数据交换和电子邮件）等形式达成的请求仲裁的协议。

仲裁适用"或裁或审"原则，即仲裁协议具有排除向法院提起诉讼的效力。双方当事人达成仲裁协议的，除非仲裁协议无效，否则法院不予受理。

仲裁采取不公开审理，保密性好。仲裁裁决为一裁终局，即除非仲裁过程违反法定程序，经申请被法院撤销外，仲裁裁决一经作出即具有法律效力。

仲裁裁决须向法院申请强制执行。仲裁案件中一方当事人不履行仲裁裁决的，另一方当事人可以向被执行人住所地或者被执行的财产所在地的中级人民法院申请执行。接受申请的法院应当执行。现有160多个国家和地区批准加入了《承认及执行外国仲裁裁决公约》，任一仲裁机构依法作出的仲裁裁决在其他国家或地区多可得到普遍承认与协助执行。

如表5-2所示，在中国，经济仲裁与民事诉讼在提起依据、受案机构、管辖限制、受案范围、代理人选用、审理人员及产生方式、受理费用、是否公开审理、审理程序及国际普遍性与裁判执行的依据等方面存在区别。

表5-2 经济仲裁与民事诉讼的区别

	经济仲裁	民事诉讼
提起依据	当事人之间的仲裁协议（书面）	依法起诉
受案机构	仲裁委员会，当事人选择	人民法院，依法定管辖规则
管辖限制	无限制，国内或国际	受地域管辖、级别管辖限制
受案范围	合同纠纷和其他财产权益纠纷（不适用于农村土地承包经营纠纷与婚姻、收养、监护、扶养、继承纠纷，以及依法应当由行政机关处理的行政争议）	财产纠纷和人身纠纷（民事、商事）
代理人选用	国籍不受限制	中国国籍
审理人员及产生方式	当事人在仲裁员名册中自主选择仲裁员（仲裁员可以是执业律师、学者、业界专家等）	法院指定法官
受理费用	相对高	相对低
是否公开审理	否，具有保密性	是（除涉及国家机密或个人隐私案件外）
审理程序	一裁终局	两审终审
国际普遍性与裁判执行的依据	《承认及执行外国仲裁裁决公约》国际承认与协助执行的普遍性高	双边民事司法协助条约或协定国际承认与协助执行受局限

三、法院体系

人民法院是中国的审判机关。如图5-2所示，依据《宪法》，中国设立最高人民法院、地方各级人民法院和军事法院等专门人民法院。从法院等级来分，由低到高分为四个等级，分别是基层人民法院、中级人民法院、高级人民法院以及最高人民法院。上级法院对下级法院的审判工作进行监督。

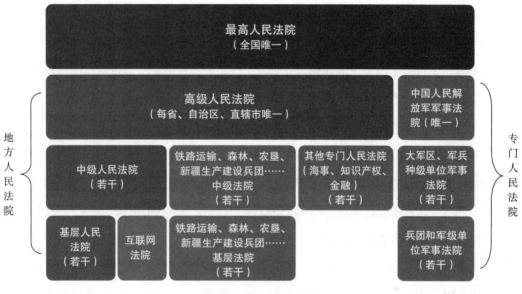

图5-2 中国法院体系图

最高人民法院是国家唯一的最高审判机关。最高人民法院监督地方各级人民法院和专门人民法院的审判工作。

基层人民法院、中级人民法院、高级人民法院均属于地方人民法院。目前全国共有31个地方高级人民法院，其中包括22个省高级人民法院、5个自治区高级人民法院、4个直辖市高级人民法院。中级人民法院包括省、自治区、直辖市内按地区设立的中级人民法院，以及省、自治区辖市、自治州设立的中级人民法院。基层人民法院包括县/自治县人民法院和市/市辖区人民法院等。

专门人民法院体系较为复杂，法院管辖领域与级别设置也有不同。军事法院包括三级法院体系，由低到高分别为兵团和军级单位军事法院（全国若干）、大军区、军兵种级单位军事法院（全国若干）和中国人民解放军军事法院（全国唯一）。铁路运输法院、垦区法院、林区法院、新疆生产建设兵团法院包括基层与中级两级法院的设置；而海事法院、知识产权法院、金融法院、矿区法院的级别为中级法院级别；互联网法院则为基层法院级别，其对应的上一级法院为地方中级人民法院。除军事法院外，其他专门法院对应的高级法院为其所在地的地方高级人民法院。

四、民事诉讼

诉讼是指当事人向法院提出的，要求法院对其争议事项作出裁判的请求及相应的审理与裁决活动。民事诉讼，是指法院在当事人和全体诉讼参与人的参加下，依法审理和解决民事纠纷的活动。民事诉讼有狭义和广义之分。狭义的民事诉讼专指民事纠纷的审理和法官裁判阶段，不包括生效判决的强制执行阶段；广义的民事诉讼不但包括纠纷的审理和法官裁判阶段，而且包括生效判决的强制执行阶段。

（一）民事诉讼的特征

与其他解决民事纠纷的方式相比，民事诉讼具有如下特点：

（1）民事诉讼的受案机构是代表国家的法院。需要指出的是，在一个具体的案件里，只有特定的承办法官才有权审理，只有承办法官才能接受当事人的诉状、对案件进行审理、制作法律文书、执行生效法律文书等。

（2）民事诉讼是当事人和全体诉讼参与人参加的活动。整个诉讼过程，除了当事人的起诉、答辩、辩论、举证、申请执行等行为，还需要证人、鉴定人、诉讼代理人等诉讼参与人的参与。

（3）民事诉讼过程有严格的程序规则。民事诉讼既要依照民事实体法如《民法典》《公司法》等裁判，也要依照程序法如《民事诉讼法》等程序性法律规范进行。民事诉讼活动大体分为一审阶段、二审阶段、审判监督阶段和执行阶段。每一个阶段又细分为若干子阶段，比如一审阶段可分为起诉、法庭准备、开庭审理、制作和宣告裁判等子阶段。

（4）民事诉讼具有强制性。只要原告的起诉符合法律规定，则无论被告是否愿意，诉讼均会发生。同时，民事诉讼在案件的裁判及执行上也体现出强制性特征。对于法院的裁判，当事人不自动履行义务时，法院可以强制执行。

（二）民事诉讼审级制度

审级制度是关于法院级别结构和各级法院审理上诉案件适用程序的制度。中国实行两审终审制。

两审终审制是指一个案件最多经两级法院审判即告终结。当事人不服一审法院对民事案件所作的判决、裁定，可以上诉至上一级法院，上诉审法院所作的判决、裁定是终审的判决、裁定。二审判决、裁定从作出之日起即发生法律效力，当事人不得再提起上诉。

并非每一起案件都必须经过两审。如果一审判决、裁定作出后，当事人不上诉或在法定期限内未上诉，或者一审经过调解结案的，不发生二审程序。此外，对于法律规定的特殊类型的案件也实行一审终审。例如，法院依照特别程序、督促程序、公示催告程序、企业法人破产还债程序所审理的案件、小额诉讼以及最高人民法院审理的一审案件等，实行的是一审终审。

依法不准上诉或者超过上诉期没有上诉的地方法院的一审判决、裁定，是发生法律效力的判决、裁定。二审人民法院的判决、裁定，以及最高人民法院所作出的判决、裁定，是终审的判决、裁定。

中国再审制度的设立，可以弥补两审终审制存在的某些不足，经两审审结的案件，如果仍然有错误，可以通过再审程序予以纠正。

（三）民事诉讼案件的普通程序与流程

一审民事诉讼案件或适用普通程序，或适用简易程序。简易程序是普通程序的简化审理程序。按照普通程序，提起民事诉讼，应当向人民法院递交起诉状，并按照被告人数提供副本，以及支持诉讼请求的基本证据。起诉状应当记明下列事项：原告的姓名、性别、年龄、民族、职业、工作单位、住所、联系方式，法人或者其他组织的名称、住所和法定代表人或者主要负责人的姓名、职务、联系方式；被告的姓名、性别、工作单位、住所等信息，法人或者其他组织的名称、住所等信息；诉讼请求和所根据的事实与理由；证据和证据来源，证人姓名和住所。

当事人起诉到人民法院的民事纠纷，适宜调解的，先行调解，但当事人拒绝调解的除外。符合起诉条件的，人民法院应当在七日内立案，并通知当事人；不符合起诉条件的，应当在七日内作出裁定书，不予受理；原告对此裁定不服的，可以提起上诉。

人民法院受理案件后，案件进入庭前准备阶段。在此阶段，人民法院会将起诉状副本发送被告，通知被告提交答辩状（被告不提交答辩状的，不影响人民法院审理），进行庭前调解。调解不成或当事人拒绝调解的，人民法院将依法择期开庭。人民法院审理民事案件，应当在开庭三日前通知当事人和其他诉讼参与人。公开审理的，应当公告当事人姓名、案由和开庭的时间、地点。

开庭审理前，书记员应当查明当事人和其他诉讼参与人是否到庭，宣布法庭纪律。开庭审理时，由审判长或者独任审判员核对当事人，宣布案由，宣布审判人员、书记员名单，告知当事人有关的诉讼权利义务，询问当事人是否提出回避申请。当事人对审判人员无异议后，正式开始案件审理。一般情况下，庭审会经历原告陈述诉讼请求与事实理由、被告答辩、举证质证、法庭辩论、法庭调解与最后陈述几个阶段。

一审民事诉讼案件有撤诉、调解、裁定及判决几种结案方式。对一审法院作出的判决或可上诉的裁定不服的，可在上诉期内提起上诉。如上诉期届满，各方当事人均未上诉的，一审判决与裁定即发生法律效力。

一般情况下，当事人不服地方人民法院第一审判决的，有权在判决书送达之日起十五日内向上一级人民法院提起上诉。当事人不服地方人民法院可上诉的第一审裁定的，有权在裁定书送达之日起十日内向上一级人民法院提起上诉。上诉应当递交上诉状。上诉状的内容应当包括：当事人的姓名，法人的名称及其法定代表人的姓名，或者其他组织的名称及其主要负责人的姓名；原审人民法院名称，案件的编号和案由；上诉的请求和理由。上诉状应当通过原审人民法院提出。当事人也可以直接向第二审人民法院提起上诉。第二审人民法院开庭审理上诉案件与第一审程序基本相同。

对已经发生法律效力的判决、裁定，认为有错误的，可以依法适用审判监督程序。作为当事人，对已经发生法律效力的判决、裁定，认为有错误的，可以向上一级人民法院申请再审；当事人一方人数众多或者当事人双方为公民的案件，也可以向原审人民法院申请再审。当事人申请再审的，不停止生效判决、裁定的执行。

五、民事诉讼证据形式与举证责任

证据是指能证明案件事实的事物。能够作为定案依据的证据须符合法定的要件，即具有合法性、客观性、真实性及与主张有关联性。我国《民事诉讼法》规定的证据有8种类型，即当事人的陈述、书证、物证、视听资料、电子数据、证人证言、鉴定意见和勘验笔录。所有证据必须查证属实，才能作为认定事实的根据。

举证责任，也称证明责任，是指当事人对自己提出的诉讼请求所依据的事实或者反驳对方诉讼请求所依据的事实有责任提供证据加以证明。在作出判决前，当事人未能提供证据或者提供的证据不足以证明当事人对事实的主张的，由负有举证责任的当事人承担不利的诉讼后果，甚至败诉。

（一）举证责任的特征

举证责任是当事人在待证事实真伪不明时须承担不利诉讼后果的风险，同时是法院在事实真伪不明时的一种裁判规范。因无法判断证据的证明力而导致争议事实难以认定的，法院应当依据举证责任分配的规则作出裁判。

举证应当在举证期限内完成。当事人对自己提出的主张应当及时提供证据。法院根据当事人的主张和案件审理情况来确定当事人应当提供的证据及其期限。当事人逾期提供证据的，法院应当责令其说明理由；拒不说明理由或者理由不成立的，法院根据不同情形可以不予采纳该证据，或者采纳该证据但予以训诫、罚款。

对于同一事实，举证责任只能由一方当事人负担，而不能同时由双方当事人负担。

法院在诉讼中不承担证明责任。当事人因客观原因不能自行收集的证据，可申请法院调查收集。但在待证事实真伪不明时，不存在由法院承担证明责任的问题。

（二）举证责任分配的一般规则

举证责任的分配，又称为证明责任的分担、证明责任的分配，是指按照一定的标准，将事实真伪不明时承受不利裁判后果的风险，预先在双方当事人之间进行分配，使各方当事人分别负担一些事实真伪不明所带来的不利后果。中国民事诉讼法以"谁主张，谁举证"为一般举证责任分配原则。此外，还以公平和诚信原则为出发点确定了举证责任倒置规则。

"谁主张，谁举证"要求当事人对自己提出的诉讼请求所依据的事实或者反驳对方诉讼请求所依据的事实有责任提供证据加以证明。其中，主张法律关系存在的当事人，应当对产生该法律关系的基本事实承担举证责任；主张法律关系变更、消灭或者权利受到妨害的当事人，应当对该法律关系变更、消灭或者权利受到妨害的基本事实承担举证责任。

实例5-16 民事纠纷的解决——"谁主张，谁举证"[①]

张某起诉至法院，称2018年9月6日与齐某签订了《借款合同》，约定张某借给齐某人民币200万元，借款期12个月，自2018年9月6日至2019年9月6日。按约定一年内借款免息，如果到期不能偿还，齐某愿意承担自借款之日起的计息，利息为月息2分。《借款合同》签订当日，张某通过其银行账户向齐某银行账户转款200万元，汇款凭证回单上附言

---

① 改编参见：中国裁判文书网，（2022）豫民终714号，https://wenshu.court.gov.cn/website/wenshu/181107ANFZ0BXSK4/index.html?docId=+kS01PPtoq6j5ZZkFcqTn/Q6seBE/iHT65URLzhJg3lIG/fn9Ymr75/dgBYosE2ggxCZrBaEWuH2Mvr1RsW2O+FgKFrvJ2BIUuYaE6OC21NndJesczmfouEtlENk+hvu。

显示为"设备款"。对此附言"设备款"的内容，张某称是因为需按照银行规定注明汇款理由，"设备款"是本案双方约定以此作为转账理由的。后，齐某逾期未还借款，张某遂要求齐某偿还本金及利息。齐某认可收到该200万元，但辩称并不是《借款合同》约定的借款，而是案外人葛某通过张某向其支付的购买设备的佣金。

案件争议焦点：200万元款项是否为齐某借款？

解析 《最高人民法院关于审理民间借贷案件适用法律若干问题的规定》第二条规定："出借人向人民法院提起民间借贷诉讼时，应当提供借据、收据、欠条等债权凭证以及其他能够证明借贷法律关系存在的证据。"本案中，张某提供了有齐某和张某本人签名的《借款合同》及同日的银行汇款凭证；齐某亦认可《借款合同》上为其本人签名，并承认收到了张某支付的200万元款项。这已可证明张某主张的"双方间成立了借贷关系，且其已实际履行了出借义务"这一事实。

对于齐某所说案涉款项性质并非借款，而是案外人葛某向其支付的佣金这一抗辩事宜，经法院审理查明，从齐某举证来看：首先，在张某于款项支付后多次向其催要还款的过程中，齐某并未否认案涉款项为借款的事实；其次，齐某与葛某的短信记录显示，直至2021年6月份，齐某一直在向葛某催要佣金，而并无"用案争200万款项来抵偿"的相关内容；最后，齐某未举证证明该200万元为张某接受案外人葛某委托向其支付的佣金的事实。

综上，法院对齐某的辩称不予采信，并根据张某举证认定本案双方间成立借贷关系，且张某已实际履行了出借义务。现齐某未根据《借款合同》约定及时还款，构成违约。法院判决，张某要求齐某偿还借款本金200万元及利息的诉请，予以支持。

（三）举证责任倒置

举证责任倒置，是指在法律直接规定的特殊侵权诉讼案件中（如环境污染、医疗事故、产品责任、高度危险作业、饲养动物等侵权诉讼案件），按照一般举证责任分配原则应当由己方（受害方）承担举证责任的事项转由对方承担举证责任。对方只有在证明其行为与损害结果之间不存在因果关系，或者受害人存在过错，或者第三人有过错时才能免除责任。举证责任倒置的出发点是权衡举证责任分配的现实公平性与合理性。

（四）无须举证证明的事实

诉讼中，除了对方当事人有相反证据足以反驳或推翻，当事人对如下事实无须举证证明：自然规律以及定理、定律；众所周知的事实；根据法律规定推定的事实；根据已知的事实和日常生活经验法则推定出的另一事实；已为法院发生法律效力的裁判所确认的事实；已为仲裁机构生效裁决所确认的事实；已为有效公证文书所证明的事实。

此外，诉讼过程中，一方当事人在法庭审理中，或者在起诉状、答辩状、代理词等书面材料中，对于己方不利的事实明确表示承认的，构成"自认"，另一方当事人对此事实无须再举证证明。对于一方当事人陈述的事实，另一方当事人既未表示承认也未否认，经审判人员充分说明并询问后，其仍不明确表示肯定或者否定的，视为对该项事实的承认。当然，自认的事实与查明的事实不符的，以及对于涉及身份关系、国家利益、社会公共利益等应当由法院依职权调查的事实，不适用上述有关自认的规定。

第七节　金融理财业务监管

金融理财业务是指接受投资者委托，按照与投资者事先约定的投资策略、风险承担和收益分配方式，对受托的投资者财产进行投资和管理的金融服务。从事金融理财业务须关注金融消费者权益维护与监管规则，避免因违规受到责任追究。

一、金融理财业务监管体制

金融理财业务要接受中国人民银行、国家金融监督管理总局和中国证券监督管理委员会的监督管理。

金融理财业务的监管规则主要涉及银行、保险、证券和信托等领域。相关法律规定与政策包括：《中国人民银行法》《商业银行法》《银行业监督管理法》《金融违法行为处罚办法》《银行业金融机构反洗钱和反恐怖融资管理办法》《商业银行理财业务监督管理办法》《中国人民银行金融消费者权益保护实施办法》《商业银行资本管理办法》《商业银行金融资产风险分类办法》《银行保险机构操作风险管理办法》《银行保险机构消费者权益保护管理办法》；《保险法》《社会保险法》《保险代理人监管规定》《保险资产管理产品管理暂行办法》《互联网保险业务监管办法》《人身保险产品信息披露管理办法》《保险销售行为管理办法》；《证券法》《证券投资基金法》《证券公司监督管理条例》《证券期货投资者适当性管理办法》《限制证券买卖实施办法》；《信托法》《信托公司管理办法》《信托公司股权管理暂行办法》《信托公司集合资金信托计划管理办法》《信托公司监管评级与分级分类监管暂行办法》；等等。

银行业监督管理机构应当对金融理财业务实行穿透式监管，向上识别理财产品的最终投资者，向下识别理财产品的底层资产，并对理财产品运作管理实行全面动态监管。

二、金融消费者权益与监管

金融消费者是指购买、使用银行、支付机构、保险公司等提供的金融产品或者服务的自然人。银行、支付机构、保险公司等向金融消费者提供金融产品或者服务，应当遵循自愿、平等、公平、诚实信用的原则，切实承担金融消费者合法权益保护的主体责任，履行金融消费者权益保护的法定义务。金融消费者基本权益包括财产安全权、知情权、自主选择权、公平交易权、依法求偿权、受教育权、受尊重权和信息安全权。

为金融消费者提供金融服务时，要遵循投资者适当性与风险匹配规则，即只能向投资者销售风险等级等于或低于其风险承受能力等级的理财产品。同时，银行、支付机构应当依据金融产品或者服务的特性，及时、真实、准确、全面地向金融消费者披露投资信息与投资风险等重要内容。

提供金融服务时须依法保护消费者金融信息。消费者金融信息是指银行、支付机构、保险公司等通过开展业务或者其他合法渠道处理的消费者信息，包括个人身份信息、财产信息、账户信息、信用信息、金融交易信息及其他与特定消费者购买、使用金融产品或者服务相关的信息。消费者金融信息的处理包括消费者金融信息的收集、存储、使用、加工、传输、提供、公开等。银行、支付机构、保险公司等处理消费者金融信息时应当遵循合法、正当、必要原则，除法律、行政法规另有规定外，须经金融消费者或者其监护人明示同意。银行、支付机构、保险公司等不得收集与业务无关的消费者金融信息，不得采取不正当方式收集消费者金融信息，不得变相强制收集消费者金融信息。除非必需，银行、支付机构、保险公司等不得以金融消费者不同意处理其金融信息为由拒绝提供金融产品或者服务。银行、支付机构、保险公司等通过格式条款取得消费者同意收集、使用其金融信息的，应当在格式条款中明确收集信息的目的、方式、内容和使用范围，并在协议中以显著方式尽可能通俗易懂地向金融消费者提示该同意的可能后果。银行、支付机构、保险公司等及其工作人员应当对消费者金融信息严格保密，不得泄露或者非法向他人提供。

实例5-17 金融理财业务监管——金融消费者权益[①]

中国银保监会[②]消费者权益保护局关于××银行侵害消费者权益情况的通报（摘录）

为践行以人民为中心的发展思想，提高金融监管透明度，强化市场约束和监督，警示行业、提示风险，切实维护银行保险消费者合法权益，现将我局对××银行消保现场检查发现的侵害消费者权益违法违规问题通报如下：

一、互联网贷款利率宣传不规范，侵害消费者知情权

××银行开展互联网贷款业务时，对实际利率展示不全面、片面宣传低利率，侵害消费者知情权。"A商贷"在微信公众号宣传"年化利率低至7.2%"，客户实际承担的年化综合资金成本最高达18%，是宣传利率的2.5倍，且产品上线以来无客户享受最低宣传利率。上述做法违反了《商业银行互联网贷款管理暂行办法》以及《国务院办公厅关于加强金融消费者权益保护工作的指导意见》等规定。

二、适当性管理不规范，向个人客户销售高于其风险承受能力的产品，侵害消费者财产安全权

一是向"一老一小"销售不适当产品。××银行对购买基金的客户年龄未进行系统控制，导致手机银行、网上银行渠道向18周岁以下未成年人销售风险较高的基金产品。该行通过代替客户风险评估、诱导客户多次评估等方式提高客户风险评估等级，并向65岁以上高龄客户销售高于其实际风险承受能力的信托产品。

二是特定业务投资者分类和认定不审慎，导致低风险承受能力客户购买高风险产品。××银行开展代销基金业务，未对投资者分类进行系统控制和审核。经查，部分初始风险承受能力为最低类别（C1-0级）的客户，购买了R5级基金产品。

上述做法违反了《中国银监会关于规范商业银行代理销售业务的通知》《国务院办公厅关于加强金融消费者权益保护工作的指导意见》以及《商业银行内部控制指引》等规定。

三、向个人贷款客户搭售人身意外险，侵害消费者自主选择权

××银行办理个人贷款时，在借款人提供充足抵押的情况下，搭售"借款人意外伤害保险"，且保险第一受益人为××银行……上述做法违反了《中国银监会关于整治银行业

---

① 资料来源：国家金融监督管理总局，https://www.cbirc.gov.cn/cn/view/pages/ItemDetail.html?docId=1024118&itemId=915&generaltype=0。

② 2023年3月，中共中央、国务院印发了《党和国家机构改革方案》，决定在中国银行保险监督管理委员会基础上组建国家金融监督管理总局，不再保留中国银行保险监督管理委员会。2023年5月18日，国家金融监督管理总局在北京正式挂牌。

金融机构不规范经营的通知》以及《国务院办公厅关于加强金融消费者权益保护工作的指导意见》等规定。

四、格式合同强制客户接受交叉销售，侵害消费者公平交易权

客户通过××银行信用卡网站申请办理信用卡时，领用合约作为申请材料嵌入申请环节，合约约定客户需同意该行向其推荐或营销其他产品和服务，未在领用合约或以其他方式向客户提供拒绝接受推荐营销其他产品和服务的选择，申请客户必须接受上述条款方可申办信用卡。上述做法违反了《国务院办公厅关于加强金融消费者权益保护工作的指导意见》等规定。

五、违规查询、存储、传输和使用个人客户信息，侵害消费者信息安全权

一是违规查询个人客户交易信息。××银行未经客户授权，以"业务营销需要""核对贷款资金入账情况"以及员工异常行为排查等为由，通过柜面非密查询等方式查询个人客户储蓄存款交易信息……

二是违规存储和传输个人客户信息，存在信息泄露风险。××银行在公用互联网电脑、公用办公电脑中违规存储大量个人客户信息。在开展互联网贷款业务时，通过互联网邮箱向合作方传输个人客户信息，数据交互未实现全面系统控制。上述个人客户信息包括姓名、身份证号、电话号码、通信地址、银行账号、信贷记录、房产信息等。

三是违规使用个人客户信息。2019年1月至2021年3月，××银行信用卡中心向1.99万名已注销信用卡账户的客户致电营销保险产品，部分客户多次明确表示拒绝来电，该行仍持续向其电话营销。根据领用合约，持卡人注销信用卡账户后合约即终止。

上述做法违反了《中华人民共和国商业银行法》《关于执行<储蓄管理条例>的若干规定》《中国银监会办公厅关于加强网络信息安全与客户信息保护有关事项的通知》《商业银行信用卡业务监督管理办法》以及《国务院办公厅关于加强金融消费者权益保护工作的指导意见》等规定。

六、违规向个人客户收取费用

一是向未激活信用卡续卡客户收取年费。2019年1月至2021年3月，××银行信用卡中心向未激活信用卡续卡客户收取年费3 174.35万元……经查，该行在信用卡到期前一个月向持卡人寄送续期新卡，旧卡到期当月，无论持卡人是否激活续卡，均预收续卡下一年年费。对上述未激活信用卡收取的年费，××银行未获得持卡人同意扣收年费的单独授权，也未提供任何实质性服务。

二是超出政府定价标准收取助农取款手续费。2019年1月至2021年3月，××银行超政府定价标准向借记卡持卡人多收取助农取款手续费2.91万元。收费标准按照取款金额的0.8%自动扣收，是政府定价标准的1.6倍，也未按规定对每月首笔取款业务免费。

上述做法违反了《商业银行信用卡业务监督管理办法》《中国人民银行关于推广银行卡助农取款服务的通知》《中国人民银行关于全面推进深化农村支付服务环境建设的指导意见》以及《中国银监会关于整治银行业金融机构不规范经营的通知》等规定。

七、违规向贷款客户转嫁成本

2019年1月至2021年3月，××银行在向个人客户和小微企业等发放抵押贷款时，违规转嫁成本，由借款人承担抵押品评估费和登记费……上述做法违反了《中国银监会关于整治银行业金融机构不规范经营的通知》等规定。

××银行上述违法违规行为，严重侵害消费者知情权、财产安全权、自主选择权、公平交易权、信息安全权等基本权利，我局已要求其整改。针对上述问题，各银行保险机构要引以为戒，举一反三，严禁侵害消费者权益乱象花样翻新、问题屡查屡犯；要认真贯彻《国务院办公厅关于加强金融消费者权益保护工作的指导意见》和《中国银保监会关于银行保险机构加强消费者权益保护工作体制机制建设的指导意见》等法律法规和消保行为监管要求，落实消费者权益保护主体责任，建立健全消费者权益保护工作体制机制，切实维护消费者合法权益。

三、金融违法责任追究

违反法律规则，应当承担与违法行为相对应的补偿、强制履行或惩罚的特殊义务，承担法律责任。根据违法行为所违反的法律性质不同，法律责任主要可分为民事责任、行政责任和刑事责任。

同一违法行为，行为人有可能既承担行政责任、刑事责任，也承担民事责任。例如，商业银行违法开展个人理财业务，造成客户经济损失的，应按照有关法律规定或者合同的约定承担责任。银行业监督管理机构依据《银行业监督管理法》的规定可对商业银行以及直接负责的董事、高级管理人员和其他直接责任人员实施处罚；构成犯罪的，则由司法机关依法追究刑事责任。

（一）行政处罚与申辩

银行保险机构、其他单位和个人（以下简称当事人）违反法律、行政法规和银行保险监管规定，国家金融监督管理总局及其派出机构可依法给予行政处罚。

国家金融监督管理总局及其派出机构可给予的行政处罚种类包括：警告，罚款，没收违法所得，责令停业整顿，吊销金融、业务许可证，取消、撤销任职资格，限制保险业机构业务范围，责令保险业机构停止接受新业务，撤销外国银行代表处、撤销外国保险机构驻华代表机构，要求撤换外国银行首席代表、责令撤换外国保险机构驻华代表机构的首席代表，禁止从事银行业工作或者禁止进入保险业，以及法律、行政法规规定的其他行政处罚。

对于国家金融监督管理总局及其派出机构作出的行政处罚，当事人享有陈述权和申辩权。国家金融监督管理总局及其派出机构应当根据案件审理审议情况、当事人陈述与申辩情况，以及听证情况拟定行政处罚决定书。当事人提出的事实、理由和证据成立的，国家金融监督管理总局及其派出机构应当予以采纳，不得因当事人申辩而加重处罚。

当事人对行政处罚决定不服的，可以在收到行政处罚决定书之日起60日以内申请行政复议，也可以在收到行政处罚决定书之日起6个月以内直接向有管辖权的人民法院提起行政诉讼。

（二）刑事犯罪与刑罚

刑事犯罪是指一切危害社会、触犯刑法，依照法律应当受刑罚处罚的行为。但是情节轻微且危害不大的，不认为是犯罪。

刑罚分主刑与附加刑两类。主刑有5种，包括管制、拘役、有期徒刑、无期徒刑、死刑；附加刑有3种，包括罚金、剥夺政治权利、没收财产。附加刑也可以独立适用。

我国《刑法》还有"禁业规定"，即对于利用职业便利实施犯罪，或者因实施违背职业要求的特定义务构成犯罪而被判处刑罚的，人民法院可以根据犯罪情况和预防再犯罪的需要，禁止其自刑罚执行完毕之日或者假释之日起从事相关职业，期限为3年至5年。

作为商业银行个人理财业务人员，涉及的刑事领域事项多集中于破坏金融管理秩序罪，金融诈骗罪，妨害对公司、企业的管理秩序罪几大类罪行。

破坏金融管理秩序罪共有30个罪名。其中，涉嫌金融消费者业务的主要有非法吸收公众存款罪，伪造、变造金融票证罪，洗钱罪，骗取贷款、票据承兑、金融票证罪，妨害信用卡管理罪，窃取、收买、非法提供信用卡信息罪，内幕交易、泄露内幕信息罪，违法发放贷款罪，吸收客户资金不入账罪，等等。

金融诈骗罪共有8个罪名，即集资诈骗罪、贷款诈骗罪、票据诈骗罪、金融凭证诈骗罪、信用证诈骗罪、信用卡诈骗罪、有价证券诈骗罪和保险诈骗罪。

妨害对公司、企业的管理秩序罪共有17个罪名。其中，涉嫌金融消费者业务的主要有虚报注册资本罪，虚假出资、抽逃出资罪，违规披露、不披露重要信息罪，非国家工作人员受贿罪，对非国家工作人员行贿罪，签订、履行合同失职被骗罪，国有公司、企业、事业单位人员失职罪，国有公司、企业、事业单位人员滥用职权罪，等等。

实例5-18 金融理财业务监管——违法责任追究[①]

被告人暨附带民事公益诉讼被告李某，案发前系某移动营业厅实际经营人。2020年1月至案发，李某利用职务便利，在未经他人允许情况下，擅自将含有他人个人信息的手机号码及验证码发送到微信群中，并按照每条1元至9元不等的价格收取费用，非法获利合计人民币6 146元。

法院判定：

一、被告人李某犯侵犯公民个人信息罪，判处有期徒刑八个月，缓刑一年，并处罚金人民币5 000元。

二、禁止被告人李某在缓刑考验期内从事与个人信息相关的活动。

三、被告人李某违法所得人民币6 146元，依法予以追缴，上缴国库；扣押在案的手机一部，依法予以没收，由扣押机关依法处理。

四、附带民事公益诉讼被告李某在判决生效后三十日内将非法获取的公民个人信息彻底删除。

五、附带民事公益诉讼被告李某于判决生效后就侵犯公民个人信息的行为在县级媒体公开赔礼道歉。

六、附带民事公益诉讼被告李某于判决生效后三十日内赔偿公益诉讼起诉人公益损害赔偿金人民币6 146元。

[①] 改编参见：中国裁判文书网，（2022）皖1324刑初212号，https://wenshu.court.gov.cn/website/wenshu/181107AN FZ0BXSK4/index.html?docId=Rb8l7fMlrxdwbETlYPCgPZ7oPw8tX0Z17F15v+xOkuMsxGqZNYog3J/dgBYosE2gg xCZrBaEWuH2Mvr1RsW2O+FgKFrvJ2BIUuYaE6OC21N6g562apeOKnFbQfDdVnVD。

第六章

家庭财务报表和预算的编制与分析

本章提要

本章专为希望掌握个人及家庭财务管理核心技能的学员设计，旨在通过系统化学习，帮助学员深入了解家庭财务状况，分析和诊断家庭财务指标，制订合理的财务规划，实现财富增值与生活品质的双重提升。内容涵盖家庭财务基础知识、家庭财务表格的编制、收支分析与预算管理。

本章内容包括：
- 家庭财务分析基础知识；
- 家庭资产负债表的编制和分析；
- 家庭收支储蓄表的编制和分析；
- 家庭资产负债表与家庭收支储蓄表的关系；
- 家庭财务比率分析与诊断；
- 家庭财务预算与现金流量预估表的编制；
- 理财资讯平台在家庭财务分析中的应用。

通过本章学习，读者应该能够：
- 掌握家庭财务报表（家庭资产负债表、家庭收支储蓄表）编制与分析的原理和基本方法；
- 掌握家庭财务比率分析与诊断的原理和基本方法；
- 掌握家庭财务预算编制与控制的原则和基本方法；

● 能够运用理财资讯平台进行家庭财务分析与诊断。

第一节　家庭财务分析基础知识

一、家庭财务分析的意义

家庭财务分析在整个理财规划中具有非常重要的意义，如图6-1所示。

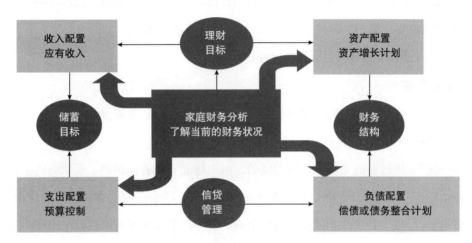

图6-1　家庭财务分析的意义

理财师的主要工作是为客户制订综合、客观、恰当的理财规划。因此，首先，理财师要对客户家庭当前的财务状况做相应的了解，确定家庭的理财目标。其次，理财师要分析客户家庭的财务结构，一方面要了解家庭已有的资产配置情况以便实施资产增长计划，另一方面要了解家庭负债状况以便实施减债计划，降低财务负担，双管齐下为未来理财目标的实现奠定相应的基础。最后，理财师要了解客户家庭的收入和支出情况，进行应有收入和支出预算控制，以便实现家庭储蓄目标，保证家庭理财目标的实现。对负债如何合理配置，本书将在第九章"家庭信用与债务管理"中讲述。

二、家庭财务分析的基本概念

（一）会计的基本概念[①]

会计是以货币为主要计量单位，反映和监督一个单位经济活动的一种经济管理工作。在企业中，会计主要反映企业的财务状况、经营成果和现金流量，并对企业经营活动和财务收支进行监督。

会计是现代企业中一项重要的基础性工作。会计的作用主要包括：第一，提供对决策有用的信息，提高企业透明度，规范企业行为；第二，加强经营管理，提高经济效益，促进企业可持续发展；第三，考核企业管理层经济责任的履行情况。

（二）会计要素、会计科目以及会计等式

1. 会计要素

会计要素是对会计对象的具体内容进行的基本分类。会计要素分为六大类：资产、负债、所有者权益（净值）、收入、费用（支出）、利润（储蓄）。

资产是指主体过去的交易或事项形成的、由主体拥有或者控制的、预期会给主体带来效用或经济利益的资源。负债是指主体过去的交易或事项形成的主体在将来的付款义务。所有者权益（净值）是资产扣除负债后的余额。资产、负债和所有者权益（净值）三项会计要素反映主体的财务状况。资产源于所有者权益（净值）和债权人的借入资金，分别归属于所有者和债权人。资产必然等于负债加上所有者权益（净值）。

收入是指主体在一定期间获得的导致所有者权益（净值）增加的经济利益流入。费用（支出）是指主体在一定期间发生的导致所有者权益（净值）减少的经济利益流出。利润（储蓄）是指主体在一定期间的经济利益成果。收入、费用（支出）和利润（储蓄）三项会计要素反映主体在一定期间的经营成果。

2. 会计科目

会计科目是对会计要素的具体内容进行分类的项目。会计科目可分为资产类、负债类、所有者权益类、损益类等。

3. 会计等式

$$资产=负债+所有者权益（净值）$$

$$收入-费用（支出）=利润（储蓄）$$

---

① 本部分内容主要参考了2023年注册会计师全国统一考试辅导教材《会计》第一章"总论"。

（三）家庭财务报表

1. 财务报表

财务报表是对主体财务状况、经营成果和现金流量的结构性表述，目的是向财务报表使用者提供有关会计信息，以帮助财务报表使用者了解主体的有关状况，并做出相应决策。

财务报表至少包括资产负债表、利润表、现金流量表以及附注等，分别从不同角度反映主体的财务状况、经营成果和现金流量。资产负债表反映主体在某一特定日期所拥有的资产、需偿还的债务以及净值情况。利润表反映主体在一定期间的经营成果。现金流量表反映主体在一定期间现金和现金等价物流入和流出的情况。附注是在资产负债表、利润表、现金流量表等报表中列示的项目的文字描述或明细资料，以及未能在这些报表中列示的项目的说明等。

2. 家庭财务报表概述

家庭的资产、负债和净值三项会计要素反映家庭在某个时点的财务状况。

资产是指家庭过去的交易或事项形成的、由家庭拥有或者控制的、预期会给家庭带来效用或经济利益的资源。负债是指家庭过去的交易或事项形成的家庭在将来的付款义务。资产源于净值和债权人的借入资金，分别归属于家庭和债权人。资产=净值+负债，净值=资产－负债。

家庭的收入、支出和储蓄三项会计要素反映家庭在一定期间的经营成果。

收入指的是家庭在一定期间获得的导致净值增加的经济利益流入。支出是指家庭在一定期间发生的导致净值减少的经济利益流出。储蓄是指家庭在一定期间的经济利益成果。收入－支出=储蓄。

家庭财务报表是对家庭财务状况的结构性表述，目的是向家庭财务报表使用者提供有关会计信息，以帮助家庭财务报表使用者了解家庭的有关状况，并做出相应决策。家庭财务报表至少包括家庭资产负债表、家庭收支储蓄表、现金流量表及附表储蓄运用表等，分别从不同角度反映家庭的财务状况。家庭资产负债表反映家庭在某一特定日期所拥有的资产、需偿还的债务以及净值情况。家庭收支储蓄表反映家庭在一定期间的收支情况。现金流量表反映家庭在一定期间现金和现金等价物流入和流出的情况。储蓄运用表反映家庭在一定期间对储蓄的运用情况。本章重点介绍家庭资产负债表、家庭收支储蓄表以及储蓄运用表。

3. 家庭会计和企业会计的主要区别

本章所讲述的家庭会计和企业会计在工作内容上十分相近，但是家庭会计仅利用那些在企业的会计和财务管理领域已经日臻完善的方法和技术，来对家庭的财务进行计划和管理。对一个拥有会计基础知识的读者而言，本章的内容并不复杂，因为家庭财务并不像企业财务那么复杂，它们之间存在明显的区别。

第一，会计核算原则不同。家庭财务核算的目的是协助家庭成员理解和分析自身财务状况以及相应的缺陷，为实现下一步的财务目标做好准备。考虑到大部分家庭成员的非专业性特点，为方便他们充分理解家庭财务分析的数据关系，同时避免内容过于深奥带来的阅读困扰，在核算过程中我们采用收付实现制的核算原则，来尽量贴近众多家庭的现实情况；而企业会计在核算过程中大多采用权责发生制的核算原则，用以准确反映企业财务中的成本收益对应特点。[①]这一点是家庭会计和企业会计的根本区别所在。

第二，财务信息使用范围不同。制作家庭财务报表的主要目的是及时了解家庭财务状况，合理进行家庭财务管理，这些信息一般情况下无须对外公开。如果需要对外公开，一般存在以下两种情况：家庭的财务规划师或金融理财师、保险顾问、税务顾问、律师等为了帮助家庭进行财务规划、风险管理和保险规划、税务优化、遗产筹划等，往往需要用到这些资料和数据；一些贷款人为了对家庭的资信和偿付能力进行评估，并据此做出贷款或者授信决策，需要对家庭资产负债表和家庭收支储蓄表中一些他们所关注的内容进行了解，比如总债务水平、房产和汽车价值、其他金融资产或生息资产的价值，但他们一般不会使用全部家庭财务报表的内容。

第三，范式要求不同。对于家庭财务报表，没有任何被广泛接受的会计准则的要求，家庭完全可以根据自己的需要来编制。本章中所提供的范例不代表任何财务准则或会计制度，仅是为读者提供一种较为普遍的编制和分析方法，读者可以自行设计适合自己的报表，也可以创造性地提出其他财务指标对报表进行分析。

第四，核算准则不同。在企业的会计和财务管理中，为了审慎地计量企业的资产，会计的谨慎原则要求对各个资产项目计提减值准备。比如，对应收账款与其他应收款要计提坏账准备，对短期股票投资和短期债券投资要计提短期投资跌价准备，对库存商品和原材料要计提存货跌价准备，对长期股权投资、长期债权投资要计提长期投资减值准备，对企

---

① 收付实现制和权责发生制的原理将在后续"家庭财务分析的基本原则"部分为大家介绍。

业拥有的房屋、建筑物、机器设备要计提固定资产减值准备，对企业拥有的专利权、商标权要计提无形资产减值准备，另外对在建工程和委托贷款也都要计提减值准备。这些减值或跌价准备作为对相应资产项目的备抵科目，必须列在资产负债表中，作为相应资产的减项。而对家庭财务报表就没有这么严格的要求。一方面，以上列举的很多会计科目都不是家庭资产负债表的内容。即使对于家庭资产负债表中那些主要资产项目，比如住宅、汽车、股票投资或债券投资，减值准备也是完全视家庭的需要和编制会计报表时的经济环境判断是否列明。一般而言，只有在宏观经济十分萧条，金融市场交易特别冷清的时候，为谨慎起见，才需根据房产（包括自用住宅和商用、投资住宅）或金融资产或其他生息资产可能贬值的情况，对这些项目计提减值准备，列入家庭资产负债表作为减项。另一方面，企业会计严格要求对固定资产计提折旧，国家根据企业的不同类型规定其计提折旧的政策。对于家庭财务报表而言，尽管家庭的自用住宅、商用住宅、投资住宅和家用汽车也有折旧的问题（尤其是家用汽车，3～5年就可能计提完折旧），但是很多时候并不把折旧列入家庭资产负债表。

在家庭财务管理中，我们倾向于处理现金而不是将来会有的收入。也就是说，家庭财务会计几乎不进行收入或费用的资本化。比如，个人投资于某学历或职业培训，会增加人力资本价值，进而增加其未来收入。企业可以将这项支出资本化从而递延到未来分期摊销，而家庭财务管理一般只把它视为一项生活支出，而不是投资性支出。

三、家庭财务分析的基本原则

尽管家庭的会计和财务管理与企业的会计和财务管理之间有很多区别，但是家庭的会计和财务管理同样需要借用企业的会计和财务管理中的一些基本原则和概念。

（一）流量和存量

在谈及家庭财务报表之前，首先要能分辨流量和存量的概念，并能正确理解流量和存量的关系。

收入和支出是流量的概念，显示一段时间内收入和支出的变化。我们通常以收入循环一次的时间来确定流量的期间，比如：我国工薪阶层一般是领月薪，所以收入、支出、储蓄等流量通常按月计算；美国工薪阶层一般是领周薪，因此收入、支出、储蓄等流量通常以周计算；对于每天都记账并清点现金对账的人，流量期间甚至可以按日计算。把按日、周或月的流量加总，便可做出一季或一年的流量。

资产和负债是存量的概念，显示某个结算时点资产和负债的状况。通常以月底、季度底或年底来作为资产、负债的结算基准日，在基准日需汇总当日所有资产、负债的情况。

如果把资产负债表中的净值比喻为某一时点水槽中的水位，那么收入犹如进水量，支出就好比出水量，储蓄就是在一段时间内水槽净增加的水量。进水量多于出水量，水槽水位会上升，即收入大于支出，净值会增加；出水量多于进水量，水槽水位会下降，期末净值相比期初净值会下降。由此可以得到一个简单的公式，即期初存量＋本期流入－本期流出＝期末存量，也就是说，期初净值＋本期收入－本期支出＝期末净值。收入－支出＝储蓄，因此储蓄＝期末净值－期初净值[①]。储蓄和净值的关系如图6-2所示。

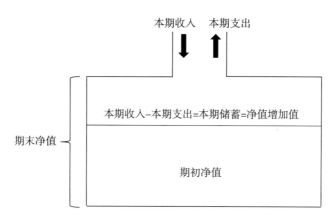

图6-2 流量和存量：储蓄和净值的关系

通过流量和存量的概念了解收入、支出、储蓄、资产、负债、净值之间的关系，对我们进行家庭财务管理十分重要。

（二）权责发生制和收付实现制

权责发生制又称应计制，是以导致收入实现和费用产生的"行为"的发生时间为准，来确认收入和费用的一种会计核算基础，即交付货物或劳务时就记"应收账款"，收到货物或劳务时就记"应付账款"。企业会计为了符合收入和支出的配合原则，一般都使用权责发生制。例如，在已开发票但未收到现金时，就需确认为收入，计入利润表，同时在资产负债表中列为资产类的应收账款，待收到现金后再做资产调整，将应收账款转为现金；在赊欠购物但已拿到对方发票时，就需确认为支出，计入利润表，同时在资产负债表中列为负

[①] 储蓄＝期末净值－期初净值，这一公式只在以成本价值计价时适用。以成本价值计价和以市场价值计价方式的区别会在本节第三组概念辨析中讲解。

债类的应付账款，待付出现金后再冲销应付账款。

收付实现制又称现金制，是以收入带来的现金"收到"时间和由费用导致的现金"付出"时间为准，来确认收入和费用的一种会计核算基础，即有现金流入或流出时才记账。尽管比照企业会计的权责发生制，每笔交易都做借贷分录来记账是最正确的会计核算方式，但这在现实生活中很少被家庭采用。为简便起见，一般家庭收支流量大多以收付实现制计算，按照这种方法，通过对照期初和期末的现金，也可以检查记账时有无遗漏之处。

对一般家庭来说，采用收付实现制记账与采用权责发生制记账的主要差异发生在信用卡的使用和还款时。如果采用权责发生制，刷卡时就已经拿到货物或使用卖方提供的服务，也拿到了卖方的发票，因此应该在收支储蓄表上记支出，把已签账而未付现的款项视为应付账款，但只要在宽限期内把信用卡卡债还清，已签的卡债就不需要支付利息。如果一个家庭每月签账金额变化不大，且都是在宽限期内还清卡债，就可以使用收付实现制，在刷卡时不做记录，只在以现金转账支付信用卡账单时，才记为支出。不过仍要保留签账单，作为预估短期现金流出（还信用卡卡债义务）的依据。

（三）以成本价值计价和以市场价值计价

编制资产负债表时，有两种记账方式：以成本价值计价和以市场价值计价。以成本价值计价是按照资产买入实际花费的金额记账，而以市场价值计价则按照编制资产负债表时资产可变现价值记账。编制资产负债表时，最好将以成本价值计价和以市场价值计价一同并列，一方面可看出资产损益，另一方面两表含义各不相同便于对照理解。

用成本价值计价可以判断记账的准确性，因为资产记账金额不受市场价格波动的影响，则净值的变动只受储蓄的影响，可以以如下等式钩稽记账的准确性：

本期期末的净值－本期期初的净值＝当期储蓄额（以成本价值计价）

以市场价值计价的资产负债表，可以正确显示家庭净财富的当前价值。计算市场价值时，除那些市价可以随时获得的交易所上市的股票、债券或公募基金等金融资产外，实物资产如房屋、汽车或收藏品，也要定期估价来反映其价值变化。成本价值和市场价值之间的差异，就是账面上的资产损益，即浮盈浮亏。

那么，当家庭持有的资产市场价值变动，或有形资产随时间损耗时，是否应该根据市场价值调整资产负债表或计提折旧？因为家庭资产负债表的编制不像公司资产负债表的编制那样要遵守公认的会计准则，所以可依据个人投资的目的或持有期限来做一些灵活的处理。对于不同的资产，我们建议的处理方式如下：

市场价值评估不易、流动性较差的房地产、汽车、古董或未上市股票、债券等资产，可以根据成本入账，平常不进行资产重估调整，在处置此类资产时其处分收益直接列入净值变动额。但如果市场价值在短期的确有很大变化（如房价现在的行情较购入时或前次重估时涨跌10%以上），为避免资产负债表失真，还是应该自行估价调整，估价的标准应是当前可以卖出的价格，而不是自己想卖出的价格。需要注意的是，资产重估增减值也要列入净值变动额。但当处置资产时，其损益要以最近年度重估后的价值为基础来计算。

对市场价值变动频繁且有客观依据来评判的上市公司股票、国内基金和海外基金等，应于每期编制资产负债表时，将未实现的资本利得或损失反映在当期净值的变动上。企业会计在处理这类资产时，本着审慎性原则，一般采用成本和市场价值孰低法则，只计提短期投资跌价准备或长期投资减值准备等备抵科目，不计提未实现资本利得。不过，对于家庭而言，编制资产负债表的主要目的是供自己参考，可以真实反映投资的账面损益。需要注意的是，每期调整时要以上一期调整后的市场价值为比较基准，如股票成本为100万元，上一期市场价值为120万元，净值因未实现资本利得而增加了20万元，但本期市场价值降到110万元，比上一期少10万元，因此本期净值应该是减少10万元。

资产重估增减值或市场价值变动后未实现的资本利得或损失实际上均为资产在账面上的浮盈浮亏，属于账面损益。但如果账面损益作为净值调整项目，以上得出的期初净值与期末净值的变动额和当期储蓄额之间的恒等式就不再成立，以市场价值计价的等式表示如下：

当期净值变动额＝当期储蓄额＋资产账面损益（以市场价值计价）

（四）家庭财务分析的结构

理财的过程可定义为一生的现金流量或收支管理。一般而言，人们刚踏入社会工作时，只有工作收入与生活支出，当工作收入大于生活支出时，有多余的钱可以存下来。存下来的钱要保留一部分流动性最好的现金或活期存款，以3～6个月生活必要现金流出的金额作为紧急预备金，多余的钱可以拿来投资，开始累积投资性资产。投资性资产产生的利息收入或资本利得，都属于理财收入。随着年龄渐增，理财收入占总收入的比重应逐渐增加，如此理财收入才能在退休后取代工作收入，成为养老生活的主要来源。人生中还有一些目标，如购房和子女教育金，需要一次性的大额开支，以当时的收入无法负担这些金额，这就需要提前规划来补足缺口。在适当的时机，也可以借钱来投资，利用财务杠杆加速资产成长。借钱就会产生负债，有负债就必须支付利息，利息是一种理财支出。如要购房取得自用性资产，首先要变现部分已累积的投资性资产作为购房的首付款，之后再办理房屋贷款，以分期还本息的方式，在收入可负担范围内，在较长的一段时间内将贷款还清。以上的现金流循环都假设在正常的收支运作情况下，如果因为意外事故导致收入中断，个人将无法应付自己或家人的生活支出及还款现金流，而为了管理这种风险就应投保定期寿险或意外险来弥补收支缺口；另外，也可能由于灾害致使财产损失或治疗疾病使得支出大幅增加，导致收不抵支，为了管理这些风险就应投保财产险或医疗险。投保保障型保险来管理风险，也是一种理财行为，因此保障型保费也是一种理财支出。图6-3所示的家庭财务分析架构，先对收支与资产负债分类的缘由做概略式的说明，后面还有更详细的介绍。

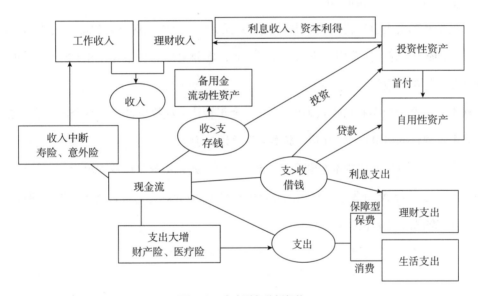

图6-3 家庭财务分析架构

第二节 家庭资产负债表的编制和分析

案例 20××年12月31日，理财师李华对刘先生当年年度家庭财务状况进行了分析，情况如下：

刘先生和夫人彭女士结婚20年，他们的儿子刘晓今年18岁，正在上大学一年级。

刘先生家有现金1万元，活期存款2万元，外币存款1万美元。证券方面，刘先生持有A股票10手（成本价为6元/股，市价为3.8元/股），B股票20手（成本价为4元/股，市价为2.5

元/股），C股票10手（成本价为12元/股，市价为10元/股），另持有某基金10 000份（成本价为2元/份，市价为1.9元/份）。刘先生和彭女士的社保及公积金个人账户余额共计25万元。

刘先生家有两处房产：一处自住，成本为120万元，如今市价为140万元，房贷余额为30万元；另有投资性房产一套，成本为100万元，当前市价为130万元，房贷余额为40万元。

保险方面，刘先生购买了保额为50万元的定期寿险（交费期为20年，已交5年，现金价值为0元），保额为10万元的终身寿险（交费期为20年，已交5年，累积现金价值为1万元），保额为20万元的年金保险（交费期为20年，已交5年，累积现金价值为5万元），还有一份保额为10万元的投资连结险保单（趸交保费为10万元，投资账户价值为12万元）。

刘先生年底借给亲友3万元；其本人信用卡负债1万元；拥有一辆3年前购买的汽车，汽车成本价为15万元，折旧50%。

刘先生和彭女士全年税后工资共计16.5万元，两人全年社保及公积金个人账户缴存额共计5.4万元；家庭生活费用支出为每年6万元，赡养父母的费用为每年1.2万元，儿子的大学学费为每年1.5万元。

刘先生家庭的全年利息收入为0.1万元，全年转让多项投资性资产现金流入合计2.5万元，其中实现资本利得总计1万元，资本损失总计2万元。

刘先生家庭每年的房贷本金和利息支出各为2万元，保障型保费支出为1.3万元，储蓄型保费支出为1万元。刘先生还从当期储蓄中安排1.2万元基金定投，用于其他长期目标。

另外，刘先生还有税后稿费0.5万元。

本章后面的财务报表编制以及财务比率分析都将以此案例为基础。

一、家庭资产负债表的编制

（一）家庭资产负债表的内容

家庭资产负债表的形式如表6-1所示。

表6-1 家庭资产负债表的形式

资产	成本	市价	负债及净值	成本	市价
现金			信用卡负债		
活期存款			小额消费信贷		
其他流动性资产			其他短期消费性负债		
流动性资产合计			流动性负债合计		

（续表）

资产	成本	市价	负债及净值	成本	市价
定期存款			金融投资借款		
外币存款			实业投资借款		
股票投资			投资性房产按揭贷款		
债券投资			其他投资性负债		
基金投资			投资性负债合计		
投资性房产			住房按揭贷款		
保单现金价值			汽车按揭贷款		
社保及公积金个人账户余额			其他自用性负债		
其他投资性资产			自用性负债合计		
投资性资产合计			负债总计		
自用房产					
自用汽车					
其他自用性资产			净值		
自用性资产合计					
资产总计			负债和净值总计		

如果是第一次编制家庭资产负债表，需要对所有资产负债凭证进行仔细整理，以便今后记录资产和负债的变动额。

1. 现金

我们应该在每月结算日清点手边现金，如果记账是以家庭为单位的，则需加总家庭成员手边的现金额。

2. 活期存款

如果有多个不同的银行账户，则要加总各账户在每月结算日当天的余额。

3. 金融性资产的成本和市值

金融性资产的凭证包括定期存款存折、外币存款凭证、股票交易记录、投资基金受益凭证等，分别用以确定定期存款金额，外币存款金额，股票名称和股数，基金种类、名称和单位数。股数或单位数乘以取得单价就是取得成本，股数或单位数乘以结算日的市价就是结算日的市值。有关股票收盘价、投资基金净值价格的数据可从网络、有线电视、报纸、基金公司取得，最新汇率可从银行取得。此外，由个人工资薪金所得按一定比率交费形成的住房公积金和养老金等个人账户，虽然须符合一定条件时才可以领取，但所有权属于个人，也可计入投资性资产。

4. 房产的成本和市值

在核算房产时，往往由房屋权属证明确定房屋面积，用商品房购销合同上的总价款加上各项购房时需支付的税费确定取得成本。通常我们用市场比较法评估房产当前的价格，以每平方米市价乘以面积估计房产的市值。如果是投资性房产，假如店面有租金收入，则可以简单使用收入还原法来计算市值，即房租年收入/平均收益率=市价。比如，100平方米的店面房租为每月5 000元，店面的平均收益率为5%，则该店面的预计市价为5 000元 × 12 ÷ 5%=120万元，120万元 ÷ 100平方米 =12 000元/平方米。

5. 其他耐用消费品的估价

一般而言，自用汽车一落地就折价1/3，使用2年折价1/2，使用5年后的残值几乎所剩无几。家庭资产负债表上如果要显示自用汽车的价值，就要参考同品牌的二手车行情。其他资产，有增值可能的古董或收藏品需要定期估价；一般家具、电器等耐用消费品，只能以旧货商的收购行情计价，价值不高。

6. 应收款项

借给他人的款项如果确定可收回，以借出额为应收款项的市值，这笔金额可以记在家庭资产负债表中的投资性资产列下。如果回收无望或回收概率较低，则应该比照企业会计计提坏账准备，将应收账款成本按照回收概率打折来计算市值。

7. 保单现金价值

保单现金价值在编制家庭资产负债表时常被忽略。如果投保的是定期寿险、意外险、产险、医疗险等费用性质的险种，一般没有现金价值，是否列入资产影响不大。但如果投保终身寿险、养老年金保险、子女教育储蓄年金、短期储蓄险及其他分年期付或期满一次趸付的险种，或是投资型保单，那么只要投保两年以上，一般都有现金价值，投保时间越久，保单现金价值越大。对于此类保单绝对不可以漏列，否则每年交纳的保费中属于储蓄的那部分将被当作费用，导致年储蓄额及资产总额被低估。保单现金价值可参考保单上的记录。因为一般是以保单周年为准，所以如果每月底编制资产负债表，在交纳保费当月调高保单现金价值即可，不需要每月调整。

8. 负债余额

房贷、车贷和小额信贷最近缴款通知单上所载的余额减去本期的本金还款额，就是负债余额。信用卡的循环信用余额=上月未还余额+本月应缴款额−本月实际缴款额，这一项可由信用卡缴款通知单和缴款收据共同确认。

（二）家庭资产负债表的编制基础

1. 资产编制的资料基础

- 现金：期末盘点余额。

- 存款：期末存单余额。

- 股票：股票数量 × 买价或期末股价。

- 基金：单位数 × 申购净值或期末净值。

- 债券：市价或面额。

- 保单：现金价值。

- 房产：买价或最近估价。

- 汽车：买价或二手车行情。

- 应收款：债权凭证。

- 预付款：订金支付收据。

2. 负债编制的资料基础

- 信用卡循环信用：签单或对账单。

- 车贷：账单期末本金余额。

- 房贷：账单期末本金余额。

- 小额负债：期末本金余额。

- 私人借款：借据。

- 预收款：订金收据。

（三）编制家庭资产负债表的注意事项

（1）家庭资产负债表是一个时点的存量记录，要确定是月底、季底还是年底编制。

（2）第一次编制家庭资产负债表时，要清点家庭资产并评估价值，分别记录成本与市价，并计算账面损益。在第二次及以后，如果资产数量未变，只需比较两期的市价变化，其差异就是未实现的账面损益，最终可反映在净值的变化上。如果资产数量有变，则说明当期有资产交易，以成本价值计价的资产额会发生变化，处置时也会有已实现的资本利得或亏损反映在收支储蓄表上。负债方面，如果未新增贷款项目，原来的贷款多有等额本息或等额本金还款计划，那么期初负债本金余额－等额本息或等额本金摊还额中本金的部分＝期末负债本金余额。

（3）以市价计量的资产及净值可反映个人真实财富。

（4）汽车等自用性资产可提折旧以反映其市场价值随使用而降低。

（5）债权预计无法回收的部分应提呆账，以反映其市场价值的减少。

家庭资产负债表有以下3个重要的公式：

（1）资产－负债＝净值。

（2）以成本价值计价的期初净值－以成本价值计价的期末净值＝当期储蓄额。

（3）以市场价值计价的期初－期末净值差异＝当期储蓄额＋资产账面价值变动。

（四）普通人一生的资产负债

图6-4显示了普通人一生的资产负债变化。刚踏入社会工作时，收入大于支出，以储蓄逐年累积投资性资产，到了购房时，需要变现部分投资性资产作为购房首付款，此时房产成为最主要的自用性资产，同时负担以房贷为主的自用性负债。房贷余额一般规划在退休前缴清。投资性资产的累积到退休时达到最高峰，退休后需开始变现投资性资产来弥补收支缺口，投资性资产逐年降低，当降到0时就是资本透支点。如果自用性资产不考虑作为遗产，退休后可出售房产改为租房，以延后资本透支点，一般要延到80岁以后才比较安全，否则很容易出现人还在钱没了的状况。

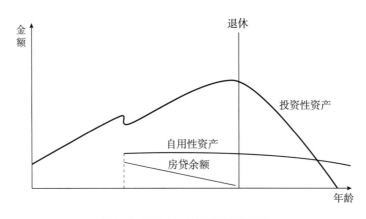

图6-4 普通人一生的资产负债变化

案例（续） 20××年12月31日刘先生家庭财务状况如表6-2所示。

根据家庭财务状况，我们可编制家庭资产负债表，即把家庭的资产与负债情况填入表格当中，得到表6-3。从表中我们可以清晰地了解刘先生家庭的资产、负债以及净值情况，以便为今后的资产负债分析以及比率分析做好准备。

表6-2 刘先生家庭财务状况

现金：1万元				自用房产：成本 120 万元		
活期存款：2万元				当前市价：140万元，房贷余额30万元		
外币存款：1万美元				投资性房产：成本 100 万元		
成本汇率 6.5，年底汇率 6.3				当前市价：130万元，房贷余额40万元		
证券名称	数量	成本价	市价	种类	20 年交费期	已交 5 年
A 股票	10 手	6 元 / 股	3.8 元 / 股	定期寿险	保额：50 万元	现金价值：0 元
B 股票	20 手	4 元 / 股	2.5 元 / 股	终身寿险	保额：10 万元	现金价值：1 万元
C 股票	10 手	12 元 / 股	10 元 / 股	年金保险	保额：20 万元	现金价值：5 万元
基金	10 000 份	2 元 / 份	1.9 元 / 份	投资型保单	趸交保费：10 万元	账户价值：12 万元
社保及公积金个人账户余额：25 万元				汽车：买价为 15 万元，使用 3 年，折旧 50%		
借给亲友（债权）：3 万元				信用卡负债：1 万元		

表6-3 家庭资产负债表　　　　　　　　　　　　　　　　　　　　　　　　　单位：元

资产	成本	市价	负债及净值	成本	市价
现金	10 000	10 000	信用卡负债	10 000	10 000
活期存款	20 000	20 000	小额消费信贷		
其他流动性资产			其他短期消费性负债		
流动性资产合计	30 000	30 000	流动性负债合计	10 000	10 000
定期存款			金融投资借款		
外币存款	65 000	63 000	实业投资借款		
股票投资	26 000	18 800	投资性房产按揭贷款	400 000	400 000
债券投资			其他投资性负债		
基金投资	20 000	19 000	投资性负债合计	400 000	400 000
投资性房产	1 000 000	1 300 000	住房按揭贷款	300 000	300 000
保单现金价值	160 000	180 000	汽车按揭贷款		
社保及公积金个人账户余额	250 000	250 000	其他自用性负债		
其他投资性资产	30 000	30 000	自用性负债合计	300 000	300 000
投资性资产合计	1 551 000	1 860 800	负债总计	710 000	710 000
自用房产	1 200 000	1 400 000			
自用汽车	150 000	75 000			
其他自用性资产			净值	2 221 000	2 655 800
自用性资产合计	1 350 000	1 475 000			
资产总计	2 931 000	3 365 800	负债和净值总计	2 931 000	3 365 800

（五）编制家庭资产负债表易犯的错误

1. 资产与负债定义不清楚

错误：把收入当资产，把支出当负债。

正确：当期实现的收入和支出是流量，应列入收支储蓄表。

错误：把寿险保额当作资产。

正确：只有保单现金价值才能列为资产。

2. 漏列资产或负债项目

公积金个人账户余额、养老金个人账户余额以及医疗保险个人账户余额也应列为投资性资产，因为此类账户的余额也是在账户中累计生息的，具有投资性资产的性质。

3. 资产价值计算不正确

不同资产项目的计价基础不一致，有些资产以成本价值计价，有些资产以市场价值计价，不能加总。可分别制作以成本价值计价和以市场价值计价的家庭资产负债表。

家庭资产负债表表示的是某一时点上家庭资产负债的情况，所以要保证各项目的价值计算时间处在同一时点上。

二、家庭资产负债表的分析

（一）家庭财务结构

资产可分为流动性资产、自用性资产、投资性资产，其结构分析如表6-4所示。

表6-4　资产的结构分析

流动性资产（CA）	流动性负债（CL）
	流动性净值（CE）
自用性资产（UA）	自用性负债（UL）
	自用性净值（UE）
投资性资产（IA）	投资性负债（IL）
	投资性净值（IE）

1. 流动性资产

流动性资产包括现金、活期存款、货币市场基金等，其特性是可保本，而且变现时不会有资本损失，安全性和流动性最强，但是只有少许甚至没有利息收入，获利性最低。流动性资产过多，资产的增值能力相对较弱，而流动性资产过少可能无法应对突发状况。持有流动性资产有如下3个动机：

（1）交易性动机。一般而言，每月交易性动机的需求额度可以以下述方法简要确定：

工资收入角度：大部分人按月获得薪资收入并规划每月开销，所以以月频收入保持流动性资产。

生活消费角度：以家庭每月支出预算金额确定流动性资产。

信用卡还款角度：如果家庭存在信用卡等短期负债，需要将短期负债如信用卡缴款额考虑进去。

（2）预防性动机。预防性动机的存在使家庭需要准备一部分紧急预备金，通常需要维持3～6个月的必要现金流出。

准备紧急预备金应考虑的因素包括失业的可能性及找工作的时间，失业后家庭支出预算的调整弹性，现有的医疗或看护险保障，当前收入水平及其他可变现资产等。在计算必要现金流出时需要考虑家庭日常生活开支、房贷还款金额和各项保费金额。

（3）投机性动机。投机性动机使人们需要保留一部分现金直至市场转好时再进场投资，因此，所需要维持的现金额度没有一个确定的数额，通常是总投资金额的一定比率。证券交割款活期存款账上的余额、随时可能转回股市操作的货币市场基金、随时可能转回海外股票基金操作的美元货币市场基金，都属于投机性的货币需求。

2. 自用性资产

自用性资产包括个人或家庭使用的且拥有产权的房屋、汽车、珠宝首饰等资产。它们可以提供使用价值，虽然在必要时也可以卖出变现，但持有不是以赚取买卖价差为主要目的。自用性资产如房屋和珠宝首饰等，在通货膨胀时通常有保值功能。除此之外，拥有房屋可以用一次性的交易金额来代替每月的租金支出。自用性资产中的汽车作为消耗品，其价值将随使用年限不断降低。

3. 投资性资产

除了流动性资产，所有可以产生利息收入或资本利得的资产都可算作投资性资产，包括定期存款、国债、公司债、股票、债券型基金、股票型基金、平衡型基金和外币投资产品等。投资型保单和储蓄险，因为能够积累现金价值，也算是投资性资产。除了金融性资产，以收取租金或赚取买卖价差为目的所购买的投资性房产、黄金和古董字画收藏品等实物投资，流动性较低但保值性较高，也记为投资性资产。

4. 自用性负债、投资性负债、流动性负债

负债依其用途可分为自用性负债、投资性负债和流动性负债。分类定义如下：

（1）自用性负债，是用来购买自用性资产如汽车和房屋的抵押贷款的余额。

（2）投资性负债，是扩张信用借钱来投入投资性资产的借款余额。

（3）流动性负债，是透支信用借钱来消费，在结算时点所积欠的余额。

因此我们可把家庭资产负债表上的科目重新分类，自用性资产－自用性负债＝自用性净值，投资性资产－投资性负债＝投资性净值，流动性资产－流动性负债＝流动性净值。总净值＝流动性净值＋自用性净值＋投资性净值。如信用卡消费借贷可用流动性资产来偿还，如果流动性资产不足以在宽限期内偿还流动性负债，就要用未来的收入来偿还，并且要负担高利率利息，也就是说流动性负债的上升会造成流动性净值的下降。如果借钱的目的是投资股票或基金的话，应将其视为投资性负债。如果借钱来投资店面坐收房租，或自行开店经营，虽然名目上是房贷，但实际上仍为可产生投资收益的投资性负债。投资性负债的不断下降有利于投资性净值的不断积累。

（二）家庭资产负债表的主要科目

表6-5列出了家庭资产负债表的主要科目和细目。

表6-5　家庭资产负债表的主要科目和细目一览表

资产科目	可进一步划分的细目
现金／活期存款（流动性资产）a	手边现金／支票存款／活期存款／货币市场基金
定期存款 b	存款银行／存款期间／利率／币种
债券 c	国债／公司债券／买入日期／金额／利率／到期日
国内股票 d	股票名称／买入日期／买入股数／成本／市价
投资基金 e	基金名称／买入日期／买入单位数／成本／市价
期货 f	期货名称／买入日期／合约数量／成本／市价
保值型商品 g	黄金白银／收藏品／单位数／成本／市价
寿险保单现金价值 h	保单种类／受益人／保障年期／保费／解约现金价值
应收借款 i	债务人姓名／借款期限／还款方式／利率／当前余额
房产投资 j	房产地点／面积／成本／市价／当前房租
住房公积金账户累积额 k	夫妻及双方单位每月各自缴费额和当前累积额
社保及公积金个人账户累积额 l	夫妻每月各自缴费额和当前累积额
投资性资产合计 m	m=b+c+d+e+f+g+h+i+j+k+l
期房预付款 n	面积／总价／首付款／已缴工程款／未缴余额

（续表）

资产科目	可进一步划分的细目
自用住宅 o	面积 / 购买日期 / 成本 / 市价 / 房贷余额
汽车 p	车型 / 购买日期 / 成本 / 折旧率 / 市价 / 车贷余额
其他自用资产 q	家电家具 / 购买日期 / 成本 / 折旧率 / 市价
自用性资产合计 r	r=n+o+p+q
总资产 s	s=a+m+r
负债科目	**可进一步划分的细目**
信用卡负债（流动性负债）t	发卡银行 / 当期应缴款 / 期限 / 循环信用余额
耐用消费品分期付款 u	耐用消费品名称 / 分期付款期数 / 每期缴款额 / 当前余额
个人短期信用贷款 v	贷款银行 / 贷款期限 / 贷款额 / 利率 / 每期应缴额 / 信贷余额
民间亲友借款 w	出借人（债权人）/ 贷款期限 / 贷款额 / 利率 / 每期应缴额 / 贷款余额
汽车贷款 x	贷款银行 / 贷款期限 / 贷款额 / 利率 / 每期应缴额 / 车贷余额
房屋抵押贷款 y	贷款银行 / 贷款期限 / 贷款额 / 利率 / 每期应缴额 / 房贷余额
负债总额 z	z=t+u+v+w+x+y
净值 nw	nw=s−z

（三）流动性净值、自用性净值和投资性净值

流动性净值可以用来随时支付紧急的开销。自用性净值的特性是相对较稳定，尽管自用房产可能增值但也会折旧，而自用汽车更是只有折旧少见增值，但其价值的波动程度不大。净值中自用性净值比重较大的，总净值多随负债的减少缓慢增长。净值中投资性净值比重较大的，虽然投资性负债固定，但投资性资产市值随行情有较大幅度的波动，所以总净值的起伏较大。当运用负债投资时，因为贷款利率高于存款利率，不可能有人借钱来存款，所以一定是借钱来投资那些收益率有可能超过贷款利率的创业项目或股票、基金等。但不管有无获利，还款时间到一定要还钱，因此，投资性负债的比重越大，投资性净值波动的幅度越大。家庭资产负债表中完全无负债的人，即使是投资性资产全投入存款，在房价持平或仅能随物价微涨的年份，投资性资产的获利还是比以提供使用价值为主的自用性资产的获利要高。

在趋势分析方面，在购房前房产比例为零，如果负债比率高就表示融资比率高，是以扩大信用的方式在金融市场投资。购房后房产比例大增，如果加上高房贷比例，那么即使融资比率为零，负债比率可能还是在50%以上。因此，仅以负债比率高不能断定家庭整体财务风险高，还要看其组合的具体构成。一般而言，家庭的总净值在购房后5~10年内以自用性净值为主，之后房贷逐渐还清，投资性净值又逐渐回归主导地位。有闲钱还房贷的

人可早日还清贷款，缩短自用性净值主导期，转换至投资性净值主导以准备退休金。但如果不断地为换更大的房屋而借更多的贷款，则可能一辈子都是自用性净值为主。当退休时没有什么投资却有一栋无贷款的大房子，便可考虑出租大房子并另租小房子，创造现金流供养老之用。

如果房地产市场行情大幅下滑，在房贷负债依旧的情况下，自用性净值会大幅降低，在房屋市值低于贷款额时，自用性净值会成为负数。如果投资性资产是以股市投资为主，则股市行情的变动对投资性净值的影响会很大。股市大幅下跌时投资借款还是要还的，此时投资性净值会大幅降低，甚至变成负净值。因此一个家庭受到房地产市场和股市变动的影响有多大，只要看其资产结构及其净值结构即可。

第三节　家庭收支储蓄表的编制和分析

一、家庭收支储蓄表的编制

（一）家庭收支储蓄表的内容

家庭收支储蓄表的形式如表6-6所示。

表6-6　家庭收支储蓄表

项目	金额
工作收入	
其中：薪资收入	
社保及公积金个人账户缴存额 [①]	
其他工作收入	
减：生活支出	
其中：子女教育支出	
家庭生活支出	
其他生活支出	
工作储蓄	
理财收入	
其中：利息收入	
资本利得	
其他理财收入	

---

① 企业年金、职业年金的个人账户缴存额处理方法相同。

项目	金额
减：理财支出	
其中：利息支出	
保障型保费支出	
其他理财支出	
理财储蓄	
储蓄	

（二）家庭收支储蓄表的编制基础

1. 家庭收入项目的编制基础

现实中获取收入的方式分为工作收入和理财收入。

工作收入是指单纯地依靠体力劳动和脑力劳动的付出而获得的收入，分为即期收入和延期收入两部分。即期收入就是当月拿到的薪资、劳务报酬等，延期收入是满足一定条件后按照预先承诺延期获得的收入，主要包括企业年金、社保和公积金等。

理财收入是指借助某一个工具获得的收入，例如股利、资本利得、利息、房租收入等。

2. 家庭支出项目的编制基础

与家庭收入相对应，家庭支出也分为两类，即生活支出和理财支出。

生活支出是指现实生活中的一些日常开支，例如消费支出、房租支出等。

理财支出是指为了获取未来的收益而付出的一些支出，现实生活中主要包含借款的利息支出和保障型保费的支出。

（三）编制家庭收支储蓄表的注意事项

（1）家庭收支储蓄表是一段时间的流量记录，通常按月或按年结算。

（2）以现金基础为原则记账，信用卡在还款时才记支出。

（3）资产变现的现金流入包含投资本金与资本利得，只有资本利得记收入，收回投资本金为资产调整。

（4）房贷本息摊还只有利息部分记支出，本金还款部分为资产负债调整。

（5）保费的记账方法。

根据保险性质的不同，保费可分为保障型保费与储蓄型保费。

定期寿险、意外险、医疗险以及失能险等属于保障型保险，其保费列为费用，归类为理财支出，保障型保险如发生赔款，作为转移性收入处理；养老险、退休年金保险以及投资型保险等有现金价值的保险，其保费列为储蓄的运用，所累积的现金价值列为投资性资产；终身寿险兼有保障性和现金价值，自然保费部分为支出，每年保费超过自然保费的部分为储蓄。

（6）个人所得税与三险一金的记账方法。

个人所得税列为收入的减项，用于计算可支配收入。个人失业保险费的性质为保障型保费，但在编制家庭收支储蓄表时可将其直接作为收入的减项。对于基本医疗保险和基本养老保险，单位所交保费进入统筹账户，相当于保障型保费，另一部分为个人所交保费，进入个人账户，这部分为限制支配收入，在家庭收支储蓄表中记为工作收入并形成储蓄。对于住房公积金而言，个人与单位住房公积金缴存全部为限制支配收入，同样在家庭收支储蓄表中记为工作收入并形成储蓄。三险一金中属于或相当于保障型保费的部分均可列为收入的减项。而社会养老保险、医疗保险以及住房公积金个人账户余额在家庭资产负债表中记作投资性资产。

（四）家庭收支储蓄表编制案例

案例（续） 刘先生夫妇20××年家庭财务情况如表6-7所示。

表6-7 刘先生夫妇20××年家庭财务情况　　　　　　　　　　　　　　　单位：万元

夫妻二人年税后工资	16.5	家庭生活支出	6
二人年社保及公积金个人账户缴存额	5.4	赡养父母支出	1.2
		子女大学学费支出	1.5
利息收入	0.1	保障型保费	1.3
实现资本利得	1	储蓄型保费	1
实现资本损失	2	房贷本金	2
		房贷利息	2
稿费税后收入	0.5	其他长期目标（基金投资）	1.2

根据家庭收支储蓄表的形式，编制刘先生夫妇20××年家庭收支储蓄表，即把家庭财务数据填入其中得到表6-8。

表6-8 刘先生夫妇20××年家庭收支储蓄表　　　　　　　　　　　　　　单位：元

项目	金额
工作收入	224 000
其中：薪资收入	165 000
社保及公积金个人账户缴存额	54 000

项目	金额
其他工作收入	5 000
减：生活支出	87 000
其中：子女教育金支出	15 000
家庭生活支出	60 000
其他生活支出	12 000
工作储蓄	137 000
理财收入	−9 000
其中：利息收入	1 000
资本利得	−10 000
其他理财收入	
减：理财支出	33 000
其中：利息支出	20 000
保障型保费支出	13 000
其他理财支出	
理财储蓄	−42 000
储蓄	95 000

（五）编制家庭收支储蓄表易犯的错误

（1）错误：把账面损益（资产成本与市价的差异）记为收入。

正确：未实现的浮盈和浮亏仅体现在账面上，并未带来实实在在的现金流入和流出，所以未实现的浮盈不能被视为收入，未实现的浮亏不能被视为支出。

（2）错误：出售赚钱的股票，把所有的出售现金流入都记为收入。

正确：只有资本利得部分可记为收入，原购股成本只是把股票类型的资产转成现金类型的资产，体现为资产形式的调整，不是收入。

（3）错误：房贷本利摊还时，把利息和本金都记为支出。

正确：只有房贷利息记录为支出，还本金的部分是现金与房贷同时减少，即资产负债同时减少，不能当作当期支出。

二、家庭收支储蓄表的分析

（一）家庭收支储蓄表的结构分析

家庭收支储蓄表中的等式是：收入 − 支出 = 储蓄。

就每一个家庭来讲，工作收入是源头活水，是其他财富的来源。但是工作收入有其时限性，当退休之后，不再工作，就只能靠理财收入来维持日常生活，因此在工作期间应该逐年提高理财收入的比重，这样可以应对退休之后收入结构变化带来的冲击。

家庭应该对生活支出进行预算控制，避免生活开支过大。对于理财支出而言，由于退休之后我们就不再工作了，因此在退休之前应该把贷款还清、保费交清，在退休后就不再有理财支出了，只有生活支出。

相对于收入和支出的分类，储蓄也分为工作储蓄和理财储蓄。家庭收支储蓄表的结构如图6-5所示。

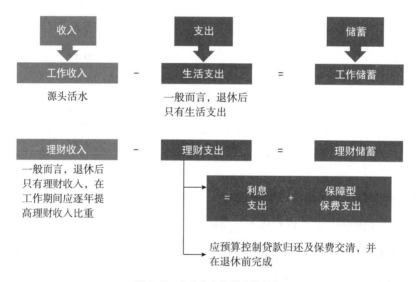

图6-5　家庭收支储蓄表的结构

（二）普通人一生的收支

图6-6显示了普通人一生的收支曲线。工作收入在开始工作后逐年增加，到退休时达到最高点。生活支出随着家庭成员数的增加而增加，在子女接受高等教育时达到高点，在子女独立后开始下降，退休后会进一步下降，但年迈和疾病可能会导致生活支出在末期陡然提高。在人生的初期阶段，资产累积不多，理财收入不高，甚至低于以保费为主的理财支出。在购房后因为利息支出增加理财支出达到最高峰，随着房贷本金的偿还，利息支出开始下降，理想状况是在退休前把房贷与保费都交清，理财支出归零。越早还清贷款，后续储蓄可用来投资的部分越多，理财收入通常在退休前10年大幅提高，若理财收入大于生活支出，表示已经财务独立，可以安稳退休。

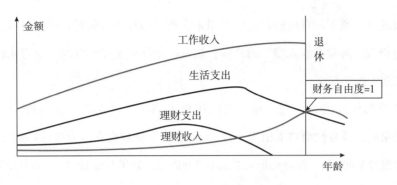

图6-6 普通人一生的收支曲线

（三）储蓄运用分析

总储蓄=固定用途储蓄+自由储蓄，这里描述的是总储蓄将被如何运用。固定用途储蓄是指已经安排的本金还款或投资，后者包括当月拨入住房公积金个人账户和社保个人账户的金额、房贷定期摊还的本金、储蓄型保费、其他固定缴存目标（如基金定投）等。需要注意一点，住房公积金个人账户和社保个人账户缴存的金额既体现在家庭收支储蓄表的工作收入中，也属于储蓄运用分析表中的固定用途储蓄。因为这部分缴存额本身是与工作相关的收入，是限制支配收入，具有强制储蓄的性质，所以属于固定用途储蓄。

自由储蓄就是一般人所认定的储蓄额，是可以自由决定如何使用的储蓄，详见图6-7。

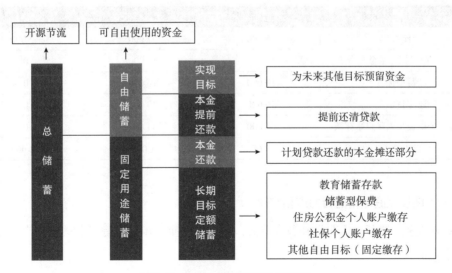

图6-7 自由储蓄概念及其运用实例

如果以储蓄险或定期定额投资基金来准备子女教育金和退休金，并通过定期还贷来完成购房计划的话，剩下的自由储蓄就可以用来实现一些计划外的短期理财目标，也可以用来提前还清贷款。通常在收入增加的月份，如发放年终奖金和红利时，会有比较多的自由储蓄可供规划安排。

工薪阶层的年终奖金该怎么用？可以用自由储蓄的概念进一步解析。例如月薪为10 000元的家庭，经常性消费支出为每月5 000元，房贷利息支出为每月1 000元，保障型保费支出为每月1 000元，每月会形成总储蓄3 000元。如果总储蓄中的2 000元用来还房贷本金，1 000元用于其他长期目标（基金投资）当作退休准备金，平常的自由储蓄是0，那么可以把年终奖金都当作自由储蓄，考虑提前还贷或置办资产。

（四）家庭储蓄运用表

家庭储蓄运用表记录的是当期的储蓄是如何被运用的，每一个项目都有实际金额项和预算金额项，可比对二者之间的差异。表6-9中的预算是获得97 000元储蓄，并能保留1 000元自由储蓄用于未来规划。但实际储蓄95 000元用于其他长期目标（基金投资）12 000元、储蓄型保费10 000元、还房贷本金20 000元和社保及公积金个人账户缴存54 000元，计算出实际自由储蓄为负，不仅无法用于未来规划，差额1 000元还需要动用之前的储蓄进行弥补。

表6-9　家庭储蓄运用表　　　　　　　　　　　　　　　　　　　　　　单位：元

项目	实际金额	预算金额	差额
储蓄	95 000	97 000	−2 000
其他长期目标（基金投资）	12 000	12 000	0
储蓄型保费	10 000	10 000	0
还房贷本金	20 000	20 000	0
社保及公积金个人账户缴存额	54 000	54 000	0
自由储蓄	−1 000	1 000	−2 000

（五）增加家庭储蓄的着力点和方向

要增加家庭储蓄，无非是开源或节流，或二者并重。增加家庭储蓄的着力点和方向如图6-8所示。

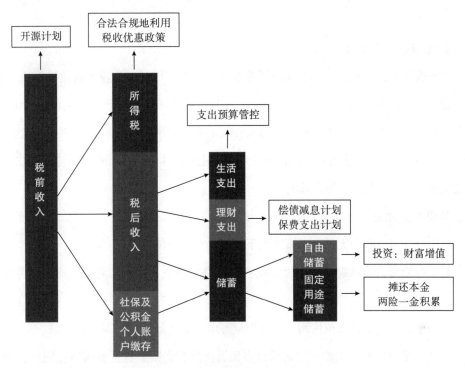

图6-8　增加家庭储蓄的着力点和方向

1. 增加家庭工作收入

（1）在原有工作上取得更好表现以获得晋升和加薪。

（2）论时或论件计酬时，通过加班或增加工作量来增加收入。

（3）在有可能的情况下争取兼第二份工作（如写书、演讲）来增加收入。

（4）寻找待遇更好的工作机会伺机跳槽。

（5）行销能力强者可寻找以业绩佣金为主的工作来提高收入。

（6）辞去工作自行创业，不让收入的成长受限。

（7）单薪家庭可转成双薪家庭，多一份工作收入。

2. 增加家庭理财收入

家庭理财收入=投资性资产×投资收益率。因为投资性资产在短期内变化有限，而且投资收益率通常也并非主观努力可决定的，所以只有等客观环境出现利息调高、股市上升、房租上涨时，拥有相关资产的人的理财收入才会增加。另外，如果投资时能考虑税收优惠政策，或是在手续费打折时投资，省下的钱也可以作为家庭理财收入。如果能通过借款扩大信用投资，那么当投资收益率高于借款利率时，财务杠杆的作用也会使得理财收入大幅上扬。

3. 降低家庭生活支出

对于家庭储蓄的累积而言，其实降低家庭生活支出比增加工作收入的效果更强。比如，对于所得税边际税率为20%的人而言，增加1 000元的收入，税后收入只能增加800元，如果支出不变，储蓄增加额为800元。但如果收入不变，支出减少1 000元，则储蓄就可以增加1 000元。在不影响生活质量的前提下，可以采用极简生活方式降低家庭生活支出，比如避免铺张浪费、善用折扣、绿色出行等。

4. 降低家庭理财支出

家庭理财支出并非全无弹性，通过如下规划仍有办法使其降低：

（1）寻找适合自己状况的政策性、优惠性低息贷款或首次购房贷款，比如住房公积金贷款。

（2）支付能力有限时以租代购，因为租金支出通常会低于房贷本息支付。

（3）做好保险规划，比如年轻时可以多配置保障型寿险，这样就可以在同样保额下降低保费支出。

（六）收入、支出象限与储蓄方向

家庭预算控制有3个步骤：第一是认知需要，第二是确定储蓄动机，第三是确定开源节流的努力方向。

认知需要是储蓄的动力，确认储蓄动机后的下一步是决定通过开源或节流来产生储蓄。表6-10显示了根据不同收入水平分类的人均年可支配收入。2022年全国城镇家庭的人均年可支配收入达49 283元，平均消费支出达30 391元。把全国居民人均年可支配收入36 883元和年消费支出24 538元作为比较的基准，以三口之家估计，年可支配收入超过110 649元，即每月超过9 221元时，称为相对高收入家庭，反之称为相对低收入家庭；年消费支出超过73 614元，即每月超过6 135元时，称为相对高支出家庭，反之称为相对低支出家庭。我们据此可得出收入、支出象限和储蓄方向，如图6-9所示。

表6-10　全国居民按收入五等份分组的人均年可支配收入　　　　　　　　　　　　单位：元

组别	2019 年	2020 年	2021 年	2022 年	2023 年
低收入户（20%）	7 380	7 869	8 333	8 601	9 215
中等偏下户（20%）	15 777	16 443	18 446	19 303	20 442
中等收入户（20%）	25 035	26 249	29 053	30 598	32 195

（续表）

组别	2019 年	2020 年	2021 年	2022 年	2023 年
中等偏上户（20%）	39 230	41 172	44 949	47 397	50 220
高收入户（20%）	76 401	80 294	85 836	90 116	95 055

资料来源：国家统计局。

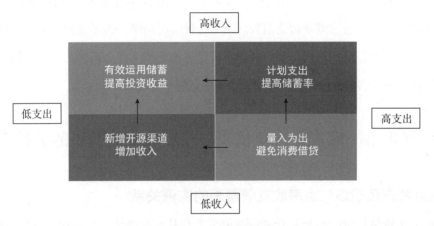

图6-9　收入、支出象限和储蓄方向

1. 高收入低支出者

年可支配收入超过110 649元但年消费支出低于73 614元的家庭，赚得多花得少，已经做到开源节流，储蓄率比一般人高。其理财重点是有效运用储蓄，积极投资来提高投资收益率。高收入低支出者不应该忽略理财的目的是过更好的生活，做月赚10 000元却只花1 000元的"貔貅"，恐怕并不是平衡人生的理财方式。

2. 高收入高支出者

年可支配收入超过110 649元但年消费支出高于73 614元的家庭，赚得多花得也多，储蓄率比一般人低。其理财重点在节流，通过有计划地消费来提高储蓄率。此时家庭支出可节省的空间尚大，应制定一份完整的家庭预算，将消费支出花在真正的需求上。具体而言，可梳理自己在食、衣、住、行、教育、娱乐等方面哪一部分的花费远高于平均比例，以此作为控制支出的重点项目。最好能设定一个阶段性目标，如设定明确且强制的存款计划，有意识地培养储蓄习惯。

3. 低收入低支出者

年可支配收入低于110 649元且年消费支出低于73 614元的家庭，赚得少花得也少，虽可保持一定的储蓄率，但因收入低，储蓄的金额并不高，想要达到理财目标仍然不易。其理财重点在开源，可以通过加班、兼职、换工作到高佣金的行业拼业绩、努力争取加薪或创业等方式提高收入，从而提高储蓄的金额。

4. 低收入高支出者

年可支配收入低于110 649元但年消费支出高于73 614元的家庭，赚得少却花得多，储蓄率比一般人低或成为没有任何储蓄的"月光族"。在信用卡先享用后付款的诱惑下，有些人的支出高于收入，通过借贷透支消费。改变这种情况的第一步是要量入为出，尽量避免消费借贷，然后拟订偿债计划，等到债务还清后再把还债的现金流转为储蓄的现金流。这部分内容将在家庭信用与债务管理等相关章节中做进一步说明。

第四节 家庭资产负债表与家庭收支储蓄表的关系

一、家庭资产负债表与家庭收支储蓄表的钩稽关系

若以成本价值计价，则当月月底的净值与上月月底的净值的差异应等于当月储蓄额。以成本价值计价的家庭资产负债表遵循的会计等式为：期末净值－期初净值＝当期储蓄额。当期的净值分为两部分，一部分为前面各期所累积的期初净值，一部分为本期增加的净值，也就是前后两期净值的差异。收入减去支出等于储蓄，而储蓄必须等于本期增加的净值。储蓄用来投资置产或偿还负债本金，如果还有剩余，则现金或存款余额会增加；如果不足，则现金或存款余额会减少。当出现负储蓄时需要变现资产或新增借贷来平衡。因此，建议一般家庭不但要记账并编制家庭收支储蓄表，还要盘点资产、整理负债，编制家庭资产负债表后，才能够进行详细的财务分析。如果是以市场价值计价，家庭资产负债表遵循的会计等式为：期末净值－期初净值＝当期储蓄额＋资产账面价值变动，即当期增加的净值＝当期储蓄额＋资产账面价值变动。因为未实现损益会显示在家庭资产负债表上，故建议每期分别以成本价值计价和以市场价值计价来编制家庭资产负债表，一个用来与家庭收支储蓄表相对照，一个用来显示当前家庭的实际财富状况。当两种算法得出的结果不同时，如果有现金盘点程序，应以两期净值的差异为准来调整家庭收支储蓄表中的储蓄数字，差异额列入其他收入或其他支出。

家庭资产负债表和家庭收支储蓄表的关系如图6-10所示。

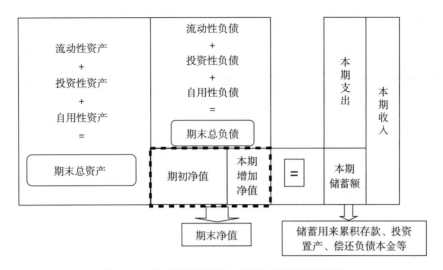

图6-10 家庭资产负债表和家庭收支储蓄表的关系

二、编制分析案例

我们举例介绍一下利用银行活期存款账户的记录编制家庭资产负债表和家庭收支储蓄表的方法。

实例6-1 35岁的张先生是双薪家庭，夫妻两人月薪合计10 000元。资产有：存款50 000元；股票，投资成本为100 000元，9月初为筹首付款以110 000元出售，赚了10 000元；自用房产，市价为500 000元。负债有房贷350 000元。往后每月支出除生活费5 000元外，还需3 000元偿还房贷本息，其中本金为1 000元，利息为2 000元。表6-11是张先生家庭9月活期存款账户记录。

表6-11 张先生家庭9月活期存款账户记录 单位：元

日期	摘要	账户注记	支出	存入	结存
9月1日		期初结余			50 000
9月1日	工资薪金所得	服务公司转入		10 000	60 000
9月1日	股票赎回	证券公司转入		110 000	170 000
9月1日	购房首付款支出	转出至房产公司	150 000		20 000
9月1日	9月生活费支出	取现	5 000		15 000
9月30日	房贷本息支出	转账	3 000		12 000

解析 根据上述活期存款账户记录来编制家庭收支储蓄表和家庭资产负债表，关键之

处是要把资产处理的成本和利得分开，还要把等额本息偿还的本金款和利息分开。因为资产成本和负债本金属资产负债科目，而处理资产的资本利得和负债利息支出属收入支出科目。首先编制9月家庭收支储蓄表（见表6-12）。

表6-12 张先生9月家庭收支储蓄表　　　　　　　　　　　　　　　　　　　　单位：元

工资薪金所得	10 000
股票资本利得	10 000
生活费用	5 000
房贷利息	2 000
当月储蓄	13 000

出售股票现金流入110 000元，其中100 000元是成本，10 000元是资本利得，因此家庭收支储蓄表中只记录10 000元。另外，房贷本息的3 000元中只有2 000元的利息费用属于支出，记在家庭收支储蓄表。

编制家庭资产负债表时，先要编制期初也就是8月底的报表（见表6-13）。

表6-13 张先生8月31日家庭资产负债表（以成本价值计价）　　　　　　　　　单位：元

资产		负债和净值	
活期存款	50 000	负债	0
股票	100 000	净值	150 000
资产合计	150 000	负债和净值合计	150 000

下面，我们再来编制9月底的家庭资产负债表（见表6-14）。

表6-14 张先生9月30日家庭资产负债表（以成本价值计价）　　　　　　　　　单位：元

资产		负债和净值	
活期存款	12 000	房贷余额	349 000
股票	0		
自用房产	500 000	净值	163 000
资产合计	512 000	负债和净值合计	512 000

资产要调整的项目：期末活期存款余额为12 000元，股票全部卖出降为0元，增加市价为500 000元的房子，资产总额为512 000元。负债要调整的部分：月初增加350 000元的房贷，月底还本金1 000元，房贷余额为349 000元。净值=资产－负债=512 000元－349 000

元=163 000元。期末净值=期初净值+本期储蓄额=150 000元+13 000元=163 000元。由资产减负债得出的期末净值和由期初净值加本期储蓄额得出的期末净值相符,这从另一个侧面证明了编制家庭收支储蓄表和家庭资产负债表的过程无误。

张先生家庭以成本价值计价,净值增加额等于家庭收支储蓄表中的当月储蓄额。当月不仅有工资薪金流入,还有处置股票的资本利得收入,不仅有生活支出,还有偿还房贷的利息支出。资产中活期存款和股票已大半转为房产,资产流动性和投资性下降。另外,张先生家庭又背负了一笔房贷负债,对未来现金流造成一定压力。

第五节　家庭财务比率分析与诊断

一、家庭财务比率分析

(一)家庭偿债能力指标

1. 资产负债率=总负债÷总资产

通常资产负债率应保持在60%以下,若超出此范围,说明该家庭的负债水平过高。但若负债主要为长期摊还的房贷则可接受,因为这些金额被平摊在一段较长期限内,可以熨平一次性偿还大笔现金流的压力。若是短期贷款则应立即实行减债计划,以免周转不灵,陷入破产困境。

2. 流动比率=流动性资产÷流动性负债

流动性负债由短期消费性支出产生,需要在短期内进行偿还,因此需要保证充足的流动性资产,以便在正常偿还流动性负债的同时,应对日常生活开支及不时之需。通常流动比率应该保持在200%以上,才能保证家庭资产的流动性。

3. 融资比率=投资性负债÷投资性资产

投资性负债的存在说明家庭在进行投资的时候利用了财务杠杆,这使投资的收益和亏损都被放大了。投资标的风险越大,越要控制投资性负债。融资比率一般应保持在50%以下,否则家庭将面临较大的投资风险。

4. 财务负担率=年还本付息总额÷年税后工作收入

年税后工作收入就是人们通常所说的年可支配收入,年税后工作收入=年税前工作收入−三险一金个人缴存额−相关税费。财务负担率应该控制在40%以下,超过40%说明将过多的收入用于还贷了,这会影响正常的生活水平,也很难再从银行增贷。

5. 平均负债利率 = 年利息支出 ÷ 负债总额

该比率反映的是家庭实际承担的贷款利率水平，一般应在常规商业贷款利率的1.2倍以下。若超出该水平，表明家庭过多运用银行以外的高利率借贷途径，负担过重。

6. 资产负债率分析

资产负债率越高，财务负担越重，如果收入不稳定，无法还本息的风险就越大。流动性负债有消耗性质，应该尽量避免，借钱来投资应按期结算损益后还清，自用性负债则应考虑还款能力。因此，我们可对各负债比率的构成要素进行如下简要分析：

因为

总负债（TL）= 流动性负债（CL）+ 自用性负债（UL）+ 投资性负债（IL）

总资产（TA）= 流动性资产（CA）+ 自用性资产（UA）+ 投资性资产（IA）

所以

资产负债率 = 总负债（TL）÷ 总资产（TA）

$$= \frac{流动性负债（CL）+ 自用性负债（UL）+ 投资性负债（IL）}{总资产（TA）}$$

$$= \frac{CL}{CA} \times \frac{CA}{TA} + \frac{UL}{UA} \times \frac{UA}{TA} + \frac{IL}{IA} \times \frac{IA}{TA}$$

即流动比率的倒数（CL ÷ CA）× 流动性资产比例（CA ÷ TA）+ 自用贷款成数（UL ÷ UA）× 自用性资产比例（UA ÷ TA）+ 融资比率（IL ÷ IA）× 投资性资产比例（IA ÷ TA）。通过拆解资产负债率公式，可以具体分析家庭负债中占据主导的因素。

（1）流动比率的倒数 = 流动性负债 ÷ 流动性资产。

借贷消费应该尽量避免，此处的流动性负债包括已刷卡而尚未缴款的金额、购买耐用消费品的分期付款未还余额和小额消费性信用贷款余额。信用卡刷卡额虽然在宽限期之内不用负担利息，但仍应记为流动性负债，当月刷卡额最好控制在流动性资产的25%以内。

（2）流动性资产比例 = 流动性资产 ÷ 总资产。

流动性资产收益率较低，所以其只要能够满足交易性需求和预防性需求即可。除预留投机性需求资金以预防股票市场回跌，其余能满足6个月的支出较为合理，多出的部分可用来追求有较高收益的投资。总资产金额越高，流动性资产比例越低。

（3）自用贷款成数 = 自用性负债 ÷ 自用性资产。

自用房产通常占自用性资产的比例最大，自用性负债通常是以自用性资产为抵押标的物来申请借贷的额度。如果无其他自用性资产，自用房产占自用性资产的比例＝房贷额÷自用房产市值＝房贷成数，银行的核贷标准一般为七八成。随着逐年还款，房贷负债减少，此比率会逐步走低。但在房产市值大幅下降的情况下，房贷比率也有可能反向走高。日本、中国香港等地曾出现房产市值低于房贷额，自用净值成负数的情况。

（4）自用性资产比例＝自用性资产÷总资产。

自用性资产以提供使用价值为主要目的。在家庭未购房前，此比例不会太大，但年轻人如果把大部分积蓄用来买车，那么即使未购房也会表现出高自用性资产比例。购房后贷款未还清前，多数家庭的积蓄用来还贷而无法累积生息资产，因此自用性资产占总资产的比重多在七八成以上。

（5）融资比率＝投资性负债÷投资性资产。

投资性负债是运用财务杠杆，在期望投资收益率高于负债利率的情况下，加速资产成长的负债。投资性负债一般期限较短，采取整笔借整笔还的方式，在借款期间负债额固定。债务到期需要偿还但投资到期不一定获利，因此针对这类负债一定要注意投资风险，并且应准备安全缓冲资金以应对投资失败带来的本金损失。这部分内容将在家庭信用与债务管理等相关章节中做进一步说明。

（6）投资性资产比例＝投资性资产÷总资产。

投资性资产是资产中最具有成长性的部分。投资性资产占总资产的比重越大，表示资产中可累积生息滚利或赚取资本利得的部分越多，资产成长的机会越大。

实例6-2　小华、小明和小义的家庭资产负债表及资产结构如表6-15所示。

表6-15　小华、小明、小义的家庭资产负债表及资产结构　　　　　　　　　　　　单位：元

资产负债	小华	小明	小义
流动性资产	10 000	2 000	5 000
投资性资产	10 000	5 000	300 000
自用性资产	500 000	20 000	10 000
总资产	520 000	27 000	315 000
流动性负债	0	30 000	0
投资性负债	0	0	200 000
自用性负债	350 000	0	0
总负债	350 000	30 000	200 000

（续表）

资产负债	小华	小明	小义
净值	170 000	−3 000	115 000
资产负债率	67.31%	111.11%	63.49%
流动性资产比例	1.92%	7.41%	1.59%
流动比率的倒数	0	1 500.00%	0
自用性资产比例	96.15%	74.07%	3.17%
自用贷款成数	70.00%	0	0
投资性资产比例	1.92%	18.52%	95.24%
融资比率	0	0	66.67%
流动性净值	10 000	−28 000	5 000
自用性净值	150 000	20 000	10 000
投资性净值	10 000	5 000	100 000

解析 （1）小华的资产负债率：67.31%=1.92%×0+96.15%×70.00%+1.92%×0。

小华的流动性资产主要是活期存款，可用来当紧急预备金，他刚购房并办理了七成房贷。因此，小华往后的理财活动是以收支余额来还清房贷，使自用性净值上升，自用性净值接近自用性资产时才开始累积投资性资产。

（2）小明的资产负债率：111.15%=7.41%×1 500.00%+74.07%×0+18.52%×0。

小明的流动性资产有2 000元，主要是手上作为交易用途的现金，投资性资产5 000元是以前的其他长期目标（基金投资），当前已停止扣款但因套牢也未赎回。小明的信用卡循环信用共30 000元，已到额度的上限，以后只能还款还息。因此，小明往后主要的理财活动是缩减支出，使每月收入扣除消费和短期消费贷款利息之后还有余额还清贷款本金，如此才能摆脱消费负净值越积越多的恶性循环。

（3）小义的资产负债率：63.50%=1.59%×0+3.17%×0+95.24%×66.67%。

小义的投资性资产300 000元均拿去做股票投资，其中利用民间借款200 000元。因此，小义往后主要的理财活动是设法在股市赚钱，当投资收益率高于融资利率时还掉部分投资贷款，当投资性净值接近投资性资产时，再考虑运用部分投资性资产购入汽车等自用性资产。

可以看出，资产负债率虽能反映总体负债状况，但是每个人的实际负担感受是不一样的，小明的负债压力无疑是最高的，并且他的负债压力全部源于短期还款的流动性负债，紧迫的时间压力会进一步加剧其负担。小华和小义的资产负债率总体看上去比较相近，但实际上小华的房贷负债属于长期还款，现金流管理是较为均衡的，而小义的负债需要考虑近期股票市场的行情以及小义自身的投资能力。

因此可以发现，即使是相同的资产负债率，因结构不同，在分析上差异也很大，如表6-16所示。

表6-16 资产负债结构分析

案例	TL/TA	CL/CA	CA/TA	IL/IA	IA/TA	UL/UA	UA/TA
透支型	63%	63%	100%	0	0	0	0
投资型	63%	0	10%	70%	90%	0	0
置产型	63%	0	10%	0	0	70%	90%
平衡型	63%	0	10%	70%	40%	70%	50%

- 透支型的卡债为短期负债，是透支产生的结果，减支还债压力大。
- 投资型的融资多为中短期负债，承担价格变动引起的强制平仓风险。
- 置产型的房贷多为长期负债，对有能力还月供的自住者风险不大。
- 平衡型适度分散风险，有机会利用财务杠杆加速资产成长。

（二）家庭应急能力指标

$$紧急预备金倍数 = 流动性资产 \div 月必要性现金流出$$

家庭保有一定的流动性资产是为了应对失业或紧急事故的出现，紧急预备金倍数反映了家庭流动性资产可以应付几个月的总开支。一般流动性资产应该能够应付3~6个月的必要现金流出，过少会导致紧急状况出现时没有钱用，过多会使得资金丧失获得投资收益的机会，使用效率降低。但若待业时间长，则应提高紧急预备金的水平。而分母中的"月必要性现金流出"是流动性资产需要覆盖的家庭必要开支，包括生活支出、房贷本金、房贷利息、储蓄型保费、保障型保费。虽然其中的房贷本金和储蓄型保费本身不属于支出，但需要定期偿还属于必要的现金流出，所以分母为这几项必要发生的现金流出的集合。

（三）家庭保障能力指标

$$保障型保费负担率 = 保障型保费 \div 工作收入$$

只有当社保不足以应付寿险与产险的需求时，才应该根据家庭需要购买相应的商业保障型保险。保费的绝对值大小与工作收入的绝对值大小有很大的关系，一般以工作收入的10%为合理的商业保障型保费预算的标准。

$$保险覆盖率 = 已有保额 \div 工作收入$$

保额只有达到收入的10倍以上，在风险发生时才足以给家庭带来很好的保障，具体数值与家庭和个人的安全感需求有关。

（四）家庭储蓄能力指标

$$工作储蓄率 = 工作储蓄 \div 工作收入$$

该指标一般应保持在20%以上。工作收入绝对值越高，工作储蓄率应越高。

$$储蓄率 = 总储蓄 \div 总收入$$

总收入包括工作收入及理财收入，该指标一般保持在25%以上，开源节流会提高该指标。

$$自由储蓄率 = 自由储蓄 \div 总收入$$

该指标一般保持在10%以上较为合适。自由储蓄率越高，说明家庭资金越宽裕，可用来满足越多的短期目标或提前还债。

（五）家庭宽裕度指标

1. 收支平衡点收入

$$收支平衡点收入 = \frac{固定负担 + 应有储蓄}{税前工作收入净结余比率}$$

固定负担包括生活费用支出、房贷本息与保障型保费等近期内每月固定要流出的支出，应有储蓄包括储蓄型保费和定投等。工作收入净结余=税前工作收入－所得税扣缴额－三险一金的缴费额－为了工作所必须支付的费用（如通勤的交通费或停车费、中午的餐费或必要的置装费月分摊额）。税前工作收入净结余比率=工作收入净结余÷税前工作收入。比如，老李的工资薪金为8 000元，所得税扣缴800元，社保扣缴200元，每月通勤油钱、停车费或交通费为800元，中午的餐费为200元，为工作所花的置装费月分摊额为400元，则工作收入净结余为5 600元，税前工作收入净结余比率为70%。所得税和社保缴费与工资薪金水平有关，通勤、餐费和置装费用虽较固定，但薪酬高的人通常也会花得较多，因此可把税前工作收入净结余比率视同企业的毛利率。上述例子表明老李可以拿工资薪金所得的70%去安排家用及其他固定开销。

上例中如果固定生活开销为每月3 000元，房贷本息支出为每月2 000元，合计为5 000元，则7 143元（5 000÷70%）为收支平衡点收入。

2. 安全边际率

$$安全边际率=\frac{税前工作收入-收支平衡点收入}{税前工作收入}$$

税前工作收入和收支平衡点收入的差异比率，如上例中的（8 000-7 143）÷8 000=10.71%，称为安全边际率，用来衡量收入减少时有多少缓冲空间。

人不一定终身都会有工作收入，所以应储蓄一部分收入为未来的退休生活做准备。以一生的收支平衡来算，每月固定开销中应包括应有储蓄的部分。如果以其他长期目标（基金投资）的方式来强迫储蓄，每月扣款日一到就要扣款，此时在考虑收支平衡点收入时就需要考虑应有储蓄。上例中，如果每月定期定额扣款500元，分子部分增加为5 500元，5 500÷70%= 7 857元，就与老李现在的工资薪金几乎相等，没有什么缓冲空间。如果应付未来需求的每月定期定额投资要2 000元才够，则分子部分增加为7 000元，7 000÷70%=10 000元，此时老李应想办法找个10 000元的工作才能应付现在和未来的生活需求。

收支平衡点分析的主要目的是以积极的方式算出要享受哪种程度的生活水平，家庭应当创造多少收入才能满足支出，有量出为入的概念。但当提升收入不是那么容易时，就要考虑降低固定费用支出的部分，或者提高税前工作收入净结余比率。所得税扣缴和三险一金扣缴非自己可控制，但交通费、餐费和置装费较有弹性，仍可借由控制这些项目提高税前工作收入净结余比率。

实例6-3　小王每月的固定负担为5 000元，每月税前工作收入为8 000元，需要缴纳的各项税费及社保费共1 300元，每月交通支出为500元，外出用餐支出为300元，置装支出为300元，当考虑每月应有储蓄时，则应有储蓄为1 000元。求小王的收支平衡点收入和相应的安全边际率。

解析 不考虑应有储蓄：

$$收支平衡点收入_1=\frac{5\ 000}{(8\ 000-1\ 300-500-300-300)\div 8\ 000}=7\ 143（元）$$

$$安全边际率_1=\frac{8\ 000-7\ 143}{8\ 000}=10.71\%$$

考虑应有储蓄：

$$收支平衡点收入_2=\frac{5\ 000+1\ 000}{(8\ 000-1\ 300-500-300-300)\div 8\ 000}=8\ 571（元）$$

$$安全边际率_2=\frac{8\ 000-8\ 571}{8\ 000}=-7.14\%$$

（六）家庭财富增值能力指标

$$生息资产比率=生息资产\div 总资产$$

生息资产包括流动性资产及投资性资产，年轻人应尽早利用生息资产来积累第一桶金。生息资产比率主要用于衡量家庭资产中有多少可以拿来满足流动性、成长性与保值性的需求。通常该指标应保持在50%以上。

$$投资收益率=理财收入\div 生息资产$$

该指标主要用于衡量家庭投资绩效，一般应至少比通货膨胀率高2个百分点才能保证家庭财富的保值增值。因资产配置比率与市场表现的差异，每年的投资收益率会有较大的波动。可选择合适的指标来比较当年的投资绩效。

（七）家庭成长性指标

1. 净值增长率的定义

所谓致富，就是让净值增加的过程。净值增长率代表家庭累积净值的速度，净值增长率越高，净值累积越快。因此，净值增长率也可以被称为净值成长率。净值增长率公式推导的过程如下：

$$净值增长率（g）=\frac{净值增加值（V）}{期初净值（E）}$$

$$= \frac{\left[\text{工作收入}（W）-\text{生活支出}（C）\right]+\left[\text{理财收入}（M）-\text{理财支出}（I）\right]}{\text{期初净值}（E）}$$

本质上讲，某期期末净值＝期初净值×（1+净值增长率）＝期初净值+净值增加值，净值增加值＝期初净值×净值增长率。而在之前介绍的家庭财务中，储蓄即净值增加值的来源，因此，本期的净值增长率＝本期储蓄÷期初净值。

储蓄＝工作储蓄+理财储蓄＝（工作收入-生活支出）+（理财收入-理财支出）

理财收入＝生息资产×投资收益率

理财支出＝负债×负债平均利率

运用这几个基本等式再加以拆解、归并，便可以得出以上净值增长率的公式。

2. 如何提升净值增长率

在不同时期和状况下，想提升净值增长率，必须采用不同的方法，分述如下：

（1）提升工资薪金储蓄率（工作储蓄÷工作收入）。年轻人净值起始点低时，工资薪金所得远大于理财收入，此时提升工资薪金储蓄率为积累财富的主要方法。当工作收入越大时，工作储蓄的提高对净值增长率的贡献越大。

（2）提高投资收益率。复利的魔术使投资收益率的微小差异在时间拉长后产生天壤之别。当我们步入中年时，已累积了不少净值，理财收入的比重会逐步提高，此时投资收益率的提升便成为能否快速致富的决定性因素。也就是说，当工作收入在退休后降低时，投资收益率就越来越重要。

（3）提高生息资产占总资产的比重。总资产中自用住房、汽车等项目属于自用性资产，只会提折旧，并不能带来理财收入。要想积累财富，就要把可产生理财收入的生息资产的比重扩大。年轻人客观承受风险的能力比较强，可以考虑延缓购房或买车的时间，把已有的钱尽量拿去再生钱。当生息资产比重越大时，提高投资收益率产生的效果越明显。

（4）降低工资薪金所得和理财收入的相对比率。要迈向完全的财务自由，必须在生涯阶段中逐年降低工资薪金所得的比重，当工作储蓄降为0时，净值增长率就等于净理财收支成长率。每个人都想轻松致富，但往往只有期待而欠缺阶段性的行动计划。以工作收入和理财收入的比重作为划分基准，可将普通人一生的收入过程分为如下几个阶段：

第一阶段是初入社会阶段，此时只有工作收入，没有理财收入。行动计划的要点在于将部分工作收入储蓄起来，积少成多累积投资本钱，同时充实自己。想办法提高收入并维持适当的储蓄率是本阶段的行动守则。可以通过其他长期目标（基金投资）来积极运用储蓄。

第二阶段是有理财收入但理财收入仍低于工作收入的阶段。理财收入=投资金额 × 投资收益率，本阶段主要通过投资组合的报酬来累积理财收入。持续工作生涯发展的同时，想办法提高投资收益率并制定避免本金遭受损失的风险管理策略，是本阶段的行动守则。

第三阶段是理财收入已大于工作收入的阶段。此时工作方面的选择可以基于兴趣或工作环境，不用再为五斗米折腰。可多花些时间经营自己的理财投资，随着年龄的增长调整风险组合，购置自用房产之外的投资性房产是该阶段可考虑的投资策略。

第四阶段是指退休后只有理财收入没有工作收入，开始享用投资成果的阶段，也就是一般所称的财务自由阶段。在此阶段，投资组合的配置应偏向固定配息的债券和定期存款或通过定期定额赎回基金来满足晚年生活的需求。

每一个人达到各阶段的年龄不一样，但是在年龄增长的过程中以理财收入逐步取代工作收入是必经的过程。越早开始理财就越有机会提前达到财务自由的阶段，可提早退休享受生活。如果始终人不敷出或收支相抵、储蓄不足，无法跨入第三阶段，则要么终身为工作所役，要么老年需依赖政府的救济或子女的接济。

（5）降低净值占总资产的比重。这里指的是运用财务杠杆原理扩充信用来投资，而非以消费借贷降低净值资产比。当总投资收益率高于负债利率时，净值收益率就会高于总投资收益率，因此通过财务杠杆可以使净值加速成长。

（八）家庭财务自由度指标

$$财务自由度=年理财收入 ÷ 年现金总流出$$

理想的目标值是在我们退休之际财务自由度等于1，即包括退休金在内的资产，放在银行生息的话，光靠利息就可以维持生活。但当存款利率降到较低水平时，如果仍以存款利率衡量，多数人的财务自由度就会偏低。但如果每个人估计不同的投资收益率，则财务自由度就无从互相比较。因此，可制定一个较客观的标准，每个家庭都可以用同一个合理的投资收益率，根据各自的净值和年开支状况来计算财务自由度。

那么一个人在不同阶段应有多高的财务自由度，才能最迟在65岁时顺利退休呢？当以成本价值计价且最初净值为0时，整个工作生涯的净值总和=年储蓄 × 工作年限，而将每年增加的净值全部投资于生息资产。假设25岁开始工作到65岁退休，工作40年后达到

100%，则随着年龄的增长应有的财务自由度平均每一年提高2.5%。刚25岁时年收入为3万元，把1/3的收入储蓄下来且该储蓄率始终维持在33.33%，假设收入成长率=投资收益率=5%，算法如下：

由

$$(S \times N \times R)/C=F, \quad Y-C=S$$

可得出

$$S/Y=F/ (F+N \times R)$$

其中，S=当前年储蓄，N=总工作年限，R=投资收益率，C=当前年支出，Y=当前年所得，F=财务自由度，S/Y=储蓄率。

退休时财务自由度$F=1$，因此，储蓄率$=1/ (1+N \times R)$。

应有储蓄率$=1/ (1+$ 总工作年限 $\times$ 投资收益率 $)=1/ (1+40 \times 5\%)=1/ (1+2)=1/3=33.33\%$。

如果想工作30年就退休，投资收益率提高为8%时，应有储蓄率$=1/ (1+30 \times 8\%)=1/ (1+2.4)=29.41\%$。

可见，投资收益率越高，或工作年限越长，所需的储蓄率越低。

实际的收入成长率通常是递减的，但是随着家庭步入离巢期，储蓄率会有所提高，退休后的支出也会低于工作期的支出。因此，通常在生涯初期财务自由度提高较慢，50岁以后才会有明显的上升。举例来说，25岁的人事业刚起步，生息资产只有2万元，但全年开支也不高，也只有2万元，当投资收益率为5%时，财务自由度=2万元 × 5% ÷ 2万元=5%。40岁的人的生息资产可能已达20万元，但家庭年开支也达10万元，财务自由度=20万元 × 5% ÷ 10万元=10%。55岁的人的子女已离巢，生息资产可能已达40万元而年开支降至8万元，此时财务自由度=40万元 × 5% ÷ 8万元=25%。即使估计60岁退休后全年现金流出只有5万元，想只靠投资收入维持生活的话，也必须要有100万元的生息资产才能够做到，即100万元 × 5% ÷ 5万元=100%。

如果我们现在算出的财务自由度远低于应有标准，就应更积极地进行储蓄投资计划。当整体投资收益率随存款利率而日渐走低时，即使生息资产没有减少，财务自由度也会降低，此时应设法多储蓄来累积净值，否则就只有降低生活水平才能在退休时达到财务自由的目标。

案例（续） 假设税前工作收入为244 000元，与工作有关的费用为30 000元，则刘先生夫妇的家庭财务比率如表6-17所示。

表6-17　刘先生夫妇的家庭财务比率

指标类别	财务比率	数据	合理范围	数据分析
家庭偿债能力指标	资产负债率	21.09%	≤60%	在合理范围之内
	流动比率	300.00%	≥200%	在合理范围之内
	融资比率	21.50%	≤50%	在合理范围之内
	财务负担率	23.53%	≤40%	在合理范围之内
	平均负债利率	2.82%	≤8%	在合理范围之内
家庭应急能力指标	紧急预备金倍数	2.40	3~6	偏低，应提高比率
家庭储蓄能力指标	工作储蓄率	61.16%	≥20%	在合理范围之内
	储蓄率	44.19%	≥25%	在合理范围之内
	自由储蓄率	−0.47%	≥10%	偏低，应提高比率
家庭宽裕度指标	收支平衡点收入	282 328元	≤收入的80%	偏高，意味着当前收入安全边际差
	安全边际率	−15.71%	≥20%	偏低，应提高比率
家庭财务自由度指标	财务自由度	−5.56%	≥30%	偏低，应提高比率
家庭财富增值能力指标	生息资产比率	56.18%	≥50%	在合理范围之内
	投资收益率	−0.48%	≥5%	偏低，应提高比率
家庭成长性指标（以成本价值计价）	净值增长率	4.47%	≥10%	偏低，应提高比率
家庭保障能力指标	保障型保费负担率	5.80%	5%~15%	在合理范围之内
	保险覆盖率	4.02	≥10	偏低，应提高比率

　　目前两处房产都有房贷，但资产负债率、流动比率、融资比率都在合理范围之内，且因为贷款利率低，财务负担率不高，不会限制生活水平的提高空间。紧急预备金倍数只有2.4倍，应提高流动资产金额。工作储蓄率达到61.16%，但理财储蓄为负数，因此总储蓄率受到影响有所降低。其中，固定用途储蓄率超过20%，长期目标准备充足，但自由储蓄率为负数，对短期目标的安排缺乏调整空间。如税前工作收入为244 000元，收支平衡点的税前收入为282 328元，则安全边际率为−15.71%，需要考虑提高工作收入。虽然生息资产比率在50%以上，但其中投资利率低，股票出现资本损失，投资性房产目前闲置没有房租收入，投资收益率为−0.48%，低于平均负债利率2.82%，投资绩效有待加强。以成本价值计价资产增长率偏低，因理财储蓄为负导致净值增长率偏低。从保障型保费负担率来看，家庭保障在合理范围之内，但根据双十原则，保险覆盖率偏低，应适当调高商业保障型保险的保额。财务自由度为负数，还是因投资绩效差所致，导致退休目标遥不可及。

（九）家庭财务比率分析的注意事项

家庭财务比率分析的数据都是由财务报表而来的，如果财务报表本身的数据有错误，算出来的财务比率就会有错误，此时可通过不合理的财务比率，来检查和验证家庭财务报表数据的正确性。分析不合理的家庭财务比率时，不应仅仅着眼于比率自身，而应该对分子项和分母项进行综合分析，找出该比率不合理的根源和对应的调整措施。

二、情景分析

人的一生会面临各种不同的际遇或关口，在家庭结构上如结婚、离婚、生子，在事业上如失业、失能、创业，在资本支出上如买车、购房，在财务决策上如借款投资，在人生风险上如病、老、死、残，甚至是中了彩票头奖，这些状况都会对当前的财务状况造成一定冲击。以下举例说明当人生发生某种变化时，会对家庭财务有何影响，以及应如何调整财务结构，以确保生活无虞。

基本状况：年工作收入为20万元，年生活支出为10万元，工作储蓄为10万元。投资性资产为30万元，无自用性资产亦无负债，因此净值亦为30万元。投资收益率为8%。假设储蓄在一年中平均投入投资。

$$净值增加额＝工作储蓄＋理财收入$$

由于假设储蓄在一年中平均投入投资，因此理财收入源于两个方面：一方面，期初的投资性资产30万元按照年8%的投资收益率产生2.4万元的理财收入；另一方面，工作储蓄也可以进行投资取得理财收入。储蓄平均投入投资，这意味着每个月在得到月工作储蓄后都可以立刻进行投资，而月工作储蓄投资的期间长度在一年中是逐期减少的，因此年工作储蓄10万元不是一项一次性的投资，理财收入不能用10万元直接乘以年投资收益率8%得到，而应该为年工作储蓄10万元一次性投资利息的一半，即可以认为储蓄平均投入投资的效果与年工作储蓄一次性在年中投资的效果相同。

因此，理财收入＝（投资性资产＋工作储蓄÷2）×投资收益率＝（30万元＋10万元÷2）×8%=2.8万元。

净值增长率＝（工作储蓄＋理财收入）÷期初净资产＝（10万元＋2.8万元）÷30万元=42.7%。

年底净值＝年初净值×（1+净值增长率）=30万元×（1+42.7%）=42.8万元。

（一）买车之后

年初花了15万元买车之后，投资性资产由30万元降为15万元，车子应视为自用性资产。另外，养车支出为每年1万元，反映在消费支出的增加上。工作储蓄由10万元下降为9万元，理财收入亦因生息资产减半和工作储蓄的下降而降为只有1.56万元。因此，净值增加额只有10.56万元，净值增长率由基本状况下的42.7%降为35.2%，这是还未计算自用汽车折旧时的状况。如果年初买车，第一年的折旧率最高，至年底以30%计，则年底时自用性资产应降为10.5万元。净值增加额亦减少至6.06万元（9万元+1.56万元−4.5万元），与年初的净值30万元相比较，净值增长率只有20.2%。

所以，想完整地计算净值增长率，这里建议使用以市场价值计价编制的家庭资产负债表。净值变动的考量还应包含自用性资产折旧及处理自用性资产的损益两项，其公式为：

净值变动＝工作储蓄＋理财收入−利息支出−自用性资产折旧±处理自用性资产的损益

而养车支出应包括油费、牌照费、保险费、维修保养费、住宅停车位租金或管理费、外出停车费等。不过，在原来的交通开支中，也可以减掉买车后可节省的搭乘地铁、公共汽车等的通勤支出。

（二）结婚成家

结婚成家是生涯过程中的一个重大变化。在现代社会中，结婚代表新家庭的形成，家庭收入和支出都会比单身时有所增加。如婚后两个人赚钱，年收入由20万元增加至30万元，而年支出则由10万元增加到15万元，工作储蓄也由10万元增加至15万元。假如婚后采用夫妻财产共有制度，如果配偶原有的投资性资产为10万元，则家庭投资性资产有40万元。理财收入＝（40万元+15万元÷2）×8%=3.8万元，净值变动=15万元+3.8万元=18.8万元，净值增长率=18.8万元÷40万元=47%。

如果婚后维持单薪家庭，收入未增加但支出却增加，则储蓄降低，净值增长率也降低。如果婚后约定财产归各自所有，则应分别计算个人净值，不过，要谈好对家庭支出的分摊方式才行。

（三）离婚独居

如果原来的基本状况为已婚，那么一旦离婚，家庭收入和支出可能都会减少。假设年收入降为12万元，年支出降为7万元，则工作储蓄降为5万元。假设离婚时生息资产对半分，降为15万元，理财收入亦折半为1.4万元，净值变动=5万元+1.4万元＝6.4万元，净值增长率如果以期初净资产30万元计为21.3%，只有原来的一半。不过，此时应以离婚后的期初净资产15万元为基础，因此净值增长率仍为42.7%。

现实中离婚的状况较为复杂，要考虑的问题也多。如果要付抚养费，则支付的一方离婚后的储蓄能力可能更低。

（四）生养子女

生养子女，家庭消费必然会增加。如果生产、坐月子、买婴儿衣物用品总共花了10万元，用变现投资性资产支付，则投资性资产由30万元降为20万元。同时，年家庭支出由10万元增加到20万元，等于没有储蓄。此时净值的增长全靠理财收入，净值增长率=投资收益率=8%。

（五）奉养父母

假设突然要承担奉养父母并负担父母医疗费用的责任，年支出增加15万元，超过原有10万元的储蓄，工作储蓄变为−5万元。入不敷出，今后必然会消耗投资性资产。理财收入=［30万元+（−5万元÷2）］×8%=2.2万元，净值变动=−5万元+2.2万元=−2.8万元，年底净值=30万元−2.8万元=27.2万元，净值增长率=−2.8万元÷30万元=−9.3%。此时就需要设法增加收入或降低其他费用。

（六）失业

如果失业时年收入由20万元降到领失业救济金或打零工年收入5万元，那么就算拼命压缩开支，怎么省也要6万元的年开销，负储蓄还是有1万元，也要耗用投资性资产。净值变动=−1万元+2.36万元=1.36万元，年底净值=30万元+1.36万元=31.36万元，净值增长率=1.36万元÷30万元=4.5%。此时相当于使用理财收入来弥补储蓄的不足。

（七）退休

退休后年收入由20万元降为领养老金或偶尔的兼职年收入5万元，年支出降为6万元，负储蓄1万元，与失业的情况一样。唯一不同的是，可一次性领取一笔30万元的退职金，连同原来的投资性资产30万元，共有60万元的投资性资产，可产生4.76万元的理财收入，可弥补负储蓄缺口。不过，每年净值还是略有下降。当消费支出因通货膨胀而提高，但投资收益率无法随之提高时，生活费侵蚀生息资产本金的速度会加快，退休后靠生息资产获取的理财收入可支应生活支出的年限也会缩短。

（八）收入中断风险的状况分析

收入中断的情况对个人来说包括失业和伤病失能，对家庭来说还包括家计负担者英年早逝，使依赖者失去维生的经济基础。下面通过一个简单的例子解释一下收入中断对家庭净值和生活水平的影响有多大。

假设期初发生保险事故，工作年收入降为0元，生活年支出降为6万元，负储蓄为6万元。若投保寿险68万元，事故发生可得68万元给付金。如果在该场景下家庭本身负担20万元房贷，68万元先还掉20万元房贷，使理财支出降为0元。剩下的48万元，加上原生息资产30万元，共78万元为期初可投资性资产。未来一年负储蓄为6万元，理财收入＝［78万元＋（-6万元÷2）］×8%=6万元，刚好等于年支出。

第六节　家庭财务预算与现金流量预估表的编制

一、家庭财务预算的编制

（一）家庭财务预算的分类

家庭财务预算可以分为收入预算和资本支出预算等（见图6-11）。

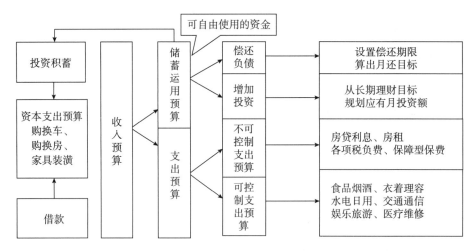

图6-11　家庭财务预算的分类

收入预算即家庭在一段时间（月度或年度）内预期可得的各项收入的总和。

支出预算分为不可控制支出预算和可控制支出预算。其中，不可控制支出预算的决策点在过去，现在要做的只是履行过去的承诺。比如说购房之后，每月要交纳房贷利息及物业管理费，买保险以后每年要交纳保险费，金额多数固定，即使房贷利息会因利率降低而降低，也不是自己所能控制的，因此列为不可控制支出预算。可控制支出预算包括一些日常的交通通信、娱乐旅游等，费用有弹性，可根据自己的需要调整，是支出预算控制的重点。

资本支出预算是考虑用来购买自用住宅、汽车及其他耐用消费品的资金，其资金来源不是变现生息资产，就是分期付款或采用房贷、车贷，在企业会计中往往被列为需依使用年限计提折旧的资产科目，而在家庭会计中以收付实现制为主，不一定要计提折旧，但最好在记账时仍列在资本支出项目上，与一般消费支出区分开来。

如何判断什么样的支出要列为费用支出或资本支出？一般有如下两个原则：

（1）效用原则。如果支出后所获得的效用在短期内显现，则应列为费用；在3年以后还会持续提供使用效益，则应列为资本支出，在家庭资产负债表上表现为自用资产的增加。

（2）金额大小原则。有些小家电的使用年限可以达3年以上，但金额没达到一定标准（如仅为500元或月收入的10%），仍然可以视为费用支出以方便记账。

（二）家庭财务预算的具体内容

家庭财务预算分为月度预算与年度预算，具体内容参见表6-18。

表6-18 家庭财务预算的具体内容

预算类型	月度预算	年度预算
收入预算	薪资、佣金 房租、利息	年终奖金 红利、股利
可控制支出预算	食品、衣着（消耗性） 家庭设备用品及服务 医疗保健、交通通信 教育文化及娱乐服务	国外旅游 购置衣物（季节性） 维修
不可控制支出预算	房贷利息 房租支出 社保费	各项税费 子女学费 保障型保费
资本支出预算	大额财产分期付款	购车、家具电器 购房订金、自备款
储蓄运用预算	社会医疗保险缴存额 住房公积金缴存额 个人养老金缴存额 其他长期目标（固定缴存） 归还房贷本金	储蓄型保费 提前偿还房贷 整笔投资（家族储蓄）

（三）家庭财务预算编制的基本原则

（1）按照自己最能掌控的分类来编制，记账分类要与预算分类相同，以进行比较并做差异分析。

（2）预算应分为月度预算与年度预算，分别以当月差异及年度预算达成进度来做追踪比较。

（3）预算应分为不可控制预算与可控制预算。已经安排好按固定金额支付的房贷、保费、其他长期目标（固定缴存）、房租、管理费、所得税缴纳等通常不会发生差异的项目，均属于不可控制预算项目。金额及用途不确定的项目均应属于可控制预算项目，要做差异分析，每月检查改进。

（四）家庭财务预算规划流程

收支预算中的数据不是随便写出来的，而是综合考虑理财目标、目前的财务状况与风险属性规划出来的。首先必须设置财务目标，并将之数据化。财务目标包括购房、子女教育和退休等中长期目标，也包括购车、旅游与进修规划等短期目标。一个财务目标需要有距目标时点的年数（N）和届时需求额（FV），如2年后购车款10万元，再根据自己的投资性格设定合理的投资收益率（I），确定当前可运用的资金（PV），可以用货币时间价值算出为实现该财务目标每月需储蓄的金额（PMT），把完成各目标的月储蓄额加总，便是完成所有理财目标所需要的月储蓄额。对于收入相对固定者来说，月收入－月储蓄额＝月支出预算；对于收入比较有弹性而支出相对固定者来说，月支出＋月储蓄额＝月收入预算。家庭财务预算规划流程如图6-12所示。

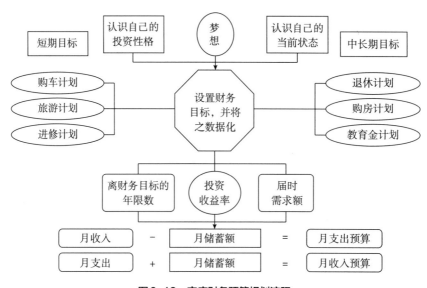

图6-12　家庭财务预算规划流程

首先，要设定长期理财目标，然后计算实现长期理财目标所需的年储蓄额。关于何时需要考虑货币时间价值及如何计算各项理财目标所需的储蓄额，将在相关章节专门说明。如王先生以目标并进法做生涯规划，可能计算出每年要储蓄3万元，才能够满足退休、子女教育、购房等中长期理财目标。

其次，应该预测年度收入。收入稳定的公务员、教师或大企业的工薪阶层，可相当准确地预估年度收入。收入淡旺季差异大的佣金收入者或自营事业者，就要以过去的平均收入为基准，做最好和最坏状况下的敏感度分析。

再次，算出年度支出预算目标：年度收入－年度储蓄目标＝年度支出预算。

最后，将预算划分为细目，分门别类。

一个尽可能详细的家庭财务预算规划，应划分为月储蓄预算和年储蓄预算，如图6-13所示。每个月固定的工资薪金、佣金、房租或利息收入，减去每个月衣、食、住、行和娱乐等的固定开销及每个月应摊还的房贷利息，就是每个月应有的储蓄预算。储蓄预算中根据前述长期理财目标所算出的包括住房公积金和个人基本社保缴费及自行决定定期定额投资的部分，就是最低储蓄标准。我们可以把活期存款账户当作预算管理的辅助工具，当月储蓄超过此最低储蓄标准时可存入活期存款，低于此最低储蓄标准时由活期存款账户拨入，使定期定额的投资不会因突发因素中断。信用卡可以作为调节前后两个月现金流量不平衡的另一工具。当本月有额外的支出而下月有额外收入时，为避免本月储蓄额低于应有的月投资额，应先以信用卡支出，使本月有足够的现金结余供投资，再以下月的额外收入缴付信用卡借款。

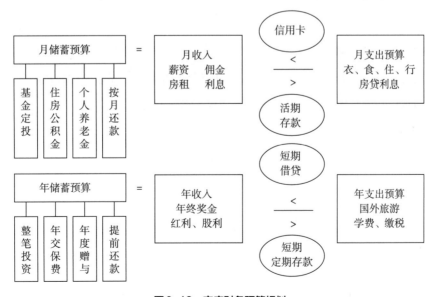

图6-13　家庭财务预算规划

一般工薪阶层除了每月领固定薪金，还有一些年度性的收入，比如年终奖金、绩效奖金、员工红利、年度股利等，同时会有一些年度性的支出，比如一年交两次的子女学费，或是年度的国内外旅游等。当年度收入时间和支出时间不一致时，如年终奖金在1月领取而计划7月暑假时全家出游，则可以把年终奖金存6个月定期存款作为旅游预备金。若是先有年度支出后有年度收入，则可用短期贷款来平衡收支的时间差异。如果每年的年储蓄预算都有结余则可做整笔投资，也可用来规划长期理财目标，虽然此时不见得是定额，但每年定期不定额的整笔投资仍可作为提升退休生活水平或补助子女出国留学的额外资金来源。

月储蓄预算中定期定额投资的部分应以准备至少5年以上的购房、子女教育和自储退休金为主要目的；5年以内的中短期目标，如国内外旅游、购车、装修等，则应通过以目标实现日为到期日的定期存款来完成。

年度收入减去年度支出预算，就是年储蓄预算。年储蓄预算除了可以用来提前偿还一些贷款，还可用来做整笔投资或年交保费的资金来源。

将年度收入、年度支出、年储蓄预算尽量分到各月份。有些年度收入如年终奖金或员工红利，有固定的发放月份。有些年度支出如年交两次的学费、所得税申报、年交保费，事先都已知道，可分到各月份。有些年度短期理财目标支出可事先规划在某一个月份实现，如国内外旅游支出，季节性购置衣物支出，保养维修支出和购置汽车、家具电器等资本支出。配置月份后可判断短期流动资金是否可平衡月份间的收支差异。不够时除调整支出时间之外，也可以通过小额借贷的方式来暂时应对。

每月记账的科目必须与预算科目相同，以便进行差异分析。将每月的收入、支出和储蓄预算，与记账的实际收入、支出和储蓄的部分相对照。家庭财务管理的重点是将可控制支出预算的部分差异控制在10%以内，而不可控制支出预算的部分应付金额事先已知，如无意外，预算应与实际数字相符，只要注意不要多缴或漏缴即可。

（五）收入预算

1. 家庭收入来源管理

表6-19显示，城镇地区居民人均可支配收入从2019年的42 359元增加到2023年的51 821元。收入来源的分类和特性如表6-20所示。

表6-19　城镇地区居民收入

单位：元

指标（可支配收入口径）	2023 年	2022 年	2021 年	2020 年	2019 年
城镇居民人均工资性收入	31 321	29 578	28 481	26 381	25 565
城镇居民人均经营净收入	5 903	5 584	5 382	4 711	4 840
城镇居民人均财产性收入	5 392	5 238	5 052	4 627	4 391
城镇居民人均转移性收入	9 205	8 882	8 497	8 116	7 563
城镇居民人均可支配收入	51 821	49 282	47 412	43 835	42 359

资料来源：国家统计局。

表6-20　收入来源的分类和特性

类型	收入稳定性	收入成长性	收入中断风险
工资性收入	收入来源稳定，有《中华人民共和国劳动法》保障	依靠每年调薪，奖金比重不高	下岗失业
经营净收入	视市场状况而定，收入来源较不稳定	工商个体户有机会转型为私营企业	经营不善，亏损甚至倒闭
财产性收入	利息收入与租金收入的稳定性较高	股票资本利得成长性较高	房屋闲置，股票无股息发放
转移性收入	视政府财政情况与子女负担能力而定	最多随着物价调整	政府缩减社会福利，子女无能力奉养

现就各类收入来源应有的理财策略说明如下：

（1）工资性收入。工资性收入者可分为以下3种类型：

①传统的工薪阶层。他们是保守求安定的阶层，收入稳定但也很难期待额外的工资薪金流入，因此，现金流量的控制非常重要，应有紧急预备金以备不时之需。注意不要购买超出负担能力且会导致高负债的自用性资产，以免落入负债循环的陷阱。同时应尽早以定期定额投资的方式累积投资性资产来应对未来理财目标之需。由于工资薪金的调整幅度要看企业经营状况或老板的决定，所以做理财规划时不要太乐观，不应过高估计薪酬增长率，特别是对高薪者而言。

②以业务佣金为主要收入者。此类人群，或许其收入成长性较高，但稳定性较低，遇经济周期低谷时，应拟定一套在不同所得水准下每月应有的消费、透支和储蓄模式，来度过不景气的阶段，从而养精蓄锐，在经济复苏时再创辉煌。可进行如下测算：

$$每月储蓄 = （当月收入 - 基本收入）\times 边际储蓄率$$

其中，基本收入为淡季时最低收入或维持家庭基本生活需求的最低消费额，二者取其高者。边际储蓄率等于每增加1元的额外所得应多储蓄的比率，当月收入低于家庭最低消费额时边际储蓄率为0。

③医生、律师等专业人士。这些专业人士多半忙得没有时间理财，在投资上趋于保守。因此，医生、律师等专业人士在拼命工作维持高收入之余，应积极地运用过去累积的积蓄，想办法让钱为自己工作，以便提早退休，享受生活。自由职业者也可利用职业优势从银行获得优惠的房贷或借款利率来降低理财支出。

（2）经营净收入。如开店创业，除了考虑市场前景和特殊优势等创业因素，事先做好周详的财务规划与风险预警也是生存的关键因素。

要会计算损益平衡点，即衡量营业额达到多少才能收回本钱：

$$损益平衡营业额 = 固定成本 \div 毛利率$$

如果店面的固定成本为每月 30 000 元，销售店内货品的平均毛利率为 30%，30 000 元 ÷ 30%=100 000 元。也就是说，100 000 元的营业收入创造的毛利是 30 000 元，刚好够支付固定成本。如果做到 150 000 元的营业收入，则毛利为 45 000 元，扣除 30 000 元固定成本后就有 15 000 元的净利。要注意的是，固定成本包括店面租金、水电、人员工资薪金、装修的折旧、借款的利息、连锁店的特许经营费与其他固定支出等多项费用，一不小心少算了就可能导致虚盈实亏的结果。

追赶流行趋势的店铺要考虑尽快回收成本。不考虑货币的时间价值，回收期间可以通过"总投资额 ÷ 净利"来进行初步估算。如果投资 100 000 元，每个月不算折旧的净利有 20 000 元，则 5 个月就可回收成本，即使这个行业只有半年的好光景，往后净利每月只有 10 000 元，也因原始投资额已回收，只要净利高于上岗工作或从事其他行业的机会成本就可以继续经营下去，今后将店面转让出去能回收多少都是赚的。

开店除了固定投资，还要有一笔营运资金来平衡进货和销货间的短期资金需求。缩短存货和应收账款的周转时间可降低营运资金需求，从而降低利息成本。

（3）财产性收入。财产性收入是指因为家庭拥有的动产（如银行存款、有价证券等）和不动产（如房屋、车辆、土地、收藏品等）所获得的收入，包括出让财产使用权获得的利息、租金、专利收入和财产营运所获得的红利收入、财产增值收益等。[①]中国人民银行

---

① 杨明基.新编经济金融词典［M］.北京：中国金融出版社，2015.

发布的《2023年金融统计数据报告》表明，2023年末人民币存款余额为284.26万亿元，其中住户存款增加25.74万亿元。随着居民理财意识的增强，工资薪金投入金融市场的金额增加。政府大力提倡租购并举的政策，使购房出租的情况有所增加，预计我国居民未来财产性收入占总收入的比重将逐年提高。

（4）转移性收入。转移性收入是指国家、单位、社会团体对居民家庭的各种转移支付和居民家庭间的收入转移，包括政府对个人收入转移的离退休金、失业救济金、赔偿等，单位对个人收入转移的辞退金、保险索赔、住房公积金，家庭间的赠送和赡养，等等。[①]从表6-19的数据可看出，转移性收入是当前中国居民仅次于工资性收入的第二大收入来源。

2. 收入分配的"4321"原则

收入分配的"4321"原则（见图6-14），是指收入的40%用来还房贷本息，房贷已还清者，可把这部分资金用来进行一些风险较高的其他投资；收入的30%用来支付日常生活开支；收入的20%用来储蓄备用，投资流动性高的存款或货币市场工具；收入的10%用来购买保险支付保费。收入分配的"4321"原则，是根据经验法则得出来的，可以作为设定收支储蓄预算的参考架构。

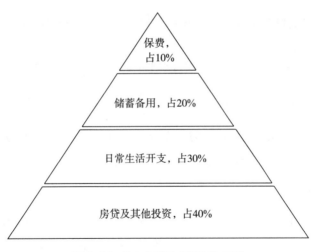

图6-14　收入分配的"4321"原则

3. 家庭应该有多少收入来满足当前和未来的开销

根据家庭人口数可算出要维持日常生活开销，各需要多少基础收入才能达到基本的、

---

① 杨明基.新编经济金融词典［M］.北京：中国金融出版社，2015.

平均的和满意的水平。

基本消费支出不包括房贷，因此如果有房贷负担，则每月应有收入要加上月摊还房贷本息。如果还要考虑为退休准备储蓄，那么每月应有收入还要加上为退休准备的每月定期定额储蓄。当然，如果有子女要接受高等教育，则还要准备教育金储蓄。

$$应有家庭消费支出＝预期水平的每人消费性支出 \times 家庭人口数$$
$$应有年家庭收入＝应有年家庭消费支出＋购房贷款本息摊还额＋教育金储蓄＋退休金储蓄$$

对于购房房贷本息负担，房贷利率为6%，贷款20年，年购房房贷本息负担即根据$I=6\%$，$n=20$，$PV=$房价 $\times$ 房贷比例，求PMT。房价＝期待水平的需求面积 $\times$ 家庭人口数 $\times$ 预期地区的房屋单价。其中，需求面积以住建部公布的城镇人均住房建筑面积38.6平方米为指标，可以每人25平方米作为基本水平、每人40平方米作为平均水平、每人55平方米作为满意水平。预期地区的房屋单价则根据居住地行情估计，基本水平以经济适用房单价、平均水平以普通住宅单价、满意水平以豪华住宅单价为参考依据。

$$退休金储蓄＝预期水平的生活费用需求 \times 2人 \times 退休后生活年数20年 \div 离退休的年数$$

假设退休金储蓄的投资收益率刚好等于通货膨胀率，不考虑货币的时间价值。

$$教育金储蓄＝（未成年子女数 \times 期待水平的教育费用）\div 离子女上大学的年限$$

同样假设投资收益率等于学费增长率，不考虑货币的时间价值。基本水平为上专业学院4年学费及住宿费6万元，平均水平为上综合大学4年学费及住宿费10万元，满意水平为念完大学后资助子女留学共花费40万元。

（六）支出预算

如果以前没记过账，不知道自己的钱花到哪里去了，可以在设定理财目标后，计算要达到各理财目标需要多少储蓄，再以收入－储蓄目标＝消费支出预算的方式，做出每月的总支出预算。支出预算的控制流程如图6-15所示。了解一下我国居民消费支出方面的统计数据，作为第一次编制支出预算的参考。表6-21显示的是城镇居民人均消费支出和各项目消费支出，我们可以据此先编列出食、衣、住、行、教育、娱乐等各项目的支出预算，等账记了一段时间，了解自己家庭的消费习惯之后，就可以在总预算支出不变的情况下，调整各项目支出比率来编制适合自己家庭的项目类别支出预算。

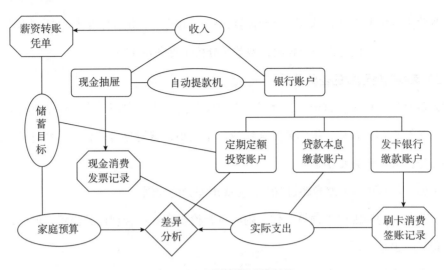

图6-15　支出预算的控制流程

表6-21　城镇居民人均消费支出和各项目消费支出　　　　　　　　　　　　　　单位：元

指标	2023 年	2022 年	2021 年	2020 年	2019 年
城镇居民人均消费支出	32 994	30 391	30 307	27 008	28 063
城镇居民人均食品烟酒消费支出	9 495	8 958	8 678	7 881	7 733
城镇居民人均衣着消费支出	1 880	1 735	1 843	1 645	1 832
城镇居民人均居住消费支出	7 822	7 644	7 405	6 958	6 780
城镇居民人均生活用品及服务消费支出	1 910	1 800	1 820	1 640	1 689
城镇居民人均交通和通信消费支出	4 495	3 909	3 932	3 474	3 671
城镇居民人均教育、文化和娱乐消费支出	3 589	3 050	3 322	2 592	3 328
城镇居民人均医疗保健消费支出	2 850	2 481	2 521	2 172	2 283
城镇居民人均其他用品及服务消费支出	953	814	786	646	747

资料来源：国家统计局。

二、家庭财务预算的控制

（一）预算控制方式

为了管控费用和储蓄，除了已有的住房公积金个人账户和社保个人账户，还应在符合国家金融监管机构对境内居民开立银行账户规定的前提下，合理管理个人名下的银行账户。可根据家庭不同支出项来分别设定账户功能，比如自动扣缴水费、电费、电话费等的账户，定期定额投资的账户，房贷本息偿还的账户以及信用卡还款账户等，通过不同账户并配合现金抽屉的余额管控，明确收支控制情况，随时掌握资产负债状况。

每月收入－定期定额扣款额＝家计预算，将得出的家计预算结果与包括刷卡在内的实际消费支出做比较，便可再细分各项目做差异分析（见图6-15）。

（二）家庭财务预算的差异分析

如果每月按照预算科目记账，就可以得出实际的收入、费用支出、资本支出和储蓄的数据。与预算金额比较后，根据差异金额或比率大小，就能分析差异原因并进行检讨和改进。差异分析应注意的要点如下：

（1）如实际与预算的差异超过10%，应找出差异的原因。

（2）若差异的原因属于预算低估，则应重新检查预算的合理性并修正，但改动太过频繁将使预算失去意义。

（3）要达成储蓄或减债计划，需严格执行预算。

（4）若某项支出远高于预算，可定达成时限，逐月降低差异。

（5）若同时有多项支出差异，可逐月逐项进行重点改进。

（6）出现有利差异时，也应分析原因，并可考虑提高储蓄目标。

实例6-4 由表6-22可以看出，黄先生家的月费用型支出为5 345元，比月预算5 000元多出约7%，其中水电日用和娱乐支出超过月预算甚多，是需要深刻检讨的项目。在年费用型支出方面（见表6-23），将实际支出和年预算支出相比较，我们发现购置衣物的年预算为6 000元，而农历年前添购新装就花掉了全年预算的42.87%，因此对这些季节性的支出仍需加强控管才不会超过全年预算。在非控制型支出方面，税费、保险费、房贷本金、利息支出和定期投资，如无意外，应和预算进度相同，可与现金流量和余额核对。

表6-22 黄先生一家家计月度预算控制表格示例 单位：元

月费用型支出							
支出形态	食品、餐费	洗衣理容	水电日用	油钱车费	娱乐支出	医疗保健	合计
现金	2 768	441	740	351	762	283	5 345
信用卡	0	0	0	0	0	0	0
月预算	2 800	400	600	400	400	400	5 000
达标率	98.86%	110.25%	123.33%	87.75%	190.50%	70.75%	106.90%

说明：达标率＝各项支出 ÷ 月预算。

表6-23 黄先生一家家计年度预算控制表格示例   单位：元

年费用型支出							
支出形态	购置衣物	家具电器	学费才艺	保养维修	年度旅游	红包交际	合计
现金	0	3 393	1 339	1 110	0	1 660	7 502
信用卡	2 572	0	0	0	0	0	2 572
年预算	6 000	5 000	20 000	3 000	16 000	2 000	52 000
达标率	42.87%	67.86%	6.70%	37.00%	0	83.00%	19.37%

非控制型支出						
支出形态	税费	保险费	房贷本金	利息支出	定期投资	合计
现金	4 413	1 979	2 800	720	1 000	10 912
年预算	20 000	10 000	30 000	8 640	12 000	80 640
达标率	22.07%	19.79%	9.33%	8.33%	8.33%	13.53%

说明：达标率＝各项支出 ÷ 年预算。

三、现金流量预估表的编制

现金流量预估表的主要作用有两个：一是便于规划短期理财目标，二是可以平衡各月的现金收支情况。

长期的全生涯理财规划以年为单位，但即使一年中收入大于支出，也需要做现金流量调度计划。年收入中有每月固定的工资薪金所得或房租收入，有每年特定月份才领取的年终奖金、绩效奖金或员工红利，也可能有半年才结算一次的利息收入或不定期实现的资本利得收入。年度支出中有每月日常生活开销、月付房租或房贷本息、每年一两次的国内外旅游支出、每学期付一次的子女学杂费、不定期的缴税支出、年交或季交保费，也有较短期的资本支出计划，如买车、添置家具电器或装修维护等。这些短期理财目标不见得要放在全生涯理财规划表里，但如果有3年内必须完成的资本支出，还是要在中期现金流量预估表上预先安排的。

中短期的生涯理财规划以月为单位，编制月现金流量预估表的注意事项如下：

（1）以其他长期目标（基金投资）作为实现长期理财目标的手段，在现金流量表中应视为不可间断的强制性支出，从而达到强迫储蓄的效果。定期定额投资额要根据退休、子女高等教育或购房等中长期理财目标的需求来算出。如果规划的结果是从未来某一个月开始现金余额均远超过3个月收入的合理额度，这就表示有多余的储蓄能力，可以用来规划长期理财目标，此时应提高每月的定期定额投资额来加快长期目标实现的进度或提升长期目标的品质。但如果现金流量预估表显示，把定期定额投资额视为必要支付后，剩余的储蓄能力无法满足短期目标，则应重新评估长短期目标的优先级及调整弹性，决定是要降低定期定额投资额还是要降低短期目标要求，比如改买二手车或将欧洲旅游改为国内旅游等。

（2）在现金流量预估表中，如果现金余额有一段时间为负数，则表示要事先做调度安排。除了房贷，汽车贷款、小额信贷和分期付款等短期信贷运用工具，主要用来平衡3年内的收支时间差异，都可以在中期现金流量预估表中预做规划。如果现金流量出现负数的时间只有一两个月，后面的月份有正的现金流量，则可以运用信用卡预借现金、循环信用、亲友暂时周转或小额消费贷款等方式来调整。如果从某月开始的现金余额均呈现负数，则表示预定的目标超过收入储蓄能力，那么除非手边有其他资产可变现，否则应该调整中短期的理财目标并进行重新规划。

（3）中短期现金流量预估表应每月重编一次，除了依本月实际的现金余额调整上月的余额，也可就最新情况调整预估项目。比如拟购置的汽车或家电价格有变动，或旅游团费用大幅调整，都会使短期目标或定期支出额发生变化，自然要以最新的信息进行调整。每月的现金流量预估表都是以预估未来36个月的流量为基础编制的，但是如果有极重要的中期目标需要以控制月现金流量来实现，也可以将预估时间延长为60个月。

（4）当发现连续好几个月的实际生活费用都远高于预估的生活费用时，应考虑编制细目预算来控制费用。生活费用在每月的现金流量预估表中仅表现为一个数字，要达到费用控制的目标，应另就衣、食、住、行和娱乐等分类做预算，每月对各类预算和实际花费做差异分析，并逐月缩减差异，才能让现金流量预估表起到规划兼控制的双重作用。

（5）中短期现金流量预估表应与长期的全生涯理财规划表的前3年计划相配合，才能落实长期目标的实现进度。比如长期规划中两年内就要购房换房，或是已购期房每月已开始还贷款，都可列入现金流量预估表。

实例6-5 彭先生有一个3岁的刚上幼儿园的孩子，在本年12月底做未来3年现金流量规划时，期初现金余额为40 000元。彭先生的每月可支配收入为5 000元，配偶的为4 000元。彭先生于每年1月份会领到公司加发的相当于两个月工资的奖金，但正常情况下配偶的奖金为一个月工资。未来3年彭先生预计于每年7月调薪，调薪后每月在上一年每月薪资基础上增加500元，配偶预计于每年1月调薪，调薪后每月也在上一年每月薪金基础上增加500元。现金流出方面，一家三口每月的生活费为3 000元，房租为1 700元。每学期要交幼儿园学费4 000元（分别在2月和8月）。生活费、房租和学杂费的年增长率均为5%。除此之外，每年计划在十一假期出国玩一趟，预算为15 000元，五一假期国内旅游的预算为5 000元。当前每月其他长期目标（基金投资）1 000元，每年4月交年保费7 000元。如果彭先生打算在3年内花100 000元购车，何时可在完成所有其他预估计划的情况下以现金购车？假设现金余额至少要维持3个月不含基金定投的现金流出。

解析　每个月的固定现金流出（不含基金定投）＝生活费+房租=3 000元+1 700元=4 700元，最低应维持现金余额=4 700元×3=14 100元。如果一切都按照计划进行，那么要在第三年1月年终奖金发放之后，才有能力以现金100 000元购车，同时购车后的现金余额为28 500元，高于最低应维持现金余额14 100元。计算结果如表6-24所示。

表6-24　彭先生家庭未来3年的现金流量预估表　　　　　　　　　　　　　　　　单位：千元

年/月	自己收入	配偶收入	生活费	学杂费	保险费	房租	旅游支出	购车支出	其他长期目标（基金投资）	净收支额	现金余额
本年/12											40.0
第一年/1	15.0	9.0	3.0	0.0	0.0	1.7	0.0	0.0	1.0	18.3	58.3
第一年/2	5.0	4.5	3.0	4.0	0.0	1.7	0.0	0.0	1.0	（0.2）	58.1
第一年/3	5.0	4.5	3.0	0.0	0.0	1.7	0.0	0.0	1.0	3.8	61.9
第一年/4	5.0	4.5	3.0	0.0	7.0	1.7	0.0	0.0	1.0	（3.2）	58.7
第一年/5	5.0	4.5	3.0	0.0	0.0	1.7	5.0	0.0	1.0	（1.2）	57.5
第一年/6	5.0	4.5	3.0	0.0	0.0	1.7	0.0	0.0	1.0	3.8	61.3
第一年/7	5.5	4.5	3.0	0.0	0.0	1.7	0.0	0.0	1.0	4.3	65.6
第一年/8	5.5	4.5	3.0	4.0	0.0	1.7	0.0	0.0	1.0	0.3	65.9
第一年/9	5.5	4.5	3.0	0.0	0.0	1.7	0.0	0.0	1.0	4.3	70.2
第一年/10	5.5	4.5	3.0	0.0	0.0	1.7	15.0	0.0	1.0	（10.7）	59.5
第一年/11	5.5	4.5	3.0	0.0	0.0	1.7	0.0	0.0	1.0	4.3	63.8
第一年/12	5.5	4.5	3.0	0.0	0.0	1.7	0.0	0.0	1.0	4.3	68.1
第二年/1	16.5	10.0	3.2	0.0	0.0	1.8	0.0	0.0	1.0	20.5	88.6
第二年/2	5.5	5.0	3.2	4.2	0.0	1.8	0.0	0.0	1.0	0.3	88.9
第二年/3	5.5	5.0	3.2	0.0	0.0	1.8	0.0	0.0	1.0	4.5	93.4
第二年/4	5.5	5.0	3.2	0.0	7.0	1.8	0.0	0.0	1.0	（2.5）	90.9
第二年/5	5.5	5.0	3.2	0.0	0.0	1.8	5.0	0.0	1.0	（0.5）	90.4
第二年/6	5.5	5.0	3.2	0.0	0.0	1.8	0.0	0.0	1.0	4.5	94.9
第二年/7	6.0	5.0	3.2	0.0	0.0	1.8	0.0	0.0	1.0	5.0	99.9

（续表）

年/月	自己收入	配偶收入	生活费	学杂费	保险费	房租	旅游支出	购车支出	其他长期目标（基金投资）	净收支额	现金余额
第二年/8	6.0	5.0	3.2	4.2	0.0	1.8	0.0	0.0	1.0	0.8	100.7
第二年/9	6.0	5.0	3.2	0.0	0.0	1.8	0.0	0.0	1.0	5.0	105.7
第二年/10	6.0	5.0	3.2	0.0	0.0	1.8	15.0	0.0	1.0	（10.0）	95.7
第二年/11	6.0	5.0	3.2	0.0	0.0	1.8	0.0	0.0	1.0	5.0	100.7
第二年/12	6.0	5.0	3.2	0.0	0.0	1.8	0.0	0.0	1.0	5.0	105.7
第三年/1	18.0	11.0	3.3	0.0	0.0	1.9	0.0	100.0	1.0	（77.2）	28.5
第三年/2	6.0	5.5	3.3	4.4	0.0	1.9	0.0	0.0	1.0	0.9	29.4
第三年/3	6.0	5.5	3.3	0.0	0.0	1.9	0.0	0.0	1.0	5.3	34.7
第三年/4	6.0	5.5	3.3	0.0	7.0	1.9	0.0	0.0	1.0	（1.7）	33.0
第三年/5	6.0	5.5	3.3	0.0	0.0	1.9	5.0	0.0	1.0	0.3	33.3
第三年/6	6.0	5.5	3.3	0.0	0.0	1.9	0.0	0.0	1.0	5.3	38.6
第二年/7	6.5	5.5	3.3	0.0	0.0	1.9	0.0	0.0	1.0	5.8	44.4
第三年/8	6.5	5.5	3.3	4.4	0.0	1.9	0.0	0.0	1.0	1.4	45.8
第三年/9	6.5	5.5	3.3	0.0	0.0	1.9	0.0	0.0	1.0	5.8	51.6
第三年/10	6.5	5.5	3.3	0.0	0.0	1.9	15.0	0.0	1.0	（9.2）	42.4
第三年/11	6.5	5.5	3.3	0.0	0.0	1.9	0.0	0.0	1.0	5.8	48.2
第三年/12	6.5	5.5	3.3	0.0	0.0	1.9	0.0	0.0	1.0	5.8	54.0

注：现金余额未考虑投资收益。

第七节 理财资讯平台在家庭财务分析中的应用

一、案例背景

理财师李华通过与客户王先生的充分沟通，了解到王先生的家庭情况以及基本财务状况如下：

王先生今年40岁，王太太38岁，儿子10岁，居住在北京。

家庭现有3万元的活期存款，10万元的定期存款，另外投资了20万元的债券型基金，10万元的股票型基金，均为夫妻共同财产。目前自用房产市价为200万元，还有50万元公积金贷款余额，贷款利率为3.25%，剩5年还清。王先生在国有企业担任中级主管，年税后工作收入为12万元。王太太为高中老师，年税后工作收入为8万元。年税后金融投资收益为1.2万元。一家三口的年生活费为10万元。

在社会保险与商业保险方面，王先生与王太太都有三险一金，按北京市的标准发放。目前王先生的个人社保与公积金年缴费基数为 14 万元，个人养老金账户余额为 7 万元，个人医疗保险账户余额为 1.2 万元。王太太的个人社保与公积金年缴费基数为 9 万元，个人养老金账户余额为 3 万元，个人医疗保险账户余额为 0.5 万元。夫妻的住房公积金都用来还贷款，没有余额。社保缴费年限均为 15 年。王先生自行投保终身寿险保单一张，保额为 50 万元，年交保费为 2 万元（其中保障型保费占 20%），还要交 15 年，目前寿险现金价值为 7 万元。王太太刚投保了一份保额为 20 万元的终身寿险，交费期限为 20 年，年交保费为 1 万元，其中保障型保费占 25%，目前寿险现金价值为 0.2 万元。

另外，工作收入增长率为 5%，社平工资增长率为 5%，社保养老金收入增长率为 4%。公积金个人缴存比例为 12%，公司和个人 1∶1 供款。其余按照软件默认。

在此需要说明的是，软件会定期更新相关数据，因此案例录入时点不同可能会导致结果与以下示范存在差异，属于正常现象。

二、软件操作

第一步，新建客户：在理财规划全流程中单击"新建客户"按钮，创建客户档案，如图 6-16 所示。

图6-16 新建客户界面

第二步，输入客户基本信息。客户基本信息主要包括的内容如表6-25所示。

表6-25　客户基本信息

客户个人信息	客户家庭信息
姓名、出生日期、年龄、性别 分类：普通用户、主要客户、重点客户 最高学历、职业 是否加入社保、社保所在地 婚姻状况：未婚、已婚、离婚、丧偶 联系方式：手机、固定电话、电子邮箱、邮寄地址	已婚者的配偶的个人信息 家庭成员：出生日期、年龄、性别、与客户的关系 以财务依赖关系来定位家庭成员，已经独立的子女与 不需要客户赡养的父母及岳父母不必放入家庭成员

具体输入方式如图6-17所示。

图6-17　客户基本信息输入界面

输入基本信息时需要注意以下问题：

（1）准确填写婚姻状况，选择"已婚"后配偶的信息栏才会自动弹出。

（2）正确填写社保所在地，不同地区的收入水平、社会平均工资以及社保缴纳额是不同的，系统会根据选择的社保所在地自动计算社保缴费相关数额。

（3）正确填写职业信息，如果案例或实际服务中没有该信息则可以省略，但会影响理财师对于家庭收入稳定性的判断。

（4）家庭成员关系须从财务依赖关系方面判定，即将出生的孩子也要记为家庭成员。

第三步，检查个人信息，如图6-18所示。

完成客户基本信息录入后，单击"确定"按钮检查基本信息的准确性。如果后期检查发现需要修改，可以单击右上角的"　✎　"图标，重新进入图6-17的界面进行修改。

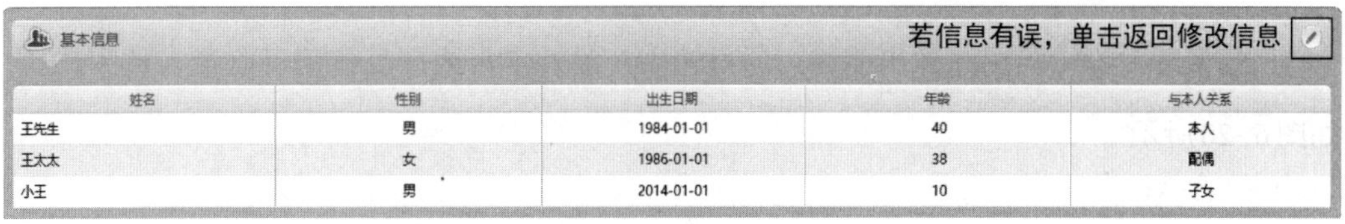

基本信息				若信息有误，单击返回修改信息 ✎
姓名	性别	出生日期	年龄	与本人关系
王先生	男	1984-01-01	40	本人
王太太	女	1986-01-01	38	配偶
小王	男	2014-01-01	10	子女

图6-18　检查个人信息

第四步，输入家庭财务信息。

家庭财务信息的录入，在软件中的"客户信息采集"—"财务信息"界面进行，其中包括资产、负债、收入、支出和固定用途储蓄五大类。单击每个标签可以进入相关界面输入家庭财务信息。

1. 输入家庭资产信息

家庭经常涉及的资产类型如下，要统计完整，分类正确：

- 流动性资产：现金、活期存款。
- 既得权益：社保与公积金账户余额，保单现金价值。
- 金融资产：定期存款、债券、股票。
- 房产：自住或投资用途。
- 实业投资：账面值或市值。
- 汽车：二手车行情计值。
- 其他资产：民间债权、预付订金、贵金属、艺术品。

如果是已婚客户家庭，需要注意家庭的财产分配方式。如果属于共有财产，需要录入"夫妻共同"名下；如果采用分别财产制或资产独属于某一方家庭成员，要区分录入"本人名下"或"配偶名下"。

具体录入方法如下：

（1）某些财产可以直接输入金额，例如本案例家庭现有3万元的活期存款且属于共同财产，则直接录入资产的"现金及活存"项目中的"夫妻共同"列，如图6-19所示。

直接输入金额

图6-19　家庭资产信息输入界面1

（2）单击"✏"图标弹出明细，通过输入产品首字母或产品代码可以录入具体产品，如图6-20所示。

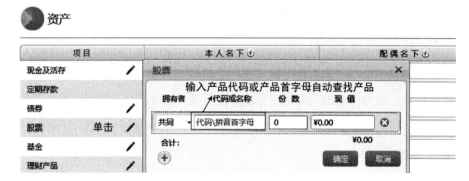

图6-20　家庭资产信息输入界面2

（3）录入债券、股票、基金份数，自动计算市值，或录入市值自动计算份数。但如果客户并没有告知详细数据，仅告知某类资产总金额，则参考图6-19所示输入方式，直接在相关项目中输入金额即可。

（4）系统每日会自动更新产品价格以统计最新财务信息（此功能仅限金拐棍企业版，金拐棍教学版为历史时点数据），如图6-21所示。

图6-21　家庭资产信息输入界面3

输入家庭资产信息时要注意以下问题：资产以市场价值计价；若采用分别财产制，要区分夫或妻名下的资产，若为夫妻共有的财产，则录入"夫妻共同"列；实业投资方面，若客户的投资标的为公司企业，该项应记录客户所持有的股权净值，若为独资企业，该项应记录客户企业的全部资产，合伙企业以总资产 × 持有份额比率计算；社会平均工资增长率在社保、住房公积金个人账户明细中录入，默认数据为客户社保所在地的历年社会平均工资增长率的平均值。

2. 输入家庭负债信息

家庭经常涉及的负债项目包括：

- 信用卡循环信用：宽限期内还款，刷卡额不计算在内。
- 小额消费信贷。
- 房产贷款余额：分笔累计。
- 金融投资贷款余额。
- 实业投资贷款余额。
- 汽车贷款。
- 其他贷款：民间借贷。

输入家庭负债信息时要注意以下问题：若采用分别财产制，要区分夫或妻名下的负债，若为夫妻共担的负债，则放在"夫妻共同"列；实业投资的贷款，若客户的投资标的为公司企业，该项应记录股金中借来的金额，若为独资企业，该项应记录客户企业的全部负债，合伙企业以总负债 × 持有份额比率计算；信用卡循环信用，客户在宽限期内还款的刷卡额不计算在内。

3. 输入家庭收入信息

家庭经常产生的收入类型如下：

- 工作收入：为税后可支配收入，加入收入增长率假设。
- 房租收入：对投资性房产输入房租收入、增长率、期限。
- 实业投资收益：未上市公司税后分红、增长率、期限。
- 金融投资收益：存款利息、债息、股息。
- 资本利得：已实现价差利益。

▪ 其他收入：转移性收入、偶然所得。

具体输入方式如下：

（1）单击工作收入后的"✎"图标弹出明细，单击"≫"图标展开工作收入全部明细，录入税后可支配收入，将收入增长率修改为5%，如图6-22所示。

（2）单击社会养老保险个人账户或社会养老保险个人账户年缴存额后的"✎"图标弹出明细，单击"≫"图标展开全部明细，录入账户余额、年缴费基数、已缴费年限，将社平工资增长率改为5%，将养老金增长率改为4%，如图6-23所示。

图6-22 客户工作收入输入界面

图6-23 客户社会养老保险输入界面

输入家庭收入信息时要注意以下问题：夫妻共有的投资性资产所带来的收入归为"夫妻共同"。

工作收入：可支配收入=税前收入−三险一金扣缴−个人所得税。

社平工资：在社保、住房公积金个人账户明细中录入，默认数据为客户社保所在地的当年社会平均工资。

收入增长率：在工作收入明细中录入，如果客户没有提供相关数据，系统将默认数据为客户社保所在地的历年国民收入增长率的平均值。

4. 输入家庭支出信息

家庭经常发生的支出项目如下：

- 日常支出：食、衣、住、行、娱乐、医疗等。

- 子女教育：阶段性另列。

- 赡养父母：阶段性另列。

- 利息支出：根据负债计算。

- 保障型保费：根据保单加总。

- 其他支出：转移性支出。

注意，如果采用分别财产制，要区分夫或妻名下的支出，共同支出为对子女的支出。

输入家庭支出信息时要注意以下问题：无法区分的夫或妻名下的支出应归为"夫妻共同"。

日常支出：该项记录的现金流默认持续至目标退休年龄，退休后的日常支出为退休目标的金额。

教育抚养支出、赡养父母支出：仅为当前年度开支，未来支出需另设目标。

利息支出：每笔贷款区分本利，该项记录为利息部分加总，系统默认根据当前负债金额、利率与剩余年限推算过去一年利息合计，可修改。

5. 输入固定用途储蓄信息

固定用途储蓄主要包括以下项目：

- 还贷本金：每笔贷款区分本利，还本金部分加总。

- 基金定投：已经在定期扣款投资的金额。

- 储蓄型保费：已经每年交费的金额，储蓄型保费可累积保单现金价值。

- 教育储蓄存款：按照约定每年需存款的部分。

- 住房公积金缴存额：含个人与企业缴存。

- 个人养老金缴存额：个人缴存。

- 医疗保险金缴存额：个人缴存＋其他入账金额。其他入账金额各地存在差异，之前客户基本信息中社保所在地的不同选择对该金额存在一定影响。另外，软件会随着政策的更新不断调整入账金额，因此录入时间不同可能会出现不同的结果。

储蓄－固定用途储蓄＝自由储蓄；若当年无新增投资（赎回），自由储蓄＝净现金流量。

第五步，输出家庭财务报表。

家庭财务信息录入完成后单击"确定"按钮，可查看财务信息结果。

（1）单击分析结果中的"资产负债表""收支储蓄表""储蓄适用表"，进入财务报表页面，如图6-24至图6-27所示。

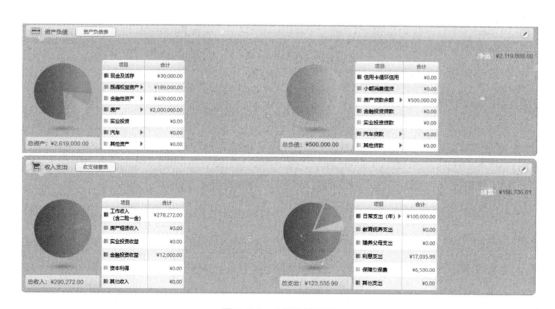

图6-24　分析结果界面

资产负债表

统计时间：2024.02.04

资产	本人	配偶	共同	合计	比重
◢总资产	￥152,000.00	￥37,000.00	￥2,430,000.00	￥2,619,000.00	100.00%
◢流动性资产	￥0.00	￥0.00	￥30,000.00	￥30,000.00	1.15%
现金及活存	￥0.00	￥0.00	￥30,000.00	￥30,000.00	1.15%
◢投资性资产	￥152,000.00	￥37,000.00	￥400,000.00	￥589,000.00	22.49%
定期存款	￥0.00	￥0.00	￥100,000.00	￥100,000.00	3.82%
债券型基金	￥0.00	￥0.00	￥200,000.00	￥200,000.00	7.64%
股票型基金	￥0.00	￥0.00	￥100,000.00	￥100,000.00	3.82%
社会养老保险个人账户	￥70,000.00	￥30,000.00	￥0.00	￥100,000.00	3.82%
社会医疗保险个人账户	￥12,000.00	￥5,000.00	￥0.00	￥17,000.00	0.65%
保单现金价值	￥70,000.00	￥2,000.00	￥0.00	￥72,000.00	2.75%
◢自用性资产	￥0.00	￥0.00	￥2,000,000.00	￥2,000,000.00	76.37%
自用性房产	￥0.00	￥0.00	￥2,000,000.00	￥2,000,000.00	76.37%
负债	**本人**	**配偶**	**共同**	**合计**	**比重**
◢总负债	￥0.00	￥0.00	￥500,000.00	￥500,000.00	19.09%
◢自用性负债	￥0.00	￥0.00	￥500,000.00	￥500,000.00	19.09%
自用性房产贷款余额	￥0.00	￥0.00	￥500,000.00	￥500,000.00	19.09%
净值	**本人**	**配偶**	**共同**	**合计**	**比重**
◢总净值	￥152,000.00	￥37,000.00	￥1,930,000.00	￥2,119,000.00	80.91%
流动性净值	￥0.00	￥0.00	￥30,000.00	￥30,000.00	1.15%
投资性净值	￥152,000.00	￥37,000.00	￥400,000.00	￥589,000.00	22.49%
自用性净值	￥0.00	￥0.00	￥1,500,000.00	￥1,500,000.00	57.27%

图6-25　统计表——资产负债表

收支储蓄表

统计时间：2023.02.05~2024.02.04

收入	本人ⓘ	配偶ⓘ	共同ⓘ	合计	比重
◢收入合计	¥167,636.00	¥110,636.00	¥12,000.00	¥290,272.00	100.00%
◢工作收入	¥167,636.00	¥110,636.00	¥0.00	¥278,272.00	95.87%
工资薪金收入	¥120,000.00	¥80,000.00	¥0.00	¥200,000.00	68.90%
住房公积金个人账户年缴存额	¥33,600.00	¥21,600.00	¥0.00	¥55,200.00	19.02%
社会养老保险个人账户年缴存额	¥11,200.00	¥7,200.00	¥0.00	¥18,400.00	6.34%
社会医疗保险个人账户年缴存额	¥2,836.00	¥1,836.00	¥0.00	¥4,672.00	1.61%
◢理财收入	¥0.00	¥0.00	¥12,000.00	¥12,000.00	4.13%
金融投资收益	¥0.00	¥0.00	¥12,000.00	¥12,000.00	4.13%
支出	本人	配偶	共同	合计	比重
◢支出合计	¥4,000.00	¥2,500.00	¥117,035.99	¥123,535.99	42.56%
◢生活支出	¥0.00	¥0.00	¥100,000.00	¥100,000.00	34.45%
日常支出(年)	¥0.00	¥0.00	¥100,000.00	¥100,000.00	34.45%
◢理财支出	¥4,000.00	¥2,500.00	¥17,035.99	¥23,535.99	8.11%
利息支出	¥0.00	¥0.00	¥17,035.99	¥17,035.99	5.87%
商业保险保障型保费	¥4,000.00	¥2,500.00	¥0.00	¥6,500.00	2.24%
总储蓄	本人	配偶	共同	合计	比重
◢总储蓄	¥163,636.00	¥108,136.00	¥-105,035.99	¥166,736.01	57.44%
工作储蓄	¥167,636.00	¥110,636.00	¥-100,000.00	¥178,272.00	61.42%
理财储蓄	¥-4,000.00	¥-2,500.00	¥-5,035.99	¥-11,535.99	-3.97%

图6-26　统计表——收支储蓄表

储蓄运用表

统计时间：2023.02.05~2024.02.04

储蓄	本人ⓘ	配偶ⓘ	共同ⓘ	合计	比重
◢总储蓄	¥163,636.00	¥108,136.00	¥-105,035.99	¥166,736.01	100.00%
◢固定用途储蓄	¥63,636.00	¥38,136.00	¥91,042.99	¥192,814.99	115.64%
住房公积金个人账户年缴存额	¥33,600.00	¥21,600.00	¥0.00	¥55,200.00	33.11%
社会养老保险个人账户年缴存额	¥11,200.00	¥7,200.00	¥0.00	¥18,400.00	11.04%
社会医疗保险个人账户年缴存额	¥2,836.00	¥1,836.00	¥0.00	¥4,672.00	2.80%
还款本金	¥0.00	¥0.00	¥91,042.99	¥91,042.99	54.60%
◢商业保险储蓄型保费	¥16,000.00	¥7,500.00	¥0.00	¥23,500.00	14.09%
自由储蓄	¥100,000.00	¥70,000.00	¥-196,078.98	¥-26,078.98	-15.64%

图6-27　统计表——储蓄运用表

（2）单击"⬚统计表⬚"和"⬚统计图⬚"图标，切换统计表和统计图，如图6-28至图6-30
所示。

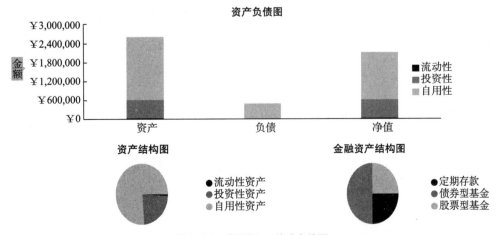

图6-28　统计图——资产负债图

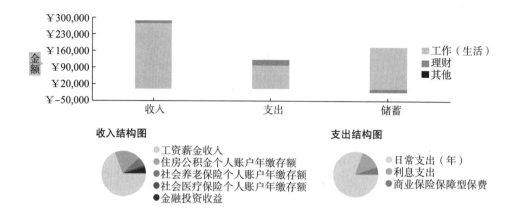

图6-29　统计图——收支储蓄图

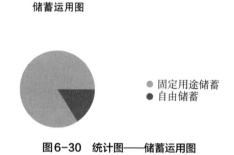

图6-30　统计图——储蓄运用图

（3）分别单击"一级分类　二级分类"图标，可在一级表图和二级表图之间切换。

（4）分别单击"资产负债表　收支储蓄表　储蓄运用表"图标，可在资产负债表、收支储蓄表、储蓄运用表之间切换。

（5）单击"导出报表"图标，导出三张财务报表，分别如图6-31、图6-32、图6-33所示。

资产	本人	配偶	共同	合计	比重
流动性资产	0	0	30,000	30,000	1.15%
现金及活存	0	0	30,000	30,000	1.15%
投资性资产	152,000	37,000	400,000	589,000	22.49%
定期存款	0	0	100,000	100,000	3.82%
债券型基金	0	0	200,000	200,000	7.64%
股票型基金	0	0	100,000	100,000	3.82%
社会养老保险个人账户	70,000	30,000	0	100,000	3.82%
社会医疗保险个人账户	12,000	5,000	0	17,000	0.65%
保单现金价值	70,000	2,000	0	72,000	2.75%
自用性资产	0	0	2,000,000	2,000,000	76.37%
自用性房产	0	0	2,000,000	2,000,000	76.37%
总资产	152,000	37,000	2,430,000	2,619,000	100.00%

负债	本人	配偶	共同	合计	比重
自用性负债	0	0	500,000	500,000	19.09%
自用性房产贷款余额	0	0	500,000	500,000	19.09%
总负债	0	0	500,000	500,000	19.09%

净值	本人	配偶	共同	合计	比重
流动性净值	0	0	30,000	30,000	1.15%
投资性净值	152,000	37,000	400,000	589,000	22.49%
自用性净值	0	0	1,500,000	1,500,000	57.27%
总净值	152,000	37,000	1,930,000	2,119,000	80.91%

统计时间：2024.02.04

图6-31 导出报表——资产负债表

年收入	本人	配偶	共同	合计	比重
工作收入	￥167,636.00	￥110,636.00	￥0.00	￥278,272.00	95.87%
工资薪金收入	￥120,000.00	￥80,000.00	￥0.00	￥200,000.00	68.90%
住房公积金个人账户年缴存额	￥33,600.00	￥21,600.00	￥0.00	￥55,200.00	19.02%
社会养老保险个人账户年缴存额	￥11,200.00	￥7,200.00	￥0.00	￥18,400.00	6.34%
社会医疗保险个人账户年缴存额	￥2,836.00	￥1,836.00	￥0.00	￥4,672.00	1.61%
理财收入	￥0.00	￥0.00	￥12,000.00	￥12,000.00	4.13%
金融投资收益	￥0.00	￥0.00	￥12,000.00	￥12,000.00	4.13%
收入合计	￥167,636.00	￥110,636.00	￥12,000.00	￥290,272.00	100.00%

年支出	本人	配偶	共同	合计	比重
生活支出	￥0.00	￥0.00	￥100,000.00	￥100,000.00	34.45%
日常支出（年）	￥0.00	￥0.00	￥100,000.00	￥100,000.00	34.45%
食物支出	￥0.00	￥0.00	￥100,000.00	￥100,000.00	34.45%
理财支出	￥4,000.00	￥2,500.00	￥17,035.99	￥23,535.99	8.11%
利息支出	￥0.00	￥0.00	￥17,035.99	￥17,035.99	5.87%
商业保险保障型保费	￥4,000.00	￥2,500.00	￥0.00	￥6,500.00	2.24%
支出合计	￥4,000.00	￥2,200.00	￥117,035.99	￥123,535.99	42.56%

净储蓄	本人	配偶	共同	合计	比重
工作储蓄	￥167,636.00	￥110,636.00	￥-100,000.00	￥178,272.00	61.42%
理财储蓄	￥-4,000.00	￥-2,500.00	￥-5,035.99	￥-11,535.99	-3.97%
总储蓄	￥163,636.00	￥108,136.00	￥-105,035.99	￥166,736.01	57.44%

统计时间：2023.02.05-2024.02.04

图6-32 导出报表——收支储蓄表

储蓄	本人	配偶	共同	合计	比重
工作收入	￥63,636.00	￥38,136.00	￥91,042.99	￥192,814.99	115.64%
住房公积金个人账户年缴存额	￥33,600.00	￥21,600.00	￥0.00	￥55,200.00	33.11%
社会养老保险个人账户年缴存额	￥11,200.00	￥7,200.00	￥0.00	￥18,400.00	11.04%
社会医疗保险个人账户年缴存额	￥2,836.00	￥1,836.00	￥0.00	￥4,672.00	2.80%
还款本金	￥0.00	￥0.00	￥91,042.99	￥91,042.99	54.60%
商业保险储蓄型保费	￥16,000.00	￥7,500.00	￥0.00	￥23,500.00	14.09%
自由储蓄	￥100,000.00	￥70,000.00	￥-196,078.98	￥-26,078.98	-15.64%
总储蓄	￥163,636.00	￥108,136.00	￥-105,035.99	￥166,736.01	100.00%

统计时间：2023.02.05–2024.02.04

图6-33　导出报表——储蓄运用表

第六步，输入家庭财务分析与诊断结果。

（1）单击"　查看所有　"图标，查看所有财务能力评估结果及对应指标的各项数据。

（2）单击"　查看不合格指标　"图标，可只筛查不合格指标结果。

（3）指标表盘上的指针若指向绿色[①]区域，代表该指标在合理范围；若指向红色区域，则代表该指标在不合理范围。

图6-34所示的为财务能力评估界面中的财务自由度分析。

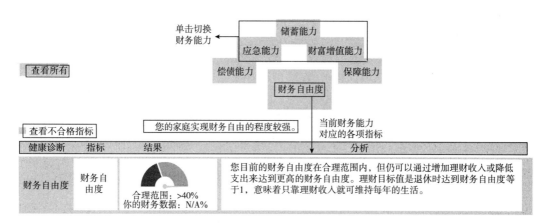

图6-34　财务能力评估界面中的财务自由度分析

偿债能力分析结果如图6-35所示。

---

① 因本书采用单色印刷，未能显示颜色，读者可自行查看软件界面。

		偿债能力	
资产负债率	 合理范围：≤60% 你的财务数据：19.09%		若家庭储蓄率较高，可适当调整储蓄与投资的比例结构，获取更高收益。
流动比率	 合理范围：>2		您的家庭短期偿债能力较强，有足够的流动性资产支付消费性负债。
融资比率	 合理范围：≤50% 你的财务数据：0.00%		您家庭的融资比率在合理范围内，在可控风险范围内，可适当通过杠杆投资增加理财收入。
财务负担率	 合理范围：≤40% 你的财务数据：50.98%		您家庭的财务负担率过高，如果是收入减少或中断导致债务无法负担，出现断供的情况，可能会直接导致银行收回抵押品。如果是投资性负债断供，可能会影响到客户的投资报酬率。

图6-35　偿债能力分析结果

应急能力分析结果如图6-36所示。

		应急能力	
应急能力	紧急预备金倍数	 合理范围：3~6 你的财务数据：1.51	您家庭的应急资金不足，当家庭发生意外时，拥有的高流动性资产将无法维持一段时间的开支，很容易出现现金短缺问题。保有3~6个月的生活费，是最基本的家庭应急资金储备。建议通过调整资产结构来增加现金、活期储蓄或货币市场基金所占的比重。除此之外，还需要预留一些防范风险的资产，或者通过购买保险在风险发生时及时获得大量现金。

图6-36　应急能力分析结果

保障能力分析结果如图6-37所示。

		保障能力	
保障能力	保险覆盖率	 合理范围：>10 你的财务数据：3.50	就一般家庭而言，您家庭的保险覆盖率不足，在风险发生时，不足以给家庭带来很好的保障。建议在保费预算内增加保额。
	保费负担率	 合理范围：5%~15% 你的财务数据：3.25%	详细规划请参照保险管理的部分，您的家庭保障指标低于合理区间，说明您的家庭可能未获得足够的保险保障。建议在保费预算内适当加保，以应对家庭可能面临的风险。

图6-37　保障能力分析结果

储蓄能力分析结果如图6-38所示。

储蓄能力		
储蓄率	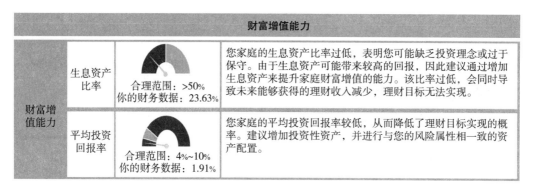合理范围：>25% 你的财务数据：57.44%	您家庭的盈余能力指标是正常的，表明您有较强的控制开支和增加净资产的能力。该指标越大，说明家庭可用于投资的资产越多，继而获得现金流的机会就越多。对于节余资金，可通过合理的投资来实现家庭未来的各项财务目标。可积极开源，提高储蓄金额。
工作储蓄率	合理范围：>20% 你的财务数据：64.06%	您家庭的工作储蓄率在合理范围内，表明家庭获得收入或控制开支的能力较强，达成理财目标的机会大。但过低的消费可能会影响到家庭的生活质量，应该用适量的消费来好好享受生活，或通过合理的投资来实现家庭的各项财务目标。
自由储蓄率	合理范围：>10% 你的财务数据：−8.98%	您家庭的自由储蓄率较低，难以达成一些自由梦想。

图6-38 储蓄能力分析结果

财富增值能力分析结果如图6-39所示。

财富增值能力		
财富增值能力	生息资产比率 合理范围：>50% 你的财务数据：23.63%	您家庭的生息资产比率过低，表明您可能缺乏投资理念或过于保守。由于生息资产可能带来较高的回报，因此建议通过增加生息资产来提升家庭财富增值的能力。该比率过低，会同时导致未来能够获得的理财收入减少，理财目标无法实现。
	平均投资回报率 合理范围：4%~10% 你的财务数据：1.91%	您家庭的平均投资回报率较低，从而降低了理财目标实现的概率。建议增加投资性资产，并进行与您的风险属性相一致的资产配置。

图6-39 财富增值能力分析结果

第七步，数据纠错。

当财务分析报告中出现不合理的结果时，不要急于否定该报告，而应首先检查之前录入的相应数据有无错误。

若数据录入有误，则必须更正之后重新导出报告书。

若检查之后未发现数据录入的错误，可继续进行理财规划的后续工作。

软件财务诊断显示的是财务比率合理与否的结果，若当年有导致收支大幅变动的特殊情况，可用以解释比率不合理。

第八步，生成财务报告书。

创建报告书个性化模板，具体操作如图6-40和图6-41所示。

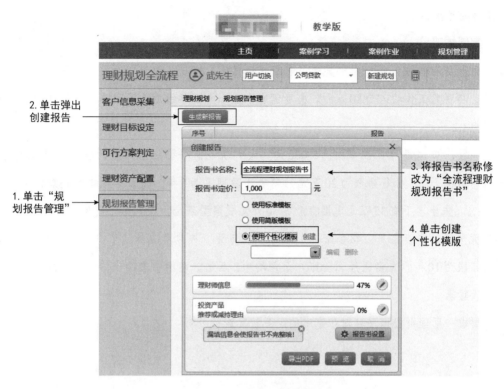

图6-40　规划报告导出界面

图6-41　规划报告模板选择

在所有自定义修改完成后，回到图6-40所示界面中单击"导出PDF"按钮，可生成PDF版财务报告书。

案例练习：

先生今年40岁，是广州市某国企职工，年税后工作收入为25万元。太太是律师，今年40岁，年税后工作收入为30万元。夫妻俩有个上小学四年级的儿子明明，今年10岁，每年学费为1.2万元。

一家三口的每月日常支出为5 000元。太太名下有一套位于市区的60平方米的房子，市价为300万元，房贷余额为20万元，剩余还款期限为5年，按月等额本息还款，年利率为4.1%。先生名下有35万元定期存款和30万元股票型基金。太太名下有8万元活期存款和10万元股票。夫妻住房公积金账户余额均为20万元。夫妻养老保险账户余额均为10万元，交费年限为10年。夫妻医疗保险账户余额均为2万元。案例中未给出的信息均按照软件默认假设输入。

要求：用理财资讯平台对该家庭的财务状况进行分析。

第七章

居住规划

本章提要

本章介绍了客户生涯规划中的一项重要内容——居住规划。本章首先对我国的房产制度进行详细的阐述，再以具体案例介绍了租房或购房的决策方法，之后阐述了根据客户当前资产与储蓄能力测算其购房时点、可负担房价以及根据生涯需求制订合理的换房规划的方法，介绍了常见的贷款种类以及不同的还款方式，最后展示了居住规划的工具——理财资讯平台。此外，本章还介绍了住房贷款利率的认定方法和住房贷款合同变更的相关内容，帮助大家更好地进行家庭住房规划。

本章内容包括：

- 我国的房产制度；
- 租房与购房决策；
- 购房与换房规划；
- 个人住房贷款；
- 理财资讯平台在居住规划中的应用。

通过本章学习，读者应该能够：

- 了解我国的房产制度；
- 对租房与购房的决策进行比较；
- 为客户进行购房和换房的决策提供建议；

- 为客户制订合理的贷款计划；
- 运用理财资讯平台进行居住规划。

第一节　我国的房产制度

与其他国家相比较，我国的房产制度有很多特殊之处。理财师只有在熟悉有关政策的基础上，才能为客户提出合适的居住规划建议。

一、土地国有化制度

土地所有权归国家所有，由国家统一规划管理土地用途，但使用权可有偿、有限期出让。国家以土地所有者的身份，将国有土地使用权在一定年限内出让给土地使用者，而由土地使用者向国家支付土地使用权出让金。因此，土地使用权出让的权利主体是国家，代表国家行使主体权利的是市、县级政府土地管理部门，而土地使用权的受让对象为中国境内外的公司、企业、其他组织和个人。

土地使用的出让年限根据地块的用途而不同，即：居住用地的土地使用年限为70年；工业用地的土地使用年限为50年；教育、科技、文化、卫生、体育用地的土地使用年限为50年；商业、旅游、娱乐用地的土地使用年限为40年；综合或其他用地的土地使用年限为50年。

一般居住用地的土地使用年限为70年，但《民法典》第三百五十九条规定：住宅建设用地使用权期限届满的，自动续期。……非住宅建设用地使用权期限届满后的续期，依照法律规定办理。该土地上的房屋以及其他不动产的归属，有约定的，按照约定；没有约定或者约定不明确的，依照法律、行政法规的规定办理。

二、城镇住房制度改革

城镇住房制度是国家在城镇居民住房领域实行的基本政策和方法，主要包括城镇住房建设投资方式、分配方式、管理方式、交换关系等方面。这些方面经济关系的总和就是城镇住房制度。

改革开放前，我国城镇住房制度是以国家无偿分配、低租金、无限期使用为特点的实物福利性住房制度，存在一系列弊端，不能有效满足城镇居民的住房需求。城镇住房制度改革即对传统福利分房制度进行变革，建立符合市场经济机制的住房体制，构建以政府为主提供基本保障、以市场为主满足多层次需求的住房供应体系。城镇住房制度改革是经济体制改革的重要组成部分，具体内容包括以下7个方面[①]：

（1）改革住房建设投资体制，由原来国家或单位统包的投资体制转变为国家、单位、个人三者合理负担的投资体制。

（2）改革住房建设、分配、维修、管理体制，由原来单位统包职工住房建设、分配、维修、管理一体化的体制，转变为住房的生产、建设专业化，维修、管理社会化的体制。

（3）改革住房分配体制，由原来的行政手段、福利性质、实物分配制度，转变为以按劳分配为主的货币分配制度。职工根据自己的经济承受能力，通过购买或租赁住房解决住房问题，满足住房需求。

（4）建立双轨制的住房供应体系，即以中低收入家庭为对象的、具有社会保障性质的经济适用住房等供应体系和以中高收入家庭为对象的商品房供应体系。

（5）建立住房公积金制度。由职工个人和所在单位分别缴纳占职工工资一定比例的资金，作为职工个人住房基金，以增强职工住房消费能力。

（6）建立政策性和商业性并存的住房信贷体系，发展住房金融和住房保险。

（7）建立规范化的房地产交易市场，规范交易行为，发展社会化的房屋维修、管理市场，逐步实现住房资金投入产出的良性循环，促进房地产业和相关产业的发展。

三、住房保障制度

住房保障制度是国家通过行政手段保障人民居住需求的各项政策措施，通过提供适当的政策性住房，使住房困难的中低收入家庭或特定对象，能够通过购买或租赁的方式满足基本住房需求。住房保障制度是市场化住房分配机制的必要补充，也是国家社会政策与社会保障制度的重要组成部分。

保障性住房是政策支持的用于保障人民基本居住需求的住房的统称，包括租赁方式的保障性住房与买卖方式的保障性住房。我国自1994年首次明确了经济适用住房后，又经历了以廉租住房、公共租赁住房、棚改房、保障性租赁住房和共有产权住房等为主的保障性住房供应形式。

---

① 资料来源：《国务院关于深化城镇住房制度改革的决定》，https://www.gov.cn/zhuanti/2015-06/13/content_2878960.htm。

1. 经济适用住房

经济适用住房是指政府提供政策优惠的，限定套型面积和销售价格的，按照合理标准建设的，面向城市中低收入住房困难家庭供应的，具有保障性质的政策性住房。

经济适用住房的交易方式为：5年内不得直接上市转让，因特殊因素转让的，由政府回购；5年以后可以上市转让，向政府缴纳相关地价款后可取得完全产权；不得同时享受其他政策性住房；在取得产权前，不得出租经营；再购买其他住房的，原经济适用住房由政府回购。

2. 廉租住房

廉租住房是指政府以租金补贴或实物配租的方式，向符合城镇居民最低生活保障标准且住房困难的户籍家庭提供的具有社会保障性质的住房。廉租住房只租不售，产权归当地政府所有，用于满足当地低收入人群的居住需求。

廉租住房的交易方式为：实行公开的轮候配租制度，符合条件的申请人到街道登记进入轮候；符合廉租住房标准但居住在公共租赁住房者，可获得差额租金补贴。

根据住房和城乡建设部、财政部、国家发展和改革委员会联合印发的《关于公共租赁住房和廉租住房并轨运行的通知》的规定，从2014年起，各地公共租赁住房和廉租住房并轨运行，并轨后统称为公共租赁住房。

3. 公共租赁住房

公共租赁住房主要面向已通过廉租住房、经济适用住房、限价房资格审核尚在轮候的家庭，以及其他住房困难的家庭。公共租赁住房对保障对象的收入水平有一定限制（基本标准为家庭年收入10万元以下或个人年收入5万元以下，各地区有差异），不限户籍，限定建设标准和租金水平。公共租赁住房主要解决城市中等偏低收入家庭包括刚毕业的大学生等新就业无房职工以及外来务工人员等"夹心层"群体的住房困难。

公共租赁住房是由政府直接出资建设或政府主导下的公共机构提供的保障性住房，具有社会福利性质，不以营利为目的，其租赁价格低于一般房屋租赁市场价。主管部门会定期复核保障对象的资质，当中低收入家庭的收入水平发生变化，经复核不符合条件时，应当退出。

并轨后公共租赁住房的政策如下：

（1）保障对象包括原廉租住房保障对象和原公共租赁住房保障对象，即符合规定条件的城镇低收入住房困难家庭、中等偏下收入住房困难家庭，以及符合规定条件的新就业无房职工、稳定就业的外来务工人员。

（2）主要建设小户型住房，严禁面积超标。

（3）公共租赁住房的租金原则上按照适当低于同地段、同类型住房市场租金水平确定。

（4）对符合条件的申请人统一轮候配租。

（5）已建成并分配入住的廉租住房统一纳入公共租赁住房管理，其租金水平仍按原有租金标准执行；已建成未入住的廉租住房以及在建的廉租住房项目建成后，要优先解决原廉租住房保障对象的住房困难问题，剩余房源统一按公共租赁住房分配。

4. 保障性租赁住房

保障性租赁住房主要解决符合条件的新市民、青年人等群体的住房困难问题，以建筑面积不超过70平方米的小户型为主，租金低于同地段、同品质市场租赁住房租金，准入和退出的具体条件、具体面积由各地区政府合理确定。

5. 共有产权住房

共有产权住房是指由政府提供政策支持，由建设单位开发建设，销售价格低于同地段、同品质商品住房价格水平，并限定使用和处分权利，实行政府与购房人按份共有产权的政策性商品住房。

各地政府部门负责本行政区域内的共有产权住房的土地供应、建设、配售、使用、退出以及监督管理等工作。共有产权住房的土地供应编入年度建设用地供应计划，优先使用存量建设用地，并可采取"限房价、竞地价""综合招标"等多种出让方式选择建设单位。共有产权住房的户型以中小套户型为主，功能布局合理。共有产权住房的保障对象为本行政区域内户籍家庭以及非本地城镇户籍家庭，各地区以及各住房项目的申请购买人所需达到的具体条件各有不同。

对于购房者而言，按照持有所有权的比例支付房款即可获得住房的使用权，相当于减轻了购房的资金压力。购房者持有的产权一般不低于60%，且只能享受一次。各地对共有产权住房出租的要求各不相同，有些地区规定不得出租、出借共有产权住房，有些地区则规定购房者和代持机构（各市、区房管局）按照所占房屋产权份额获得租金收益部分。共有产权住房取得产权证未满一定期限的（通常为5年以上，各地有差异）不允许转让，期满后购房者可按市场价格转让房屋产权份额，代持机构（各市、区房管局）可优先购买，或按产权比例分享收益。同时，代持机构（各市、区房管局）与购房者个人持有的产权份额可按规定相互购买。

2021年4月30日，中共中央政治局会议强调，要坚持房子是用来住的、不是用来炒的定位，增加保障性租赁住房和共有产权住房供给。2024年政府工作报告中也明确提出，加大保障性住房建设和供给。

四、住房公积金制度

住房公积金制度是政府为了归集住房资金，提高住房有效需求，强制居民进行住房储蓄，并用于住房消费的措施。我国的住房公积金制度，是20世纪90年代初期在住房制度由计划体制主导向市场体制主导的演变过程中，借鉴了新加坡中央公积金制度后进行的住房金融制度创新。

关于住房公积金制度的相关内容，将在本套书下册"法定福利"章节中详述。

第二节　租房与购房决策

一、居住规划流程

居住规划包括租房、购房、换房与房贷规划。居住规划对家庭资产负债状况与现金流会产生重要的影响，其影响时间可长达20年甚至30年，是家庭理财的重大决策之一。

居住规划目标要根据居住需求来制定，即家庭人员对居住面积以及居住环境的需求。居住规划目标包括房屋的面积、位置、交通状况、外部环境等。根据目标测算租房价格或者购房总价款，并对客户当前的资产状况、收入状况进行分析，评估其是否有能力达到目标。如果不能达到目标，可以对目标进行调整，或者增加当前对居住规划的投入，并可尝试在风险承受范围内提高投资收益率。

当居住需求确定以后，首先选择是租房还是购房。如果决定购房，那么应该根据资产和收入状况决定购房总价，并确定需要准备多少首付款，能够承担多少贷款。对于已经有房子的，可以通过换房规划来达到提升居住状况的目标。具体的居住规划流程如图7-1所示。

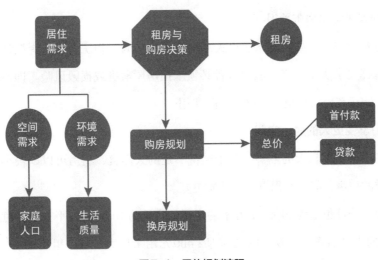

图7-1　居住规划流程

二、租房的优缺点

我国房地产市场正在从增量时代进入存量时代，住房租赁市场迎来了前所未有的发展机遇，未来租房规划也将成为居住规划的重要内容。

（一）租房的优点

1. 资金运用自由，便于应对家庭收入变化

购房成本基本固定，房贷在购房后相当长的时间内是购房者的一项负债。对于家庭收入不稳定者而言，在收入比较好的时候可以租面积较大或居住品质较佳的房子，在收入较差的年份则可以灵活调整，改租面积较小或居住品质较次的房子。在财务上，租房比购房的弹性大。

2. 有较大的搬迁自由度

人们有时候会因为职务调动、子女教育等因素而搬迁，此时租房就显得比购房更有自由度。对于工作或生活地点长期不固定的人而言，租房的搬迁弹性应是很重要的考虑因素。购房后虽然也可以换房，但换房的转换成本，比如中介费、装修费、房产出售时的相关税费以及花费的时间等，比租房高得多。

3. 不用考虑房价下跌的风险

购房者在卖房变现或换房转售时，可能会面临房价下跌风险。相较而言，由于房屋所有权属于房东，租房者对房屋并不享有利益分享的权利，也不承受共担损失的风险，因此不用考虑房价变化对自身财务状况的影响。

4. 房屋损毁风险由房东承担

当房屋有重大损毁，如因漏水、火灾或地震等损坏时，租房者可选择搬迁，另觅他处租房，也可选择要求房东维修，但购房者必须承担房屋瑕疵或损毁风险。即使将风险转嫁给保险公司，购房者仍要负担一笔财产保险费用。

5. 有能力享受更大的居住空间

购房需一次性支出较大的金额，对于储蓄不足的人而言，租房可以以较小的支出享受同等居住品质的住房，甚至面积更大、品质更好。

举例来说，若月租金为30元/平方米的房子的售价为10 000元/平方米，对于家庭月收入为8 000元的夫妻而言，把收入的30%即2 400元用来租房，可以租到80平方米的住宅，押金为1个月租金，即2 400元。但是，以同样的预算来购房的话，除了要准备远高于租房押金的首付款，在假设贷款利率为4.5%、20年期房贷的情况下，月储蓄2 400元作为月供还款，可实现贷款总额37.94万元，以贷款七成计算，可买54.2万元的房子，即只能买到同样地区、相同状况的54平方米的住房。

6. 税负较轻

租房者无须缴纳任何税费，且在我国可以享受租房的税收减免优惠，而购房则需要缴纳契税等税费。

（二）租房的缺点

1. 无法运用财务杠杆追求房价价差利益

购房可运用贷款，如果房价上涨且房价价差带来的收益高于贷款利率成本，则购房者有收益；而租房者因为无法申请贷款，也就不能利用财务杠杆博取收益。

2. 面临非自愿搬离的风险

租房者常常会面对因房东收回房屋自住或者卖掉房屋而不得不搬迁的情况。即使对居住环境满意，房东依照租赁契约提前通知或每年续约的期限到期时，租房者还是要依约搬迁。

3. 面临房租上涨的风险

租房是费用支出，也面临价格上涨的风险。租房需求上涨、房东转嫁加息成本等因素会使得房租涨幅加大。

4. 归属感和安全感较差

租房者只有一定期限的住房使用权，无法真正拥有住房所有权，在归属感和安全感方面的居住体验不如自有住房。

三、购房的优缺点

（一）购房的优点

1. 抵御通货膨胀

房产经常被视为一种保值工具。当物价水平全面上扬时，房产价格也会上涨，此时，房产市价的增长可以弥补通货膨胀引起的购买力下降的损失。

2. 强迫储蓄累积实物财富

购房者为了准备首付款要强迫自己储蓄。另外，还贷款虽是财务压力，但也是强迫储蓄的一种方式，使负债转为资产。因此，就强迫储蓄累积实物财富的效果而言，购房比租房好。

3. 提升居住品质

购房者可以按照自己的意愿调整房屋布局或改变装修，虽然要多投入资金，但是可以提高居住品质，同时可使房屋增值。

4. 满足拥有自用住宅的心理效用

拥有自用住宅的主观心理效用，是购房者购房的重要决策因素之一。

5. 享有房屋所有权带来的制度红利

房产是实物、区位、权益的复合体，其中房产所有权以及由所有权带来的其他附属权益常常是人们购买房产时的重要考虑因素，如入学、落户等。此外，负担房屋贷款并按时足额还款可以提升个人信用。

6. 享受个人所得税的专项附加扣除

当前我国的个人所得税政策规定，若符合一定条件，可以将个人住房贷款利息作为专项附加扣除，享受税收优惠。

（二）购房的缺点

1. 缺乏流动性

房产转让的成交时间有时长达好几个月甚至超过1年。在换房或变现时，如果顾及流动性，可能要被迫降价出售房产。

2. 购入成本及维护成本高

购房成本高，对于大多数人而言，购房是一笔巨大的现金支出，需要花费多年储蓄，且要使用住房贷款；同时，对房产进行装修虽可提高居住品质，但也代表较高的维护成本。房屋相关的所有费用，例如物业费、供暖费等，都是需要房主自行承担的，这部分成本也是不容忽视的，会对房主的现金流产生影响。

3. 面临房屋贬值的风险

购买住房面临因房屋损毁、房屋市场价格整体下跌与所居住的社区管理不善等因素造成的房屋贬值风险。

四、租房与购房的决策方法

当同一标的物可租可售时，不同的人可能会在租购之间做出不同的选择。如果单从金融理财的角度来看，一般使用年成本法与净现值法来做出租房与购房的抉择。

（一）年成本法

年成本法是逐年对居住房屋的成本进行考量，不考虑长期居住时货币时间价值因素，但会考虑机会成本因素。

租房者的使用成本是房租与房租押金的机会成本，而购房者的使用成本是首付款机会成本、房屋贷款利息与住房维护成本，即：

$$租房年成本=押金 \times 机会成本率+年租金$$

$$购房年成本=首付款 \times 机会成本率+贷款余额 \times 贷款利率+年维修费及税费$$

$$\pm 房价每年跌涨金额$$

比较租房或者购房的年成本，年成本小的更为划算。

如果贷款利率不变，随着每年还款，贷款余额逐渐减少，因此，购房年成本逐渐降低；如果将来房租不断上涨，则租房年成本逐渐上升。年成本法只是基于当前状况的一种比较，在做租房或者购房决策时还应该考虑将来其他因素的改变，比如房租与房价的增长趋势。

实例7-1 汪小发看上一套100平方米的住房，该住房可租可售。若租房，房租为9 500元/月，以一个月房租作为押金。若购房，总价为400万元，可申请200万元贷款，还款期限为20年，按年等额本息还款。假设房贷利率为4.5%，自备首付款200万元，房屋的维护成本为5 000元/年。预计房价每年上涨300元/平方米，押金与首付款的机会成本率均为3%。该房屋应该租还是购？

解析 租房与购房的年成本分析如下：

租房年成本：$9\,500 \times 3\% + 9\,500 \times 12 = 114\,285$（元）

购房年成本：$2\,000\,000 \times 3\% + 2\,000\,000 \times 4.5\% + 5\,000 - 300 \times 100 = 125\,000$（元）

租房年成本比购房年成本低 10 715 元（125 000 元 −114 285 元），因此租房比较划算。

如果预期房价会很快上涨，则购房年成本可能低于租房年成本，即购房优于租房。因此，在租房与购房的选择中，决策者对未来房价涨跌的预期很重要。

除此之外，利率的高低也会影响租购决策。房贷利率越低，购房年成本越低，购房会相对划算。利率低时折现率也低，这一点体现在下面所介绍的净现值法中。

（二）净现值法

1. 定义及计算

所谓的净现值法，是指在一个固定的居住期间内，分别计算租房及购房的现金流量的净现值，并对二者进行比较，净现值大的更为划算。

可以使用理财资讯平台中的现金流计算器计算净现值。计算净现值时只考虑现金流量，因此，在年成本法中考虑的租房押金的机会成本与购房首付款的机会成本以及房价涨跌金额，由于并非实际现金流出或流入，用净现值法计算时不予考虑。在年成本法中房贷只计利息，在净现值法中房贷计算的则是本金和利息的总额。

实例7-1续 汪小发已确定要在该处住满五年，若租房，月房租每年增加 1 000 元，第五年年末将押金 9 500 元收回；若购房，房价为 400 万元，维护成本为 5 000 元/年，预测该住房在第五年年末能以 420 万元的价格卖出。房贷不变，即申请 200 万元贷款，还款期限为 20 年，按年等额本息还款，贷款利率为 4.5%。假定折现率为 3%，则汪小发该购房还是租房？

解析 首先，计算租房的净现值：

若租金每年支付一次，发生在期初，则有：

$$CF_0 = 押金 + 第一年租金 = -9\,500 - 9\,500 \times 12 = -123\,500（元）$$

$$CF_1 = 第二年租金 = (-9\,500 - 1\,000) \times 12 = -126\,000（元）$$

$$CF_2 = 第三年租金 = [-9\,500 + 2 \times (-1\,000)] \times 12 = -138\,000（元）$$

$$CF_3 = 第四年租金 = [-9\,500 + 3 \times (-1\,000)] \times 12 = -150\,000（元）$$

$$CF_4=第五年租金=[-9\ 500+4\times(-1\ 000)]\times12=-162\ 000（元）$$

$$CF_5=取回押金=9\ 500（元）$$

$I=3\%$，根据理财资讯平台中的现金流计算器得到租房的净现值$NPV=-648\ 919.7$元。

其次，计算购房的净现值：

首付款应在第一年期初支付，若购房的房贷本利每年偿还一次，应发生在期末。假设维护成本也在期末支付，则有：

$$CF_0=首付款=-2\ 000\ 000（元）$$

利用理财资讯平台中的房贷摊销计算器（$n=20$，$I=4.5\%$，$PV=2\ 000\ 000$，$FV=0$），得出年房贷本利摊还额$PMT=-153\ 752.29$元，五年后房贷余额为$1\ 651\ 229.74$元。

$$CF_1=CF_2=CF_3=CF_4$$

$$=年房贷本利摊还额+年维护成本$$

$$=-（153\ 752.29+5\ 000）$$

$$=-158\ 752.29（元）$$

$$CF_5=第五年房贷本利摊述额+第五年维护成本+（第五年年底房屋出售额-$$

$$第五年年底房贷余额）$$

$$=-153\ 752.29-5\ 000+（4\ 200\ 000-1\ 651\ 229.74）$$

$$=2\ 390\ 017.97（元）$$

$I=3\%$，根据理财资讯平台中的现金流计算器得到购房的净现值$NPV=-528\ 447.39$元。

因为$-648\ 919.7$小于$-528\ 447.39$，即租房净现值小于购房净现值，所以购房更为划算。

2. 敏感性分析

敏感性分析是投资项目的经济评估中常用的不确定分析方法之一，是指从定量分析的角度衡量不确定因素的变化对项目评价标准（如净现值、内部收益率、投资回收期）的影响程度。

在购房与租房的决策中，折现率水平的变动会对决策结果产生影响，同时未来的房价变化有不可预测性，其变动也会影响决策结果，所以可以对不同折现率水平以及不同房价预期下的净现值进行敏感性分析。

以上述实例为例，可对不同折现率水平下的租购房净现值做敏感性分析，如表7-1所示。

表7-1　不同折现率水平下的租购房净现值比较　　　　　　　　　　　　单位：元

	租房	购房首付	贷款摊还	维护成本	购房合计
期初 CF_0	（123 500）	（2 000 000）			（2 000 000）
第1年 CF_1	（126 000）		（153 752）	（5 000）	（158 752）
第2年 CF_2	（138 000）		（153 752）	（5 000）	（158 752）
第3年 CF_3	（150 000）		（153 752）	（5 000）	（158 752）
第4年 CF_4	（162 000）		（153 752）	（5 000）	（158 752）
第5年 CF_5	9 500	2 548 770	（153 752）	（5 000）	2 390 018
	租房 NPV				购房 NPV
折现率：2%	（662 078）				（439 773）
折现率：3%	（648 920）				（528 447）
折现率：4%	（636 262）				（611 834）
折现率：4.264%	（633 000）				（633 010）
折现率：5%	（624 080）				（690 286）

说明：括号中的数字为负数。折现率为4.264%时，租房与购房方案基本无异。

不同房价预期下的租购房净现值敏感性分析如表7-2所示。

表7-2　不同房价预期下的租购房净现值比较　　　　　　　　　　　　单位：元

售房价格	折现率				
	2%	3%	4%	4.264%	5%
4 000 000	（620 919）	（700 969）	（776 219）	（795 325）	（846 991）
4 100 000	（530 346）	（614 708）	（694 026）	（714 168）	（768 639）
4 200 000	（439 773）	（528 447）	（611 834）	（633 010）	（690 286）
4 300 000	（349 200）	（442 187）	（529 641）	（551 853）	（611 934）
租房 NPV	（662 078）	（648 920）	（636 262）	（633 000）	（624 080）

说明：括号中的数字为负数，前四行为购房 NPV。

（三）其他影响租房和购房决策的因素

1. 房价增长率

房价增长率越高，已购房者越有可能从房价价差中获利，因而购房越划算。

2. 房租增长率

房租增长率越高，租房成本越高，相较而言，购房越划算。

3. 居住时间

居住时间越长，购房越划算。

4. 利率水平

利率水平越高，租房越划算。

5. 机会成本率

若机会成本率低于房价增长率，则购房划算；若机会成本率低于房贷利率，则贷款成数越低，购房越划算。

6. 房屋的持有成本

房屋的持有成本越高，租房越划算。

专栏7-1　银发住宅年金屋

在美国、日本与中国台湾地区兴起的银发住宅年金屋，可以说是介于租房与购房之间的形态。银发住宅年金屋居住者，一方面要交纳一笔为数不少的保证金，另一方面每个月要支付管理费。保证金的金额可能高于购房首付款，而每月交纳的管理费通常低于月租金，但又远高于购房者所要交纳的管理费。通常，这种住房推广的对象是已经退休但有生活自理能力的银发族。

年金屋居住者没有房屋所有权，因此，可以将银发住宅年金屋看作高押金、低租金的租赁房屋。但与一般租赁相比，合约规定，只要银发住宅年金屋居住者持续交纳管理费就可住到终老，不用担心被要求搬走，而且社区是特别为老人设计的，较一般住宅更具银发族所需的医疗与休闲功能，终老时可退回保证金当遗产。在未来人口老龄化的趋势下，银发住宅年金屋有很大的发展空间。

第三节　购房与换房规划

一、购房与换房规划的流程

购房规划基本遵循如图7-2所示的步骤。

（1）列出需要居住的面积与期望居住地区的房屋价格：

例如，三口之家，面积需求为100平方米，期望居住地区的房屋价格为1万元/平方米。

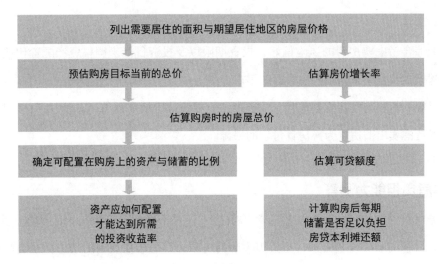

图7-2　购房规划流程

（2）计算购房目标当前的总价：

1万元/平方米 × 100平方米 =100万元。

（3）估算房价增长率和购房年限：

如预估年房价增长率为3%，三年后购房。

（4）估算购房时的房屋总价：

100万元 ×（1+3%）^{3}=109.27万元。

（5）确定可配置在购房上的资产与储蓄的比例：

如资产为50万元，年储蓄为4万元，都可配置50%在购房目标上。

（6）测算三年后以首付款金额为目标所需的投资收益率：

如果首付款比例为30%，则109.27万元 × 30%=32.78万元。

测算三年后达到目标金额所需的投资收益率：n=3，PV=−25万元，PMT=−2万元，FV=32.78万元，计算可得I=2.15%，即投资收益率只要达到2.15%就可支付三年后的首付款。

（7）计算购房后每期储蓄是否足以负担房贷本利摊还额。需要的贷款额=109.27万元−32.78万元=76.49万元，贷款20年，利率为4.5%，按年等额本息还款：I=4.5%，n=20，PV=76.49万元，得到PMT=−5.88万元，5.88万元>2万元，即储蓄配置不足以负担房贷本息。

可以调整资产配置比例来提高投资收益率以增加首付款，或者重新调整配置在偿还房贷部分的资产与储蓄的比例，将购房后的年储蓄额增加到5.88万元，以实现首付款和贷款负担的全覆盖。

（8）综合考虑购房者的风险偏好、投资期限以及投资目标来调整资产配置比例，以达到适当的投资收益率来满足购房目标的需求。

换房规划流程与购房规划流程总体类似，也要先确定换房需求、总价并评估还贷能力，此外可以考虑卖出旧房作为换房首付款的来源。

二、购房负担能力测算

购房前首付款的筹备与购房后贷款的负担，会对家庭现金流量与生活水准产生影响。陷入低首付款的陷阱或者去买自己负担不起的房子，都是居住规划的禁忌。在购房前要对购房负担能力进行测算，确定一个适当的能够负担得起的房屋总价。那么，如何测算房屋总价与负担能力呢？

（一）年收入概算法

年收入概算法是以年收入作为衡量可负担贷款的基础，在这种情况下，假定购房者有足够的资金或者渠道获得房子的首付款，只需要考虑房贷与年收入的关系即可。如果房贷是本利平均摊还，则一般可以用以下公式进行概算：

$$最高可负担房价 = 可负担贷款金额 \div 贷款成数$$

其中，可负担贷款金额是通过将年收入与可负担房贷比率的乘积作为本利摊还额，用货币时间价值功能计算出来的，I 为房贷利率，n 为贷款年限，PMT 为年收入 × 可负担房贷比率，FV 为 0，求解 PV 即为可负担贷款金额。

在同样的收入下，房贷利率越低，可负担的房价越高；收入中可负担房贷的比率越高，可负担的房价越高。

实例7-2 小林当前年收入为 10 万元，其中 30% 可用来交纳房贷，房贷利率为 4.5%，贷款期限为 20 年，贷款比例为 70%。请根据年收入概算法计算小林可负担的房价。

解析 按照本利平均摊还计算，I=4.5%，n=20，PMT=10 万元 ×30%=3 万元，FV=0 元，期末年金，得到 PV=39.02 万元，即可负担房贷为 39.02 万元。39.02 万元 ÷70%=55.74 万元，即可负担房价为 55.74 万元。可负担房价不到年收入的 6 倍，前提是预先准备 16.72 万元（55.74 万元 ×30%）的首付款。

（二）目标精算法

图7-3显示了目标精算法的基本原理：购房之前通过当前一次性的投资及每期的储蓄积累首付款，购房之后利用每期储蓄进行还款。可承担的首付款及贷款加总就是可负担的房价。可见，这种方法既要考虑购房者的首付款筹集，也要考虑房贷的负担问题，是全流程的购房负担能力测算。

在首付款的计算当中，n=距购房时点的年数；PMT_1=首付的首期自备款储蓄=当前年收入（年末取得）×负担比率；g=收入成长率。

在贷款计算当中，根据购房时点的收入能力核定还款能力，购房时点的收入为：当前年收入（年末取得）×$(1+g)^{n-1}$。在等额本息还款法下，每期摊还额是一样的，由购房时点购房者能够负担的金额确定，因此，PMT_2=本利摊还年供额（年末供款）=当前年收入（年末取得）×$(1+g)^{n-1}$×负担比率=PMT_1×$(1+g)^{n-1}$。m=房贷年限。

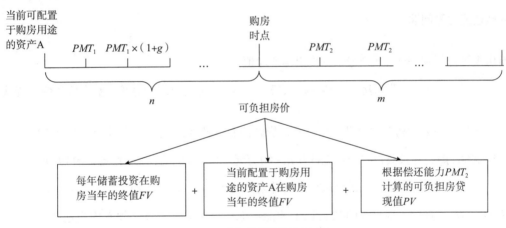

图7-3　目标精算法的基本原理

实例7-3　假定小林当前年收入为10万元，收入成长率为5%，当前可配置在购房目标上的资产为15万元，收入的30%用于储蓄首付款与负担房贷。小林打算5年后购房，若投资收益率为8%，贷款年限为20年，贷款利率为4.5%，届时小林可以负担的房价是多少？

解析　首先，自备款投资部分：

n=5，I=8%，PV=-150 000元，PMT=0，得到投资在购房时点的终值FV=220 399元。

其次，自备款储蓄部分：

$n=5$，$I=8\%$，$PV=0$元，$PMT_1=-100\,000\times30\%=-30\,000$元，$g=5\%$，得到每年储蓄在购房时点的终值$FV=193\,047$元。

再次，贷款部分：

$PMT_2=PMT_1\times(1+g)^{n-1}=30\,000$元$\times(1+5\%)^4=36\,465.19$元。

$n=20$，$I=4.5\%$，$PMT=-36\,465.19$元，$FV=0$元，得到贷款总额$PV=474\,337$元。

最后，计算可购房总价：

可购房总价$=220\,399$元$+193\,047$元$+474\,337$元$=887\,783$元，即可以买88万元的房子。

三、换房负担能力测算

收入会随工作年限、经验而变动，不同生命周期阶段的住房需求也不尽相同。"房涯"规划即配合个人或家庭负担能力，在一生中随不同生涯阶段的需求改变而购房、换房。换房时若首付款不足，可以考虑置换旧房作为首付款的一项来源；同时需要考虑换房后贷款的偿还能力等问题。

换房需筹首付款=购入房产净值−卖出房产净值

=（购入房产总价−购入房产贷款）−（卖出房产总价−卖出房产剩余贷款）

例如，当前的房产价格为120万元，贷款尚有60万元，想购入的房产价格为230万元，拟贷款80万元，需筹首付款=（230万元−80万元）−（120万元−60万元）=90万元。

贷款80万元按4.5%的利率来算，贷款期限为20年，每月还款的本息和为5 061元，若按2倍估算，月收入应在10 122元以上才能考虑换房。另外，还必须考虑当地的二套房认定标准、最低首付款金额以及贷款利率等实际情况。

实例7-4 小王现有房产价格为100万元，房贷月缴本息为6 000元，房贷年利率为4%，还需10年才能还清。他准备卖掉旧房用以购买价格为140万元的新房，不考虑其他交易税费。假设小王所在城市政策规定，购买二套房的首付款最低比例为40%。请计算，小王除卖房外，还需要再准备多少首付款？如果每月仍还6 000元，新购入住房的房贷需多久才能够还清？

解析 （1）卖出现有住房用于换房的首付款来源：

$n=10\times12=120$，$I=4\%\div12=0.33\%$，$PMT=-6\,000$元，$FV=0$元，可算得$PV=592\,621.05$元，

即现有住房剩余房贷592 621.05元。卖房可以得到407 378.95元（1 000 000元–592 621.05元），这笔钱用来支付新房的部分首付款。

（2）新房需要另筹的首付款：

新房的首付款需要560 000元（1 400 000元×40%），则小王还需要再准备152 621.05元（560 000元–407 378.95元）。

（3）新房贷款的还款时间：

新房需要贷款840 000元［1 400 000元×（1–40%）］。

I=4%÷12=0.33%，PV=840 000元，PMT=–6 000元，FV=0元，得到 n=189。

这意味着，如果每年继续按照之前的水平进行还款，则需要偿还贷款189个月。

实例7-5 假定小林25岁开始工作，工作10年后首次购房，预计届时房价为250万元，投资收益率为8%。假定房贷利率为4.5%，贷款20年，贷款六成，居住10年后换房，新房房价为300万元。如果第一套住房届时按原价出售，无其他首付款来源，新房仍贷款20年，请问各阶段所需储蓄或房贷年供额为多少？暂不考虑二套房的首付款比例及贷款利率水平限制。

解析 小林的购房计划分为三阶段：第一阶段是为首次购房攒首付款；第二阶段为首次购房后偿还贷款；第三阶段为换房后偿还贷款。

（1）第一阶段：

首次购房首付款=2 500 000元×（1–60%）=1 000 000元；

I=8%，n=10，PV=0元，FV=1 000 000元，得到 PMT=–69 029.49元，即在25～35岁每年需储蓄69 029.49元。

（2）第二阶段：

首次购房贷款=2 500 000元×60%=1 500 000元；

I=4.5%，n=20，PV=1 500 000元，FV=0元，利用房贷摊销计算器输入得到 PMT=–115 314.22元，即在35～45岁年供额为115 314.22元；同时可算得10年后的剩余房贷为912 448.90元。

（3）第三阶段：

出售旧房后净收入=2 500 000元–912 448.90元=1 587 551.10元；

新房贷款需求=3 000 000元–1 587 551.10元=1 412 448.90元；

I=4.5%，n=20，PV=1 412 448.90元，FV=0元，得到 PMT=–108 583.63元，即换房后年

还款额为 108 583.63 元。

四、购房、换房的相关成本

购房、换房涉及的费用主要有以下 5 个方面。

1. 装修费用

装修费用是购房、换房中除房屋价款以外的最大额支出，这与房屋的状态及购入时的内部质量有关，也与居住人的品位、喜好、当地物价水平及个人预算有关。购入的如果是毛坯房，通常房价较低，但装修费用较高；购入的如果是使用年限长的二手房，内部居住质量差，或者不符合购房人的居住需求，装修费用也较高。一般而言，房价越高的城市的装修费用也越高；个人家庭经济状况越好、居住品位和要求越高，则装修费用越高。通常而言，可以用房屋总价的 10% 来估计装修所需的费用。此外，还要根据物价水平和个人喜好做家具家电的购置预算。

2. 中介费用

二手房转让交易一般要支付房屋总成交价格的 1%～2% 作为中介费，大多数情况下由购房一方支付，也可以由买卖双方协商负担。

3. 公共维修基金

公共维修基金一般为房屋总成交价格的 2%～3%。

4. 税收成本

（1）出租

个人出租房产，主要涉及增值税及其附加税（城市维护建设税、教育费附加、地方教育费附加）、印花税、房产税、城镇土地使用税、个人所得税等 7 项税费。

个人出租房产包括出租住房和出租非住房。个人出租住房的，根据《财政部 国家税务总局关于廉租住房 经济适用住房和住房租赁有关税收政策的通知》（财税〔2008〕24 号），可免征城镇土地使用税、印花税，个人所得税减按 10% 税率征收，房产税按 4% 税率征收。根据《财政部 国家税务总局关于全面推开营业税改征增值税试点的通知》（财税〔2016〕36 号），增值税按 1.5% 税率征收。城市维护建设税因房产所在地不同或按 7%、或按 5% 或按 1% 税率征收，教育费附加费率为 3%，地方教育费附加费率为 2%。

需要提醒的是，房产税的计税基础为不含增值税租金收入。小规模纳税人月不含税销售收入（含租金收入在内）不超过 10 万元的免征增值税。

（2）转让

个人转让住房，主要涉及的税种包括增值税及其附加税、个人所得税、契税、土地增值税、印花税等。具体政策如下：

①增值税政策。目前，北京市以及部分地区规定：个人将购买不足2年的普通住房对外销售的，按照5%的征收率全额缴纳增值税；个人将购买2年以上（含2年）的普通住房对外销售的，免征增值税；个人将购买2年以上（含2年）的非普通住房对外销售的，以销售收入减去购买住房价款后的差额的5%缴纳增值税。还有部分地区规定以5年持有期区分，地区政策各异。

增值税附加税包括城市维护建设税、教育费附加和地方教育费附加。

②个人所得税政策。个人转让房屋财产所得，买卖价差扣除契税及卖房时缴纳的增值税、装修费（上限为买价的10%）、手续费与持有期间房贷利息等后，应按20%税率缴纳个人所得税；对个人转让5年以上自用住房，并且是家庭唯一生活用房取得的所得，免征个人所得税。

③契税。契税由受让方缴纳，实行3%～5%的幅度比例税率。其中，对个人购买家庭唯一住房（家庭成员范围包括购房人、配偶以及未成年子女，下同），且面积为90平方米及以下的，减按1%的税率征收契税；面积为90平方米以上的，减按1.5%的税率征收契税。对个人购买家庭第二套改善性住房，面积为90平方米及以下的，减按1%的税率征收契税；面积为90平方米以上的，减按2%的税率征收契税。北京市、上海市、广州市、深圳市暂不实施该项契税优惠政策。

④土地增值税。自2008年11月1日起，对个人销售住房暂免征收土地增值税。

⑤印花税。自2008年11月1日起，对个人销售或购买住房暂免征收印花税。

5. 其他费用

其他费用包括房屋物业费和水电费交接、搬家等费用。

五、购房、换房需考虑的其他因素

（一）房屋区位选择

房屋是实物、权益和区位三位一体的复合物，区位因素是房屋的基本要素，也是影响房产价格最重要的因素之一。从居住角度而言，区位的选择与重要场所的距离、交通条件及便利程度、外部配套设施和周围环境，决定着是否满足居住需求。区位的选择对财务规划的影响主要体现在对居住成本与出行成本的权衡。

例如，有两套购房方案：一个是购买市中心公司旁的住宅，100平方米，单价为2.5万元/平方米，总价为250万元；另一个是购买郊区住宅，100平方米，单价为1万元/平方米，总价为100万元。若购房的年成本比例相同，均为房价的5%，市区住宅的年成本为12.5万元，郊区住宅的年成本为5万元。购买市区住宅可步行上班，可忽略交通成本；购买郊区住宅的交通成本＝汽油费＋停车费，若每月花费1 500元，一年需要1.8万元。住与行的成本相加，市区住宅比郊区住宅每年多出5.7万元。此时要评估为节约交通的时间成本增加购房年成本是否值得，例如因节约时间而给生活带来的闲暇便利或将时间投入工作学习带来的收入增长等。

（二）现房或期房

期房是指在建的、尚未完成建设的、当前不能交付使用的房屋。购买期房通常意味着购房者购买的是尚处于建造过程中的房地产项目。现房包括新房现房与二手房现房，新房是开发商建设完成处于可入住状态的房屋，二手房是存量现房，从个人（及房屋所有权人）处购买。

1. 期房价格

因期房等待时间长，而现房交易完成办理过户等手续后即可入住，所以现房更适合首次购房者，期房适合换房或二次置业者。此外，期房一般位于城市新区，配套设施与周边环境较新，但可能不够便利，而二手房一般位于老城区，配套设施完善，生活便利；在购买期房时，购房者只能通过开发商规划、沙盘等方式了解房屋信息，而购买现房时，购房者可以实地考察，对房屋的了解更详细，参考信息更多。

一般来说，若预测房价持平，而且期房开发商信誉较好，在同一个区位，同样建筑水准的期房单价应低于新房现房，新房现房高于二手房。

理论上，期房价格＝现房价格－购置期房至交房前的房租现值，而购置期房至交房前的房租现值 PV 可计算得出。其中，n＝购置期房至交房前的时间长度，I＝折现率，PMT＝月租金。期房虽然不能现住，但仍要缴房贷，若总价相同，买期房者还需支付房租，买现房者无此支出，因此合理的价差为购置期房至交房前的房租现值。即使是换购期房，虽然没有房租支出，但在兴建期间也可能要同时负担旧房与新房的贷款，财务压力更大。

实例7-6 在同一区域中，期房按套内面积计算，现房价格为10 000元/平方米，房屋年租金为600元/平方米，期房工期为2年，折现率为3%，期房的理论价格为多少？

解析　$n=2$，$I=3\%$，$PMT=-600$元，$FV=0$元，选择期初模式，得到$PV=1\ 182.52$元，期房可比现房每平方米便宜1 182.52元，因此期房单价=10 000元/平方米−1 182.52元/平方米=8 817.48元/平方米。

另外，如果房地产开发商的信誉一般或有经营不良记录，则房屋有品质不如预期的风险，此时期房与现房的价差可能高于上述的合理价差。此外，如果预测未来房价会快速上涨，会出现期房价格高于现房价格的情况。

2. 二手房价格

在直线折旧法假设下，二手房价格=现房价格×（1−折旧率×使用年数）。

实例7-7　若同一区域内的现房价格为10 000元/平方米，折旧率为2%，则使用10年的二手房价格为多少？

解析　二手房价格=10 000元/平方米×（1−2%×10）=8 000元/平方米。

若同区域无新房现房，以期房跟同品质5年内的二手房来比较，可以二手房推估新房现房价，再由新房现房价推估出期房价。

（三）换房时的资金周转与居住周转

换房的一买一卖不可能同时完成，若先买后卖，要考虑资金周转的问题；而先卖后买，则要考虑居住周转的问题。

先买后卖，需注意各地对二套或多套房首付比例的要求。

2023年8月到9月，全国各地相继发布优化个人住房贷款中住房套数认定标准的通知：居民家庭（包括借款人、配偶及未成年子女）申请贷款购买商品住房时，家庭成员在当地名下无成套住房的，不论是否已利用贷款购买过住房，银行业金融机构均按首套住房执行住房信贷政策，即"认房不认贷"政策。

结合"认房不认贷"政策，再考虑到换房前若无另外筹备首付款，且无借贷渠道，换房时还是以先卖后买为宜。

先卖后买，要解决居住的接续问题。如果没有其他住房，通常还是要以租房来解决。相对于长期租房，短租交易一般较难达成，或者每月的租金可能较高，所以还需要增加租房费用的预算。如果房屋卖给投资者而非自住者，可以协商采用售后回租的方式，卖房后不搬迁，付买主租金，直到搬入新房为止。

第四节　个人住房贷款

一、个人住房贷款定义

个人住房贷款是指贷款人向借款人发放的用于购买自用普通住房和城市居民修建自用住房的贷款。贷款人发放个人住房贷款时，借款人必须提供担保。借款人到期不能偿还贷款本息的，贷款人有权依法处理其抵押物或质物，或由保证人承担偿还本息的连带责任。

二、个人住房贷款分类

就贷款来源而言，个人住房贷款可以分为住房公积金贷款、商业性个人住房贷款和个人住房组合贷款。

（一）住房公积金贷款

住房公积金贷款，也称个人住房委托贷款，是各地住房公积金管理中心运用住房公积金，委托商业银行向住房公积金存款人发放的住房抵押贷款。住房公积金贷款的对象须为缴存住房公积金的在职职工，且须具备下列条件：

（1）持续缴存12个月住房公积金或已累计缴存24个月以上且当前还在继续缴存；

（2）具有稳定的职业和收入，有偿还贷款本息的能力；

（3）具有购买住房的合同或有关证明文件；

（4）提供住房公积金管理中心及所属分中心、管理部同意的担保方式；

（5）符合住房公积金管理中心规定的其他条件。

住房公积金贷款利率执行政策利率，由中国人民银行规定，随着货币政策不定期进行调整。住房公积金贷款是政策性优惠贷款，其利率水平比商业性个人住房贷款利率水平低。

以2024年2月为例，首套个人住房公积金贷款利率5年以下（含5年）和5年以上利率分别为2.6%和3.1%，第二套个人住房公积金贷款利率5年以下（含5年）和5年以上利率分别不低于3.025%和3.575%。

各地住房公积金管理中心对个人住房公积金贷款有最高限额的规定。住房公积金贷款额度以住房公积金个人账户余额为基础，结合贷款成数、最高限额、还款能力、缴存时间、配偶缴存情况以及存贷比调节系数等因素综合确定。个人可以通过国家或各地区住房公积金官方网站进行额度测算，具体额度以审批结果为准。

缴存住房公积金的职工，在购买、建造、翻建、大修自住住房时，可以向住房公积金管理中心申请住房公积金贷款。此外，住房公积金还可以用于支付房屋租金。2015年初，住房和城乡建设部、财政部、中国人民银行联合下发了《关于放宽提取住房公积金支付房租条件的通知》，规范了租房可提取的公积金额度并简化了租房提取公积金的条件。对于职工租住公共租赁住房的，按照实际房租支出全额提取；对于租住商品住房的，各地住房公积金管理委员会可根据当地市场租金水平和租住住房面积，确定租房提取额度。以北京为例，无发票租房的提取额度为每月2 000元，夫妻双方均缴存的，家庭月提取限额为4 000元，多子女家庭可按实际月租金提取。

对于暂无购房计划而必须租房的人，可考虑申请用住房公积金来支付部分房租，从而获得较好的租房区域或较大的租房空间。

（二）商业性个人住房贷款

商业性个人住房贷款，也称个人住房担保贷款或个人住房自营贷款，是以商业银行信贷资金为来源向购房者个人发放的住房抵押贷款。商业性个人住房贷款对象为具有完全民事行为能力的自然人，且须符合《个人住房贷款管理办法》中规定的借款人条件。

商业性个人住房贷款利率按照中国人民银行的相关利率政策执行。自2019年10月8日起，商业性个人住房贷款利率以LPR为定价基准加点形成；全国范围内首套商业性个人住房贷款利率不得低于相应期限LPR（普通自住房为LPR减20个基点），二套商业性个人住房贷款利率不得低于相应期限LPR加60个基点。在此基础上，各地可因城施策，自主确定首套和二套商业性个人住房贷款利率加点下限。

针对2020年1月1日前的存量浮动利率贷款，自2020年3月1日起，金融机构应与客户就定价基准转换条款进行协商，将原合同约定的利率定价方式转换为以LPR为定价基准加点形成（加点可为负值），加点数值在合同剩余期限内固定不变。其中，加点数值应等于原合同最近的执行利率水平与2019年12月发布的相应期限LPR的差值。例如，2019年12月发布的5年期以上LPR为4.8%，若客户甲的原房贷执行基准利率（4.9%）上浮10%的水平，即5.39%，则该客户的加点数值为0.59%（5.39%-4.8%）；若客户乙的原房贷执行基准利率下浮20%的水平，即3.92%，则该客户的加点数值为-0.88%（3.92%-4.8%）。若客户乙要转换利率，以2024年2月20日为例，1年期LPR为3.45%，5年期以上LPR为3.95%，则转换后的贷款利率为3.07%（3.95%-0.88%）。房贷利率每年最多调整一次，在未来的每个利率重定价日，利率水平由最近一个月相应期限LPR与该加点数值重新计算确定。

商业性个人住房贷款额度受以下5个方面的因素影响：

（1）房贷首付比例。贷款不能超过房屋总价减去首付款之差。

（2）借款人还款能力。通常要求借款人的月收入为房贷月供金额的两倍以上。

（3）房屋房龄。银行发放贷款时，会考察贷款房屋的房龄。普通原则是贷款年限加上房屋现有年龄不得超过50年，不同银行的具体规定可能会有所差异。总体而言，房龄越短，越容易获得贷款，且额度也比房龄较大的高。

（4）个人征信。个人征信是银行考量借款人的重要标准之一，通常会考察借款人2年内的信用卡征信记录和5年内的贷款征信记录，连续3次、累计6次逾期的严重征信不良情况有可能造成贷款被拒。

（5）保障能力情况。有些银行会同时考察借款人的医疗保险、养老保险、意外伤害险、住房公积金等的缴纳情况，这些都从侧面体现了借款人的还款能力。

（三）个人住房组合贷款

个人住房组合贷款指以住房公积金和信贷资金为来源向同一借款人发放的，用于购买自用普通住房和城市居民修建自用住房的贷款，是住房公积金贷款和商业性个人住房贷款的组合。其中，住房公积金贷款由住房公积金管理中心审批，商业性个人住房贷款由受托银行审批。

实例7-8 张先生在北京某小区购买了一套价值600万元的房子，首付400万元，计划用公积金贷款120万元，剩余80万元使用商业贷款，贷款20年，均按月等额本息还款，公积金贷款利率为3.1%，商业贷款利率为4.2%。则张先生每月还贷额为多少？组合贷的有效年利率为多少？

解析 （1）计算公积金贷款每月还款额：$n=20 \times 12$，$I=3.1\% \div 12$，$PV=1\,200\,000$元，$FV=0$元，得到$PMT=-6\,715.40$元；计算商业贷款每月还款额：$n=20 \times 12$，$I=4.2\% \div 12$，$PV=800\,000$元，$FV=0$元，得到$PMT=-4\,932.57$；张先生每月还贷额共计$6\,715.4+4\,932.57=11\,647.97$元。

（2）由（1）可知每月还款额$PMT=-11\,647.97$，$n=20 \times 12$，$PV=2\,000\,000$元，$FV=0$元，求得月利率$I=0.295\,6\%$；使用利率转换计算器计算：$APR=0.295\,6\% \times 12=3.547\,2\%$，年复利

次数为12，求得有效年利率 *EAR*=3.605 4%。

三、个人住房贷款还款方式

（一）传统还款方式

1. 等额本息偿还

借款金额较大的房贷或创业贷款，通常采用等额本息偿还方式，用5～20年还清，优点是每年现金流量固定，比较好管理。

2. 等额本金偿还

等额本金偿还方式的特点是，本息合计一般前期还款现金流量大，后期小。优点是还款压力越来越轻，总利息支付额较低。

表7-3所示为借款100万元，年固定利率为4.5%，分10年摊还，等额本息偿还方式与等额本金偿还方式下的现金流比较。

表7-3 等额本息偿还方式与等额本金偿还方式下的现金流比较 单位：元

年数	等额本息偿还				等额本金偿还			
	还本金	付利息	当期摊还	借款余额	还本金	付利息	当期摊还	借款余额
1	81 379	45 000	126 379	918 621	100 000	45 000	145 000	900 000
2	85 041	41 338	126 379	833 580	100 000	40 500	140 500	800 000
3	88 868	37 511	126 379	744 713	100 000	36 000	136 000	700 000
4	92 867	33 512	126 379	651 846	100 000	31 500	131 500	600 000
5	97 046	29 333	126 379	554 800	100 000	27 000	127 000	500 000
6	101 413	24 966	126 379	453 387	100 000	22 500	122 500	400 000
7	105 976	20 403	126 379	347 411	100 000	18 000	118 000	300 000
8	110 745	15 634	126 379	236 666	100 000	13 500	113 500	200 000
9	115 729	10 650	126 379	120 936	100 000	9 000	109 000	100 000
10	120 937	5 442	126 379	0	100 000	4 500	104 500	0
利息支付总额		263 789				247 500		

在等额本息偿还方式下，每年还本付息总额固定，按照普通年金方式求解每期摊还126 379元，即*n*=10，*I*=4.5%，*PV*=1 000 000元，*FV*=0元，*PMT*=−126 379元。但第1年的126 379元中，45 000元用来付利息，81 379元用来还本金；第10年的126 379元中，5 442元用来付利息，120 937元用来还本金。

在等额本金偿还方式下，每年还本金100 000元，还款后借款余额减少，所需支付利息减少，因此当期摊还总额第1年为本金100 000元加利息45 000元共145 000元，第10年为本金100 000元加利息4 500元共104 500元，每年的摊还总额递减。

两者相比较，等额本金偿还方式下借款余额递减较快，因此10年期间的利息总额为247 500元，比等额本息偿还方式下的263 789元少。

我们再来看两种还款方式下本金和利息的关系。

在等额本息偿还方式下：

第一期利息额＝期初借款额 × 借款利率＝1 000 000 × 4.5%＝45 000元

当期本金还款额＝126 379−45 000＝81 379元

第一年期末本金余额＝1 000 000−81 379＝918 621元

第二期及以后各期以同样算法类推。等额本息偿还方式下每期本息支付额中本金和利息的关系如图7-4所示。

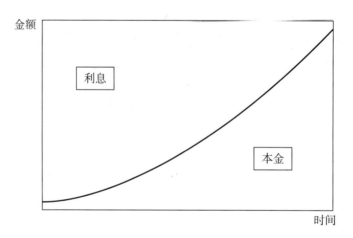

图7-4　等额本息偿还方式下每期本息支付额中本金和利息的关系

在等额本金偿还方式下：

每期本金偿还额＝期初借款额 ÷ 借款年限＝1 000 000 ÷ 10＝100 000元

第一期利息额＝期初借款额 × 借款利率＝1 000 000 × 4.5%＝45 000元

第一年期末本金余额＝1 000 000−100 000＝900 000元

第二期及以后各期以同样算法类推。等额本金偿还方式下每期本息支付额中本金和利息的关系如图7-5所示。

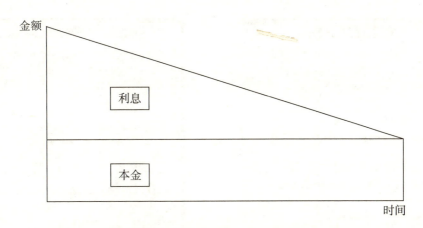

图7-5 等额本金偿还方式下每期本息支付额中本金和利息的关系

（二）房贷合同变更导致的还款方式变更

1. 提前还贷

提前还贷即借款人在贷款期限未满时先行偿还贷款的行为。

提前还贷的方式有两种：提前全部偿还和提前部分偿还。提前全部偿还即贷款期限未满时一次性偿还所有剩余贷款的本金及利息，适合资金充裕的人。提前部分偿还又分两种：一种是在每月还款额固定不变的情况下减少还款限期，优势在于能够降低利息，适合收入稳定的人；另一种是减少每月还款额，还款限期不变，优势是能够降低月供，缓和每月的贷款压力，适合未来家庭收入预计会下降的人。

实例7-9 徐先生5年前花300万元购买了一套房子，贷款比例为50%，贷款利率为5%，贷款20年，按月等额本息还款。在还完第60期的房贷后，徐先生提前还款30万元，若选择还贷期不变，每期金额减少，则徐先生提前还贷后每期还款额可以减少多少？（假设贷款利率不变）

解析 （1）使用理财资讯平台的房贷摊销计算器，计算提前还贷前徐先生每月还款额以及60期后的剩余房贷，如图7-6所示。

（2）提前还贷后，剩余还贷期限为180个月（240-60），剩余贷款金额为951 822.95元（1 251 822.95元 –300 000元），使用房贷摊销计算器计算提前还贷后徐先生每月还款额，如图7-7所示。

图7-6　提前还贷前　　　　　　　　　　　　**图7-7　提前还贷后**

（3）由前两步可以得到，提前还贷后，徐先生每月少还2 372.38元（9 899.34元－7 526.96元）。

实例7-9续　若徐先生选择每期还款金额不变，缩短还款期限，则徐先生可以提前多久还完贷款？

解析　提前还款30万元，依旧每月按照9 899.34元还款，剩余贷款金额为951 822.95元，则利用货币时间价值计算器可以求出剩余还款期限为124个月，如图7-8所示，所以可以提前56个月（240-60-124）还完贷款。

图7-8　计算还款期限

在某些情况下，提前还款对借款人有利而对贷款人不利，所以通常贷款人对于提前还款有一定要求。商业性个人住房贷款提前还款须偿还贷款满一定期限后才可向银行提出申请，一般为半年或一年以上，同时无罚息及违约金记录等。各银行的具体要求不同。

借款人在进行是否提前还款的选择时，通常要考虑以下几个因素：

（1）是否可承担资金压力。提前还款意味着要放弃一部分流动资金，会承担较大的资金压力。借款人要对自己的承受能力进行充分评估。

（2）是否有更好的投资方式。如果投资收益率超出了贷款利率，则不提前还款而将资金进行投资更划算。

（3）贷款利率水平的预期。贷款利率会随着宏观经济的发展以及政策而调整，如果预期未来的贷款利率水平会下降，则利息费用会降低，对借款人有利，在还款能力充分的情况下可以不提前还款。

（4）通货膨胀预期。通货膨胀对借款人有利，对贷款人不利。物价上涨后，名义金额下的贷款购买力会缩水，所以在预期未来物价会上涨的情况下不用提前偿还贷款。

2. 延期还款或暂停供款

如果借款人因还款能力下降或因故导致资金流动性紧张而出现断供的情况，应及时、主动与银行联系申请延期还款或暂停供款，否则将会对借款人不利。

房贷断供对借款人的影响如下：

（1）产生逾期费用。银行从逾期第一天起计算并收取罚息，直至欠款全部还清为止。拖欠时间越久，借款人的还款压力越大。

（2）个人信用受损。商业银行将房贷逾期上报给中国人民银行，借款人个人征信记录会留有不良信息，从而对借款人的信用产生不利影响。

（3）若长期断供会被银行提起诉讼，经法院判决后仍不还款的话，房屋会被强制拍卖。若拍卖所得资金不足以抵偿欠款，则剩余欠款仍需借款人偿还。

若银行同意延期还款或暂停供款，借款人需与银行签订延长还款期限协议，后续按照新计划还款即可。但借款人仍要注意以下两个问题：

（1）房贷延期不能超过原有贷款期限。

（2）暂停供款也有一定期限限制，暂停的期限向后顺延，且期间只是暂停偿还本金，利息仍需偿还。

第五节　理财资讯平台在居住规划中的应用

理财资讯平台中的居住规划包括购房规划与购房能力测算，两种方式下的居住规划思路不同。

购房规划：根据客户现有的目标和资源，测算实现客户目标需要的投资收益率。当客户可贷款金额有限，需要通过增加首付款来实现购房时，根据客户现有资产、储蓄计算首付款，来测算需要的投资收益率。

购房能力测算：根据客户现有资源（生息资产、当前收入与可用于购房的储蓄款），计算首付款和可贷款金额，来测算客户的可负担房价。

一、购房规划案例及理财资讯平台的应用

假设客户五年后出售现有住房来换购新房，预购新房面积为90平方米，首付三成，贷款20年，当前房价为1.6万元/平方米，房价增长率为3%。现有住房的当前价格为50万元，房贷利率为4.5%，剩余贷款为20万元，目前可以一次性拿出30万元配置到购房目标上，同时每年还可以拿出5万元进行购房储蓄，那么实现购房目标的投资收益率为多少？

第一步，打开理财资讯平台的购房规划界面。

进入主页，单击"单目标理财规划"中的"购房规划"，如图7-9所示。

图7-9　进入购房规划

第二步，数据录入。

进入购房规划后，首先根据案例中的客户背景来设置目标信息和资源信息，可通过滑动滚动条来改变信息内容，也可通过单击数据进行自定义，如图7-10所示。

图7-10　客户信息输入界面1

第三步，参数假设。

单击左侧的"规划参数"，各参数为软件的默认值，如果有具体要求，可以根据案例条件更改基本参数，如图7-11所示。

房价增长率	3.00%	北京市　北京市	国家统计局，2000年至今主要城市平均年化房价增长率6.26%
房屋折旧率	2.00%		中华人民共和国财政部会计资格评价中心房屋折旧率计提2.00%
新房贷款年限	20		最好在退休前还清贷款，最长30年
新房贷款年利率	4.50%	参考利率	
收入增长率	5.00%		中国统计年鉴2019，2016-2018年全国平均年化国民收入增长率8.06%

恢复系统默认

图7-11　基本参数设置1

第四步，输出结果。

根据前面输入的一系列信息，单击左侧的"购房规划"，即可得到规划前与规划后的首付款以及贷款金额。本案例规划前还款能力不足，规划后提高首付款，依据现有财务资源无须投资，即可达到购房目标，具体如图7-12所示。

第五步，投资产品推荐。

单击左侧的"投资解决方案"，单击"全部"，即可选择相应的投资产品，如图7-13所示。

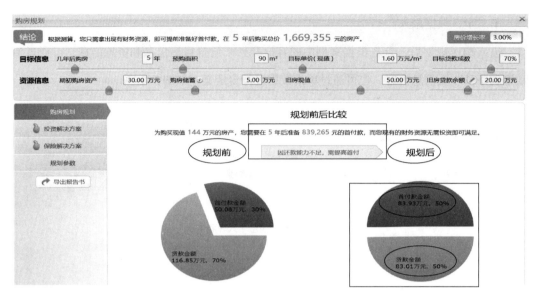

图7-12　购房规划结果

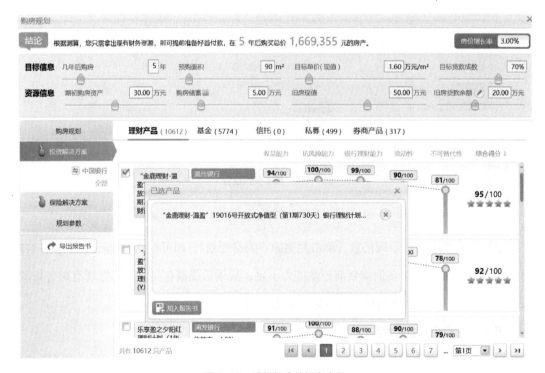

图7-13　选择相应的投资产品

第六步，保险产品推荐。

单击左侧的"保险解决方案"，即可选择合适的保险产品，如图7-14所示。

图7-14 选择合适的保险产品

第七步，导出报告书。

规划完毕，单击左侧的"导出报告书"，即可得到PDF版的报告书。报告书的内容主要显示规划前后的结果、推荐的投资产品与保险产品等，如图7-15和图7-16所示。

图7-15 导出报告书

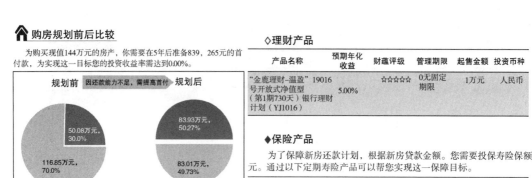

🏠 **购房规划前后比较**

为购买价值144万元的房产，你需要在5年后准备839,265元的首付款，为实现这一目标您的投资收益率需达到0.00%。

规划前　因还款能力不足，需提高首付　规划后

50.08万元，30.0%

116.85万元，70.0%

83.93万元，50.27%

83.01万元，49.73%

■首付款　■贷款

首付款	还款计划	相关假设
● 期初购房资产：30万元 ● 每年购房储蓄：5万元 ● 旧房现值：50万元 ● 旧房贷款：20万元	● 贷款金额：830,089元 ● 贷款期限：20年 ● 贷款利率：4.50%	● 投资报酬率：0.00% ● 房价增长率：3.00% ● 房屋折旧率：2.00% ● 收入增长率：5.00%

◇ **理财产品**

产品名称	预期年化收益	财蕴评级	管理期限	起售金额	投资币种
"金鹿理财-温盈"19016号开放式净值型（第1期730天）银行理财计划（YJ1016）	5.00%	☆☆☆☆☆	0无固定期限	1万元	人民币

◆ **保险产品**

为了保障新房还款计划，根据新房贷款金额，您需要投保寿险保额元。通过以下定期寿险产品可以帮您实现这一保障目标。

产品名称	发行公司	险种类别	理财类别	交费方式	保障期限
"金利"长期险B款	泰康人寿	定期寿险	—	—	约定

图7-16　购房规划报告

二、购房能力测算案例及理财资讯平台的应用

假设两年后购房，预购房屋面积为90平方米，首付最低三成，贷款20年，房价增长率为3%，投资收益率为3.55%。目前可以一次性拿出30万元配置到购房目标上，同时每年还可以拿出年收入10万元的50%即5万元进行定额储蓄，则届时可以购买多少钱的房子？

第一步，打开理财资讯平台中的购房能力测量界面。

进入主面，单击"单目标理财规划"中的"购房能力测试"，如图7-17所示。

图7-17　进入购房能力测算

第二步，数据录入。

进入购房能力测算后，首先根据案例中的客户背景来设置目标信息和资源信息，可通过滑动滚动条来改变信息内容，也可通过单击数据进行自定义，如图7-18所示。

第三步，参数假设。

单击左侧的"规划参数"，各参数为软件的默认值，如果有具体要求，可以根据案例条

件更改基本参数。本题对部分参数进行了设置，如图7-19所示。

图7-18　客户信息输入界面2

图7-19　基本参数设置2

第四步，输出结果。

根据前面输入的一系列信息，单击左侧的"购房能力"，即可得到各项购房能力指标，如购买的房屋总价及单价，以及可承担的首付款和贷款金额，具体如图7-20所示。

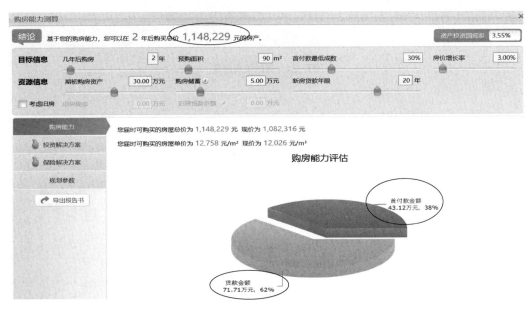

图7-20　购房能力评估

第五步，其他情况调整——有旧房。

如有旧房，则系统可以进行换房规划。可勾选"考虑旧房"复选框，输入旧房现值及旧房贷款等信息，即可得到换房的总价、单价等信息，如图7-21所示。

假设买新房时用卖掉旧房的钱作为一部分首付款，旧房现值为100万元，还剩60万元的公积金贷款未还，则可以换购多少钱的房子？

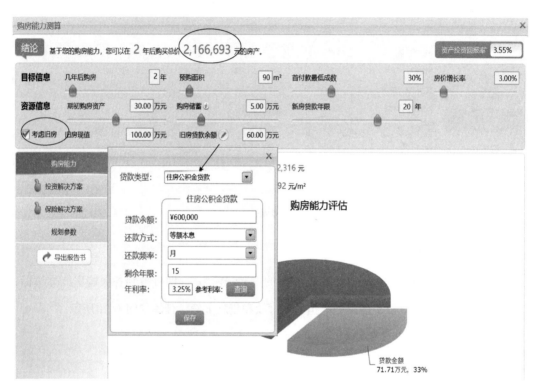

图7-21　其他情况调整

第八章

子女教育金规划

本章提要

在现代社会中，教育经费的支出是日益增加的。可见，在个人和家庭的整个生涯中，子女教育金的规划是非常普遍并且重要的规划之一。本章重点介绍子女教育金规划方法，并以具体的案例分析子女教育金需求的计算，同时通过教育投资报酬率的计算，阐述教育投资的价值，帮助读者了解子女教育金规划的重要性和规划方法。

本章内容包括：

- 子女教育金规划概述；
- 子女教育金需求；
- 子女教育金规划原理；
- 子女教育投资报酬率；
- 理财资讯平台在子女教育金规划中的应用。

通过本章学习，读者应该能够：

- 掌握子女教育金规划的重要性及特征；
- 了解子女教育金的需求及教育成本；
- 掌握子女教育金规划的步骤和方法；
- 掌握子女教育金的计算与运用；
- 掌握教育投资报酬率的计算及对教育投资是否划算的判断。

第一节 子女教育金规划概述

一、子女教育金规划的重要性

经济发展带来了教育支出的迅速增长。国家统计局数据显示，2011—2021年这11年间，教育经费平均年增长率达9.32%。其中，国家财政教育经费占总教育经费的比例维持在80%左右，国家财政教育经费平均年增长率达9.56%，略高于教育经费平均年增长率。2011—2021年国家财政教育经费占GDP的比例连续11年保持在4%以上。此外，居民在教育文化娱乐方面的人均支出也日益增加，如图8-1所示，2011—2022年的12年间，除2020—2022年受新冠肺炎疫情影响波动较大外，我国人均可支配收入、人均消费支出及人均教育文化娱乐支出均持续上涨，其中教育文化娱乐人均支出增长率明显超过居民人均可支配收入及人均消费支出增长率。另外，《2019国内家庭子女教育投入调查》数据显示，38.8%的受访家庭每年为子女教育花费20%~30%的家庭收入，22.9%的受访家庭的子女教育花费占家庭收入的10%~20%，且子女处于"学龄前及初中阶段"的家庭教育投入最高，呈现子女越低龄、支出越高的趋势。《中国生育成本报告2022》数据显示，全国家庭0~17岁孩子的养育成本平均为48.5万元，0岁至大学本科毕业的养育成本平均为62.7万元。0~17岁城镇孩子的养育成本平均为63万元，该年龄段农村孩子的养育成本平均为30万元，而北京和上海家庭0~17岁孩子的平均养育成本分别高达96.9万元和102.6万元。综合来看，不论是整个社会还是单个家庭，对教育都越来越重视，在这方面的投入越来越多。

我国大多数的父母都望子成龙、望女成凤，近年来随着"优生精养"观念的不断深入，子女教育难题已经成为中国父母们普遍存在的集体焦虑，各种"鸡娃""鸡父母"的案例也是屡见不鲜。教育费用逐年增长，再考虑各种兴趣班、择校费、住宿费、生活费等多项支出，家庭教育总投入可能会大大超出预算。子女从幼儿园到大学毕业到底需要父母付出多少钱？这笔钱如何筹集？若有缺口如何弥补？只有全面考虑这些问题，合理规划，才能筹备足够的教育金，保证子女能够接受良好的教育。

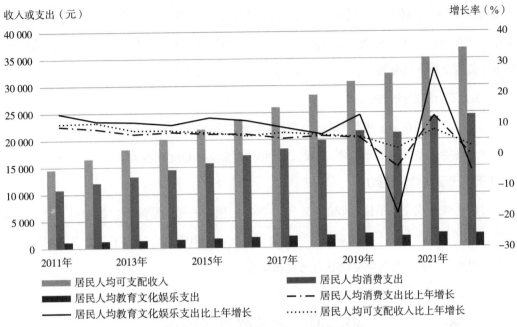

收入或支出（元）　　　　　　　　　　　　　　　　　增长率（%）

图8-1　居民人均教育文化娱乐支出情况

二、子女教育金的特征

（一）无时间弹性

一般来讲，子女到了一定年龄就要接受相应阶段的教育，比如18岁左右就要上大学。随着国民高等教育的普及和文化素质的提升，本科学历变成迈向社会工作的基本门槛，也成为父母培养子女期望达到的教育目标。子女教育有自身的特点，既不同于购房规划，若财力不足可延后几年购房，也不像退休规划，若储备的养老金不足可以延后几年退休。子女教育金没有时间弹性，所以必须提早准备。

（二）无费用弹性

以高等教育为例，学费支出相对固定。读大学的学费每年大约为6 000元，这些费用对于每一个学生都是相同的，不会因为家庭贫富而有所差异。尽管可以申请助学贷款，但贷款者需要负担利息。即便学校都设置了奖学金，奖学金的金额与名额也不足以满足所有无财力入学者的心愿。正是因为这一特性，所以要提前准备足额的子女教育金。

（三）无法事先控制

与自主性较高的退休规划和购房规划相比，子女教育支出更难掌控。一般说来，父母很难知道子女在独立前会花费多少钱，这与子女的特长和学习能力有关。父母希望子女能考上师资佳、学费较便宜的学校，但不一定能如愿。子女个体的差异使得他们在求学期间所花费的学杂费、择校费、兴趣支出等也差距甚大，这些都不是父母可以事先控制的。如果还需要在音乐、美术方面进行深造，则花费更为惊人。由于这些因素无法事先控制，所以子女教育金应该从宽规划。

（四）支出总金额较大

对于一般家庭而言，虽然每年子女教育支出的金额不是最多的，但其持续时间长，且费用呈现逐年、逐级递增的趋势。因此，子女教育金支出总金额较大。

（五）无强制性储蓄账户

目前在政府或企业单位就职的人，有一些特定用途的强制性储蓄，例如用于退休规划的个人养老金账户和用于购房规划的住房公积金账户，但没有专门为子女教育强制储蓄的账户。因此，一般子女教育金要靠自己主动准备。

第二节　子女教育金需求

一、我国的教育体制

我国的学校教育体系包括学前教育、小学和初中九年义务教育、高中、大学、研究生等阶段，各个教育阶段的学习年限与招生对象如表8-1所示。

表8-1　各个教育阶段的学习年限与招生对象

教育阶段	学制与学习年限	招生对象
幼儿园	3年	招收3岁以上的学龄前儿童
小学和初中	九年义务教育	小学入学年龄是6~7岁 初中入学年龄是12~13岁
普通高中	3年	入学年龄为15~16岁
技工学校	3年	入学年龄为15~16岁
职业高中	2~3年，少数为4年	入学年龄为15~16岁
中等专业学校	一般为4年，也有3年的或2年的	招收初中毕业生，入学年龄为15~16岁
大学	全日制为4年或5年，有些医科院校为7年或8年	入学年龄一般为18~19岁
专科学校	2年或3年	入学年龄一般为18~19岁
研究生	硕士学习年限为2~3年 博士学习年限一般为4年	一般而言，对招生对象并无年龄限制，仅有学历要求

此外，还有成人系列的教育体系。各类型成人教育学制实行"同层次同规格"的原则：

成人中等学校，全脱产的学习年限一般与同类性质的全日制学校的学习年限相同，半脱产的或业余的学习年限一般比同类性质的全日制学校的学习年限长1年左右；成人高等学校，本科教育的学习年限一般为4~5年，专科教育形式较多，学习年限一般为2~4年。

二、我国的子女教育成本

子女教育成本包括两部分：一部分是确定性成本，主要是学杂费；另一部分是选择性成本，包括择校费、学前班支出、兴趣班支出以及出国留学费用等。

（一）确定性成本：学杂费

以上海市人民政府颁布的《2023年版上海市市民价格信息指南》[①]中部分教育收费标准为参考依据，再参照其他资讯来源，我国教育学杂费具体体现在如下几个方面：

1. 公办学校

（1）公办学前教育。学前教育属于非义务教育，费用一般包括保教费、伙食费和代管费等。公办幼儿园的保教费标准视地域及幼儿园等级有所差异，示范园、一级园的费用相对较高。

（2）九年义务教育。自1986年《中华人民共和国义务教育法》颁布以来，各级政府依法实施九年义务教育。小学与初中为义务教育，免学费，只交杂费、制服费等。据编者计，小学每年平均教育支出在1 000元左右，初中每年平均教育支出在1 200元左右，对一般家庭而言负担不重。

（3）高中阶段。普通高中的学费一般为每学期900元，重点高中相对较高，每学期为1 200~2 000元，重点高中每年学杂费等合计为2 800~5 000元。

（4）大学本科。据统计，我国大部分高校的普通专业的学费已从1995年的800元/年上升到2023年的6 000元/年。住宿费由1995年的270元/年上升到2023年的1 500元/年。上大学后，每年至少比上大学前多出3 000元的生活费与书本费，再加上外地学生寒暑假返乡旅费，还有学校的其他费用，估计一个普通高校学生的家长，比起学生高中时每年要多负担12 000元左右的费用；民办高校学生的家长，则每年要多负担25 000元左右的费用。

（5）研究生。纳入国家招生计划的新入学研究生需交纳学费，入学后按照学业成绩分三个等级发放奖学金，可以减轻一部分学费负担。研究生普通奖学金调整为研究生国家助

---

① 资料来源：《2023年版上海市市民价格信息指南》，https://www.shanghai.gov.cn/nw17239/20230210/388bc567f77f4886a03297221870f269.html。

学金，部属高校博士研究生的资助标准为每生每年12 000元，硕士研究生的资助标准为每生每年6 000元。各大高校和科研院所收费标准为每年8 000~10 000元，专业学位的收费标准高于学术型学位，为每生每年12 000~30 000元。由于研究生阶段用于买书与论文写作的费用较高，预计扣除奖学金和每月500元的补助后每年还要支付10 000元左右的费用。

表8-2列出了2023年上海市部分教育收费标准。

表8-2　2023年上海市部分教育收费标准

类别	项目名称	计费单位	最高收费标准（元）	
学前教育	公办幼儿园保育教育费（最高收费标准）			
			全日制	寄宿制
	市级示范园	月	700	800
	一级园	月	225	390
	二级园	月	175	340
	三级园	月	125	290
基础教育	1. 公办普通高中学费			
	一般高中	学期	900	
	区县重点高中	学期	1 200	
	市重点高中	学期	1 500	
	高级寄宿制高中	学期	2 000	
	2. 公办普通高中住宿费			
	一类条件	学期	360	
	二类条件	学期	270	
	三类条件	学期	180	
中等职业教育	中等职业学校费			
	1. 一般学校			
	一般专业	学期	1 100	
	特殊专业	学期	1 300	
	艺术类专业	学期	2 300	
	2. 国家级重点学校			
	一般专业	学期	1 500	
	特殊专业	学期	2 000	
	艺术类专业	学期	4 000	
	3. 成人教育			
	一般专业	学期	300~900	
	艺术类专业及特殊专业	学期	900~1 500	
	4. 职业高中学费			
	学费	学期	1 200	

（续表）

类别	项目名称	计费单位	最高收费标准（元）
公办高等教育	1. 全日制普通高校学费		
	一般专业和师范院校	学年	5 000
	特殊（热门专业）	学年	6 500
	艺术类专业	学年	10 000
	2. 高等职业技术教育学费		
	学费	学年	7 500
	3. 成人高等教育学费		
	一般专业	学期	800 ~ 1 600
	艺术类及特殊专业	学期	1 500 ~ 2 400
	4. 全日制学术型研究生学费		
	硕士研究生	学年	最高 8 000
	博士研究生	学年	最高 10 000

由于我国各地的学杂费标准存在差异，以上费用可作为一个平均数参考，规划时仍需依照各地的实际情况进行调整。

2. 民办学校

在中小学义务教育阶段，民办学校占比较小，学费标准是以成本核算的。例如，上海市公办转制中小学每学期学费为5 000元。但有些民办学校是针对外籍人士或港澳台同胞子弟而设立的，学费动辄每年数十万元，本地人就读的并不多。

民办高中大多为中外合作，为毕业后出国留学的先修班。学费与住宿费合计每年达数十万元。民办大学学费标准以成本为依据，每年学费一般在20 000元以上。

（二）选择性成本

除上述确定性成本之外，对于有些家庭来说，子女教育金规划还要考虑一些选择性成本。比如，对于学前教育支出来说，公办幼儿园的平均费用相对较低，但是有入学区域的限制；民办幼儿园的各方面条件和设施较好，费用也相对较高，其中一些中外合办、双语教学的幼儿园每年收费更是高达数万元。

从学前开始，父母还会培养孩子各方面的兴趣爱好，为他们选择各类兴趣班，包括音乐、美术、舞蹈、体育等课程。每年兴趣班费用支出达数万元及以上的家庭非常多。

从小学开始，为了能促进孩子智商、情商全面发展，大多数家庭会购买付费型线上或线下的教育服务，一些家庭还面临借读费、择校费等支出。

在高等教育阶段，除了大部分人选择国内的大学，还有一部分家长希望将孩子送去国外留学。《2021年度全国留学报告》显示，在有留学意愿的学生中，九成以上坚持出国留学计划，面对疫情最常见的措施是延迟而非放弃留学计划，学生群体的出国留学意愿依然强烈。《中国留学发展报告（2022）》显示，2019—2020年，我国仍然是最大的留学生来源国，有接近100余万学生在境外高等教育机构就读。

在众多国家中，英国、美国、澳大利亚、加拿大等国家由于拥有丰富的教育资源而备受留学生青睐。其中，美国和英国留学费用最高，总费用为每年30万～50万元，澳大利亚、加拿大的留学费用为每年20万～30万元，德国、法国、荷兰等国家的留学费用为每年10万～20万元。未来，有留学计划的中国学生有可能将目光投向留学环境及签证更友好的国家或地区，留学需求有可能向欧洲和亚洲地区转移。

由于子女教育开销的差异性相当大，因此，必须针对个人所在地区的实际收费状况、父母对子女的期望以及家庭本身的负担能力，制订详尽的教育规划。

第三节　子女教育金规划原理

一、子女教育金规划的步骤

子女教育金规划通常按照图8-2所示的步骤进行。

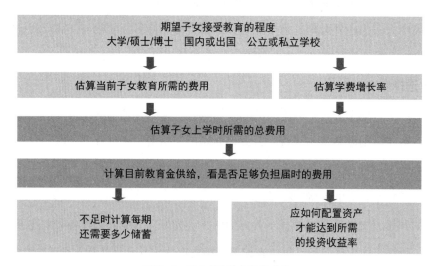

图8-2　子女教育金规划的步骤

首先，列出期望子女接受教育的程度，确定教育金规划的终点。如子女大学本科毕业后是选择参加工作，还是选择继续深造，攻读研究生；选择在国内还是在国外接受高等教育，若选择出国深造，还需考虑是就读公立大学还是私立大学。

其次，根据所列期望，估算当前子女教育所需的费用以及从现在开始到子女接受教育时的学费增长率，最终测算出子女上学时所需的教育金。

再次，测算目前可配置在子女教育目标上的资金在子女上学时能否满足上述教育金总需求。

最后，如有不足，则需计算按照目前的投资收益率每月还需多少储蓄；如无法达成每月储蓄目标，则应考虑该如何配置资产才能达到所需的更高的投资收益率。

二、子女教育金规划的方法

子女教育金规划通常使用目标基准点法（见图8-3）。例如，把基准点设在子女18岁上大学的当年，基准点之前是累积教育金的过程，基准点之后是教育金支出的过程。首先，测算在子女上学当年能累积多少教育金，即求出教育金总供给。把目前已配置在教育金目标上的整笔资金作为现值PV，每期定额投资作为年金PMT_1，一般为期末普通年金或期末增长型年金，估算投资收益率I，目前到子女上大学当年的年限n为教育金准备年限，即可计算出届时教育金的总供给FV。其次，测算教育金在子女上学当年的总需求，即求PV。学费一般为期初增长型年金，上学时点第一年的学费支出看成首期年金PMT_2，FV则是子女毕业时留给他们的创业基金，接受高等教育的持续年限为m，投资收益率为I，学费成长率为g，最终计算出PV。如果教育金总供给大于或等于总需求，则子女教育金目标可达成；反之，则不能实现。若子女教育金目标不能实现，通常的解决方案是增加目前配置在子女教育金目标上的金额，或者增加定期定投金额，也可适当调整资产配置，提高投资收益率。但对于教育金投资而言不能冒太大风险，以免发生子女上大学时无力支付高等教育学费的情况。

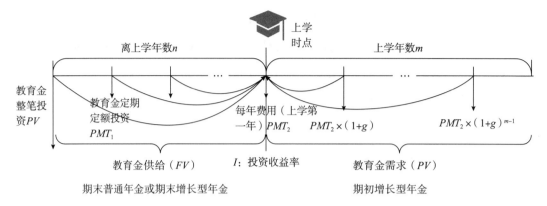

图8-3 子女教育金规划方法

三、子女教育金需求的计算

（一）根据目标基准点法计算子女教育金需求

实例8-1 刘姥姥准备到贾府帮工，为孙子5年后上学筹集学费。她每年从工钱中拿出8块大洋存入日升昌，投资收益率为10%（按年复利）。在孙子6年的学习中，第一年需交纳学费15块大洋，学费增长率为5%。假如刘姥姥5年后不再工作，这笔钱是否能供她孙子上完6年学？

（1）如果不够，维持现有存款额和投资收益率不变，她还需要继续工作几年，是否可行？

（2）如果不够，维持现有工作期限和投资收益率不变，每年需多存多少钱？

（3）如果不够，维持现有工作期限和存款额不变，需要将投资收益率从10%提高到多少？

解析 首先计算学费总需求在上学时点的价值，即计算期初增长型年金的现值：

$n=6$，$I=10\%$，$PMT=-15$块，$FV=0$块，$g=5\%$，得到$PV=80.37$块。

然后计算学费总供给在上学时点的价值，即计算期末年金的终值：

$n=5$，$I=10\%$，$PV=0$块，$PMT=-8$块，得到$FV=48.84$块。

需求大于供给，存在教育金缺口，缺口为80.37−48.84=31.53块。

（1）解决方案1：增加工作期限。

方法一：学费总需求在当前时点的价值：

$n=5$，$I=10\%$，$PMT=0$块，$FV=80.37$块，得到$PV=-49.90$块。

为达成目标，刘姥姥的总工作年限为：$I=10\%$，$PMT=-8$ 块，$FV=0$ 块，$PV=49.90$ 块，得到 $n=11$ 年，即刘姥姥从现在开始需要工作 11 年，孙子上学后还需要再工作 6 年。

方法二：上学时点的学费缺口为 31.53 块，即刘姥姥增加工作年限获得的目标资金的现值。$PV=31.53$ 块，$I=10\%$，$PMT=-8$ 块，$FV=0$ 块，得到 $n=6$，即从上学时点刘姥姥还需要再工作 6 年。

但是收入发生在期末，学费发生在期初，孙子最后一年的学费发生在第 11 年年初，而刘姥姥第 11 年年末的 8 块大洋积攒无法在第 11 年年初支付学费，故方案不可行。

（2）解决方案 2：提高每年定期定额的投资额，每年需储蓄的金额计算如下：

$n=5$，$I=10\%$，$PV=0$ 块，$FV=80.37$ 块，得到 $PMT=-13.16$ 块。

每年需要拿出 13.16 块大洋进行投资，即刘姥姥每年再多存 6 块大洋可以达到目标。

（3）解决方案 3：提高投资收益率。

从现在开始到子女教育金规划终点，总共 11 年，收入发生在期末，学费发生在期初，将各期现金流输入，计算出 IRR=22.87%，即达成目标需要将投资收益率提高到 22.87%（见图 8-4）。

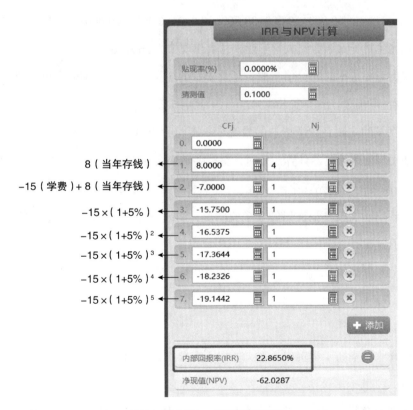

图 8-4 方案 3：提高投资收益率

（二）转换实际收益率测算子女教育金需求

依照子女目前的年龄，如何计算未来需要支付的子女教育金呢？需分两种情况进行讨论：考虑货币时间价值与不考虑货币时间价值。现举一个例子来说明这个问题。

刘波先生与金铃女士的小孩刚出生，预计3年后开始上幼儿园。经测算，目前各个教育阶段的年支出现值与就学年数如表8-3所示。

表8-3　目前各个教育阶段的年支出现值与就学年数　　　　　　　　　　　　　单位：元

学程	年支出现值	就学年数	合计	累计
幼儿园	20 000	3	60 000	60 000
小学	10 000	6	60 000	120 000
初中	10 000	3	30 000	150 000
高中	10 000	3	30 000	180 000
大学	20 000	4	80 000	260 000

情况一，如果不考虑货币时间价值，则可以直接将各个学习阶段的目前年支出现值乘以就学年数再相加，得出子女教育金的总支出现值，即：

$$60\ 000+60\ 000+30\ 000+30\ 000+80\ 000=260\ 000元$$

因此刘先生将子女培养到大学毕业，总支出现值为26万元。

情况二，考虑货币时间价值，假设子女学费的增长率为5%，刘先生子女教育金的投资收益率为8%，现在应该准备多少钱呢？

规划子女从幼儿园到大学毕业的教育金，不同阶段的学费现值不同，即为不规则现金流，通常使用现金流计算器计算。此时，首先要转换实际收益率，并将其作为贴现率，即：

$$贴现率=（1+8\%）/（1+5\%）-1=2.857\ 1\%$$

然后，画出子女教育金支出的资金流图形，用财务计算器的现金流量功能计算该笔资金流的净现值，即：

$CF_0=0元$，$CF_1=0元$，$N_1=2$；$CF_2=-20\ 000元$，$N_2=3$；$CF_3=-10\ 000元$，$N_3=6$；$CF_4=-10\ 000元$，$N_4=3$；$CF_5=-10\ 000元$，$N_5=3$；$CF_6=-20\ 000元$，$N_6=4$；$I=2.857\ 1\%$，$NPV=-187\ 033.96元$。

因为投资收益率高于学费成长率，所以不需要准备26万元，准备18.7万元的整笔子女教育金就够了。

计算出来的净现值还有另外一个含义，即可根据这个净现值，以子女为受益人投保寿险，即在保险计划中应增加保额18.7万元。万一当下发生保险事故，导致家庭收入中断，无法再储备教育准备金，此时，以现金流量算出的净现值为保额，所获得的保险给付投资在实际收益率为2.86%的投资工具上，仍可让子女完成原定的教育目标。

因为年轻夫妻有能力在孩子出生时拿出18.7万元进行投资的，并不多见，所以可以选择分期准备。

如果分3年来准备，$n=3$，$I=8\%$，$PV=187\,033.96$元，$FV=0$元，$PMT=-72\,575.44$元，那么，从现在到子女上幼儿园，每年要准备72 575元。这对于年轻夫妻而言，仍然是沉重的负担。

比较合理的投资期限为21年，即从现在开始到子女大学毕业之前把所有的教育金备足，其前提是刘先生夫妇二人不能在21年内退休。此时，$n=21$，$I=8\%$，$PV=187\,033.96$元，$FV=0$元，$PMT=-18\,672.02$元，即每年要拿出18 672元投资到名义收益率为8%的投资工具上，才能实现所有的教育金目标。

如果刘先生夫妻只是一般工薪阶层，目前年薪合计为100 000元，18 672元÷100 000元=18.67%，即以目前的年收入来计算，储蓄率要达到18.67%，才能完成子女教育金目标。

没有教育金支出，并不代表上幼儿园前的3年没有育儿支出，育儿支出要另外编制在支出预算中。

如果子女已经出生，且已经完成了某些教育阶段，此时，只需要计算还没有实现的子女教育金目标的现值。如果目前可以一次性配置一部分资金在教育金目标上，那么可以减轻未来储备教育金的压力。

实例8-2 假如在上文的举例中，刘先生的孩子今年9岁，即将上小学三年级，刘先生家庭年收入为100 000元，目前有30 000元可作为教育金整笔投资。计算刘先生还需要准备多少教育金？

解析 按照2.86%的贴现率计算现金流的净现值，即：

$CF_0=-10\,000$元，$CF_1=-10\,000$元，$N_1=3$（小学3~6年级）；

$CF_2=-10\,000$元，$N_2=3$；$CF_3=-10\,000$元，$N_3=3$；$CF_4=-20\,000$元，$N_4=4$，$I=2.86\%$，$NPV=-146\,244.21$元。

目前整笔投资之后，还需准备的教育金现值为146 244−30 000=116 244元。

在刘先生的孩子大学毕业之前教育金准备期限为14年，每年需准备资金：$n=14$，

I=8%，PV=116 244元，FV=0元，PMT=-14 100元，14 100元÷100 000元=14.10%，负担较合理，可兼顾退休、购房等其他理财目标。当然，是否要资助子女出国留学，还是要根据家庭的理财价值观而定。

第四节　子女教育投资报酬率

一、市场经济与教育投资

在市场经济条件下，就个人而言，人们之所以愿意入学接受高等教育，是因为在这方面投资所花去的时间和金钱会在将来给自己带来相应的回报。个人把受教育看作投资，是市场经济条件下的一种必然产物。教育投资是投入教育领域，用于培养不同熟练程度的后备劳动力和专门人才，以及提高劳动力和专门人才智力的货币表现。人的劳动能力，尤其是智力，主要是通过受教育获得的。社会和个人之所以愿意在教育上投入大量的人力和物力，主要在于教育投资对社会和个人都是有益的。但由于投资主体不同，各自关心的焦点也不一样：国家或社会投资教育，主要是从社会效益的角度考虑的，看到的是教育对社会生产和人民生活的全面而有益的影响；而个人通常注意的是教育投资所带来的个人收入的增加。因为在现代人事工资制度中，工资收入与学历直接挂钩，而且学历是干部聘任、晋升以及各种技术职务职称评定的重要条件之一。总之，受教育程度越高，就业前景越乐观，因此，多数人愿意在教育上投资。

那么，选择哪种教育投资最为有利呢？可通过投资报酬率进行分析，而要知道投资报酬率的高低，首先必须了解个人的教育成本。个人对教育的各种形式的投入即构成个人的教育成本。原则上说，个人的教育成本包括直接成本和间接成本。

1. 直接成本

教育的直接成本包括学生及其家庭为教育所支付的一切实际金钱支出，即应有的书籍费、学费、往返学校的交通费和额外的吃、穿、住等费用，直接表现为一个具体的金额。

2. 间接成本（机会成本）

不能直接用货币计量的间接成本，主要是指选择上学，就要放弃就业机会，也就是放弃了就业后可能得到的收入。所以，学生求学存在一项间接成本，即机会成本，其数额等于学生放弃的收入。

二、教育投资的收益

××市劳动和社会保障局的调查显示，不同学历的人群的年工资收入中位数分别为：研究生（含博士、硕士）为157 452元，大学本科为86 556元，大学专科为59 712元，高中、中专或技校为47 100元，初中及以下为37 752元。我们可以这些数据为基准，得出不同学历的机会成本（见表8-4）。

表8-4 某年分学历企业工资指导价位　　　　　　　　　　　　　　　　　　　单位：元/人/年

序号	学历	低位数	中位数	高位数
1	研究生（含博士、硕士）	45 600	157 452	732 396
2	大学本科	34 524	86 556	364 068
3	大学专科	28 572	59 712	241 980
4	高中、中专或技校	25 080	47 100	125 400
5	初中及以下	23 436	37 752	88 788

表8-5给出了上年度的分学历企业工资指导价位。通过比较表8-4和表8-5，可以得到表8-6的结果，即研究生的工资增长率最高，本科的次高。可见学历的差异不仅导致了毕业当时工资绝对水准的差距，对往后的工资增长率也有重大的影响。

表8-5 上年度分学历企业工资指导价位　　　　　　　　　　　　　　　　　　单位：元/人/年

序号	学历	低位数	中位数	高位数
1	研究生（含博士、硕士）	47 088	112 385	635 112
2	大学本科	35 748	77 129	373 992
3	大学专科	30 048	60 320	218 628
4	高中、中专或技校	26 016	50 131	133 164
5	初中及以下	25 356	42 192	95 280

表8-6 分学历企业工资指导价位年增长率

序号	学历	低位数	中位数	高位数
1	研究生（含博士、硕士）	−3.16%	40.10%	15.32%
2	大学本科	−3.42%	12.22%	−2.65%
3	大学专科	−4.91%	−1.01%	10.68%
4	高中、中专或技校	−3.60%	−6.05%	−5.83%
5	初中及以下	−7.57%	−10.52%	−6.81%

三、高等教育的投资报酬率

诺贝尔经济学奖得主、美国经济学家加里·贝克尔在《生活中的经济学》一书中写道："即使不管社会地位及知识上所能得到的好处，念大学本身已经算是相当不错的投资了。"他以美国为例，算过一笔账：大学毕业生在工作 11 ~ 15 年之后的平均工资，比具有同等资历的高中毕业生多出 60%。如果把这笔收入差额拿来与接受高等教育所需的成本相比的话，则其投资报酬率在 10% 以上。

在微利时代，10% 的投资报酬率足以让商人们眼红了。其实，不论是在发达国家，还是在发展中国家，受过高等教育者总是处于竞争的优势地位。他们可能拥有更多的机会，而这种机会则意味着他们可能拥有更多的"利润"。

教育，可以被看作一种投资行为。教育投资报酬率是进行教育决策的依据之一，从投资报酬率的角度需要考虑的因素包括：是否进一步深造，需要综合考虑教育期间的教育金花费、放弃的工作收益、毕业之后的薪资差异及其增长率以及未来可以工作的年限。那么，如何计算高等教育的投资报酬率呢？首先要计算高等教育的成本，包括学杂费等直接成本与受教育期间不工作的机会成本，然后计算获得学位后可望增加的收入水准。攻读高学历的年投资报酬率是根据实际现金流计算的内部收益率。一般的现金流量如图 8-5 所示，需要注意的是学费一般发生在期初，收入发生在期末。可在理财资讯平台中的现金流计算器中依次输入 CF_j 及 N_j，算出的 IRR 即为教育的投资报酬率。

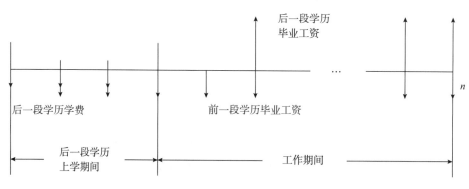

图8-5　一般的现金流量

（一）国内教育投资报酬率的计算

假设工作到 55 岁，硕士与博士都是自费的，薪资以表 8-4 中的薪资中位数为基准，两种学历之间的薪资差异固定。

实例8-3　初中升高中、中专或技校（假设学费为5 000元/年），学制为3年，18岁毕业。投资报酬率是多少？

解析　初中升高中、中专或技校的现金流如图8-6所示，在理财资讯平台现金流计算器中依次输入$CF_0=-5\ 000$元，$CF_1=-42\ 752$元，$N_1=2$，$CF_2=-37\ 752$元，$CF_3=9\ 348$元，$N_3=37$，得到$IRR=6.04\%$。

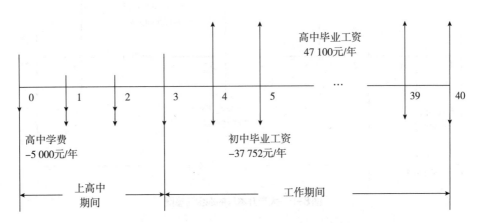

图8-6　初中升高中、中专或技校的现金流量图

实例8-3续　高中升大专（假设学费为10 000元/年），学制为2年，20岁毕业。投资报酬率是多少？

解析　高中升大专的现金流如图8-7所示，在理财资讯平台现金流计算器中依次输入$CF_0=-10\ 000$元，$CF_1=-57\ 100$元，$CF_2=-47\ 100$元，$CF_3=12\ 612$，$N_3=35$，得到$IRR=9.97\%$。

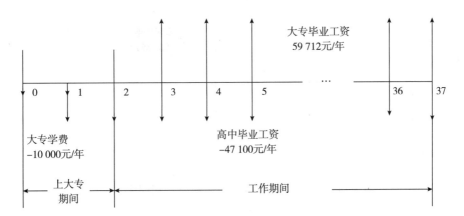

图8-7　高中升大专的现金流量图

实例8-3续 大专升本科（假设学费为15 000元/年），学制为2年，22岁毕业。投资报酬率是多少？

解析 大专升本科的现金流如图8-8所示，在理财资讯平台现金流计算器中依次输入 $CF_0=-15\,000$ 元，$CF_1=-74\,712$ 元，$CF_2=-59\,712$ 元，$CF_3=26\,844$ 元，$N_3=33$，得到 $IRR=16.00\%$。

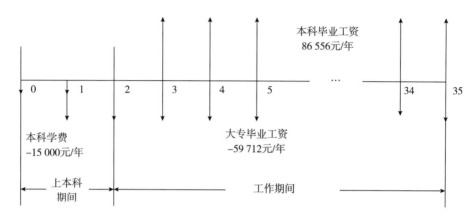

图8-8 大专升本科的现金流量图

实例8-3续 高中升本科（假设学费为15 000元/年），学制为4年，22岁毕业。投资报酬率是多少？

解析 高中升本科的现金流如图8-9所示，在理财资讯平台现金流计算器中依次输入 $CF_0=-15\,000$ 元，$CF_1=-62\,100$ 元，$N_1=3$，$CF_2=-47\,100$ 元，$CF_3=39\,456$ 元，$N_3=33$，得到 $IRR=12.54\%$。

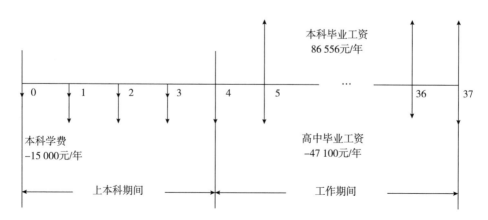

图8-9 高中升本科的现金流量图

实例8-3续 本科升研究生（假设学费为18 000元/年），学制为2年，24岁毕业。投资报酬率是多少？

解析 本科升研究生的现金流如图8-10所示，在理财资讯平台现金流计算器中依次输入 $CF_0 = -18\,000$元，$CF_1 = -104\,556$元，$CF_2 = -86\,556$元，$CF_3 = 70\,896$元，$N_3 = 31$，得到 $IRR = 28.31\%$。

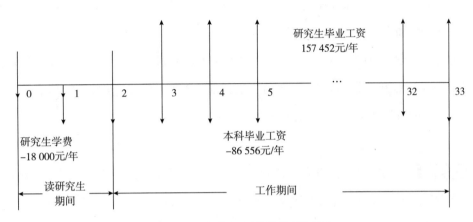

图8-10 本科升研究生的现金流量图

根据以上数据，可得如表8-7所示的关于教育投资是否划算的分析。该分析显示，除了初中升高中的投资报酬率不高，高中以上继续升学的年投资报酬率基本在10%或以上，因此，至少到目前为止，高等教育的投资还是相当划算的。

表8-7 教育投资是否划算的分析

项目	初中升高中、中专或技校	高中升大专	大专升本科	高中升本科	本科升研究生
初中及以下年工资收入中位数（元/人/年）	37 752				
高中、中专或技校年工资收入中位数（元/人/年）	47 100	47 100		47 100	
大学专科年工资收入中位数（元/人/年）		59 712	59 712		
大学本科年工资收入中位数（元/人/年）			86 556	86 556	86 556
研究生（含博士、硕士）年工资收入中位数（元/人/年）					157 452
差异（元/人/年）	9 348	12 612	26 844	39 456	70 896
上学年数（年）	3	2	2	4	2
年学费（元/人/年）	5 000	10 000	15 000	15 000	18 000
毕业后可工作年数（年）	37	35	33	33	31
年投资报酬率（%）	6.04	9.97	16.00	12.54	28.31

（二）留学投资报酬率的计算

假设出国留学的开支大体如下：

出国留学准备与成行费用：约合20 000元。

在国外求学两年所需的开支：250 000 ~ 500 000元。

用上述高等教育投资报酬率的方法，可计算出国留学的投资报酬率，还可以计算国外留学之后年薪增加多少才比国内大学毕业划算。

因为各个留学学校的学费不同，可以用200 000元/年进行估计，子女也可争取留学学校奖学金来减轻负担，或者选择在国外打工应付部分支出，但打工可能会影响学业，若因此使获取学位的时间延长，不见得有利。

实例8-4 留学两年，本着从宽规划的原则，假设期初准备好40万元，比在国内读研究生高出36.4万元，要达到国内念研究生的28.31%的投资报酬率，则出国留学后工作的薪资差异需要达到多少？

解析 $n=31$，$I=28.31\%$，$PV=-364\,000$元，$FV=0$元，求得$PMT=103\,094$元，即出国留学后工作的薪资要比在国内读研究生后工作的薪资每年高出103 904元，才能达到28.31%的投资报酬率。相当于超出在国内读研究生薪资的65.48%（103 094÷157 452），现实中能达到此水准的并不多。

任何投资都是有风险的，教育投资也不例外。不过教育投资不能只看重短期效益，也不能局限于出国深造。如果在国内很好的学校攻读硕士或博士学位，则和出国留学的机会成本相同但深造费用却降低很多。也有人把考国际认证的CFA、CFP资格认证或CPA等专业证书当作教育投资，这种方式在投资、理财、会计等特定行业效益更直接。出国深造的效用也不是完全可以用所带来的财富来衡量的，外语能力、国际观、文化差异体验等，对于未来的工作与处世态度可能都有影响。最重要的还是要自我定位，把是否深造的抉择当作生涯规划的第一步，认真地实践，即使短期差异有限，只要不断地充实自己，为下一步生涯抉择做好准备，也总有获得回报的一天。

第五节　理财资讯平台在子女教育金规划中的应用

案例　王女士的女儿3年后开始上幼儿园，从现在开始一直规划至大学毕业。目前没有进行整笔投资，每年可以拿出年收入80 000元的10%进行子女教育金储蓄。学费增长率为2.01%，投资收益率为3.68%。

第一步，打开理财资讯平台的子女教育界面。

进入主页，单击理财资讯平台"单目标理财规划"中的"子女教育"，如图8-11所示。

图8-11　理财资讯平台界面

第二步，数据录入。

进入子女教育金规划后，首先根据案例中的客户背景来设置目标信息和资源信息，可通过滑动滚动条来改变信息内容，也可通过单击数据来进行自定义，如图8-12所示。

图8-12　基本信息录入界面

第三步，参数设置。

单击左侧的"规划参数"，设置中参数的默认值是与当前实际情况一致的，如果有具体要求，可以根据案例条件更改基本参数，如图8-13所示（本题采用系统默认数据）。

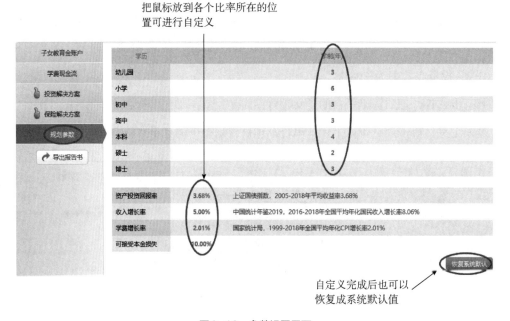

图8-13　参数设置界面

第四步，输出结果分析。

单击"子女教育金账户"，即可看出是否可以负担从规划开始到规划结束时间段的全部学费，如图8-14所示。

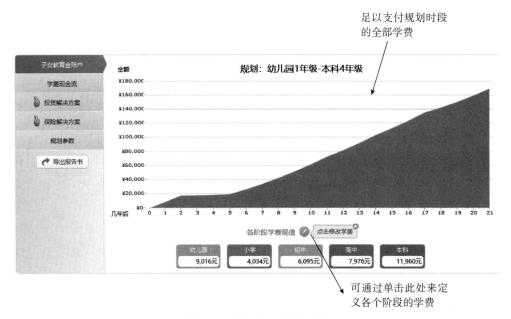

图8-14　子女教育金账户界面

单击"学费现金流"，即可看见各期学费的现金流量图，如图8-15所示。

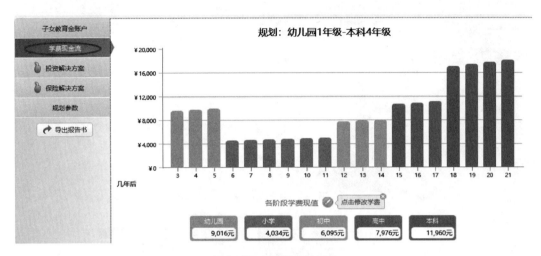

图8-15　学费现金流界面

第五步，得出规划结果。

界面最上方会显示规划的结果——"基于您的资金实力，您可以负担孩子就读幼儿园1年级至本科4年级的全部费用"，如图8-16所示。

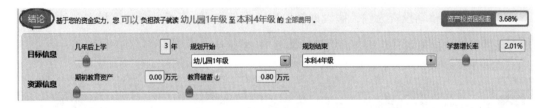

图8-16　子女教育金规划结果1

本案例中，如果王女士的年收入为40 000元，其余条件保持不变，那么规划结果为"基于您的资金实力，您无法负担孩子就读幼儿园1年级至本科4年级的全部费用"，如图8-17所示。

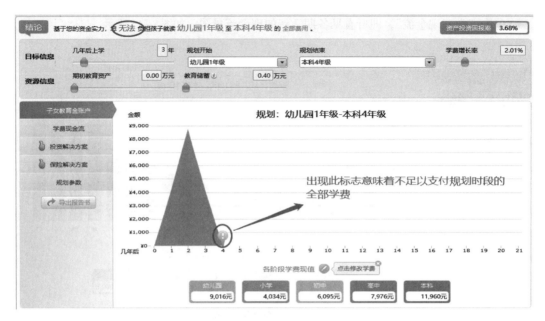

图8-17 子女教育金规划结果2

第六步，数据调整。

当现有条件不能负担规划时期的全部费用时，可通过不断调整期初教育资产、年收入、教育储蓄率等指标，来调整子女教育金账户金额，直至实现子女教育金目标为止。

以增加期初整笔投资为例，假设期初可以一次性拿出3万元进行整笔投资，结果显示现有条件可以负担规划时期的全部费用，如图8-18所示。

图8-18 数据调整

第九章

家庭信用与债务管理

本章提要

在经济增长速度放缓的变挡期，个人与家庭需要更细致的负债管理。我们需要对经济高速发展时期背负的债务做整合，以降低整体负债成本；我们需要审慎地选择是否要背负新债务，以保障财务健康；我们需要细致地量化选择新债务，以确保实际利率水平最低。本章通过对生活中常见的贷款形式、贷款利率以及贷款附加条件的计算，以及对家庭负债指标及负债管理的介绍，使读者具备信用与负债管理的能力。

本章内容包括：
- 信用的概念、信用记录与信用额度；
- 融资渠道与信用决策；
- 消费性负债管理；
- 投资性负债管理。

通过本章学习，读者应该能够：
- 了解信用的意义与构成要素，了解个人信用信息基础数据库；
- 了解信用额度以及丧失信用的原因和后果；
- 了解影响信用决策的各项因素，掌握与信用有关的理财决策；
- 了解家庭消费性负债的类型与银行相关产品，掌握消费性负债的控制指标；
- 了解家庭投资性负债的类型与银行相关产品，掌握投资性负债的控制指标。

第一节　信用的概念、信用记录与信用额度

一、信用的基本概念

（一）信用的概念

信用本质上是一种承诺，是指在获得商品、服务或资金时，承诺在未来一段时间内偿还，偿还的方式包括商品、服务或资金。借由履行承诺来建立的信用记录，是一种无形资产。信用是构成现代商业社会和金融交易的重要基础。

（二）信用的构成要素

1. 信任

双方当事人按照契约规定，在享有权利的同时履行承诺的义务。如果不信任对方当事人，就不会有交易，也没有信用产生。享有权利者为授信人，肩负义务者为受信人。

2. 跨时交易

如果契约双方的权利和义务不是当时交割的，存在时间滞后，就存在信用。在以物易物或银货两讫的情况下，没有信用产生。

（三）信用交易的类型

在以下各种状况下，都发生了信用交易：

（1）先收取订金，承诺一段时间后交货或提供服务；

（2）先取得商品或劳务服务，承诺一段时间后支付资金；

（3）先借入资金，承诺一段时间后偿还。

二、信用记录

（一）定义

信用记录是指双方当事人发生了信用交易后，对是否履行了相关义务进行记载。

（二）信用记录库

1. 个人信用信息基础数据库

个人信用信息基础数据库是我国社会信用体系的重要基础设施，是在国务院领导下，由中国人民银行组织各商业银行建立的个人信用信息共享平台。该数据库采集、整理、保存个人信用信息，为金融机构提供个人信用状况查询服务，帮助金融机构提高风险管理能力和信贷管理效率，防范信用风险，促进个人消费信贷健康发展；为货币政策和金融监管

提供有关信息服务；帮助个人积累信誉财富，方便个人借款。

个人信用信息基础数据库的建设最早是从1999年7月中国人民银行批准上海资信有限公司试点开始的。2006年1月，个人信用信息基础数据库正式运行，截至2023年12月底，已累计收录11.6亿自然人信息。个人信用信息基础数据库全面收集个人基本信息、个人信贷交易信息以及反映个人信用状况的其他信息。该数据库以银行信贷信息为核心，还包括社保、公积金、环保、欠税、民事裁决与执行等公共信息，堪称世界上最大的个人信用信息基础数据库。

个人信用信息基础数据库收集如下信息：

（1）身份识别信息，包括姓名、身份证号码、家庭住址、工作单位等；

（2）贷款信息，包括贷款发放银行、贷款额、贷款期限、还款方式、实际还款记录等；

（3）信用卡信息，包括发卡银行、授信额度、还款记录等；

（4）个人的电信缴费信息、住房公积金信息、参保信息等（逐步被纳入个人信用信息基础数据库）；

（5）个人缴纳水、电、燃气等公用事业费用的信息，个人欠税信息等（逐步被纳入个人信用信息基础数据库）。

个人对个人信用信息基础数据库中收集的关于其本人的信息具有知情权。个人可通过互联网、征信机构营业场所等查询本人的信用报告；个人信息主体有权每年两次免费获取本人的信用报告。征信系统会自动记载何时何人查看了信用报告。2022年1月1日起施行的《征信业务管理办法》第二十条规定：征信机构采集的个人不良信息的保存期限，自不良行为或者事件终止之日起为5年。个人不良信息保存期限届满，征信机构应当将个人不良信息在对外服务和应用中删除；作为样本数据的，应当进行匿名化处理。

2. 网购平台信用记录库

在互联网交易的大数据时代，网购平台根据买方和卖方是否履行交易、卖方交货的品质和时限、买方是否货到付款等信息，可建立信用记录库，作为管控网购交易安全或提供网络商店贷款的依据。经监管部门批准，阿里巴巴、腾讯等几大互联网巨头企业都先后发起设立了民营银行，其授信路线除了运用中国人民银行的个人信用信息基础数据库，还可参考网购平台的信用记录。

（三）不良信用记录

1. 不良信用记录的产生

不良信用记录又被称为信用丧失，包括如下情况：

（1）收款后不按时履行交货或提供服务的承诺；

（2）借款到期后不履行还款义务；

（3）拖欠公用事业费用；

（4）未能兑现口头承诺。

2. 不良信用记录的补救方式

（1）在逾期记录发生后，在银行催缴期间，写一份详细说明和申请，详细说明信用卡或贷款没有按时还款的原因，并且立刻全额偿还欠款，但账户无须结清，可正常使用，最好能够提供抵押或担保。找办理信用卡或贷款的银行的贷款管理部门说明情况，只要银行还没有把不良记录登记到中国人民银行的个人信用信息基础数据库，可请求银行消除不良记录。

（2）如果是由非本人原因造成不良信用记录，可以提起信用报告异议申请。申请人持本人有效身份证件原件及复印件，到中国人民银行征信管理部门提交《个人信用报告异议申请表》，相关机构会对异议申请进行调查审议，确认有误就会给予更正并具函回复。

三、信用额度

信用额度又称信用限额，是指银行授予其基本客户一定金额的信用限度，也就是在规定的一段时间内，客户最多可以循环使用的金额，是实际借款额的上限。

授信机构根据个人收入水平、职业稳定性、家庭负担等条件，设定信用贷款的额度上限。对于信用卡业务，发卡银行往往根据客户自身的信用条件，给予普卡、金卡或白金卡，并分别设定各类卡的刷卡额上限。

对于房贷业务，授信机构根据抵押房产的价值、条件、当地政府政策以及授信机构的标准，设定房贷额上限。

第二节 融资渠道与信用决策

一、融资渠道

融资渠道通常有亲戚朋友、商业银行、寿险公司、典当行、小额贷款公司、消费金融公司、互联网借贷等多种渠道。表9-1给出了上述各种融资渠道的优缺点以及选择的主要考虑因素。

表9-1 各种融资渠道的优缺点以及选择的主要考虑因素

融资渠道	优点	缺点	主要考虑因素
亲戚朋友	一般说来，利率最低	欠亲友人情	额度是否满足所需
商业银行	利率较低	核贷时间长	贷款资质、抵押品价值、额度等
寿险公司	利率较低，快速拨款	不接受非保户贷款，额度受限于保单现金价值	费用、利率、期限等
典当行	快速拨款，临时应急	利率较高，期限最长为半年	质押品的价值
信用卡借款	额度内可随时支用	利率较高，易养成透支习惯	费用、免息期、优惠、信用额度等
小额贷款公司	快速拨款，临时应急	利率较高，有最低额度要求	平台资质、自身的还款能力
消费金融公司	短期、小额、无担保	利率较高	
互联网借贷	快速拨款、无抵押、无担保、随借随还	利率较高	

专栏9-1 "高利贷"的界定

《最高人民法院关于审理民间借贷案件适用法律若干问题的规定》第二十五条规定：

出借人请求借款人按照合同约定利率支付利息的，人民法院应予支持，但是双方约定的利率超过合同成立时一年期贷款市场报价利率四倍的除外。

前款所称"一年期贷款市场报价利率"，是指中国人民银行授权全国银行间同业拆借中心自2019年8月20日起每月发布的一年期贷款市场报价利率。

以中国人民银行2024年2月20日发布的一年期贷款市场报价利率3.45%来计算，民间借贷年利率的司法保护上限为13.8%。

2021年1月1日开始施行的《最高人民法院关于新民间借贷司法解释适用范围问题的批复》（法释〔2020〕27号）规定，以下由地方金融监管部门监管的七类地方金融组织从事相关金融业务引发的纠纷，不适用新民间借贷司法解释：

（1）小额贷款公司；

（2）融资担保公司；

（3）区域性股权市场；

（4）典当行；

（5）融资租赁公司；

（6）商业保理公司；

（7）地方资产管理公司。

借款人从以上七类公司借款时，需要注意审核合同约定利率，由于以上七类公司借贷不受民间借贷年利率的司法保护上限约束，借款人可能会承担较高的借款利率。

二、信用决策

个人和家庭进行融资时，除了选择合适的渠道，还需要从贷款方式、利率、转贷等方面综合决策。

（一）贷款方式决策——一次付现或分期付款

实例9-1 某家电商可提供分期付款，12个月费率为5.5%，6个月费率为4%，3个月费率为2.5%，有效年利率各为多少？何种分期比较划算？

解析 每月分期付款额=现金价格×（1+费率）÷期数。

如某家电的现金价格为10 000元，12个月每月分期付款额=-10 000×（1+5.5%）÷12=-879.17元。

PMT=-879.17元，PV=10 000元，n=12，得出I=0.833 5%，则有效年利率=（1+0.833 5%）^{12}-1=10.47%。

同理，3个月分期的有效年利率为16%，6个月分期的有效年利率为14.47%。可见，12个月分期划算。

因此，现金流充足时，应一次付现；现金流不充足时，分期付款还是比动用20%的信用卡循环信用利率低一些。

（二）利率决策

1. 固定利率与浮动利率的选择

固定利率指利率在贷款期间固定在同一水平。优点是贷款人比较容易计算未来的现金流。在美国，固定利率的贷款仍为主流，时间可以长达30年，但在贷款时固定利率的报价通常比当时的浮动利率微高。目前，我国各银行的借贷利率主要根据中国人民银行公布的5年期LPR设定，不同城市在LPR基础上加点不同。长期贷款的利率以一年调整一次为原则。

在固定利率和浮动利率之间如何选择，要依照对利率走势的判断而定。例如，银行提供两种贷款方案：一种是前5年固定利率为4.2%；一种是利率一年浮动一次，首年利率为3.8%。期限为20年。

5年后指标利率相同，后面15年可以不用比较。

均衡条件为：

$$(1+4.2\%)^5 = (1+3.8\%)(1+X_2)(1+X_3)(1+X_4)(1+X_5)$$

因此，依据前5年利率判断可有不同的选择。

表9-2列出了3种预期利率变动情况。第1种情况，如果预期利率在第2年将升至4.05%，以后每年上升0.25个百分点，则浮动利率贷款5年平均利率为$[(1+3.8\%)(1+4.05\%)(1+4.3\%)(1+4.55\%)(1+4.8\%)]^{1/5}-1 = 4.3\%$。4.3% > 4.2%，因此，办理固定利率房贷较为有利。

第2种情况，第2年起利率每年上升0.2个百分点，尽管预期未来每年都升息，但利率上升幅度不大，所以平均利率与固定利率水平持平；第3种情况，尽管预期第3年才开始升息，但平均利率为4.22%，所以若利率上升幅度足够，借固定利率贷款仍可省息。

表9-2　利率变动预期与固定利率决策

固定利率	第1年利率	第2年预期利率	第3年预期利率	第4年预期利率	第5年预期利率	5年平均利率
4.20%	3.80%	4.05%	4.30%	4.55%	4.80%	4.30%
4.20%	3.80%	4.00%	4.20%	4.40%	4.60%	4.20%
4.20%	3.80%	3.80%	4.50%	4.50%	4.50%	4.22%

2. 期初费用对实际利率的影响

期初费用包括保险费、评估费、抵押登记费及其他费用，对于实际借款利率成本有一定影响。举例说明如下：

A机构提供5年期个人贷款12万元，名义上提供免息贷款，5年内每月还2 000元，5年还清，但收取20 000元的期初费用。

实际上等同于借10万元，每月还2 000元，5年还清。

实际本利平均摊还月利率（偿还贷款的现金流都用期末年金）：

$n=60$，$PMT=-2\,000$元，$PV=100\,000$元，$FV=0$元，得出$I=0.62\%$。

有效年利率$=(1+0.62\%)^{12}-1=7.7\%$。

B机构不收任何期初费用，本利摊还利率为7%，有效年利率为$(1+7\%\div12)^{12}-1=7.23\%$。$7.23\%<7.7\%$，因此选择B机构较为有利。

C机构提供5年期个人贷款12万元，名义上提供免息贷款，5年后一次支付12万元还清，但收取35 000元的期初费用。

$n=5$，$PV=85\,000$元，$PMT=0$元，$FV=-120\,000$元，得出$I=7.14\%$。$7.14\%<7.23\%$，因此选择C机构更为有利。

3. 计息期间对实际利率的影响

有些贷款以日计息，有些以月计息，还有些以年计息。

例如，借款10万元，1年内仅付息不还本。A银行以日计息，每日利息为30元；B银行以月计息，每月利息为900元；C银行以年计息，每年利息为11 000元。由于计息方式不同，因此需要都还原为有效年利率才能相互比较。（一年按365天计算。）

A银行：$(1+30/100\,000)^{365}-1=11.57\%$

B银行：$(1+900/100\,000)^{12}-1=11.35\%$

C银行：$11\,000\div100\,000=11.00\%$

所以，C银行的利率最低。

如果已知贷款每期的本利摊还额，5年期信用贷款10万元，X银行每日要还70元，Y银行每月要还2 150元，Z银行每年要还26 500元。由于还款方式不同，同样需要全部还原为年利率才能相互比较。（一年按365天计算。）

X银行：$n=365\times5=1\,825$，$PV=100\,000$元，$PMT=-70$元，$FV=0$元，$I=0.028\%$，$(1+0.028\%)^{365}-1=10.76\%$

Y银行：$n=5\times12=60$，$PV=100\,000$元，$PMT=-2\,150$元，$FV=0$元，$I=0.876\%$，$(1+0.876\%)^{12}-1=11.03\%$

Z银行：$n=5$，$PV=100\,000$元，$PMT=-26\,500$元，$FV=0$元，$I=10.18\%$

所以，Z银行的利率最低。

（三）转贷决策

我国的房贷利率是由中国人民银行统一规定的，商业银行可根据监管要求在一定区间内依具体情况自主确定利率水平。消费者要办理房贷时可在银行间比较利率与额度，从而做出最优选择。若原贷款银行不愿意降低利率，借款人可以考虑转贷。

1. 转贷需考虑的因素

（1）利率的差异。考虑所有转贷成本（评估费、保险费、公证费、抵押登记费和新贷款的其他费用），转贷后的有效利率是否有所降低。

（2）看转贷后的额度是否相同。

2. 转贷决策计算案例

例如，原银行贷款按基本利率4.90%上浮10%，以5.39%放贷30万元，期限为20年，按月等额本息还款；现有一家银行愿意下浮10%，以4.41%放贷，但额度只有25万元，期限为20年。转贷费用为6 000元，差额5.6万元用5年期信用借款解决，利率为12%，均按月等额本息还款。

转贷后20年期25万元银行贷款每期还款额：

$n=20 \times 12=240$，$I=4.41\% \div 12=0.367\,5\%$，$PV=250\,000$元，$FV=0$元，$PMT=-1\,570$元。

信用借款每期还款额：$n=5 \times 12=60$，$I=12\% \div 12=1\%$，$PV=56\,000$元，$FV=0$元，$PMT=-1\,246$元。

转贷后前5年月供为2 816元（1 570元+1 246元），后15年月供为1 570元。

新贷款的内部收益率如下：

$CF_0=300\,000$，$CF_1=-2\,816$，$N_1=60$，$CF_2=-1\,570$，$N_2=180$，$IRR=0.432\%$，有效年利率为$(1+0.432\%)^{12}-1=5.31\%$，而原贷款的有效年利率为$(1+5.39\% \div 12)^{12}-1=5.53\%$。$5.31\%<5.53\%$，所以可以转贷。

3. 参考资料：提前还贷的选择

首先，看贷款机构对于提前还款的规定：正常还款几年后才能提前还款；是否支持部分提前还款，还是只支持一次性提前还清，两次提前还款之间的时间间隔要求等。其次，看是否收取违约金。很多贷款机构都把提前还贷看作一种"违约"行为。最后，综合评估提前还贷的必要性。若再贷款的难度较大、利率较高，或是手头有更好的投资项目，预期收益率高于贷款利率，则提前还贷意义有限。

第三节　消费性负债管理

一、消费性负债的类型

（一）短期消费性负债——信用卡

1. 信用卡的特点

信用卡为现代人出门必备的支付工具，由于应用范围越来越广泛，信用卡也是整合理财记录的好帮手。对于消费者而言，信用卡具有携带方便、延迟付款、节省利息、临时应急、便于家庭财务管理的优点，同时拥有一张高额度的贵宾卡也是一种身份的象征。

虽然消费者因信用卡享受到花钱的乐趣，但是如果届时偿还不了就会有许多后遗症。信用卡的循环信用年利率达20%，每月最低应缴额为循环信用余额的10%。若每月持续刷卡而只缴最低应缴额，当未缴余额累积至信用卡额度上限时便无法再刷卡，但仍要就信用额度的借款缴纳利息，否则视同违约，并遭催缴。一旦违约，不良的信用记录就会对以后的贷款买车或购房等造成十分不利的影响。因此，如何避免过度扩张信用导致信用破产，是刷卡时必须深思的问题。

使用信用卡会产生一些费用，比如年费、取现费、未清偿欠款利息等。

2. 选择信用卡需考虑的因素

（1）年费：比较各银行免年费的条件。

（2）手续费：比较取现费、挂失费、短信服务费等。

（3）免息宽限期的长短：免息期最长为60天，应选择宽限期较长的信用卡。

（4）循环信用计息：是否只对未清偿欠款征收利息。

（5）信用额度：由银行根据个人年收入、资产情况核定最高信用额度。

（6）商家折扣：搭配优惠折扣的商家类别和数量。

3. 合理的信用卡信用额度

$$理性信用额度 = \frac{月收入 \times 收入还款比率上限}{最低缴费比率 + 月利率}$$

贷款额度与收入能力紧密相关，通常以收入的30%为合理的还款上限。过于宽松的额度，会使人超额贷款，超过自己的还款能力，无法在短期内还清贷款。若月收入为5 000元，规定每月需还本金余额的10%，月利率为1.5%，则合理的信用卡额度应为5 000元 × 30% ÷ 11.5%=13 043元，否则负担会更加沉重。

（二）中长期消费性负债

1. 车贷

近年来，车贷已经成为继房贷之后我国消费信贷领域的又一大"亮点"。车贷的利率通常比房贷高，贷款额度可达车价的七八成，通常需在3～5年还清。如果可以运用团体员工集体购车及集体贷款，在车价与车贷利率上都可以争取到一定优惠。

2. 房贷

目前我国提缴住房公积金者可以申请住房公积金贷款，利率较商业贷款低。商业贷款利率基于LPR计算，原存量贷款可选择固定利率或者选择LPR加点的转换。

首套住房通常可以贷到房价估值或买价的70%，二套房住房贷款比例不同城市有所区别，部分一线城市只能贷到房价估值或买价的30%～40%。

二、消费性负债的管理

（一）消费性负债管理的原则

1. 真正需要原则

控制欲望和冲动消费，避免养成透支消费的习惯，量入为出才能产生还债的现金流。

2. 使用期原则

借款期间不能超过购买物或抵押品使用年限。

3. 最近还款原则

先还期限近的贷款，因为一项贷款出现违约记录可能会导致要求提前偿还其他未到期贷款。

4. 降低负担原则

以转换贷款或债务整合降低利息负担，如以利率为12%的小额信用贷款替换利率为20%的信用卡债。

5. 最长还款期原则

要在退休前仍有收入时还清所有的贷款。

6. 额度控制原则

贷款额度不是越高越好，应将贷款额度控制在家庭收入或资产可负担范围之内。

（二）信用控制指标

1. 贷款安全比率

$$贷款安全比率 = 每月偿债现金流量 \div 每月净现金收入$$

$$每月偿债现金流量 = 当月应付利息 + 计划偿付的本金$$

$$每月净现金收入 = 当月税前收入 - 三险一金扣缴额 - 所得税扣缴额$$

消费性贷款安全比率，从银行核贷的上限来看，如包括房贷一般为每月净现金收入的50%，不包括房贷为20%；从个人控制债务的角度来看，含房贷控制在40%，不含房贷控制在15%较合理。

2. 资产负债率

$$资产负债率 = 总负债 \div 总资产$$

资产负债率应控制在60%以内。

3. 信用负债比率

$$信用负债比率 = 不含房贷的负债 \div 不含房产的资产$$

信用负债比率应比资产负债率更低。

（三）信用贷款与购房贷款的额度上限

（1）假设条件：信用贷款利率为10%，期限为5年，贷款安全比率为20%。

（2）购房贷款利率为4.1%，期限为20年，贷款安全比率为50%，都用本利摊还法。

（3）购房贷款额度上限不得高于抵押品价格乘以最高贷款成数。

（4）不同收入水平下，对应的信用贷款额度上限与购房贷款额度上限都是不同的，如表9-3所示。若月收入为10 000元，信用贷款月供额=月收入 × 贷款安全比率=10 000元 × 20%=2 000元=PMT，I=10% ÷ 12，n=5 × 12，FV=0元，PV=94 131元。

（5）购房贷款月供额=月收入 × 贷款安全比率=10 000元 × 50%=5 000元=PMT，I=4.1% ÷ 12，n=20 × 12，FV=0元，PV=817 979元。此时若抵押品市价为1 000 000元，最高比例为90%，可贷817 979元，但若最高比例只有70%，还是只能贷700 000万元。

表9-3 不同收入水平下的信用贷款额度上限与购房贷款额度上限　　　　　　　　　　　单位：元

月可支配收入	信用贷款额度上限	购房贷款额度上限
3 000	28 239	245 394
5 000	47 065	408 989
8 000	75 305	654 383
10 000	94 131	817 979
15 000	141 196	1 226 968
20 000	188 261	1 635 958
25 000	235 327	2 044 947
30 000	282 392	2 453 937

三、偿债规划

（一）偿债现金流量规划

（1）本金摊还月还本金额＝当前负债÷拟将债务还清月数。

　　　　支出预算＝收入－应付利息－债务余额÷偿还期限。

（2）支出预算＝收入－PMT（本利摊还每月还本利金额）。

（3）例如，收入为3 000元，债务为20 000元，月利率为1%，该月应付利息200元，打算在20个月内偿还债务，采用本金摊还，首月支出预算=3 000-200-20 000÷20=1 800元，次月支出预算=3 000-190-1 000=1 810元。刚开始负担较重，随着逐渐偿还本金，利息支出减少，可逐步提高支出预算。

本利摊还下的支出预算：先计算每月本利摊还额PMT（I=1%，n=20，PV=20 000元，FV=0元）=1 108.3元，支出预算=3 000-1 108.3=1 891.7元，每月支出预算相同。

（二）偿还期限规划

（1）依照到期时间：优先偿还临近到期的借款。

（2）依照利率：优先偿还利率高的借款。

如果是利率低的贷款先到期，还是优先考虑到期时间。因为到期的贷款违约的话就会产生信用不良记录，可能导致要求借款人提前偿还其他还未到期的贷款或增加抵押品。

（三）偿还期限规划案例

（1）房贷负债为200 000元，每月可还贷款的现金流量为2 000元，月利率为0.5%，偿还期限n（I=0.5%，PMT=-2 000元，PV=200 000元，FV=0元）=139，即139个月可还清。

（2）信用卡负债为50 000元，每月可还贷款的现金流量为1 000元，月利率为1.5%，

偿还期限 n（I=1.5%，PMT=−1 000元，PV=50 000元，FV=0元）=94，即94个月可还清。

四、高负债家庭债务整合案例

（一）案例背景

（1）资产负债状况：活期存款为2 000元，住宅市价为80万元，房贷为50万元，汽车市价为10万元，车贷为5万元，信用卡负债5万元，小额贷款公司信用贷款8万元，互联网借款"X呗"贷款2万元。

（2）房贷利率为4.2%，期限为15年。车贷利率为4.8%，期限为3年。互联网借款"X呗"利率为12%，期限为3个月。卡债利率为9%，小额贷款公司利率为15%，期限均为4个月。房贷、车贷、卡债分别贷自不同银行。卡债、小额信用贷款和互联网借款"X呗"都是单利计息，到期一次还款。

（3）问题：如果一家银行愿意提供一个以房产抵押与信用贷款合计70万元的债务整合方案，帮其还清所有贷款，期限为15年。债务整合划算的利率是多少？

（二）整合方案

PMT（I=4.2%÷12，n=15×12，PV=500 000元，FV=0元）=−3 748.75元，即每月要还房贷3 748.75元，一共偿还180期；

PMT（I=4.8%÷12，n=3×12，PV=50 000元，FV=0元）=−1 494.06元，即每月要还车贷1 494.06元，一共偿还36期；

3个月后互联网借款"X呗"还款额=20 000元×（1+12%×3÷12）=20 600元；

4个月后卡债还款额=50 000元×（1+9%×4÷12）=51 500元；

4个月后小额贷款还款额=80 000元×（1+15%×4÷12）=84 000元；

前2个月每期偿还=−（3 748.75元+1 494.06元）=−5 242.81元；

第3个月偿还额=−（3 748.75元+1 494.06元+20 600元）=−25 842.81元；

第4个月偿还额=−（3 748.75元+1 494.06元+51 500元+84 000元）=−140 742.81元；

第5～36个月每期偿还额=−（3 748.75元+1 494.06元）=−5 242.81元；

第37～180个月每期偿还额=−3 748.75元；

计算得IRR=0.36%，则有效年利率=（1+0.36%）^{12}−1=4.41%。

结论：旧贷款的有效年利率为4.41%，因此债务整合后的有效年利率最好低于4.41%。如果家庭有透支消费的习惯，可能短期内高额债务到期的还本压力大，即使整合后的有效年利率高于4.41%，仍然可以考虑债务整合。

第四节　投资性负债管理

一、投资性负债的类型

（一）投资性房地产贷款

投资性房地产通常是指投资于物业的负债，这些物业包括商铺、写字楼、非自用性住宅、林地、岛屿等。对于此类房地产，贷款成数较低，房租收入也抵不上利息支出，主要靠售房后的价差收益，一旦房价止涨回跌，就有可能变成负资产。

（二）经营性贷款

经营性贷款是指个体工商户或企业的实际控制人因生产经营活动中自有资金不足，获得的相应信贷支持。

（三）融资融券

融资融券是指投资者向具有融资融券业务资格的证券公司提供担保物，借入资金买入证券（融资交易）或借入证券并卖出（融券交易）。

二、银行的个人投资性贷款产品

目前，商业银行为个人投资者提供的投资性贷款产品主要有商业用房贷款、商业用车贷款、投资经营贷款、机械设备贷款、POS商户贷、青年创业贷款等。表9-4展示了不同的银行个人投资性贷款产品的产品名称、贷款用途、贷款期限、贷款额度。

表9-4　银行个人投资性贷款产品

产品名称	贷款用途	贷款期限	贷款额度
个人商业用房贷款	购买商业用房	最长为10年	最高为房价的50%
个人流动资金贷款	生产和经营活动中流动资金周转	短期为1年 中长期为1~5年	最高为1 000万元
个人固定资产投资贷款	生产和经营活动中固定资产投资、项目改造以及经营场所装修	最长为5年	最高为1 000万元
POS商户贷	短期流动资金周转	单笔贷款期限不超过45天	最高为50万元
下岗失业小额担保贷款	支持下岗职业人员、转业军人自谋职业、自主创业	一般不超过2年	一般不超过5万元，合伙经营适当扩大

（续表）

产品名称	贷款用途	贷款期限	贷款额度
个人小型设备贷款	购置生产和经营活动中所需的小型设备（工程设备、经营用车）	最长为 5 年	一般不超过小型设备净价的 70%

三、投资性负债管理的原则

（一）利差原则

借钱投资的收益率必须高于借款利率，这样才能经由财务杠杆加速资产成长，否则会造成净值减损。

（二）止损原则

自有资本投资可以忍受套牢，但借钱投资不管是否赚钱都要到期偿还借款，因此应当对借钱投资设置止损点，当投资收益不如预期时及时止损，以免亏损额超过自有资本时血本无归。

（三）低利息成本原则

借钱投资，利息支出会影响投资回报，因此要控制利息成本。

（四）风险控制原则

借款利息是确定的，投资收益是不确定的，用确定的利息博取不确定的收益，其中蕴含着较大的投资风险，因此要控制风险，避免选择高风险的投资项目。

（五）额度控制原则

避免100%借钱投资，一项投资的自有资本最好在30%以上，风险越大的投资杠杆比率应越低。

四、投资性负债——杠杆投资的净值收益率

（一）借钱投资的收益率计算

1. 资产的投资收益率

资产的投资收益率=（期末资产价值－期初资产价值）÷期初资产价值

例如，本金为100万元，借款为100万元，合计200万元投资股票，投资期为1年，中途未分红，股票期末资产市值为240万元，则资产的投资收益率=（240－200）÷200=20%。

2.净资产的投资收益率

净资产的投资收益率

=（期末资产价值－期初资产价值－利息支出）÷（期初资产价值－借入资金）

=（当期收益+资本利得－利息支出）÷自有资金

如果沿用上例数据，借款利率为5%，投资期间的利息支出为100万元×5%=5万元，则净资产的投资收益率=（0+240-200-5）÷（200-100）=35%。

3. 资产的投资收益率与净资产的投资收益率的关系

净资产的投资收益率=（当期收益+资本利得－利息支出）÷自有资金

代入上例中的数据，即（0+240-200-5）÷100= 35%。

在借钱投资的情况下，当资产的投资收益率高于资金成本率时，净资产的投资收益率为正数，可发挥财务杠杆的作用，让资产加速成长；当资产的投资收益率低于资金成本率时，净资产的投资收益率为负数，此时不但没有赚钱反而亏损，而财务杠杆的作用会导致家庭财务状况加速恶化。

（二）借钱投资状况模拟分析

如表9-5所示，表中的第一种状况是，一个年轻人工作了几年后以10万元积蓄作为首付款，加上以4%的利率借入的20万元房贷购买30万元的自用住宅后，发现每年还房贷后收入所剩无几，净资产的累积很慢。此时若有办法借到50万元做投资，利率为8%，他是否该考虑呢？每个人在借钱投资时，都是自认为掌握了某个投资机会，一定会赚钱，但很少有人会考虑最坏的情况发生，即投资大额亏损时自己是否有承受能力。根据表9-5的模拟结果，若投资能够如其所愿有两成利润，那么1年后净资产确实会加速成长，由10.2万元增长到17.2万元。但若反过来亏损两成呢？50万元的借款1年需要支付4万元的利息，亏损两成即10万元，加起来超过原有净资产，若1年后债主要求其偿还本息，卖掉房子还欠2.8万元，要在未来省吃俭用才能用储蓄把负债还清。若这个年轻人事先做过此状况模拟，就会慎重考虑是否运用此笔贷款。

表9-5　借钱投资状况模拟分析　　　　　　　　　　　　　　　　　　　　　　　单位：元

收支储蓄	未借款	借款投资状况		资产负债	未借款	借款投资状况	
		赚20%	赔20%	投资收益		赚20%	赔20%
工作收入	60 000	60 000	60 000	生息资产	12 000	572 000	372 000
生活支出	40 000	40 000	40 000	自用资产	300 000	300 000	300 000
工作储蓄	20 000	20 000	20 000	负债	200 000	700 000	700 000
理财收入	0	100 000	-100 000	净值	102 000	172 000	-28 000
利息支出	8 000	48 000	48 000	投资收益	—	20%	-20%
理财储蓄	-8 000	52 000	-148 000				
净值变动	12 000	72 000	-128 000				

五、投资性负债的额度规划

投资性负债的额度规划要分别考虑还息能力上限、还本能力上限、可贷额度上限这三个指标，取这三项中的最小值为合理的投资贷款额。

（一）额度规划原则

（1）还息能力上限＝年储蓄额÷年利率。

投资后若未能及时获利，但长期仍看好时，因为还有储蓄额可以用来归还贷款利息，不会因为还不起利息被迫卖出亏损的投资部分还债。

（2）还本能力上限＝其他流动资产÷止损比率。

（3）可贷额度上限＝总可贷额度－已贷额度。

（二）额度规划示例

以计算合理的投资性贷款额度为例进行说明：

（1）年储蓄为2万元，年利率为7%，还息能力上限＝2万元÷7%＝28.6万元。

（2）其他流动资产为4万元，止损比率为10%，还本能力上限＝4万元÷10%＝40万元。

（3）若抵押物价值为100万元，可贷70万元，已贷40万元，可贷额度上限＝70万元－40万元＝30万元。

（4）取最小值，因此合理的投资性贷款额度为28.6万元。

六、投资性负债的操作策略

（一）投资工具

选择投资周期内投资收益率可能超过贷款利率的投资工具投入。

（二）设定资金运用期限

设定资金投资周期，例如一季度。

（三）操作策略

（1）设定目标获利率，例如10%，在投资周期内达此点时止盈。

（2）设定目标止损率，例如5%，在投资周期内达此点时止损。

（3）定期结清：一季内未达获利点，也未碰触到止损点，仍然卖出，还清借款，结算盈余或亏损，等到下次认为有好的投资机会时再举债投资。每次当作一个独立投资事件进行操作。因为目标获利率高于目标止损率，只要获利的次数多于止损的次数，就会有净利润产生，如图9-1所示。

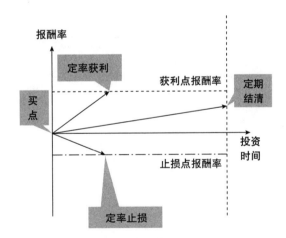

图9-1　定期结清定率获利止损法

FUNDAMENTALS OF FINANCIAL PLANNING

风险管理与保险规划篇

第十章

风险与风险管理

本章提要

对风险的不当管理往往始于对风险的无知或错误认识。了解风险的含义与风险事件发生过程及其可能造成的各种后果，是采取有效措施的前提。基于对风险的理解，人类总结出了风险管理的各种基本对策及多种综合解决方案。上述内容都将反映在本章对风险管理过程的有关介绍中。另外，本章还描述了家庭理财规划中的风险管理问题。

本章内容包括：

- 风险的概念；
- 风险管理的基本过程；
- 家庭风险分析。

通过本章学习，读者应该能够：

- 掌握风险的定义、特征、影响及相关概念；
- 掌握风险管理的目的与基本过程；
- 掌握风险管理的主要对策及方向；
- 了解家庭与个人的风险、损失后果以及风险管理对策。

第一节　风险的概念

无论是在日常生活还是在经济活动中，"风险"都是使用频率越来越高的一个词语。在不同场合下，我们所说的"风险"往往代表不同的含义。例如，我们常常说，在政府机关里工作，失业的风险较小。或者说，国债的收益或许不够高，但政府在国债到期时不能支付本息的风险较小；而相比之下，企业债到期不能支付本息的风险会大一些。我们出行时，在一定的速度和成本条件下，往往会选择风险较小的交通工具。我们的物质财富总是或多或少地暴露于不同的风险之下，这些风险既包括自然灾害，比如洪水、地震、火灾、雷电和暴风雨，也包括人为事故，比如遭到盗窃或恶意破坏等。人类正常的生活甚至生命都有可能因意外事故或疾病而受到影响和破坏。人类通过生产和经营活动创造财富的过程也面临着失败的风险。事实上，人们时时在和风险做斗争。

尽管风险无时无刻不在影响着我们的生活和工作，但我们却容易忽视风险的存在，直至灾难发生并给人们的物质和生命财产造成破坏后才幡然醒悟：原来我们对风险的认识和管理相当欠缺！

一、风险的定义

关于风险的定义，不同教科书和生活实践有着不尽相同的说法。本书从经济学的角度给出风险的定义，即风险是事件结果发生的不确定性，通常表现为实际结果与预期结果的偏差。

对风险的定义，可以从以下三个方面来理解：

第一，风险的不确定性意味着风险事件有可能发生，也有可能不发生。如果以 $P(R)$ 代表风险事件 R 的概率，则 $P(R)$ 应当大于 0 小于 1 [$0<P(R)<1$]。道理很简单，概率为 0 或 1 的事件是根本不会发生或必然发生的事件，因而不存在任何或然性。

第二，风险事件伴随着损失的可能。尽管有些或然事件的发生也会产生令人喜出望外的结果（这也是一种与期望的偏差），但人们在研究和应对风险的过程中更多关心的是经济上的损失，即负面结果。在有些情况下，经济损失直接伴随着物质财产的损坏，比如机动车辆的碰撞事故；而在另外的情况下，经济损失不一定是事件本身导致的，而是事件带来的结果导致的，比如家庭主要收入来源者不幸身故，对家庭成员预期的经济来源造成中断。

第三，风险代表着实际结果与预期结果的偏差。研究风险需要考虑损失程度的不确定性，这意味着不确定的结果不仅与事件的概率有关，而且与事件一旦发生所导致的损失程度有关。从这个意义上说，事件发生的概率高，损失程度并不一定大；而对于那些一旦发生就会导致巨大损失的事件，需要提前应对，做好风险管理。

风险具有客观性和普遍性，它发生和产生破坏的形式是多种多样的。人们的住房可能因火灾、水灾、地震而发生损失；司机开车可能因碰撞事故造成生命和财产的损失，还可能承担法律责任；一个企业或投资项目存在无法收回本金的可能性；煤气泄漏、抽烟过多、过多暴露于强烈的紫外线下可能引发肺癌、皮肤癌等病症；我们可能会因意外事故或疾病的冲击而残疾、下岗或失业，甚至死亡，进而使家庭的经济陷入困境；恐怖活动、网络安全问题以及基因技术的滥用会导致各种新的风险不断产生。风险的形式可谓多种多样。

二、风险的分类

为了更好地分析、研究和管理风险，人们根据不同的标准，把风险分成许多种类。

（一）按风险的性质分类

按风险的性质，风险可分为纯粹风险和投机风险两大类。对于保险来说，这是最具重要意义的一种分类。

纯粹风险是指那些只能带来损失而不会产生收益的风险，是人们所规避和预防的，需要专门的风险管理措施。例如，火灾、地震、海啸、人身伤害、侵权责任等，都属于纯粹风险。[①]投机风险是指可能带来收益也可能带来损失，或既含有机会也含有损失的风险，包括人们主动追求的行为，但人们在追求收益的同时必须考虑减少不确定损失的对策。例如，企业经营活动、投资行为、博彩等，都属于投机风险。

（二）按风险产生的原因分类

按风险产生的原因，风险可分为自然风险、社会风险、经济风险、政治风险。

自然风险是指自然力的不规则变化引起洪水、地震、干旱、冰雹、雪灾等自然现象，对人们的经济生活和物质生产及生命造成损失和损害的风险。一般来说，自然风险与人类的主观行为无关。

社会风险是指由于个人或团体的行为，包括过失行为、不当行为以及故意行为，对社会生产及人们生活造成损失的可能性，比如盗窃、抢劫、玩忽职守及故意破坏等行为对他

---

① 本章主要对纯粹风险进行讲解。

人的财产或人身造成损失或损害的可能性。

经济风险是指在生产和销售等经营活动中，由于受各种市场供求关系、经济贸易条件等因素变化的影响，或者经营者决策失误，对前景预期出现偏差等，导致经济上遭受损失的风险，比如生产的增减、价格的涨落、经营的盈亏等方面的风险。

政治风险又称国家风险，是指在对外投资贸易过程中，因政治因素或订约双方所不能控制的因素，债权人可能遭受损失的风险。比如：因输入国家发生战争、革命、内乱而中止货物进口；因输入国家实施进口或外汇管制，对输入货物加以限制或禁止输入；因本国变更外贸法令，货物无法被送达输入国，造成合同无法履行而产生的损失；等等。

（三）按风险损害的对象分类

按风险损害的对象，风险可分为人身风险、财产风险、责任风险、信用风险。

人身风险是指可能导致人身伤害或影响健康的风险，比如年老、疾病、残疾（失能）、死亡等风险。这些风险都会造成经济收入的减少或支出的增加，影响本人或其所赡养、抚养的亲属经济生活的安定。

财产风险是指导致一切有形财产损毁、灭失或贬值的风险。例如，建筑物有遭受火灾、地震、爆炸等损失的风险；船舶在航行中，有遭到沉没、碰撞、搁浅等损失的风险；露天堆放或运输中的货物有遭到雨水浸泡、损毁或贬值的风险等。至于某种财产因市场价格下跌而贬值，则不属于财产风险，而是经济风险。

责任风险是指个人或团体由于行为上的疏忽或过失，造成他人财产损失或人身伤亡，依照法律、合同或道义应负经济赔偿责任的风险。比如：驾驶机动车不慎撞人，造成对方伤残或死亡；医疗事故造成病人病情加重、伤残或死亡；生产销售有缺陷的产品给消费者带来损害；雇主对雇员在从事职业范围内的活动时受到的身体伤害等应负经济赔偿责任。这些均属于责任风险。

信用风险是指在经济交往中，权利人与义务人之间，由于一方违约或做出违法行为给对方造成经济损失的风险。比如租赁汽车者不按约定交纳租金、房屋分期付款购买者拖欠房款等，都是信用风险。

（四）按风险产生的环境分类

按产生的环境，风险可分为静态风险和动态风险。

静态风险是指自然力的不规则变动或人们行为的错误或失当所导致的风险。静态风险一般与社会经济、政治变动无关，在任何社会经济条件下都是不可避免的。例如，由雷电、风暴、火灾等自然界的不规则变化，以及意外事故或人的故意侵害或过失所导致的财产损失或人身伤亡。

动态风险是指由社会经济或政治的变动所导致的风险。例如，国民经济的萧条、政权的变更带来的骚乱、技术进步带来的经济或社会发展的不确定性等，都属于动态风险。

三、纯粹风险事件的产生过程

尽管风险产生和造成经济损失的具体形式是多种多样的，但风险事件从酝酿到引发经济损失是存在一个基本过程和因果关系的。首先，无论是财产或生命，还是人们的行为，都暴露于特定风险的威胁之下，风险管理学称之为风险暴露；其次，存在对风险事件的发生与否或损失大小有影响的各种条件或因素，即风险因素（hazard）；再次，仅仅存在风险的威胁还不足以造成损失，损失是由特定事件的发生所引起的，风险管理学称这种或然发生的、造成损失的事件为风险事故（peril）；最后，风险的存在就有可能导致损失（loss）的发生。从整个产生过程来看，风险因素、风险事故和损失三者的关系为：损失是由风险事故造成的，而事故之所以发生是因为事先已有风险因素存在。了解这个关系对于有效预防和管理风险非常重要。人们不禁要问：应该怎样认知我们所在的环境，以及在此环境中我们能做些什么？接下来，我们对风险因素、风险事故和损失进行更深一步的探讨。

（一）风险因素

风险因素是指那些引起风险事故、增大损失概率和加重损失程度的条件，是风险事故发生的潜在原因。比如，易燃易爆品管理不当、消防设施不齐全、相关人员消防意识不强、违反规定操作明火等都是引起火灾的风险因素。风险因素可以分为有形风险（physical hazards）因素和无形风险（invisible hazards）因素两类。

有形风险因素。它是指那些影响损失概率和损失程度的物理条件或因素，比如某建筑物所处位置、建材构造、实际用途、供水系统，汽车的用途、刹车系统，人体的免疫力等，都属于有形风险因素。一座靠近消防队且具有良好供水系统的建筑物相对于地处偏僻、没有消防设施和供水系统的建筑物而言，遭受严重火灾的可能性要小得多；木结构的房屋比砖混结构的房屋更容易遭受火灾，更容易发生严重的火灾损失；厂区内的运输车比长途运输车的出险概率低得多。

无形风险因素。它是指观念、态度、文化和制度等看不见的、影响损失概率和损失程度的因素。无形风险因素包括心理风险（morale hazards）因素、逆向选择（adverse selection）和道德风险（moral hazards）因素。

（1）心理风险因素是与人的心理状态有关的无形风险因素，即指由于人们不注意、不关心、心存侥幸，或投保后片面依赖保险等，导致事故发生的概率和损失程度增加的因素。比如，企业或个人投保了财产保险后放松对保险财产的保护，吸烟时随意丢弃烟蒂，以及一些人投保了人身保险后忽视自己的身体健康状况等，都属于心理风险因素。

（2）逆向选择是本篇中的一个重要概念。所谓逆向选择，是指投保人按对自身有利的原则去做买或不买、买什么或买多少保险的行为决策。由于保险公司决定承保什么风险、按什么价格承保风险是一种对风险的选择，因此人们称投保人的选择为逆向选择。保险人必须在风险选择和定价方面制定系统的、有效的抑制逆向选择行为的对策和机制，否则保险将仅对高风险的企业和个人更具吸引力。长此以往，保险的赔付率（保险赔款与保险费的比率）将逐渐提高，保险的成本也将逐渐提高。专栏10-1为我们展示了为什么保险定价必须考虑逆向选择因素。实践中，保险公司对逆向选择的不利后果的抑制措施还有很多种，具体如下：①区别性的定价机制；②有甄别的核保选择；③提高逆向选择的成本，比如医疗保险将保单生效最初几个月内发生的事故列入责任免除范畴等。

专栏10-1　保险公司为什么要对不同的人适用不同的定价？

对于一个过去一段时间有过交通事故记录的人来说，保险公司为其开出的机动车辆保险的价格将是他（她）选择向谁购买保险的根据。此时的他（她）可能很高兴地接受某家保险公司开出的对所有人都一样的市场平均价格。但是，从保险的原理来说，对高风险的投保人只征收平均费率（保险价格），可能对这家保险公司的投资人而言是灾难性的。因为如果高风险和低风险的投保人面临一样的价格条件，那么低风险的投保人可能会转而寻找对其更有利的保险。久而久之，这家保险公司的客户将是一批事故发生频率高于市场平均水平的人，公司的赔付率也将节节上升。除非保险公司实行区别对待的风险定价方式，否则它的经营成果将不堪逆向选择的侵蚀，最终它可能面临亏损的结局。

（3）道德风险因素，指由于人们不诚实或居心不良，故意促使风险事故发生或扩大风险事故损失程度的主观因素。

保险领域存在的道德风险因素，是指投保人或被保险人因为保险而牟取不正当利益、造成社会财富受损的风险因素，比如虚报保险财产价值、对没有保险利益的标的进行投保，以及保险欺诈等。

保险欺诈是一种性质恶劣的无形风险因素。它是一种蓄意制造或伪造保险事故，促使保险事故发生或扩大损失、虚报损失，以骗取保险金的恶意行为。例如，为索取保险赔款而故意纵火、沉车、虚报损失、编造事故甚至谋杀等。保险欺诈属于违法行为，可以借助法律加以惩罚和制裁，而一般道德风险只能通过优化保单条款、严格核保程序、加强教育和宣传等手段加以防范和化解。

（二）风险事故

风险事故又称风险事件，是指或然发生的、造成损失的具体事件。风险之所以会导致损失，是因为风险事故的媒介作用，即风险事故的发生使得潜在的危险转化为现实的损失，比如，火灾、暴风、爆炸、雷电、船舶碰撞、船舶沉没、地震、盗窃、汽车碰撞、人的死亡和残疾等都是风险事故。有些风险事故与人的过失、过错或不当干预有关，属于人为事故；有些风险事故则属于自然灾害或天灾。比如，野炊活动导致的森林大火属于人为事故，闪电引起的森林大火则属于天灾。保险业称这种与个体能力及行为无关的天灾为"不可抗力"。

（三）损失

风险管理中所指的损失与我们一般理解的损失不同，它既不是指一般的、正常的生产经营活动中所发生设备的磨损或原材料损耗等有计划的、可预料的损失，也不是指人们在决策时选择最优方案，放弃其他备选方案、牺牲部分利益或短期利益而承受的那些自愿的、临时的损失。风险管理中的损失是指非故意的、非计划的、非预期的经济价值的损失。这种损失包括直接损失（direct loss）和间接损失（indirect loss）。前者是指风险事故对财产、生命或生产经营过程带来的直接破坏及相应产生的必然的、可估量的经济损失。后者是指由直接损失引起的非必然的影响和难以估量的损失。比如，在2001年发生于美国的"9·11"恐怖袭击事件中，直接损失主要是世贸中心被毁、楼内财产损失、人员伤亡等。兰德公司的研究报告显示，此次事件的受害者已获赔超过380亿美元，其中保险公司负担了51%（上述赔偿总额不包括对民航系统的经济支持，也不包括对公共建筑、交通系统或者基础设施的修复）。[①] "9·11"恐怖袭击事件的间接损失包括世贸中心的企业因经营与交易数据及客户资料丢失而产生的市场损失，也包括对美国经济乃至全球经济产生的负面影

---

① 资料来源：价值网，http://www.chenjiamin.chinavalue.net/Media/Article.aspx?ArticleId=23872。

响，以及航空业旅客减少、旅游收入锐减等多方面的经济损失。又比如，一位独资企业主因意外事故导致死亡给家庭带来的损失，其中直接损失包括收入来源的中断和丧葬费用等，而间接损失则包括经营资产的贬值、被迫出卖资产时产生的经济损失等。

了解直接损失与间接损失的区别十分重要。这是因为：

首先，间接经济损失可能比直接经济损失更大。

其次，间接损失的形式、影响程度和后果比直接损失的更加难以预测。

最后，间接损失的大小与人们事先有无应对措施和是否做了有计划的安排高度相关。"9·11"恐怖袭击事件发生后，在世贸中心办公的很多企业，因数据丢失、系统损坏后无法恢复，从此在市场上消失。而同样在世贸中心办公的一些金融机构则在事件发生三天之后，通过异地备份的数据与系统实现了交易的恢复，不仅保住了市场，而且赢得了客户更大程度的信任。

决定损失大小的因素有很多种。

第一，特定灾害事故的影响范围不同，可能造成的损失也不同。比如海啸和火灾对建筑物的影响程度不同；伤残和死亡都对收入造成影响，但伤残是对收入阶段性的影响，身故则会对收入造成永久性的影响。

第二，损失大小也与受事件影响的财产价值或个人对家庭、组织的相对重要性有关。家庭成员中创造收入最多的人一旦出问题，就会给家庭带来最大的经济收入损失。

第三，在风险事件发生时，不同标的之间的关联性也会对损失结果产生影响。比如根据现代消防标准，大型建筑物必须考虑到防火分区的适当划分和在火灾发生时不同区域的有效隔离措施问题，这就是对事件的相关性与独立性问题的考量。

第四，是否有预先安排的有效措施来控制灾害蔓延，也是影响损失大小的重要因素。比如，高层建筑物里安装的自喷淋与烟感系统就是保证意外火源被及时发现并得到控制的重要手段。

第五，人们发现，事先充分的紧急预案、工作团队与系统程序、设施、材料以及数据备份，对于减少损失，特别是减少间接损失有着决定性的作用。

四、风险的可度量性

风险事件的发生是随机的，但并非完全没有规律可循，人们通过大量观察可以对很多现象发生的频率做出规律性总结。当观察数量较大、观察方法得当且观察对象具有普遍意义时，人们可以得到比较稳定可信的频率，并以此作为对随机现象的概率估计。例如，要了解一位40岁男性在未来一年中死亡的可能性，可以从人口统计年鉴或保险行业使用的经验生命表中得到概率来进行估算。也就是说，风险的可度量性指的是人们能够利用统计分析得出有关随机现象的概率分布，并以此推断和分析风险事故的规律。

风险度量的可靠性取决于以下两个方面的因素：

一方面，对概率、频率的总结本身是否可靠。随机事件的发生条件越多，条件越稳定可控、越为人们所了解，得出的概率统计结论就越精准，以此进行统计推论就越具有现实可靠性。例如，人们可以利用古典概率，演绎推算出从52张扑克牌中任意抽选一张牌，结果为红牌的概率是1/2，或结果为黑桃5的概率为1/52。这是由于人们假定标准的一副牌分四门花色，每门花色为A、2、3直到K的13张不重复牌张，因此人们可以推算出在4人制、平均持牌的扑克游戏（典型的如桥牌和拱猪等）中各种牌型的概率分布，并进一步计算出一人手中持有大牌点的概率。这种概率无疑是可靠的，因为人们知道桥牌的所有牌张、花色和牌点与牌张的对应关系，可以精准地总结出有关的概率。但在自然与经济社会中风险随机发生的概率、造成损坏的原因是多种多样的，很多情况下人们对随机现象或风险发生条件的了解是有限的，结果只能尽量完善统计的观察，尽量使其有代表性。在有限或不稳定的条件下得出的统计规律，本身就存在局限性。如果只考察了30艘船，没有发现碰撞事故，并由此推断船只不会发生事故，这显然是不准确的。因此，为确保损失估计的准确性和费率厘定的可靠性，保险公司必须积累相当的经验数据，并进行大量的观察。观察同质事件的数量越多，得出的规律越可靠。

另一方面，用已有的规律对某个随机现象进行推断是否合理、可靠，取决于我们所希望了解的风险过程是不是和统计规律产生的条件一致，或者说，要进行推断、分析的风险事件是否遵从既有的规律。例如，如果我们某一次游戏中使用的扑克牌张数有短缺、重复等错误，那么前面所列出的概率在应用时就会发生系统性偏差。在实践中，这意味着我们要随时了解新的情况，并根据新的情况、新的数据、新的规律调整我们以往得出的规律，更新重要的参数。

第二节　风险管理的基本过程

我们了解风险的目的是要尽可能降低因为风险而遭受的损失，所以需要对风险进行管理。风险管理是通过研究风险发生的规律，采取应对风险的管理技术，从而达到风险管理目标的一门科学。

一、风险管理的目标

风险管理是指经济单位通过对风险的识别和衡量，采用必要且可行的经济手段和技术措施对风险加以处理，从而以一定的成本实现最大的安全保障的一种管理活动。经济单位可以是企业，也可以是个人、家庭、团体等。风险识别和风险评估是风险管理的基础，合理利用风险处理手段是风险管理成败的关键。从应用标准和实施评价的准则来说，风险管理必须保证以下两个核心目标的实现：

一是要在成本、资源既定的前提下实现最大程度的安全保障，或是在目标既定的前提下，尽量寻找节约资源的方案或一揽子措施。该目标强调的是风险管理的决策同其他经济决策一样，必须考虑到成本和效益之间的关系。不论是企业还是家庭的风险管理都必须考虑到财务预算和其他资源（时间、人力等）的制约。

二是应该对那些一旦发生会给经济单位带来巨大灾难、无法承受后果的事件预先做出有效的应对方案。这里强调的是对于超过家庭承受能力和资源条件的风险，要么予以规避，要么事先通过保险等转移方式予以应对，以保证家庭生活的正常延续。

个人和家庭的风险管理目标是满足个人和家庭的效用最大化，即以较小成本获得尽可能大的安全保障。个人风险管理活动必须有利于增加个人和家庭的价值和保障，必须在风险与收益之间进行权衡。个人和家庭风险管理的基本目标可以分为损前目标和损后目标，即损失事件发生前的目标和损失事件发生后的目标。请注意，无论是损前目标还是损后目标，对风险管理的规划和实施都必须事先进行布置、安排，即体现"未雨绸缪"。

（一）损前目标

风险管理的损前目标主要包括四个。

1. 经济合理目标

经济合理目标是指在损失发生前，风险管理者应比较各种风险处理工具、各种安全计划以及各种防损技术，并进行全面细致的财务分析，选择最经济、最合理的处置方式。为此，风险管理者应注意对各种收益与支出进行分析，严格核算成本和费用开支，尽可能选择费用低、代价小而又能保证风险处理效果的方案和措施。

2. 安全状况目标

安全状况目标对个人和家庭来说主要是针对个人面临的安全性问题。风险可能导致人身伤亡，影响个人的安全。因此风险管理必须尽可能降低风险，给个人创造安全的生活和工作空间。

3. 个人和家庭责任目标

个人一旦遭受风险损失，不可避免地会影响到与之有关联的其他人甚至整个家庭。因此，个人必须认真实施风险管理，尽可能避免或减少风险损失，使家庭免受其害。另外，个人同时还承担着一定的家庭责任。因此，个人能够更好地承担家庭责任、履行家庭义务和树立良好的家庭形象是开展风险管理活动的又一个重要目标。

4. 担忧减轻目标

风险的存在与发生，不仅会引起财产的损毁和人身的伤亡，而且会给人们带来种种忧虑和恐惧。比如，家庭主要收入来源者会担心因自己失去劳动力而给家庭带来风险，因此在生活中就可能表现得过于谨慎。因而，在损前应采取合理方法最小化对风险的担心和忧虑，使得个人和家庭都能保持平和的心理状态。

（二）损后目标

风险管理的损后目标包括三个。

1. 减少风险的危害

损失一旦出现，风险管理者就应该及时采取有效措施予以抢救和补救，防止损失的扩大和蔓延，将已出现的损失后果降到最低限度。

2. 提供损失的补偿

风险造成的损失事故发生后，家庭应该有足够的财务来源提供经济支持。如果现有的自由储蓄不足以维持家庭的生活水平，就必须事先安排经济补偿的来源，比如保险金等。

3. 保障家庭稳定

风险事故的发生可能造成严重的人身伤亡，对一个家庭可能造成不可挽回的损失。因此，风险管理应该在最大限度内保持家庭关系的连续性，维持家庭的稳定，减少因风险事故带来的家庭重大危机。

二、风险管理的过程

在明确风险管理目标后，风险管理的实施通常可以分四个步骤。这四个步骤构成风险管理的全过程。

- 风险识别；

- 风险评估；

- 选择适用的风险管理对策；

- 实施、监控与调整风险管理计划。

（一）风险识别

识别和分析风险是风险管理的第一步，也是最重要的一步。如果没有详细、认真的风险识别工作，导致可疑的风险点被放过，后续的风险管理就无从谈起。人们可以通过流程检查、文件分析（财务报表与历史资料）、实地考察等方法发现风险暴露或风险因素。现实生活中，个人和家庭面临多种风险，有必要进行适当的分类，以便全面地识别风险。例如，个人和家庭面临的主要的纯粹风险可以分为财产风险、责任风险、人身风险三大类，而人身风险包括死亡风险、伤残风险、重大疾病风险和长寿风险等。

为了识别家庭风险，我们需要了解有关家庭财产、责任和目标等方面的信息，具体包括如下几个方面：

第一，识别个人或家庭风险的基本信息。

识别个人或家庭风险，金融理财师需要了解有关个人或家庭财产、责任和目标等方面的信息，具体包括：

- 配偶、受抚养人、其他家庭义务；

- 年龄、健康状况及相关因素；

- 收入来源、收入金额及取得方式；

- 所拥有和使用的财产；

- 其他有形和无形资产；

- 负债状况；

- 可能导致他人受伤害或财产损毁的活动或行为；

- 目前已有的商业保险保障；

- 社会保险状况；

- 目前已有的员工福利计划；

- 已建立的退休计划；

- 目前有效的遗嘱及其他遗产计划等。

第二，编制家庭财务报表是识别风险的一项基础性工作。

在金融理财实践中，建立详细的家庭财务报表，并在此基础上做各项假定和分析是有效、全面识别风险的重要基础。

第三，使用风险调查表有利于信息收集、整理与分析的标准化

除了家庭财务报表，还有其他系统化、规范化的信息收集方法，例如使用标准的风险调查表。比如本章附录10-1列示的关于不动产风险、动产风险、责任风险、人身风险等的调查表，这些是美国金融理财师经常使用的风险调查工具。在实践中有多种形式的风险调查表或风险清单，多数是为了管理特定的风险而编制的。比如，保险代理人常用的风险调查表和损失控制专家（如防盗装置厂家）使用的风险调查表的侧重点就存在很大差别：前者关注可保风险，强调采用保险的方式进行风险转移和损失补偿；后者关注可控风险，强调采用各种可行的损失控制措施来预防或减小风险。因此，在识别个人和家庭风险时，可以某一种风险调查表作为识别的参照工具，并针对其局限性采取其他方式加以弥补。

实践中，风险识别的方法是多种多样的，例如企业还可以通过流程图分析法、事件树分析法、现场调查法等方法进行风险识别，且每种方法都有自己的优点，个人或家庭和企业可以选择其中一种或几种组合方法进行风险识别。

识别是风险管理中最重要的一环，也是最容易被忽视的一环。在实践中，风险管理者应该将所有带有不确定性的因素——识别出来，并列表逐一分析。由于风险是不断变化的，风险识别注定是一个连续的过程。

（二）风险评估

在识别出面临哪些可能发生损失或风险事故后，需要进一步评估风险事故发生的概率以及可能的损失后果。

风险事故是引起损失的直接或外在原因。财产可能因火灾、洪涝、盗窃、碰撞等风险事故发生损失。家庭中的个人可能因意外事故、疾病等而残疾或死亡，或者因造成他人伤亡或财产损失而承担赔偿责任，或者因退休或失业而丧失获得收入的能力等。如图10-1所示，大量发生的、频率较高的损失未必会给人们带来很大的损失，而有些事件虽然发生的

可能性较小，但一旦发生会给家庭造成巨大的不可承受的损失。

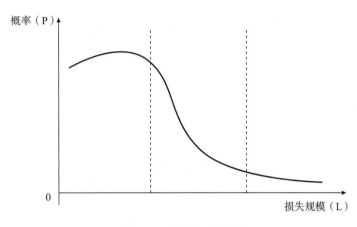

图10-1 损失的一般规律

在各种风险事故中，有的可能造成轻微的后果，有的可能造成严重的后果，我们应该按照轻重缓急给予适当的关注和处理。通常，根据损失后果的严重程度，我们可以将风险分为严重、适中、轻微等类别。

严重类风险可能导致个人或家庭目标无法实现。比如，严重的残疾可能使个人目标无法实现。某跳水运动员立志成为奥运冠军，但在一次跳水训练中，他因头部不慎触到硬物而颈椎错位，无法继续训练，这让他的奥运冠军理想成为泡影。家庭主要收入来源者死亡，不仅会导致个人目标无法实现，而且可能严重影响家庭目标的实现，这种风险就属于严重类风险或不可接受的风险。

适中类风险可能推迟个人或家庭目标的实现。损失发生后，尽管目标还能实现，但所需时间远远长于预定期限。比如，某跳水运动员立志成为奥运冠军，但他在一次意外车祸中不幸大腿骨折，需要1年以上才能康复，此时他就可能错过当年举行的奥运会，只能等待时隔4年的下一届奥运会。家庭成员发生重大疾病，不仅需花费大量的治疗费用，可能还需要花费一定的康复费用，当家庭储蓄和资产有限时，其他家庭目标的实现时间可能因此延后，这种风险就属于适中类风险。

轻微类风险不会影响个人或家庭目标的实现，或者影响甚微。此类风险事件发生后，既不会导致个人或家庭目标无法实现，也不会推迟个人或家庭目标的实现。比如，某跳水运动员立志成为奥运冠军，在一次体能训练中不慎扭伤左脚踝关节，但他只需休养几天就能恢复训练，这对其预定目标不会产生实质性的影响。家庭成员因换季发生感冒，虽然请病假可能会扣工资，但家庭目标的实现并不会因此受到影响，这种风险就属于轻微类风险。

（三）选择适用的风险管理对策

风险管理对策可以分为控制类对策和融资类对策。控制类对策是指针对可能诱发风险事故或导致损失蔓延的各种风险因素，采取相应措施，比如采取降低风险发生概率的预防措施和损后改变风险状况的减损措施，其核心是改变引起风险事故和扩大损失的条件。融资类对策是指通过事先的财务安排包括理财规划来运筹资金，以便对风险事故造成的经济损失进行及时而充分的补偿，其核心是将风险成本分摊至更长的一段时间，并以转移风险的方式换取保险公司的保障，减少巨灾损失的冲击，稳定财务支出和生活水平。表10-1列示了个人或家庭风险管理方法分类。

表10-1　个人或家庭风险管理方法分类

控制类对策	融资类对策
风险规避	风险转移
风险控制	风险自留

1. 控制类对策

风险规避，亦称风险回避，代表不参与含有特定风险的行为，从而使这个特定风险发生的可能性变为零。风险规避是一项最彻底、最简单的方法，个人或家庭可以规避许多风险。比如，不购买汽车规避了驾驶汽车的责任和汽车损毁、被盗的风险；不乘坐飞机可以避免因飞机坠毁而伤亡的风险；不到存在军事冲突的国家和地区旅游可以避免被袭击的风险；等等。但是，很多个人或家庭风险是无法规避的，比如，已拥有汽车的个人和家庭无法规避汽车责任和汽车损毁、被盗的风险，没有人能够彻底消除疾病或受伤的可能性。实施风险规避也可能意味着放弃了特定机会，或导致较高的机会成本，在实际中不能过度使用。

风险控制可分为损失预防和损失抑制两类措施。前者侧重于降低损失发生的可能性或损失概率；后者侧重于降低损失发生后的严重程度，即损失幅度。许多风险控制措施同时涉及损失预防和损失抑制。比如，家中安装的防火报警器，在室内温度或烟雾浓度超过一定水平时，会自动报警，这既可以降低家人因火灾受伤害的可能性，也有助于及时发现火情，及早采取灭火措施或转移贵重物品，减少火灾损失。风险控制措施在管理个人或家庭风险时是非常普遍而又实用的。比如，经常开车的人可以通过定期检查汽车制动状况、养成谨慎的开车习惯等方式降低汽车事故发生概率和事故发生时的受伤程度。积极参加体育锻炼、定期进行常规体检、注意饮食卫生、远离吸烟和酗酒等不良嗜好等措施对保持健康、预防疾病、减少医疗费用都是有益的，这些防范措施贵在长期坚持，其实际成本是相对较少的。

2. 融资类对策

某些风险和损失是我们必须要面对的，但我们可以事先进行财务规划和安排，这样事件即使发生也不会给我们造成灾难性财务后果。家庭可以采用的风险融资方法很多，主要包括风险转移和风险自留。

风险转移的具体方式包括保险转移和非保险转移。

保险转移是将个人或家庭损失的经济后果转移给商业保险公司。个人可以基于家庭收入、支出与资产的现状，以及已有的社会保险和员工福利的基础，得到个人或家庭保险需要的缺口，然后购买商业保险，包括财产保险、责任保险、人寿保险、健康保险等。与社会保险和员工福利不同的是，个人投保商业保险可以自主选择保险公司、保险产品和保险金额等。

非保险转移是为了降低风险单位的损失频率和损失幅度，将损失的法律责任借助合同或协议方式转移给除保险公司以外的个人或组织。非保险转移包括出售（通过买卖合同将财产等风险标的转移给其他人）或出租（通过租赁合同的特殊条款将租赁期间的某些风险，比如财产损毁的经济损失和对第三方人身造成伤害的财务责任转移给承租人）。

风险自留是指自我承担一些特定的风险。自留可以是部分自留，也可以是全部自留。部分自留是指一部分损失风险由自己承担，剩余部分通过保险或非保险转移出去。比如，医疗保险通常设有免赔额和保险金额，免赔额以内的损失和超过保险金额的损失都由投保人自己承担。全部自留是指个人或家庭承担了所有的损失。自留也可以分为自愿自留和非自愿自留两类。自愿自留是指个人或家庭已经意识到损失的可能性而决定自己承担风险，具有主动性，是一种常用的风险管理措施。自愿自留的一个显著特点是伴随有其他的风险管理措施，比如购买保险、预先提存应急基金等。非自愿自留是因未能识别风险而导致的风险自留，有可能造成严重的经济问题。对于家庭来讲，面临各种损失风险，建立应急基金（contingency fund）往往是采取风险自留时的必要措施。通常认为，应急基金应当能应付 3 ~ 6 个月的家庭支出。

3. 选择风险管理对策时应考虑的因素

尽管提到风险管理常常使人联想到保险，但我们已经看到，保险只是风险管理诸多对策与手段中的一种。事实上，风险管理不能完全依赖保险，而是要根据特定个人或家庭面临的风险状况和管理目标，有针对性地选择合适的风险控制措施，并加以规划安排，形成一个包括保险在内的风险管理技术组合，确保在保障程度一定时，风险管理费用支出最小，或在风险管理费用一定时，保障程度最高。

（1）损失频率—损失程度矩阵。估计各种风险预期发生损失的频率和损失程度，对风险管理技术的选择具有重要的参考价值。比如，对于损失发生可能性极小的风险，可以置之不理或采取风险自留。但是对于损失发生可能性较大且损失严重的风险，就不能选择风险自留。图10-2所示的损失频率—损失程度矩阵为选择风险管理技术提供了有益的指导。

损失频率		低	高
	高	风险控制	风险规避
	低	风险自留	风险转移

损失程度

图10-2　损失频率—损失程度矩阵

比如，一艘商船航行经过索马里海域时，可能会面临海盗打劫的风险，根据以下不同的情形可以选择不同的风险管理对策：

- 在海盗活动频繁发生的月份，商船满载贵重物资时，意味着损失频率高且损失程度高，那么商船可以选择风险规避，绕行好望角。

- 在海盗活动频繁发生的月份，商船并无货品及太多船员时，意味着损失频率高但损失程度低，那么商船可以选择风险控制，提高通行该海域时的防范意识，或者在遭遇抢劫时舍弃部分财产以保船员安全。

- 在海盗活动较少发生的月份，商船满载贵重物资时，意味着损失频率低但损失程度高，那么商船可以通过购买保险的方式将风险转移给保险公司。

- 在海盗活动较少发生的月份，商船无货品及太多船员时，意味着损失频率低且损失程度低，那么商船可以选择风险自留，通行索马里海域。

因此，在高损失频率—高损失程度情形下，风险规避是首选的风险管理对策。比如，在我国东南沿海地区，台风对人们的生命财产安全构成严重威胁，一般人都会采取规避措施，尽量不在该地区建造或购买住宅。但是，对于当地居民而言，这种风险无法避免，他们自然就会采取可行的风险控制措施，比如针对防范台风、暴雨的需要设计合适的房屋结构、选用适当的建筑材料。在此基础上，保险公司才可能愿意销售住宅保险，为当地居民转移合同范围内的风险。

一般地，除非采取风险规避，否则任何可能的损失都需要认真对待，采取必要的控制类对策和融资类对策。适当的风险管理通常至少需要考虑一种控制类对策和一种融资类对策。由于非保险转移在个人风险管理中的应用具有较大的局限性，因此，个人风险管理重点考虑的是风险控制、保险转移和风险自留。

在日常生活中，人们可以采取多种方法来预防和抑制损失，如果风险不能规避，就必须考虑相应的风险融资方法。许多个人和家庭面临的决策难题是为哪些风险投保、投保什么险种、保险金额是多少以及哪些风险可以自留等。在现实中，某些个人和家庭的保险配置严重不足，自留风险太多，一旦风险事故发生，就会导致家庭经济困难，发生严重的财务危机，使个人和家庭的经济生活受到重大的打击，危及个人和家庭目标的实现。

（2）如何选择个人风险的融资技术。在选择个人风险的融资技术时，我们通常按照以下步骤进行：

①考虑个人或家庭能够自留或承受的损失程度。面对可能发生的损失，个人或家庭首先必须明确自己能够承受的损失金额，即确定损失自留额。对于损失程度，通常需要明确最大可能损失概念。最大可能损失（maximum possible loss）是指以最不利的情形估计可能遭受的最大损失。在实际中，当给定风险的最大可能损失超过个人或家庭的经济承受能力时，就必须考虑保险等风险自留以外的风险管理技术。

②比较损失程度和风险管理成本。在选择风险管理技术时，必须将可能的损失程度与控制或融资类技术的成本进行比较。当可能的损失程度小于风险管理的成本时，采用风险管理技术就不是个人或家庭的明智选择；反之，当风险管理成本远小于损失程度时，个人或家庭应该认真考虑如何采取风险管理技术。

在很多情况下，人们可以根据获得成本的高低来决定是否购买保险。比如，一个23岁的小伙子购买人寿保险的费率通常很低，但他可能尚未结婚，没有受抚养人，因而购买人寿保险的需求并不强烈。但他仍然可以有其他购买人寿保险的动机，比如，为了报答父母的养育之恩，锁定未来购买保险的资格及价格，通过保险单进行储蓄等。

③考虑损失频率。个人或家庭在考虑损失程度后，还需要考虑损失发生的频率。虽然一次损失金额并不大，但在一定期限（如1年）内类似损失多次发生，也可能造成难以承受的损失金额。比如，某人年收入为10万元，考虑到自己的储蓄余额或闲散资金，他决定自留可能损失不超过1万元的意外医疗风险。但是，如果由于工作性质，该意外医疗风险在1年内造成2～3次损失，即发生2万～3万元损失，就可能超出个人或家庭的财务承受能力。因此，损失频率可能改变风险自留的决策，个人或家庭有必要采取某些合适的风险管理技术来降低或规避风险。

总之，选择风险管理技术是风险管理的重要环节。它可能影响个人和家庭实际承担的风险及其财务状况和稳定性，对实现个人和家庭财务目标起着关键的作用。

（四）实施、监控与调整风险管理计划

当个人或家庭确定了最合适的风险管理计划或技术后，接下来涉及的是如何实施的问题。假设某人认为自己的住宅需要购买保险，就可以直接到保险公司购买住宅保险，或者通过代理人、经纪人等中介购买相应的保险，并根据自己的风险状况和风险承受能力确定合适的险种、免赔额、保险金额。如果认为某些风险可以自留，但需要一定的储蓄作为损失融资来源，他或她就必须按需要准备足够的储蓄存款。

在实施阶段，个人或家庭必须综合考虑各种已识别的风险，将多种风险管理技术相结合，以提高风险管理的效率和效益。比如，在购买住宅保险时，可以考虑安装灭火器、防盗门、报警器等，降低损失的发生概率和损失幅度，而保险公司可能会根据这些控制措施提供保费折扣，从而可能使风险控制和风险融资等措施的总成本低于仅购买保险的保费支出，实现对己、对人、对社会多赢的结果。

我们生活在一个日新月异的世界，因此，即使当前已经购买了合适的保险，或者采取了其他合适的风险管理技术，我们也有必要定期关注自身风险状况和承受能力的重大改变、新的风险控制和风险融资技术等。

上述分析的风险识别、风险评估，还有选择适用的风险管理对策及实施、监控与调整风险管理计划，作为风险管理的四个步骤在实践中并非截然分开（在时间上有所重叠，而且必须围绕风险管理的目标和计划执行），也不是一劳永逸的，而是一个周而复始、循环往复的过程。随着家庭经济条件、家庭阶段、外部环境的变化，人们需要不断地对原有安排的充分性与有效性进行回顾和调整。

第三节　家庭风险分析

本节针对个人和家庭面临的主要风险，包括人身风险、财产损失风险和责任损失风险，分别进行分析。

一、人身风险分析

人身风险是指在日常生活以及经济活动过程中，个人或家庭成员的生命或身体遭受各种损害，或因此造成经济收入能力降低或灭失的风险，包括死亡、残疾、患病、衰老等损失形态。人身风险事故的发生可能导致个人或家庭经济收入减少、中断或利益受损，也可能导致相关当事人精神上的忧虑、悲哀、痛苦或创伤。

（一）死亡风险分析

按照自然规律，每个人最终都会死亡，但人们并不确定自己的死亡时间，无法事前做好安排，所以会因为事发突然而措手不及。当今社会的各种风险导致的死亡事故威胁着每个家庭，在造成感情创伤的同时影响着遗属的生活。遗属可能失去了唯一的经济来源，生活水平急剧下降。如果能够做好保险规划，那么即使不能避免死亡风险，也可以减少死亡风险带给遗属的经济影响。

（二）伤残风险分析

意外或健康因素都有可能造成伤残，比如机动车相撞事故造成伤残，糖尿病、流行性脑脊髓炎等造成截肢或瘫痪等伤残。伤残风险带来的高额治疗费用、收入的损失以及收入下降等会使个人或家庭遭受巨大的经济打击。图10-3显示了残疾对家庭收入和费用形成的剪刀差。在残疾期间，收入下降，费用增加，两者变化形成明显的剪刀差。通常，康复后收入低于残疾前收入，康复后费用高于残疾前费用；如果是永久全残，个人收入将完全丧失，残疾后费用将居高不下，对个人或家庭财务的影响更为严重。

（三）重大疾病风险分析

重大疾病风险是人身风险中直接危及个人生存利益、可能给家庭造成严重危害的风险。首先，重大疾病会给个人的生活和工作带来困难，造成损失，甚至导致死亡；其次，重大疾病对个人或家庭都是无法完全回避的；最后，重大疾病的种类繁多，引起疾病的原因复杂多变，生活方式、心理因素、环境污染、社会因素等多种因素都可能引起诸多难以认识和消除的疾病。虽然随着医学技术的进步，重大疾病存在被治愈的可能，但是由此带来的治疗费用是非常高昂的；而且后续长期的护理费用以及患病成员无法工作带来的个人或家庭收入损失，会持续对个人或家庭的经济产生影响。

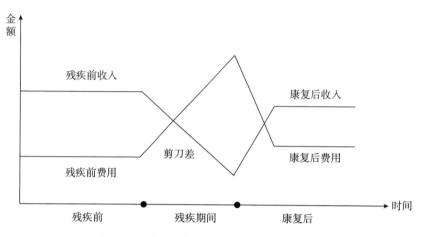

图10-3 残疾对家庭收入和费用形成的剪刀差

伤残风险中家庭收入和费用形成的剪刀差，在重疾风险中同样适用。

（四）长寿风险分析

一般地，退休意味着收入能力的终止，个人生命的经济价值已经非常有限，即死亡损失已经很小；同时，退休后的财务需求也将明显下降，比如，子女经济独立后不再需要父母提供教育经费，住房抵押贷款已经还清等。但退休以后仍可能发生严重的财务风险，主要原因是死亡时间是不确定的。如果实际寿命远远长于预期寿命，则可能会因工作期间积累的退休资金不足而无法满足退休后个人和家庭的生活需要。一方面，随着科技的进步，生活的改善，人类的预期寿命不断延长；另一方面，老年人所需要的医疗费用和社会服务成本也在不断提高。这就要求人们有效地做出预先的计划和安排。

退休往往是预先确定的，个人和家庭可以在退休前做好充分的财务准备和安排，比如，通过适当的个人投资、储蓄、购买商业养老保险等方式来满足退休收入需求。此外，社会保险和企业退休计划也是退休收入的两个重要来源。

二、财产损失风险分析

个人和家庭都拥有或使用一定的财产，当这些财产被损坏或损毁时，就会遭受一定的财产损失。当发生财产损失时，个人或家庭可能面临财产的灭失，而这些财产可能是可以修复或重置的，也可能是无法修复或重置的。

（一）财产损失的原因

个人财产可分为有形财产和无形财产。不论是有形的还是无形的，个人财产均面临多种风险事故，可能因此遭受损失。常见的风险事故包括火灾、水灾、暴风雨、地震、盗窃、碰撞、恶意破坏等。比如，火灾、水灾、地震是导致建筑物损失的常见原因，盗窃是导致有形个人财产（如金钱、珠宝、汽车等）损失的常见原因。

无形的个人财产没有实际形态，不存在物理损失，但仍然面临遭受损失的风险。无形个人财产的损失通常是他人行为干涉所致的，影响所有者对财产的完全使用权和享用权。比如，王某总结多年的研究成果和工作经验，出版了一本热门的培训教材，版权归个人所有。如果某培训机构未经王某允许，大量翻印该教材用于商业培训，王某的版权价值就受到严重减损，这种损失就属于无形个人财产损失。

现实中财产损失的形式是各式各样的。很多情况下，财产损失源于变现时遭受的损失。例如，国债、上市公司股票、非上市公司股票、有限公司股权、合伙企业权利及独资企业所有权，同样都是财产的权利，在短期内变现将遭受不同程度的损失。一般认为，这些权利在受到特殊事件影响时的损失风险排序，与前面叙述的顺序是一样的。从理财规划角度讲，对于损失风险比较高的资产权利，必须做出一些事先的安排，以防止特定的事件给家庭带来意想不到的损失。理财师对客户资产与资产权利的类型及其自身的风险必须给予足够的关注。

（二）财产损失的后果

家庭财产面临着多种风险，可能导致的损失多种多样，但总体来讲包括财产价值的直接损失和丧失财产使用权两大类损失。

1. 财产价值的直接损失

当财产直接被损坏或损毁后，财产本身将遭受价值减损。比如，水灾可能冲毁住宅等建筑物，浸泡家具、电器等个人财产，财产所有者必须重建、重修和重置遭受损坏的财产。

2. 丧失财产使用权的相关损失

当火灾导致家庭住宅受损而无法继续居住，或者住宅因附近的建筑物受损而无法继续安全居住时，家庭成员必须寻找临时住所，直到重建或重修以后才能回到原来的住宅，这将导致额外的生活费用发生，这些都是与财产使用权暂时丧失相关的损失。此外，如果原有住宅的部分房间用于出租，则住宅受损后，还将发生租金收入损失。

三、责任损失风险分析

责任损失风险的基础是个人、家庭或机构造成第三方人身伤害或财产损失时，对受害方的经济损失后果负有法律责任，其中，伤害包括身体伤害、财产损坏、精神折磨、声誉损失、侵犯隐私等多种形式。除个人行为可能导致法律责任外，他人或机构的行为也可能导致个人承担法律责任。此外，在法律诉讼过程中，个人或家庭即使最后不负法律责任，也可能发生诉讼费用等损失。

（一）侵权责任的法律基础

随着我国法律制度的不断完善和人们法律意识的逐渐增强，责任损失风险已成为个人和家庭面临的越来越重要的风险。为了更好地理解责任损失风险，个人和家庭必须明确侵权责任的法律基础。

民事责任主要分为违约责任和侵权责任两大类。其中，侵权责任是行为人因侵害他人民事权益造成损害而应当承担的责任。这也是理财规划所关心的，且事先能够选择风险对策的责任。由此产生的制裁形式包括赔偿损失、支付违约金、恢复原状、停止侵害、返还财产等。当产生诉讼时，诉讼费用由败诉方承担。

在某些民事侵权情况中，当事人可能必须与他人共同承担法律责任，这就是连带责任，通常出现在雇主对雇员的职务侵权行为共同承担赔偿责任、委托人与代理人因串通侵权而共同承担侵权责任，以及家庭以共同财产承担家庭成员的侵权赔偿责任等。

一般来说，侵权行为必须具备三个法律要件。一是行为的违法性。侵权行为必须是一种违法行为。比如，驾车时制动不及时，伤害到了他人的财产或身体，就构成侵害他人合法权益的违法行为。如果行为不具有违法性，即使行为导致他人受到损害，也并不构成侵权行为，比如紧急避险、正当防卫等。二是损害事实的存在。受害方必须有财产、人身或权利上的损害事实存在，才能对侵权行为人提出损害赔偿。就损害事实而言，一些已经发生的客观损失金额可以确定，比如财产损失、医疗费用、丧葬费、赡养或抚养费等；另一些损害则难以准确用金额衡量，比如侵犯肖像权、名誉等行为而引起的精神损失，在确定责任承担时多会受到主观因素的影响。三是违法行为与损害事实之间存在因果关系。损害事实必须是由违法行为引起的，否则行为人无须负法律责任。

（二）个人或家庭的责任损失风险

个人、家庭、企业及其他组织都可能成为责任损失风险的来源。责任损失风险既可以是与当事人所拥有或控制的财产有关，也可以是与他所从事的活动有关。以下简单介绍个人和家庭容易产生责任损失风险的常见情形。

1. 源自房产的责任损失风险

房产所有者必须对发生在房产内的许多事件负责。比如，某人在他人家中上下楼梯过程中滑倒并受伤，房产所有者由于未尽到危险提示义务，将负责受害人的医疗费用和误工损失；家中阳台上不合理地放置了物品，因其坠落给他人身体或财产造成伤害，房产所有者需要承担赔偿责任；等等。

2. 源自机动车的责任损失风险

在现代社会中，机动车辆（包括家用汽车、摩托车等）成为个人和家庭越来越重要的交通、娱乐工具。一旦拥有或驾驶机动车辆，就可能产生一系列的责任损失风险，比如因操作不慎伤害行人或其他司机、损坏他人财产等。

3. 源自个人劳务关系的责任损失风险

现在，越来越多的个人和家庭雇用家政服务人员承担家务杂事及照看受抚养人。雇用家政服务人员可以转移许多家务负担，比如照看房产，照顾老人、小孩或残疾人员等，同时也会带来一定的责任损失风险。个人或家庭必须对家政服务人员在工作期间受到的人身伤害负责，还要对家政服务人员伤害他人的行为负连带责任。

4. 源自其他个人活动的责任损失风险

我们还可以列举许多在日常生活中可能引起责任损失风险的个人活动，比如在体育运动或狩猎中伤及他人、放纵家养宠物狗在社区乱跑咬伤邻居孩子等。

（三）责任损失的后果

责任损失风险至少会给个人或家庭造成三类经济损失，即损害赔偿金、法律相关费用和法院相关费用。

1. 损害赔偿金

损害赔偿金是指责任人对受害人的损失或损害给予补偿的金额。在民事责任案件中，损害赔偿金是对受害人身体伤害、财产损失、财务损失、情感伤害等方面的补偿。在大多数的案件中，损害赔偿金的具体金额由双方当事人及其法律代表相互协商确定，称为庭外解决，但也有不少案件必须通过法院审理和判决来确定损害赔偿金额。

补偿性损害赔偿金是指对原告所受伤害的合理补偿金额，分特别损害赔偿金和一般损害赔偿金两类。特别损害赔偿金通常用于补偿受害人特定的、易确定的损失或费用，比如实际发生的医疗费用、受害人的误工损失、被损坏财产的修理或重置成本等。一般损害赔偿金是由法院判定的、对不易量化的伤害给予的补偿金额，比如疼痛或精神伤害等。

2. 法律相关费用

由于许多责任案件需要聘请律师，因此责任损失还将包括起诉方和辩护方的律师费用。此外，还包括调查、记录、寻找证人、旅行查访的费用以及其他一系列正常的诉讼辩护所需的费用。个人和家庭即使不必对对方所受伤害负责，也可能需要承担律师费用。当案件是针对无辜的当事人时，这些当事人必须证明自己确实是无辜的，而这就会发生法律相关费用。

3. 法院相关费用

除了法律相关费用，还可能发生一些法院相关费用。比如，在关于财产的争议中，原告可能需要对引起双方争议的财产进行登记备案。法院在不同审理阶段要求收取登记费，这些成本可能会包含在原告主张的赔偿金中。

在实务中，许多案件的案情是复杂的，审理过程是长期的，因此发生的法律、法院相关费用等诉讼费用是极多的。

附录10-1　风险识别调查问卷（个人调查表）

房产

　　常住地址

　　单一家庭住宅＿＿＿＿＿＿＿＿＿＿＿多层楼公寓＿＿＿＿＿＿＿＿＿＿

　　其他（请描述）：＿＿＿＿＿＿＿＿＿＿＿＿＿＿＿＿＿＿＿＿＿

　　所有其他住址：＿＿＿＿＿＿＿＿＿＿＿＿＿＿＿＿＿＿＿＿＿＿

　　　　季节性居住地＿＿＿＿＿＿＿＿＿＿＿＿＿＿＿＿＿＿＿＿＿

　　　　农场＿＿＿＿＿＿＿＿＿＿＿＿＿＿＿＿＿＿＿＿＿＿＿＿＿

　　　　收入性财产＿＿＿＿＿＿＿＿＿＿＿＿＿＿＿＿＿＿＿＿＿＿

　　　　空地＿＿＿＿＿＿＿＿＿＿＿＿＿＿＿＿＿＿＿＿＿＿＿＿＿

　　　　其他财产利益＿＿＿＿＿＿＿＿＿＿＿＿＿＿＿＿＿＿＿＿＿

自有财产	*主要住处*	*其他*	
住处（平方英尺）			
楼层数			
建筑类型			

建成年数			
原始建筑成本			
购买日期			
购买价格			
实际现金价值			
重置成本			
（除土地价值）			
住房贷款余额			

描述住宅附属车库或其他建筑物：_____

如果其中任何一项财产是租来的而不是自有的，租金大约是多少？_____

如果任何一项财产因损坏或损毁而不能租用，则当前的每月生活费用将增加多少？ ___

提供一份不包括土地或财产的最新价值评估表复印件。_____

租用的财产

    单一家庭住宅_____多层楼公寓_____

    月租金_____

    租赁合同到期时间_____

    如果任何一项财产因损坏或损毁而不能租用，依租赁合同能停租吗？

收入财产   地址 1   其他

单位数		
商业使用类型		
年租收入		
每月费率		

如果现在所有的租借都可以取消或变更，年租收入及每单位收益会改变吗？

土地   农场   空地

英亩数		

一般信息

    职业及其他商业（描述职责）

    可开出的最高支票数额

    信用卡张数   资金转账卡张数

雇用全职人数　　雇用兼职人数

其他家政服务人数

个人财产

财产价值评估	主要住处		次要住处	
	实际现金价值	重置成本	实际现金价值	重置成本
1. 金银器具				
2. 亚麻织品饰物（包括餐厅和卧室）				
3. 衣服（全家）				
4. 毯子（包括地毯及帐帘）				
5. 书籍				
6. 乐器（包括钢琴）				
7. 电视、收音机、录像机及录像带				
8. 油画、版画、照片等艺术作品				
9. 瓷器、玻璃器皿（包括小摆设）				
10. 照相机、摄影器材				
11. 高尔夫用具、猎具、渔具等体育用品				
12. 冰箱、洗衣机等电器用具				
13. 床上用品				
14. 家具（包括桌椅、沙发、写字台、床等）				
15. 商业财产				
16. 其他个人财产				
评估总价值				

特殊物品

珠宝及手表：

1. 对每一项进行描述＿＿＿＿＿＿＿＿＿＿＿＿＿＿＿＿＿＿

2. 每一项的原始成本＿＿＿＿＿＿＿＿＿＿＿＿＿＿＿＿＿

3. 估价（经鉴定）＿＿＿＿＿＿＿＿＿＿＿＿＿＿＿＿＿＿＿

4. 放在何处（保险箱）＿＿＿＿＿＿＿＿＿＿＿＿＿＿＿＿

裘皮：

1. 对每一项进行描述＿＿＿＿＿＿＿＿＿＿＿＿＿＿＿＿＿＿

2. 每一项的原始成本＿＿＿＿＿＿＿＿＿＿＿＿＿＿＿＿＿

3. 估价（经鉴定）＿＿＿＿＿＿＿＿＿＿＿＿＿＿＿＿＿＿＿

4. 放在何处（保险箱）＿＿＿＿＿＿＿＿＿＿＿＿＿＿＿＿

对其他贵重物品的描述及评估：

    1. 邮票＿＿＿＿＿＿＿＿＿＿＿＿＿＿＿＿＿＿＿＿＿＿＿＿＿

    2. 精细作品＿＿＿＿＿＿＿＿＿＿＿＿＿＿＿＿＿＿＿＿＿＿＿

    3. 油画＿＿＿＿＿＿＿＿＿＿＿＿＿＿＿＿＿＿＿＿＿＿＿＿＿

    4. 古董＿＿＿＿＿＿＿＿＿＿＿＿＿＿＿＿＿＿＿＿＿＿＿＿＿

    5. 有价证券＿＿＿＿＿＿＿＿＿＿＿＿＿＿＿＿＿＿＿＿＿＿＿

小船或航海用具：

    1. 小船的长度及类型＿＿＿＿＿＿＿＿＿＿＿＿＿＿＿＿＿＿＿

    2. 摩托艇的尺寸＿＿＿＿＿＿＿＿＿＿＿＿＿＿＿＿＿＿＿＿＿

其他项目：

    猫、狗及其他宠物＿＿＿＿＿＿＿＿＿＿＿＿＿＿＿＿＿＿＿＿

    谷仓、货棚和其他附属建筑物中的物品＿＿＿＿＿＿＿＿＿＿＿

    孩子放在学校的财产价值＿＿＿＿＿＿＿＿＿＿＿＿＿＿＿＿＿

    私人飞机、摩托车和电动自行车＿＿＿＿＿＿＿＿＿＿＿＿＿＿

    储藏室财产的位置、性质和价值＿＿＿＿＿＿＿＿＿＿＿＿＿＿

    现金＿＿＿＿＿＿＿＿＿＿＿＿＿＿＿＿＿＿＿＿＿＿＿＿＿＿

汽车	#1	#2	#3
年数及制造时间			
车型			
车牌号			
登记的车主姓名			
购买日期（新车/二手车）			
购买价格			
实际现金价值（目前）			
汽车用途			
工作地点距离			
停放在何处（若不在主要居住地）			

拖车——类型			
——载重			
——轴承			

描述所有娱乐交通工具 _____

你曾经租过车吗？一般租多长时间？ _____

描述你所使用的公司交通工具 _____

早逝

现金需求量　　　　　　　　　　　　　　　　　　　　　本人　　　配偶

　清偿资金：包括未付的临终疾病费用、丧葬费用、应付

税款、遗嘱检验费及其他应付　　　　　　　　　　____美元　　____美元

　房产抵押：余额（假设一次付清；否则，抵押应包

含在收入需求中）　　　　　　　　　　　　　　　　____美元　　____美元

　教育资金：估计孩子教育费用的现值　　　　　　____美元　　____美元

　应急资金：用于目前收入无力支付的意外支出　　____美元　　____美元

　其他　　　　　　　　　　　　　　　　　　　　____美元　　____美元

　总计　　　　　　　　　　　　　　　　　　　　____美元　　____美元

　遗属收入需求（每一类的期望收入，以目前购买力为准）

　　配偶有生之年的月收入　　　　　　　　　　　　　　　____美元

　　抚养孩子期间的额外月收入（未独立期间）　　　　　　____美元

　　死后前两年的月收入（调整期间）　　　　　　　　　　____美元

残疾

　如果现在残疾，估计所需月收入　　　　　　　　　　　　____美元

医疗费用

　估计需要住院和护理的重大疾病成本　　　　　　　　　　____美元

退休

　退休期希望获得的月收入　　　　　　　　　　　　　　　____美元

第十一章

保险基本原理

本章提要

保险作为一种现代风险转移机制，它的含义是什么？它对社会和个人有怎样的意义？其基本的运营要素又是什么？现代法律制度是如何通过保险的重要原则支持保险业的正常运转的？这些都将在本章得到详细的阐述。在介绍具体的保险种类之前，本章先分析保险合同应具备的约定条件，为随后更深入地了解各类保险奠定基础。

本章内容包括：

- 保险的概述；
- 保险的基本原则；
- 保险经营的基础；
- 保险合同。

通过本章学习，读者应该能够：

- 掌握保险运营的基本原则；
- 掌握保险的基本原则在实际应用中的含义与方式；
- 理解保险合同的法律特征；
- 掌握保险合同主要约定对当事人权利、责任的影响。

第一节　保险的概述

一、保险的定义

"保险"一词，源于14世纪的意大利语"sigurare"，具有"担保""保护"等意思。保险可以解释为一种经济补偿机制，也可以解释为保险人与被保险人之间的一种法律关系。

《保险法》第二条将保险的定义表述为："投保人根据合同约定，向保险人支付保险费，保险人对于合同约定的可能发生的事故因其发生所造成的财产损失承担赔偿保险金责任，或者当被保险人死亡、伤残、疾病或者达到合同约定的年龄、期限等条件时承担给付保险金责任的商业保险行为。"

从经济学的角度来看，保险体现了保险双方当事人之间的一种经济关系。投保人把损害风险以交付保险费的方式转移给保险人，实际上是将其面临的不确定的大额损失转变为确定性的小额支出。由于集中了大量同质的风险，因此保险人可以借助大数法则预测损失发生的概率，制定保险费率，通过向大量投保人收取的保险费形成的保险基金来补偿（或给付）实际少数发生保险事故的人的损失。从投保人角度来看，保险是群体分摊损失的一种融资方式，投保人之间通过保险形成了一种互助共济的机制。

从法律的意义上解释，保险是一种合同行为，保险合同当事人双方在法律地位平等的基础上，签订合同，承担各自的义务，享受各自的权利。保险关系是保险双方当事人以签订保险合同的方式建立起来的一种民事法律关系。根据保险的定义，投保人有交纳保险费的义务，保险人有收取保险费的权利，在合同约定事故发生时，保险金的申请人有获得经济补偿或给付的权利，保险人有根据合同给予经济补偿或给付的义务。

二、保险的职能

保险的职能有基本职能与派生职能之分。基本职能是保险原始与固有的职能，不因时间的变化和社会形态的不同而改变。派生职能是随着保险内容的日益丰富和保险种类的发展，在保险基本职能的基础上产生的新职能。

（一）基本职能

保险的基本职能是其原始和固有的职能，这是由保险的本质特征所决定的。基本职能主要有分散风险、经济补偿或给付。

1. 分散风险

对于个体来说，风险是不确定的，但是对于承担特定同质风险的群体来说，该风险发生的概率是可以确定的。为了确保经济生活的安定、分散危险，保险把集中在某一单位或个人身上的由偶发的灾害事故或人身事件所致的经济损失，通过直接摊派或收取保费的办法平均分摊给投保群体。通过这种方式，风险不仅在空间上达到充分分散，而且在时间上达到充分分散。

2. 经济补偿或给付

保险人把保费集中起来以对某些被保险人因约定保险事故造成的损失给予经济补偿或给付保险金，从而实现保险的保障功能。

（二）派生职能

随着保险行业的发展和丰富，保险的职能也有了新的内容，资金融通和风险管理是保险在基础职能基础上派生出来的两大职能。

1. 资金融通

资金融通是指资金的积聚、流通和分配过程，保险的资金融通则是指保险资金的积聚、运用和分配功能。保险要实现保障功能，就要通过收取保费建立保险基金，这就是一个资金积聚的过程。但是保险基金用于保险补偿或给付和保费的收集，在时间上会有间隔，保险人便可将补偿或给付之前的这笔数目巨大的保险基金用于投资，以实现资金的保值和增值，这便是资金的运用和分配。

2. 风险管理

保险能够提升社会风险管理的有效性，减少社会损失。保险人从自身利益出发，有提高社会风险管理有效性的动力；保险人通过承保、计算费率到理赔，对灾害事故的原因进行分析和研究，从而积累了丰富的防灾防损工作的经验，有助于社会风险管理。

三、保险的种类

依照保险标的划分，目前我国的商业保险分为人身保险和财产保险。

人身保险是以人的寿命和身体为保险标的的保险，按照保险责任可以分为人寿保险、年金保险、健康保险和意外伤害保险。

财产保险是以财产及其有关利益为保险标的的保险，包括财产损失保险、责任保险、信用保险和保证保险。

第二节　保险的基本原则

一、最大诚信原则

（一）最大诚信原则的含义

我国《保险法》第五条规定："保险活动当事人行使权利、履行义务应当遵循诚实信用原则。"保险合同关系对当事人诚信的要求比一般民事活动更严格，要求当事人具有"最大诚信"。最大诚信的含义是指当事人自愿地向对方充分而准确地告知有关保险的所有重要事实，不存在任何虚伪、欺骗、隐瞒行为。

在保险中，由于信息不对称的存在，投保方更加了解保险标的的情况，而由于保险的专业性和技术性，保险人出具的保险合同一般采用附和合同形式，投保方不易理解和掌握。因此，最大诚信原则适用于保险合同双方当事人。

最大诚信原则可表述为：保险合同当事人订立合同及在合同有效期内，应依法向对方提供影响对方做出订约与履约决定的全部重要事实，同时绝对信守合同订立的约定与承诺。否则受到损害的一方可以此为由宣布合同无效或不履行合同约定的义务或责任，甚至对因此受到的损害还可要求对方予以赔偿。

（二）最大诚信原则的内容

最大诚信原则的内容包括告知、保证、说明、弃权与禁止反言。下面将分别从投保方和保险方的角度来说明。

1. 投保方的体现

最大诚信原则对于投保方来说，主要体现在告知和保证两方面。

（1）告知。告知是指投保人在订立保险合同时，应当将与保险标的有关的重要事实如实向保险人陈述，以便让保险人判断是否接受承保或以什么条件承保。而重要事实是指对保险人决定是否接受或以什么条件接受承保有实质影响的事实，比如，有关投保人和被保险人的详细情况、有关保险标的的详细情况、危险因素及危险增加的情况、以往损失经验以及遭到其他保险人拒保等事实。对于人身保险，告知义务主要体现在以下方面：投保人在投保时要如实告知被保险人的年龄、性别、既往病史、职业、健康状况、嗜好等重要事实；在续保、复效时应向保险人告知最新的危险状况等。告知按立法形式分为无限告知和询问告知。无限告知是指法律或保险人对告知的内容没有明确规定，只要是与保险标的有关的重要事实，投保人都有义务告知保险人。询问告知是指告知的内容以保险人的询问为限，投保人对保险人询问的问题必须如实告知，对询问以外的问题，投保人无须告知。[1]我国《保险法》第十六条第一款规定："订立保险合同，保险人就保险标的或者被保险人的有关情况提出询问的，投保人应当如实告知。"可见，我国采用的是询问告知的形式。

（2）保证。保证是投保人所做的、保证完全符合事实的一项声明。在保险业发展初期，投保人做出的所有声明被视为保证。如果保单某一方面的声明不真实，即使投保人并不知情或该项声明并不十分重要，保单也将被撤销。

保证按形式可分为明示保证和默示保证。明示保证是指以书面形式在保险合同中载明，作为合同条款的保证。默示保证是指未在保险合同中载明，但签约双方在订立合同时都已明确的保证，通常是指国际通行的准则、习惯或在保险实践中共同遵守的规则。默示保证在海上保险中运用较多，比如海上保险的默示保证有三项：一是保险的船舶必须有适航能力；二是要按预定的或习惯的航线航行；三是必须从事合法的运输业务。

保证按内容可分为确认保证和承诺保证。确认保证是指投保人或被保险人对过去或现在某一事项的存在或不存在的保证。比如在投保重疾险时，被保险人保证过去没有酗酒的习惯、现在没有患有某种疾病等。承诺保证是指投保人或被保险人对未来某一事项的作为或不作为的保证，比如在投保财产损失险时，被保险人保证未来工厂有24小时值班监控。

2. 投保方违反后的惩罚

投保人在违反最大诚信原则时应关注的后果是保险合同的解除及保险人不承担赔偿或给付保险金责任的规定。

（1）违反告知。

我国《保险法》第十六条第二款规定："投保人故意或者因重大过失未履行前款规定的如实告知义务，足以影响保险人决定是否同意承保或者提高保险费率的，保险人有权解除合同。"

我国《保险法》第十六条第四款、第五款还规定："投保人故意不履行如实告知义务的，保险人对于合同解除前发生的保险事故，不承担赔偿或者给付保险金的责任，并不退还保险费。

"投保人因重大过失未履行如实告知义务，对保险事故的发生有严重影响的，保险人对于合同解除前发生的保险事故，不承担赔偿或者给付保险金的责任，但应当退还保险费。"

---

[1] 资料来源：中国保险行业协会，《保险基础知识》，中国金融出版社，2020年。

我国《保险法》第三十二条第一款规定："投保人申报的被保险人年龄不真实，并且其真实年龄不符合合同约定的年龄限制的，保险人可以解除合同，并按照合同约定退还保险单的现金价值。保险人行使合同解除权，适用本法第十六条第三款、第六款的规定。"

（2）违反保证。

凡是投保人或被保险人违反保证事项的，无论其是否有过失，也无论是否对保险人造成损害，保险人均有权解除合同，不承担责任，而且无论故意还是无意违反保证义务都如此处理。对于破坏保证事项，除人寿保险外一般不退还保费。

（3）欺诈伪造事实。

若投保人、被保险人在发生保险事故后，编造虚假证明、资料、事故原因，夸大损失程度，保险人对其虚报的部分不承担赔偿或者给付保险金的责任。未发生保险事故，却故意制造或谎称发生保险事故者，保险人有权解除保险合同并不承担保险赔付责任。以上内容在我国《保险法》第二十七条中有所体现。

我国《保险法》第四十三条第一款还规定："投保人故意造成被保险人死亡、伤残或者疾病的，保险人不承担给付保险金的责任。投保人已交足二年以上保险费的，保险人应当按照合同约定向其他权利人退还保险单的现金价值。"

我国《最高人民法院关于适用<中华人民共和国保险法>若干问题的解释（三）》（后文简称"《保险法》司法解释（三）"）进一步明确："其他权利人按照被保险人、被保险人继承人的顺序确定。"

综上，在违反最大诚信原则时，投保方需要注意的是，在可解除合同时，保险人不会承担保险责任，且根据不同的情况，退还的金额有所差异。

3. 保险方的体现

对于保险方来说，最大诚信原则主要体现在说明和弃权与禁止反言两方面。

（1）说明。

我国《保险法》第十七条规定："订立保险合同，采用保险人提供的格式条款的，保险人向投保人提供的投保单应当附格式条款，保险人应当向投保人说明合同的内容。对保险合同中免除保险人责任的条款，保险人在订立合同时应当在投保单、保险单或者其他保险凭证上作出足以引起投保人注意的提示，并对该条款的内容以书面或者口头形式向投保人作出明确说明；未作提示或者明确说明的，该条款不产生效力。"由此可见，明确说明是保险人应当主动履行的一项法定义务，不允许其以合同条款的方式进行限制和免除。

（2）弃权与禁止反言。

弃权和禁止反言主要是约束保险人的，这些规定要求保险人对其行为及其代理人在授权范围内的行为负责，以防对投保人或被保险人的利益造成侵害，维护投保人和被保险人的权益，有利于保险合同当事人在法律上的地位趋于平等。

弃权是指保险合同当事人放弃自己在合同中可以主张的某项权利。弃权可分为明示弃权和默示弃权。明示弃权可以采用书面或口头形式。如果保险人声称他将放弃某项权利（比如体检调查权利），则该情形就属于明示弃权。书面的明示弃权可以通过保单或保单以外的书面形式进行。当事人虽未明确表示其放弃某项权利的意图，但从其言语或行为中可以明确推断其有放弃权利的意图，则该当事人实施的就是默示弃权。例如投保方违反了对于保险标的的防灾防损义务，保险人可以解除合同，但保险人在已经知晓该事实的情况下没有解除合同，而是要求投保方采取必要的防灾减损措施，该行为可视为保险人放弃合同解除权。

禁止反言是指保险人放弃某项权利后，不得再向投保人或被保险人主张该项权利。我国《保险法》第十六条第六款规定："保险人在合同订立时已经知道投保人未如实告知的情况的，保险人不得解除合同；发生保险事故的，保险人应当承担赔偿或者给付保险金的责任。"例如投保人在购买定期寿险的时候未如实告知自身患有心脏病的事实，但保险公司已知晓该情况并与其订立了保险合同，则日后不得解除合同；被保险人身故后，保险公司应承担给付保险金的责任。

4. 保险方违反后的惩罚

在保险经营活动中，保险人违反说明义务的情况除未对责任免除条款予以明确说明，还包括：隐瞒与保险合同有关的重要情况，欺骗投保人；阻碍投保人履行如实告知义务，或者诱导其不履行如实告知义务；等等。由此导致的法律后果也不尽相同。

根据我国《保险法》第一百一十六条、第一百六十一条、第一百七十九条的相关规定，如果保险公司及其工作人员在保险业务中隐瞒与保险合同有关的重要情况，欺骗投保人、被保险人或者受益人，阻碍投保方履行或诱导其不履行如实告知义务，给予或承诺给予投保方保险费回扣或其他利益，拒不履行保险合同约定的赔偿或者给付保险金的义务，或者故意编造事故、虚构合同、夸大损失进行虚假理赔等，如构成犯罪的，依法追究刑事责任；尚不构成犯罪的，由保险监督管理机构予以行政处罚。

二、保险利益原则

（一）保险利益及其确立条件

1. 保险利益的含义

在财产保险和人身保险合同的签订和履行过程中，投保人或者被保险人对保险标的都必须具备保险利益，这就是保险利益原则。所谓保险利益又称可保利益，是指投保人或被保险人对保险标的所具有的法律上承认的经济利益。这种经济利益因保险标的的完好、健全而存在，因保险标的的损毁、伤害而受损。保险标的是指作为保险对象的财产及其有关利益或者人的寿命和身体。

在保险合同中，明确了保险标的，对投保人来说，就是确定了转嫁风险的范围；对保险人来说，则是指明了它对哪些财产和哪些人的生命和身体承担保险责任。特定的保险标的是保险合同订立的必要内容。但是订立保险合同的目的并非保障保险标的的本身。换句话说，投保人或被保险人将保险标的投保后并不能保障保险标的的本身不发生损失，而是在保险标的发生损失后，他们能够从经济上得到补偿。因此，保险合同实际上保障的是被保险人对保险标的所具有的利益。

2. 保险利益的确立条件

确认投保人或者被保险人对保险标的所具有的利益是否能够构成保险利益，必须符合三个条件。首先，保险利益必须是合法的利益，即投保人或者被保险人对保险标的所具有的利益必须是得到法律认可、符合法律规定并受到法律保护的利益。比如，通过走私、盗窃、诈骗等非法途径获得的财产均不能成为保险合同的标的，由此产生的利益也不能构成保险利益。其次，保险利益必须是确定的利益，包括已经确定或者可以确定的利益，比如现有利益、期待利益、责任利益等。最后，保险利益必须是经济利益，即投保人或者被保险人对保险标的的利益必须是能够以货币来计算、衡量和估价的利益。人身保险具有一定的特殊性，由于人的身体是无价的，因此在一般情况下只要求投保人对被保险人具有利益关系，而不要求经济价值。

（二）各类保险的保险利益确定

1. 人身保险的保险利益确定

我国《保险法》第三十一条规定："投保人对下列人员具有保险利益：（一）本人；（二）配偶、子女、父母；（三）前项以外与投保人有抚养、赡养或者扶养关系的家庭其他成员、近亲属；（四）与投保人有劳动关系的劳动者。除前款规定外，被保险人同意投保人为其订立合同的，视为投保人对被保险人具有保险利益。订立合同时，投保人对被保险人不具有保险利益的，合同无效。"

我国保险立法和实务采取利益和同意相结合的原则，但在实务中该同意原则还是会受到保险人所制定的一系列投保规则的限制。

2. 财产损失保险的保险利益确定

财产损失保险的保险标的是财产及其有关利益。投保人（被保险人）对其拥有所有权、管理权、使用权、收益权、看护权等权利的财产及其有关利益具有保险利益，可称为现有利益，比如个人对自己所有的汽车具有保险利益，租客对自己出租使用的房子具有保险利益等。基于现有利益而使得未来可以获得的利益，称为期待利益，比如房东出租住房未来预计获得的租金收入，企业未来可以获得的预期利润等。

3. 责任保险的保险利益确定

责任保险的保险标的是依法（或合同）对他人的财产损失或人身伤亡承担的民事损害的经济赔偿责任。投保人（被保险人）与其所应负的民事损害的经济赔偿责任之间的法律关系便构成了责任保险的保险利益。凡是法律或行政法规所规定的应对他人的财产损失或人身伤亡负有经济赔偿责任者，都可以投保责任保险。比如某产品在使用过程中发生意外，造成消费者人身伤害或财产损失，该产品的生产商则对消费者负有赔偿责任。

4. 信用保险和保证保险的保险利益确定

信用保险和保证保险的保险标的是各种信用行为。在经济交往中，权利人与义务人之间基于各类经济合同而存在经济上的利益关系。当义务人因种种情况不能履约时，权利人会遭受经济损失。因而，权利人对义务人的信用具有保险利益，而义务人对自身的信用具有当然的保险利益。当权利人对义务人的信用心存担心时，可以以义务人的信用为标的购买保险，称为信用保险；也可以要求义务人以自己的信用为标的购买保险，称为保证保险。

（三）保险利益的存在时间

人身保险和财产保险对保险利益的存在时间要求有显著差异。我国《保险法》第十二条对此有相关规定。

人身保险的保险利益，必须在合同订立时存在，至于在保险事故发生时是否存在保险利益，保险人不再追究。要求保险利益必须在合同订立时存在，是为了防止投保人为没有密切利害关系的被保险人投保，引发道德风险，危及被保险人的生命安全。不要求保险利益在保险事故发生时存在，是为了维护投保人的利益，如果在合同订立后因保险利益消失而取消保险责任，对已经履行交费义务的投保人显失公平。因此，人身保险的保险利益，不必限于保险事故发生时存在。比如，丈夫为妻子投保人寿保险，保单不会因为夫妻离异而失效。因此，基于这一点，当客户的婚姻关系发生变化时，金融理财师应提醒客户对家庭已有的人身保险合同进行检查并做出必要的更改。

在财产保险中，保险利益的重点是在事故发生时被保险人对保险标的应当具有保险利益。这是因为，与财产有关的权利与责任，比如所有权、使用权、占用权、保管与维护的责任以及损失的承担可能在订立保险合同后发生变化。特别是在海上货物保险中，货物的所有权可能在船舶航行时就已经易手。由于可能事先无法知道谁是最终的权利人，财产保险合同要求请求赔款的人必须对保险标的具备保险利益。换句话说，提出索赔请求的"被保险人"可能并非投保时保单上明确列出的人。反过来说，当损失发生时，原来保单上列明的被保险人如果已经将保险利益转移出去，他就不能再得到保险人的赔偿。

在保险中，坚持保险利益原则的意义在于：

1. 防止道德风险的发生

若无保险利益原则，投保人以与自己毫无利害关系的保险标的投保，就会出现投保人为谋取保险赔偿而任意投保保险，并期盼保险事故发生的现象；或投保人在保险事故发生后不积极施救，甚至为了巨额赔偿或给付而谎报或蓄意制造保险事故等。而在保险利益原则规定下，由于投保人与被保险人存在利害关系，道德风险事故一般不会发生。

2. 区别保险与赌博

若保险合同生效不以保险利益为前提，保险合同就会变成赌博合同。如果能以与自己毫无关系的保险标的投保，投保人就可能因保险事故发生而获得高于保险费的额外收益，这种收益不是绝对的补偿，而是以较小的损失谋取较大的经济利益的投机行为。

3. 便于衡量损失

作为一种经济补偿制度，保险的基本宗旨在于补偿被保险人因保险标的的出险所遭受的经济损失，但不允许被保险人通过保险获得额外的补偿利益。在保险利益范围内确定损失，符合损失补偿原则（见下文"损失补偿原则"），同时可以避免保险人与被保险人在赔偿金额上产生纠纷。

三、近因原则

（一）近因与近因原则的含义

所谓近因，并非指时间上或空间上与损失最接近的原因，而是指对损失起主导性作用或支配性作用的有效原因。具体来说，近因是指引起一系列事件发生并导致一定后果出现的能动的、起决定作用的因素；这一因素在起作用的过程中没有来自新的、独立渠道的能动力量的介入。所谓"能动"是指其影响始终存在，"起决定作用"代表着必然的因果关系，而没有"新的、独立渠道的能动力量的介入"则意味着没有新的因素产生。例如，某人在交通事故中受伤，送入医院后虽经数天抢救，但最终死亡，则交通事故为死亡的近因。而如果医院在抢救过程中有错用药品等情况，则属于新的独立因素的介入，死亡的近因另当别论。

在保险中，近因原则是判明风险事故与保险标的损失之间的因果关系，以确定保险责任的一项基本原则。按照这一原则，只有当被保险人的损失是直接由保险责任范围内的事故造成的时，保险人才给予赔付，即保险人的赔付限于以保险事故的发生为原因，以造成保险标的的损失为结果，只有在风险事故的发生与造成损失的结果之间具有必然的因果关系时，才构成保险人的赔付责任。

（二）近因原则的实际应用

1. 近因的认定方法

（1）从事件链上的最初事件出发，按逻辑推理，判断下一个事件可能是什么，再从可能发生的第二个事件出发，按照逻辑推理，判断再下一个事件可能是什么，直至导致损失的最终事件。如果推理判断与实际发生的事实相符，那么最初事件就是最终事件的近因。

（2）从损失开始，逆着事件链的方向向前追溯，在每一个阶段按照"为什么这一事件会发生"进行思考来找出前一个事件。如果追溯到最初的事件且没有中断，那么最初事件即为近因。

2. 近因的认定与保险责任的确定

（1）单一原因。此情况即损失由单一原因造成。也就是说，风险事故发生导致保险标的损失的原因只有一个，显然该原因即保险标的损失的近因。如果这个近因属于保险人承保的风险，保险人应对损失承担赔付责任；如果这个近因属于保险人不予承保的风险，保险人对由此造成的损失则不予赔付。

（2）多种原因同时发生。此情况即损失由多种原因造成，且这些原因无法区分时间上的先后顺序，几乎同时发生。如果损失的发生有同时存在的多种原因，且这些原因对损失都起决定性作用，则它们都是近因。而保险人是否承担赔付责任，应区分两种情况。第一，如果这些原因都属于保险风险，保险人则承担赔付责任。相反，如果这些原因都属于除外风险，保险人则不承担赔付责任。第二，如果这些原因中既有保险风险，也有除外风险，保险人是否承担赔付责任，则要看损失结果是否可以分别计算。对于损失结果可以分别计算的，保险人只负责保险风险所致损失的赔付；对于损失难以划分的，要对因果关系进行整体考量，衡量承保风险和除外风险对结果如何发生作用，最终确定赔付比例。

（3）多种原因连续发生。此情况即损失由若干个连续发生的原因造成，且各原因之间的因果关系没有中断。如果保险标的的损失是由具有因果关系的连续事故所致，那么保险人是否承担赔付责任，应区分两种情况。第一，如果这些原因都属于保险风险，则这些保险风险即损失的近因，保险人应负赔付责任；如果这些原因都属于除外风险，则这些除外风险即损失的近因，保险人不承担损失的赔付责任。第二，如果这些原因中既有保险风险，也有除外风险，则要看损失的前因是保险风险还是除外风险。如果前因是保险风险，后因是除外风险，且后因是前因的必然结果，则保险风险为损失的近因，保险人承担损失的赔付责任；如果前因是除外风险，后因是保险风险，且后因是前因的必然结果，则除外风险为损失的近因，保险人不承担赔付责任。

（4）多种原因间断发生。这里的间断发生，是指逻辑上没有因果关系，即多种原因是相互独立的。损失是由两个以上相互独立的原因引起的，如果造成损失的原因中有保险风险，则保险人仅对由保险风险造成的损失承担责任，对非保险风险造成的损失不承担责任。

四、损失补偿原则及其派生原则

（一）损失补偿原则

损失补偿是指当保险事故发生造成保险标的的毁损致使被保险人遭受经济损失时，保险人在保险合同责任范围内，依据合同条款的约定对被保险人所受的实际损失进行补偿。损失补偿原则主要适用于财产保险以及其他补偿性保险合同（比如人身保险中的报销型医疗保险）。

1. 损失补偿原则的内容

（1）损失补偿的范围。

损失补偿的范围既包括保险标的的损失，也包括保险标的损失产生的各种费用，具体包括：补偿被保险人因保险事故遭受的经济损失；补偿被保险人因保险事故发生而产生的各种合理费用。

（2）损失补偿的实现方式。

选择损失补偿的实现方式的主要依据是受损标的的性质以及受损状况。通常采用的实现方式有：现金赔付、修理、更换和重置。

2. 损失补偿原则的补偿限制

按照损失补偿原则的要求，既要使被保险人遭受损失时能得到补偿，又不能使其通过保险获得额外的利益。然而，在保险人实际履行损失补偿责任的过程中，损失补偿原则的执行会因各种因素的影响而受到限制。

（1）补偿以被保险人的实际损失为限。

在补偿性的保险合同中，当保险标的遭受保险责任范围内的损失时，保险人以财产损失当时的实际价值或市价为准，按照被保险人的实际损失进行赔付。

（2）补偿以保险合同约定的保险金额为限。

保险金额是保险人承担赔偿或给付责任的最高限额，损失补偿金额只能小于或等于保险金额，而绝不能高于保险金额。

（3）补偿以被保险人对受损标的拥有的保险利益为限。

在财产保险中，保险标的的可估价性，决定了投保人或被保险人的保险利益在量上可以衡量。发生保险事故造成损失后，被保险人在索赔时必须对受损标的的具有保险利益，且保险人的赔付金额也必须以被保险人对该标的所具有的保险利益为限。

一般来说，在财产保险中，保险人的实际赔付要受到以上三个量的限制，当三者不一致时，以较小者为限。

3. 损失补偿原则的例外

作为保险四大基本原则之一，损失补偿原则在适用性上存在一些例外的情况。

（1）大部分人身保险不适用。损失补偿的前提是保险标的的损失可以用货币计算、估价和衡量，人身保险的保险标的是被保险人的生命和身体，当被保险人发生疾病、伤残甚至死亡时，其给本人和家庭带来的损失和精神创伤都是无法用货币估量的，只能以约定的保险金额进行赔偿。既然不能用货币来确定损失，那么自然就不存在损失补偿的说法。大部分的人身保险为给付性合同，而非补偿性合同。

（2）定值保险不适用。在财产保险的实践中，一些财产标的的市场价值波动很大或者难以确定，例如古玩字画等，这时双方会事先约定一个保险金额作为该标的的价值，无论保险标的实际损失是多少，保险公司都会按照保险金额×损失程度作为赔偿金额，这就是定值保险。在定值保险中，如果发生事故时保险标的的实际价值低于保险金额，可能会出现保险赔款超过实际损失的情况，具体规定可参考我国《保险法》第五十五条。

（3）重置价值保险不适用。一般财产保险是以保险标的的实际价值投保，以实际损失赔付，但由于通货膨胀或市场周期等因素，发生事故时得到的赔偿可能已经不足够重置或重建财产，例如随着技术进步，原来生产设备损失获得的赔偿金额可能不够覆盖新购设备的成本，针对该情况，保险人允许以重建保险标的所需的成本或费用确定保险金额，这就是重置价值保险。当按照重置或重建的成本进行赔偿时，就可能出现赔偿金额大于保险标的实际损失的情况，因此重置价值保险也不适用损失补偿原则。

（二）损失补偿原则的派生原则——代位原则

保险代位指的是保险人取代被保险人对第三者的求偿权（又称追偿权），或对受损标的的所有权。代位原则是指保险人依照法律或保险合同约定，对被保险人因保险事故发生所遭受的损失进行赔偿后，依法取得向对此损失负有责任的第三者进行求偿的权利或取得被保险人对受损保险标的的所有权。

1. 权利代位

权利代位又叫代位求偿权，是指当保险标的因遭受保险责任事故而产生损失，依法应当由第三者承担赔偿责任时，保险人自支付保险赔偿金之日起，在赔偿金额的限度内，相应取得向对此损失负有责任的第三者请求赔偿的权利。代位求偿权是一种权利即债权的代位。

（1）保险人取得代位求偿权的前提条件。保险人取得代位求偿权，需要具备3个前提条件：第一，保险标的损失的原因是保险事故，同时又是第三者的行为所致；第二，被保险人不放弃向第三者的赔偿请求权；第三，保险人取得代位求偿权是在按照保险合同履行了赔偿责任之后。

（2）代位求偿权的实施对保险双方的要求。就保险人而言，首先，其行使代位求偿权的金额只能以赔偿金额为限。其次，保险人不得干预被保险人就未取得保险赔偿的部分向第三者请求赔偿。最后，保险人为满足被保险人的特殊需要或者在法律费用超过可能获得的赔偿额时，也会放弃代位求偿权。

就投保方而言，不能损害保险人的代位求偿权，并要协助保险人行使代位求偿权。首先，如果被保险人在获得保险人赔偿之前放弃了向第三者请求赔偿的权利，那么就意味着他放弃了向保险人索赔的权利。其次，如果被保险人在获得保险人赔偿之后未经保险人同意而放弃对第三者请求赔偿的权利，则该行为无效。再次，如果发生事故后，被保险人已经从第三者那里取得赔偿或者由于其过错致使保险人不能行使代位求偿权，那么保险人可以相应扣减保险赔偿金。最后，在保险人向第三者行使代位求偿权时，被保险人应当向保险人提供必要的文件和其所知道的有关情况。

（3）代位求偿权的行使对象。根据代位求偿权的一般原理，任何对保险标的的损失负有赔偿责任的第三者都可以成为代位求偿权的行使对象。但是，在实践中各国立法都规定保险人不得对被保险本人及其一定范围的亲属或雇员行使代位求偿权，除非保险事故是由上述人员故意造成的。

（4）代位求偿权的行使范围。代位求偿权一般不适用于人身保险。人身保险的标的是人的生命或身体，与财产的性质不同，其价值难以估量，因而不会发生多重获益的问题。所以，如果被保险人在保险事故中伤残或身亡，则既可获得保险金，也可获得肇事的第三者的赔偿。

我国《保险法》第六十条、第六十一条、第六十二条、第六十三条对权利代位进行了相关规定。

2. 物上代位

物上代位又称所有权代位，是指保险标的因遭受保险事故而发生全损或推定全损，保险人在全额支付保险赔偿金之后，即拥有对该保险标的的所有权，即代位取得对受损保险标的的权利与义务。

（1）物上代位权的取得一般通过委付实现。委付是被保险人在保险标的处于推定全损状态时，用口头或书面形式提出申请，愿意将保险标的所有权转移给保险人，并请求保险人全部赔偿的行为。委付是被保险人放弃物权的法律行为，是一种经常用于海上保险的赔偿制度。

（2）物上代位权是一种所有权的代位。与代位求偿权不同，保险人一旦取得物上代位权，就拥有了该受损标的的所有权。处理该受损标的所得的一切收益归保险人所有，即使该利益超过保险赔款也归保险人所有。但在不足额保险中，保险人只能按照保险金额与保险价值的比例取得受损标的的部分权利。

我国《保险法》第五十九条对物上代位进行了相关规定。

（三）损失补偿原则的派生原则——重复保险的分摊原则

1. 重复保险的定义

我国《保险法》第五十六条第四款规定："重复保险是指投保人对同一保险标的、同一保险利益、同一保险事故分别与两个以上保险人订立保险合同，且保险金额总和超过保险价值的保险。"根据这一规定，重复保险的构成需要满足以下条件：

（1）必须是对同一保险标的及同一保险利益。重复保险要求以同一保险标的及同一保险利益进行保险，保险标的若不相同，则显然不存在重复保险的问题。保险标的相同，保险利益不同也不构成重复保险。例如对同一房屋，甲以所有人的利益投保火灾险，乙以抵押权人的利益投保火灾险，甲、乙的保险利益不同，则不构成重复保险。

（2）必须是对同一保险事故。如果以同一保险标的及同一保险利益同时投保不同的险种，不构成重复保险。例如同一家庭财产同时投保火灾险和盗窃险，就不构成重复保险。

（3）必须是同一保险期间。如果是同一保险标的及同一保险利益，但保险期间不同，也不构成重复保险。例如，保险合同期满办理续保，并不构成重复保险。

（4）必须是向两个以上保险人订立保险合同，且保险金额总和超过保险标的的价值。如果只与一个保险人订立保险合同，且保险金额超过标的价值，则称为超额保险。如果与数个保险人订立合同，但保险金额总和不超过标的价值，则称为共同保险。只有既与数个保险人订立数个保险合同，保险金额总和又超过保险标的价值才构成重复保险。

2. 重复保险的分摊方式

在重复保险的情况下，保险事故发生时，被保险人所能得到的赔偿金由各保险人采用适当的方法进行分摊，从而使其所得到的总赔偿金不超过实际损失额。这样，被保险人既能得到充分补偿，又不会得到超过其实际损失的额外利益。在重复保险的情况下，对于损失后的赔款如何在保险人之间进行分摊，各国做法有所不同，但主要有以下3种。

（1）比例责任制。比例责任制又称保险金额比例分摊制，该分摊方法是各保险人按其所承保的保险金额与所有保险人承保的保险金额的总和的比例来分摊保险赔偿责任。其计算公式为：

$$某保险人承担的赔偿责任额 = \frac{该保险人承保的保险金额}{所有保险人承保的保险金额之和} \times 损失金额$$

（2）限额责任制。限额责任制又称赔款额比例责任制，即保险人分摊赔款额不以保额为基础，而是按照在无他保的情况下各保险人单独应负的赔偿限额与所有保险人应负的赔偿限额的总和的比例分摊保险赔偿责任。其计算公式为：

$$某保险人承担的赔偿责任额 = \frac{该保险人单独应负的赔偿金额}{所有保险人应负的赔偿限额之和} \times 损失金额$$

（3）顺序责任制。顺序责任制又称主要保险制，即各保险人所负责任依签订保单顺序而定，由其中先出立保单的保险人首先负责赔偿，当赔偿不足时再由其他保险人在各自的保险金额限度内依次承担不足的部分。在这种方式下，被保险人的损失赔款可能由一个保险人承担，也可能由多个保险人共同承担，这取决于被保险人的损失大小及顺次承保的保险金额的大小。

根据我国《保险法》第五十六条第二款规定，我国支持的重复保险的处理方式是比例责任制。

第三节　保险经营的基础

保险经营的基础包括可保风险、大数法则的应用、核保、理赔、再保险和投资等。

一、可保风险

风险的存在是保险产生的前提条件，但并不是所有的风险保险公司都可以承保。保险公司是以特定的风险为经营对象的，那些符合保险公司承保条件的特定风险即为可保风险。一般来说，可保风险具有以下特点：

（一）众多独立同分布的同质风险单位

在统计学中，随机变量$X1$和$X2$独立，是指$X1$的取值不影响$X2$的取值，$X2$的取值也不影响$X1$的取值。随机变量$X1$和$X2$同分布，意味着$X1$和$X2$具有相同的分布形状和相同的分布参数，有着相同的分布函数、相同的均值与方差。在保险经营中，风险单位是指保险标的发生一次风险事故可能造成的最大损失范围。独立的风险单位是指一个风险事件的发生不影响另一风险事件的发生，大多数风险单位不会同时遭受重大损失。如果风险单位不独立，则一个事件的发生必然影响其他事件的发生，使保险公司遭受连锁反应带来的损失，导致实际赔款支出与期望赔款支出的偏差加大，影响保险公司财务稳定性。同质同分布，是指各风险单位的性质、种类、出险率以及出险后所发生的损失额应大致相同。如果风险单位不同质，那么风险就无法在多个风险单位间进行集合与分散，而且一旦高额损失发生，就必然影响保险公司的财务稳定性。

（二）保费经济可行

保费经济可行包含两方面的含义：对保险公司而言，保费应该覆盖公司的风险费用（赔款）及运营费用，同时应使保险公司有利可图；对投保人而言，保费是负担得起的。

（三）损失不能是投保人或被保险人故意行为所致

可保风险对个体而言，具有不确定性，即风险事故是否发生、在何时何地发生以及发生后导致的损失结果是不确定的。也就是说，损失的发生不能是投保方故意引起的。大多保险合同条款都将由投保人或被保险人的故意行为造成的损失列为除外责任，保险公司不予赔偿。

（四）损失所发生的时间、金额和原因可以在有效的时间和成本之内确定

虽然对个体而言，损失所发生的时间、金额和原因是不确定的，但对于大量的风险单位整体而言，损失所发生的时间、金额和原因可以借助一些专业知识和技术，在有效的时间和成本之内确定。正因为可保风险具有可测定性，所以保险公司可以根据测定的结果向投保人收取合理的保费。

（五）损失可以在有限的时间和空间内分摊

保险经营的过程，既是风险的集合过程，又是风险和损失的分散过程。保险公司通过保险将众多投保人所面临的分散性风险集合起来，当发生保险事故时，又将少数人发生的损失分摊给全部投保人，也就是通过保险的补偿或给付行为分摊损失，将集合的风险予以分散。如果损失过于集中，就可能产生责任累积，不利于保险公司的稳定经营，所以分散的范围应尽可能扩大。

可保风险的特点也会随着保险技术的发展和时间的推移发生变化，而且一些外部条件如市场竞争、国家政策等也会左右可保风险的特点。

二、大数法则的应用

概率论是一门研究随机现象的科学，概率论的出现使人类找到了各种随机现象运动的规律。大数法则是概率论中用来阐明大量随机现象平均结果稳定性的一系列定理，它反映了必然性和偶然性之间的辩证关系。大数法则在保险领域指的是，面临同一风险事故（如

死亡）的数量越多，观察到的实际损失偏离期望损失的程度就越低。也就是说，风险和不确定性随着风险标的数量的增加而降低。大数法则是保险经营的数理基础，它为保险产品的费率厘定提供了理论依据。精算，简单地说就是依据经济学的基本原理，运用现代数学、统计学、金融学及法学等各种科学有效的方法，对各种经济活动中未来的风险进行分析、评估和管理，是保险公司实现稳健经营的基础。

根据大数法则，保险公司集合的风险单位越多，风险就越分散，损失发生的概率和损失程度就越有规律性和相对稳定性，实际损失结果就越接近于期望损失结果，因此精算人员制定的保险费率也更准确合理，从而保证了保险经营的稳定。这里要注意的是，只有独立风险单位的汇聚才能使风险降低，相关风险单位的汇聚反而会扩大风险，高度相关的风险汇聚甚至可能导致巨灾，严重影响保险公司的财务稳定。

三、核保

保险核保是指保险人在对投保标的的信息全面掌握、核实的基础上，对标的进行风险评估与分类，进而决定是否承保或以什么样的条件承保的过程。通过核保，保险公司可以确定对标的的合理承保价格，并且可以在一定程度上防止投保方的逆向选择和道德风险。

（一）核保信息来源

保险核保信息来源主要有三条途径，即投保人填写的投保单、销售人员和投保人提供的情况、通过实际查勘获取的信息。保险人通过这三条途径收集核保信息并加以整理，为做出承保决策提供依据。

（二）人身保险的核保要素

以人寿保险为例，其核保要素一般分为影响死亡率的要素和非影响死亡率的要素。影响死亡率的要素包括年龄、性别、职业、健康状况、体格、习惯、嗜好、居住环境、种族、家族、病史等。非影响死亡率的要素包括保额、险种、交费方式、投保人财务状况、投保人与被保险人及受益人之间的关系。

（三）财产保险的核保要素

财产保险的核保要素应重点注意以下6点：（1）投保标的所处的环境；（2）保险财产的占用性质；（3）投保标的的主要风险隐患和关键防护部位及防护措施状况；（4）有无处于危险状态中的财产；（5）各种安全管理制度的制定和实施情况；（6）被保险人以往的事故记录及其道德情况。

四、理赔

保险理赔，是指保险公司处理被保险人或受益人的索赔申请的过程。保险理赔涉及保险合同双方权利与义务的实现，是保险经营中的一项重要内容。保险公司理赔的主要程序包括：损失通知、保险责任审核与确认、损失调查、保险金赔偿给付、损余处理及代位追偿等。其中，在确认保险责任的程序中，对于财产保险而言，应特别注意被保险人对保险标的的保险利益，若被保险人已不具有保险利益，则无法获得赔偿。此外，在进行损失调查确定损失原因时，保险理赔是基于近因原则进行判断的。

保险公司在理赔过程中，应当遵循以下原则：

（一）重合同、守信用的原则

保险人和被保险人之间的权利和义务关系是通过保险合同建立起来的。处理赔案的过程，对保险人而言，实际上是履行合同所约定的赔偿或给付义务的过程，而对被保险人而言，则是享受合同中所约定的获得赔偿或领取保险金权利的过程。所以保险公司理赔时要重合同、守信用，按照《保险法》和合同条款处理赔案，既不要任意扩大保险责任范围，也不要惜赔或毫无理由地拒赔。

（二）实事求是的原则

被保险人或受益人提出的索赔案件千差万别，案发原因也错综复杂。对于某些损失发生的原因交织在一起的赔案，有时根据合同条款很难做出是否属于保险责任的明确判断，而且合同双方对条款的认识和理解有时也存在差异，这就会导致保险公司和投保方之间出现赔与不赔、赔多与赔少的纠纷。在这种情况下，保险公司既要严格按照合同条款办事，不违背条款规定，又要合情合理、实事求是地对不同案件的具体情况进行具体分析，灵活处理赔案。

（三）主动、迅速、准确、合理的原则

所谓主动、迅速，是指保险公司在理赔时应积极主动，及时查勘事故原因，对属于保险责任范围内的事故损失，要迅速估算损失金额，及时赔付；对不属于保险责任的，应当及时向被保险人或者受益人发出拒赔通知书，并说明理由。所谓准确、合理，是指保险公司应正确找出损失原因，科学合理地确定赔付与否以及赔付额度。为了保护被保险人或受益人的利益，贯彻"主动、迅速、准确、合理"的原则，我国《保险法》第二十三条第一款、第二款明确规定："保险人收到被保险人或者受益人的赔偿或者给付保险金的请求后，应当及时作出核定；情形复杂的，应当在三十日内作出核定，但合同另有约定的除外。保

险人应当将核定结果通知被保险人或者受益人；对属于保险责任的，在与被保险人或者受益人达成赔偿或者给付保险金的协议后十日内，履行赔偿或者给付保险金义务。保险合同对赔偿或者给付保险金的期限有约定的，保险人应当按照约定履行赔偿或者给付保险金义务。保险人未及时履行前款规定义务的，除支付保险金外，应当赔偿被保险人或者受益人因此受到的损失。"第二十四条规定："保险人依照本法第二十三条的规定作出核定后，对不属于保险责任的，应当自作出核定之日起三日内向被保险人或者受益人发出拒绝赔偿或者拒绝给付保险金通知书，并说明理由。"第二十五条还规定："保险人自收到赔偿或者给付保险金的请求和有关证明、资料之日起六十日内，对其赔偿或者给付保险金的数额不能确定的，应当根据已有证明和资料可以确定的数额先予支付；保险人最终确定赔偿或者给付保险金的数额后，应当支付相应的差额。"

五、再保险

再保险也称分保，是指保险公司通过签订再保险合同，约定以支付分保费的方式，将其承担的保险业务的一部分或者全部，转移给其他保险公司的行为。在再保险交易中，转移风险的公司称为直接保险公司（原保险人）、分出公司或再被保险人；接受风险收取保费的公司称为分入公司或再保险人，再保险人可以是专门的再保险公司，也可以是其他直接保险公司。原保险人分出的那部分风险责任金额称为分出额或分保额，自己承担的那部分风险责任金额称为自留额。

再保险的作用体现在以下四个方面：

（一）进一步分散风险

保险是投保人将自己本身的风险转嫁给保险人，保险人通过集合众多具有相同风险的投保人，使风险得以分散。而通过再保险，保险人可以使得风险进一步分散。通过再保险分散的风险主要包括巨灾风险、巨额风险和经营风险。

（二）控制保险责任

再保险可以使保险人根据自己的技术、资金能力确定自留额度，从而控制保险责任，保证经营的稳定性与安全性。通过再保险，保险人可以控制每个风险单位的责任、总体自留责任、每次巨灾事故及全年的责任积累。

（三）间接扩大经营能力

保险人的业务发展要受到其资本量的限制。为了保证有足够的偿付力，保障被保险人的利益，许多国家的保险法都对每一危险单位的最高自留额与其资本加准备金的比例做了具体规定。这样，各个保险公司在承揽业务时就可能受到种种限制。但是，如果有了再保险的安排，保险公司就可招揽大保额的保险业务，而且可扩大险种范围，提高承保能力，增加营业机会和获利空间，同时会提升自身的信誉。

（四）形成巨额联合保险基金

现代科学技术的高速发展，使财富得以迅速积累的同时也带来了更大的风险。对于巨额风险和巨灾风险，仅靠一家或几家保险公司独自积累的保险基金是难以应付的。而通过再保险，则可以将各保险集团集合成更大的分散风险的网络，在更大范围内将保险基金积聚起来，使保险基金由分散走向联合，形成同业性或国际性的联合保险基金，增强保险的整体经营能力以及抗御巨额风险和巨灾风险的能力。

六、投资

保险投资是指保险公司在经营过程中，将积聚的各种保险资金加以运用，使其保值增值的活动。在许多情况下，人们将保险投资与保险资金的运用相互混用，但从严格意义上说，为两个概念是有区别的。会计上，资金运用专指企业的资金占用和使用情况，既包括企业拥有的各种财产也包括企业的各种债权。保险投资是增加企业债权或金融资产的活动，只是资金运用的一种主要形式，其范围小于保险资金的运用。保险投资是保险资金保值增值的内在要求，也是保险公司面对日益激烈的市场竞争所采取的主要盈利手段。

（一）保险投资的资金来源

保险投资的资金来源主要有以下两项：

1. 自有资本金

保险公司的自有资本金包括注册资本（或实收资本）或公积金。注册资本或实收资本一般根据《公司法》规定，在开业时可视作初始准备金，在经营期间又是保险公司偿付能力或承保能力的标志之一。

公积金是保险公司按《公司法》规定从历年利润中提存的，它和保险公司的注册资本（或实收资本）共同构成保险公司的偿付能力和承保能力。

2. 准备金

准备金是保险公司根据精算原理，按照一定的比例从保费中提留的资金。与资本金的性质不同，准备金是保险公司的负债，是公司将于未来某一时期对被保险人进行赔偿和给付的资金。

（二）保险投资的原则

首先，安全性是实现保险资金如期收回、利润或利息如数收回，保证偿付的条件，否则不能保证保险公司有足够的偿付能力，被保险人的合法权益就不能得到充分的保障。安全性原则要求保险公司投资时应遵循风险管理的程序和要求，认真识别和衡量风险以避免高风险投资，运营分散投资策略以避免风险过于集中，从而达到控制风险的目的。

其次，收益性是保险公司运用保险资金的动机和目的。收益性和安全性是一对矛盾体，往往表现为高收益—高风险—安全性差。这要求保险公司应以资金安全为条件寻求尽可能高的投资收益，而不是以风险为代价，牺牲安全性去换取高收益。

最后，流动性是指保险公司的资金具有在不损失价值的前提下的即时变现能力。流动性是以机会成本为代价的，流动性越强，安全性越高。如果保险公司仅在账面资产上具有相应的偿付能力，而不能将账面资产及时转化为现金赔款，其所担负的社会责任就难以及时兑现，不仅无法起到稳定社会经济生活的作用，而且会因缺乏流动性而倒闭。

（三）保险投资的形式

各国保险法与保险监管部门对保险投资形式均有严格限制。我国《保险法》第一百零六条规定："保险公司的资金运用必须稳健，遵循安全性原则。保险公司的资金运用限于下列形式：（一）银行存款；（二）买卖债券、股票、证券投资基金份额等有价证券；（三）投资不动产；（四）国务院规定的其他资金运用形式。"

《保险资金运用管理办法》针对保险资金运用中的禁止性行为有相关规定，除中国保险监管机构另有规定以外，"保险集团（控股）公司、保险公司从事保险资金运用，不得有下列行为：（一）存款于非银行金融机构；（二）买入被交易所实行'特别处理''警示存在终止上市风险的特别处理'的股票；（三）投资不符合国家产业政策的企业股权和不动产；（四）直接从事房地产开发建设；（五）将保险资金运用形成的投资资产用于向他人提供担保或者发放贷款，个人保单质押贷款除外；（六）中国银保监会禁止的其他投资行为"。

（四）保险投资的一般程序

保险投资一般由保险公司的投资部门或保险集团控股公司的投资子公司具体运作。首先对投资的去向进行可行性研究，在多种方案的基础上进行科学决策，然后根据资本市场的规律与程序投放资金，最后对投资进行绩效考核并对收益进行处理。

（五）保险投资决策

保险投资决策的过程通常包括确定目标、提出多种方案和选择最优方案。在进行投资决策时，根据可行性研究报告：首先，要确定投资的方向和目标，就宏观目标而言，先考虑可供运用资金的不同投向，然后在合法的范围内确定具体的投资目标；其次，在投资方向和目标确定后，应该从不同的角度用不同的方法构思和拟订各种可行的投资方案，包括资金投向、数额、期限、运作过程、前景分析、风险评估、收益预测等；再次，从各种独具特色的投资方案中，经过反复比较、权衡利弊，选出最优的投资方案；最后，跟踪检查决策的执行情况，及时反馈资金运作信息，以保证决策执行结果与决策时的期望一致。

第四节　保险合同

一、保险合同的法律特征

合同也称契约，是平等主体的当事人为了实现一定的目的，以双方或多方意思表示一致设立、变更和终止权利义务关系的协议。

保险合同属于民事合同，必须具有民事合同的要件：行为人具有相应的民事行为能力；意思表示真实；不违反法律、行政法规的强制性规定，不违背公序良俗。对于保险合同而言，当事人双方必须遵守最大诚信原则，否则可能会影响合同效力。保险合同作为一种特殊的民事合同，除具有一般合同的法律特征外，还具有一些自身的法律特征。

（一）保险合同是双务合同

保险合同是双务合同，而且是附有条件的双务合同。在保险合同中，被保险人要得到保险人对其保险标的给予保障的权利，就必须向保险人交付保费，而保险人收取保费，就必须承担保险标的受损后的赔付义务，双方的权利和义务是彼此关联的。但是，保险合同的双务性与一般双务合同并不完全相同，即保险人的赔付义务只有在约定的事故发生后才履行，因而其是附有条件的双务合同。

（二）保险合同是射幸合同

射幸是指相对人获取利益具有偶然性。射幸合同具有"碰运气"的性质，当事人因为合同所产生的利益和损失，不具有等价关系。保险合同是一种典型的射幸合同。因为投保人根据保险合同支付保费的义务是确定的，而保险人仅在保险事故发生时，承担赔偿或给付义务，即保险人的义务是否履行在保险合同订立时尚不确定，而是取决于保险事故是否发生。因此，了解保险合同的责任范围（射幸条件）至关重要。但需要注意的是，保险合同的射幸性质只是就单个保险合同而言的，从全部承保的保险合同总体来看，总保费收入与总赔偿金额的关系是经过科学测算的，两者大体应相互平衡，在这方面不存在偶然性，即不存在射幸性。

（三）大部分保险合同是附和合同

根据订立合同中双方的地位来划分，合同可分为协议合同和附和合同。协议合同是指根据缔约双方充分协商的结果而订立的合同。与之相对应的附和合同是指一方当事人事先拟好合同条款，另一方只能接受或拒绝的合同。由于个人与家庭需要的保险中，基本条款和费率都是由保险人事先拟订好的，并且保险合同逐渐出现技术化、定型化和标准化的趋势，投保人只能决定是否接受这些条款，而不能要求修改这些条款，因此，大部分保险合同是附和合同。当然，对于企业、团体的保险，尤其是特殊的风险，保险合同的条件可能是经双方协商讨论后确定的，例如工程保险、核保险、航天保险。

二、保险合同的主体、客体与主体的权利义务

任何法律关系都包括主体、客体和权利义务关系三个方面。

（一）保险合同的主体

保险合同的主体包括保险合同的当事人和关系人。

1. 保险合同的当事人

保险合同的当事人是指缔结保险合同，直接享有权利并承担义务的人，包括保险人和投保人。达成保险合同的双方均必须具有相应的民事行为能力。

（1）保险人。保险人是指经营保险业务，与投保人订立保险合同，享有收取保费的权利，并按照合同约定对被保险人或受益人承担损失赔偿或给付保险金义务的一方当事人。对于保险人在法律上的资格，各国保险法都有严格规定，一般来说，保险人经营保险业务必须经过国家有关部门审查认可并获准专门经营。

（2）投保人。投保人是指与保险人订立保险合同并负有交付保费义务的另一方当事人。就法律条件而言，投保人可以是法人也可以是自然人，但它必须具有行为能力；就经济条件而言，投保人必须具有交付保费的能力；就特殊条件而言，投保人必须与投保标的具有合法的经济利害关系，即保险利益关系。

2. 保险合同的关系人

保险合同的关系人是指与保险合同发生间接的权利义务关系的人，他们对保险合同利益具有独立的请求权，包括被保险人和受益人。保险合同的关系人（第三人）可以不具备完全民事行为能力，其利益要与合同中的事项有关。

（1）被保险人。

被保险人是指其财产或者身体、寿命受保险合同保障，享有保险金请求权的人。一般来说，在财产保险合同中，被保险人的资格没有严格的限制，自然人、法人和非法人组织都可以作为被保险人。

而在人身保险合同中，法人不能作为被保险人，只有自然人而且必须是有生命的自然人才能充当被保险人。

在以死亡为给付保险金条件的人身保险合同中，无民事行为能力的人不得成为被保险人，但父母为其未成年的子女投保时除外，只是死亡给付的保险金总额有限定。

在保险合同中，被保险人与投保人可能同属一人，也可能分属两人。当投保人为自己的利益投保时，投保人和被保险人同属一人。当投保人为他人的利益投保时，投保人与被保险人分属两人。

（2）受益人。

我国《保险法》第十八条规定："受益人是指人身保险合同中由被保险人或者投保人指定的享有保险金请求权的人。投保人、被保险人可以为受益人。"可以看出，受益人的概念仅限于人身保险。受益人即人身保险合同中由被保险人或投保人指定，当保险合同规定的条件实现时有权领取保险金的人。实务中，人身保险合同中的受益人可以分为生存保险金受益人和死亡保险金受益人。比如年金保险合同中约定被保险人生存时，保险公司应按合同约定给付年金，则领取年金的人是生存保险金受益人，在大部分情况下，年金保险的生存保险金受益人与被保险人是一人。在寿险合同中，一般约定被保险人死亡时，由死亡保险金受益人领取保险金，显而易见，死亡保险金受益人不可能为被保险人，一般可以是投保人或经投保人、被保险人指定的第三人。

我国《保险法》第三十九条规定："人身保险的受益人由被保险人或者投保人指定。投保人指定受益人时须经被保险人同意。投保人为与其有劳动关系的劳动者投保人身保险，不得指定被保险人及其近亲属以外的人为受益人。被保险人为无民事行为能力人或者限制民事行为能力人的，可以由其监护人指定受益人。"

（二）保险合同的客体

保险合同的客体是投保人或者被保险人对保险标的的保险利益。保险利益与合同中载明的保险标的的含义是不同的。保险标的是合同中作为保险对象的财产及其有关利益，或人的生命、身体和健康。

保险标的是保险利益的载体，是保险责任的指向。保险利益与保险标的是相互依存的。一般情况下，保险利益以保险标的的存在为条件：当保险标的存在，投保人或被保险人的保险利益也存在；当保险标的遭受损失或者不存在，投保人或被保险人也将蒙受经济上的损失。[①]

（三）保险合同主体的权利义务

1. 保险当事人的基本权利义务

我国《保险法》第十条规定："保险合同是投保人与保险人约定保险权利义务关系的协议。"根据保险合同的约定，收取保费是保险人最基本的权利，在约定的事故发生造成损失时或约定的期限届满时，赔偿或给付保险金是保险人最基本的义务；与此相对应，交付保费是投保人最基本的义务，在约定的事故发生造成损失时或约定的期限届满时，请求赔偿或给付保险金是被保险人或受益人最基本的权利。

2. 保险当事人的其他权利义务

除基本的权利义务之外，投保人还享有基于保单所有权及其价值可行使的权利（比如在人身保险中退保或部分退保获取现金价值、利用保单贷款、获取分红收益），合同解除、变更等权利；同时负有如实告知、维护保险标的的安全、保险标的的危险增加或保险事故发生的通知、出险施救、提供单证、协助保险人追偿等义务。保险人拥有检查标的、代位求偿、《保险法》规定的合同解除权等权利；负有条款（尤其是免责条款）的说明，及时签发保险单证，为投保人、被保险人或再保险分出人的信息保密等义务。

3. 财产保险与人身保险中被保险人的权利差异

在财产保险中，通常由被保险人申领保险金，但经其同意或者由其指定，他人也可以为"赔款受益人"。

在人身保险中，被保险人一般被约定为生存保险金受益人。除非合同有专门约定，被保险人一般不能享有保单的现金价值、分红等利益，上述权益一般由投保人享有。

---

① 资料来源：孙祁祥，《保险学》（第四版），北京大学出版社，2009年。

4. 我国《保险法》对保险金受益人的特殊规定

我国《保险法》第四十二条规定：

被保险人死亡后，有下列情形之一的，保险金作为被保险人的遗产，由保险人依照《中华人民共和国继承法》的规定履行给付保险金的义务：

（一）没有指定受益人，或者受益人指定不明无法确定的；

（二）受益人先于被保险人死亡，没有其他受益人的；

（三）受益人依法丧失受益权或者放弃受益权，没有其他受益人的。

受益人与被保险人在同一事件中死亡，且不能确定死亡先后顺序的，推定受益人死亡在先。

我国《保险法》司法解释（三）进一步规定：

投保人指定受益人未经被保险人同意的，人民法院应认定指定行为无效。

当事人对保险合同约定的受益人存在争议，除投保人、被保险人在保险合同之外另有约定外，按照以下情形分别处理：

（一）受益人约定为"法定"或者"法定继承人"的，以继承法规定的法定继承人为受益人；

（二）受益人仅约定为身份关系，投保人与被保险人为同一主体的，根据保险事故发生时与被保险人的身份关系确定受益人；投保人与被保险人为不同主体的，根据保险合同成立时与被保险人的身份关系确定受益人；

（三）受益人的约定包括姓名和身份关系，保险事故发生时身份关系发生变化的，认定为未指定受益人。

三、保险合同的主要内容

保险合同的基本条款，一般应包括以下八个方面的事项。

（一）保险合同主体的姓名或名称、住所

保险合同主体包括投保人、保险人、被保险人和受益人等。他们是合同所约定的权利和义务的享有者和承担者。明确当事人的姓名或名称、住所，是履行保险合同的前提。因为合同订立后，有关保费的请求支付、危险程度增加的通知、危险发生原因的调查、保险金的给付等事项，无不与当事人及其住所有关。此外，如果因为合同的履行引发保险合同纠纷，那么保险合同主体的姓名或名称和住所对诉讼管辖、法律适用及文书送达等也具有

重要的意义。

保险合同中还应载明被保险人或受益人的姓名或名称、住所。在人身保险中，对被保险人除姓名或名称、住所外，还须载明其性别、年龄、职业等。

（二）保险标的

在财产保险中，保险标的是各种财产本身及其有关的利益和责任；在人身保险中，则是人的寿命和身体。

不同的保险标的，面临的风险的种类、性质和程度是不同的，所适用的保险费率也有差别。许多险种就是按照保险标的的不同划分而设计的。明确记载保险标的，目的在于判断投保人对保险标的有无保险利益、保险利益存在与否，直接影响保险合同的效力；同时，可以确定保险人应承担的保险责任的范围。保险标的也是确定保险金额和保险价值的基础。如果没有保险标的，不仅保险保障失去了指向，保险合同也不可能成立。

（三）保险责任和责任免除

保险责任是指在保险合同中载明的对于保险标的在约定的保险事故发生时，保险人应承担的经济赔偿或给付保险金的责任，一般都在保险条款中予以列举。保险责任明确了保险人应承担的赔偿或给付责任，通常包括基本责任和特约责任。

责任免除是对风险责任的限制，它约定了保险人在何种情况下不负赔偿或给付责任。责任免除一般分为三种情况：第一，是指不承保的风险即损失原因免除；第二，是指不承担赔偿责任的损失即损失免除；第三，是指不承保的标的。

（四）保险期间和保险责任开始时间

保险期间是指保险合同的有效期间，即保险人为被保险人提供保险保障的起讫时间，亦是保险合同依法存在的效力期限。一般可以按自然日期计算，也可按一个运行期、一个工程期或一个生长期计算。保险期间是计算保费的依据，也是保险人履行保险责任的依据。

保险责任开始时间是保险合同约定保险人开始承担保险责任的时间。我国《保险法》第十四条规定："保险合同成立后，投保人按照约定交付保险费，保险人按照约定的时间开始承担保险责任。"从这条规定可以看出，保险合同的生效与保险责任的开始时间不是一个概念，二者既有密切联系，又有严格区别。

（五）保险金额

保险金额是指保险人承担赔偿或者给付保险金责任的最高限额。在不同的保险合同中，保险金额的确定方法有所不同。在财产保险中，保险金额一般要根据保险价值来确定；在人身保险中，由于人的生命价值难以用货币来衡量，所以不能依据人的生命价值确定保险金额，而要根据被保险人的经济保障需要与支付保费的能力，由保险双方当事人协商确定保险金额。需要注意的是，保险金额只是保险人负责赔偿的最高限额，实际赔偿金额在保险金额内视情形而定。

（六）保险费以及支付办法

保险费，是投保人为换取保险人承担危险赔偿或给付责任的对价。保险合同如无保费的约定则无效。保费的多少，主要取决于保险金额和保险费率这两个因素。保险金额大，保险费率高，投保人应交的保费就多；反之则少。保险合同中还应约定保费的具体交付方式和时间，比如是期交还是趸交，是现金支付还是转账支付，是人民币付款还是外汇付款。

（七）保险金赔偿或者给付办法

保险金赔偿或者给付办法应在保险合同中明确规定。以寿险保险金的给付为例，主要有以下三种方式。

1. 一次性全部支付

大多数死亡保险金都是以现金、支票或其他支付形式一次性支付保险金。

2. 分期给付

这种方式是根据投保人的要求，在约定的给付期间按约定的利率，计算出每期应给付的金额，以年金方式按期给付。

3. 年金领取

这种方式是受益人用领取的保险金作为趸交保费购买一份该公司的年金保险，此后，受益人按期领取年金。

（八）违约责任和争议处理

违约责任，是指合同当事人因其过错致使合同不能履行或不能完全履行时，基于法律规定或合同约定所必须承担的法律后果。它是合同法律效力的必然要求。我国《保险法》对于保险合同的违约责任有明确的规定。当事人在签订保险合同时，应该根据这些规定，在合同中载明违约责任条款，以保证合同的顺利履行。

争议处理，是指保险合同发生纠纷后的解决方式，主要有协议、仲裁和诉讼三种。保险合同的当事人对保险合同的效力状态，保险合同的变更、解除或终止，保险合同的履行等发生争议，可以通过以上三种方式加以解决。保险合同应明确争议的解决方式，这有助于及时维护当事人的合法权益。

四、保险合同的存在形式

我国《保险法》第十三条规定："投保人提出保险要求，经保险人同意承保，保险合同成立。保险人应当及时向投保人签发保险单或者其他保险凭证。"保险单或者其他保险凭证应当载明当事人双方约定的合同内容。当事人也可以约定采用其他书面形式载明合同内容。订立保险合同的书面凭证主要有投保单、暂保单、保险单和保险凭证等。

（一）投保单

投保单，又称要保书，是指投保人为订立保险合同而向保险人发出的，愿意与其订立保险合同的书面要约。投保单一般由保险人事先拟订，并按统一格式印制后，提供给投保人使用。投保人须按投保单上所列事项，逐一如实填写后送交保险人，保险人再据此进一步核实投保标的是否符合承保标准及保险费率等事项。投保单经保险人承诺后，保险合同即告成立。

（二）暂保单

暂保单是指在保险单签发之前出具给投保人的一种临时保险凭证。暂保单在保险单交付之前的约定期限内具有与保险单相同的效力。暂保单的内容相对比较简单，一般仅载明被保险人、保险标的、险种、保费、保险期间和保险金额等重要事项。而有关当事人之间的权利义务关系，则以保险单的规定为准。

（三）保险单

保险单，简称保单，是指保险合同成立后，保险人向投保人签发的关于保险合同的正式书面凭证，以载明当事人之间的权利义务关系。

（四）保险凭证

保险凭证，又称小保单，是保险人向投保人签发的，以证明保险合同已经订立或者保险单已出具的书面凭证。保险凭证是一种简化了的保险单，与保险单具有相同的法律效力，只是其内容相对较为简单。凡是保险凭证上没有载明的内容，均以同一险种的保险单上载明的内容为准。如果保险凭证上所记载的内容与保险单的内容冲突，则以保险凭证上的内容为准。保险单的标准化是保险凭证得以广泛使用的前提条件。

由于保险凭证是一种简单化的保险单，因此，一般仅在下列场合使用保险凭证：第一，在货物运输保险中，根据预约保险合同，由保险人向被保险人签发保险凭证，以记载保险标的、保险金额、航程等事项；第二，在汽车保险中，保险凭证的签发可以证明被保险人依法参加了车辆险和第三者责任险，保险凭证携带方便，便于被保险人接受道路交通管理机关的检查；第三，在团体保险中，保险人所出具的保险单，按照惯例由该团体的负责人保管，而对参加保险的团体成员，则签发保险凭证，作为其参加保险的证明。

（五）批单

批单，是保险合同当事人就保险单内容进行修改和变更的证明文件。在保险合同有效期间，合同双方均可通过协议变更保险合同的内容。对于变更合同的任何协议，保险人都应在原保单或保险凭证上批注或附贴批单，以资证明。在保险合同中，批单具有和保险单同等的法律效力。

（六）保险协议

保险协议是协议保险合同的表现形式。所谓保险协议，就是投保人和保险人依据各自的主观意愿，按照协议的一般形式和保险权利与义务对等的原则，通过平等协商，将彼此的权利、义务和责任用文字的形式固定下来，形成的契约文书。因此，保险协议既要体现保险的经营原则，又要遵循法律文书的一般模式。

五、保险合同的效力

（一）保险合同的成立

保险合同作为民事合同，其成立也必须经过要约和承诺两个阶段。

投保人或被保险人一方提出投保要求，为要约阶段。保险要约是订立保险合同的必经程序和首要程序。要约的内容，包括保险标的、险种、保险期限、保险金额、保险责任等主要内容。在保险实践中，投保人提出要约，通常表现为投保人填写由保险人定制的投保单，并将填写完毕的投保单送达保险人。对于投保单上的内容，投保人需如实填写，否则，会对保险合同的效力产生影响。

保险人一方接受该要约，为承诺阶段。保险人的承诺是指保险人对投保人所提出要约的明确回复，是接受投保申请，愿意承担保险责任的意思表示。一般情况下，保险人对投保人送达的投保单进行审核，认为符合承保要求的，将予以接受；经保险人签字盖章后，保险合同即成立。此外，保险人的承诺不能对投保人的要约内容提出实质性的变更，否则，保险人做出承诺的意思表示就构成了一个新的要约（反要约），需经过投保人的承诺，保险合同才能成立。

（二）保险合同的生效

保险合同的生效，是指依法成立的保险合同条款对合同当事人产生约束力。一般情况下，合同一经成立即生效，双方便开始享有权利，承担义务。但是，保险合同往往是附条件、附期限生效的合同，只有当事人的行为符合所附条件或达到所附期限时，保险合同才生效。比如保险合同订立时，约定保费交纳后保险合同才开始生效，那么，保险合同虽然已经成立，但也要等到投保人交纳保费后，才能生效。在我国保险业务实践中，财产保险合同的订立普遍推行"零时起保制"，即保险合同的生效时间通常是在合同成立的次日零时或约定的未来某一日的零时。

（三）保险合同的无效

保险合同的无效是指已经成立的保险合同，由于严重欠缺有效条件，因此不能按当事人合意的内容赋予其法律效果，从而不具有法律效力，不被国家保护。保险合同的无效由人民法院或仲裁机构进行确认。

保险合同的无效可以分为全部无效和部分无效。保险合同的全部无效是指其约定的权利和义务自始不产生法律效力，比如投保人对被保险人不具有保险利益、保险合同违反国家利益和社会公共利益、设立保险合同的目的不合法等。保险合同的部分无效是指保险合同某些条款的内容无效，但合同的其他部分仍然有效，比如善意的超额保险，其超额部分无效。非保险人导致保险合同无效的主要原因有：保险标的不存在；投保人对被保险人不具有保险利益；投保人违反告知义务，牟取非法利益；投保人采用欺诈手段订立超额保险合同，骗取保险赔偿；未成年人父母以外的投保人为无民事行为能力人订立的以死亡为保险金给付条件的保险合同；以死亡为给付保险金条件的保险合同，未经被保险人书面同意并认可保险金额（参见我国《保险法》第三十一条、第三十三条、第三十四条）；保险人导致合同条款无效的情形有：采用保险人提供的格式条款订立的保险合同免除保险人依法应承担的义务或者加重投保人、被保险人责任或排除投保人、被保险人或者受益人依法享有的权利（参见我国《保险法》第十九条）。

六、保险合同的变更

我国《保险法》第二十条规定："投保人和保险人可以协商变更合同内容。变更保险合同的，应当由保险人在保险单或者其他保险凭证上批注或者附贴批单，或者由投保人和保险人订立变更的书面协议。"在保险合同的有效期内，合同当事人依法对保险合同条款所作的修改或补充，称为保险合同的变更。由于保险合同的法律关系包括主体、客体及权利义务内容，所以我国的合同变更为广义变更，既包括主客体的变更，也包括权利义务内容的变更。

（一）合同主体的变更

保险合同主体的变更是指当事人或关系人的变更。变更的对象主要是合同的投保人、被保险人及受益人。

对于财产保险来说，发生合同主体变更的主要原因有：

第一，由于买卖、赠与等行为，引起保险标的所有权发生转移；

第二，保险标的的用益权发生变动，比如保险标的的租赁人因为租赁合同到期，对保险标的的使用权发生变更，从而导致合同主体变更；

第三，在保险标的为担保物的情况下，债权债务关系发生变化，也可能导致保险合同主体的变更，比如债权人为抵押物投保，当债务人提前履约时，债权人会因此失去对抵押物的保险利益，从而导致合同主体变更。

对于人身保险来说，保险标的为被保险人的身体，不会发生转移，所以主体变更主要取决于投保人或被保险人的意愿。投保人的变更须征得被保险人的同意并经过保险人的核准；被保险人的变更在个人险中往往是不可以的，但在团体保险中，因为单位人员具有流动性，所以可以变更被保险人；受益人的变更，根据我国《保险法》第四十一条的规定："被保险人或者投保人可以变更受益人并书面通知保险人。保险人收到变更受益人的书面通知后，应当在保险单或者其他保险凭证上批注或者附贴批单。投保人变更受益人时须经被保险人同意。"

（二）合同权利义务内容的变更

合同内容的变更也是狭义的变更，一般由投保人提出，并及时通知保险人。主要的变更情形有：

第一，根据投保人的实际需要变更，比如被保险人地址的变更、增减保额、延长缩短保险期限，这种变更取决于投保人的意愿；

第二，根据法律规定提出的变更，由于某些法定事由的出现，投保人必须根据法律规定及时通知保险人，这种变更取决于法律的规定。

七、保险合同的解除与终止

（一）保险合同的解除

保险合同的解除是指保险合同生效后、有效期限届满前，经双方当事人协商，或者由一方当事人根据法律规定或合同约定行使解除权，从而提前终止合同效力的法律行为。

我国《保险法》第十五条规定："除本法另有规定或者保险合同另有约定外，保险合同成立后，投保人可以解除合同，保险人不得解除合同。"

多数情况下投保人可以随时解除保险合同，但也有例外，比如我国《保险法》第五十条规定："货物运输保险合同和运输工具航程保险合同，保险责任开始后，合同当事人不得解除合同。"其中，"当事人"的概念既包括保险人又包括投保人。

保险人一般不可解除合同。保险人行使合同解除权的前提条件是，作为保险合同另一方当事人的投保人在主观上有违反保险合同的过错，客观上实施了损害保险人合法权益的行为。我国《保险法》明确规定了保险人行使法定解除权的条件，主要有：（1）投保人违反如实告知义务（参考我国《保险法》第十六条）；（2）投保人或被保险人违法（参考我国《保险法》第二十七条）；（3）投保人、被保险人未履行应尽的义务，例如保证义务（参考我国《保险法》）第五十一条第三款规定："投保人、被保险人未按照约定履行其对保险标的的安全应尽责任的，保险人有权要求增加保险费或者解除合同。"）；（4）约定条件发生变化（参考我国《保险法》第四十九条第三款规定："因保险标的转让导致危险程度显著增加的，保险人自收到前款规定的通知之日起三十日内，可以按照合同约定增加保险费或者解除合同。"）；（5）其他特殊条件，比如人身保险合同自效力中止之日起满两年双方未达成协议的，保险人有权解除合同（参考我国《保险法》第三十七条）。

（二）保险合同的终止

保险合同的终止，是指保险合同确立的当事人之间的权利义务关系的结束，即保险关系的消失。导致保险合同终止的主要原因有如下五个：

1. 保险合同的有效期限届满

因保险合同的有效期限届满而引起的保险合同的终止，也称自然终止。这是保险合同终止的最普遍、最基本的原因。任何一个合同都是有期限的民事法律关系，它不可能永续存在，保险合同当然也不例外。当保险合同约定的有效期限届满时，当事人之间的权利义务关系即归于消灭。这里需要注意的是，续保并不意味着保险期限的延长或原保单的继续，而是另一个新的保险合同的签订。

2. 保险合同约定的义务已经履行

这一情况是指保险人已经履行赔偿或给付保险金的义务后，即使保险期限尚未届满，但由于双方均已享有权利或承担义务，保险合同即告终止。

3. 合同当事人协议终止

协议终止，是指保险合同双方当事人在订立保险合同时达成协议，明确规定随时注销的条件，在保险合同自然终止前，只要符合注销条件，任何一方都可以提出注销保险合同。保险合同一经注销，保险责任即告终止。

4. 解除终止

解除终止，是指保险合同有效期尚未届满前，合同一方当事人依照法律或约定行使解除权，提前终止保险合同效力的法律行为。保险合同的解除可以分为约定解除和法定解除两类。约定解除是指合同当事人约定在某事项发生时，任何一方可以行使解除权，使合同效力消失。法定解除是指法律规定的事项出现时，合同一方当事人或双方当事人都有权解除保险合同，终止合同效力。

5. 标的的灭失

这里所说的标的的灭失，包括财产保险中保险标的的灭失或损毁和人身保险中被保险人的死亡，主要是指非因保险事故所致的结果。在财产保险中，保险标的若因非保险事故而全部灭失或损毁，保险保障的对象不复存在，投保人丧失保险利益，根据无保险利益无保险、无危险无保险之理念，保险合同当然终止。在人身保险中，被保险人因非保险事故死亡，使得保险事故的发生成为不可能时，保险合同只能终止，例如，意外伤害保险中的被保险人因疾病而死亡时。

第十二章

人寿与年金保险产品

本章提要

人寿保险和年金保险是人身保险（人寿保险、年金保险、健康保险和意外伤害保险）的重要组成部分。本章为读者介绍了人寿保险和年金保险的基本概念、特点、分类、合同条款等相关内容。

本章内容包括：

- 人寿保险的基本概念；
- 普通型人寿保险；
- 新型人寿保险；
- 人寿保险合同；
- 年金保险的基本概念；
- 年金保险的分类。

通过本章学习，读者应该能够：

- 理解并掌握人寿保险及年金保险的基本概念、区别；
- 熟悉不同种类的人寿保险及年金保险的产品保障责任；
- 掌握寿险合同中最常使用条款的含义。

第一节　人寿保险的基本概念

一、人寿保险的定义

人身保险是以人的寿命和身体为保险标的的保险。人寿保险是以被保险人的寿命作为保险标的，以被保险人在保险期间生存或身故为给付保险金条件的保险。广义的人寿保险包括年金保险。

二、人寿保险的特点

（一）保险标的的特殊性

人寿保险的保险标的是人的寿命，而人的寿命是很难用货币价值来衡量的。对于财产保险，保险标的在投保时的约定价值（协定价值、市场重置价或历史购置价扣减折旧等）是确定保险金额的客观依据，而人寿保险的保险金额的确定则不同，因为人的寿命无法像财产一样用简单的货币价值来衡量。在实务中，人寿保险的保险金额是由投保人和保险人双方约定后确定的，此约定金额既不能过高，也不宜过低，一般从两个方面来考虑：一方面是被保险人对人寿保险需要的程度，另一方面是投保人交纳保费的能力。对于人寿保险的需求程度，可以采用"生命价值法"或者"遗属需要法"进行粗略的测算，而交费能力则主要是通过投保人现在既有的经济收入和未来的职业发展空间来综合考虑。

（二）生命风险的特殊性

死亡是人寿保险经营的主要风险，死亡率的变动规律直接影响人寿保险的经营；对于以死亡为给付条件的保险而言，死亡率越高则费率越高。死亡率既与经济发展、医疗卫生水平和生活水平等宏观因素关联，也受年龄、性别、职业等微观因素影响。但是许多专业机构的经验研究表明，相较其他非寿险风险因素的发生概率，死亡率的波动相对较小，即在一定时间内死亡率相对稳定。所以，寿险经营面临的巨灾风险较少，稳定性较好。也正因为如此，寿险经营对于再保险工具的运用相对较少，保险公司一般只对大额保单或次标准体保险进行再保险安排。

（三）保险利益的特殊性

由于人寿保险的保险标的是人的寿命，因此，人寿保险的保险利益与财产保险有很大不同，两者的主要差别表现在以下方面：

首先，在财产保险中，投保人对保险标的的保险利益就是保险标的所有的现存或预期利益，一般以标的可衡量的货币价值为限。在人寿保险中，没有金额上的限制，只是考虑投保人有无法律认可的利益即保险利益。人寿保险的保险金额主要受投保人交费能力的限制。当然，在某些特殊情况下，人寿保险的保险利益有量的约束，比如，债权人以债务人为被保险人投保人寿保险，保险利益以债权金额为限。

其次，在财产保险中，保险利益的存在与否不仅是订立保险合同的前提条件，而且是维持保险合同效力、保险人支付赔款的条件。保险事故发生时，只有对保险标的具有保险利益的被保险人才可以向保险人申请保险金赔偿。在人寿保险中，保险利益只是订立保险合同的前提条件，并不是维持保险合同效力以及保险人给付保险金的必要条件。只要投保人在投保时对被保险人具有保险利益，此后即使投保人与被保险人的关系发生了变化，投保人对被保险人已丧失保险利益，也不影响保险合同的效力，且一旦发生了保险事故，保险人就要给付保险金。例如，丈夫为妻子投保人身保险后，夫妻双方离婚；企业为雇员投保人身保险后，雇员与企业解除劳动合同且已调离原企业。在这两种情况下，虽然投保人对被保险人已丧失了保险利益，但人寿保险合同并不因此而失效，发生保险事故后，保险人仍要给付保险金。

（四）保险金额确定与给付的特殊性

人寿保险是定额给付性保险。这一特性使得被保险人死亡时，保险公司只能按照保险合同规定的保险金额支付保险金，不能有所增减。因此，人寿保险不适用补偿原则，所以也就不存在比例分摊和代位追偿的问题。同时，人寿保险中一般没有重复投保、超额投保和不足额投保问题。

我国《保险法》第四十六条规定："被保险人因第三者的行为而发生死亡、伤残或者疾病等保险事故的，保险人向被保险人或者受益人给付保险金后，不享有向第三者追偿的权利，但被保险人或者受益人仍有权向第三者请求赔偿。"

同时，为了体现保险的风险保障性，我国监管机构在2016年发布的《关于进一步完善人身保险精算制度有关事项的通知》中规定，保险公司开发销售的个人定期寿险、个人两全保险、个人终身寿险和个人护理保险产品[①]，死亡保险金额或护理责任保险金额与累计已交保费或账户价值的比例应符合表12-1的要求。

---

① 个人护理保险产品不属于寿险，属于人身保险中的健康保险。

表12-1　比例要求

到达年龄	比例下限
18~40周岁	160%
41~60周岁	140%
61周岁以上	120%

（五）保险期限的特殊性

人寿保险合同往往是长期合同，保险期限短则一年，长则数年、数十年或一个人的一生。这种长期性的特点使寿险具有特殊性。

（六）储蓄性

在人寿保险中，不同年龄阶段的死亡、生存概率有所差异，一定年龄段后死亡概率随年龄的增大而逐年上升。为了反映这种变动规律，多数国家都会建立本国寿险业的生命表。

当投保死亡保险，每年按被保险人当年的死亡概率收取保费时，被保险人年轻时交纳的保费很少，随着年龄增长，每年需要交纳的保费越来越多。到老年时，一方面收入减少，另一方面又需支付较高的保费，极有可能造成不能继续参加保险的后果。为了解决这一问题，人寿保险引入了均衡保费交费方式。

下面我们就5个人寿保险中定价的重要概念进行说明。

（1）自然保费。自然保费是以人的每一年龄及一年期间的死亡率为基础所制定的各年龄的保费，其数额等于预期的当年成本。表12-2所示的自然保费是按1 000元保险金额对应的保障成本计算的。自35岁到90岁，死亡率随年龄的增长逐年升高，对应的自然保费也逐年升高。

表12-2　损失均摊、均衡保费原理

年龄（岁）	死亡率（‰）	自然保费（元）	均衡保费（元）
35	2.51	2.44	16.29
40	3.53	3.43	16.29
45	5.35	5.19	16.29
50	8.32	8.08	16.29
55	13.00	12.62	16.29
60	20.34	19.75	16.29
70	49.79	48.33	16.29
80	109.98	106.77	16.29
90	228.14	221.49	16.29

（2）均衡保费。均衡保费是指保险人将被保险人不同年龄的自然保费（结合利息因素），均匀地分配在每个交费期限，每期交费额度处于相同水平。如表12-2所示，以年利率3%为假设，在35岁就把每期的保费均衡确定下来，每期保费可以固定为相同数值。

（3）定价利率。定价利率也称预定利率。中国保险行业协会发布的《保险术语》，将预定利率定义为"厘定费率时使用的对预计保单现金流进行折现的利率"。从保险人的角度看，在采用均衡保费交费方式时，定价的利率即为预定利率。从投保人的角度看，预定利率使得保费中扣除保障和其他费用成本的部分具备了储蓄性。预定利率一般是复利，在传统寿险中，预定利率一般在保险期间内保持不变。对于长期合同，利率因素会产生很大的影响：预定利率越高，保险费率越低，保单的储蓄利益越高；时间越长，利率的影响越大。

（4）现金价值。现金价值是指投保人退保时可以得到的现金数额，也称解约金或退保金。现金价值是均衡保费高于自然保费的差额累计生息形成的。实务中，经常会有投保人因各种原因退保，对采用均衡保费方式交费的投保人，退保时应当返还这一部分利益。现金价值被看作投保人的不丧失利益，不会因停止交费而丧失。

（5）风险保额。风险保额是指保险公司支付的死亡保险金与现金价值的差额，表示保险人所给付的死亡保险金中，除了保单持有人自己的贡献，保险人所承担的部分。

三、人寿保险经营的挑战

1. 通货膨胀因素

通货膨胀是很难避免的一种经济现象，传统寿险的最主要特征是固定利率和固定给付，即保险合同规定的预定利率不会因为通货膨胀的存在而改变，因此，持续的通货膨胀会导致人寿保险实际保障水平的下降。

通货膨胀问题一直是人寿保险经营面临的重大困难之一，许多国家的保险业都经历了相当的困难时期，同时也在不断寻找克服通胀影响的途径。最主要的办法是进行险种的不断变革，比如引入新型保险产品。

2. 预测因素的偏差

人寿保险合同的长期性使保险公司对未来因素的预测变得十分困难，例如死亡率因素、利率因素、费用因素、失效率因素等。其中，利率因素在寿险费率中的作用很大，不同的利率值对积累值的影响也有很大的差异。更为困难的是利率因素永远是动态的，它不可能长期稳定于某个固定值周围，而寿险业务采用的又是长期合同，因此对于利率因素可能发生的变动及其对寿险业务的影响必须进行非常谨慎的预测。新型寿险通过降低保证利率，增加浮动收益或投资成分，可以在一定程度上克服利率波动的影响。对于死亡率因素、费用因素等，都有类似的问题存在。一般而言，保险公司对长期因素的预测是十分保守的，世界范围内，在利率下行阶段经受压力的保险市场屡见不鲜，比如20世纪80年代的美国、20世纪90年代末的日本。我国的保险市场实践中也经历了这一阶段，由于20世纪90年代发布了较多的"高预定利率"保单，为了防控"利差损"风险，1999年，全行业保单预定利率下调至2.5%，开始发展新型寿险产品，这一预定利率限制至2013年才逐渐放开，但在2019年、2023年又分别再次进行了回调。

四、寿险产品的分类

根据我国《人身保险公司保险条款和保险费率管理办法》，寿险产品可以从普通型人寿保险和新型人寿保险两个角度进行划分。普通型人寿保险按照寿险产品的保障内容划分，可以分为定期寿险、终身寿险、两全保险。新型人寿保险按照寿险产品的设计形态划分，包括分红保险、万能保险、投资连结保险等。人寿保险可以根据客户的需求设计各种不同保障类型的产品，但不管产品的形态如何，人寿保险都是死亡责任、生存责任的组合。

第二节　普通型人寿保险

一、定期寿险

定期寿险是指以死亡为给付保险金条件，且保险期限为固定年限的人寿保险。具体地讲，定期寿险在合同中规定一定时期为保险有效期，期限可以是年限，例如1年、5年、10年、20年，也可以是约定的年龄，例如60岁、80岁，或保险合同约定的其他保险期限。若被保险人在约定期限内死亡，保险人即给付受益人约定的保险金；若被保险人在保险期限届满时仍然生存，契约即行终止，保险人无给付义务，亦不退还已收的保费。对于被保险人而言，定期寿险最大的优点是风险保障的杠杆很高，即可用极为低廉的保费获得一定期限内较大的死亡保障。其不足之处在于，若被保险人在保险期限届满时仍然生存，则不能得到保险金的给付，而且已交纳的保费不再退还。

定期寿险按照保额是否可变可以分为保额恒定定期寿险、保额递增定期寿险和保额递减定期寿险。保额恒定定期寿险的保险金额在整个保险期间保持不变，保费通常保持不变。

保额递增定期寿险的保额按约定金额或比例递增，例如按生活费用指数递增的COLA（Cost of Living Ajustment）保单（"可乐"保单）。保额递减定期寿险的保额按约定金额或比例递减，例如抵押贷款保证定期寿险保单（Mortgage Protection Term）提供抵押贷款偿还保障，保险金额与抵押贷款未偿还余额保持一致，随着时间推移，贷款未偿余额逐渐减少，保险金额也相应降低；又如，家庭收入保险（Family Income Policy）提供家庭收入保障，被保险人（通常为家庭主要收入者）死亡，配偶按期领取收入保险金，至约定年龄，或至保单签发后的固定期限（10年、15年、20年）末，通常适合正在抚养子女的年轻家庭，目的是保证家庭必要的收入。

实例12-1 条款示例——某公司幸福定期保险（A）

第四条 保险期间

本保险为定期保险，保险期间由投保人和本公司约定并于保险单上载明。

本公司所承担的保险责任自本公司同意承保、收取首期保费并签发保险单的次日零时开始，至本合同约定终止时止。

第五条 保险责任

在本合同保险责任有效期内，本公司承担下列保险责任：

被保险人于本合同生效日起一年内因疾病身故，本公司按保险金额的10%给付"身故保险金"，并无息返还所交保费，保险责任终止。

被保险人因意外伤害事故身故或于本合同生效日起一年后因疾病身故，本公司按保险金额给付"身故保险金"，保险责任终止。

定期寿险有两个特殊条款。一是可续保条款，其含义是在定期寿险期限届满前可以选择续保，续保时无须提供可保证明，续保保费逐期递增，但并非针对个体，且事先确定费率上限。该条款对年龄、续保保险金额和期限会有限制，续保保险金额和期限等于或少于原有保单。二是可转换条款，其含义是将定期寿险转换为带有现金价值的其他人寿保险，转换时无须提供可保证明。同样，该条款通常也有年龄或期限的限制。含有可续保或可转换条款的保单保费略高于同类不可续保或不可转换的保单。

实例12-2 条款示例——某公司幸福定期保险（B）

在本合同有效期间内，投保人可于本合同生效满2年后任一年的生效对应日将本合同转换为本公司当时认可的终身寿险、两全保险或养老保险合同而无须核保，但其保险金额最高不超过本合同的保险金额，且被保险人年满45周岁的生效对应日以后不再享有此项权益。转换后的新合同将于转换日开始生效，本公司将按本合同原核保等级、转换之日被保险人的年龄及新合同的费率计算保费。

一般来说，定期寿险较为适合成长型家庭，收入水平不高但对家庭其他成员的经济负担责任较大，比如，刚结婚并有了孩子的年轻夫妇，对他们来说，放弃返还因素可以使投入的保费获得更大的保额杠杆。另外，定期寿险也适合作为终身寿险在保额上的补充，定期寿险与终身寿险的组合可以在预算有限的情况下，提升一定期间内的身故风险保障额度。

二、终身寿险

终身寿险是指以死亡为给付保险金条件，且保险期限为终身的人寿保险。终身寿险是一种不定期的死亡保险，即保险合同中并不规定期限，自合同有效之日起，至被保险人死亡止。也就是无论被保险人何时死亡，保险人都有给付保险金的义务。终身寿险的最大优点是被保险人可以得到永久性保障，而且投保人有退费的权利，若投保人中途退保，可以得到一定数额的现金价值（或称为退保金）。

按照不同的标准，终身寿险有不同的分类。

（一）按照交费方式划分

根据交费方式的不同，终身寿险分为连续交费终身寿险、限期交费终身寿险和趸交终身寿险。

连续交费终身寿险（Ordinary Life Insurance），即保费终身分期交付。

限期交费终身寿险（Limited-Pay Insurance），即保费在规定期限内分期交付，期满后不再交付，但仍享有保险保障。交纳期限可以是年限，也可以是达到某一特定年龄。

趸交终身寿险（Single-Premium Insurance），即在投保时一次全部交清保费，也可以认为它是限期交费终身寿险的一种特殊形态。

在其他条件相同的情况下，不同的交费期限决定了现金价值的增长速度是不同的。连续交费终身寿险的现金价值增长最慢，趸交终身寿险的现金价值增长最快，限期交费终身寿险处于两者之间。

从任何保单年度来看，交费期限越短的终身寿险，其现金价值越高，趸交终身寿险在签发之时就具有较高的现金价值。对于保额固定不变的终身寿险，当年龄等于生命表年龄上限（假设为105岁）时，现金价值等于保额。

（二）按照保额是否可变划分

终身寿险按照保额是否可变可分为保额恒定终身寿险和增额终身寿险。

保额恒定终身寿险，即保额终身固定。

增额终身寿险，即保额按固定比例递增。在我国的保险市场实践中，增额终身寿险相较保额恒定终身寿险，具有风险保障低、现金价值高的产品特点。

实例12-3 条款示例——某公司增额终身寿险条款

2.1 保险金额

（1）基本保险金额

本合同的基本保险金额由您在投保时与我们约定，并在保险单上载明。如果该基本保险金额有所变更，以变更后的基本保险金额为准。

（2）年度有效保额

第一保单年度的年度有效保额为基本保险金额；以后各保单年度的年度有效保额为上一保单年度的年度有效保额的1.035倍。

若您申请减少本合同基本保险金额，年度有效保额也作相应比例的减少。

2.2 保险期间

本合同的保险期间为自生效日的次日零时起至被保险人身故，并于保险单上载明。

2.3 保险责任

在本合同有效期内，我们承担如下保险责任：

2.3.1 身故保险金

若被保险人身故，且身故时未满18周岁，我们将向身故保险金受益人给付下列两项金额中的较大者，同时本合同效力终止：

（1）被保险人身故时本合同基本保险金额对应的累计已付保险费（不包括其附加合同的保险费）；

（2）本合同在被保险人身故时的现金价值（不包括其附加合同的现金价值）。

若被保险人于交费期满日（含）之前身故，且被保险人身故时已满18周岁，我们将向身故保险金受益人给付下列两项金额中的较大者，同时本合同效力终止：

（1）被保险人身故时本合同（不包括其附加合同）基本保险金额对应的累计已付保险费乘以以下给付比例：

被保险人身故时年龄	给付比例
18~41 周岁	160%
42~61 周岁	140%
62 周岁及以上	120%

（2）本合同在被保险人身故时的现金价值（不包括其附加合同的现金价值）。

若被保险人于交费期满日（不含）之后身故，且被保险人身故时已满18周岁，我们将向身故保险金受益人给付下列三项金额中的较大者，同时本合同效力终止：

（1）被保险人身故时本合同（不包括其附加合同）基本保险金额对应的累计已付保险费乘以以下给付比例：

被保险人身故时年龄	给付比例
18~41 周岁	160%
42~61 周岁	140%
62 周岁及以上	120%

（2）本合同在被保险人身故时的现金价值（不包括其附加合同的现金价值）；

（3）本合同在被保险人身故时的年度有效保额。

实例12-3（续） 一名40岁男性，每年交费33 630元，交费期10年。某公司同等交费条件下保额恒定终身寿险和上述增额终身寿险的利益比较，如表12-3所示。

表12-3 保额恒定终身寿险与增额终身寿险的比较 单位：元

年龄（岁）	保单年度	保额恒定终身寿险		增额终身寿险		
		现金价值	身故保险金	现金价值	年度保额	身故保险金[①]
41	1	3 860	1 000 000	10 865	230 197	53 808
46	6	92 470	1 000 000	155 406	273 402	282 492
56	16	290 820	1 000 000	446 951	385 661	470 820
71	31	517 580	1 000 000	745 931	646 116	745 931
80	40	665 840	1 000 000	1 008 656	880 590	1 008 656

① 增额终身寿险的身故保险金计算方式参考实例12-3中的增额终身寿险条款。

（三）按照被保险人人数划分

终身寿险根据被保险人人数可分为非联合人寿和联合人寿保单。一般一份寿险保单只为一人提供生命保障，而联合人寿可以同时为两人或两人以上提供生命保障，实践中主要有两种：第一生命寿险和第二生命寿险。

1. 第一生命寿险

第一生命寿险（First-to-die Life Insurance），又称首亡即付保险，该保险的被保险人通常是两个互为受益人的被保险人，比如夫妻双方，或企业中的主要合伙人或主要股东。当一名被保险人死亡时，保险公司即给付保险金，同时保险合同终止。

大多数保单规定，如果两名被保险人在同一事故中同时死亡，保险公司将按保额给付双份保险金。因此在这种情况下，受益人的指定及其顺位就十分重要。

第一生命寿险的保费要低于两份独立的个人普通寿险的保费总和。

2. 第二生命寿险

第二生命寿险（Second-to-die Life Insurance），又称最后生存者寿险（Survivorship Life Insurance），该保险承保两名被保险人，当且仅当最后一名被保险人死亡时保险公司才给付死亡保险金。

由于该保险只有当两名被保险人均死亡时保险公司才给付保险金，所以其保费比两人分别投保要低。

第二生命寿险通常：

（1）可以满足遗产税现金需要。比如在美国，按照遗产税法的规定，父母留给孩子的所有遗产要缴纳较高税率的遗产税。第二生命寿险正好可以满足父母死亡后，子女缴纳遗产税的需求，而且可以支付第二死亡者的丧葬费用。

（2）可以为那些失能子女或无其他经济来源的子女在父母双亡后提供经济保障。

三、两全保险

两全保险是指被保险人在保险合同有效期内死亡或合同期满时仍生存，保险人按照合同均承担给付保险金责任的保险。由于两全保险既保障死亡又保障生存，因此，两全保险不仅使死亡保险金受益人得到保障，而且提供被保险人生存时的保险金利益。

实例12-4 条款示例——某公司福瑞两全保险

第四条 保险期间

保险期间分5年、10年、15年、20年四种，投保人可选择其中一种作为本合同的保险期间，但保险期满时被保险人的年龄不得超过70周岁。

第五条 保险责任

在本合同有效期间内，本公司负以下保险责任：

一、被保险人生存至保险期满的生效对应日，本公司按保险单载明的保险金额给付满期保险金，本合同终止。

二、被保险人因意外伤害事故身故或于本合同生效日起一年后因疾病身故，本公司按保险单载明的保险金额给付身故保险金，本合同终止。

第三节 新型人寿保险

根据我国《人身保险公司保险条款和保险费率管理办法》，人身保险的设计类型分为普通型、分红型、万能型、投资连结型等。新型人寿保险产品主要相对于普通型人寿保险而言，包含分红保险、万能保险、投资连结保险等。与普通型寿险产品的不同之处在于，新型人寿保险通常具有浮动收益或投资功能。

一、分红保险

（一）分红保险的概念

分红保险是指保险公司将其实际经营成果优于评估假设的盈余部分，按一定比例向保单持有人进行分配的人寿保险产品。这里的保单持有人是指按照合同约定，享有保险合同利益及红利请求权的人。分红保险、非分红保险以及分红保险产品与其附加的非分红保险产品必须分设账户，独立核算。我国《分红保险精算规定》第三条规定："分红保险可以采取终身寿险、两全保险或年金保险的形式。保险公司不得将其他产品形式设计为分红保险。"

（二）分红保险的主要特点

1. 保单持有人享受经营成果

分红保险能够获得合同规定的各种保障，同时，保险公司每年要将经营分红保险产生的部分盈余以红利的形式分配给保单持有人。目前，中国保险监管机构规定保险公司应至少将分红业务当年度可分配盈余的70%分配给客户。这样投保人就可以与保险公司共享经营成果。与不分红保险相比，分红保险增加了投保人的获利机会。

2. 红利水平不确定，客户承担一定的投资风险

由于每年保险公司的经营状况不一样，所以客户所能得到的红利也会不一样。在保险公司经营状况良好的年份，客户会分到较多的红利；但如果保险公司的经营状况不佳，客户分到的红利就会比较少，甚至没有。因此从这个角度而言，分红保险使保险公司和客户在一定程度上共同承担了经营风险。

3. 定价的精算假设比较保守

寿险产品在定价时主要以预定死亡率、预定利率和预定费用率3个因素为精算假设因子，这3个预定因素与实际情况的差距直接影响到寿险公司的经营成果。寿险的长期性使得寿险公司对未来的死亡率、利率、费用率的变化很难预测，因此定价假设一般会较为保守。而对于分红保险而言，公司还会将盈余的一部分以红利的形式分配给保单持有人，故分红保险的预定利率假设较普通型保险更为保守。

4. 保险给付、退保金中含有红利

分红保险的被保险人身故后，受益人在获得投保时约定的保额的同时，还可以得到未领取的累积红利和利息。在期满给付时，被保险人在获得保险金额的同时，还可以得到未领取的累积红利和利息。分红保险的保单持有人在退保时得到的退保金也包括保单红利及其利息之和。

（三）保单红利

分红产品从本质上说是一种保户享有保单盈余分配权的产品，即将寿险公司的盈余，如死差益、利差益、费差益等，按一定比例分配给保户。分配给保户的保单盈余，也就是我们所说的保单红利。

1. 利源

分红保险的红利，实质上是保险公司盈余的分配。盈余就是保单资产份额高于未来负债的那部分价值。每年，由公司的精算等相关部门计算盈余中可作为红利分配的数额，并由公司董事会基于商业判断予以决定，此决定分配的数额称为可分配盈余。盈余（或红利）的产生是由很多因素决定的，但最为主要的因素是死差益、利差益和费差益。

（1）死差益。对于以死亡作为保险责任的寿险，死差益是由于实际死亡率小于预定死

亡率而产生的利益。

（2）利差益。当保险公司的实际投资收益率高于预定利率时，利差益产生。

（3）费差益。费差益是指公司的实际营业费用少于预计营业费用时所产生的利益。

除了以上3个主要来源，还有其他的盈余来源：

（1）失效收益，指寿险合同中途失效时，保险公司支付给保单持有人的解约金小于保单所积存的资产份额；

（2）投资收益及资产增值；

（3）残疾给付额、意外加倍给付额、年金预计给付额等与实际给付额的差额；

（4）预期利润。

2. 红利分配

我国《分红保险精算规定》要求：

（1）红利的分配应当符合可支撑性、可持续性原则。

由于不同分红保单在不同年度对死差益、利差益和费差益的贡献会有不同，每张保单能分配到的红利数额是按照保单贡献的大小来确定的。

（2）保险公司每一会计年度向保单持有人实际分配盈余的比例不低于当年可分配盈余的70%。

保险公司需在每一会计年度向客户寄送分红保险报告，说明分红保险经营状况及分红政策、当年度可分配盈余、保单持有人应获的红利金额及其计算基础和计算方法。

（3）红利分配有两种方式：①现金红利。现金红利分配指直接以现金的形式将盈余分配给保单持有人。保险公司可以提供多种红利领取方式，比如现金领取、抵交保费、累积生息以及购买交清保额等。②增额红利。增额红利分配指在整个保险期限内每年以增加保额的方式分配红利，增加的保额一旦作为红利公布就不得取消。采用增额红利分配方式的保险公司可在合同终止时以现金方式给付终了红利。

现金红利法是北美地区寿险公司通常采用的一种红利分配方法，而增额红利法是英国寿险公司通常采用的一种红利分配方法。

二、万能保险

（一）万能保险的含义

万能保险是一种交费灵活、保额可调整，且非约束性的寿险。在我国的保险术语中，万能保险是指具有保险保障功能并设有单独保单账户，且保单账户价值提供最低收益保障的人身保险。万能保险的特点是采用账户制。保单持有人在交纳一定量的首期保费后，可以按自己的意愿选择任何时候交纳任何数量的保费，只要保单的账户价值足以支付保单的相关费用，有时甚至可以不再交费。而且，保单持有人可以在具备可保性的前提下提高保额（通常有一定限制），也可以根据自己的需要降低保额。

万能保险的经营透明度高。保险公司会向客户公开组成商品价格结构的各种因素，每年给客户一份保单信息状况表，向客户说明保费、风险金额及对应的保险成本（自然保费）、利息、各项费用及保单账户价值的发生数额及变动状况，从而便于客户对不同产品进行比较，并监督保险公司的经营状况。

万能保险设有独立的投资账户，个人投资账户的价值有固定的保证利率，但当个人账户的实际资产投资收益率高于保证利率时，保险公司根据公司经营策略进行高于保证利率的收益分配。

从万能保险经营的流程上看，首先，保单持有人交纳一笔首期保费，首期保费有一个最低限额，首期的各种费用支出都要从保费中扣除。其次，根据被保险人的年龄、保险金额计算的相应的死亡给付分摊额以及一些附加优惠条件（如可变保费）等费用，也要从保费中扣除。死亡给付分摊额是不确定的，而且常常低于保单预计的最高水平。进行了这些扣除后，剩余部分就是保单最初的账户价值。这部分价值通常按新投资利率计息累积到期末，成为期末账户价值余额。许多万能保险收取较高的首年退保费用以避免保单过早终止。在保单的第二个周期，期初的保单账户价值为上一周期期末的账户价值余额。在这一周期，保单持有人可以根据自己的情况交纳保费，如果首期保费足以支付第二个周期的费用及死亡给付分摊额，就可以不交纳保费。如果前期的账户价值不足，保单就会由于保费交纳不足而失效。本期的死亡给付分摊额及费用分摊额也要从上期期末账户价值余额及本期保费中扣除，余额就是第二个周期期初的账户价值余额。这部分余额按照新投资利率计息累积至本期末，成为第二个周期的期末账户价值余额。这一过程不断重复，一旦账户价值不足以支付死亡给付分摊额及费用，又没有在宽限期截止日前交纳新的保费，该保单就面临失效风险。

在万能保险中，现金价值等于保单的账户价值减退保费用。

（二）万能保险产品的主要特征

1. 死亡保险金给付方式

万能保险主要提供两种死亡保险金给付方式，投保人可以任选其一。当然，死亡保险金需符合当时的监管规定。这两种方式习惯上被称为A方式和B方式。A方式是取保险金额和账户价值两者中较大者，B方式是直接随保单账户价值的变化而改变。

图12-1显示了这两种不同的给付方式。在A方式中，死亡保险金在保单年度前期是不变的，始终等于保额。当保单积累的账户价值超过保险金额后，死亡保险金随账户价值的波动而波动。在B方式中，死亡保险金为均衡的保险金额与账户价值之和。这样，如果账户价值增加了，死亡保险金就会等额增加。

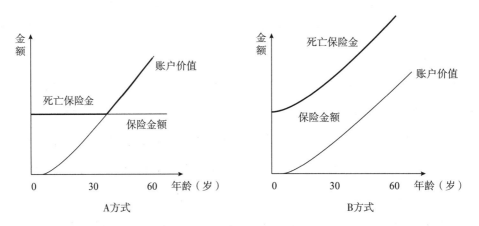

图12-1 万能保险死亡保险金给付方式

2. 保费交纳

万能保险的投保人可以用灵活的方法来交纳保费。保险公司一般会对每次交费的最高和最低限额做出规定，只要符合保单规定，投保人可以在任何时间不定额地交纳保费。大多数保险公司仅规定首期保费必须足以涵盖第一个月的费用和死亡成本，但实际上大多数投保人支付的首期保费会远远高于规定的最低金额。

这种灵活的交费方式也带来了万能保险容易失效的缺点。万能保险保单无法强迫投保人交纳固定保费，为了解决这一问题，保险公司的一般做法是根据保单计划所选择的目标保费，向投保人寄送保费通知书，以提醒其交费。另外，投保人一般也会同意签发其银行账户每月预先授权的提款单据。另一种做法是保险公司按投保人规划的保费金额向投保人寄送保费账单，投保人按账单金额交纳保费。

（三）我国《万能保险精算规定》对万能账户的规定

（1）万能保险应当提供最低保证利率，最低保证利率不得为负。保险期间内各年度最低保证利率数值应一致，不得改变。

（2）保险公司应为万能保险设立一个或多个单独账户。

（3）万能单独账户的资产应当单独管理，应当能够提供资产价值、对应保单账户价值、结算利率和资产负债表等信息，满足保险公司对该万能单独账户进行管理和保单利益结算的要求。

（4）保险公司应当根据万能单独账户资产的实际投资状况确定结算利率。结算利率不得低于最低保证利率。

（5）保险公司可以为万能单独账户设立特别储备，用于未来结算。特别储备不得为负，并且只能来自实际投资收益与结算利息之差的积累。

（6）保险公司应当定期检视万能单独账户的资产价值，以确保其不低于对应保单账户价值。

（7）季度末出现万能单独账户的资产价值小于对应保单账户价值的，保险公司应采取相应措施。

（8）在同一万能单独账户管理的保单，应采用同一结算利率。

（9）对于不同的万能保险产品、不同的团体万能保险客户、不同时段售出的万能保险业务，可以采用不同的结算利率或不同的最低保证利率；不同结算利率的万能保单应在不同的万能单独账户中管理。

（10）费用收取。

万能保险可以并且仅可以收取以下5种费用：

初始费用，即保费进入万能账户之前扣除的费用。

死亡风险保险费，即保单死亡风险保额的保障成本。死亡风险保险费应通过扣减保单账户价值的方式收取，其计算方法为死亡风险保额乘以死亡风险保险费费率。保险公司可以通过扣减保单账户价值的方式收取其他保险责任的风险保险费。

保单管理费，即为维护保险合同向投保人或被保险人收取的管理费用。保单管理费应当是一个不受保单账户价值变动影响的固定金额，在保单首年度与续年度可以不同。保险公司不得以保单账户价值一定比例的形式收取保单管理费。对于团体万能保险，保险公司可以在对投保人收取保单管理费的基础上，对每一被保险人收取固定金额形式的保单管理费。

手续费，保险公司可在提供部分领取等服务时收取，用于支付相关的管理费用。

退保费用，即保单退保或部分领取时保险公司收取的费用，用以弥补尚未摊销的保单获取成本。

三、投资连结保险

（一）投资连结保险的定义

在高通胀时期，寿险保险金购买力明显下降，使原先充分的寿险保障变为保障不足，投保人希望购买能够对抗通货膨胀的寿险产品，于是保险公司推出了变额寿险。它首先出现在荷兰、英国等西欧国家，20世纪70年代被引入美国寿险市场。变额寿险的死亡保险金和账户价值会随着特定基金账户的投资业绩上下波动。变额寿险在我国被称为投资连结型寿险。投资连结保险的特点也是采用账户制，与万能保险的最大区别是，投资连结保险不设保底利率。

在我国的保险术语中，投资连结保险是指包含保险保障功能并至少在一个投资账户拥有一定资产价值的人身保险产品。投资连结保险的投资账户必须是资产单独管理的资金账户。投资账户应划分为等额单位，单位价格由单位数量及投资账户中资产或资产组合的市场价值决定。投保人有权利选择其投资账户，投资账户产生的全部投资净损益归投保人所有，投资风险完全由投保人承担。投资账户资产实行单独管理，独立核算。[①]

投资连结保险产品的保单账户价值与单独投资账户（或称"基金"）资产相匹配，账户价值直接与独立账户资产投资业绩相连，一般没有最低保证。大体而言，独立账户的资产免受保险公司其余负债的影响，资本利得或损失一旦发生，无论其是否实现，都会直接反映到保单的账户价值上。投资账户的资产配置范围包括流动性资产、固定收益类资产、上市权益类资产、基础设施投资计划、不动产相关金融产品、其他金融资产。不同的投资账户，可以投资在不同的投资工具上，比如股票、债券和货币市场等。投资账户可以是外部现有的，也可以是公司自己设立的。除了各种专类基金供投保人选择，由保险公司确立原则进行组合投资的平衡型或主动管理型基金也非常流行。在约定条件下，保单持有人可以在不同的基金间自由转换，而不需要支付额外的费用。

---

① 资料来源：《中国保监会关于规范投资连结保险投资账户有关事项的通知》（保监发〔2015〕32号）。

（二）投资连结产品的主要特点

1. 投资账户设置

投资连结保险均设置单独的投资账户。保险公司收到保费后，按照事先的约定将保费的部分或全部分配入投资账户，并转换为投资单位。投资单位是为了方便计算投资账户的价值而设计的计量单位。投资单位有一定的价格，保险公司根据保单项下的投资单位数和相应的投资单位价格计算其账户价值。

2. 保险责任和保险金额

投资连结保险作为保险产品，其保险责任与传统产品类似，不仅有死亡、残疾给付和生存领取等基本保险责任，一些产品还加入了豁免保费、失能保险金、重大疾病等保险责任。

在死亡保险金的设计上，与万能保险类似，也存在两种方法：一种是给付保险金额和投资账户价值两者中的较大者（方法A），另一种是给付保险金额和投资账户价值之和（方法B）。方法A的死亡给付金额在保单年度前期是不变的，当投资账户价值超过保险金额后，随投资账户价值波动。方法B的死亡给付金额随投资账户价值的波动而不断波动。

3. 保费

最初推出的投资连结保险在交费方面类似于传统的终身寿险，除少数趸交保费产品外，一般采用平准保费制，即每年交纳等额的保费；后来推出的投资连结保险将万能保险的交费灵活性和变额寿险的投资功能结合起来。

4. 费用收取

根据监管机构的规定，投资连结保险可以并且仅可以收取以下7种费用：

（1）初始费用，即保费进入投资账户之前扣除的费用。

（2）买入卖出差价，即投保人买入和卖出投资单位的价格之间的差价。

（3）死亡风险保险费，即保单死亡风险保额的保障成本。死亡风险保险费应通过扣除投资单位数的方式收取，其计算方法为死亡风险保额乘以死亡风险保险费费率。保险公司可以通过扣除投资单位数的方式收取其他保险责任的风险保险费。

（4）保单管理费，即为维护保险合同向投保人或被保险人收取的管理费用。保单管理费应当是一个与保单账户价值无关的固定金额，在保单首年度与续年度可以不同。保险公司不得以保单账户价值一定比例的形式收取保单管理费。对于团体投资连结保险，保险公司可以在对投保人收取保单管理费的基础上，对每一被保险人收取固定金额形式的保单管理费。

（5）资产管理费，按账户资产净值的一定比例收取。账户资产净值扣除保险公司本期应收取的资产管理费后，应当等于期末账户价值（NAV）。

（6）手续费，保险公司可在提供账户转换、部分领取等服务时收取，用以支付相关的管理费用。

（7）退保费用，即保单退保或部分领取时保险公司收取的费用，用以弥补尚未摊销的保单获取成本。

四、寿险命名规定

我国《人身保险公司保险条款和保险费率管理办法》第十五条规定："人身保险的定名应当符合下列格式：'保险公司名称'+'吉庆、说明性文字'+'险种类别'+'（设计类型）'。前款规定的保险公司名称可用全称或者简称；吉庆、说明性文字的字数不得超过10个。附加保险的定名应当在'保险公司名称'后标注'附加'字样。团体保险应当在名称中标明'团体'字样。"

第十八条规定："分红型、投资连结型和万能型人身保险应当在名称中注明设计类型，普通型人身保险无须在名称中注明设计类型。"例如，国寿福禄双喜两全保险（分红型）、平安智胜人生终身寿险（万能型）、国寿附加康宁两全保险。

第四节　人寿保险合同

保险条款是人寿保险合同的核心，它规定了保险人和投保人之间的权利义务关系。

一、合同构成

人寿保险合同文件通常包括投保单、保险单、保险条款等。

（一）投保单

投保单是投保人申请投保时填写的书面文件，内容包括投保声明（要约）、告知（健康声明）、双方约定事项（付款方式）等。

（二）保险单

保险单是保险人与投保人之间订立保险合同的正式法律文件。保险单上载明投保人、被保险人及受益人的姓名，受益人的顺位和受益比例，险种名称，保险金额，保险期限，交费方式，年交保费数额，等等。

（三）保险条款

保险条款规定的是人寿保险的最基本事项，比如保险期限、保险责任、责任免除、保费的交费期及宽限期间、保险合同效力的中止与复效、保险合同变更等，是合同双方权利义务的具体、准确解释。

其中保险责任和责任免除是保险消费者在投保前最值得注意的条款内容。保险责任，指保险人承担的经济损失补偿或人身保险金给付的责任。投保人或被保险人签订保险合同并交付保费后，保险合同条款中规定的责任范围，即成为保险人承担的责任。在保险责任范围内发生人身保险事故，保险人负责赔偿或给付保险金。

责任免除，指保险合同以保险条款的形式明确规定保险人不承担赔偿责任的情况，比如投保人的故意行为、自杀（成立或复效的一定时期内，无民事行为能力人除外）、战争、犯罪、酗酒等。投保人必须同意这些基本条款，否则保险合同无法成立。当然，投保人与保险人可以在此基础上协商订立有关附加条款，也可以通过特别约定的方式，对保险条款的内容进行变更。保险条款一经订入保险合同，在保险合同成立之后，对双方当事人均有约束力。

（四）现金价值表

该表是针对具体保单生成的利益表。

（五）特殊声明和约定

在投保时，被保险人要做出对其告知事项真实性的说明。

（六）批单或批注

针对修改、变更的记录。在寿险合同有效期内，投保人有权提出申请变更受益人、保险金额等内容的要求，寿险公司要做出批单并附在保险单后，或直接在保险单上进行批注。批单和批注的法律效力优先于原保单。

二、寿险合同的主要条款

（一）犹豫期条款

犹豫期是从投保人、被保险人收到保单并书面签收日开始起算的一段时期，通常约定为10~20日。在我国的现行规定中，若商业银行代理销售的保险产品，保险期间超过1年的，应在合同中约定为15日。在犹豫期内，投保人可以无条件解除保险合同，保险公司扣除不超过10元的工本费外，应无息退还全部保费并不得对此收取其他任何费用，亦不承担保险责任。

犹豫期的设置能保证正确传递保险信息。客户在犹豫期内最重要的就是仔细研究保险合同，进一步考虑是否应当或者需要购买该保险。利用犹豫期条款，投保人在挑选产品时可以更有余地，如果认为产品不合适，在犹豫期内可以要求解除保险合同。这样能减少合同纠纷，保护投保人权益。犹豫期也是保险方回访客户的最好时间，在此期间如果客户对合同条款还有不理解的内容，保险方可以及时进行解释，以免客户误保。

（二）告知条款

保险合同是最大诚信合同，最大诚信原则下的如实告知是指投保人应当将与保险标的有关的重要事实如实向保险人陈述，以便让保险人判断是否接受承保或以什么条件承保。按照立法形式，告知分为无限告知和询问告知，我国《保险法》支持询问告知，即保险人就保险标的有关情况进行询问，投保人应当如实告知。

（三）不可抗辩条款

不可抗辩条款，是指自人寿保险合同订立时起，超过一定时限（通常规定为2年）后，保险人就不能对保单的有效性提出争议，即使投保人在投保时未如实告知重要事实也是如此。保险人将不得以投保人和被保险人在投保时违反如实告知义务如误告、漏告、隐瞒某些事实为理由，而主张合同无效或拒绝给付保险金。

我国《保险法》第十六条第二款规定："投保人故意或者因重大过失未履行前款规定的如实告知义务，足以影响保险人决定是否同意承保或者提高保险费率的，保险人有权解除合同。"

同时，我国《保险法》第十六条第三款规定："前款规定的合同解除权，自保险人知道有解除事由之日起，超过三十日不行使而消灭。自合同成立之日起超过二年的，保险人不得解除合同；发生保险事故的，保险人应当承担赔偿或者给付保险金的责任。"

这一规定要求保险人在规定的期间内进行审查，并行使合同解除权，一旦超过该期限，保险人不得再主张合同解除或不承担给付符合保险事故约定的保险金责任，从而保护被保险人和受益人的利益，同时便于解决纠纷。

（四）年龄计算与错报处理条款

我国《保险法》第三十二条第一款规定："投保人申报的被保险人年龄不真实，并且其真实年龄不符合合同约定的年龄限制的，保险人可以解除合同，并按照合同约定退还保险单的现金价值。保险人行使合同解除权，适用本法第十六条第三款、第六款的规定。"年龄以周岁计算（最后一个生日）。年龄错报处理方式分为如下两种情况：

1. 真实年龄符合合同约定的年龄限制

（1）被保险人投保时的实际年龄小于申报年龄，则保险人无息退还多交保费；

（2）被保险人投保时的实际年龄大于申报年龄，则需补交保费，或者保险人在发生保险事故时按照实际交纳的保费与应交纳保费的比例支付保险金。

2. 真实年龄不符合合同约定的年龄限制

保险人可以解除合同，并按照合同约定退还保险单的现金价值（合同成立起逾二年的除外）。

（五）自杀条款

自杀条款是人寿保险合同中的一种特殊条款。自杀条款一般规定，被保险人在保单生效（包括复效）后的二年内自杀，保险人不给付保险金，只退还保单现金价值。但如果自杀发生在保单生效二年以后，保险人应按保险合同约定给付保险金。我国《保险法》第四十四条规定："以被保险人死亡为给付保险金条件的合同，自合同成立或者合同效力恢复之日起二年内，被保险人自杀的，保险人不承担给付保险金的责任，但被保险人自杀时为无民事行为能力人的除外。保险人依照前款规定不承担给付保险金责任的，应当按照合同约定退还保险单的现金价值。"我国《保险法》司法解释（三）规定："保险人以被保险人自杀为由拒绝给付保险金的，由保险人承担举证责任。受益人或者被保险人的继承人以被保险人自杀时无民事行为能力为由抗辩的，由其承担举证责任。"

把自杀这一除外责任限制在二年内，主要是为了减少逆向选择。

（六）宽限期、失效及复效条款

宽限期条款主要是针对合同约定分期支付保费，投保人支付首期保费后，未按时交付续期保费的，法律规定或合同中约定给予投保人一定的宽限时间（通常是三十日或六十日），在宽限期期间，保险合同效力正常。

我国《保险法》第三十六条第一款规定："合同约定分期支付保险费，投保人支付首期保险费后，除合同另有约定外，投保人自保险人催告之日起超过三十日未支付当期保险费，或者超过约定的期限六十日未支付当期保险费的，合同效力中止，或者由保险人按照合同约定的条件减少保险金额。"

一般情况下，对于分期支付保费的合同，投保人应于合同成立时支付首期保费，并应当按期交纳其他各期保费。但由于人身保险合同的保险期限较长，投保人因一时疏忽或者经济困难或其他客观原因而没能在约定的期限按时交付保费的情况时有发生。如果保险人据此解除保险合同，将使保险人、投保人、被保险人的利益均受到损害。为了防止上述原因造成保险合同失去效力，也为了稳定保险业务的发展，保险合同一般都会有交付保费的宽限期条款。在宽限期内，即使投保人没有及时交付保费，合同依然有效。如果发生保险事故，保险人应承担给付责任。在宽限期结束后仍未交纳应付保费的，保险合同的效力中止，或称保单失效。

保险合同效力中止期间，经保险人与投保人协商并达成协议，在投保人补交保费后，合同效力恢复，即为合同复效。自合同效力中止之日起满二年双方未达成协议的，保险人有权解除合同，应当按照合同约定退还保险单的现金价值。

复效条款对投保人来讲，要比重新订立保险合同更为有利，因为购买新保单费率可能高于原保单费率。如果不想支付新单费用且使现金价值恢复，不损失退保费用，那么复效条款是投保人的一个重要选择。

如果投保人提出复效，则必须：

（1）提出书面复效申请；

（2）提供可保证明，例如体检报告、健康证明等，保险人进行审核；

（3）付清欠交保费及利息；

（4）付清保单借款。

投保人需要知晓的是：复效之后，需要重新起算自杀免责期和不可抗辩期。

（七）不丧失现金价值条款

现金价值是指带有储蓄性的人寿保险单所具有的价值。在长期人寿保险中，保险公司在实际操作中往往采用"均衡保费"的办法，通过数学计算将投保人需要交纳的全部保费在整个交费期内均摊，使投保人每期交纳的保费都相同。被保险人年轻时，死亡概率低，投保人交纳的保费比实际需要的多，多交的保费将由保险公司逐年积累。这部分多交的保费连同其产生的利息，每年滚存累积起来，就是保单的现金价值，相当于投保人在保险公司的一种储蓄。因此，大部分的长期保险单在积累保费一段时间后，都包含一定的现金价值。

不丧失现金价值条款是指现金价值不因保险合同效力的变化而丧失。投保人解除合同时，保险人应当退还保险单现金价值。即使投保人或被保险人、受益人违反合同规定的某些义务而致使保险合同解除，保险单的现金价值也不会丧失。

终身寿险保单通常用一张表列示不同时点的现金价值，并给出相应的计算方法。当投保人不愿意继续交纳保险费时，投保人有权选择有利于自己的方式来处理这笔现金价值。其方式有如下四种：

（1）申请退保。在申请退保时，现金价值往往体现为退保金。

（2）减额交清保险。原保险单的保险责任、保险期限均不变，只是依据现金价值的数额，相应降低保险金额，此后投保人不必再交纳保费。这种处理方法实际上是以现金价值作为趸交保费，投保与原保险单责任相同的人寿保险，保险期限自停交保费起至原保单期满时止，保险金额则由趸交保费的数额而定。

（3）展期保险。将原保险单改为与原保险单的保险金额相同的死亡保险，保险期限相应缩短，此后投保人不必再交纳保费。这种处理方法实际上是以现金价值作为趸交保费，投保死亡保险，保险金额与原保险单相同，保险期限则由趸交保费的数额而定。定期寿险、两全保险改为展期保险以后，保险期限不能超过原保险单的保险期限。

（4）自动垫交保费。投保人可以在投保时或保费宽限期期满前做出书面声明，在分期保费超过宽限期仍未交付时，将保险单当时的现金价值作为续期保费进行垫交，但对于此项垫交的保费，投保人要在一定时期内予以偿还并补交利息。在垫交保费期间，保险合同持续有效，保险人承担保险责任，当现金价值垫交不足，投保人也未补交时，保险合同效力中止。

以上（2）、（3）、（4）点所涉及的情况，必须在保险合同中有该类条款的基础上才可选择，否则其不适用于人寿保险合同。

（八）保单贷款（借款）条款

对于长期性人寿保险合同，投保人可以以具有现金价值的保险单作为质押，在现金价值数额内，向其投保的保险人申请贷款，习惯上称为保单贷款。

投保人运用保单贷款时，需承担合同约定的贷款利息，贷款数额按有关法律或合同约定，一般不超过保单现金价值的一定比例，目前我国规定这一比例不得超过80%。合同约定的贷款期届满时，投保人应返还所借款项本息，到期不能归还借款的，投保人可申请延期；当贷款本息累计已超过其保险单的现金价值时，投保人仍未按期归还借款的，保险人有权终止保险合同效力；若贷款本息清偿之前，被保险人发生保险事故，保险人则从应给付的保险金中扣除投保人所借贷款本息，其余部分作为保险金支付。

从一定意义上说，含有现金价值的人寿保险单是一种有价值的单证，也是投保人拥有保险单的现金价值的权利凭证，因此持有该保单的投保人也可以该保单向非保险人的其他金融机构如银行进行质押贷款。投保人应将保险单移交给债权人占有，同时通知保险人。出质后，保单质权人会限制投保人的相应保单权利，比如退保、解除合同等。

（九）附加险

附加险是一种附加于主险的保险，其从属于主合同（主保单），不能单独存在。附加险有单独的期限（通常短于主险）、保险责任、责任免除、保费、保险金额（通常小于主险）等。

人寿保险的附加险常见形式有：定期人寿保险，意外伤害（死亡或残疾）保险，健康保险如提前给付的重大疾病保险、医疗费用保险、残疾收入保障保险，保费豁免（投保人死亡或者残疾时或被保险人残疾时，免交剩余交费期内保费，保单责任继续不变且有效），等等。

第五节　年金保险的基本概念

一、年金保险的含义

年金是一系列有规则的款项支付，分为确定型年金和不确定型年金。确定型年金不含保险因素，比如按月交付的房租、定期发放的工资、抵押贷款的分期付款、零存整取（储户在进行银行存款时约定存期、每月固定存款、到期一次支取本息的一种储蓄方式）等。而年金保险为不确定型年金，是指以被保险人生存为给付保险金条件，并按约定的时间间隔给付生存保险金的人身保险。年金领取人和被保险人可以是同一人，也可以是不同人，但通常情形是同一人。年金保险的给付期限可以是定期的，也可以是终身的。市场上典型的年金保险通常包括两类：一类是教育年金保险，另一类是养老年金保险。教育年金保险多以定期年金保险为主，养老年金保险一般为终身年金保险。

实例12-5　*教育年金保险典型条款*

在本合同有效期内，本公司负下列保险责任：

被保险人生存至15、16、17周岁的生效对应日，本公司每年按基本保额的10%给付高中教育保险金。

被保险人生存至18、19、20、21周岁的生效对应日，本公司每年按基本保额的30%给付大学教育保险金。在被保险人21周岁的生效对应日给付教育保险金后，本合同终止。

被保险人身故，本公司退还保险单的现金价值，本合同终止。

投保人身故或身体高度残疾，从投保人身故或被确定身体高度残疾之日起，若被保险人生存，本公司于每年的生效对应日按基本保额的5%给付成长年金，直至被保险人21周岁的生效对应日为止。

若投保人身故或身体高度残疾发生于交费期内，从其身故或被确定身体高度残疾之日起，免交以后各期保费，本合同继续有效。

养老保险通常采用年金保险的方式，我国保险监管机构发布的《人身保险公司保险条款和保险费率管理办法》规定，养老年金保险应当符合以下两个条件：

第一，保险合同约定给付被保险人生存保险金的年龄不得小于国家规定的退休年龄；

第二，相邻两次给付的时间间隔不得超过一年。

若未特别说明，本节中的年金保险主要指养老年金保险。

实例12-6 养老年金保险典型条款

养老年金的领取方式分为年领、月领和一次性领取3种，但趸交保费的仅限于年领和月领2种领取方式。

养老年金开始领取年龄分为55、60和65周岁3种，投保人可选择其中一种作为本合同的养老年金开始领取年龄。养老年金开始领取日为养老年金开始领取年龄的年生效对应日。

保险责任

在本合同保险期间内，本公司承担以下保险责任：

（1）被保险人在本合同约定的养老年金开始领取日前身故，本公司按本合同的现金价值给付身故保险金，本合同终止。

（2）被保险人生存至本合同约定的养老年金开始领取日，本公司按如下约定给付养老年金：

①本合同约定一次性领取养老年金的，本公司按保险合同载明的领取金额给付养老年金，本合同终止。

②本合同约定按年或按月领取养老年金的，自本合同约定的养老年金开始领取日起，本公司于本合同每年或每月的生效对应日按保险合同载明的领取金额给付养老年金，保证给付10年。如果被保险人自开始领取养老年金之日起不满10年身故，其继承人可继续领取

未满10年部分的养老年金，本合同于养老年金开始领取日起满10年的年生效对应日终止。若被保险人自开始领取养老年金之日起满10年后仍生存，可继续领取养老年金直至身故，本合同终止。

二、年金保险合同的组成主体

一般而言，年金保险合同的主体可分为两类：

（一）年金保险合同的当事人

年金保险合同的当事人包括保险人与投保人。保险人即经营年金保险业务的法人。根据我国《保险公司养老保险业务管理办法》的规定，经保险监督管理机构批准设立并依法登记注册的人寿保险公司、养老保险公司均可经营年金保险。投保人是与保险人订立年金保险合同，提出投保申请并交纳保费的人。

（二）年金保险合同的关系人

年金保险合同的关系人包括年金保险的被保险人和受益人。被保险人的生命为年金保险的保险标的，年金保险金的给付条件即为被保险人的生存。受益人是指由投保人或被保险人指定的享有保险金请求权的人，包括年金给付受益人（年金领取人）和死亡给付受益人。年金给付受益人是指在被保险人生存时，年金保险合同约定领取年金收入给付的人，一般而言，被保险人通常就是年金领取人（部分保险条款也可能约定为投保人或他人）。死亡给付受益人是指在被保险人死亡时，年金保险合同约定领取死亡保险金的人，死亡给付可能发生在年金领取开始前，也可能发生在年金领取开始后。比如某些条款设置了年金给付的保证期（例如10年），若被保险人仅领了3年年金即身故，这时未领的7年年金将按合同约定的方式向合同约定的死亡给付受益人给付。在大部分情形中，保证领取期内未领年金的受益人与年金领取开始前的身故受益人一致，市场上亦可看到一些保险条款约定该未领年金由被保险人之继承人领取。

三、年金保险的原理

年金保险是基于生命不确定性设计的。人们往往可以意识到早逝是一种风险，却忽略了长寿也是一种风险。

一方面，实际寿命可能超过预期寿命，为确保老年时期的经济安全，工作期间积累的资金必须分摊在比预期寿命更长的期限内，即便如此，仍然存在个人资产和收入在死亡之前被耗尽的可能性；另一方面，实际寿命可能等于或短于预期寿命。如果这两类人群将各自的储蓄集中起来，交给保险公司：一方面，可以强制个人储蓄，实现较长时期内的投资规划；另一方面，保险公司根据生存概率和大数法则，可以将个体的长寿风险均摊到群体当中，为年金领取人提供一定期间内的生存甚至终身的年金给付，这既可以在一定程度上解决被保险人退休后生活费用问题，又可以使被保险人在面临长寿风险时仍有一笔确定的现金流。这就是年金保险的基本原理。年金保险适用的也是保险的基本机理，即具有相同风险的单位进行汇聚，再将风险在所有人中进行分摊，在所有参加年金保险的人群中，早死亡的人为晚死亡的人承担了部分成本。

四、年金保险与寿险的比较

寿险是以人的寿命为保险标的的人身保险，比如定期寿险是为被保险人因过早死亡丧失收入来源而提供的经济保障，而终身年金保险则是预防被保险人因寿命过长可能丧失收入来源或耗尽积蓄而进行的经济储备。从某种意义上说，年金保险和寿险的作用正好相反。

（一）年金保险与寿险的相同点

年金保险与寿险的保险机理相同，都是运用大数法则，通过风险汇聚技术由多数人分担损失。两者的共同性表现在以下两个方面。

1. 年金保险和寿险运用相同的风险汇聚技术

寿险的风险汇聚安排要求投保人依据平均死亡率交纳风险保费，形成一定规模的保险基金。在寿险的"资金池子"中，早逝者由生存者进行风险保费的补贴。而年金保险的风险汇聚安排是，所有年金投保人按照平均的预期寿命交纳年金保费：如果一个人的生命与群体的预期寿命相同，那么他参加年金保险并未获得额外的风险收益，亦不产生损失；如果他的实际寿命超过预期寿命，那么他作为长寿者就获得了早逝者风险保费中的额外支付。

2. 年金保险和寿险的定价原理相同

一方面，两者都是基于特定生命表所反映的死亡和生存概率来确定纯保费的。另一方面，在计算纯保费时，两者都考虑了货币的时间价值，即均衡保费都是运用适当的利率，按照复利方式进行贴现得到的。

（二）年金保险与寿险的不同点

1. 给付条件不同

寿险以被保险人死亡为给付条件，主要为死亡受益人提供经济收入保障；而年金保险以被保险人生存为给付条件，主要为年金给付受益人提供经济收入保障。终身年金保险的保险人在被保险人生存期间，或被保险人生存超过某一特定期间后，支付年金给付或生存保险金给年金领取人，活多久支付多久，直到被保险人死亡或承保期终了为止。

2. 防范风险不同

购买年金保险的目的之一是在老年期间持续获得一笔资金，用以防范因寿命过长而导致没有足够生活费用来源的财务风险；而购买寿险的目的之一是在需要时积聚一笔资金，用以防范被保险人早逝导致收入损失的财务风险。

3. 逆向选择不同

众所周知，投保人和保险人之间的信息不对称容易导致逆向选择，产生不利于保险公司的选择倾向。由于年金保险和寿险的给付条件不同，身体健康、预期死亡率低于平均水平的人更倾向于购买年金保险，而身体状况欠佳、预期死亡率高于平均水平的人更倾向于购买寿险。被保险人的这种逆向选择导致购买年金保险和寿险的人中相同年龄和性别的人的死亡率呈现明显差异，前者显著低于后者，从而使得两种业务的保险成本产生较大差异。因此，保险公司经营年金保险业务和寿险业务时，采用不同生命表，即年金保险使用年金保险生命表，寿险使用寿险生命表。通常，相同年龄段年金保险生命表死亡率低于寿险生命表死亡率（见图12-2）。

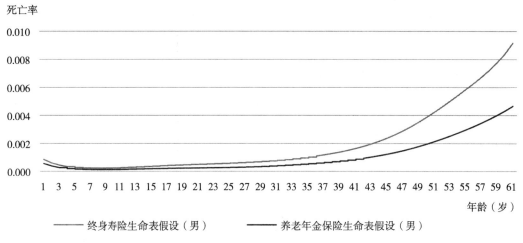

图12-2 年金保险和寿险的死亡率假设比较

资料来源：《中国人身保险业经验生命表（2010—2013）》CL1、CL5。

4. 死亡率改善对保险公司的影响不同

一般而言，每种生命表都有一定的安全边际。对于寿险生命表，安全边际意味着生命表中的死亡率将高于预期死亡率；而对于年金保险生命表，安全边际意味着生命表中的死亡率将低于预期死亡率。随着生活条件、医疗条件、安全设施等方面的日益改善，人们的预期寿命不断延长，这一趋势将使年金保险生命表的安全边际逐渐减小，寿险生命表的安全边际不断扩大。在产品定价过程中，精算师应该充分考虑未来死亡率改善对不同生命表安全边际的影响，进而合理厘定年金保险和其他保险产品价格，确保死亡率改善不对投保人和保险人的对价产生影响。

第六节　年金保险的分类

一、按购买主体划分

（一）个人年金保险

个人年金保险是指面向个人、以个人为承保对象的年金，一张保单只为一个人或几个人提供保险保障。

（二）团体年金保险

团体年金保险是指以团体方式投保的年金保险，由团体与保险人签订保险合同，被保险人只领取保险凭证，团体和被保险人共同交纳或主要由团体交纳保费。

二、按保费交纳方式划分

按照保费交纳方式的不同，年金保险可以分为趸交保费和期交保费两种。

（一）趸交保费年金保险

趸交保费年金保险是指保费在购买时一次交清的年金保险，即保费由投保人一次全部交清后，于约定时间开始，由年金领取人按期领取年金。这类年金保险不管期限多长，投保人只在购买时交纳一次保费，就可以享受保险有效期内保险保障。

（二）期交保费年金保险

期交保费年金保险是指在一定时期内（在给付日开始之前）分期交纳保费的年金保险，即保费由投保人按年、半年、季、月或其他期间分期交纳，然后于约定年金给付开始日期起由年金领取人按期领取年金。期交保费年金可以分为水平保费期交年金和浮动保费期交年金。水平保费期交年金每期交纳保费金额相同；浮动保费期交年金不规定交费次数以及每次交费金额，保单持有人可以根据自身经济条件灵活安排交费。在我国保险市场，设计类型为传统型、分红型的年金保险产品一般采用水平交费方式，一旦约定了每期交费金额和交费期限，一般情况下就不可变更；在账户制的年金保险如万能型年金保险等产品中存在浮动交费方式，浮动交费虽然灵活，但强制储蓄的功效也随之减少。

三、按年金给付起始时间划分

保险公司规定的年金给付的起始时间称为满期给付日或年金满期日。根据满期给付日的不同，年金保险可分为即期年金保险和延期年金保险两类，区分这两类保险产品的关键指标就是年金期间、累积期。年金期间是指相邻两次定期给付的时间间隔，可以是按年给付、按季给付或按月给付。累积期又称积累期，是从投保人开始交费到保险公司开始给付之间的期间；对应的保险公司向投保人提供给付的时期则称为给付期或领取期。

（一）即期年金保险

即期年金保险是指从购买之日起，满一个年金期间后就开始给付的年金保险，合同成立后，保险人即按期给付年金。例如，年金期间为一年的即期年金保险，购买后满一年的日期就是满期给付日，保险公司自满期给付日起按年给付。即期年金保险在购买后满一个年金期间保险公司就开始给付，故保费通常采用趸交形式，相应的保单称为趸交即期年金保险。

（二）延期年金保险

延期年金保险是指从购买之日起，超过一个年金期间才开始给付的年金保险，即合同成立后，经过一定时期或被保险人达到一定年龄后才开始给付的年金保险。虽然延期年金保险规定了给付的起始日期，但在一些产品中投保人可按约定申请改变这一日期。人们通常在工作期间购买延期年金保险，以满足退休后的生活费用需要。

由于延期年金保险有一个累积期间，投保人可以选择趸交保费或期交保费。若分期交纳保费，各期保费可以不等，交费期可以与累积期一样长，也可以比累积期短，但一般不会比累积期长。

实例12-7 孙女士在50岁时获得10万元现金收入，她用这笔现金购买了一份终身年金保险，以便在60岁后按月领取年金收入。

解析 孙女士购买了一份趸交延期年金保险，累积期间为10年（从50岁购买年金到60岁开始给付的时间间隔），年金期间是一个月，从满60岁退休时开始给付，直到死亡为止。

年金保险类型：趸交延期年金保险。

累积期间：10年。

给付期间（领取期间）：60岁起至终身。

年金期间（给付间隔）：1个月。

四、按年金终止时间划分

按年金终止时间划分，年金保险可分为终身年金保险和定期年金保险两种。

（一）终身年金保险

终身年金保险是一种至少在被保险人生存期间进行给付的年金保险，有的终身年金保险还保证提供更多的给付。常见的终身年金保险包括纯粹终身年金保险、期间保底终身年金保险和金额保底终身年金保险3种。

1. 纯粹终身年金保险

纯粹终身年金保险又称普通终身年金保险，是一种仅在被保险人生存期间定期给付的年金保险。如果被保险人死亡，则保险公司停止年金给付，保险责任终止。这种产品从事前的、精算的角度讲是公平的。但由于被保险人的死亡时间是不确定的，结果并不一定公平。例如，某人购买了一个10年延期年金，每月给付1 200元，趸交保费为5万元，10年后开始按月领取年金，但在领取第二个月的给付之前因意外事故死亡，保险公司按年金合同停止给付，这导致投保人所交保费远超过实际得到的给付总额。很多人不愿意承担这种风险，倾向于选择保证更多的终身年金保险，例如具有保底特点的期间保底终身年金保险和金额保底终身年金保险。但由于承担了这种早逝的风险，纯粹终身年金保险在同等条件下的年金领取额要高于具备保底特征的年金保险，若购买者的实际寿命高于预期寿命，其通过纯粹终身年金保险领取的总金额也最多。

2. 期间保底终身年金保险

期间保底终身年金保险是一种在被保险人生存期间定期给付，并保证给付期间不少于约定期间的年金保险。如果被保险人在约定期间内死亡，保险公司也照常给付，直到约定期满。约定期间的长短可由投保人选择，通常为5年、10年或20年。在其他条件相同的情况下，投保人所选择的约定期间越长，保费越高。如果被保险人在约定期满后死亡，保险公司即停止给付。例如，一份从60岁开始每年年初支付的10年保底终身年金保险，保险公司承诺至少给付10年的年金，不论被保险人生存与否。如果被保险人在65岁死亡（被保险人已经领取了6年年金），则保险公司将向约定的未领年金受益人一次性支付或继续支付后4年的年金，直至支付满10年为止。若被保险人活过69岁（被保险人已经领取了10年年金），则保险公司依据被保险人生存与否决定是否继续给付。只要被保险人继续生存，保险公司就继续给付，没有期限限制；如果被保险人死亡，则保险公司停止给付。也就是说，在保底期间过后，该期间保底年金保险即可看作一份纯粹终身年金保险。

3. 金额保底终身年金保险

金额保底终身年金保险是一种在被保险人生存期间定期给付，并保证年金给付总额至少等于该年金保险的购买价格的年金保险，又称偿还年金保险。如果在被保险人死亡时，给付总额小于购买价格，则差额部分由保单指定的其他受益人领取。保底金额具体如何约定要根据年金合同而定，比如趸交保费保单通常约定为趸交保费，而期交保费保单通常约定为所交保费（不含利息）。例如，一份趸交保费10万元、从60岁开始支付的金额保底终身年金保险（约定给付的年金总额至少等于购买价格即10万元），如果被保险人死亡时，保险公司只支付了6万元，则保险公司将向保单受益人继续支付余下的4万元；如果保险公司支付的年金总额已经达到或超过10万元，则保险公司依据被保险人生存与否决定是否继续给付。只要被保险人继续生存，保险公司就继续给付，没有期限限制；如果被保险人死亡，则保险公司停止给付。

在金额保底终身年金保险中，在其他条件相同的情况下，通常保底金额越高，保费越高。比如我国某年金保险条款约定，在年金领取开始后，若被保险人身故，有两种金额保底的选择。选择一为"按以下第1项减去第2项的余额，向身故保险金受益人给付身故保险金，同时本主险合同终止：第1项为被保险人身故时本主险合同已交保险费年度数×年交保险费（无息）；第2项为已领取的养老年金。"选择二为"按以下两项中的较大者向身故保险金受益人给付身故保险金，同时本主险合同终止：第1项为被保险人身故时本主险合同已交保险费年度数×年交保险费（无息）；第2项为被保险人身故时本主险合同的现金价值"。在其他条件相同的情况下，选择二的保险费率将高于选择一的保险费率。

实例12-8 高先生现年55岁，用趸交保费购买了一份10年延期金额保底终身年金保险，保底金额以总保费为限。

保费为20万元，每年期初给付金额为2万元。假设高先生在（1）60岁死亡；（2）70岁死亡；（3）80岁死亡，保险公司的给付金额分别是多少？

解析 该保单是一份延期年金保险，在高先生满65岁时开始给付。

（1）如果高先生在60岁死亡，处于累积期间，保险公司应按合同约定给付身故保险金，合同终止。该产品约定身故保险金为"所交保费"与"现金价值"中的较大者。

（2）如果高先生在70岁死亡，处于给付期间，他已经领取了6年，共计12万元。保险公司还需要向高先生指定的其他受益人支付年金保费与已给付金额之差，即8万元。

（3）如果高先生在80岁死亡，保险公司给付总额已达32万元，超过年金保险购买价格20万元。保险公司在高先生死亡之时即停止给付，合同终止。

总的来说，在终身年金保险中，保险公司的保证越多，年金保险的购买价格越高，投保人需根据自己的保障需求、支付能力和偏好选择合适的年金保险。

（二）定期年金保险

定期年金保险是一种在约定期限内或被保险人死亡之前（以先发生者为准）定期给付的年金保险。一旦约定期满或年金领取人死亡，给付停止。例如，10年定期年金保险的最大给付期间是10年，如果年金领取人在第5年死亡，则给付立即停止；若年金领取人在10年给付期满时仍生存，则在第10年给付完毕后，合同终止。

定期年金保险可以满足个人在某一时期的收入需求，或者为个人领取其他收入之前的特定时期提供收入。例如，某企业部门经理，现年50岁，打算在60岁提前退休，但在65岁前无法领取企业提供的退休金，他希望购买一份年金保单，为退休后到领取企业退休金前的5年时间提供定期给付。此时，他可以购买一份10年后开始给付、给付期间为5年的定期年金保险。

五、按年金领取人数划分

（一）个人年金保险

个人年金保险一般是承保一个人的年金，即以一个被保险人生存作为年金给付条件的年金保险。

（二）联合生存年金保险

联合生存年金保险承保两个或两个以上被保险人，只要其中一个被保险人死亡，给付就停止，即以被保险人均生存作为年金给付条件，如果多个被保险人中有一人发生死亡，年金给付立即停止。这种年金能够为多数人提供收入来源，并以所有被保险人生存为条件，其购买价格较联合及最后生存年金保险便宜，但市场需求不大。

（三）最后生存者年金保险

最后生存者年金保险以两个或两个以上被保险人中至少有一个生存作为年金给付条件，给付持续到最后一个被保险人死亡时止，且无论被保险人生存人数如何变化，给付金额不发生变化。

（四）联合及最后生存年金保险

联合及最后生存年金保险有两个或两个以上被保险人，年金给付至最后一个被保险人死亡时止。具体来讲，这种年金以两个或两个以上的被保险人中至少有一个生存作为年金给付条件，即年金的给付持续到最后一个被保险人死亡时止。其给付金额随着被保险人人数的减少而变化，即给付金额根据仍存活的被保险人人数进行相应的调整。一个被保险人死亡后，年金给付额是否改变及如何改变（如降为原来的1/2或2/3）应依年金保险合同约定。

六、按设计类型划分

根据国保险行业协会人身保险产品信息库对于年金保险的分类，年金保险从设计类型上可以划分为普通型年金保险和新型年金保险。新型年金保险具体分为分红型、万能型、投连型、变额型和其他新型。前文已对寿险中的分红型、万能型和投连型进行了介绍，本部分着重介绍变额年金保险和其他新型年金保险，其中其他新型年金保险包含个人税收递延型商业养老保险（下文简称"税延养老险"），以及专属商业养老保险（下文简称"专属商业养老险"）。

（一）变额年金保险

按照年金给付水平是否有变化，可以将年金保险划分为定额年金保险和变额年金保险。

1. 定额年金保险

定额年金保险，又称固定给付年金保险，是指保险公司保证对所收取的年金保费至少以约定金额定期给付的年金保险，即年金每次按固定数额给付，不随投资收益水平的变动而变动。如果保险公司综合投资账户的实际收益率高于预期水平，则实际给付金额将高于保证水平；如果实际收益率低于预期水平，实际给付金额也不会低于保证水平。事实上，保险公司承担了定额年金保险的投资风险。

通常，定额年金保险自满期给付日起给付金额保持不变，但也有少数定额年金保险规定，当保险公司的投资收益超过预期水平时将适当提高给付金额，或随CPI做适当调整。

如果定额年金保险是普通型（传统型）的，一般来说，在投保时根据交费的情况，未来的年金数值就已经确定。表12-4展示了我国某款年金保险，女性在55岁开始领取，年领1 000元时不同交费方式对应的年保费。

表12-4 养老年金保险费率表（基本保额1 000元）　　　　　　　　　　　　　单位：元

投保年龄（岁）	女性			
	5 年交	10 年交	15 年交	20 年交
0	29.94	16.74	12.40	10.29
1	31.33	17.53	13.00	10.79
2	32.80	18.37	13.63	11.32
3	34.35	19.25	14.30	11.89
4	35.98	20.19	15.00	12.49
5	37.70	21.17	15.75	13.12
6	39.52	22.21	16.54	13.80
7	41.45	23.32	17.38	14.51
8	43.48	24.49	18.28	15.28
9	45.63	25.73	19.23	16.09
10	47.91	27.05	20.24	16.96
11	50.33	28.45	21.31	17.89
12	52.90	29.94	22.46	18.89
13	55.62	31.53	23.69	19.95
14	58.52	33.22	25.00	21.10
15	61.61	35.03	26.41	22.33
16	64.90	36.96	27.92	23.65
17	68.41	39.04	29.55	25.09
18	72.16	41.26	31.30	26.64
19	76.18	43.65	33.19	28.32
20	80.49	46.23	35.24	30.15
21	85.12	49.01	37.46	32.15
22	90.10	52.01	39.88	34.34

（续表）

投保年龄（岁）	女性			
	5 年交	10 年交	15 年交	20 年交
23	95.47	55.27	42.51	36.75
24	101.27	58.81	45.40	39.40
25	107.56	62.68	48.57	42.34
26	114.38	66.90	52.06	45.61
27	121.81	71.53	55.93	49.27
28	129.92	76.63	60.23	53.39
29	138.80	82.28	65.04	58.05
30	148.57	88.54	70.44	63.37
31	159.35	95.54	76.56	69.49
32	171.30	103.39	83.53	76.61
33	184.61	112.26	91.55	84.97
34	199.51	122.36	100.85	94.93
35	216.30	133.93	111.77	107.00
36	235.33	147.33	124.75	121.88
37	257.08	163.00	140.43	140.72
38	282.14	181.57	159.73	165.31
39	311.31	203.90	184.05	198.73
40	345.67	231.24	215.59	246.76
41	386.70	265.44	258.10	—
42	436.50	309.42	318.55	—
43	498.15	368.07	411.28	—
44	576.44	449.98	571.40	—
45	678.98	572.29	914.11	—

如果定额年金保险是账户制的，一般来说，趸交即期年金的定期给付金额在保单签发时就是已知的；如果定额年金保险是延期年金，则在积累期截止时，账户累积价值才能确定，该年金保险保单将包含一张类似表12-5的保证给付金额参照表（也称"年金转换表"）。该表列示了每1 000元累积价值对应的、转换为年金的保证定期给付金额。假设某年金保险某年在满期给付日累积价值为10万元，年金领取人首次给付到达年龄为65岁，则保险公司每月向该领取人给付627元[①]；如果保险公司保证给付10年，则给付金额为607元；

---

① 6.27 × 100 000 ÷ 1 000=627元。

如果保险公司保证给付20年，则给付金额为548元。保证给付时间越长，定额给付金额越低。

表12-5　美国某定额年金保险的保证给付金额参照表　　　　　　　　　　　　　单位：元

每1 000元累积价值的最低月度给付				
首次给付到达年龄（岁）	只在生存期间给付	保证给付期间		
		10 年	15 年	20 年
40	4.13	4.12	4.11	4.09
45	4.36	4.34	4.32	4.28
50	4.65	4.62	4.58	4.52
55	5.05	4.99	4.91	4.81
60	5.56	5.45	5.32	5.14
65	6.27	6.07	5.82	5.48
70	7.33	6.89	6.38	5.76
75 以上	8.95	7.89	6.87	5.92

说明："首次给付到达年龄"是指年金开始领取的年龄，"只在生存期间给付"即纯粹终身年金。从表中可以看出，在累积价值相同的情况下，保底期间越长，每月获得的年金给付越低。

2. 变额年金保险

变额年金保险是指保单利益与连结的投资账户投资单位价格相关联，同时按照合同约定具有最低保单利益保证的人身保险，即年金给付额不是固定不变的，而是依照投资账户的投资收益水平进行调整。设计变额年金保险的初衷类似于变额寿险，即考虑固定给付年金保险无法对抗长期因通货膨胀引发的购买力风险，而普通股等权益类投资的收益率在理论上会随着通货膨胀做出相同方向的调整。保险公司通常会设立多个分立投资账户，不同账户具有不同的投资策略，例如有的投资于股票型基金，有的投资于债券型基金等。投保人可以自主选择投资账户，也可以定期改变投资账户。变额延期年金保险的投保人在累积期间购买投资账户的累积单位，将资金投入相应的投资账户。在国际上，变额年金保险的投资风险发生了转移，由投保人承担，保险公司不保证投资收益率和定期给付金额。变额年金保险通常被视为投资产品，受保险业和证券业的双重监管。

3. 定额年金保险与变额年金保险的比较

（1）定额年金保险与变额年金保险风险承担的比较。

定额年金保险每期给付的金额事前确定，给付风险较小，但因未考虑通货膨胀对货币购买力的影响，未来年金领取人的实际保障水平会受到影响，因此存在购买力风险。

从长期看，变额年金保险投资属性较强，投资收益率很有可能高于同期通胀率，通常能保持货币购买力，购买力风险较小；但由于每期给付的金额事前不确定，给付风险较大，需要消费者有较强的风险承受力。

此外，变额年金保险可以不提供最低给付水平承诺，风险由年金领取人承担，与投资连结寿险近似。我国保险监管机构规定，变额年金保险的投资风险由投保人和保险人共同承担，保险公司给予一定的最低保单利益保证。

我国保险监管机构发布的《变额年金保险管理暂行办法》规定："变额年金保险可以提供以下最低保单利益保证：（一）最低身故利益保证，是指被保险人身故时，若保单账户价值低于保单约定的最低身故金，受益人可以获得最低身故金；若保单账户价值高于最低身故金，受益人可以获得保单账户价值。（二）最低满期利益保证，是指保险期间届满时，若保单账户价值低于保单约定的最低满期金，受益人可以获得最低满期金；若保单账户价值高于最低满期金，受益人可以获得保单账户价值。（三）最低年金给付保证，是指在保单签发时确定最低年金领取标准。（四）最低累积利益保证，是指在变额年金保险累积期内的当前资产评估日，若投资单位价格低于历史最高单位价格的约定比例，保单账户价值以历史最高投资单位价格的该比例计算；若投资单位价格高于历史最高投资单位价格的约定比例，保单账户价值以投资单位价格计算。"

（2）定额年金保险与变额年金保险给付水平的比较。

定额年金保险依据投保人交纳的保费来确定给付金额，并在整个给付期间保持不变。部分险种的给付水平会因某种因素，例如消费物价指数、年金领取人健康状况等，每隔一段时间有一定变化，典型的如英国的生命伤害年金（Impaired-life Annuity）：如果年金领取人出现了明显导致寿命缩短的健康问题，如癌症、糖尿病、肾衰竭、肝硬化等（均需医生的确诊证明），保险人会提高给付水平。

变额年金保险的累积价值和每月给付金额将随着分立投资账户的绩效而上下波动。

（二）税延养老险

1. 年金税收政策介绍

年金保险是个人提前安排退休收入的一种有效方式，有助于确保"老有所养"，缓解老龄化问题。因此，国家通常会采取一定的税收优惠政策，鼓励居民购买年金保险。以美国为例，在所得税优惠政策激励下，年金产品越来越受到市场的欢迎。当然，并非所有的年金保险都可以享受所得税优惠。政府以法律形式规定,满足特定条件的退休计划称为税优退休计划,否则就属于非税优退休计划。对于美国雇员而言,允许递延纳税的年金或养老金计划包括:个人退休计划IRA、雇主提供的符合美国税收法规的401(K)计划、教育及其他免税机构职员的403(b)计划、州和地方政府雇员457计划等。

依照在交费阶段、投资阶段和领取阶段是否有税收优惠划分,税收优惠的模式主要有无税优计划TTE、半税优计划TET和全税优计划EET,如表12-6所示。其中,E代表exempted,免税;T代表taxed,征税。

表12-6 不同的税优计划特点

	特点	交费期	投资期	领取期
无税优计划	购买保险的本金和利息均需纳税	T	T	E
半税优计划	本金需纳税, 投资所得在年金领取时才需纳税	T	E	T
全税优计划	本金和投资所得均可以延税	E	E	T

诸多国际经验表明,全税优计划的个税递延型税收优惠模式是对年金保险的有效激励方案。但全税优计划的一个重要局限是其对低收入者的激励作用有限,不少国家在实行EET模式的同时,也针对低收入者设立TEE模式。

2. 我国的税延养老险

我国年金税收优惠也在逐渐借鉴国际成功经验。

税延养老险是我国第一个通过税收优惠政策制定的养老险。2018年,根据《关于开展个人税收递延型商业养老保险试点的通知》(下称"税延养老险试点通知"),税延养老险在上海市、福建省(含厦门市)、苏州工业园区开展试点。税延养老险在设计上参考了养老金征税的EET模式,同时在产品设计方面发布了《个人税收递延型商业养老保险产品开发指引》。

我国的税延养老险采用账户制设计,积累期养老资金的收益类型分为收益确定型、收益保底型、收益浮动型,分别对应A、B、C三类产品。

(1)A类产品,即收益确定型产品,是指在积累期提供确定收益率(年复利)的产品,每月结算一次收益。

(2)B类产品,即收益保底型产品,是指在积累期提供保底收益率(年复利),同时可根据投资情况提供额外收益的产品,每月或每季度结算一次收益。根据结算频率不同,分为B1类产品（每月结算）和B2类产品（每季度结算）。

（3）C类产品，即收益浮动型产品，是指在积累期按照实际投资情况进行结算的产品，至少每周结算一次。

在领取期，保险公司可提供两种领取方式：

（1）终身领取（月领或年领）。按固定标准给付养老年金，直至参保人身故。若参保人身故时，保险公司已给付的养老年金总和小于养老年金开始领取日的产品账户价值，保险公司按养老年金开始领取日的产品账户价值与已给付的养老年金总和的差额，一次性给付养老年金，保险合同终止。

（2）固定期限15（或20）年月领（或年领）。按固定标准给付养老年金，直至固定领取期限届满。若参保人在固定领取期限届满前身故，保险公司按固定领取期内尚未给付的养老年金之和，一次性给付养老年金，保险合同终止。

税延养老险的试点，为养老方面的税收优惠政策提供了重要的经验。随着我国个人养老金制度在2022年的最终落地，根据《关于个人养老金有关个人所得税政策的公告》规定，税延养老险的税收优惠政策自2022年1月1日起，调整为与个人养老金税收政策一致，仍采取EET模式，额度调整为：

"在缴费环节，个人向个人养老金资金账户的缴费，按照12 000元/年的限额标准，在综合所得或经营所得中据实扣除；在投资环节，计入个人养老金资金账户的投资收益暂不征收个人所得税；在领取环节，个人领取的个人养老金，不并入综合所得，单独按照3%的税率计算缴纳个人所得税，其缴纳的税款计入'工资、薪金所得'项目。"

在产品衔接上，监管部门发布《关于个人税收递延型商业养老保险试点与个人养老金衔接有关事项的通知》，并规定"自2023年9月1日起，试点公司停止向新客户销售个税递延型养老保险产品，支持将个税递延型养老保险保单变更为个人养老金个税递延型养老保险保单"，税延养老险的试点正式结束。

（三）专属商业养老险

在我国的年金保险实践中，在发展养老金第三支柱迫在眉睫的背景下，监管部门从丰富投保人群范围、满足多样化养老保险需求的层面，在2021年推出了专属商业养老险试点，并于2022年将专属养老商业险试点范围扩大至全国。2022年个人养老金制度出台后，专属商业养老险成为个人养老金制度中首批保险产品之一。

在产品责任设计上，专属商业养老险借鉴了税延养老险的经验，与税延养老险的主要区别在于两个方面：一方面，在交费和领取上，专属商业养老险可灵活交费，但养老金领取年龄需在60岁以上；另一方面，在积累期账户设计上，专属商业养老险可提供不同投资组合，比如保底收益率较高的稳健投资组合、保底收益率较低的进取投资组合，不同投资组合一般设有保底收益率。

专栏12-1　我国《专属商业养老保险业务方案》摘录

一、产品概述

专属商业养老保险是指以养老保障为目的，领取年龄在60周岁及以上的个人养老年金保险产品。产品设计分为积累期和领取期两个阶段，领取期不得短于10年。产品采取账户式管理，账户价值计算和费用收取公开透明。

二、交费方式

采取灵活交费方式，保险公司可收取初始费用，消费者交纳保费在扣除初始费用后全部进入个人账户。保险公司可根据交费金额、账户累积金额、销售渠道不同等设定差异化的公平合理的费用标准，并在保险合同中载明。

......

三、积累期和领取期设计

积累期采取"保证＋浮动"的收益模式，保险公司应为消费者提供风险偏好不同的一个以上的投资组合。不同投资组合的保证利率可以不同，但不得超过新型人身保险产品法定准备金评估利率上限。投资组合的保证利率一经确定，不得调整。......

在积累期，保险公司应向消费者提供投资组合转换功能，并在保险合同中明确约定一定期限内可转换次数、转换时点，以及转换费用收取标准等。

消费者年满60周岁方可领取养老金。保险公司须提供定期领取（领取期限不短于10年）、终身领取等多种方式供消费者选择。保险公司应制定专属商业养老保险养老年金领取转换表（以下简称转换表），可根据预定利率、生命表变化对转换表适时调整，并在公司官方网站显著位置公布调整后的转换表。保险公司可提供以下转换表锁定方式供消费者选择：

（一）在消费者签订保险合同时锁定当期转换表；

（二）在消费者到达约定的开始领取年龄时锁定当期转换表。

转换表一经锁定，不得调整。......

四、保险责任

包括身故责任、年金领取责任，鼓励保险公司以适当方式提供重疾、护理、意外等其他保险责任。其中，消费者在保险合同期内身故，赔付金额在积累期内不得低于账户价值，在领取期内不得低于保证领取剩余部分与年金转换时账户价值减去各项已领取金额的较大者，累计赔付给付金额不得低于领取期与积累期转换时的账户价值。对于其他长期养老金领取方式，累计赔付给付金额不得低于消费者尚未领取权益部分。

五、退保规则

在积累期，前5个保单年度内退保，退保现金价值不得高于累计已交保费；第6—10个保单年度内退保，退保现金价值不得高于累计已交保费和75%账户累计收益部分之和；第10个保单年度后退保，退保现金价值不得高于累计已交保费和90%账户累计收益部分之和。在领取期，退保现金价值为0。……

消费者罹患中国保险行业协会颁布的《重大疾病保险的疾病定义使用规范（2020年修订版）》中定义的重大疾病，或遭遇意外且伤残程度达到人身伤残保险评定标准1—3级的，可以申请特殊退保。如在保险合同有效期内，相关单位重新修订或颁布重大疾病保险的疾病定义、人身伤残保险评定标准等，按重新修订或颁布的内容执行。

消费者在积累期申请特殊退保的，退保现金价值为申请时的账户价值；在领取期申请特殊退保的，退保现金价值为申请时保证领取剩余部分与年金转换时账户价值减去各项已领取金额的较大者。对于其他长期养老金领取方式，退保金额为消费者尚未领取权益部分。

……

实例12-9 某专属商业养老保险条款

账户的运作和管理

1.保单账户及投资组合

我们于本合同生效日设立保单账户，用于记录本合同的保单账户价值。在本合同项下我们提供两种风险偏好不同的投资组合，分别为进取型投资组合和稳健型投资组合。您交纳的保险费扣除初始费用计入投资组合后，按本合同相关规定进行运作。

2.保单账户价值

本合同生效后至养老年金开始领取日前，您的保单账户价值等于本合同项下的保单账户中各投资组合价值之和。本合同生效后至养老年金开始领取日前，投资组合价值随着扣除初始费用后的保险费、投资组合利息计入投资组合而增加；随着投资组合转换手续费的收取而减少。我们每年将向您提供一份保单年度报告，告知您投资组合价值的具体状况。

3. 投资组合选择

您在交纳保险费时可以为本合同的各项保险费选择一个或两个投资组合，并指定各项保险费在各投资组合间的分配比例。

趸交保险费投资组合选择：在投保时，您应按我们的约定选择一个或者两个投资组合，并指定趸交保险费在各投资组合间的分配比例。趸交保险费在各投资组合间的分配比例在保险单上载明。

追加保险费投资组合选择：在申请追加保险费时，您应按我们的约定选择一个或者两个投资组合，并指定追加保险费在各投资组合间的分配比例。追加保险费在各投资组合间的分配比例在批单上载明。

4. 投资组合结算

在本合同生效后至养老年金开始领取日前，投资组合价值每年结算一次。投资组合收益结算时点为每年12月31日24时。

结算利率：我们在每年1月份的前6个工作日内确定并公布上一年度每个投资组合的实际结算利率。

投资组合利息：我们在每年结算时点结算投资组合利息。投资组合价值根据本合同本年的实际经过天数，按我们本年度投资组合的实际结算利率进行累积。如果保单账户注销，我们将在保单账户注销日结算投资组合价值。投资组合价值根据保单账户在注销日所在年的实际经过天数，按本合同约定的最低保证利率进行累积。

最低保证利率：指投资组合价值的最低年结算利率。本合同进取型投资组合的最低保证利率为0.5%，稳健型投资组合的最低保证利率为2.85%。我们将在每个保单年度期满日后的首个结算时点，根据最低保证利率计算投资组合最低保证价值。如果投资组合价值低于投资组合最低保证价值，我们将投资组合价值调升至投资组合最低保证价值。

5. 初始费用收取

您交纳的每笔保险费，我们按该笔保险费的一定比例收取初始费用，初始费用收取比例最高不超过3%，具体在保险单上载明。

6.投资组合转换

本合同生效后至养老年金开始领取日前，您可向我们书面申请，将您保单账户中的资金从一个投资组合全部或部分转移至另一投资组合。每次转换的金额须符合转换时我们的约定。我们每年为您提供一次转换投资组合的机会。对于投资组合转换，免费转换限额为转出投资组合在转换时投资组合价值的50%与200万元的较小者。转换金额不超过免费转换限额的，我们不收取投资组合转换手续费；转换金额超过免费转换限额的，我们按照转换金额超过免费转换限额部分的3%收取投资组合转换手续费。投资组合转换后，投资组合价值随转出金额相应减少，随转入金额相应增加，其中转入金额等于转出金额扣除相应的投资组合转换手续费。投资组合价值根据相应投资组合实际经过天数，按本合同"4.投资组合结算"的约定进行计算。

第十三章

人寿与年金保险规划实务

人寿与年金保险在家庭理财中的基础应用是针对死亡或长寿风险的保障规划。分摊风险损失，提供经济保障，是人寿与年金保险在家庭理财中不可替代的职能。根据风险保障目标进行人寿与年金保险的规划，是本章的重点内容。此外，随着社会、家庭财富的增长，人们对包含保险产品在内的金融产品的需求逐渐多元化。目前，除提供风险保障功能外，人寿与年金保险产品的储蓄理财、权益规划和财富传承功能也越来越广泛地应用于现代家庭的理财规划，本章对此进行了相应的介绍。

本章内容包括：

- 人寿与年金保险在家庭理财中的应用；
- 基于风险保障的规划；
- 基于储蓄理财的规划；
- 基于其他目标的规划；
- 理财资讯平台在保险规划中的应用。

通过本章学习，读者应该能够：

- 基于风险保障目标，掌握人寿与年金保险保障水平与支出预算的测算；
- 基于储蓄理财目标，了解人寿与年金保险的相应特点和规划要点；
- 基于保单权益规划，掌握合理的投保结构，并对保单结构可变更情况做出说明；

● 基于传承规划目标，理解人寿保险在传承中的优势，了解保险金信托业务。

第一节　人寿与年金保险在家庭理财中的应用

一、基于风险保障的规划

在为家庭理财目标服务的一系列金融工具中，保险是唯一运用风险精算技术，为投保群体提供"风险共担、损失均摊"运作机制的金融工具，购买保险的个人和家庭可以化风险集中为风险分散，化不确定的风险为确定的安排，化大额经济损失或持续支出为小额、定期的保费支出。

具体而言，购买寿险，在死亡风险发生时，保险人将按照约定支付保险金，从财务上补偿家庭因该成员死亡而中断的收入或未尽的家庭抚养、赡养、偿还债务等责任；而购买终身年金保险，保险人会按约定给付日开始给付年金，直至被保险人身故，从财务保障的角度看，终身年金保险的风险保障功能体现为持续至终身的现金流，可有效转移因长寿而导致的财富耗尽的风险。

基于风险保障规划，为家庭安排人寿与年金保险投保方案时，理财师应重点掌握的流程是：通过财务量化的方法，为家庭成员测算合理的保障额度，在与客户就保障水平和保障缺口达成共识的基础上，进行产品的选择并提出交费的建议。

二、基于储蓄理财的规划

人寿与年金保险产品都具有风险保障的功能，同时，大部分人寿与年金保险具备储蓄性，但不同产品的侧重点有所不同。比如，人寿保险中定期寿险的风险保障功能很强，但几乎不提供储蓄功能；终身寿险中定额终身寿险的风险保障功能较强，同时具有较高的储蓄性，而增额终身寿险的风险保障功能偏弱，但储蓄性质非常突出。新型寿险不仅具备储蓄性，还在传统寿险的基础上提供了浮动的收益。

保险公司作为专业的机构投资者，通常可以提供相对安全、稳定的投资回报和投资管理服务。在资金运用上，保险公司注重长期投资，平衡风险与收益的关系，这与某些特定储蓄目标如稳健理财、刚性支出（教育、养老等）的基本需求相吻合。特别是在世界经济发展的不确定性增加、利率较低的环境中，保险公司可以为消费者提供穿越周期的稳健收益产品。我国目前的人寿与年金保险产品仍以普通型、分红型产品为主。从成熟保险市场的发展来看，人寿与年金保险和资本市场的结合也是一大趋势。比如在美国，20世纪80年代后，随着股市进入快速长期上涨通道以及税收优惠政策的刺激，在积累期具有投资属性的变额年金保险得以快速发展，包含变额年金保险在内的年金保险长期成为美国人身保险市场的第一大险种。

基于储蓄理财规划，为家庭安排人寿与年金保险投保方案时，理财师应充分理解人寿与年金保险的储蓄特性，以匹配相应的家庭储蓄理财目标。

以年金保险为例，在养老金融产品中，它相较于储蓄型寿险和其他金融产品，是唯一兼有在积累期强制储蓄和领取期约束性支付特点的金融工具。也就是说，在养老金积累期，保险消费者牺牲流动性、让渡资金管理权给保险公司，以达成养老资金增值的目标，从而防止在养老前没有进行充分的储蓄；在养老金领取期，年金领取人无法一次性取出资金，而是由保险人按时、规律地分配保险金，从而防止因养老金的挥霍或是有心之人的觊觎而导致晚年无养老金可用的困境。从某种程度上考虑，在预期个人长寿的前提下，年金保险相当于一位严格的养老金管家。

三、基于其他目标的规划

除风险保障和储蓄理财外，人寿与年金保险在家庭理财中的应用还有权益规划和传承规划。

权益规划是基于投保人、被保险人、受益人的相关权利义务而进行投保结构设计，以及根据保单部分主体的可变更性而进行后续调整的一系列规划。比如某位父亲希望为尚未出嫁的女儿投保年金保险，父亲掌控保单，女儿领取年金，则当下可以父亲为投保人、女儿为被保险人及年金领取人、父亲为身故受益人投保。未来是否将女儿更换为投保人，则视女儿婚姻是否幸福稳定而论。未来身故受益人是否需要进行变更，则要考虑被保险人是否同意，以及身故受益人顺位、占有比例等问题。

从家庭财富管理的角度来看，在财富创造、保有、传承的不同阶段，都可以借由人寿与年金保险，为特定财富管理目标的实现提供助力。在财富传承阶段，家庭的主要目标包含：为家庭成员提供生活和发展保障，降低财富在传承过程中的不确定性，避免家庭成员争产纠纷，等等。

在常用的传承工具中，人寿保险是金融资产传承的最有效工具之一，除人寿保险本身具备的风险保障、储蓄理财功能外，寿险传承还具备可指定受益人、分配公平、变更灵活、手续简便等优点。同时，人寿保险可以与其他传承工具相结合。目前人寿保险与信托的结合在我国已经发展了近10年的时间，步入业务成熟期。

第二节　基于风险保障的规划

一、人寿保险规划

（一）寿险保额的确定

如果一切按照规划进行，客户的家人未来支出的现值等于过去累积资产净现值与客户未来净收入的现值之和（营生资产），则客户可以安度一生。但是，如果事故发生，例如客户死亡、失能、失业，那么客户的个人收入将降低或中断，资源供给能力将降低，营生资产也随之降低甚至下降为0，这时就需要通过保险等风险管理工具来弥补缺口。

计算寿险需求的常见方法有倍数法则、生命价值法、遗属需要法等。

1. 倍数法则

倍数法则是一种简单估算死亡保险金额的方法，是以简单的倍数关系估计寿险保障的经验法则。例如，根据十一法则，家庭需要的人寿保险的死亡保险金额，大约应该为家庭税后年收入的10倍，这里没有考虑任何支出。

这仅仅是一种根据经验估算的方法。首先，它没有考虑不同家庭的支出情况，更没有考虑不同家庭具体的收入和负债情况。其次，它没有考虑被保险人的家庭角色和家庭责任。所以，这种方法计算出来的保险金额在实际生活中参考意义不大。但是，在没有客户具体信息的情况下，这种方法参考了一般的市场经验，便于匹配客户的支付能力简单估算保险金额。

2. 生命价值法

生命价值法是生命价值理论在人寿保险领域的具体应用。1885年，美国纽约相互人寿（the Mutual of New York）总裁雅各布·格林（Jacob Green）率先将该理念用到了人寿保险领域，他指出，保险的基础是人的生命价值，而个人生命的货币价值就是个人未来收入的现值。1924年，美国人寿保险学之父所罗门·休伯纳（Solomon Huebner）在洛杉矶全美人寿保险承保商年会上正式提出关于人寿保险性质的学说。他认为，人的生命价值可以根据个人的潜在财产计算出来。所谓潜在财产，就是个人未来实际收入或个人服务减去自我维持成本（生活费用）后的未来净收入的资本化价值。资本化是把净收余额存入银行或通过其他途径增值。根据生命价值理论，人们之所以需要寿险，是希望通过购买寿险的方式，储存自己未来可能丧失的净收入。这一理论暗含着这样一个假说，即未来净收入越高，寿险需求就会越强烈。

休伯纳不仅从人寿保险角度对生命价值进行了定性分析，还设计了定量分析的三个步骤。首先，从个人税后实得工资中扣除维持本人生存所需要的费用，得出一个人贡献于家庭的年平均收入；其次，通过人的寿命或现在年龄到预定的退休年龄之间的时间，确定一个人能够对家庭做出贡献的年限；最后，通过假定合理的利率水平，计算个人生命价值。

但休伯纳并没有给出具体的生命价值计量模型。他指出，人的生命价值评估没有一个放之四海而皆准的统一公式，因为每个家庭都有特殊的问题，造成了客户对保险的需求千差万别。在人寿保险领域对生命价值进行评估，往往是针对个人不同的情况设定具体的生命价值计量模型。休伯纳评估的生命价值是就个人对于家庭的意义而言的。他指出，人寿保险的作用在于，在被保险人发生意外伤害事故以后，维持被保险人的家属在事故发生以前的生活水平。因此在人寿保险领域，往往是以个人为家庭创造的那部分收入来衡量个人的生命价值的。生命价值理论框架简单而富有逻辑，获得了业界和学界的普遍认可。

生命价值法是从被保险人本人的角度出发，衡量被保险人离世给家庭带来的净收入的损失程度，并以其作为被保险人的应有保额。按照生命价值法，应有保额应该等于未来收入的折现值减去未来支出的折现值。这种算法计算出的保额类似产险的保额，是以投保物本身的价值为上限。从理财的角度而言，可以用未来收入与未来支出的现值之差来估计人生的价值，并根据人生的价值估计应有保额。在被保险人死亡时，保险赔付可以在一定程度上消除被保险人死亡给家庭造成的不利影响。在国外，当飞机失事时，有的保险公司是按照罹难者的收入层次进行赔付的，大公司负责人的理赔额往往高于小职员的理赔额，它们使用的方法就是生命价值法或净收入弥补法。在其他条件均相同的情况下，年轻客户的应有保额要比年长客户高，高收入客户的应有保额要比低收入客户高。

实例13-1 用生命价值法计算保险需求

假设被保险人现年30岁，年收入为10万元，个人年支出为3万元，打算60岁退休。

如果不考虑货币时间价值，被保险人现在死亡，则其未来的净收入会减少（10-3）×（60-30）=210万元，这个数额就是按照生命价值法计算的应有保额。

如果考虑货币时间价值，投资收益率为3%，同时考虑收入和支出的增长率，假设均为

2%，那么，30年每年10万元收入的现值=PV（n=30，I=3%，PMT=10，g=2%，FV=0，期末年金）=−253.74万元，30年每年3万元支出的现值=PV（n=30，I=3%，PMT=−3，g=2%，FV=0，期初年金）=78.41万元，则253.74−78.41=175.33万元，这个数额就是考虑货币时间价值后按照生命价值法计算的应有保额。

一般地，应有保额会受以下4个因素影响。

（1）年龄。年龄越大，工作年限就越短，未来工作收入的现值有可能越小，因此，应有保额也就越低。但也要看客户具体在哪个年龄段投保，这主要是因为不同职业在不同年龄段的工作收入存在较大差别，比如一般的技术工种，往往在35～45岁达到个人收入的顶峰，之前收入可能会随经验积累和技能提升而提升，之后收入可能会随体力或身体机能下降而降低。

（2）个人支出及增长率。个人支出占个人收入的比例越大，或个人支出的增长率越高，净收入就越少，即使个人离世，从经济的角度来看，对家庭的负面影响也比较小，因此，应有保额也就越低。

（3）个人收入及成长率。个人收入的成长率越高，生命价值越大，因此，应有保额也就越高。

（4）投资收益率。投资收益率越高，折现率越高，生命价值越低，因此，应有保额也就越低。

3. 遗属需要法

遗属需要法的应用方法与生命价值法雷同，都是设定好折现率，以保险目标为条件，计算相对精准的保障额度。生命价值法是以家庭成员离世或患病导致的净收入损失为保险目标，遗属需要法则是以家庭成员离世或患病带来的财务缺口为保险目标，是从被保险人遗属的角度出发，衡量被保险人发生不幸后家庭成员需求的现金缺口，并以其作为被保险人的应有保额。对于普通家庭而言，家庭遗属成员需求通常包括短期的现金需求（比如丧葬费用、紧急预备金、一次性偿还房贷债务等）和长期需求（比如维持配偶未来生活、实现子女教育目标等）。此外，可以用于实现家庭遗嘱成员上述需求的生息资产或收入，也应一并考虑，并从应有保额中扣除。按照遗属需要法，应有保额=遗属生活费用缺口+调整后的紧急预备金+子女教育金现值+房贷及其他负债+丧葬最终支出现值−家庭生息资产变现值。

遗属需要法的分项计算：

（1）遗属生活费用缺口＝遗属生活费用现值－遗属收入现值。如果不考虑货币时间价值，被保险人现在死亡，遗属还要生活50年，每年的生活费用是15万元，遗属工作收入是10万元，仅考虑遗属生活费用缺口，按照遗属需要法，保额总需求＝（15-10）×50=250万元。由于遗属需要法可以方便地调整原来生涯规划中不足或超出的部分，所以，理财师经常采用这种方法计算应有保额。

如果考虑货币时间价值，投资收益率为3%，不考虑收入和支出的增长率，遗属未来生活费用的现值为PV（n=50，I=3%，PMT=-15，FV=0，期初年金）=397.5万元，遗属未来收入的现值为PV（n=50，I=3%，PMT=10，FV=0，期末年金）=-257.3万元，遗属生活费用缺口=397.5-257.3=140.2万元，应有保额为140.2万元。应注意的是，收入通常是期末领，因此多用期末年金；支出通常要在期初就准备好，因此多用期初年金。

（2）调整后的紧急预备金＝紧急预备金－房贷本利－被保险人的生活费用。通常家庭会以月必要现金流出的3~6倍作为紧急预备金，而月必要现金流出包括房贷本利及被保险人的生活费用支出，但是当被保险人发生不幸时，对于遗属而言，紧急预备金不需要再考虑被保险人的生活费用。此外，在被保险人发生不幸时，债务方可能要求一次性偿还房贷等债务，房贷等债务应作为一项单独的遗属需求目标，所以在考虑紧急预备金及后续考虑生息资产时，均需要将房贷及房产因素剔除。

（3）家庭生息资产变现值。生息资产＝流动性资产＋投资性资产。生息资产变现值是指当保险事故发生后可以处理的资产在当时的市场价值。假设在最差的市场情况下，可变现资产W可能的损失率为β，那么可变现资产的净值为（$1-\beta$）W。如果可变现资产全部为定期存款，那么β=0，可变现资产的净值为W；如果可变现资产中有50%投资于股票，在行情最差的情况下，股票可能下跌40%，相应地，β=50%×40%=20%，$1-\beta$=80%，那么可变现资产的净值为80%×W。如果通过扩张信用进行投资，在行情最差时，生息资产的净值有可能赔光，那么计算保额需求时就不需要扣除净值。如果生息资产大部分投资于某一事业，那么一旦业主身故，事业本身就会受到影响，这时也不需要扣除净值。尽管被保险人身故、投资资产跌价或事业破产同时发生的可能性不大，但是，购买保险通常应该从最坏的角度去考虑问题。也就是说，可能性哪怕只有1‰，我们也应该在负担能力许可范围内把该有的保障买足，以保证高枕无忧。

另外，上述按照遗属需要法测算的保额需求，主要是针对被保险人身故而言的，如果考虑被保险人全残的风险，计算保额需求时，还要考虑被保险人在全残时的各项花费。

4. 三种保额计算思路的差异

（1）倍数法则属于经验法则，仅仅将税后年收入作为死亡风险保额的核定因素，未能将被保险人的个人收入、职业特征、身体素质、资产状况、家庭成员等纳入考虑范围，不够精确，不适合所有的人或家庭。

（2）生命价值法的保额计算思路是衡量被保险人离世给家庭带来的净收入的损失程度，并以全部损失的折现值作为被保险人的应有保额，用来规避因被保险人出险导致的家庭收入损失风险。这种保额计算思路更多适用于目前生息资产少或者未来收入非常可观的情况，例如刚步入社会的职场新人以及具有高财富创造能力的高净值人群，随着被保险人未来的财富创造能力进一步上升，生命价值法计算的保额将水涨船高。

（3）遗属需要法的保额计算思路是从被保险人出险以后家庭收入减少，原有的家庭财务目标出现缺口出发，将这些不同时期的财务目标可能产生的缺口数额折现到当期作为保额，用来规避因被保险人出险导致家庭原有财务目标无法实现的风险。这种保额计算思路更多适用于普通家庭的常见财务目标规划，例如遗属供养开支、子女教育开支、房贷等。如果家庭在被保险人出险以后出现支付缺口，保额将用于弥补缺口，保证家庭生活质量不变。当家庭财务目标增加导致开支缺口扩大时，按遗属需要法计算的保额也应该随之上升。

（二）保费支出预算与保险产品搭配

根据十一法则，每个家庭每年应该按照税后年收入的10%确定保费支出。一般来说，这10%的收入应当用于购买保障类型的保险，以构建家庭的财务安全网。构建家庭财务安全网的目的，是使家庭负担者在应付当前家庭消费和储蓄投资之后，没有后顾之忧。

随着年龄增加、利率下跌，保费也将增加。显然，十一法则仅仅是一个经验法则，只能简单地测算保费支出预算，并不科学，也不适用于所有的家庭。

那么，如何运用十一法则对终身寿险与定期寿险进行合理搭配呢？我们以实例13-2来说明这个问题。

实例13-2 终身寿险与定期寿险的搭配

小新现年30岁，男性，已婚，有一个2岁小孩。单薪，年收入6万元，年支出4.5万元。20年定期寿险，每万元保额的保费为37元。20年期交终身寿险，每万元保额的保费为176元。如果以年收入的10倍为保额需求，年收入的10%为保费预算，那么作为一个理财师，你将建议小新如何搭配终身寿险与定期寿险呢？

解析　根据假设条件，应有保额=6万元×10=60万元，保费预算=6万元×10%=6 000元。

假设终身寿险投保额为W，那么，定期寿险投保额为60万元$-W$。根据两种保险各自的费率，可以得到：（60万元$-W$）×0.003 7+W×0.017 6=6 000元。由此得出，终身寿险投保额W=27.2万元，定期寿险投保额为60万元$-W$=60万元$-$27.2万元=32.8万元。

因此，你给小新的建议是，终身寿险投保27.2万元，定期寿险投保32.8万元。

当然，上述例子只考虑了终身寿险和定期寿险。在实务中，保障型保险的内涵更加丰富。

在实务当中，可以根据身故赔付的保障型保险还有意外险，但意外险仅就意外身故风险进行赔付，不承担非意外导致的身故赔付。因此，意外险对于身故的保障范围小于寿险。

此外，除了身故风险，在家庭经济负担者发生重病等健康风险，导致未来开支急剧增加、工作能力长期丧失等情况时，家庭未来的生活开支同样得不到应有的保障。因此，也需要为家庭经济负担者购买其他保障型保险如重大疾病保险、医疗保险等。

（三）购买寿险的主要原则

1. 经济支柱原则

应优先为家庭经济支柱进行投保。无论是从生命价值的角度还是遗属需要的角度来看，家庭中收入较高者的生命和身体都应当是优先保障的保险标的。

2. 保障优先原则

应当满足先保障、后理财的顺序。保险作为金融工具的不可替代性体现为保障性。在规划寿险产品时，应该先考虑寿险保障身故和覆盖家庭未尽责任之功能，再考虑寿险的储蓄、理财、投资等衍生功能。

3. 预算合理原则

当保费预算不足时，应对投保险种进行调整，而非降低保障额度：在寿险的规划中，应先依照客户的保障需求做好人寿保险规划，再考虑客户的预算能力来规划险种。如果预算充足，可以增加终身寿险的保险金额，降低定期寿险的保险金额。如果预算不足，可以降低终身寿险的保险金额，增加定期寿险的保险金额。如果在降低终身寿险的保险金额后，预算仍然不够，那么可以缩短定期寿险的保险年度，尽量不要减少客户所需的保险额度。如果客户目前的保费预算非常低，那么可以用保障范围受限制的意外险来代替寿险。

4. 组合搭配原则

投保时涉及不同功能的险种，应避免产品功能重复和遗漏，提高投保效率。随着对于多种保险险种学习的深入，相信读者对保险产品责任的交叉性和互补性会有进一步的认识。

以上寿险的购买原则，也适用于保障型人身保险的购买和规划。

（四）人寿保险规划案例

1. 案例背景

刘先生今年40岁，职业经理人，目前税后年收入为35万元。刘太太35岁，家庭主妇。两人育有一女，刚满3岁。家庭年生活支出12万元，其中刘先生和刘太太年支出各5万元，孩子年支出2万元。目前家庭有银行存款10万元，持有国债11万元，自用住房成本价200万元、市场价300万元，新购自用车辆价值20万元。

刘先生打算20年后退休。目前家庭主要负担为：剩余房贷30万元，打算10年还清贷款（假设贷款利率为5%，采用等额本金还款法）；女儿读完硕士的子女教育金预计需要现值49万元。

2. 保额的确定

（1）倍数法则。

刘先生税后年收入为35万元，刘太太无收入，则家庭寿险保额约为350万元。

（2）生命价值法。

刘先生税后年收入为35万元，支出5万元，未来工作20年，考虑货币时间价值，假设投资收益率为4%，收入与支出的增长率为3%，则按照生命价值法计算，刘先生应有保额为：

未来收入现值 PV_1（$n=20$，$I=4\%$，$PMT=35$，$FV=0$，$g=3\%$，期末年金）$=-615.00$万元。

未来支出现值 PV_2（$n=20$，$I=4\%$，$PMT=-5$，$FV=0$，$g=3\%$，期初年金）$=91.37$万元。

应有保额$=615.00-91.37=523.63$万元。

（3）遗属需要法。

假设考虑未来10年遗属的生活费用，丧葬费用为2万元，以6个月的家庭生活支出（不考虑被保险人）作为紧急预备金，投资回报率为4%，收入与支出的增长率为3%，资产变现率为100%。

若刘先生不幸去世，遗属刘太太与女儿生活费用现值为 PV（$n=10$，$I=4\%$，$PMT=-7$，$FV=0$，$g=3\%$，期初年金）$=67.05$万元，同时，刘太太无收入，则遗属生活费用缺口为67.05万元。

若刘太太不幸去世，遗属刘先生与女儿生活费用现值为67.05万元（同刘太太与女儿生活费用计算），同时，刘先生收入现值为 PV（n=10，I=4%，PMT=35，FV=0，g=3%，期末年金）= −322.34万元，则遗属生活费用盈余：322.34−67.05=255.29万元。按照遗属需要法，还需要考虑紧急预备金、子女教育金、剩余房贷、丧葬费用、现有生息资产等（见表13−1）。

表13−1 保险需求计算表　　　　　　　　　　　　　　　　　　　　　　　　　单位：万元

被保险人	遗属生活费用	紧急预备金	子女教育	房贷	丧葬费用	现有生息资产	应增加保险保额
刘先生	67.05（缺口）	7÷2=3.5	49	30	2	21	130.55
刘太太	255.29（盈余）	7÷2=3.5	49	30	2	21	0

刘先生应有保额=67.05+3.5+49+30+2−21=130.55万元。

刘太太应有保额=3.5+49+30+2−255.29−21=−191.79万元<0，从长期看，无寿险保障需求。我们应以身故风险发生时的现金需求测算寿险保额，现金需求=该成员应承担负债额+调整后的紧急预备金+丧葬费用。

3. 保费的确定与产品的选择

根据十一法则，刘先生家庭的税后年收入为35万元，每年的风险保障保费支出在3.5万元左右。刘先生作为家庭主要经济来源者，应优先为刘先生购买保险。以表13−2所示的费率表为例，考虑到刘先生对于相应产品风险保障和储蓄理财功能的偏好，刘先生应对身故风险的保险产品配置见表13−3与表13−4。余下的风险保障保费，刘先生考虑将其用于健康保险的配置。

表13−2 费率表：年龄40岁，每万元保额年保费（期交20年）　　　　　　　　单位：元/年

险种	男	女
20年定期	50	30
20年定期联合	60	60
20年两全	450	420
终身人寿	400	360

表13−3 定期寿险与终身寿险

被保险人刘先生	某20年定期寿险	某20年期交终身寿险
保额	80万元	50万元
保费	4 000元/年	20 000元/年

表13-4　综合意外伤害保险

某综合意外伤害保险	保额	保费
意外伤害身故、残疾烧伤保险金	260 万元	2 500 元 / 年
意外医疗保险金	2 万元	
意外伤害住院津贴	100 元 / 天	

二、年金保险规划

案例背景：王某为某企业中层管理人员，月收入1万元，现年40岁，预计65岁退休，预估其退休金为3 500元/月。假设月工资保持不变，预期寿命为80岁，退休后的投资收益率为5%。若其退休时可一次性获得其他投资、储蓄及企业福利共30万元，且全部用于养老，那么在没有其他收入的情况下，王某是否还需要为退休后生活进行投资？

（一）确定保障水平

一般来说，确定退休支出保障水平有以下三种方法：

1. 退休收入替代率法

在退休收入替代率法下，确定保障水平实际就是确定合适的退休收入替代率，即确定年金领取人退休后养老金需求与退休前收入水平之比。国际经验表明，如果退休收入替代率大于70%，退休后可维持退休前的生活水平；如果达到60%～70%，可维持退休前基本生活水平；如果低于50%，则生活水平较退休前大幅下降。

在后续案例测算时，我们采用退休收入替代率法，忽略王某的工资增长率，以80%为例计算王某的养老需求，即退休后养老金需求要达到其当前收入水平的80%（8 000元/月）。

2. 退休支出替代率法

在退休支出替代率法下，保障水平根据退休前支出的某一比例进行计算，一般该比例的经验值也可以被设定为退休前支出的80%左右。在退休支出替代率法下，需要考虑通货膨胀及退休后投资报酬率的影响，若投资回报可以基本抵消通货膨胀的影响，则每年支出的保障水平大致可固定为均值。

3. 退休后费用测算法

退休收入替代率法和退休支出替代率法的基本假设都是退休后相应的衣食住行成本均有下降，但在养老时还需要考虑费用的增加，比如医疗、护理、旅游、兴趣爱好活动等支出，特别是健康相关的费用可能大幅增长。

在运用退休后费用测算法时，需要根据相应的费用及不同的可能增长情况，在退休时点计算各项费用的缺口，考量可获取的养老资源是否可覆盖缺口的总和。在进行保险规划时，为了进一步降低不确定性，理财师应在客户退休前就为其配置好相应的健康、意外类保险，以平滑退休后医疗、护理费用的波动。规划年金保险时，其保障额度主要取决于其他退休目标如日常支出、居住等目标的替代水平。因年金保险对冲长寿风险的不可替代性以及按期给付的特点，个人一般都将年金保险作为养老中优先配置的金融资产，实现其养老现金流"安全垫"的功能。

（二）确定资金缺口

王某在退休时获得的30万元如果全部用于养老，则相当于年给付额为27 526元（n=15，I=5%，PV=300 000，FV=0，期初年金），即月给付额为27 526÷12≈2 294元。

按退休收入替代率80%来计算，则当前收入与需求之间的缺口为：10 000×0.8-3 500-2 294=2 206元。

可见，在扣除其他养老资源后，王某当前仍需要为其未来的退休生活进行年金保险规划，以弥补2 206元/月的资金缺口。

（三）年金保险保费支出计算

表13-5是某款定额年金保险从65岁开始领取至终身的费率表。

表13-5　某年金保险每1 000元基本保险金额的费率表　　　　　　　　　　单位：元

年龄（岁）	男性，65周岁首次领取养老年金			
	趸交	3年交	5年交	10年交
0	1 953.44	706.85	434.14	234.62
1	2 021.98	731.63	449.36	242.85
2	2 092.92	757.30	465.13	251.37
3	2 166.37	783.87	481.45	260.20
4	2 242.40	811.38	498.35	269.33
5	2 321.10	839.87	515.85	278.79
6	2 402.58	869.36	533.96	288.59
7	2 486.92	899.88	552.72	298.73
8	2 574.24	931.49	572.13	309.22
9	2 664.63	964.21	592.23	320.09
10	2 758.21	998.09	613.04	331.34
11	2 855.08	1 033.16	634.58	342.99
12	2 955.37	1 069.46	656.88	355.04

（续表）

年龄（岁）	男性，65周岁首次领取养老年金			
	趸交	3年交	5年交	10年交
13	3 059.20	1 107.05	679.97	367.53
14	3 166.68	1 145.96	703.87	380.45
15	3 277.95	1 186.24	728.62	393.83
16	3 393.14	1 227.95	754.24	407.69
17	3 512.40	1 271.13	780.76	422.03
18	3 635.87	1 315.83	808.23	436.89
19	3 763.69	1 362.12	836.66	452.27
20	3 896.03	1 410.04	866.10	468.19
21	4 033.05	1 459.66	896.59	484.69
22	4 174.90	1 511.05	928.15	501.77
23	4 321.79	1 564.25	960.84	519.45
24	4 473.88	1 619.34	994.69	537.77
25	4 631.34	1 676.40	1 029.74	556.74
26	4 794.41	1 735.47	1 066.04	576.38
27	4 963.25	1 796.66	1 103.64	596.73
28	5 138.09	1 860.03	1 142.57	617.81
29	5 319.16	1 925.64	1 182.90	639.64
30	5 506.65	1 993.61	1 224.66	662.25
31	5 700.82	2 064.01	1 267.91	685.68
32	5 901.93	2 136.91	1 312.72	709.94
33	6 110.17	2 212.45	1 359.13	735.09
34	6 325.88	2 290.68	1 407.21	761.13
35	6 549.30	2 371.71	1 457.02	788.11
36	6 780.67	2 455.68	1 508.60	816.08
37	7 020.41	2 542.65	1 562.07	845.05
38	7 268.71	2 632.76	1 617.45	875.07
39	7 525.87	2 726.15	1 674.82	906.18
40	7 792.42	2 822.88	1 734.30	938.41
41	8 068.50	2 923.12	1 795.92	971.82
42	8 354.47	3 027.02	1 859.75	1 006.45
43	8 650.92	3 134.65	1 925.94	1 042.32
44	8 957.98	3 246.21	1 994.50	1 079.51
45	9 276.11	3 361.84	2 065.53	1 118.05

（续表）

年龄（岁）	男性，65周岁首次领取养老年金			
	趸交	3年交	5年交	10年交
46	9 606.07	3 481.67	2 139.22	1 157.99
47	9 947.98	3 605.95	2 215.58	1 199.43
48	10 302.43	3 734.81	2 294.75	1 242.37
49	10 669.99	3 868.31	2 376.85	1 286.86
50	11 050.79	4 006.79	2 461.90	1 333.03
51	11 445.56	4 150.31	2 550.07	1 380.85
52	11 854.82	4 298.95	2 641.49	1 430.38
53	12 278.65	4 453.16	2 736.15	1 481.78
54	12 718.04	4 612.89	2 834.29	1 534.86
55	13 173.32	4 778.23	2 935.99	1 589.64
56	13 644.56	4 949.78	3 041.13	—
57	14 133.04	5 126.84	3 149.60	—
58	14 638.81	5 309.43	3 261.40	—
59	15 161.57	5 497.54	3 376.52	—
60	15 700.40	5 691.14	3 494.92	—

查表13-5可得，投保人有趸交、3年交费、5年交费、10年交费四种选择（55岁之后，该产品不提供10年交费的选项）。王某的年保障水平为2 206×12=26 472元，若一次性交纳保费，则王某的保费支出为7 792.42×（26 472÷1 000）≈206 281元；若选择10年交费，王某的年保费支出为938.41×（26 472÷1 000）≈24 841.6元。考虑到年保费支出在收入中的占比，王某选择10年交费较为符合实际情况。

第三节　基于储蓄理财的规划

一、人寿与年金保险在储蓄理财中的特征

（一）安全性

目前，我国家庭配置的低风险金融产品主要包括银行存款、储蓄国债、具备储蓄功能的保险产品。其中保险产品受到以《保险法》为核心，以部门规章和规范性文件为具体规范的严格监管，是当前金融市场上最安全的产品之一。

在保险公司监管上，我国《保险法》第六十八条规定："设立保险公司应当具备下列条

件：（一）主要股东具有持续盈利能力，信誉良好，最近三年内无重大违法违规记录，净资产不低于人民币二亿元……"第六十九条第一款规定："设立保险公司，其注册资本的最低限额为人民币二亿元。"

同时，我国《保险法》第八十九条第二款规定："经营有人寿保险业务的保险公司，除因分立、合并或者被依法撤销外，不得解散。"第九十二条规定："经营有人寿保险业务的保险公司被依法撤销或者被依法宣告破产的，其持有的人寿保险合同及责任准备金，必须转让给其他经营有人寿保险业务的保险公司；不能同其他保险公司达成转让协议的，由国务院保险监督管理机构指定经营有人寿保险业务的保险公司接受转让。转让或者由国务院保险监督管理机构指定接受转让前款规定的人寿保险合同及责任准备金的，应当维护被保险人、受益人的合法权益。"第一百四十五条规定："保险公司有下列情形之一的，国务院保险监督管理机构可以对其实行接管：（一）公司的偿付能力严重不足的；（二）违反本法规定，损害社会公共利益，可能严重危及或者已经严重危及公司的偿付能力的。被接管的保险公司的债权债务关系不因接管而变化。"

在保险经营规则上，我国《保险法》第九十七条规定："保险公司应当按照其注册资本总额的百分之二十提取保证金，存入国务院保险监督管理机构指定的银行，除公司清算时用于清偿债务外，不得动用。"第九十八条第一款规定："保险公司应当根据保障被保险人利益、保证偿付能力的原则，提取各项责任准备金。"第九十九条规定："保险公司应当依法提取公积金。"第一百条规定："保险公司应当缴纳保险保障基金。保险保障基金应当集中管理，并在下列情形下统筹使用：（一）在保险公司被撤销或者被宣告破产时，向投保人、被保险人或者受益人提供救济；（二）在保险公司被撤销或者被宣告破产时，向依法接受其人寿保险合同的保险公司提供救济；（三）国务院规定的其他情形。"第一百零三条第一款规定："保险公司对每一危险单位，即对一次保险事故可能造成的最大损失范围所承担的责任，不得超过其实有资本金加公积金总和的百分之十；超过的部分应当办理再保险。"

（二）稳健性

我国《保险法》第一百零六条规定："保险公司的资金运用必须稳健，遵循安全性原则。保险公司的资金运用限于下列形式：（一）银行存款；（二）买卖债券、股票、证券投资基金份额等有价证券；（三）投资不动产；（四）国务院规定的其他资金运用形式。……"

在资金运用比例上，近年来我国保险资金投向银行存款、债券等稳健资产的比例长期大于50%，这也为保险合同中确定收益部分的实现提供了相应的保障。

（三）长期性

相较于其他低风险金融产品，保险产品的另一特点是长期性，可提供最长为终身的保障期限，且其收益一般随着时间的增加而提高，具备一定的"锁利、复利"效应。

（四）规划性

不同类型的人寿与年金保险具备多种交费和领取方式，可以满足客户多样化的理财需求。通过对家庭现金流的规划，强制储蓄、专款专用，可以定向实现家庭特定的理财目标。

二、确定规划目标

一般来说，根据人寿与年金保险在储蓄理财中的特征，它们适合为家庭规划五年及以上的中长期储蓄理财目标。不同理财目标需求的确定方式不同，同时不同理财目标适合的保险产品不同。

家庭的理财目标根据现金流不同可分为一次性支出目标、刚性现金流目标或不定向现金流目标。一次性支出目标如买房、购车等，可结合理财目标届时的现金需求确定相应的规划额度，选择满期一次性给付的两全保险；刚性现金流目标除介绍过的养老金目标外，还有教育金目标，可根据未来养老现金流、教育现金流的需要，选择养老年金保险、教育年金保险；不定向现金流目标指目前尚未明确未来的需要，以配置长期稳健资产、优化资产配置、未来按需支取的目的配置保险产品，此时需要结合当前收入水平、支出水平、财富水平、风险属性、资产配置情况，配置具备稳健收益、提取较为灵活（需在约定的规则内）的保险产品如增额终身寿险、万能型人寿保险等。

实例13-3 条款示例——某公司增额终身寿险条款

在本合同有效期内，您可以在交费期满日后以书面形式申请减少本合同的基本保险金额，经我们同意并在本合同上批注后生效。

若您申请减少基本保险金额，我们将退还基本保险金额减少部分对应的现金价值。本合同基本保险金额减少后的累计已付保险费和现金价值按减少后的基本保险金额计算。我们将根据减少后重新计算的累计已付保险费、现金价值和基本保险金额承担保险责任。

每个保单年度内您累计申请减少的基本保险金额之和不得超过本合同生效时基本保险金额的20%，减额后的基本保险金额不得低于申请减额时我们规定的最低基本保险金额。

三、规划保费来源

从交费来看，一般人寿与年金保险产品均具备趸交和期交两种方式。其中，趸交保费一般来自家庭现有资产配置的调整（例如银行定期存款到期转化）或者一次性的大额收入；期交保费一般源于相对稳定的收入，比如工资收入、固收类金融产品的收益或者房产租赁收益。万能险和投连险等账户类型产品提供灵活的交费方式，投保人可以选择趸交、期交以及不定期的交费方式，因此除了一次性和稳定的收入，佣金、奖金以及权益类金融产品的收益，均可以作为保费来源。

第四节　基于其他目标的规划

一、保单权益规划

在第十一章"保险基本原理"中，我们对投保人、被保险人、受益人的权利义务及保险合同主体变更做了基本介绍。在家庭理财规划中，投保人、被保险人和受益人在投保时的选择及后续变更也是保险规划中的重要一环。

（一）投保人的选择

我国《保险法》司法解释三第十六条第一款规定："保险合同解除时，投保人与被保险人、受益人为不同主体，被保险人或者受益人，要求退还保险单的现金价值的，人民法院不予支持，但保险合同另有约定的除外。"同时，第十七条规定："投保人解除保险合同，当事人以其解除合同未经被保险人或者受益人同意为由主张解除行为无效的，人民法院不予支持，但被保险人或者受益人已向投保人支付相当于保险单现金价值的款项并通知保险人的除外。"可见，合同解除权及基于合同解除所获取的现金价值，是投保人的核心权益，投保人对保险合同有绝对的控制权，可不经被保险人、受益人同意解除保险合同。投保人对应其权利所应负的主要义务是交纳保费。

在家庭投保实务中，基于上述投保人的权利义务，投保人可以为本人投保；投保人与被保险人为不同主体时，其关系可以是父辈、是子女，在符合保险利益原则时，也可以是祖父母、姐弟等关系。

投保人可以在投保后进行变更。在我国保险实务中，在原投保人生存时变更投保人，需要被保险人同意，同时新投保人与被保险人需要有保险利益；若原投保人已经死亡，被保险人仍在世，在保险合同没有其他约定的情况下，则需要投保人的遗产继承人共同同意，才能变更投保人。因此，有时原投保人会提前订立遗嘱，确定新投保人。近年来，我国保险合同中出现了"第二投保人"的条款，在原投保人死亡时，第二投保人自动成为保单的投保人；第二投保人一般约定为被保险人。

实例13-4　条款示例——某公司年金保险条款

在本主险合同保险期间内且在本主险合同有效期内，当投保人与被保险人不为同一人时，投保人有权指定第二投保人，当投保人身故后第二投保人可向我们申请成为本主险合同新的投保人。

第二投保人应在投保人身故后两年内向我们提出变更投保人申请。第二投保人在向我们申请变更投保人时，应当与被保险人具有保险利益关系。

（二）被保险人的选择

被保险人的生命和身体是人寿与年金保险的保险标的，被保险人的死亡和生存是人寿与年金保险给付保险金的依据。在实务中，主要根据合同保障对象的需求，确定被保险人。在联合人寿保险中，可以有2个被保险人。

同时，根据我国保险相关法规和业务惯例，在变更投保人、身故受益人时，都需被保险人同意；而被保险人可以不经投保人同意，单方变更身故受益人。

一般情况下，被保险人在保险合同成立后不能变更，但也存在例外的情况。比如我国香港地区的人寿保险，在满足相关约定规则的前提下，被保险人亦可更换。

在实务中，被保险人往往与生存保险金受益人重合，但也存在例外的情况。比如我国某款年金保险，约定生存保险金受益人为投保人。

（三）受益人的选择

受益人在人寿与年金保险中的核心权益是保险金请求权，保险金请求权具有期待权的特征，也就是说，保险金请求权的实现附有一定条件，只有在保险事故发生后，保险受益人才能行使保险金请求权。在实务中，理财师应建议投保人、被保险人指定身故受益人甚至是多个顺位的身故受益人。这是因为，依据我国《保险法》的相关规定，若无身故受益人，保险金即为被保险人的遗产，可能需要进行分割。

此外，我国《保险法》司法解释三第十二条，对部分身故受益人死亡等情形下的受益份额归属还有如下规定："投保人或者被保险人指定数人为受益人，部分受益人在保险事故发生前死亡、放弃受益权或者依法丧失受益权的，该受益人应得的受益份额按照保险合同的约定处理；保险合同没有约定或者约定不明的，该受益人应得的受益份额按照以下情形分别处理：（一）未约定受益顺序和受益份额的，由其他受益人平均享有；（二）未约定受益顺序但约定受益份额的，由其他受益人按照相应比例享有；（三）约定受益顺序但未约定受益份额的，由同顺序的其他受益人平均享有；同一顺序没有其他受益人的，由后一顺序的受益人平均享有；（四）约定受益顺序和受益份额的，由同顺序的其他受益人按照相应比例享有；同一顺序没有其他受益人的，由后一顺序的受益人按照相应比例享有。"

二、传承规划

（一）运用寿险传承的优势

在传承规划中，常用的传承工具有赠与、遗嘱、人寿保险和信托（见表13-6）。

表13-6　常用传承工具的比较

	赠与	遗嘱	人寿保险	信托
可传承的财产	全部类型	全部类型	现金	境外全部类型，境内现金为主
继承或受益人	自然人或机构	自然人或机构	自然人	自然人或机构，甚至是未来潜在的受益人
分配功效	简单分配功能	简单分配功能	指定受益人顺位、比例，保险金一次性或分期给付	可约定事项进行分配 对受益人进行约束和激励
保密性	可保密进行	办理继承时需要公开	受益人领取保险金无须告诉他人	保密性强
财富管理功能	无	无，甚至可能损耗	风险保障 储蓄理财	信托资金可保值增值
财富保全功能	强	弱	中	强

实例13-5　王先生是个体工商户，通过理财师规划寿险保额后，为自己投保大额终身寿险保单，将配偶李女士和幼子均作为第一顺位身故受益人，受益比例各为50%。

王先生运用人寿保险安排传承具备如下优点：

（1）通过投保撬动保额杠杆；

（2）保单具备较高储蓄性，可用保单贷款以备不时之需；

（3）保单控制权和身故受益人变更权在王先生手中；

（4）传承金额确定，避免资产波动的不确定性；

（5）传承流程高效，避免法定继承的不确定性。

（二）保险金信托

1994年4月26日，一对夫妇于华航名古屋空难事件中同时罹难，其受益人为未成年子女。事故发生后，保险公司加速该夫妇数千万保额保险金之理赔，期望对该未成年子女有所助益，帮助其未来的生活。然而，由于受益人年幼，法定监护人代领此保险金后，竟将该未成年子女交予祖父母照顾，从此不闻不问。

由上述案例可以看出，人寿保险在传承规划中，还存在进一步与其他工具结合的空间和需要。根据我国《信托公司信托业务具体分类要求》，保险金信托指，信托公司接受单一自然人委托，或者接受单一自然人及其家庭成员共同委托，以人身保险合同的相关权利和对应利益以及后续支付保费所需资金作为信托财产设立的信托。当保险合同约定的给付条件发生时，保险公司按照约定将对应资金划付至对应信托专户，由信托公司按照信托文件管理。

保险金信托的基本原理是在保险金给付条件发生时，将一次性给付的保险金，通过保险金信托契约约定，注入信托，用以延长对于保险金的处分和分配意志。

典型的保险金信托流程为：在投保人寿保险后，以保险金请求权作为信托财产，将保险金受益人更改为信托，根据投保人（同时为信托委托人）在《保险金信托意向书》中约定的分配事宜，在未来被保险人离世后，由信托管理包含保险金在内的财产并分配给信托受益人。

发展至今，相较于人寿保险传承，保险金信托传承有以下优点：

（1）避免保险金因受益人年幼、负债或婚变而挥霍、旁落；

（2）可根据事项（婚姻、求学）等设置对信托受益人的约束和激励；

（3）受益人选择范围扩大（可包含潜在受益人，如未出生的孙辈）；

（4）保险金作为信托财产可以再保值增值。

相较于纯粹的信托，保险金信托通过人寿保险这一风险保障金融工具，撬动了杠杆，从而降低了参与家族信托的门槛。根据我国《信托公司信托业务具体分类要求》，家族信托初始设立时实收信托应当不低于1 000万元。在实践中，投保人投保人寿保险的保额达到200万元以上即可以参与保险金信托。

在业务模式上，我国的保险金信托也在积极探索，目前业内广泛称仅以保险金请求权设立保险金信托的模式为保险金信托1.0模式。在1.0模式的基础上，投保人还可以在投保后，同时变更信托为投保人和身故保险金受益人，即2.0模式。信托委托人在保险金信托2.0模式中期许保险金信托既可以对未来保险金的分配有所帮助，又可以对当下所交纳的保费有财产保护的功效。而信托委托人先以自有资金设立信托，再透过信托购买大额保单的模式，被称为3.0模式。

第五节　理财资讯平台在保险规划中的应用

在理财资讯平台首页"投资理财规划"中点击"快速保险规划"，进入快速保险规划界面。

一、数据输入

在软件中依次输入家庭成员的年龄、收入、支出，家庭的可变现资产、负债，并选择家庭成员的社保情况及子女情况（见图13-1）。

图13-1　家庭情况输入

二、参数假设

首先，点击"规划参数"，调整相关的假设参数，包括退休年龄、预期寿命、保障年限、养老金替代率、收入增长率、保险事故发生后支出调整率、保险金投资回报率、通货膨胀率、资产变现率、遗产金额、丧葬费、退休支出调整率。点击对应数字即可进行修改（见图13-2）。

		本人	配偶
退休年龄 ⓘ		60 岁	55 岁
预期寿命 ⓘ		80 岁	84 岁
保障年限 ⓘ		10 年	10 年
养老金替代率 ⓘ		50.00%	50.00%
收入增长率 ⓘ		3.00%	3.00%
保险事故发生后支出调整率 ⓘ		58.33%	
保险金投资回报率 ⓘ		4.00%	
通货膨胀率 ⓘ		3.00%	
资产变现率 ⓘ		100%	
遗产金额 ⓘ		0 元	
丧葬费 ⓘ		20,000 元	
退休支出调整率 ⓘ		70%	

图13-2 参数设置

其次,调整子女教育费用,合计49万元。可选择子女教育规划最高学历,修改每阶段的学制(年);点击各学历阶段学费现值的,可自行调整不同阶段的学费,在每阶段均可选择"自定义"或者使用金拐棍提供的相关数据(见图13-3)。

图13-3 子女教育费用信息图

三、基本保障计划

选择"基本保障计划",点击"应有保额",可选择遗属需要法或者生命价值法,得出相应的保额需求。

选择生命价值法：配偶比本人增加了医疗保险保额，因为配偶没有社保（见图13-4）。

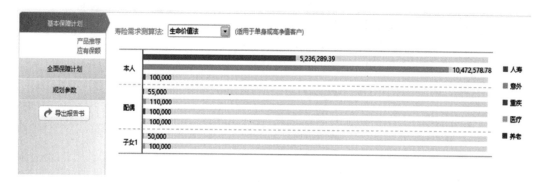

图13-4　基本保障计划（1）

选择遗属需要法（见图13-5）。

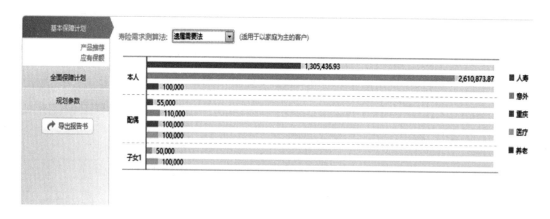

图13-5　基本保障计划（2）

四、全面保障计划

全面保障计划增加了失能、护理、教育金保额测算。选择"全面保障计划"，点击"应有保额"，可选择遗属需要法或者生命价值法，得出相应的保额需求（见图13-6）。

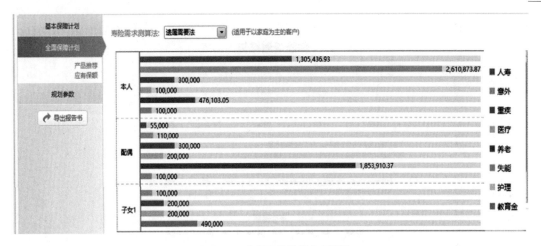

图13-6　全面保障计划应有保额

五、导出报告书

点击"导出报告书",在弹出的对话框中,选择基本或全面保障计划,填写理财师信息,选择报告书的格式。如果在产品选择中,选择了将产品加入报告书,则保险产品中会显示已选择的品种,否则显示"您尚未推荐任何保险产品"(见图13-7)。报告书的预览如图13-8所示。

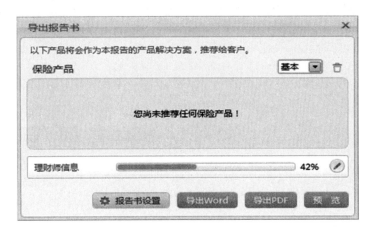

图13-7　导出报告书

保险规划报告

您的家庭情况

角色	当前年龄	年收入	年支出	社保情况
本人	40岁	35万元	5万元	有社会保险
配偶	35岁	0万元	7万元	无社会保险

子女个数： 您有1个尚未独立的子女，子女1尚未入托。

资产负债： 您家庭目前可以变现资产21万元，负债30万元。

根据您的家庭情况和社保情况，您需要在医疗、重疾、意外、人寿等方面保障自己及家庭成员。该图显示您需要为家庭成员购买保险的金额。

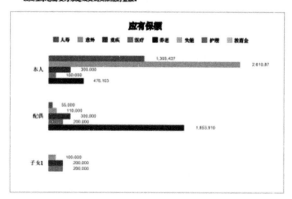

图13-8　快速预览保险规划报告书

附录1

《金融理财师竞争力标准》

目录

FPSB金融理财师竞争力标准

金融理财知识

金融理财知识体系

金融理财知识专题分类

金融理财师的专业技能

金融理财师专业技能矩阵

金融理财师的执业能力体系

金融理财师的执业能力体系架构

金融理财功能模块

基本金融理财实践

金融理财组成部分

金融理财原理、过程与技能

FPSB以竞争力为基础的教育与发展体系

金融理财师的能力体系使用的术语

FPSB金融理财师竞争力标准

辨识专业人士是否具备专业工作所需的专业知识、专业技能和执业能力，是一个高质量职业认证项目的基础。《金融理财师竞争力标准》涵盖了三大要点。

首先，《金融理财师竞争力标准》介绍了金融理财专业人士不论身处何地或法律辖区都应具备的专业知识、专业技能和执业能力。FPSB希望通过推行一整套在全球范围内得到认可的《金融理财师竞争力标准》，使享受理财服务的客户受益。

其次，《金融理财师竞争力标准》翔实地阐述了金融理财专业人士与客户共同制订金融理财规划时所需要的知识、技能、能力、态度和判断力。当为客户提供金融理财服务时，金融理财专业人士需要凭借金融理财方面的知识，运用适当的专业技能，并将其与金融理财执业能力结合起来。对知识、技能和能力的有效整合是金融理财专业人士竞争力的表现。

最后，《金融理财师竞争力标准》既从多方位反映了金融理财专业人士当前的工作状态，又体现出FPSB对未来五年金融理财职业发展的期望。《金融理财师竞争力标准》描述了金融理财师为向客户提供令其满意的服务需要具备的全部专业知识、专业技能和执业能力。决定专注于某一方面的金融理财专业人士（只专注于一个或两个金融理财组成部分，如遗产规划或税务筹划）需综合考虑所有的专业知识和执业能力，以确认哪些方面与客户服务相关。

金融理财知识

金融理财专业人士首先需广泛地掌握金融理财以及相关主题的理论和实践知识。掌握了专业知识之后，金融理财专业人士能够将其与专业技能和执业能力相结合，最终为客户提供优质的金融理财服务。

金融理财师掌握丰富、准确的金融理财专业知识，既能赢得客户的信任和尊重，也能够树立起对自身工作能力的信心。

金融理财知识体系

FPSB的金融理财专业知识明确了金融理财专业人士在为客户提供优质的金融理财规划方案，或与同事及其他专业人士交流时能够借鉴和使用的专业知识。

FPSB将金融理财知识体系归类为：

1.金融理财原理、过程与技能；

2.财务管理；

3.税务原理与优化；

4.投资规划与资产管理；

5.风险管理与保险规划；

6.退休规划；

7.遗产规划与财产转让；

8.金融理财心理学；

9.综合金融理财规划。

金融理财知识专题分类

1. 金融理财原理、过程与技能

1.1 金融理财的过程；

1.2 金融理财实践和职业道德；

1.3 专业技能；

1.4 影响金融理财规划的监管、经济和政治环境；

1.5 法律及合规；

1.6 货币的时间价值；

1.7 客户特征；

1.8 客户风险属性；

1.9 客户参与及沟通；

1.10 批判性思维。

2. 财务管理

2.1 财务管理原理；

2.2 财务管理对象；

2.3 个人平衡表；

2.4 现金流量表；

2.5 预算的编制与管理；

2.6 储蓄的分析与策略；

2.7 应急基金；

2.8 债务与债权管理；

2.9 财务比率分析。

3. 税务原理与优化

3.1 税收和报告原则；

3.2 税务筹划原理；

3.3 税务筹划的目标；

3.4 税务分析与计算；

3.5 税务筹划策略。

4. 投资规划与资产管理

4.1 投资原理；

4.2 投资的目标、限制条件、能力及适宜性；

4.3 资产类别；

4.4 投资理论；

4.5 业绩评估与风险衡量；

4.6 资产分配与投资类型；

4.7 投资策略与方法。

5. 风险管理与保险规划

5.1 风险管理原理；

5.2 风险与保险规划目标；

5.3 风险敞口的分析与评估；

5.4 风险管理与保险策略；

5.5 风险管理与保险产品；

5.6 保险法律和索赔过程。

6. 退休规划

6.1 退休规划原理；

6.2 退休规划的目标；

6.3 退休需求的分析和预测；

6.4 退休收入的潜在来源；

6.5 退休收入与退休金提取计划及策略；

6.6 退休规划产品。

7. 遗产规划与财产转让

7.1 遗产规划原理；

7.2 遗产规划目标；

7.3 相关法律问题；

7.4 财产所有权及其含义；

7.5 继承规划；

7.6 丧失行为能力、监护权、授权书和医疗保健服务；

7.7 遗产规划策略；

7.8 慈善与慈善捐赠；

7.9 遗产管理产品。

8. 金融理财心理学

8.1 行为金融学与金融理财心理学；

8.2 客户与理财师态度、价值观和偏见；

8.3 客户认知态度与理财文学；

8.4 客户偏好与客户类型分类；

8.5 客户观念与客户理财决策影响；

8.6 理财师行为学方法；

8.7 带来严重理财危机的事件。

9. 综合金融理财规划

9.1 与客户的互动、沟通与金融理财过程；

9.2 态度、目标及宗旨；

9.3 收集与数据；

9.4 分析；

9.5 疑点和问题；

9.6 策略；

9.7 综合与建议；

9.8 实施；

9.9 定期复查。

金融理财师的专业技能

FPSB的《金融理财师竞争力标准》明确了金融理财专业人士在为客户提供金融理财咨询、与同事或其他专业人士交流时所必须具备的专业技能和社交能力，其中部分技能和能力是金融理财行业所特别要求的，更多的则是所有职业共通的。金融理财服务建立在双方高度信任的基础上，会面临种种不确定性和复杂性，金融理财专业人士需要与具有不同情况的客户达成共识。

FPSB将金融理财专业人士需具备的专业技能和社交能力分为四个部分：

- 专业责任感；

- 实践能力；

- 沟通能力；

- 认知能力。

FPSB针对上述各部分明确了一系列参考标准，可以通过观察金融理财专业人士的执业过程和结果来确定其是否掌握必备的专业技能为客户提供适当的金融理财服务。具体参考标准详见"金融理财师专业技能矩阵表"。

FPSB提出的专业化概念的核心具有双重需求——既满足客户的利益，也能够维护和促进行业的利益以造福社会。

在执行每一项专业工作或与其他专业人士合作时，金融理财专业人士能够准确无误地将一项或多项专业技能结合相应的专业知识和执业能力并运用到专业实践中，同时致力于继续提高专业技能以保持自身在金融理财规划领域的竞争力。

金融理财师专业技能矩阵

附表1-1　金融理财师专业技能矩阵表

专业责任感	实践能力	沟通能力	认知能力
101.在所有职业关系中建立信任感	201.遵守相关金融服务的法律法规	301.注意倾听客户和他人的讲话，并理解其要表达的意思	401.适时使用公式或数学方法
102.提供专业服务时要以客户的利益为上	202.坚守道德准则和行为标准	302.与客户和他人建立良好关系	402.分析、整合各种来源的信息以得到解决方案

（续表）

专业责任感	实践能力	沟通能力	认知能力
103. 展示良好的道德判断力	203. 在没有相应行为标准做指引时能做出恰当的判断	303. 能以通俗易懂的方式向客户和他人口头传达信息和想法，确保陈述的准确性和非误导性	403. 用逻辑性和合理性来对比潜在行动方案的优缺点
104. 展示思想方面的诚实与公正	204. 随时洞察经济、政治和监管的变化	304. 能以通俗易懂的方式向客户和他人书面传达信息和想法，确保陈述的准确性和非误导性	404. 面对不完整或不一致的信息时，得出有见地、有根据的结论
105. 认识到个人的能力是有限的，要在适当的时候寻求其他专业人士的帮助或交由其他专业人士处理	205. 坚持继续教育以确保自身知识和技能的更新	305. 表达方式具有逻辑性、目标导向性，具有合理的说服性	405. 展示适应不同思维方式和行为的能力
106. 认识到职业所起的公益作用，并尽力做好	206. 进行分析和制定策略时要做适当的研究	306. 对反对意见及投诉采取有效措施	
	207. 从事专业活动时要自律且有主动性	307. 与客户和他人达成一致意见	
	208. 为客户服务期间，能够承担责任，确保自己和／或公司有提供服务的能力		

金融理财师的执业能力体系

附图1-1　金融理财师执业能力体系

FPSB制定的金融理财师执业能力体系定义了一整套金融理财专业人士必须具备的能力。金融理财师执业能力描述了无论在何种情况、何种场合下，金融理财专业人士向客户提供何种金融理财服务都需要完成的各种任务。金融理财专业人士利用一种或多种能力，以及与工作相关的技能、态度、判断和知识，提供令客户满意的金融理财服务。

不论是提供全面的金融理财服务还是仅提供某一方面或某种程度的服务（只专注于一个或两个金融理财组成部分，如遗产规划或税务筹划），金融理财专业人士都必须掌握向客户提供全面、综合的金融理财规划所需具备的全部能力。

金融理财专业人士必须对各种金融理财执业能力具备一定的水平，同时能与其他专业人士合作评估客户的财务状况的各个方面（例如：与律师在遗产规划事务方面合作，与会计师在税务筹划方面合作，等等）。

金融理财师的执业能力体系架构

附表1-2 金融理财师的执业能力体系架构

金融理财组成部分	1. 金融理财原理、过程与技能			
	金融理财的功能	收集	分析	综合
	2. 财务管理			
	3. 税务原理与优化			
	4. 投资规划与资产管理			
	5. 风险管理与保险规划			
	6. 退休规划			
	7. 遗产规划与财产转让			
	8. 金融理财心理学			
	9. 综合金融理财规划			

金融理财师的每一项执业能力都描述了金融理财专业人士向客户提供服务时需要完成的任务。考虑到金融理财师执业能力的整体性及某种能力可能会体现在多个类别里，因此为了更好地阐述金融理财师的执业能力，FPSB把金融理财师的每种执业能力垂直归类为金融理财三个功能模块（收集、分析和综合），同时水平归类为九个金融理财组成部分（金融理财原理、过程与技能及财务管理、税务原理与优化、投资规划与资产管理、风险管理与保险规划、退休规划、遗产规划与财产转让、金融理财心理学、综合金融理财规划）。与金融理财原理、过程和技能相关的能力列在首位，它们是金融理财师执业能力的基础。

金融理财功能模块

FPSB把金融理财师执业能力划分成三个功能模块。

收集

在收集阶段，金融理财专业人士收集制订金融理财规划所需的信息。它不只是简单地收集信息，还包括通过必要的计算和整理客户信息来确认相关事实以备分析。

核心竞争力。在收集阶段，金融理财师的核心竞争力体现在：

- 能够收集到制订金融理财规划所需的定量信息；
- 能够收集到制订金融理财规划所需的定性信息。

分析

在分析阶段，金融理财专业人士应识别和考虑各种问题，通过对所收集的信息进行财务分析和评估为客户制定各种金融理财策略。

核心竞争力。在分析阶段，金融理财师的核心竞争力体现在：

- 考虑潜在的机会和限制条件以制定策略；
- 评估各类信息以制定策略。

综合

在综合阶段，金融理财专业人士将信息综合起来开发和评估各项策略，从而制订金融理财规划方案。

核心竞争力。在综合阶段，金融理财师的核心竞争力体现在：

- 开发和评估各项策略以制订金融理财规划方案。

基本金融理财实践

基本金融理财实践代表了与金融理财专业人士执业能力有关的能力，包括：

- 整合不同的金融理财核心竞争力和金融理财组成部分；

▪ 理解和掌握实现金融理财规划所需的不同金融理财师执业能力之间的关系。

金融理财专业人士将使用一种或多种金融理财工作方式为客户提供金融理财规划服务。

金融理财组成部分

FPSB将金融理财归纳为以下九个组成部分：

1. 金融理财原理、过程与技能；

2. 财务管理；

3. 税务原理与优化；

4. 投资规划与资产管理；

5. 风险管理与保险规划；

6. 退休规划；

7. 遗产规划与财产转让；

8. 金融理财心理学；

9. 综合金融理财规划。

向客户提供金融理财规划服务时，金融理财专业人士不应孤立地分析客户的税务、资产管理或退休需求。同样，当面对客户单独的相关理财需求时，金融理财专业人士必须将至少一种金融理财功能（例如收集）或金融理财组成部分（例如风险管理与保险规划）和执业能力相结合。

金融理财原理、过程与技能

金融理财原理、过程与技能代表执业能力，这种执业能力与金融理财专业人士以下的个人能力有关：

▪ 整合不同的金融理财核心竞争力和金融理财组成部分；

▪ 理解和掌握实现金融理财规划所需的不同金融理财师执业能力之间的关系；

▪ 通过为客户提供优质的建议与服务，与客户建立起友好、互信的关系。

金融理财专业人士在向客户提供理财规划方案时，将把金融理财的原理、过程与技能有机结合（见附表1-3）。

附表1-3　金融理财原理、过程与技能的有机结合

1. 金融理财原理、过程与技能	1.1 运用金融理财的过程
	1.2 向客户和第三方展现自身的职业道德
	1.3 在从事金融理财工作时，根据相关司法管辖，运用道德准则、执业标准和行为准则
	1.4 展现沟通技能
	1.5 展现分析技能
	1.6 展现个人演讲技能
	1.7 熟知相关监管、经济和政治环境
	1.8 了解相关的法律，并能思考和讨论其对理财实践合规问题的影响
	1.9 讨论客户关系以及应用于金融理财方面的行为因素
	1.10 理解和疏导客户面对各种风险时的情绪
	1.11 了解金融理财实践管理及其他与商业相关的方面
	1.12 运用货币的时间价值原理
	1.13 解释非退休员工和政府福利的概念

金融理财组成部分	收集 收集制订金融理财规划所需的定性和定量信息
2. 财务管理	2.1 收集客户资产和负债的信息
	2.2 收集客户现金流、收入和/或债务的信息
	2.3 收集预算编制的必要信息
	2.4 编制客户的净财产报表、现金流量表和预算表
	2.5 确定客户的储蓄倾向
	2.6 确定客户如何做出开支决策
	2.7 确定客户对债务的态度
3. 税务原理与优化	3.1 收集用以确定客户税务状况的必要信息
	3.2 确定资产和负债的应纳税性质
	3.3 确定客户账户的税务结构
	3.4 确定当前、递延和未来的税务负债
	3.5 确定客户税收状况的关联方
	3.6 确定客户对税收的态度
4. 投资规划与资产管理	4.1 收集信息用于制作详细的投资产品报表
	4.2 确定客户当前的资产配置
	4.3 确定可用于投资的现金流量，以及预计能从投资组合中提取的资金
	4.4 确定客户的投资态度、偏向和经验
	4.5 确定客户的投资目标
	4.6 确定客户对投资风险的容忍度
	4.7 确定客户的假设和收益预期与规划的假设达成一致
	4.8 确定客户达成投资目标的周期

（续表）

金融理财组成部分	
5. 风险管理与保险规划	5.1 收集客户当前的保险覆盖信息
	5.2 确定客户潜在的财务义务
	5.3 确定客户的风险管理目标和风险敞口
	5.4 确定客户对风险敞口的容忍度
	5.5 确定客户的家庭和生活方式相关问题与其态度
	5.6 确定健康问题
	5.7 确定客户采取积极措施来管理财务风险，包括其生活方式和健康问题的意愿
6. 退休规划	6.1 收集潜在退休收入来源的详细信息
	6.2 收集预估退休开支的详细信息
	6.3 确定客户的退休目标
	6.4 确定客户对退休的态度
	6.5 客户对假定的退休计划表示满意，并且双方就此达成一致
7. 遗产规划与财产转让	7.1 收集影响遗产规划策略的法律协议和文件
	7.2 确定客户的遗产规划目标
	7.3 确定可能影响遗产规划策略的家庭动态和业务往来
8. 金融理财心理学	8.1 讨论适用于理财计划的理财规划行为
9. 综合金融理财规划	9.1 确定客户金融理财的目标、需求、机会和限制（例如税收），按照具体的时间和资金状况进行优先排序
	9.2 确定财务规划所需的信息
	9.3 确定影响客户财务规划的法律问题
	9.4 确定客户金融理财态度、倾向、驱动因素和相关知识的掌握情况
	9.5 确认客户个人及其财务状况的重大变化
	9.6 准备进行理财分析所需的信息
金融理财组成部分	**分析** **分析潜在的机会和限制并评估信息用以制定策略**
2. 财务管理	2.8 确认客户财务状况是否健康
	2.9 确认与客户资产和负债相关的问题
	2.10 确定客户的应急基金拨备
	2.11 对比客户潜在现金管理策略
	2.12 评估客户是否有足够的应急资金
	2.13 评估客户收入和支出的潜在变化的含义
	2.14 确定客户对现金流矛盾的需求
	2.15 评估融资的备选方案
3. 税务原理与优化	3.7 审阅有关的税务文件
	3.8 分析现有与潜在的税务策略和结构的适用性
	3.9 评估税务筹划备选方案的财务影响

（续表）

4. 投资规划与资产管理	4.9 计算达到客户目标所需的实际回报率
	4.10 确定投资持有的特征
	4.11 确定资产收购、资产处置的含义
	4.12 分析潜在的投资策略
	4.13 评估投资回报预期是否与风险承受能力和容忍度一致
	4.14 评估持有资产是否与风险承受能力、风险容忍度和要求的投资回报相一致
	4.15 分析客户当前持有的资产
	4.16 评估用在客户资产组合中的潜在投资工具
5. 风险管理与保险规划	5.8 确定当前保险覆盖的特点
	5.9 检验当前和潜在的风险管理策略
	5.10 评估金融风险
	5.11 评估当前保险覆盖和风险管理策略下，客户的风险敞口
	5.12 评估保险覆盖变化的影响
	5.13 排列客户风险管理需求的优先次序
6. 退休规划	6.6 根据当前状况进行财务预估，包括收入需求与资金之间的差距
	6.7 确定客户的退休目标是否切合实际
	6.8 检验潜在的退休规划策略
	6.9 为保持退休后的预期生活方式评估退休时的财务要求
	6.10 评估财务预估中的假设变化所带来的影响
	6.11 评估要达到退休目标所需的各种取舍
7. 遗产规划与财产转让	7.4 预测离世时的资产净值
	7.5 分析满足客户遗产规划目标时遇到的各种限制条件
	7.6 对比各种可能的遗产规划策略
	7.7 计算离世时潜在的费用开销和欠税
	7.8 评估受益人的具体需求
	7.9 评估离世后遗产的流动性
8. 金融理财心理学	8.2 确定客户对储蓄和债务的态度
	8.3 确定客户对税收的态度
	8.4 确定客户的态度或偏好与投资经验
	8.5 确定客户对投资风险的容忍度
	8.6 确定客户对风险暴露的容忍度
	8.7 确定客户的家庭和生活方式相关问题和态度，以及其对金钱的认知
	8.8 确定客户是否愿意采取积极措施来管理财务风险，包括生活方式和健康问题
	8.9 确定客户对退休的态度
	8.10 确定客户的信念和偏好
	8.11 确定行为金融学和客户的心理如何影响客户的个人目标、财务目标、理解、决策和行动

（续表）

金融理财组成部分	
9. 综合金融理财规划	9.7 分析客户的目标、需求、价值观和其他信息，从而把金融理财组成部分按优先顺序排列
	9.8 考量各金融理财组成部分的相互关系
	9.9 比较机会和限制条件以及评估收集到的金融理财各方面的信息
	9.10 权衡经济、政治和监管环境的影响

金融理财组成部分	综合 综合信息来制定及评估策略用以创建金融理财方案
2. 财务管理	2.16 制定各项财务管理策略
	2.17 评估每项财务管理策略的优缺点
	2.18 优化策略以提出财务管理建议
	2.19 按优先次序排列帮助客户实施财务管理建议的行动步骤
3. 税务原理与优化	3.10 制定各项税务规划策略
	3.11 评估每项税务规划策略的优缺点
	3.12 优化策略以制定税务规划建议
	3.13 按优先次序排列帮助客户实施税务规划建议的行动步骤
4. 投资规划与资产管理	4.17 制定各项资产管理策略
	4.18 评估每项资产管理策略的优缺点
	4.19 优化策略以提出资产管理建议
	4.20 选择合适的投资工具实施建议的理财策略
	4.21 按优先次序排列帮助客户实施资产管理的行动步骤
	4.22 准备投资方针声明
	4.23 准备定期报告的材料
5. 风险管理与保险规划	5.14 制定各项风险管理策略
	5.15 评估每项风险管理策略的优缺点
	5.16 优化策略以提出风险管理建议
	5.17 按优先次序排列帮助客户实施风险管理建议的行动步骤
6. 退休规划	6.12 制定各项退休规划策略
	6.13 评估每项退休规划策略的优缺点
	6.14 优化策略以提出退休规划建议
	6.15 按优先次序排列帮助客户实施退休规划建议的行动步骤
	6.16 与客户讨论有关财务预估中假设变化所带来的影响
7. 遗产规划与财产转让	7.10 制定各项遗产规划策略，包括现有的遗产规划
	7.11 评估每项遗产规划策略的优缺点
	7.12 优化策略以提出遗产规划建议
	7.13 按优先次序排列帮助客户实施遗产规划建议的行动步骤
8. 金融理财心理学	8.12 采用适当的行为方法（例如辅导、咨询等）
	8.13 确定、评估和沟通具有重大财务后果的重大事件的潜在解决方案
9. 综合金融理财规划	9.11 按优先次序排列金融理财建议，以优化客户财务状况
	9.12 将理财建议和实施步骤汇集为理财规划方案（以书面或重复的互动形式）
	9.13 衡量达成金融理财目标的进度
	9.14 确定复查金融理财规划的合适流程和周期

FPSB以竞争力为基础的教育与发展体系

FPSB以基本金融理财实践和相关的业绩标准为基础，编写了金融理财师综合竞争力的介绍，涵盖了金融理财专业人士为客户提供高品质金融理财建议所需的认知能力、专业能力和社交能力，同时考虑到实践的类型、背景与地点。

从金融理财师综合竞争力出发，FPSB开发出了相关的课程内容。当这些课程内容被纳入相关的学习、教学和职业发展时，金融理财师可以达成以下目标：

- 认知、理解和运用金融理财专业的相关知识；
- 运用掌握的相关知识来解决执业过程中遇到的复杂问题，与客户良好地互动并保持专业形象；
- 本着积极、自主、对自身负责任的态度，参与继续教育之类的活动；
- 成为一名被认可的金融理财专业人士。

金融理财师的能力体系使用的术语

资产管理　在考虑客户的需求和限制条件的情况下，优化资产收益率的策略和方法。

资产配置　决定如何将一批资源投资到一揽子资产类别中，以形成一个在可接受的适度风险水平上能最好地满足客户投资收益目标的方法。

预算表　对某一特定时期的财务资源和费用进行预测的报表。

现金流量表　反映某一特定时期的现金流入和流出情况的汇总报表。

客户　与金融理财专业人士建立正式"金融理财师—客户关系"的一人、多人或相关实体。

遗产规划　保全和分配已积累的财富的策略与方法。

财务管理　优化短期和中期现金流、资产和负债的策略与方法，比如预算和现金流管理等。

金融理财计划　用于管理某人的金融事务以实现其人生目标的一个或一组详细的、程序化的策略。

金融理财规划　制定策略以帮助客户管理其金融事务从而实现其人生目标的过程。

基本金融理财实践　金融理财师应该具备的贯穿所有金融理财组成部分的不可或缺的工作能力。

需求　必需的某种物品或某种条件。

净财产报表　反映资产和负债的报表。

目标　谋求或追寻的结果。

个人财务报表　净财产报表、现金流量表和预算表的汇总。

定性信息　关于客户特质、态度和偏好的信息。

定量信息　关于客户的客观的、可度量的信息。

退休规划　针对财富积累和退休后支取财产的各种策略和方法。

风险管理　用于管理由个人因素引起的财务风险的各种策略和方法。风险、风险敞口和风险承受能力等术语与因个人境遇所产生的财务损失风险有关。

策略　为实现一个或多个特定目标所制订的计划。

税务筹划　用于实现家庭税后净资产的现值最大化的策略和方法。

附录2

《金融理财执业标准》

目录

FPSB的《金融理财执业标准》

《金融理财执业标准》的表现形式

《金融理财执业标准》的适用性

 1.建立并界定客户关系

 2.收集客户信息

 3.分析和评估客户的财务状况

 4.制订并提交理财规划方案

 5.实施理财规划方案

 6.监督客户理财规划状况

术语

FPSB 的《金融理财执业标准》

FPSB 制定《金融理财执业标准》的目的如下：

- 为提供金融理财服务的金融理财师设定金融理财执业标准；

- 规范金融理财行为，保持金融理财师所提供的理财规划服务的连续性；

- 明确金融理财师及其客户在金融理财服务中各自的角色定位及应承担的责任；

- 提升金融理财执业流程的价值。

金融理财是指通过制定金融理财策略帮助客户进行财务管理，实现其人生目标的过程。金融理财执业流程是根据客户的相关情况，通过一系列的理财规划活动实施金融理财方案的过程，包括解决一些理财目标不一致的问题。FPSB 制定的《金融理财执业标准》规定了金融理财师无论在何时、何地、何种背景、何种报酬方式下提供金融理财服务都应该达到的执业标准。FPSB 希望这套全球公认的《金融理财执业标准》能使接受理财服务的客户受益。

FPSB 将执业标准规定纳入全球的 CFP 认证标准。为了确保对上述执业要求的正确理解，FPSB 各会员组织也将执业标准的内容及应用纳入各自的 CFP 认证标准，并分别予以修订和实施。

《金融理财执业标准》的表现形式

每条执业标准对应金融理财执业流程的相关步骤。每条标准后面有一段文字说明，陈述制定标准的目的，指导执业标准的具体应用与操作。该说明仅为解释之用，并非意在增加额外的条款或义务。

《金融理财执业标准》不是为了对金融理财的具体服务进行描述，也不是为了说明某一项理财规划服务的具体步骤。金融理财服务是一套综合性的流程，需要结合并/或检视金融理财师和客户在服务过程中的具体关系来发挥作用。

《金融理财执业标准》的适用性

金融理财师在制定理财策略和提出建议时必须全面考虑客户的财务状况，在符合既定条件时都需要遵循这些执业标准。至少，其中的部分标准既适用于综合理财规划也适用于理财规划的某个组成部分（财务管理、资产管理、风险管理、税务筹划、退休规划和遗产规划）。

《金融理财执业标准》第一条是建立并界定客户关系，适用于金融理财师向客户提供任何理财服务的任何阶段，旨在帮助理财师及其客户建立清晰、合理的理财预期。《金融理财执业标准》第二条至第六条适用于委托协议所规定的具体金融理财服务范围（委托协议界定了标准的适用性）（见附表2-1）。

附表2-1　金融理财执业流程及相关执业活动

金融理财执业流程	相关执业活动
1. 建立并界定客户关系	1.1 告知客户金融理财服务相关信息及金融理财师的能力范围 1.2 判断金融理财师是否能够满足客户的需求 1.3 界定服务范围
2. 收集客户信息	2.1 确定并确认客户既定的个人目标 2.2 收集与财务规划业务范围相关的定量信息和文件 2.3 收集和理解与客户的价值观、态度、期望和财务经验或素养相关的定性信息
3. 分析和评估客户的财务状况	3.1 分析客户的信息，以评估客户当前的财务状况，并确定能够使客户达到既定个人目标的财务目标 3.2 根据对客户当前财务状况的分析，确定满足客户财务目标和既定个人目标所需的财务资源 3.3 评估客户的财务状况和当前的行动过程所带来的机会、约束和风险 3.4 确定和评估旨在实现客户的财务目标和既定个人目标的策略 3.5 确定并与客户讨论任何看似不现实的财务目标或既定个人目标的可行性
4. 制订并提交理财规划方案	4.1 制定财务规划建议，以实现客户的财务目标和既定个人目标 4.2 提出财务规划建议，以便客户了解每个策略如何支持客户的财务目标和既定个人目标 4.3 通过推荐的行动方式，让客户参与讨论影响客户实现财务目标和既定个人目标的能力的因素 4.4 修改财务规划建议，以纳入来自客户的反馈 4.5 通知客户，随着个人状况或经济、政治和监管环境的变化，财务规划建议可能需要进行修改
5. 实施理财规划方案	5.1 就理财规划方案实施的职责达成一致 5.2 为实施理财规划方案寻找并介绍相关产品和服务
6. 监督客户理财规划状况	6.1 与客户就未来审查客户的情况与实现财务目标和既定个人目标的进展的方法和责任达成一致 6.2 根据客户的状况、财务目标或既定个人目标，或经济、政治和监管环境的变化，与客户达成更新建议的协议

1. 建立并界定客户关系

1.1 告知客户金融理财服务相关信息及金融理财师的能力范围

金融理财师需向客户介绍金融理财执业流程、金融理财师所提供的各项服务内容以及金融理财师本人的能力和经验。

说明：

在与客户签署金融理财服务协议之前，金融理财师应帮助客户了解金融理财执业流程及金融理财服务的性质，向客户介绍自己的行业资历，包括说明金融理财服务怎样帮助客户实现理财目标、金融理财师在提供金融理财服务时使用的方法以及有关金融理财师执业执照、经验及专业技术方面的情况。金融理财师需根据客户要求向其告知所提供的金融理财服务的具体内容及各种费用信息。

1.2 判断金融理财师是否能够满足客户的需求

金融理财师和客户共同决定理财师的服务及理财师本人的能力是否符合客户的需求。对于客户已经提出及可能提出的服务要求，金融理财师应考虑自己的技能、知识以及经验，判断自己是否可以胜任。金融理财师应判断自己是否存在与客户的利益冲突或需要披露的情况。

说明：

金融理财师应考虑自己或自己的职员是否具备满足客户期望的能力、技术及知识；考虑是否存在可能影响自己与客户成功合作的利益冲突；确定是否存在其他可能的情况、关系和事实，会导致其个人利益与客户利益或者某两个客户之间的利益相冲突；探讨客户信息的保密问题。

1.3 界定服务范围

金融理财师和客户应就金融理财师向客户提供的服务达成一致。在提供金融理财服务之前，金融理财师应书面告知其服务范围，具体包括：相关各方（包括第三方）的责任、服务条件、金融理财师的报酬及利益冲突。服务范围应以正式书面文件形式由双方签字确定或以其他形式由客户正式确定，其中须包含委托协议的解除流程。

说明：

金融理财师与客户共同约定服务范围有助于双方建立符合实际的预期。金融理财师和客户约定的服务范围可以涵盖一个、多个或全部金融理财组成部分（财务管理、资产管理、风险管理、税务筹划、退休规划和遗产规划）。

书面委托协议是对金融理财师和客户双方就金融理财服务条款协商一致的确认。金融理财师在制定委托协议的条款和需要进行信息披露的文件时应考虑以下内容：

- 明确提供或不提供的服务项目，比如实施和检查服务；
- 金融理财师的报酬，包含应由客户支付的各种费用；
- 现有的利益冲突，包括与第三方的补偿协议，并约定在未来出现利益冲突时及时披露；
- 服务涉及的各方，包括法律关系和代理关系的详情；
- 承诺保护客户信息；
- 服务有效期；
- 客户的职责，包括及时全面的信息披露；
- 金融理财师的职责；
- 终止客户服务协议的条款；
- 客户投诉金融理财师或要求索赔的程序。

  正式书面协议要求涵盖的其他信息包括：
- 服务过程中寻求其他专业人士帮助的潜在需求；
- 介绍和客户合作的个人的资质、执业资格或执照及经验；
- 使用客户信息的具体限制；
- 需要告知客户的其他信息。

外部环境可能会影响金融理财师向客户提供服务的能力，客户也可能终止服务或更换理财师。在此情况下，金融理财师应以专业化的方式终止与客户的服务协议或为客户寻求其他理财顾问提供方便。

2. 收集客户信息

2.1　确定并确认客户既定的个人目标

在提出或实施任何建议之前，金融理财师应和客户共同确定理财服务协议范围内客户的个人及理财目标、需求和优先顺序。

说明：

金融理财师应努力了解客户目前的状况及客户的理财目标、需求和优先顺序。客户的理财目标为金融理财服务协议阐明了目的，提供了指导，建立了框架。金融理财师应帮助客户区分短期目标和长期目标，并按优先顺序排序；此外，金融理财师还应与客户共同探讨那些看似不切实际的目标的优点及可行性。

2.2 收集与财务规划业务范围相关的定量信息和文件

在提出或实施任何建议之前，金融理财师应充分收集服务范围内关于客户的各种定量信息及文件。

说明：

金融理财师应在服务范围内，努力收集全面、准确的客户信息和文件。合适的理财规划建议必然建立在金融理财师获取的各种信息的基础之上，这些信息可能由客户提供也可能通过其他方式获取。一方面，金融理财师应与客户沟通，使其了解提供全面、准确的最新信息的重要性；另一方面，金融理财师应尊重客户文件的私密性，为客户文件保密。如果金融理财师无法收集到提出合理建议所必需的信息，则应告知客户并解释这种局限性对其服务及理财规划的影响。这些信息的缺失有可能会导致服务协议的修订或解除。

2.3 收集和理解与客户的价值观、态度、期望和财务经验或素养相关的定性信息

在提出或实施任何建议之前，金融理财师应充分收集服务范围内的各种定性信息。

说明：

金融理财师收集信息以了解客户的价值观、态度、期望及财务经验。这项工作包括向客户提出问题，并利用倾听技巧判断客户在理财方面的经验和技能。这些判断一般都是主观的，其准确程度往往会受到客户信息披露情况的制约。

3. 分析和评估客户的财务状况

3.1 分析客户的信息，以评估客户当前的财务状况，并确定能够使客户达到既定个人目标的财务目标

金融理财师在服务范围内对客户信息进行分析，以便了解客户的财务状况。

说明：

金融理财师分析客户的定性与定量信息，并与客户协作解决信息中的事实遗漏、不一致之处，澄清客户信息或既定个人目标中的模糊与矛盾之处，以便评估客户当前的财务状况。金融理财师基于分析形成对客户当前财务状况的深入了解，明确可以帮助客户达成其个人目标的财务目标，并识别任何可能影响客户实现既定个人目标的问题（例如现金流问题、利率套利等）。

金融理财师通常借助资产负债表、现金流量表和个人风险档案中的计算来深入了解客

户的财务状况。

3.2　根据对客户当前财务状况的分析，确定满足客户财务目标和既定个人目标所需的财务资源

金融理财师评估客户当前的财务状况如何支持客户实现财务目标和既定个人目标的能力，并确定客户需要的额外财务资源，如果有的话。

说明：

金融理财师会分析客户信息、当前的财务状况和可能的未来财务资源，以确定客户实现每个财务目标和既定个人目标的可行方式。作为本分析的一部分，金融理财师使用客户指定的、双方同意的变量和其他合理的假设，比如客户的预期退休年龄、预期寿命、收入需求、风险因素、时间范围和特殊需求，以及经济假设，来建立可能的通货膨胀率、税率和投资回报率，以支持财务计算。

金融理财师根据目前的行为确定客户达到一个财务目标或既定个人目标的可能性，并确定行为的改变，如果有，客户将需要实现一个财务目标或既定个人目标。

随着客户的偏好、财务目标或既定个人目标的变化，金融理财师可以在整个客户参与过程中迭代地承担财务规划过程中的这一部分。

3.3　评估客户的财务状况和当前的行动过程所带来的机会、约束和风险

金融理财师评估客户财务状况和当前行动过程所带来的机会和风险，这些可能会影响客户实现财务目标和既定个人目标的能力。这包括评估客户应对意外的个人和财务事件的能力、意愿或可能性。

说明：

金融理财师评估客户财务状况和当前行动过程所带来的机会和风险，以评估客户是否以及如何能够实现财务目标或既定个人目标。这包括对经济和个人因素的评估，这些因素可能会影响客户的行为，以及客户在事件情况改变时实现财务目标或既定个人目标的可能性。

作为风险评估的一部分，金融理财师可以考虑客户或客户的家庭或企业/职业的个人事务，以及经济因素，比如信息、货币政策或财务政策。

金融理财师为客户提供可行的权衡信息或可接受的替代方案，以实现财务目标或既定个人目标。在持续的财务规划活动中，金融理财师和客户之间的合作在整个活动过程中不断进行，随着客户的生活状况、财务偏好或既定个人目标发生变化。

金融理财师可能会发现其他可能影响客户实现财务目标或既定个人目标能力的问题，金融理财师会与客户讨论这些问题。根据所确定的问题的性质，金融理财师可能需要让客户了解客户既定的个人目标是否可以实现或应该进行修改，这可能要求金融理财师修改财务规划参与的范围或从客户那里获得额外的信息。

如果客户选择不与金融理财师合作评估权衡信息或替代方案，那么金融理财师应考虑限制提供服务的范围，或终止提供服务。

3.4　确定和评估旨在实现客户的财务目标和既定个人目标的策略

金融理财师和客户考虑一种或多种与客户现状相关的策略，以合理地满足客户的财务目标和既定个人目标。

说明：

金融理财师确定了实现客户的财务目标和既定个人目标的可行策略。金融理财师为客户提供适当的信息，以支持其理解上述的可行策略，以及阐明他们如何合理地满足客户的财务目标和既定个人目标。

在评估策略时，金融理财师要与客户讨论既定个人目标和财务目标或行动方针的重要性、优先级和时机，同时考虑多种假设，与其他专业人员进行研究或咨询。这个过程可能导致单一策略、多种策略或不会改变客户当前的行为方式。

多个策略可以实现客户的一个或多个财务目标或既定个人目标。金融理财师为客户确定的策略和结果可能与其他财务顾问提供的策略和结果不同，这说明了行使专业判断和向客户提供财务规划的主观性质。

3.5　确定并与客户讨论任何看似不现实的财务目标或既定个人目标的可行性

金融理财师确定任何不可行的财务目标，或任何既定的看似不现实的短期、中期或长期个人目标，并与客户讨论既定个人目标需要如何修改或放弃。

说明：

金融理财师会根据客户当前的财务状况或行动方针，为客户确定任何看似不现实或无法实现的财务目标或既定个人目标。金融理财师帮助客户认识到为什么财务目标或既定个人目标是不可行或不现实的，无论是单一目标还是多个目标。这是因为基于客户目前的状况和行为方式或未来可能获得的资源，这些财务目标与既定个人目标是相互冲突或者无法实现的。

金融理财师向客户提供处理可能不可行或可能不现实的财务目标或既定个人目标的选

择，包括权衡信息。

如果客户选择不与金融理财师合作评估权衡信息或替代方案，那么金融理财师应考虑限制提供服务的范围，或终止提供服务。

4. 制订并提交理财规划方案

4.1 制定财务规划建议，以实现客户的财务目标和既定个人目标

金融理财师制定财务规划建议，以合理地满足客户的财务目标和既定个人目标，并考虑客户的现状、行动过程和选定的策略。

说明：

在确定和评估各种策略与客户的现状和行动过程后，金融理财师制定能够合理满足客户财务目标和既定个人目标的财务规划建议。财务规划建议可以是单一的行动或多个需要共同执行的行动的组合。金融理财师可能需要根据客户的情况或可能行为的合理或可行反馈，修改一项或多项建议。金融理财师的建议可能是客户继续当前行动过程。

金融理财师使用专业判断来评估多种策略以制定财务规划建议。鉴于专业财务建议的性质，金融理财师提出的建议可能与其他财务顾问的建议不同，但仍然满足财务目标和既定个人目标。

无论是金融理财师通过与客户的对话反复地修改财务规划建议，还是客户基于金融理财师的技术专长选择遵从金融理财师的建议，金融理财师正确地记录财务规划过程的这一部分都是很重要的。

4.2 提出财务规划建议，以便客户了解每个策略如何支持客户的财务目标和既定个人目标

金融理财师提出财务规划建议和支持理由，使客户能够就这些策略是否支持实现客户的财务目标和既定个人目标做出明智的决定。

说明：

金融理财师帮助客户了解财务规划建议如何适当地支持客户的财务目标和既定个人目标。

金融理财师避免将意见作为事实来陈述。金融理财师通知客户，随着客户的个人状况或经济、政治和监管环境的变化，这些建议可能需要进行修改。

当金融理财师通过与客户的对话反复修改财务规划建议时，金融理财师会确保客户的参与，并鼓励客户对初步的和实际的财务规划建议提供反馈和反应。

4.3　通过推荐的行动方式，让客户参与讨论影响客户实现财务目标和既定个人目标的能力的因素

金融理财师与客户讨论用于制定财务规划建议的信息、因素和假设，以及这些信息、因素和假设如何影响客户实现财务目标和既定个人目标的能力。

说明：

当向客户展示和分享财务规划建议时，金融理财师帮助客户了解客户的现状、用于制定推荐战略的因素和假设、实施（或不实施）推荐战略的风险，以及实施（或不实施）推荐战略如何影响客户实现财务目标和既定个人目标的能力。

金融理财师协助客户对财务目标和既定个人目标进行优先级排序或重新进行优先级排序，并协助客户在考虑一个或多个财务目标和既定个人目标的不同时间范围内选择优先级。

4.4　修改财务规划建议，以纳入来自客户的反馈

金融理财师通过与客户就财务规划建议修改的类型和规模达成一致，纳入来自客户的反馈，其中可能包括金融理财师修订或重新优先考虑客户的财务目标或既定个人目标，或修订财务规划业务的范围。

说明：

当向客户提出建议时，金融理财师会评估客户执行财务规划建议的意愿。

金融理财师可以根据与客户就如何处理财务规划建议的变化、行动方针或优先事项达成的协议，初步调整财务规划业务的范围。金融理财师协助客户修改或重新确定财务目标或既定个人目标的优先级，并相应地更新财务规划建议。金融理财师可能需要根据原始财务规划建议的更新来修改财务模型和敏感性分析。

此外，如果修改后的财务规划建议出现了利益冲突或潜在利益冲突的情况，金融理财师会告知客户相关情况。在这个阶段，客户或金融理财师可以决定不继续进行这项业务。

4.5　通知客户，随着个人状况或经济、政治和监管环境的变化，财务规划建议可能需要进行修改

金融理财师告知客户，未来个人状况或经济、政治和监管环境的变化可能会影响财务规划建议，并获得客户的支持，以持续审查客户的状况和财务规划建议，并根据需要修改建议。

说明：

金融理财师告知客户，财务规划建议旨在支持客户根据自己当前情况和预期的未来环

境实现财务目标和既定个人目标，但个人状况或经济、政治和监管环境的变化（例如，更新的法规或立法，或家庭状况、职业、健康等方面的变化），可能会改变客户实现一个或多个财务目标或既定个人目标的能力，这可能要求金融理财师修改其中一个或多个财务规划建议。

5. 实施理财规划方案

5.1 就理财规划方案实施的职责达成一致

金融理财师和客户应就以下内容达成一致：与服务范围相适应的理财规划方案的实施职责、客户对理财规划方案的接纳、理财师执行此理财规划方案的能力。

说明：

客户同意金融理财师为其执行理财规划方案后，金融理财师应向客户提供必要的文件。金融理财师可根据双方达成的协议修改原先约定的服务范围。金融理财师的职责可能包括以下内容：明确实施理财建议必须采取的行动，确定金融理财师和客户各自的职责，咨询或配合其他专业人士，经授权后分享客户信息，选择并获取产品或服务。如果存在之前未披露的利益冲突或与其他相关人员之间的利益关系、重大关系等，金融理财师应向客户及时通报。金融理财师应向客户解释他（她）向其他专业人士咨询的原因以及所咨询的专业人士的资格。如果金融理财师只是受雇于客户来执行理财规划方案，则应在书面文件的服务范围中明示。该服务范围应包括理财师在多大程度上可依赖其他专业人员提供的信息、分析和建议。

5.2 为实施理财规划方案寻找并介绍相关产品和服务

金融理财师应在其服务范围内为客户寻找并推荐与其确认的理财规划方案相符的产品及服务。

说明：

金融理财师负责研究并推荐适合客户财务状况且能合理满足客户目标、需求及优先顺序要求的产品和服务。金融理财师在寻找上述产品和服务的时候应从客户利益出发并使用专业判断。专业判断包括定性信息和定量信息。由于符合客户需求的产品和服务不止一种，金融理财师设计的方案可能不同于其他专业人士。金融理财师应根据适用法规向客户披露所有相关信息。在推荐相关的产品和服务的同时，应展示理财规划策略及方案。

6. 监督客户理财规划状况

6.1 与客户就未来审查客户的情况与实现财务目标和既定个人目标的进展的方法和责

任达成一致

金融理财师和客户就未来审查和评估的条款达成一致，包括财务目标和既定个人目标、个人风险偏好、生活方式和其他相关因素，以及客户实现声明的个人目标的进展。

说明：

金融理财师定期审查客户实现财务目标和既定个人目标的进展，并在必要时与客户调整财务规划建议。

审查过程可由客户或金融理财师以各种原因发起，比如：客户的状况、财务目标或既定个人目标发生变化；或客户希望明确当前财务规划建议的适当性或可行性；或经济、政治和监管环境发生变化。

如果客户能够实时、持续地访问自己的财务规划数据，则审查可能更频繁、更交互、更连续，而不是在固定的财务规划活动期间进行。金融理财师和客户相互评估在审查过程中要进行的活动的性质和范围，以及各方在审查过程中的角色和责任。

审查过程可能导致金融理财师对财务规划业务的原始范围进行修改，或与客户发起新的财务规划活动。

6.2 根据客户的状况、财务目标或既定个人目标，或经济、政治和监管环境的变化，与客户达成更新建议的协议

金融理财师和客户根据客户的状况、财务目标或既定个人目标的变化，或经济、政治和监管环境的变化，就是否、何时以及如何更新财务规划建议达成一致。

说明：

由于财务规划过程是动态的，以及客户的个人状况或经济、政治和监管环境会发生变化，可能需要改变财务规划建议和支持策略，因此金融理财师和客户应同意并理解他们在审查客户的状况和实现客户财务目标或既定个人目标的进展中各自扮演的角色。

金融理财师可以将审查安排在日程表上，或者将审查作为财务规划参与期间正在进行的互动的一部分。在审查过程中，金融理财师同意客户对现有财务规划建议的承诺，或根据需要调整财务规划建议，以应对客户的状况、财务目标或既定个人目标或环境的变化。

审查过程涉及金融理财师和客户：

- 确保客户同意的财务规划建议已得到执行。
- 评估客户财务目标或既定个人目标的进展。

- 重新评估金融理财师做的初始或后续假设的持续合理性。

- 确定基于客户的状况、财务目标或既定个人目标或环境的变化，是否需要对财务规划建议进行调整。

- 相互同意对财务规划建议任何必要的变更。

当客户的状况、财务目标或既定个人目标发生变化时，金融理财师会带领客户通过财务规划过程，重新确认或更新假设和财务规划建议。

术语

客户 与金融理财师建立正式的"理财师—客户关系"的一人、多人或相关实体。

报酬 金融理财师或相关方因提供专业服务而收取（或有权收取）的各种货币形式或非货币形式的经济收益。

综合理财规划 为客户制定策略以帮助其管理财务事务，实现人生目标的过程，其中包括六大金融理财组成部分（财务管理、资产管理、风险管理、税务筹划、退休规划及遗产规划）。

金融理财 为客户制定策略以帮助其管理财务事务，实现人生目标的过程。在实践中，金融理财包含回顾、检查与客户现状相关的所有信息，并与客户的预期状况相对比，从而设计一个能达成客户金融理财目标的最佳方案。

金融理财执业流程 金融理财师为客户制定策略以帮助其管理财务事务，实现人生目标的过程，其中包括：（1）建立并界定客户关系；（2）收集客户信息；（3）分析和评估客户的财务状况；（4）制订并提交理财规划方案；（5）实施理财规划方案；（6）监督客户理财规划状况。

完备信息 金融理财师提供有根据的分析及建议所必需的所有信息。

监督条款 与金融理财师检查和重估客户状况相关的频次、范围、收费等条款。

附录3

《金融理财师道德准则和专业责任》

前言

FPSB通过在金融理财业建立、维护和推广全球职业标准，使金融理财师的客户和潜在客户受益。CFP、CERTIFIED FINANCIAL PLANNER 和 ⚜️CFP. 等专业资质荣誉标识代表了FPSB追求卓越的承诺。

FPSB的《金融理财师道德准则和专业责任》

通过坚持道德标准，金融理财师承诺从客户利益出发，以最高的道德准则和职业标准来为客户提供金融理财服务，本着造福社会的目的推广金融理财事业。

作为金融理财师专业承诺的一部分，金融理财师在向客户提供金融理财服务时应适时披露信息并严格遵守《金融理财师道德准则和专业责任》。

FPSB已将道德行为、道德判断及对道德标准的恪守，纳入了CFP认证的全球标准。为确保职业道德的义务得到充分理解，FPSB会员组织应将道德准则的内容及其运用纳入本地区CFP认证标准，制定、调整并实施本土化的道德准则。

FPSB希望通过在全球范围内推行《金融理财师道德准则和专业责任》，使接受理财服务的客户受益。

《金融理财师道德准则和专业责任》的表述形式

FPSB制定的《金融理财师道德准则和专业责任》概述了金融理财师在执业活动中应遵守的道德标准，每条准则之后是对该准则目的的解释。FPSB希望通过推行这些准则，指导金融理财师做出妥当的、可接受的专业行为。

《金融理财师道德准则和专业责任》的适用性

FPSB的《金融理财师道德准则和专业责任》体现了金融理财师对公众、客户、同事及雇主所负责任的认知。这些准则为金融理财行业的从业人员提供了行为指导。FPSB各会员组织依照该准则的理念和意图来制定和调整本土化的执业行为准则，并要求CFP专业人士严格执行。

准则一：客户至上

将客户的利益放在首位。

客户利益至上是专业精神的标志，它要求金融理财师诚实行事，不得将个人利益置于客户利益之上。

准则二：正直诚信

正直诚信地为客户提供专业服务。

正直诚信要求金融理财师诚实、坦诚地处理所有专业事务。金融理财师能够被客户信任是由于其自身正直诚信的品质。我们允许有合理的意见分歧，但是不应有欺骗或违背原则的行为。该准则要求金融理财师理解道德准则的文字含义和精神实质。

准则三：客观公正

客观公正地提供专业服务。

客观公正准则对金融理财师提出了诚实、公正的要求。无论是提供服务还是在执业过程中，金融理财师都应当以客观公正的准则来行事，妥善处理冲突，做出合理的专业判断。

准则四：公平合理

在所有工作关系中做到公平合理，披露并解决利益冲突。

在提供专业服务的过程中，金融理财师应当诚实地向客户披露相关服务和利益的信息，包括可能遇到的重大利益冲突。这要求金融理财师能够不失偏颇、不以主观感受和意愿为主，从而做出合理、谨慎的判断以达到利益的平衡。公平是以你希望被对待的方式来对待他人。

准则五：专业精神

行为举止具有专业水准。

金融理财师应该具有职业荣誉感，在商务活动中应尊重客户、同行和他人，遵守相关法律、法规和职业规范。专业精神准则要求金融理财师应当与同业者共同维护并提高本行业的公众形象，并不断提升为公众利益服务的能力。

准则六：专业胜任

具备提供专业服务所必备的各种能力、技能及知识。

专业胜任准则要求金融理财师在提供专业服务时，在能力、技能和知识上达到并保持足够的水平。金融理财师要认识到自身的局限性，对于尚不具备胜任能力的领域，可以向其他专业人员咨询或将客户推荐给其他相关组织。专业胜任准则要求金融理财师持续学习以提升专业水平。

准则七：保守秘密

为客户的所有信息保守秘密。

保守秘密准则要求为客户的信息保密，仅允许授权人员获取客户信息资料。金融理财师要获得客户的信任就必须避免不当泄露客户信息。

准则八：恪尽职守

勤勉地为客户提供专业服务。

恪尽职守准则要求金融理财师及时、全面地履行专业服务的承诺，在规划、监督、提供专业服务的时候能够尽职尽责。

《金融理财师行为准则》

前言

FPSB通过在金融理财业建立、维护和推广全球职业标准，使金融理财师的客户和潜在客户受益。CFP、CERTIFIED FINANCIAL PLANNER和🔳等专业资质荣誉标识代表了FPSB追求卓越的承诺。

FPSB的《金融理财师行为准则》

FPSB的《金融理财师行为准则》旨在为金融理财师的执业行为树立标准，而不是作为金融理财师针对任何第三方所需承担法律责任的依据。

一旦被FPSB会员组织采纳并应用，《金融理财师行为准则》就成为《金融理财师道德准则和专业责任》和《金融理财执业标准》的补充强化机制。FPSB会员组织制定的《金融理财师行为准则》对在该地区使用FPSB商标系列的个人及单位均具有约束力。金融理财师必须了解并掌握该准则，并在专业活动中严格遵守。

FPSB会员组织可对违反《金融理财师行为准则》的金融理财师进行纪律处分。由于FPSB及其会员组织是在金融理财行业内制定标准和进行认证的机构，有权要求申请人达到首次认证和持续认证的要求，因此，对违反《金融理财师行为准则》的金融理财师，FPSB会员组织有权限制其在该地区使用FPSB商标系列。

FPSB希望会员组织采纳符合本地区的行为准则以体现FPSB《金融理财师行为准则》

的适用范围和目的。FPSB会员组织可修改或强化本准则以确保在该地区准确定义和涵盖职业行为要求。

《金融理财师行为准则》的具体内容

1.金融理财师不得直接或间接向客户或其他相关人员提供与其专业资质或服务有直接或间接关联的错误或误导信息。

2.关于服务的潜在收益，金融理财师不得误导客户或其他利益相关者。

3.金融理财师在必要情况下应披露所有相关事实，以免误导客户或其他利益相关者。

4.金融理财师不得有不实、欺诈、欺骗或虚假陈述行为，不得故意向客户或其他利益相关者提供错误或误导性陈述。

5.金融理财师应与客户一起确认需要由其保管、投资或监管的资产。

6.金融理财师应确认由其保管或接受全权委托的客户的资金及其他财产，并及时更新上述资产的记录。

7.除非法律允许且各方签订书面协议明确界定授权范围，并且理财师能够准确跟踪记录每一位客户的资产，否则金融理财师不得将客户财产与其个人财产、其雇主或其他客户的财产混同管理。

8.金融理财师在任何情况下都应将客户的利益置于首位。

9.金融理财师应公平对待客户，应本着正直诚信和客观公正的原则为客户提供专业服务。

10.金融理财师应防止本人的个人偏好或利益对其提供的服务造成不利影响。

11.金融理财师应为客户制订和执行适合客户的理财规划方案。

12.金融理财师应该在自己专业胜任范围内为客户提供建议。对于在专业能力范围之外的领域，金融理财师应咨询或向客户推荐能够胜任的专业人士。

13.金融理财师应在其涉及的所有执业活动中保持专业胜任能力。

14.金融理财师应及时了解、掌握金融理财行业的最新发展并参加持续职业发展（CPD）活动。

15.如果金融理财师为客户提供的服务中包含任何理财规划或理财规划的重要部分，则应以书面形式向客户披露以下信息：

（1）关于所收取报酬的明确及合理的说明。说明应当包括：有关客户成本、费用的信息，雇主基本收费项目及形式，雇主可以收取其他类型费用的条件及这些额外收费的内容和依据。

（2）客户与金融理财师及其雇主或其附属机构或任何第三方之间可能存在的利益冲突的扼要说明，包括但不限于可能会对客户造成重大不利影响的家庭成员关系、合约关系或代理关系。

（3）任何可能会对客户是否聘用金融理财师产生重大影响的信息。

（4）客户在了解服务合约的范围及性质时可能需要了解的其他相关信息，包括但不限于金融理财师的专业领域。

（5）金融理财师的联系方式，如果可能的话，其雇主的联系方式。

此外，金融理财师还应持续向客户通报有关上述信息的重大变更。

16.金融理财师不得向客户借款。下列情况除外：

（1）客户是金融理财师的直系亲属。

（2）客户是开展信贷业务的机构，且借款与金融理财师提供的专业服务无关。

17.金融理财师不得借款给客户。下列情况除外：

（1）客户是金融理财师的直系亲属。

（2）金融理财师的雇主是开展信贷业务的机构，且提供贷款的一方不是其本人而是其雇主。

18.金融理财师应对客户信息严格保密。下列情况除外：

（1）依据正当的法律程序或法规要求必须披露的；

（2）向其雇主或合伙人履行义务时必须披露的；

（3）针对失职投诉，以申辩为目的必须披露的；

（4）与客户之间产生民事纠纷必须披露的；

（5）代表客户完成专业服务必须披露的。

19.金融理财师应采取谨慎的措施来保护客户信息和财产的安全，包括保护由其管理的客户实物资料和电子资料的安全。

20.金融理财师在提供专业服务时应当遵循合理、谨慎的专业判断。

21.金融理财师应该遵守所有关于专业服务的法律法规。

22.金融理财师在以雇员或代理人的身份提供专业服务时，应按照《金融理财师道德准则和专业责任》的规定完成雇主或委托人下达的合法任务。

23.金融理财师应遵守与FPSB会员组织达成的所有协议，包括但不限于正确使用FPSB商标系列，全面配合FPSB会员组织对商标使用和专业服务的审查和要求。

24.为拥有持续使用FPSB商标系列的权利，金融理财师必须满足FPSB会员组织制定的各种要求，包括持续职业发展的要求。

25.金融理财师收到任何涉罪文件、终止或吊销执业资格的通知后，均应在规定期限内书面通知会员组织。

26.当电子邮件地址、电话号码及实际通信地址等联络信息发生变化后，金融理财师应在规定的期限内通知会员组织。

27.金融理财师不得参与有损其正直诚信、CFP职业形象、FPSB商标系列或金融理财专业性的行为。

28.金融理财师应提供及时、全面的专业服务。

29.金融理财师应在服务范围内对自己向客户推荐的产品和服务进行合理调查，也可以依据质量值得信赖的第三方的调查结果。

30.金融理财师如将客户服务分配给下属或第三方，必须给予合理、谨慎的专业监督或指导。

31.在客户提出要求后，金融理财师应尽快或在双方约定的期限内归还客户财产。

32.金融理财师应与客户共同界定提供服务的内容。

33.如果金融理财师为客户提供的服务包括理财规划或理财规划的重要部分，则金融理财师应在双方签订协议之前书面向客户提供以下信息，并就以下问题与客户进行协商：

（1）协议各方的义务和责任，包括：确定客户的目标、需求及其优先顺序；收集并提供相关数据；测算客户目前理财规划（不进行任何改变）可能导致的结果；制定理财规划建议；执行理财规划建议；监控理财规划建议的执行。

（2）协议中任何一方或任何一方的分支机构根据协议规定应该或可能获得的报酬；决定客户成本的因素或条件；理财规划决策如何使金融理财师获利，以及其他相关利益。

（3）金融理财师使用特许专卖产品的条款。

（4）金融理财师借助其他机构或专业人士来履行协议义务的条款。

（5）终止服务关系的流程。

（6）客户对金融理财师的服务提出投诉及索赔问题的解决办法。

34.如果金融理财师为客户提供的服务包括理财规划或理财规划的重要部分，则该理财师或其雇主应与客户签订关于理财规划服务的书面协议，协议应明确以下事项：

（1）协议的各方；

（2）协议的生效日及有效期；

（3）协议各方终止协议的条件和方式；

（4）协议约定提供的服务内容。

35.金融理财师应采取一切合理措施来确保客户理解其有关理财规划的建议，以保证客户能够在知情的前提下做出决定。

36.金融理财师应了解并合理应用《金融理财执业标准》中与客户服务范围相关的内容。

37.金融理财师应了解并在专业活动中遵守《金融理财师道德准则和专业责任》。

附录5

《金融理财师认证办法》

（2020年4月）

为建立和完善中国的金融理财师认证制度，促进中国金融理财业的健康发展，国际金融理财标准委员会（Financial Planning Standards Board，英文缩写为 FPSB）授权现代国际金融理财标准（上海）有限公司（以下简称"FPSB China"）制定本办法。

第一章 金融理财和金融理财师

第一条 金融理财是面向个人和家庭的综合性金融服务。它包括个人和家庭的生命周期每个阶段的资产和负债分析、现金流量预算与管理、个人风险管理与保险规划、投资规划、职业生涯规划、子女养育及教育规划、居住规划、退休计划、个人税务筹划和遗产规划等内容。

第二条 金融理财师是从事金融理财，达到"4E"标准，即教育（education）、考试（examination）、从业经验（experience）和职业道德（ethics）标准，并取得资格认证的专业人士。金融理财师工作的最终目标是，在客户既定的条件和前提下，运用专业知识与技能，最大化地满足客户对财富保值和增值的期盼及其人生不同阶段的财务需求。

第二章 中国的金融理财师认证制度

第三条　FPSB China 决定采用多数FPSB会员的做法，在中国实施两级金融理财师认证制度，即 AFP® 和 CFP® 认证制度。

AFP的英文全称为ASSOCIATE FINANCIAL PLANNER™，中文全称为金融理财师。AFP 的注册商标为 **AFP®**、**ASSOCIATE FINANCIAL PLANNER™**、**AFP**、以及 **ASSOCIATE FINANCIAL PLANNER™**。

CFP的英文全称为 CERTIFIED FINANCIAL PLANNER™，中文全称为国际金融理财师。CFP的注册商标为CFP、CERTIFIEDFINANCIALPLANNERTM、**CFP**以及。

申请人获得AFP或CFP认证后，可以使用相应的AFP或CFP商标。在本办法中，金融理财师和国际金融理财师统称为金融理财师。

第四条　FPSB 授权 FPSB China 在中国大陆独家进行 AFP 认证和 CFP 认证。

第五条　AFP 持证人是AFP认证申请人在完成 CFP 认证第一阶段的教育、考试、从业经验和职业道德认证后所获得的专业称谓。CFP 认证申请人须取得 AFP 认证后方可申请 CFP认证。

第六条　FPSB China 将审慎地选择和授权有资质的教育机构开展 AFP 和 CFP认证培训。

第三章　AFP认证

第七条　具有大专或以上学历，达到"4E"标准的认证申请人，经认证可获得 AFP 认证证书。

第八条　获得由FPSB China授权的教育机构颁发的AFP认证培训合格证书，是申请AFP认证的第一个条件。

AFP认证培训共 108 学时，主要内容包括：

- 金融理财原理；
- 投资规划；
- 个人风险管理与保险规划；
- 员工福利与退休计划；
- 个人税务与遗产筹划；

- 案例分析。

AFP认证培训合格证书的有效期为4年。

第九条 拥有FPSB China认可的经济管理类或经济学博士学位的AFP认证申请人，可申请豁免全部培训课程。

第十条 拥有FPSB China认可的相关资格证书的AFP认证申请人，可申请豁免部分或全部培训课程。

第十一条 通过FPSB China组织的AFP认证考试，是申请AFP认证的第二个条件。

- AFP认证考试时长共计6小时，分上下午进行。
- AFP认证考试时间以FPSB China发布的通知为准。
- AFP认证申请人在通过AFP认证考试后，须在4年内向FPSB China提出认证申请。

第十二条 达到FPSB China制定的从业经验标准，是申请AFP认证的第三个条件。

AFP认证申请人须具备在下列机构中从事金融理财或与金融理财相关工作的经验：

- 金融机构；
- 会计师事务所；
- 律师事务所；
- FPSB China认可的其他机构。

AFP认证申请人从业经验的时间要求是：

- 具有研究生学历者，须有一年以上（含一年）的全职工作经历，或等同的兼职工作经历（按2 000小时的兼职工作时间等同一年的全职工作时间换算）。
- 具有大学本科学历者，须有二年以上（含二年）的全职工作经历，或等同的兼职工作经历（按2 000小时的兼职工作时间等同一年的全职工作时间换算）。
- 具有大专学历者，须有三年以上（含三年）的全职工作经历，或等同的兼职工作经历（按2 000小时的兼职工作时间等同一年的全职工作时间换算）。

- 从业经验时间认定的有效期为申请认证之日起近 10 年以内。

AFP 认证申请人须向 FPSB China 如实申报从业经验并提供相应经历的证明人，证明人须是申请人的上级主管或已获得 AFP、CFP 认证的专业人士。FPSB China 保留对申请人从业经验有效性的最后认定权。

第十三条 满足 FPSB China 制定的职业道德标准是申请 AFP 认证的第四个条件。

AFP 认证申请人须同意并恪守 FPSB 和 FPSB China 颁布的相关规章制度。

第十四条 满足上述四个条件的 AFP 认证申请人，向 FPSB China 提出申请并通过认证后，可获得 AFP 认证证书。

第十五条 AFP 认证证书的有效期为两年。证书有效期内，持证人须根据《CFP 系列认证持证人继续教育管理办法》，满足 FPSB China 规定的继续教育和职业道德的要求。有效期满，持证人须提出再认证申请，通过后方可保留其资格。

第四章 CFP 认证

第十六条 获得 AFP 认证，并达到"4E"标准的认证申请人，经认证可获得 CFP 认证证书。

第十七条 获得由 FPSB China 授权的教育机构颁发的 CFP 认证培训合格证书，是申请 CFP 认证的第一个条件。

CFP 认证培训共 132 学时，主要内容包括：

- 高级投资规划；
- 高级个人风险管理与保险规划；
- 高级员工福利与退休规划；
- 高级个人税务与遗产筹划；
- 案例分析：
    - √ 综合案例；
    - √ 投资规划案例；
    - √ 个人风险管理与保险规划案例；
    - √ 员工福利与退休规划案例；

√ 个人税务与遗产案例。

CFP认证培训合格证书的有效期为4年。

第十八条 拥有 FPSB China 认可的经济管理类或经济学博士学位的 CFP 认证申请人，可申请豁免全部培训课程。

第十九条 拥有 FPSB China 认可的相关资格证书的 CFP 认证申请人，可申请豁免部分或全部培训课程。

第二十条 通过 FPSB China 组织的 CFP 认证考试，是申请 CFP 认证的第二个条件。

- CFP认证考试时长共计12小时，分两天进行。
- CFP认证考试时间以 FPSB China 发布的通知为准。
- CFP认证申请人在通过 CFP 认证考试后，须在 5 年内向 FPSB China 提出认证申请。

第二十一条 达到 FPSB China 制定的从业经验标准，是申请CFP认证的第三个条件。

CFP认证申请人须具备在下列机构中从事金融理财或与金融理财相关工作的经验：

- 金融机构；
- 会计师事务所；
- 律师事务所；
- FPSB China 认可的其他机构。

CFP 认证申请人从业经验的时间要求是：

- 具有研究生学历者，须有二年以上（含二年）的全职工作经历，或等同的兼职工作经历（按2 000 小时的兼职工作时间等同一年的全职工作时间换算）。
- 具有大学本科学历者，须有三年以上（含三年）的全职工作经历，或等同的兼职工作经历（按2 000 小时的兼职工作时间等同一年的全职工作时间换算）。
- 具有大专学历者，须有五年以上（含五年）的全职工作经历，或等同的兼职工作经历（按2 000 小时的兼职工作时间等同一年的全职工作时间换算）。

- 从业经验时间认定的有效期为申请认证之日起近 10 年以内。

CFP 认证申请人须向 FPSB China 如实申报从业经验并提供相应经历的证明人，证明人须是申请人的上级主管或已获得 CFP 认证的专业人士。FPSB China 保留对申请人从业经验有效性的最后认定权。

第二十二条 满足 FPSB China 制定的职业道德标准是申请 CFP 认证的第四个条件。

CFP 认证申请人须同意并恪守 FPSB 和 FPSB China 颁布的相关规章制度。

第二十三条 满足上述四个条件的 CFP 认证申请人，向 FPSB China 提出申请并通过认证后，可获得 CFP 认证证书。

第二十四条 CFP 认证证书的有效期为两年。证书有效期内，持证人须根据《CFP 系列认证持证人继续教育管理办法》，满足 FPSB China 规定的继续教育和职业道德的要求。有效期满，持证人须提出再认证申请，通过后方可保留其资格。

第二十五条 在其他国家或地区获得 CFP 认证的专业人士在中国申请 CFP 认证的问题，另文规定。

第五章 其他

第二十六条 本办法自发布之日起正式实施，原《金融理财师认证办法（2013 年 2 月）》废除。

《CFP系列认证持证人继续教育管理办法》

（2020年2月1日起正式实施）

第一章 总则

第一条 根据国际金融理财标准委员会（Financial Planning Standards Board，英文缩写为FPSB）的授权要求和《金融理财师认证办法》、《金融理财管理师认证办法》及《认证私人银行家（CPB）认证办法》的相关规定，现代国际金融理财标准（上海）有限公司（以下简称"FPSB China"）制定本办法。

第二条 FPSB是一个非营利组织，它为各类金融理财机构开发、管理和运作认证、教育及其他相关项目，通过在金融理财业建立、维护和推广全球职业标准，使这些金融理财机构受益。FPSB与其会员组织一同在各会员国或地区为金融理财师建立和推行严格的国际化专业能力标准、道德准则及执业标准，从而确保那些希望获得理财服务的公众真正了解和重视CFP®认证。

第三条 FPSB China作为FPSB的会员单位，经FPSB授权在中国大陆组织和实施CFP系列认证。

第四条 本办法中的继续教育是指为持续提高CFP系列认证持证人（以下简称"持证人"）的专业水平，增强持证人的执业能力，维持证书的有效性，在规定期限内必须完成的教育内容。

第五条　持证人在证书的有效期内，完成本办法规定的继续教育学时，是进行再认证的必要条件。

第二章　继续教育的内容与形式

第六条　继续教育的内容分为必修课程和选修课程。

第七条　必修课程是持证人在证书有效期内必须修满规定学时的课程，内容包括但不限于 FPSB 和 FPSB China 发布的各类制度性文件。

第八条　选修课程是持证人在证书有效期内学习的由 FPSB China 推荐或认可的主题内容，自主学习的课程。

第九条　继续教育的形式包括：

（一）FPSB China 组织的继续教育活动；

（二）FPSB China 授权的继续教育机构提供的继续教育活动；

（三）FPSB China 组织或认可的专业论坛、研讨会和学术报告会等；

（四）FPSB China 认可的、由持证人所在单位举办的相关内容的学习和活动；

（五）担任 FPSB China 或 FPSB China 授权机构举办的金融理财培训的授课人或研讨会的演讲人；

（六）完成与金融理财相关的专业著作或专业论文，并公开出版或发表；

（七）参加金融理财相关专业的在职学历或学位教育；

（八）FPSB China 认可的其他形式。

第三章　继续教育的学时要求

第十条　CFP 系列认证证书的有效期为两年，持证人每两年须再认证一次。

第十一条　每个有效期内：

（一）AFP® 持证人应完成 30 个继续教育学时的必修和选修课程学习，其中必修课程不少于 2 个学时，每一年不少于 5 个学时；

（二）CFP 持证人应完成 30 个继续教育学时的必修和选修课程学习，其中必修课程不少于 2 个学时，每一年不少于 5 个学时；

（三）EFP® 持证人应完成 30 个继续教育学时的必修和选修课程学习，其中必修课程不少于 2 个学时，每一年不少于 5 个学时；

（四）CPB®持证人应按 AFP、CFP 或 EFP 认证继续教育学时的要求，学习必修和选修课程，其中与私人银行相关的课程不少于 2 个学时，每一年不少于 5 个学时。

第十二条　继续教育学时有效期为自获得之日起两年。

第十三条　持证人参加本办法第九条（四）至（八）项形式的继续教育，学时确认规则为：

（一）参加由 FPSB China 认可的、持证人所在单位举办的相关内容的学习和活动获得的学时，每一个有效期不多于 9 个学时。

（二）担任 FPSB China 或 FPSB China 授权机构举办的金融理财培训的授课人或研讨会的演讲人应按实际授课或演讲时间确认学时，每一个有效期不多于 8 个学时。

（三）完成与金融理财相关的专业著作或专业论文，并公开出版或发表的学时确认原则为：一部专业著作可确认 10 个学时，每一个有效期不多于 10 个学时；一篇专业文章（3 000 字以上）可确认 2 个学时，每一个有效期不多于 10 个学时。

（四）参加金融理财相关专业的在职学历或学位教育，并获得学历或学位证书，可确认 10 个学时。

（五）其他形式的继续教育，以 FPSB China 确认的学时为准。

第四章　继续教育的学时申报

第十四条　在证书有效期内，持证人有义务通过 CFP 系列考试报名与认证系统自主进行继续教育的学时申报，FPSB China 将定期或不定期进行抽查和审核。

第十五条　因下列情形之一而未完成继续教育学时的持证人，可以书面申请延长办理时限：

（一）因生育休产假的；

（二）因疾病半年以上无法正常工作的；

（三）FPSB China 认可的其他情形。

第十六条　持证人应将继续教育的证明文件及相关资料保留至少 4 年，并在 FPSB China 检查或抽查时予以提供。

第十七条　对于提交没有依据的、错误的或虚假的继续教育学时申请的行为，FPSB China 有权根据相关规定对其进行处分。

第五章　附则

第十八条　本办法自 2020 年 2 月 1 日起实施，届时《CFP 系列认证持证人继续教育管理办法（2018 版）》相应废除。

《认证私人银行家（CPB）认证办法》

（2020年2月）

为促进中国私人银行业务的健康发展，建立和完善私人银行家认证制度，国际金融理财标准委员会（Financial Planning Standards Board，英文缩写为FPSB）授权现代国际金融理财标准（上海）有限公司（以下简称"FPSB China"）制定本办法。

第一条 私人银行业务是为高净值和超高净值财富人士提供的个性化的综合金融服务，服务内容主要包括财富人士综合需求研究、产权梳理与公司架构设计、全球资产配置与管理、家族财富传承、财富人士法律风险管理、财富人士税务合规、家族成员身份安排，以及以上内容的全面综合规划方案。

第二条 CPB® 的英文全称为CERTIFIED PRIVATE BANKER™，中文全称为认证私人银行家。CPB的注册商标为**CPB®**、**CERTIFIED PRIVATE BANKER™**、 CPB、 以及 CERTIFIED PRIVATE BANKER™ 。申请人获得CPB认证后，可以使用相应的CPB商标。

第三条 认证私人银行家是从事私人银行业务，达到"4E"标准，即教育（education）、考试（examination）、从业经验（experience）和职业道德（ethics）标准，并取得认证私人银行家资格的专业人士。

第四条 CPB持证人、CPB专业人士和认证私人银行家，是认证申请人获得认证后可使用的专业称谓。

第五条 FPSB China将审慎地选择并授权有资质的教育机构开展CPB认证培训。

第六条 具有大专或以上学历，并符合下列情形之一的，是申请CPB认证的前提条件：

- AFP®持证人；

- CFP®持证人；

- EFP®持证人；

- CPA；

- CFA持证人；

- 法律执业资格证；

- FPSB China认可的相关证书。

第七条 获得由FPSB China授权的教育机构颁发的培训合格证书，是申请CPB认证的第一个条件。

CPB认证培训共60小时，包括CPB专业知识学习和导师指导两部分。培训主要内容为：私人银行客户需求分析与服务、高净值人士财富法律风险及应对策略、产权梳理与公司架构设计、私人财富全球税务合规、资产增值与投资管理、家族财富传承、私人银行实践课程。

CPB认证培训合格证书的有效期为4年。

第八条 通过FPSB China组织的CPB认证考试，是申请CPB认证的第二个条件。

CPB认证考试分为科目一（CPB专业知识考核）和科目二（CPB导师指导评分）。科目一的考试时长为2小时；科目二的考试时长为1小时。

申请人须分别通过科目一和科目二的考试，方可提出CPB认证申请。

CPB认证考试时间以FPSB China发布的通知为准。

CPB认证申请人在通过CPB认证考试后，须在4年内向FPSB China提出认证申请。

第九条 达到FPSB China制定的从业经验标准，是申请CPB认证的第三个条件。

CPB认证申请人须具备在下列机构中从事私人银行业务、财富管理业务、个人理财业务或与前述业务相关工作的经验：

- 金融机构；

- 会计师事务所；

- 律师事务所；

- FPSB China认可的其他机构。

CPB认证申请人从业经验的时间要求是：

- 具有5年以上（含5年）的工作经历。

- 从业经验时间认定的有效期为申请认证之日起近10年以内。

CPB认证申请人须向FPSB China如实申报从业经验并提供相应经历的证明人，证明人须是申请人的上级主管或已获得CPB、CFP或EFP认证的专业人士。FPSB China保留对申请人从业经验有效性的最后认定权。

第十条 满足FPSB China制定的职业道德标准是申请CPB认证的第四个条件。

CPB认证申请人须同意并恪守FPSB和FPSB China颁布的相关规章制度。

第十一条 满足上述四个条件的CPB认证申请人，向FPSB China提出申请并通过认证后，可获得CPB认证证书。

第十二条 CPB认证证书的有效期为两年。证书有效期内，持证人须根据《CFP系列认证持证人继续教育管理办法》，满足FPSB China规定的继续教育和职业道德的要求。有效期满，持证人须提出再认证申请，通过后方可保留其资格。

第十三条 在其他国家或地区获得CPB认证的专业人士在中国申请CPB认证的问题，另文规定。

第十四条 本办法自发布之日起正式实施，原《认证私人银行家（CPB）认证办法（2018年9月）》废除。